한국의 문화변동과 문화정치

문화과학 이론신서 42

한국의 문화변동과 문화정치—문화사회를 위한 비판적 문화연구

강내희 지음

문화과학사

한국의 문화변동과 문화정치—문화사회를 위한 비판적 문화연구

지난 수십 년 동안 한국은 '압축적 근대화'에 성공하여 국내총생산(GDP) 수준으로는 세계 12위에 오를 만큼 고도의 경제성장을 이루었다. 그동안 사회적 역량을 경제 발전에 집중하여 얻은 이 결과를 놓고 혹자는 경이로운 성취로 보기도 하지만 시각을 달리하면 이 성취야말로 지금 우리 사회가 겪고 있는 주요 문제들을 낳은 가장 큰 원인이라 할 수도 있을 것이다. 우리 사회를 지배하는 것은 인간적 활동은 모두 이윤을 창출해야 한다고 보는 경제적 이성이다. 문제는 이런 이성이 사회 전체를 지휘하는 원리가 되면 풍요 속에서도 삶이 피폐해져버린다는 것이다. 지금 우리가 일상적으로 생산성, 효율성, 경쟁력, 합리화를 추구하라는 명령에 따라 움직이게 된 것은 그 때문이 아닐까. 사랑, 우정, 동포애, 호혜와 봉사, 환경보호 등 사회적 제관계와 실천이 경제체계 속에 파묻혀 버리면 세상의 좋은 것들은 모두 경제적 이성의 도구가 되고 만다. "그래, 이 맛이야!" 하며 조미료를 팔기 위한 수단으로 바뀐 추억의 고향, 유명 작가가 선전하는 음료상품 판매를 위한 상상적 촉매제로 둔갑한 백두산의 맑은 물이 그런 경우다.

여기 실은 글들은 경제적 이성의 전횡을 극복하기 위한 노력의 일환으로 문화적 관점이 필요하다는 주장을 제출한다. 이 관점을 중시하는 것은 경제만이 사회적 실천을 구성하는 것은 아니라는 판단 때문이다. 사회는 크게 경제, 정치, 문화의 세 실천 영역으로 구성되며 이것들 가운데 어느 하나도 다른 둘을 압도할 수는 없다. 문화적 관점을 제출하는 것은 경제적 이성이 저지르는 폭력과 야만, 반인간적 태도를 통제하면서 경제체제에 의해 거의 소멸하다시피 한 '사회'를 복원하려는 기획의 일환이다. 다만 문화적 관점이 중요하다고 해서 문화주의를 지향하려는 것은 아니다. 문화주의는 문화와 사회를 분리시키고, 문화를 인간이 이미 드높이 성취한 자유의 영역으로 보며, 그 높이에서 아직도 필요의 속박들이 지배하는 사회를 굽어보는 태도이다. 나는 문화란 정치와 경제와 더불어 사회를 구성하는 중요한 층위임을 인정하지만 문화를 사회와 분리된 독자적 영역으로 보면서 사회를 대상화하는 문화주의를 수용하고 싶지는 않다.

그럼에도 불구하고 여기서 문화적 관점을 강조하는 이유가 있다. 우리 사회는 정치와 경제를 중심으로 사회적 권력관계를 형성해왔고 이에 따라 문화 역시 사회를 구성하는 주요 축이라는 사실을 간과해온 편이다. 정부 차원에서 문화는 예산규모나 영향력에서 순위가 한참 뒤로 밀리는 문화부의 소관으로만 간주되고, 사회운동에서도 문화는 노동, 농민, 빈민, 학생, 여성, 교육, 의료, 복지, 환경, 평화 등 수많은 운동부문의 하나로만 인식될 뿐이다. 문화는 의미와 가치를 생산하고, 정체성을 형성하는 영역이다. 의미와 가치의 생산, 정체성의 형성은 한순간도 생략될 수 없는 사회적 실천으로서 정치와 경제의 작동에 긴밀하게 관여하면서 동시에 정치와 경제를 그 물적 기반으로 삼는다. 예술과 학문 활동, 여유와 멋의 추구, 호혜와 봉사 등의 문화적 실천은 정치와 경제에 필수적인 창조적 역량을 전제하지만 사회가 이런 문화적 역량을 증진시키려면 정치와 경제를 새롭게 조직할 필요가 있다. 문화와 정치와 경제는 이런 점에서 서로 내재적 관계를 이루며 사회를 구성하는 실천들이다.

이 책에 실은 글들은 최근 이루어진 우리 사회의 문화변동을 이런 관점에 따라 살핀다. 대략 1990년대 초 이후 한국사회는 급속한 문화변동을 드러내기 시작했고, 문화적 관점의 미비와는 무관하게 문화의 실질적인 정치적, 경제적 중요성이 커졌다. 이 시기에 소비자본주의의 형성과 함께 상품미학이 정치적 지배전략의 하나로 떠오르고 문화경제가 성장한 것이다. 문화의 비중이 높아지면서 문화적 실천과 생산물을 해석하는 방식, 관점도 다양해지고 문화를 보는 시각의 차이를 중심으로 문화정치도 활성화했다. 그렇다고 하여 우리 사회가 정치와 경제를 중시하는 것만큼 문화를 중시하는 시각을 얻은 것은 아니지만 이 변화는 문화가 차지하는 영역이 커짐에 따라서 그 안에서 일어나는 일들이 사회적 중요성을 얻고 있음을 보여준다. 최근의 문화변동과 문화정치 사이에 어떤 관계가 맺어지는지 살핀다는 의미에서 『한국의 문화변동과 문화정치』를 이 책의 제목으로 정했다.

『한국의 문화변동과 문화정치』의 기본 관점은 2000년에 펴낸 『신자유주의와 문화』에서 제출한 문제의식이나 전망과 크게 다르지 않다. 지난 번 책에서 나는 현단계 한국의 문화적 정세는 '신자유주의'라는 문제를 안고 있고, 신자유주의 문화와 그것을 문제로 안고 있는 한국사회의 변혁을 위해서는 '문화사회'라는 전망이 필요하다는 관점을 제출했다. 『한국의 문화변동과 문화정치』는 이런 인식을 지속하면서도 비판적 문화연구의 관점을 좀더 분명히 하고 문화사회의 전망을 현실적인 정책적 접근을 통해 구체화하려는 노력을 반영한다. 이 책이 한편으로는 '이데올로기와 욕망', '문화와 정치', '문화와 국가' 등 비판적 문화연구가 놓쳐서는 안될 이론적 문제들을 다루는 글들과, 다른 한편으로는 더블유티오 문화개방 압박, 스크린쿼터폐지, 표현의 자유, '월드컵현상' 등 최근 한국의 문화지형에 크고 작은 변동을 일으킨 사안들, 쟁점들을 놓고 정책 분석이나 제안을 하는 글들로 양분되어 있는 것은 그 때문이다. 이 책에서 내가 주장하는 바를 요약하면 아직도 우리 사회를 지배하고 있는 신자유주의 세계화에 대한 대안은 여전히 '문화사회'이며, 이 사회를 건설하려면 비판적 문화연구의 관점에서 진보적인 문화정치를 실천할 필요가 있다는 것이다.

여기 실은 글들은 대부분 지난 3년 동안에 쓴 것들이다. 짧은 기간에 이 글들, 그리고 이 책과 함께 펴내는 『교육개혁의 학문전략』을 구성하는 글들을 모을 수 있었던 것은 무엇보다 문화연대 활동을 한 덕분이다. 문화연대의 정책기획위원장, 집행위원장을 맡는 동안 문화운동과 교육운동에 참여하면서 사회적 문제들을 놓고 발언을 해야 할 기회가 많아졌고, 이때 문화적 관점을 수립할 필요도 함께 느끼게 된 것이 이 글들을 쓰는 계기가 되었다. 이런 기회를 준 문화연대와 그곳에서 함께 일하는 사람들에게 감사드린다.

2003년 12월 12일

목 차

- 1부 -

문화연구와 미학

01

타자의 문화연구와 숭고의 미학[*]

문화연구와
미학의 반목

오늘날 문화 개념을 설정하는 데 가장 중요한 패러다임 둘을 꼽으라면 문화연구와 미학을 들어야 할 것이다. 미학은 근대예술의 기본이념으로서 예술의 제도화에 핵심 역할을 하는 대학의 예술계열, 인문계열 학과의 예술교육에서 지배이론의 자리를 잡고 있고, 문화연구는 1950년대 중반 이후 독자적인 문제틀을 형성하여 비교적 짧은 기간에 지적 기획으로서 중요성을 인정받아 인문학과 사회과학을 포괄하는 인간과학의 여러 분야에 영향을 미치고 있다. 이들 두 패러다임은 그러나 문화를 보는 관점, 태도, 지향이 사뭇 다를뿐더러 대립적이다. 미학이 삶의 승화를 위해 예술의 숭고함, 품위를 강조한다면, 문화연구는 예술에서 작용하는 권력관

---

[*] 출처: 『문화과학』 29호, 2002년 봄.

계 분석에 더 큰 관심을 드러낸다. 미학은 예술작품의 특수성과 위대함을 밝혀내고 찬양하는 경향을 지니지만 문화연구는 특정 작품이 여성, 노동자, 유색인종, 동성애자 등을 어떻게 재현하는지 따지려 든다. 미학에서 중요한 것은 문화의 질이다. 좋은 문화와 나쁜 문화, 고급과 저질을 구분하여 가치있는 것을 예술의 정전으로 승격시키려는 판별 노력을 게을리 하지 않는 것은 그 때문이다. 반면 문화연구는 그런 노력이 실상 계급, 성, 인종 등 사회적 관계들을 축으로 차별 체계를 만들어내는 것이라 보고, 예술적 표현의 빼어남에 탄복하기보다는 대중적 삶에 깃들은 문화의 평범함을 오히려 미덕으로 여기는 편이다. 고급문화를 지향하며 무지한 대중을 계도의 대상으로 삼고 문화를 인간 완성도의 잣대로 간주하는 것이 미학적 태도라면, 그런 태도를 보수적이라고 비판하고 대중문화의 건강성을 주장하는 것이 문화연구다.

관점이 서로 다르니 사이가 좋을 리 없다. 사실 문화연구는 미학의 비판으로 자신의 정체성을 형성해왔다고 해도 과언이 아니다.[1] 오늘 문화연구의 주된 모습을 빚어내는 중추 역할을 한 현대문화연구소(Centre for Contemporary Cultural Studies)가 1964년 버밍엄대학 영문학과에 의해 설립된 데서 알 수 있듯이 문화연구는 미학에 바탕을 둔 문학연구를 모태로 태어났다. 그러나 문학연구에게 문화연구는 태어나지 말았어야 할 문제다. 문화연구는 문학연구처럼 분과학문의 자율성을 강조하기보다는 기본적으로 학문간의 관계를 중시하는 '학제적이고', 하나의 분과에 안주하지 않고 여러 분과들을 가로지르는 '분과횡단적'이며, 심지어 분과 중심의 지식생산을 아예 반대하는 '반분과적' 경향을 지닌다. 문화연구가 탄생 이후 줄곧 문학연구 방식은 훈육적 권력 재생산에 안주한다는 비판을 가해온 것은 이 때문이다. 자신이 낳은 것이나 진배없는 어린 학문이 이런 무례한

---

1) Ian Hunter, "Aesthetics and Cultural Studies," in Lawrence Grossberg, Cary Nelson, and Paula A. Treichler, eds., *Cultural Studies* (New York and London: Routledge, 1992), p. 347.

태도를 취하는 것을 본 문학연구도 가만있지는 않았다. 문화연구의 태도를 예술의 아름다움, 문학의 위대함을 모르는 무뢰한의 그것으로 치부했고, 학문제도의 주변으로 내몰았다. 초기 문화연구는 그래서 "자신이 채우겠노라 제안한 지적 공간이…유아살해를 저지를 강력한 제도상의 동기를 지닌 적대적 부모에 의해 이미 지배되고" 있다는 사실을 깨달아야 했다.[2]

　문화연구가 문화 이해의 변별적 방식으로 등장한 지 반세기가 다 된 지금 문화연구와 미학의 상대적 위상에는 많은 변동이 생겼다. 1980년대 이후 현대문화연구소가 버밍엄대학의 문화연구학과로 전환되고, 오픈 유니버시티에서는 천여 명이 수강하는 등 영국내에서 문화연구는 대학의 정식 학문으로 인정받아 위상이 강화되었고,[3] 호주와 미국 등 영어권 나라들로 확산되어 미국에서는 "상대적으로 젊은 분과"인 커뮤니케이션 학과의 "주류로…편입된 지적으로 주변적이고 정치적으로 저항적인 몇 안 되는 관점들의 하나"가 되었다.[4] 문화연구의 반분과적 성격이 기본적으로 비판적인 자신의 지적, 정치적 관점의 결과인 만큼 기존 학문제도로 편입된 것이 꼭 바람직한가 하는 문제와는 별도로 문화연구의 대학 진입은 미학과 또 다른 긴장을 만들어낸다. 반세기 이상 영문학을 전공해온 머레이 크리거의 최근 진단에 따르면 "미학의 역할 그리고…문학의 변별적 존재는 전적으로 부인되지는 않더라도 크게 의문에 붙여졌다."[5] 최근 미국에서 "문화연구 시대"라는 표현이 종종 사용되는 것을 보면 이제는 미학보다 문화연구가 지배적 위치에 있다는 크리거의 진단이 맞는 것 같기도 하지만, 미

---

2) Colin Sparks, "The evolution of cultural studies…" in John Storey, ed., *What Is Cultural Studies? A Reader* (London: Arnold, 1996), p. 15.

3) Graeme Turner, *British Cultural Studies: An Introduction* (New York and London: Routledge, 1990), pp. 80-81.

4) Lawrence Grossberg, "The circulation of cultural studies," in *What Is Cultural Studies? A Reader*, p. 178.

5) Murrary Krieger, "My Travels with the Aesthetic," in Michael P. Clark, ed., *Revenge of the Aesthetic: The Place of Literature in Theory Today* (Berkeley: University of Berkeley Press, 2000), p. 208.

학이 잠자코 수세에 몰려 있기만 한 것은 아니다.[6] 문화연구의 상승세는 영문학 연구의 주요 고객인 "낭만적이고, 몽상적이며, 이상주의적인 책벌레들, 책 한 권을 읽고 자신의 삶이 바뀔 수 있다고 깨닫고는 감탄하고 짜릿하게 느끼는 학생들"의 문학연구 외면을 불러일으켜 결국 영문학과를 고사시킬 것이라는 말은 철학자 리처드 로티가 한 것이지만, 전통적인 문학연구에 애착을 가진 사람들이 문화연구의 학문지형 점령에 대해 갖는 거부감을 대변한다고 할 수 있다.[7]

한국의 상황은 어떤가? 문예적인 미학 패러다임이 여전히 지배적이라는 점에서 영미와는 크게 다르다. 최근 학부제 도입 등 신자유주의 교육 개혁의 진행과 함께 고등교육의 경쟁력 강화라는 명분으로 새로운 교육 프로그램을 개발하면서 '문화연구'라는 이름을 붙인 상표도 생겨나고 있는 것은 사실이다. 하지만 이런 흐름을 가지고 지적이고 정치적인 기획으로서 문화연구가 제도의 틀을 갖추기 시작한 것으로 볼 수는 없다. 10년쯤 전 필자가 문화연구를 주제로 강의를 시작하자 주변에서 차가운 시선을 보낼 때처럼 미학이 문화연구에 드러내는 반감은 줄어들지 않은 것이다. 전통 문학연구는 문화연구가 과연 인문학이냐는 질문을 제기하곤 한다. 사실 학제적, 분과횡단적 지향을 지닌 문화연구에게 이 질문은 부질없는 것일 수도 있지만 버밍엄대학의 현대문화연구소가 영문학과로 복귀하기 보다는 사회과학대학의 한 분과가 되는 선택을 한 것을 돌이켜볼 때 전혀 근거가 없는 것도 아니다. 문화연구는 문학, 음악, 미술 등 대학에서 제도로 확립된 예술을 포함한 문화를 인문학적 패러다임으로 바라보는 미학적 태도와는 달리 인문학과 사회과학을 넘나드는 인간과학으로서 통합 학문적 태도를 드러낸다. 문학연구는 인문학에 속한다고 굳게 믿는 기존의

---

6) James Soderholm, ed. *Beauty and the Critic: Aesthetics in an Age of Cultural Studies* (Tuscaloosa and London: The University of Alabama Press, 1997) 참조. 이 책의 부제가 말해주듯 여기 실린 글의 상당수는 문화연구 시대의 미학 옹호론을 펼치고 있다.
7) Richard Rorty, "Tales of Two Disciplines," in *Beauty and the Critic: Aesthetics in an Age of Cultural Studies*, pp. 216-17.

문학교수는 물론 이런 태도에 불신과 불쾌감을 드러낸다. 하지만 문화연구에게 그런 태도는 학문 기득권을 지키려는 보수적 관점이고, 다양한 매체가 등장하여 기호화 현상, 의미화실천(signifying practices)이 삶의 영역 곳곳을 침투함으로써 인문학 전통의 기반으로 작용해온 문자문화의 지배적 위치가 낮아진 현재 문화정세를 외면하는 태도다. 문화의 이해와 개념 설정을 두고 이처럼 서로 경합하는 문화연구와 미학의 관계는 상호 불신, 비판, 반목, 대립에 의해 점철되어 있다.

음란물과
'미학적 태도'

이 글의 취지는 문화연구와 미학 사이에 이상 언급한 것처럼 관점과 태도에서 적잖은 차이가 있고, 그로 인해 불편한 관계가 형성되고 있음을 인정하면서, 그래도 양자가 생산적으로 연대할 길이 없을는지 살펴보려는 것이다. 이런 생각을 갖게 된 것은 최근 한국에서 전개되고 있는 정세 때문이다. 지금 우리는 '이데올로기 전선'과 '욕망 전선'이 교차하는 신자유주의 정세 속에서 '음란물'을 둘러싼 '표현의 자유' 문제가 중요한 사회적 의제로 떠오른 풍경을 보고 있다.[8] 전에 없는 복잡한 자본주의 문화지형이 만들어지고 있다는 증거이지만, 이로 인해 적잖은 관점 차이가 생기는 것도 사실이다. 특히 관심을 기울일 부분이·표현물을 두고 진보진영에서 드러내고 있는 분열 양상이다. 과거에도 공안당국에 의해 저작, 예술작품 등이 탄압의 대상으로 떠오르지 않은 것은 아니다. 하지만 그때는 어떤 저작물이나 예술작품이 "이적표현물"로 지목되어 사법처리를 받게 될 경우 진보진영이 그런대로 공동 대응을 한 편이었다. 사회민주화, 민족통일, 민중해방 등의 사안을 놓고 정파간 경쟁과 반목이 없지도 않았으

---

8) 최근의 욕망 전선과 이데올로기 전선의 교차에 대해서는 이 책에 함께 실린 졸고, 「문화와 재생산, 그리고 문화적 국가주의」와 문화과학편집위원회의 토론을 거쳐 필자가 최종 정리한 글 「누가 음란을 두려워하랴—성복지와 숭고의 미학을 위해」(이 책에 함께 실려있음)를 참조하기 바란다.

나 탄압이 들어오면 합심했던 것이다. 지금 진보진영의 대응이 분열상을 드러내는 것은 과거와는 달리 사상의 자유보다는 표현의 자유가 더 자주 사회문제로 부상하고 있으며, 특히 음란물을 중심으로 이 문제가 발생하는 점 때문이다.[9] 여기서 강조하고 싶은 것은 정세가 새로이 형성되면서 과거 뭉뚱그려 진보진영으로 여겨지던 사람들 사이에 관점 차이가 드러나기 시작했으며, 여기에 문화적 태도의 차이, 즉 미학과 문화연구간의 차이가 포함되어 있다는 사실이다.

최근 영화 〈거짓말〉을 둘러싸고 일어난 논란에서도 그 사실을 확인할 수 있다. 다음은 2000년 초 청소년보호위원회의 요청을 받고 당시 음란물 여부를 둘러싸고 논란을 빚고 있던 영화 〈거짓말〉을 관람하고 느꼈다며 소설가 이호철이 하는 말이다.

아니, 저런 따위 영화가 버젓이 일반 영화관에서 상영되다니, 이게 도대체 어떻게 된 판인가. 완전 포르노물이 아닌가. 와아, 끝내 이 나라, 이 사회가 이 지경으로까지 와 닿았는가. 저런 것이 '문화·예술'이라는 탈을 쓰고 우리 서울 도심 한복판을 횡행할 만큼 되었는가. 이 사회가, 아니 저런 것을 막아낼 제어 장치가 전혀 없는 것이 오늘의 우리 사회인가.[10]

"저런 따위 영화", "완전 포르노물", "저런 것"과 같은 표현들로 미루어 보건대 이 원로 소설가, 꽤나 열이 받쳤던 모양이다. "심의기구가 엄연히 있는 마당에 어떻게 저런 영화가 일반극장 개봉으로까지 진출해낼 수가 있었을까"며 검열을 지지하는 듯한 발언도 서슴지 않는다. 표현의 자유를 옹호하며 검열기구에 맞서 싸워야 마땅한 예술가가 이렇게까지 나온 까닭은 무엇일까? 이호철은 인민군으로 한국전쟁에 참전했다가 포로가 되어

---

9) 이 변화는 대략 1997년을 전후로 신자유주의 전선이 형성되면서 지배블록에 저항하는 세력의 구성에 일정한 변동이 생긴 결과다. 좀더 자세한 분석을 보려면 이 책에 함께 실린 「누가 음란을 두려워하랴」 참조.
10) 이호철, 「〈거짓말〉은 포르노다」, 『문화일보』 2000. 1. 12.

남쪽에 잔류한 뒤 주로 분단문제를 다룬 작품들을 발표해왔으며, 1970년대 이후 반독재 민주화 투쟁에 앞장선 '자유실천문인협회'와 '민족문학작가회의'에서 비중 있는 역할을 하며 상대적으로 진보적 행보를 걸어온 작가다. 그런 경력의 사람이 영화 〈거짓말〉에 왜 이처럼 극단적 거부감을 드러낸 것일까? 미학적 태도를 강하게 견지하기 때문으로 보인다. 이호철 씨는 "늙은 '인간 폐기물' 같은 족속 몇몇이 뒤숭숭하게 앉아" 관람하는 "포르노 전문극장"의 "완전 포로노물"과 "문화·예술"은 철저하게 구분해야 한다고 보고, "저렇게 일반 극장으로까지 개방하는 것은 언어도단"이라 생각한다.[11] 문화예술이란 품격을 갖춘 표현이며, 그런 표현만이 예술의 대우를 받을 수 있다고 보는 관점이다. 이런 기준이라면 음란물이 품격을 갖춘 표현으로 치부되는 일은 없을 것이고, 미학적 가치를 지닌 표현물과 동일한 뜻의 문화예술이 될 수도 없을 것이다. 문화예술과 음란물이 이처럼 완전히 다른 것으로 규정된다면 '음란물'로 판정되는 순간 하나의 표현물은 예술이 될 가능성을 상실할 수밖에 없고 표현의 자유에 의해 적극 보호받을 가치가 없게 된다.

이런 관점은 지나친 것인지는 몰라도 예외는 아니다. '음대협'이라는 보수적 시민단체의 고발로 〈거짓말〉의 범법 여부에 대한 검찰 수사가 진행되었을 때 이 영화를 옹호한 문화예술계 인사가 없었던 것은 아니나 주로 한솥밥을 먹는 영화계에 국한되었고 대부분은 침묵으로 일관했다. 제도권의 보수적 문화예술진영이 그런 태도를 보인 것은 그렇다 치더라도, 진보적 예술단체인 민예총이나 작가회의가 중대한 표현의 자유 침해 사례를 놓고 뒷짐만 지고 보는, 얼른 납득되지 않는 일이 벌어진 것이다. 내가 개인적으로 접하고 전해들은 것을 종합해보면 당시 두 단체 소속 예술가들 가운데는 〈거짓말〉이 예술작품이라기보다는 음란물에 가깝다고 보고, "우리가 그 따위 것이나 변호해야 하겠느냐"는 반응을 보인 사람이 상당수

---

11) 같은 글.

였다. 음란물 검열에 반대하는 사람들이 없었던 것은 아니나 그런 사람은 문화연대 등에 국한되었을 뿐, 한국에서 가장 중요한 두 "진보적" 예술 전문단체가 공적으로 그런 태도를 표명한 적은 없다.

나는 물론 음란물은 예술작품이 아니므로 표현의 자유의 보호를 받을 자격이 없다는 미학적 관점과 논리에 반대한다.[12] 전체가 그런 것은 물론 아니겠으나 적어도 방금 언급한 '미학적 태도'는 특정한 형태의 표현에만 예술의 특권적 위상을 부여하는 배타적이고 엘리트주의적인 태도다. 이는 특정한 형태의 문화, 즉 고상한 예술만이 문화의 표본이 되어야 하고, 다른 문화적 형태는 그에 추종해야 한다는 태도를 안고 있어서 서로 이질적인 문화의 상대적 평등을 기본 원칙으로 삼는 문화민주주의에 위배되며, 정치적으로도 진보적인 태도가 아니다. "늙은 '인간 폐기물' 같은 족속"이니, "저런 따위 영화"니 하는 표현에는 다른 문화적 감수성과 표현 취향을 지닌 사람들을 혐오하고 폄하하고 차별하는 태도가 짙게 배어있다. 문화연구자로서 나는 음란물은 법적 처벌을 해도 된다는 주장에도 찬성하지 않는다. 음란물을 만드는 것도 표현의 자유에 해당하며, 타인에게 음란한 표현을 하지 말라며 타인의 삶의 태도에 간섭하는 것은 월권 행위다. 하지만 이 글에서 짚어보고 싶은 것은 문화연구와 미학을 꼭 이처럼 대립의 관계로만 고정시켜야 할 것인가, 뭔가 생산적인 방식으로 양자의 관계를 사고할 수는 없는가 하는 점이다. 엘리트주의만이 미학적 태도를 대변하거나 문화연구가 꼭 반미학적이어야 할 필요는 없을 것이다. 문화연구가 여기서 '미학적'이라 부른 태도를 비판적으로 보는 것은 분명하고 그로 인해 양자 사이에 긴장관계가 형성되는 것도 분명하지만, 그렇다고 이 긴장관계를 꼭 상호 반목과 대립으로 얽어맬 필요는 없을 것이다. 여기서 나는 문화연구의 관점을 취하지만 그래도 미학과의 반목이나 대립을 넘어서는 연대의 길을 찾고 싶다.

---

12) 이 점에 대해서는 졸고, 「〈거짓말〉 사태가 제기한 문제들—예술의 음란성 논란과 음란물의 사회적 관리」, 『문화과학』 21호, 2000년 봄, 159-79쪽 참고.

단절의
시도

이언 헌터의 경우 문화연구가 미학 비판을 통해 자신의 정체성을 구성한 것은 잘못이라고 본다. 문화연구는 심미적 영역은 일반적인 역사 및 문화 발전 과정의 일부일 뿐인데 미학이 자신의 이런 부분성을 망각하거나 은폐하고 전체를 대변하는 양 군다고 비판한다. 헌터의 지적은 문화연구의 이런 비난이 오해의 소산이라는 것이다. 문화연구의 역사기술에 따르면 미학에 의한 문화 해석은 18세기 후반 산업자본주의의 본격 가동과 함께 형성된 자본주의 근대성에 대한 비판적 대응이었다. 종교에 의한 사회 통합이 이루어지던 전근대적 질서가 해체되면서 새로운 형태의 삶의 분열이 일어나자 문화의 영역으로 이에 보상하려는 시도가 일어난 것이다. 자본주의가 가장 먼저 발달한 영국에서 이 과정은 18세기말에 "문화", "예술", "시" 등을 특수한 치유 능력을 가진 영역으로 승격시키는 작업으로 진행되었다. 레이먼드 윌리엄스의 표현에 따르면 이 시기에 "예술가들은…창조적 상상력의 담지자라는 자격으로 자신들을 '삶을 위한 혁명'의 대리인으로 여기게 되었다…예술가들의 작업에…당대의 분열 경향에 맞선 핵심 방어선이 될 저 인간 완성의 이상을 향한 실천 가능한 접근 양식이 있다"고 본 때문이다. [13] 이런 태도는 삶의 분열이 일어난 사회와 준별되는 "문화와 문명"의 흐름을 지키자는 전통으로 이어졌는데, 기본적으로 미학적 기획이다. 역사적 조건은 달랐지만 독일에서도 비견되는 미학적 전통이 형성되었다. 자본주의 시장에 대한 저항의 일환으로 만들어진 영국의 기획과는 달리 독일에서 이 기획은 행정, 기술, 계산, 개념 등의 네트워크를 조직하는 도구적 합리성의 강화와 그에 따른 총체적 삶의 방식 파괴에 대한 반발로 등장했다. 여기에는 "우리의 정치적 사회적 곤경은 통합적 존재 양식의 파편화에서 나온다는 생각이, 노동분할은 완벽한 인

---

13) Raymond Williams, *Culture and Society: 1780–1950* (New York: Columbia University Press, 1983), p. 42.

간성 실현의 무산이라는 분석이, 법과 욕망, 노동과 자기 표현, 통치적인 것과 개인적인 것, 유용성과 문화의 모순들을 특징으로 하는 '기계적이고', '소외되었거나' '관리된' 사회에 대한 비판이, 그리고 진정한 공동체와 완전한 존재로 향한 운동에서 이들 모순들을 변증법적으로 극복하리라는 전망"이 담겨 있다. 14) 근대사회에서 이와 같은 미학적 기획은 19세기, 20세기를 거치면서 대중교육의 확산과 함께 대중통치의 테크놀로지로 포섭되었으며, 대학교육을 포함한 학교교육, 비평제도, 출판시장 등을 포괄하는 예술제도로 안정화되었는데, 문화연구자들은 대체로 이와 같은 기획은 엘리트적 경향을 지녀 정치적 한계를 드러낸다고 비판하는 경향이 있다.

헌터가 이런 식의 이해를 문제삼는 것은 미학적 기획이 역사적으로 구성되는 과정에 '우발성'이 작용하는 것을 제대로 이해하지 못한 결과라고 보기 때문이다. 그에 따르면 미학은 소수에 국한된 종파적 삶의 태도에 불과한 '자아의 테크놀로지'로서 "개인들이 계속하여 자신들의 경험을 문제삼고 심미적 존재의 주체로서 행동할 때 사용하는 기술 및 실천"이다. 15) 헌터는 컬트에 가까운 미학이 문화연구가 이해하듯 대중구원의 기획으로 격상된 것은 영국의 경우 대중교육이 제도화되는 과정에 교육행정가들이 미학을 교육의 수단으로 사용한 데 기인한다고 본다. 이는 오늘 다수가 지닌 미학적 태도는 널리 퍼진 오해와는 달리 쉴러, 콜리지, 칼라일, 아놀드 등 심미안을 지닌 인사들보다는 미학 전통에 거의 알려져 있지 않은 대중 통치 전문가들의 작품이라는 것이다. 16) 그는 미학적 태도를 지닌 인사들이 도덕적 감독을 위해 새롭게 등장한 교실에서 주도적 위치를 차지한 것은 그들이 회화, 문학, 연극, 또는 교양 전문가로서 뭔가

---

14) Ian Hunter, "Aesthetics and Cultural Studies," in Lawrence Grossberg, Cary Nelson, and Paula A. Treichler, eds., op. cit., p. 366.
15) Ibid., p. 358.
16) 이와 관련한 헌터의 좀더 상세한 논의는 *Culture and Government: The Emergence of Literary Education* (London: The Macmillan Press Ltd., 1988)을 참고할 것.

특별한 것을 안다는 이유보다는 윤리적 본보기가 되는 인물, 선생님으로 여겨졌기 때문이라고 한다. 미학은 이때 "교실의 구조 및 교사-학생 쌍방에 내장된 윤리적 시선의 위치를 교사가 차지하게 만드는" "자아의 실천"이 된다.17) 이런 실천의 대표적인 예가 "미학적 경험 주체인 자아와 관련을 맺는 기술들이 교사와 학생의 관계를 형성하는 감독과 모방의 기술들과 통합되어" 있는 영문학 교육이다.18) 이 교육의 장은 적어도 그 이상적 형태상으로는 샬롯 브론테의 동명 소설 주인공 제인 에어 같은 인물의 행동거지가 지도 받는 학생의 모범이 되고 학생은 선생님의 그런 행동을 본 따는 과정으로 펼쳐진다. 미학이 대중 구제의 기획으로 떠오른 것은 이런 사제관계가 대중교육으로 확산된 결과가 되겠다.

　나로서는 헌터의 설명을 수용하면서도 동시에 그가 문화연구의 오해라고 하는 부분 역시 역사적으로 이해할 필요가 있음을 강조하고 싶다. 문화개념을 둘러싼 미학과 문화연구의 대립과 반목은 역사적 구성물이다. 1950년대 중반 이후 영국에서 전개된 신좌파 운동이 당시 지배적 위치를 가졌던 미학적 전통을 자신의 주된 적대자로 꼽게 된 사정에서 비롯되었다. 1968년의 5월 혁명 직후 영국 신좌파의 기관지 『뉴 레프트 리뷰』에서 페리 앤더슨이 점검해 보여준 대로 에프 알 리비스에 의해 주도되던 문학연구 혹은 문학비평은 사회를 총체적으로 인식하려는 지적 기획이 거의 전무하던 영국의 풍토에서 총체적인 사회적 상상력을 제공한 유일한 자생적 전통의 위상을 가지고 있었다.19) 문화연구가 리처드 호거트, 레이먼드 윌리엄스, 이 피 톰슨 등에 의해 시작된 것은 이들이 제자 또는 후배로서 리비스가 우파적 관점에서 이끌고 있던 문학비평의 문화 해석과 비판에 반발했기 때문이다. 콜린 스팍스는 당시의 상황을 두고 "지배적 전통은 공공연하게, 부끄럼도 없이 그리고 근본적으로 반민주적이었다. 문

---

17) Hunter, "Aesthetics and Cultural Studies," p. 363.
18) Ibid.
19) Perry Anderson, "Components of the National Culture," *New Left Review*, no. 35 (July-August, 1968), pp. 3-57.

화연구는 그 잉태 시기부터 민주주의의 투사였다”라고 한다. [20]

문화연구자들은 이 결과 콜리지, 매튜 아놀드, 티 에스 엘리엇, 리비스 등으로 이어지는 ‘문화와 문명 전통’을 비판하고 미학과의 단절을 시도하며, 리비스와는 달리 문화를 대중의 시각에서 ‘평범한’ 것으로 읽고자 했고, 문화연구를 종래의 문학연구와는 다른 지향을 지닌 지적 기획으로 출범시켰다. 이 기획은 연구 대상을 문학작품과 같은 ‘가치있는 표현’에 국한하기보다는 문화적 산물 일반으로 확장하고 문화와 사회의 관계를 역사 발전의 한 계기로서 변증법적으로 파악하려 했다는 점에서, 사회와 근본적으로 구분되는 문화를 사회의 대안으로 만들고 대중 구제의 기획으로 승격시킨 문화와 문명 전통과는 크게 다르다. 문화연구는 미학적 엘리트주의와는 달리 대중의 삶을 그 자체로 신뢰했고, 이에 따라 미학과 단절을 이루기 위해 꾸준히 노력한다. 이 노력은 문화연구의 지배적 패러다임의 하나인 ‘문화주의’에도 나타나지만 이 흐름과 대립하던 ‘구조주의’ 패러다임에서, 1970년대 초에 문화적 텍스트를 이데올로기적 장치로 보고 분석하려 한 『스크린』지처럼 문화연구가 구조주의 맑스주의의 영향을 수용한 경우에 더 큰 흐름을 형성한다. [21]

연속
성

독자적인 지적, 정치적 기획으로 발전하고자 문화연구가 미학과의 단절을 추구한 것은 사실이나 이 단절이 꼭 성공했는지는 의문이다. 문화연구가 미학 비판으로 자신의 정체성을 구축하려 했다는 것은 어쩌면 그것이 미학을 늘 전제할 수밖에 없었고, 양자의 단절이 원래 불가능했음을 말하는지도 모른다. 특히 초기 문화연구자들의 경우 미학적 태도와 완전

---

20) Sparks, op. cit., p. 15.
21) 『스크린』지가 현대문화연구소와 문화연구의 노선을 놓고 벌어진 논쟁에 대해서는 Dennis Dworkin, *Cultural Marxism in Postwar Britain: History, the New Left, and the Origins of Cultural Studies* (Durham and London: Duke University Press, 1997)를 참고.

한 단절을 원했는지가 불분명하다. 문화를 평범하다고 본 호거트와 윌리엄스가 노동자들의 삶의 방식, 텔레비전 등 다양한 문화적 산물, 사회적 현상 및 실천, 제도 등을 '독서' 대상으로 삼은 것은 위대한 문학작품들의 정전 구성에 심취한 리비스와 분명히 다른 태도이지만, 그들은 그가 수립한 '꼼꼼히 읽기' 방식을 계속 사용했고, 작품의 질을 따지는 독해 방식을 포기하지도 않았다. 콜린 스팍스는 그래서 문화연구가 문화에 대한 지배 모델과 대립하지만 이 대립은 "사실 양자의 협동을 위한 조건"일 뿐이라고 지적한다. "지배 모델은 '노동'과 '문화'의 근본 분리로 출발하여 물질적 결정의 관점 대신 공허하고 비모순적인 '공동체' 혹은 '총체적 삶의 방식'이라는 개념을 도입"했는데도, "이 그릇된 해결책이…문화연구에 의해 전적으로 받아들여졌다"는 것이다. 문화연구가 '문화와 문명' 전통에 속하는 "비적대적 문화"라는 관점을 알게 모르게 수용하여 "사회적 적대들에 대한 치유제"로 간주한 것은 관념론의 틀에서 벗어나지 못한 때문이다.[22] 스팍스는 그래서 여기까지가 호거트와 윌리엄스가 개척한 문화연구 전통이라고 보지만, 다른 한편에서 보면 윌리엄스 등이 "공허한 비모순적 '공동체'나 '총체적 삶의 방식'이라는 개념"을 선택한 것은 그만큼 미학적 태도로부터 벗어나기 어려웠던 때문이 아닐까 싶다. 스팍스가 비판하는 문화연구는 앞서 '문화주의'라고 부른 흐름에 해당한다. '문화주의'는 문화연구에서 호거트, 윌리엄스, 톰슨 등이 개척한 전통으로서, 이들이 총체성을 '표현'의 관점에서 이해하고, 비문화적 영역들의 구조와 관계들을 체험의 관점에서 읽어내는 경향이 있었기 때문에 붙여진 이름이다.[23]

위에서 문화연구가 미학적 전통과의 단절을 심각하게 시도한 것은 구조주의를 수용한 시점이라고 언급했었다. 구조주의는 문화적 의미가 프락시스 혹은 실천 자체나 경험, 공동체에서 바로 나온다고 보기보다는 의

---

22) Sparks, op. cit., p. 16.
23) Stuart Hall, "Cultural studies: two paradigms," in *What Is Cultural Studies? A Reader*, p. 39.

미화 실천을 통해, 기호작용을 통해 만들어지며, 기호들로 하여금 서로 관계를 맺게 해주는 구조의 효과로 생산된다고 주장한다. 이런 관점은 전통적인 문화 이해와는 아주 다르며, 의미가 기호의 물질적 과정을 거쳐 생산되는 것임을 강조한다는 점에서 유물론에 입각하여 의미생산을 설명하려는 태도라 할 수 있다. 그런데 문화연구가 구조주의 패러다임에 지배되었을 때 미학적 태도와 단절하게 된다는 말은 설득력이 있는 것일까? "문화연구의 '문화주의' 노선이 지적 정세에 '구조주의들'이 도래한 것에 의해 중단"되었을 때, 가장 중요한 변화는 아마 '이데올로기' 개념이 문화를 이해하는 핵심 개념으로 떠올랐다는 점일 것이다.[24] 구조주의는 문화주의가 '경험', '문화'를 핵심 개념으로 사회적 삶을 표현의 관점에서 이해하려 한 것과는 달리, 구조적 지배와 결정의 관점에서 사회를 이해하고자 이데올로기 개념을 도입하고 이를 통해 문화를 이해한다. 하지만 '이데올로기', '결정', '구조' 등의 개념을 쓴다고 해서 구조주의가 미학적 태도와 완전히 단절하는 것은 아니다. 논란의 여지는 있어도 넓은 의미에서 구조주의 맑스주의자라 할 수 있는 루이 알튀세르가 상대적 자율성의 관점에서 이데올로기 개념을 설명한 데서 알 수 있듯이 구조주의에서 이데올로기나 문화는 그 나름의 특수성을 띤 것으로 이해된다. 구조주의 패러다임의 문화연구가 문화와 이데올로기, 혹은 상부구조를 정치경제학적 토대의 직접적 표현이나 반영으로 취급하지 않고, 기호작용의 특수성이나 의미생산의 자율성을 강조하는 것은 그 때문이다. 문화는 여기서 계급투쟁의 단순한 반영이라기보다는 기호라는 우회로를 거쳐 작용하는 특수한 과정으로 인식되고, 따라서 경제나 정치와 같은 사회의 다른 층위들과 함께 독자적 중요성을 지닌다고 평가된다.

　문화연구가 이처럼 문화의 자율성과 넓은 의미의 미학적 태도를 지니는 것은 역사적으로 신좌파 운동과 깊은 관련을 맺기 때문일 것이다. 신

---

24) Ibid., p. 39.

좌파는 영국에서는 처음 1956년 소련의 헝가리 침공에 항의하는 과정에서 당시 새로운 이념으로 제시된 사회주의 휴머니즘을 수용한 사람들을 가리키지만, 그 구성이 확대되어 1968년 프랑스의 5월 혁명을 일으킨 다양한 비판적 흐름들과도 합쳐졌다. 문화주의가 사회주의 휴머니즘에 경도한 초기 신좌파의 지향이라면, 구조주의는 68혁명 과정에서 드러난 '이론적 반-인간주의'와 연결되어 있고, 특히 맑스주의의 영향을 받은 경우다. 양자의 차이에도 불구하고 문화주의와 구조주의는 구좌파의 환원주의, 경제주의 태도를 비판하며, 문화의 특수성을 강조한다는 점에서 넓은 의미의 신좌파에 속한다.[25] 조지 카치아파카스에 따르면 68혁명을 주도한 신좌파는 해방을 향한 본능적 욕구로서 '에로스 효과'를 퍼뜨리는 데 주력했다.[26] 문화연구가 미학적 경향을 지닌 것은 그 자체가 이 신좌파 운동의 흐름에 속했기 때문일 것이다.

미학과의 단절 시도는 따라서 특정한 국면별로 드러난 문화연구의 경향으로 이해하고, 둘 사이에는 통상 생각하는 것보다 훨씬 더 끈끈한 관계가 맺어져 있음을 인정해야 할 것 같다. 최근의 경향 역시 미학적 전통이 문화연구에 끈질기게 붙어있음을 보여준다. 1980년대 후반 이후 문화연구는 이데올로기나 헤게모니보다는 욕망이나 쾌락 문제 쪽으로 관심을 돌리는 경향을 높여왔다. 이는 전반적으로 자본주의 극복과 혁명의 전망이 서양에서 사라지는 과정과 거의 일치한다. 1968년 이후 혁명 열기가 지속하던 시기 문화연구에는 알튀세르의 이데올로기 개념을 이론적 자양분으로 활용하는 국면이 형성되었지만, 1970년대 말 영국, 미국에서 보수 세력의 정권 장악이 일어나자 문화연구는 이 변화를 설명하기 위해 그람시의 '헤게모니' 개념을 활용하는데 대략 1980년대 중반까지 이 국면이 이어진다. 현존하는 가장 중요한 문화연구자의 한 사람인 스튜어트 홀이

---

25) 문화주의와 긴밀한 관계가 있는 '구' 신좌파와, 구조주의와 긴밀한 관계가 있는 '신' 신좌파의 차이와 관계에 대해서는 Dworkin, op. cit., 4장과 6장을 참조.
26) 조지 카치아퍼카스, 『신좌파의 상상력』, 이재원·이종태 역, 이후, 1999 참조.

1983년 미국의 일리노이대학에서 열린 맑스 서거 100주년 기념 국제 심포지엄에서 헤게모니 개념으로 대처의 집권 과정을 분석한 것이 한 예다.[27] 문화연구가 욕망과 쾌락 문제에 관심을 갖게 되는 것은 이와는 다른 방향 전환에 해당한다. 돌이켜보면 이 시기는 알튀세르, 그람시 대신 푸코, 들뢰즈 등이 주된 이론적 참조대상으로 등장했다는 점에서 진보이론에서 니체주의가 맑스주의를 압도한 시점이다. 알렉스 캘리니코스에 따르면 맑스주의와 니체주의는 1960년대 말, 1970년대 초에 서로 연대하다가 분리되었는데, 68혁명 열기의 퇴조, 공산당운동의 위기, 마오주의의 해체 등 정치적인 이유로 니체주의에 맑스주의가 패하게 된다.[28] 문화연구의 일부 흐름이 욕망과 쾌락을 중시하게 된 것은 계급투쟁이 아닌 권력에의 의지를 중심으로 진보이론을 펼치는 니체주의가 더 큰 영향력을 행사하게 되면서 알튀세르의 이데올로기 개념은 물론이고 그람시의 헤게모니 개념까지 거부한 사람들이 나타난 결과일 것이다.

1980년대 중반 이후 문화연구에 소비의 생산성을 강조하는 관점이 자주 등장하기 시작한 것도 이런 맥락에서 이해할 수 있을 듯 싶다. 그레엄 터너가 "이데올로기로부터 후퇴"라고 부르는 경향이 분명해지기 시작한 것이 이때부터다.[29] 문화연구자들은 이제 대중문화의 장에서 이데올로기가 어떤 역할을 하는가를 설명하려 하기보다는 왜 그것이 대중을 피지배자로 호출하지 못하고 실패하는가에 더 관심을 가졌다. 드 세르토, 바흐친, 바르트 등이 제출한 피지배자의 책략, 카니발적 웃음, 그리고 열락 (jouissance) 등의 개념이 주목을 받는 것이 이 맥락에서고, 대중문화가 지배의 장소가 아니라 유토피아가 전개되는 쾌락 생산의 장으로 이해되는

---

27) Stuart Hall, "The Toad in the Garden: Thatcherism among the Theorists," in Cary Nelson and Lawrence Grossberg, eds., *Marxism and the Interpretation of Culture* (London: Macmillan Education Ltd., 1988), pp. 35-57.
28) Alex Callinicos, "What Is Living and What Is Dead in the Philosophy of Althusser," in E. Ann Kaplan and Michael Sprinker, eds., *The Althusserian Legacy* (London and New York: Verso, 1993), pp. 40-41.
29) Graeme Turner, op. cit., p. 215 이하 참조.

것도 이 맥락에서다. 후자의 경우 대중적 텔레비전 프로그램이 이데올로 기적 통제에 장난스럽게 저항한다며 찬양하는 존 피스크가 대표적이다. 피스크는 대중이 이데올로기에 통제되기보다는 자신의 욕망을 드러내고 쾌락을 추구하고 있다고 본다. 그에게 텔레비전은 소비자 혹은 시청자를 지배하는 이데올로기적 장치라기보다는 주어진 쾌락의 의미를 그들 마음 대로 주무를 수 있는 '기호의 민주주의'가 펼쳐지는 장이요, 따라서 권능 강화의 기회다.

미학적 대중주의와   엘리트주의

지금까지 장황하다 싶을 정도로 문화연구가 자신의 실토보다 훨씬 더 깊이 미학에 감염되어 있음을 '증명'해 보이려 한 것은 한국에 도입된 문 화연구에도 비슷한 경향이 나타난다고 보기 때문이다. 한국에서 문화연 구가 도입되기 시작한 것은 1990년대 초이지만 처음부터 문화연구는 특정 한 미학적 경향들을 드러내기 시작했다. 물론 이때의 미학적 태도는 문화 연구가 애초에 극복하고자 한 것과 동일한 유형은 아니다. 영국의 '문화 와 문명' 전통이나 독일의 미학적 전통이 미학적 엘리트주의에 가깝다면 한국의 문화연구가 수용한 미학적 태도는 1980년대 후반 이후 서구에서 드러난 미학적 대중주의에 가깝다. 이 태도는 문화연구가 처음 출현했을 때 지녔던 문화대중주의와 일맥 상통하는 듯 보일지 모르나 호거트나 윌리 엄스가 건강하게 본 '평범한 문화'가 노동자계급의 문화로서 자본주의 대량 문화(mass culture) 혹은 상업문화와 구분되는 대중문화(popular culture) 였다면, 피스크가 '기호 민주주의'를 구현한다며 찬양한 텔레비전 프로그 램은 자본주의 메커니즘에 더 깊이 편입된 문화형태라는 점에서 큰 차이 가 있다. 피스크와 같은 사람의 태도를 어떻게 이해해야 할까? "대중적인 것에 대한 그의 견해는 하도 낙관적이고 하도 찬양 일변도여서 현상태를 재생산하는 재현의 기능에 대해 우려할 필요가 별로 없다는 듯" 군다는 터너의 비판이 정확하다고 본다.[30] 피스크는 대중문화의 쾌락이 '비판적' 효과를 갖는다는 논리이지만 이는 미건 모리스와 존 프로의 예리한 지적처럼 문화연구자 자신의 관점을 비판의 대상에서 교묘하게 제외하는 결과를 가져올 수 있다. 대중의 문화적 실천을 긍정하는 것은 연구자의 이론적 판단 기준 적용을 유예하는 일면 그럴 듯한 태도로 보이나, 이는 정작 자신의 가치와 판단을 분명히 드러내지 않고 대중문화 집단의 가치를 일종의 알리바이로, "자신의 가치가 은폐된 형태로 투영되는 허구"로 작용하게 할 위험이 있기 때문이다.[31] 피스크의 대중주의에 옹호할 측면이 전혀 없는 것은 물론 아니다. 그의 태도에는 문화연구가 처음부터 견지해온, 평범한 문화의 건강성에 대한 신뢰가 그래도 많이 남아 있다. 그가 옹호하는 대중적 프로그램이 만들어내는 포복절도, 시청자의 생산적 창조적 의미생산이 가치가 없다고 할 수도 없다. 바르트나 바흐친이 제시한 카니발의 세계, 욕망의 발산이 지닌 '혁명성'도 굳이 부인할 필요는 없을 것이다. 문제는 이런 것만으로는 충분하지는 않다는 것이다. 한국의 문화연구에도 대중의 감수성을 예찬하고, 소비의 창조성이나 생산성을 주장하면서 이런 현실을 만들어내는 자본주의적 조건에 대한 비판은 외면하는 경우도 적지 않다. 이런 태도는 문화연구의 이데올로기 비판, 권력 비판 외면으로 이어진다.

이쯤해서 정세 판단이 필요하다. 다시 주목할 것은 문화연구의 미학적 대중주의로의 선회가 1980년대 후반 이후에 이루어진다는 사실이다. 이때는 68혁명 열기가 소멸된 뒤로서, 현실사회주의의 붕괴, 보수세력의 급성장이 일어난 시점이며, 영국과 미국을 중심으로 세를 얻은 신자유주의가 지배력을 강화하던 시점이다. 한국의 문화연구가 처음부터 미학적 대중주의 태도를 갖게 된 것은 1990년대 초에 도입된 사정과 무관하지 않을

---

30) Ibid., p. 221.
31) John Frow and Meaghan Morris, "Introduction," in Frow and Morris, eds., *Australian Cultural Studies: A Reader* (Urbana and Chicago: University of Illinois Press, 1993), p. xxv.

것이다. 이 시점에 이르러 80년대를 풍미하던 변혁운동은 크게 약화된다. 현실사회주의의 붕괴로 약화된 진보세력은 강경대 정국(1991)을 거치면서 더 힘을 잃은 반면, 1987년 6월 항쟁의 성과를 차지한 지배세력은 군부의 억압적 독재 대신 형식적 민주주의를 도입하고 문민정부를 출범시킬 여유를 가지게 되고, 이렇게 형성된 '유연' 국면 속에서 시민운동, 신사회운동이 등장한다. 이 시기는 또한 새로운 일간·주간 신문의 창간, 지면 증면, 공중파 방송 추가, 케이블 TV 도입 등 대중매체의 급속한 팽창이 이루어지고, 대중음악, 영화, 애니메이션, 컴퓨터 게임 등 대중문화 장르의 확산도 크게 이루어진 때이기도 하다. 이런 변화는 1980년대 후반에 있었던 약 3년에 걸친 호황과 그것의 종결로 인해 생겨난 자본축적 전략의 변경과 관련되어 있다. 호황이 1980년대 말에 끝나자 자본은 소비를 부추기는 전략을 펼치기 시작한다. 불황 속에 소비를 강화하는 노력이 진행되면서 나타난 것 가운데 하나가 문화산업의 강화다. 우리가 잊지 말아야 할 것은 이 모든 흐름을 관철하며 주도한 것이 신자유주의였다는 사실이다. 당시 문민정부는 개방화, 세계화를 외치며 세계무역기구(WTO)에 자발적으로 가입하는 시늉을 했지만 이는 미국이 주도하는 신자유주의 세계화에 휘말려 들어갔다고 해야 더 정확할 것이다.

문화연구가 도입된 시기는 따라서 1987년 이후 진행된 형식적 민주화 과정 속에서 변혁운동의 퇴조, 소비자본주의의 강화, 신자유주의의 상승이 일어나면서 대중에 대한 새로운 지배전략이 등장한 시기라고 할 수 있다. 한국의 문화연구가 유독 소비의 창조성 혹은 생산성을 강조하는 문화담론을 양산하고, 소비모델에 의거하여 문화분석을 시도하는 강한 경향을 가진 것은 이런 정세 속에서 진행된 것과 무관하지 않을 것이다. 여기서 '소비모델'이라 함은 복잡한 문화적 실천을 이해함에 있어서 문화의 생산, 관리, 유통 과정보다는 소비의 측면을 애써 부각시키는 방식을 말한다. 문화를 전체 생산양식의 관점에서 이해하지 않고 문화 산물의 소비과정에 관심을 집중하다 보면 문화적 실천의 복잡성이 시야에서 가려지고 문화의 수용 측면만 강조될 것이다. 지난 10여 년 동안 국내에서 생산된 문화담론들이 대체로 문화를 향유의 대상으로 여긴 반면 문화생산과정에서 일어나는 정치경제학적 지배, 문화의 유통과 관리에 개입되는 권력 관계 등에 주목하는 경우가 별로 없었던 데는 이런 경향의 몫이 크다. 왜 이런 일이 일어났을까? 문화연구가 미학적 대중주의로 나간 까닭이 전혀 없지는 않을 것 같다. 문화를 생산양식 전체와 관련지어 보지 않고 주로 소비의 측면에서 살핀 것은 90년대 초 국내 진보이론이 노동과 계급의 문제로부터 후퇴한 전체 흐름에서 보면 '대세'를 추종한 것이라 할 수 있다. 90년대 초 이후 진보이론 진영은 소수를 제외하면 80년대의 정치경제학적 문제설정을 거의 포기하였다. 이런 변화는 시민운동, 신사회운동의 출현과 함께 환경, 여성, 소수자 등 새로운 사회적 쟁점이 부상한 반면, 전통적 민중운동의 주요 쟁점 즉 계급적 이해관계 문제가 뒷전으로 밀려났거나 적어도 과거에 비해서는 그 중요성을 크게 상실한 결과 나온 현상이다. 하지만 곧이어 90년대 중반에 신자유주의 세계화의 부작용이 확인되면서 1997년 총파업을 벌일 수밖에 없었다는 점을 생각해 보면 계급, 생산의 문제에 대한 진보이론의 무관심은 안이함의 표본이며, 이런 비판은 문화연구에도 동일하게 적용되어야 한다. 소비자본주의가 강화되는 시점에 소비모델을 채택한 문화연구는 당시 정세에 개입했다기보다 순응한 셈이다. 문화연구의 비판적 인식이 소비문화에 의해 잠식당한 결과인 것이다. 진보적 지적 기획이어야 할 문화연구가 신자유주의적 지배가 강화되는 국면에서 일어난 소비 증가와 같은 자본주의 지배 상황을 제대로 파악하지 못하고, 소비가 생산의 큰 틀 안에 유효소비로 포섭되는 상황을 무비판적으로 상찬하는 식의 대응을 한 것은 크게 반성할 점이 아닐 수 없다.

앞에서 언급한 이호철과 같은 예술가들이 〈거짓말〉 논쟁에서 음란물에 혐오감을 드러낸 것도 이런 정세 속에서 이해할 필요가 있다. 이 지점에서 앞에서 이들에게 '미학적 태도'가 있다고 한 말을 수정하고자 한다. 당시 논쟁에서 '미학'과 '문화연구'의 대립 구도를 드러내기 위해 이 표현을 썼지만 이미 누누이 강조한 것처럼 문화연구 자체도 미학에서 자유롭지 못한 만큼 유독 일부 예술가들만 '미학적 태도'에 물들었다고 할 수는 없기 때문이다. 물론 문화연구와 미학이 미학적 태도를 공유한다고 하더라도 이 태도가 양자에게 동일한 형태로 나타나는 것은 아니다. 문화연구의 전통이 미학적 대중주의에 기울어 있다면 적어도 국내에서 미학적 태도를 취하는 사람들, 특히 지금 음란물과 같은 표현물을 중심으로 표현의 자유 옹호 문제가 발생하여 사회적 태도 표명이 필요한 정세가 형성되었을 때 그런 태도를 취하는 경우는 대체로 미학적 엘리트주의로 기운다는 차이를 보인다. 후자의 경우는 근대의 전통 미학적 태도에 해당하는데 이것은 이호철씨나 민예총 혹은 작가회의 소속 작가들처럼 문화운동 진영의 선배세대가 지닌 미학적 감수성이 그러하기 때문이다. 이들의 미학적 대중주의 비판에는 수긍이 가는 측면이 없지도 않다. 이호철씨가 "저런 것이 '문화·예술'이라는 탈을 쓰고 우리 서울 도심 한복판을 횡행할 만큼 되었는가" 하고 한탄하는 데서 드러나듯이 선배세대는 미학적 가치의 하향 평준화를 크게 우려하는 것 같다. 미학적 대중주의가 문화를 잠식하는 경향이 있고, 여기에 소비자본주의에 의해 부추겨진 문화형태가 다수 포함된다는 점을 생각할 때 이 우려에 근거가 없는 것은 아니다. 문제는 진보적 문화운동을 했던 사람들이 〈거짓말〉 같은 표현물에 혐오감을 드러내고 표현의 자유와는 무관한 음란물일 뿐이라 여길 경우 국가장치를 등에 업은 보수세력의 표현의 자유 통제를 방치하는 꼴이 되고 만다는 것이다.

　그렇다고 미학적 대중주의를 택할 수도 없다는 것은 이미 말한 바다. 미학적 대중주의에는 선뜻 변호하기 어려운 소비자본주의와의 영합이라는 혐의가 너무 짙다. 어떻게 해야 할 것인가? 미학적 엘리트주의로부터는 이데올로기 비판의 과제를 망각하는 소비자본주의 미학에 대한 비판적 시각을 배우고, 문화연구에 기반을 둔 미학적 대중주의로부터는 엘리트주의를 극복할 관점을 획득할 필요가 있다고 본다. 미학과 문화연구의 서로 다른 경향을 역사적으로 이해하고 양자를 반목의 족쇄로부터 풀어내어 미학의 진보적 경향과 문화연구의 진보적 경향간의 연대를 모색하자는 것이다. 이런 인식은 현재의 문화정세에서 특히 중요한 의미를 갖는다고 할 수 있는데, 무엇보다도 예술과 문화의 산업화가 진척되어 대중예술 전체가 문화산업으로 전환되었기 때문이다. 지금 공연되고 있는 〈오페라의 유령〉과 같은 작품이 100억원 이상이라는 전대미문 규모의 투자가 필요한 데서 알 수 있듯이 이제는 고급예술마저도 산업화 혹은 투기성 투자를 통해 생존을 도모하는 시기가 되었다. 그동안 공공재원으로 운영되던 문화기관이나 공공문화시설에도 책임경영을 통한 자체 수익구조 강화를 요구하는 사례도 많아졌다. 문화의 산업화, 경제 종속이 심화되고 있는 것이다.[32] 대중문화, 고급문화 가릴 것 없이 문화산업의 논리를 채택하고 있는 지금 미학과 문화연구의 반목보다는 연대가 더 필요하다. 하지만 이를 위해서는 문화연구가 미학적 대중주의에서 벗어나는 것 못지 않게 미학도 기존의 틀에서 벗어날 필요가 있다.

타자와 숭고미—
문화연구와 미학의 연대를 위하여

오늘의 진보적 문화연구와 진보적 미학 전통이 연대할 수 있는 통로의 하나로 '타자'의 개념과 '숭고미'의 그것을 신중하게 검토할 것을 제안한다. 여기서 숭고미는 통상 말하는 예술의 숭고함, 앞서 말한 '미학적 태도'가 예술을 숭고하게 여긴다고 했을 때의 숭고함과 같은 것은 아니다. 전통적인 근대미학에서 예술의 숭고함으로 규정되는 것은 타락한 여타 삶과는 구분되는 예술이 지닌 어떤 고유한 가치요 품격이지만, 사실 예술의 숭고함을 주장하는 측은 근대적 미학제도로 구축된 예술을 신비화하는 데 급급할 뿐이다. '숭고미'는 근대적 예술을 고착시키기 위해 가동되는 미적

---

32) 최근 문화의 산업화와 경제종속에 대해서는 이 책에 함께 실린 「신자유주의 시대의 한국문화」, 312-16쪽 참조.

범주가 아니라 그런 예술제도가 요청하는 예술제도의 안정성이나 예술적 범주의 고착성을 깨고 오히려 근대적 미학 체계가 감당하지 못하여 내친 것들, 위험하다거나 불온하다고 여겨 배제한 미적 표현을 가능하게 하기 위해 도입하려는 개념이다. 이것은 칸트가 말한 '숭고미'에 해당하는 것으로서 규범적, 정상적 재현과 표현의 영역을 넘어서는 미적 범주에 해당한다. 칸트에게 '숭고미'는 '취미'나 '미' 등 통상적인 표현과 체험의 세계에서 경험되는 미적 범주가 아니라 상상까지도 넘어서는 어떤 것이어서 규범화된 표현 영역에서 배제된 것을 가리킬 수 있다. '숭고'란 이때 너무 끔찍하여 생각할 수도 없는 것, 너무 크든지 작든지 해서 제대로 인지할 수 없는 것, 너무 높거나 너무 낮아서 절대로 한 눈에 들어오지 않는 것 등을 의미한다. 이런 범주를 지칭하는 우리말로는 '숭고'(崇高) 보다 '현고'(眩高)가 더 어울릴지도 모르겠다. '현고'가 환기하는 현기증의 체험이 이런 심미적 체험이 가져오는 지각의 특성을 더 잘 표현하기 때문이다.

만약 우리가 미적 표현을 숭고미 개념으로 조정하여 생각하면 예술과 문화의 실천은 결코 안정화된 예술제도의 규범들에 의해 규제될 수 없을 것이다. 문화예술적 실천은 이제 차라리 "변칙적인 것, 수량화할 수 없는 것, 비표준적인 것 혹은 표준화가 불가능한 것, 엉뚱한 것, 불완전한 것" 등을 포괄하지 않으면 안 된다.[33] 더러움, 비열함, 치사함, 잔인함, 극악함, 고통스러움 등이 극한을 넘은 상태를 표현하는 것도 금기시될 수 없다. 나는 이런 경험에 피스크가 찬양한, 혹은 바흐친이나 바르트 등이 찬양한 비-이데올로기적 현상들, 문화연구로 하여금 미학적 대중주의로 나아가게 한 현상들도 당연히 포함될 수 있다고 본다. 가령 바흐친이 말한 카니발의 세계는 지배자가 사전에 정해놓은 위계가 제대로 지켜지지 않고, 선과 악, 삶과 죽음, 우리편과 적, 미와 추가 뒤섞여 구별이 되지

---

33) Charles Bernstein, "What's Art Got to Do with It? The Status of the Subject of the Humanities in an Age of Cultural Studies," in *Beauty and the Critic: Aesthetics in an Age of Cultural Studies*, p. 29.

않아서 규범적 삶에 익숙하고 그것을 지키려는 사람이 감당하기 어려운 혼돈을 일으키는 세계다.[34] 카니발은 이런 점에서 숭고 혹은 현고의 경험이 연출될 수 있는 상황이다. 앞에서 미학적 대중주의를 비판한 것은 이런 상황의 연출을 문제로 삼으려 한 때문은 아니다. 바흐친과 바르트의 관점을 배척하려 한 것도 아니다. 미학적 대중주의를 문제삼는 것은 현기증 일으키는 표현과 실천을 지향한다기보다는 소비자본주의와 타협하는 경우가 더 많다고 보기 때문이다.

　　문화연구는 왜 숭고와 현고의 표현을 지지해야 하는가? 그것은 문화연구가 지닌 정치적 태도와 상통하기 때문이다. 문화연구가 처음부터 지적·정치적 기획으로 지녀온 태도의 하나는 타자와 공존하려는 것이다. 이때 공존은 타자를 타자로서, 즉 차이로서 용인하는 것이다. 사회학적으로 이해할 때 한 사회에서 타자로 간주되는 사람들은 주로 지배질서로부터 주변으로 내몰린 소수자, 낙오자, 혹은 영락의 존재들이다. 오늘 한국 사회를 주도하는 정체성이 남성-부르주아-이성애자-성인-한국인이라 한다면 이 다수자가 지배하는 사회에서 여성, 노동자, 동성애자 혹은 양성애자, 청소년, 외국인(노동자) 등은 사회적 이익과 권리의 분배를 둘러싼 의사결정 과정에서는 물론이고 자신을 표현하고 자기 운명을 결정할 때조차도 자율적 결정 주체가 되지 못한다. 이때 문제가 되는 것은 이들이 타자로, 남으로 배제되는 과정에서 차별적 존재로서 사회적 차별, 탄압, 억압의 대상이 된다는 것이다. '남'은 '남다'라는 말에서 볼 수 있듯이 환원, 약분(約分)을 한 뒤에도 남는 찌꺼기, '나'라는 동일성의 그릇에 다 담기지 못하여 넘쳐남의 '남'과 같은 것이다. 이 남은 찌꺼기는 나에게로 환원하지 않는 것이기에 또한 나간 것이기도 하다. 즉 '나'에게도 되돌아오지 않고 떠난 것, '나'로부터 '나아간' 것이다. 이런 점은 1992년 대통령 선거 기간 동안 당시 검찰관계자 등 부산의 유력자들이 '초원복집'이라는 곳에

---

34) Mikhail Bakhtin, *Rabelais and His World*, tr. Hélène Iswolsky (Cambridge, Massachusetts & London: The MIT Press, 1968) 참조.

나눴다는 "우리가 남이가"라는 말에서도 정확하게 확인되는 바다. 여기서 "우리"는 복수 대명사 '우리'만을 지칭하지 않고 짐승을 잡아 가두는 '우리', 혹은 옛날 시골집을 둘러싼 '울'과도 통한다. 우리는 밖으로 나앉은 남과는 달리 우리 속에 함께 들어와 앉을 수 있으며, 같은 패거리를 울 삼아 보호를 받을 수 있는 한편이다. "우리는 남이 아니다"라는 것은 울타리＝우리를 공유하는 사람들은 나간, 넘쳐난, 다 쓸어 담고도 남은 사람이 아니라는 것, 울＝우리 밖의 저들과는 다르다는 것, 경상도라는 지역적 정체성으로 환원되지 않는 사람, 특히 우리의 울＝우리 안에 들어올 수도 들어와서도 안 되는 호남 사람이다. 남은 동일성의 올가미에 포획되지 않는 존재, 나로 되돌아오지 않아 나의 정체성으로는 결코 퍼담을 수 없는 남아나는 존재인 것이다.

우리는 이런 남, 타자를 어떻게 취급하는가? 우리가 속한 우리를 벗어난 남을 우리는 우리라는 본체에서 떨어져 나간 영락의 존재로 취급한다. "영락물의 예들은…'눈물, 침, 똥, 오줌, 구토물, 점액'으로서 '신체의 일부도 아니지만 그것과 분리된 것도 아닌' 실체들일 것이다. 비록 '주체는 이들 영락물들을 오이디푸스화의 깨끗하고 단정한 신체를 만들기 위해 축출해야 하지만' 그것들은 '신체적, 물질적 존재의 전제 조건들이기 때문에 결코 없어지지 않는다'."35) 여기서 중요한 것은 눈물, 콧물, 때, 침, 피, 비듬, 정액, 고름, 오줌, 똥, 땀과 같은 영락물들이 아무리 구역질나고 더럽고 메스껍게 느껴진다 하더라도 이런 것 없이는 신체를 지닌 주체가 성립할 수 없다는 사실이다. 사회의 주류에서 벗어난 사람들, 소수자들, 낙오자들, 영락의 존재들도 마찬가지다. 이들 역시 비루하고, 남루하고 비참하게 보이지만 어떤 사회도 이들 없이 성립할 수는 없다. 하지만 한국사회는 이들을 어떻게 취급하는가? 비루하고 남루하기 때문에 비천하고 혐오스럽다고, "변칙적인 것, 수량화할 수 없는 것, 비표준적인 것 혹

---

35) 레이 초우, 「종족 영락의 비밀들」, 『흔적』 2호, 2001, 81쪽.

은 표준화가 불가능한 것, 엉뚱한 것, 불완전한 것"이라고, "더러움, 비열함, 치사함, 잔인함, 극악함, 고통스러움"의 표현이라고 보지 않는가? 오늘 우리 사회에서 이런 식으로 이해되는 영락의 존재에는 동성애자, 외국인 혹은 비정규직 노동자, 미혼모 등이 포함될 것이고, 여기에는 음란물을 만들거나 소비하는 사람들, 이호철이 말한 "늙은 '인간 폐기물' 같은 족속"도 빠지지 않을 것이다.

이런 관점에서 본다면 근대적 전통미학에서, 혹은 〈거짓말〉 사태를 통해 드러난 국내 다수 예술가들의 미학적 태도에서 음란물을 예술에서 배제하는 경향은 바로 영락의 존재로서 타자에 대한 혐오를 나타낸다고 할 수 있다. 음란성은 이때 점잖고 고상한 '문화예술'의 정상적, 규범적 표현 범주에 들어와서는 안 되는 표현의 영역이지만 또한 타자로 나가 앉은, 호출을 해도 우리 안으로 소환되지 않는 '남'이자 동시에 함께 공존하기에는 혐오스럽고 더러운 '작자들'의 용인할 수 없는 삶의 방식이다. 미학적 범주로서 음란성은 아마 숭고미의 가장 낮은 수준인지도 모르지만 근대적 예술제도를 굳건하게 떠받드는 한국의 예술가들에게는 절대로 "우리 서울"에 들어와서는 안될 미적 범주가 된다. 그런 음란물을 배척하는 마당에 상상을 초월하는 다른 표현들이야 말할 필요조차 없을 것이다. 그러나 숭고미를 표현하려는 노력은 예술의 전통에 없는 것이 아니며, 사실 새로운 표현을 개척하는 예술가는 주로 이들이었다. 1910-30년대 서구의 아방가르드 전통, 1980년대 한국의 리얼리즘 문예운동 등이 시도한 것은 표현의 한계를 뛰어 넘고자 한, 숭고미를 추구하려 한 운동이 아니었던가.

이런 숭고미를 추구하는 미학과 연대를 하려면 문화연구 역시 미학적 대중주의에 안주하는 태도에서 벗어날 필요가 있을 것이다. 미학적 대중주의가 보여주는 것은 대중을 알리바이로 내세워 미학적 엘리트주의와는 또 다른 방식으로 자본주의적 지배문화를 추인하는 것이다. 엘리트주의가 안정화된 공식문화, 제도화된 고급문화를 지지한다면 대중주의는 문화산업이 지배하는 소비문화를 지지함으로써 새로운 욕망과 표현의 영역을 개척하는 데 주저한다. 특히 대중주의는 소비문화 영역에서 다수자의 논리에 추종하고, 이에 따라서 오늘 대중이 자본주의의 착취와 억압과 배제에 의해 복잡하게 구성되고 있다는 사실, 신자유주의 생산양식에 의해 해체되어 주변으로 내몰리는 사람들 역시 다양한 방식의 삶을 추구하고 있다는 사실에 무관심하다. 〈거짓말〉 영화 자체도 이런 맥락에서 보면 자본주의적 틀 속에 갇혀 있다는 비판을 결코 면할 수 없다.

여기서 제시하는 것은 문화와 관련한 두 가지 경향들, 즉 한편으로 미국 등지에선 수세로 몰린다고 하나 한국에서는 아직 지배적 위치를 누리고 있는 미학적 엘리트주의와 다른 한편으로 아직 국내 대학에는 제대로 진입하지 못했으나 소비자본주의의 확산으로 적어도 문화시장에서는 주류가 된 미학적 대중주의로부터 문화연구와 미학이 벗어나는 노력을 함께 할 필요가 있다는 것이다. 현재의 대중주의와 엘리트주의는 적어도 그 지배적 양상을 놓고 보면 우리의 삶을 범상한 것 안에 가두려 한다. 범상한 삶 자체가 나쁘다는 것은 아니다. "문화는 평범하다"라는 명제를 애써 강조한 윌리엄스가 제출한 문제제기가 틀렸다는 것도 아니다. 그러나 평범한 삶의 건강성을 인정하는 것과 그것을 규범으로 취급하는 것은 서로 다른 일이며, 규범화되거나 지배적 위치를 점한 평범함은 비판적 능력을 마비시키는 주문이 되기도 함을 잊지 말아야 한다. 흔히 엘리트주의나 대중주의는 서로 다른 방향으로 고급문화와 저급문화를 지향하는 듯하지만 둘 다 도전과 실험과 자유가 아닌 안정성, 주류, 대세 등을 지향한다는 점에서 중간치기에 가깝다.[36] 미학적 대중주의와 엘리트주의를 함께 벗어나 새로운 표현의 영역, 실천의 영역으로 나갈 필요가 있다. 문화산업화를 추종하는 미학적 대중주의, 영락한 타자의 존재를 무시하는 엘리트주의는 사실 고차원도 저차원도 아닌 평균치를 지향한다. 현고의 개념이 말해주듯 삶의 체험과 표현의 전율이 가져오는 것은 너무 높거나 너무 낮은

---

36) 찰스 번스타인에 따르면 현존 지배체제를 보존하려는 중간계급이 이런 태도를 가장 많이 견지한다. Bernstein, op. cit. 참조.

것일 수는 있어도 적당하게 높고 적당하게 낮은 것은 아니다. 문제는 예
술 혹은 문화의 제도화와 산업화를 위해 이 과잉을 관리하고 통제하려는
세력에 어떤 태도를 취할 것이냐는 거다. '타자'와 '숭고'의 개념을 놓치지
않는다면 문화연구나 미학이 택할 길이 타협일 수는 없다. 그렇다면 양자
는 서로 어떤 태도를 지녀야 할까? 반목과 대립을 통해 각자의 역량을 갉
아먹기보다는 연대의 길을 모색해야 한다. 그래야만 숭고와 타자의 영역
을 확장할 가능성이 있지 않겠는가.

02

누가 음란을 두려워하랴[*]

이 글은 『문화과학』 편집위원회가 28호 특집 주제로 잡은 '영화'와 관련하여 최근 자주 사회적 논란을 빚고 있는 '표현의 자유' 문제를 좀더 근본적인 차원에서 점검할 필요를 느껴서 가진 네 번의 토론 내용을 정리한 것이다. 원래는 제목을 '한국영화(산업)와 표현의 자유' 정도로 하여 여기서 정리한 것보다는 좀더 포괄적인 내용을 담고자 했으나 논의 과정에서 음란물 문제 쪽으로 초점이 모아졌다. 표현의 자유 문제를 음란물 중심으로 생각하게 된 것은 최근 한국영화에서 성 표현의 문제가 자주 쟁점으로 부각된 때문이기도 하지만, 성, 성욕, 성애와 이것들의 표출, 표현 문제야말로 오늘날 '사회 진보'를 사고함에 있어서 핵심적인 쟁점이라는 사실을 논의 과정에서 확인한 때문이기도 하다.

---

[*] 출처: 『문화과학』 28호, 2001년 겨울, 93-117쪽. 이 글은 『문화과학』 편집위원회가 4차례에 걸쳐 가진 토론을 채록하여 이동연, 심광현 등의 도움을 받아 필자가 최종 정리한 것이다.

사상의 통제에서
표현의 통제로?

『문화과학』은 최근 인구통제와 관련하여 중대한 변화가 일어난 것으로 판단한다. 그동안 한국에서 주로 통제를 받아온 것은 아무래도 사상의 자유였다고 할 수 있을 것이다. 일제의 지배에서 벗어난 뒤로도 우리 사회가 동서냉전과 좌우대립의 세계질서 속에서 남북분단의 불운을 겪게 된 탓이다. 하지만 사회변혁운동이 거세게 몰아치던 1980년대와 비교하면 이데올로기 문제가 사회적 쟁점이 되거나 진보 혹은 좌경 사상으로 체포, 입건, 구금되는 경우는 많이 줄어든 것이 사실이다. 물론 그동안 사람들을 옥죄어온 국가보안법이 진보세력의 줄기찬 철폐 요구에도 불구하고 그대로 온존해 있고, 아직도 가끔 조직 사건이 불거지는 것을 보면 사상의 통제가 완전히 사라진 것은 아니다. 하지만 가끔 일어나는 조직 사건도 주로 북한 관련 사건으로 축소되고 있고, 맑스주의 논의도 대부분 자유가 허용되고 있는 것 등을 미루어보면 사상 통제는 과거에 비해 비중이 작아진 반면 표현 문제는 갈수록 더 큰 사회적 의미를 지니는 것처럼 보인다.

표현의 자유와 관련해서 최근에 일어난 변화로 주목할 것 가운데 하나는 1997년 7월 1일 청소년보호법(이하 청보법)이 1961년에 제정된 미성년자보호법을 대체해서 신종 검열법으로 통과되었다는 사실이다. 미성년자보호법과 청소년보호법의 가장 큰 차이는 전자가 표현물, 특히 이념물이나 음란물에 대해 사전 검열을 했다면, 후자는 주로 음란물에 대한 사후 검열을 한다는 점이다. 또한 청보법은 과거의 국가 검열기구로 악명이 높던 '공연윤리위원회'(이하 공륜)가 1996년 헌법재판소로부터 사전심의에 대한 위헌 판결을 받고 해체되는 과정에서, 한편으로는 영화등급을 전담하는 영상물등급위원회를 설치하고, 다른 한편으로는 과거 공륜의 검열 역할을 광범위하게 수행할 수 있는 청소년보호위원회(이하 청보위)를 설치할 근거를 제공한 법이다. 1) 우리는 이런 법의 제정에는 중요한 정세상의 변화가 작용한 것으로 본다. 공륜과 청보위는 둘 다 표현의 자유를 제약하기 위한 조직이지만, 통제의 초점에서 차이가 난다. 박정희 시대의 공보처에 의해 만들어진 공륜이 '불온사상'의 표현을 탄압하는 데 주된 목적이 있었다면, 청보위는 그런 사상의 문제보다는 표현상의 문제, 특히 음란폭력의 표현에 통제의 관심을 집중한다. 청보법 제정이 중요한 변화를 시사한다는 것은 이때를 전후하여 표현의 자유와 관련된 사건들, 특히 음란물의 제작과 배포를 문제삼아 갖가지 시비를 걸어오는 사례가 늘어난 데서 확인할 수 있다.

지난 몇 년 동안 사회적 논란을 빚은 표현물은 대개가 '음란성' 때문이라 해도 과언이 아니다. 기억나는 것들만 언급하면, 소설가 마광수가 『가자 장미 여관으로』를 집필한 이유로 법정 구속 및 교수직 박탈을 당했고, 장정일은 『내게 거짓말을 해봐』로 인해 재판을 받아 실형을 살았고, 『천국의 신화』 소년판으로 만화가 이현세가 기소되어 벌금형을 선고받았으며, 청소년들이 직접 제작, 실연한 청소년 포르노 〈빨간마후라〉가 큰 사회적 논란을 일으켰고, 영화 〈노랑머리〉가 파격적 성행위 장면을 이유로 등급보류를 받았다. 최근의 음란물 정세와 관련하여 주목할 점은 스포츠신문 등 대중매체의 선정성을 비판해온 일부 시민단체들이 〈음란폭력성매체조장대책협의회〉(이하 음대협)라는 것을 만들어 대대적인 음란물 '소탕작전'을 벌이기 시작했다는 사실이다. 음대협은 한동안 장선우 감독의 〈거짓말〉을 공격 대상으로 삼았는데, 등급심의를 받을 때부터 극장개봉을 반대하더니 일부 장면의 삭제 및 모자이크 처리를 거쳐 영화가 개봉되자 검찰에 제작사와 극장주를 고발하는 집요함을 보였다. 청보법이 시행되면서 대중음악에 대한 시비도 잇따랐다. 사회비판적인 욕설과 선정적인 가사를 사용했다고 조피디, 김진표, 싸이의 앨범들이 청소년유해매체

---

1) 현재 각종 공연, 매체에 대한 심의기관 중에서 '간행물윤리위원회'만이 그 설치근거를 '청소년보호법'에 두고 있다. 알다시피, 간행물윤리위원회는 문화관광부에 소속되어 있었지만, 청소년보호위원회가 문광부에서 국무총리실로 이관되면서 법적 근거에서는 국무총리실 관할 법인 '청소년보호법'(국회에서는 정무위원회 소속)의 영향을 받지만 예산상으로는 문화관광부 예산을 쓰는 이중적인 성격을 가지고 있다.

판정을 받았고, 올 여름에도 박진영의 앨범 〈게임〉에 나오는 성적 표현이 청소년에게 유해한지 여부를 놓고 보수적인 기독교 단체와 문화예술단체 사이에 치열한 논쟁이 벌어졌다. 음란은 지금도 문제이다. 교사 화가 김인규가 부인과 함께 찍은 나체사진 작품으로 '청소년성보호에관한법률' 위반으로 검찰에 고발을 당해 재판을 받고 있는 중인 것이다.

1997년—
분수령

여기서 주목할 점은 이들 사건이 대개 청보법이 통과된 1997년을 전후로 일어났다는 것이다. 왜 하필 1997년인가? 알다시피 1997년은 사상 초유의 노동자 총파업이 있었으며, 외환위기가 닥쳐 국제통화기금(IMF)에 구제금융을 신청한 '국난'이 일어난 해임을 상기해야 한다. 1997년은 김영삼 정권이 안기부법과 함께 노동관계법을 개악시켜 통과시킨 데 분노한 노동자들이 일으킨 사상 초유의 총파업으로 시작되었다. 1996년 OECD에 가입한 것을 치적으로 삼고, '단군이래 최대 호황'을 자랑하던 김영삼 정권의 위세는 이 총파업으로 여지없이 무너졌으며, WTO 출범과 OECD 가입으로 시장개방 압박을 받아 어려워진 경쟁조건을 개선한다며 정리해고 등 노동유연화 정책을 도입하려던 자본과 국가는 노동자의 총공세 앞에 당황할 수밖에 없었다. 수세에 처한 총자본과 국가에게 외환위기와 'IMF 사태'는 어쩌면 반가운 손님이었는지도 모른다. '국가 도산의 위기'를 내세우며 노동자들을 위협하여 노동유연화 정책을 다시 밀어붙일 수 있는 국면 전환용 카드가 생긴 것이다.

하지만 우리의 관심은 왜 이 시점에 표현의 자유와 관련한 사건들, 특히 성적 표현을 둘러싼 사건이 문제가 되었는가 하는 점이다. 이 무렵에 문화생산물의 성적 표현의 음란성을 문제삼는 일이 자주 생기고, 과거에 비해 이런 문제제기가 사법 처리로 이어지는 경향도 높아졌다. 물론 성 표현 문제 때문에 실제 사법 처벌을 받은 경우가 꼭 많았던 것은 아니다.

쟁점으로 떠오른 사안들 가운데 유죄 판결을 받은 경우는 마광수, 장정일 등 소수에 불과했고, 〈노랑머리〉, 〈거짓말〉 등의 경우 무난하게 극장 상영을 마칠 수가 있었으며, 『천국의 신화』도 결국 무죄를 선고받았고, 독립영화계 출신인 이지상 감독의 〈둘 하나 섹스〉의 경우에는 상영보류 결정을 받고 난 후, 곧바로 제작자가 위헌소송을 해 헌법재판소로부터 등급보류가 현행 헌법에 위반된다는 판결을 받아내기도 했다. 하지만 그래도 주목해야 할 점은 사법기관의 최종 판결과는 별도로 표현 문제가 사회적 입장 대립을 드러내는 전선을 형성하는 경우가 부쩍 늘어났으며, 이에 따라 표현의 자유를 둘러싼 논쟁이 사회적 관심사로 떠올랐다는 사실이다. 지금은 따라서 진보진영 내부에서 사회변혁의 노선을 둘러싸고 첨예한 사상논쟁이 벌어지고, 다른 한편 진보세력과 이들의 사상을 불온시한 국가권력 및 보수세력 사이에 일어난 저항과 탄압이 전선을 형성하던 1980년대 말 혹은 1990년대 초까지의 상황과는 아주 다르다. 어떤 정세가 형성되었기에 90년대 중반 이후에는 이처럼 음란물을 중심으로 한 표현 문제가 주요 쟁점으로 떠오른 것일까?

다시 1997년을 전후한 시점을 살필 필요가 있다. 이 시점과 그 이전의 차이는 1980년대 말 이후에 만들어진 사회변동에 대한 평가 또는 의식 수준에서의 차이가 아닐까 싶다. 알다시피 1980년대 말, 1990년대 초에 이르러 '혁명의 80년대'는 크게 후퇴를 겪게 된다. 현실사회주의의 약화 및 붕괴, 1987년 이후 형식적 민주주의의 도입과 함께 일어난 운동권의 이탈 현상 속에서 진보세력은 전망을 상실하였다. 게다가 1986-88년의 '3저 호황'이 끝나고, 1988년 올림픽대회를 치른 뒤 한국 자본주의는 과잉생산 문제를 겪으면서 소비자본주의를 급속도로 강화했다. 1987년의 6월 항쟁으로 분출된 민주주의에 대한 요구를 지배블록이 관리하기 위해 대중매체, 대중문화 및 문화산업을 확대하기 시작한 것도 이때다. 1990년대 초 포스트모더니즘담론, 신세대담론, 문화담론 등이 확산한 데에는 이런 급작스런 사회적, 문화적 변동 속에 생겨난 일종의 인식론적 혼란이 작용했는지도 모른다. 이 과정에서 80년대의 변혁운동 세대가 지니고 있던 '혁명적 금욕주의' 대신 '욕망의 표현'이라는 신세대의 새로운 태도가 나타난 것도 사실이다. 하지만 이 중대한 변화는 당시 형성되고 있던 소비문화에 신세대가 소비자로 편입되는 과정이기도 했고, 이 점은 90년대 세대가 지닌 탈정치 성향이 증명한다. 따라서 1990년대 초반은 1980년대에 분출한 이데올로기적, 사상적 도전이 일정하게 후퇴하는 가운데, '욕망'이 새로운 사회적 요구로서 등장했지만 이 욕망이 잠시 소비자본주의 시장에 견인되어 제어되고 있던 시점이라고 하겠다. 그러나 1997년의 급박한 상황은 시장에 의한 욕망 관리가 순탄치 않음을 상기시켰다. 현실사회주의의 붕괴, 변혁운동의 퇴조, 소비자본주의의 강화, 신세대의 등장, 대중매체-대중문화-문화산업의 확산이라는 새로운 지형 속에서, 이데올로기의 중요성은 과거에 비해 훨씬 약화되었고, 대신 욕망이 새로운 사회적 요구로 등장하게 되었는데, 1997년을 기점으로 해서 이 욕망의 분출이 이제 더 이상 시장에 의해 통제되기 어려운 어떤 구조적 변화가 생겨나지 않았나 싶다. 1990년대 후반 이후 표현의 자유 문제가 자꾸 불거지고 있는 것은 이미 커져버린 욕망에 대한 요구가 시장의 충족 범위를 넘지 않도록 해야 하는 상황이 생긴 때문이 아닐까? 욕망을 분출하고 표현하려는 요구와 그에 대한 통제 사이에 대립과 갈등이 빈번해진 때문이 아닐까? 이에 더하여 1997년이 분수령이 된 것은 노동자 총파업과 IMF 사태로 세력들간의 입장 차이가 더 선명하게 부각되었기 때문일 것이다.

신자유주의 정세와
욕망전선

사회적 대립과 갈등, 적대가 부각된 것은 이 시점에 신자유주의의 정세가 좀더 분명해진 것과도 밀접한 관련을 맺는다. 사회운동단체, 지식인사회 등이 1980년대 말 이후 발생한 여러 사회적 문제들을 '신자유주의' 문제로 인식하기 시작한 것은 1990년대 중반 이후였던 것 같다. 김영삼 정권 시기 우루과이라운드가 체결되고 WTO가 출범하고, 한국이 1996년 OECD에 가입하면서 세계화, 개방화, 정보화, 지방화 등의 구호가 남발될 때 이 일련의 흐름을 신자유주의로 파악하여 대처하려는 노력은 그렇게 많지 않았다. 신자유주의가 문제라는 인식은 1996년 말의 노동관계법 통과에 대해 노동계가 총파업으로 맞서면서 국제연대가 활발해지는 과정에서 좀더 명확해진 것 같으며, 신자유주의에 관한 진보진영의 연구와 분석이 본격적으로 시작된 것도 1997년에 와서이다.[2] 표현의 자유와 관련하여 국내 문화운동 단체, 사회운동 단체들이 모여 신자유주의 정세 속에서 표현의 자유 문제를 점검한 것도 이때였다.[3]

신자유주의 국면에서는 왜 사상이나 이데올로기보다 표현이나 욕망이 특별히 문제가 되는 것일까? 1980년대 말 이후 한국사회는 이데올로기적으로는 덜 위험하지만 욕망 통제의 관점에서 보면 더 위험한 주체형태가 대거 등장한 것이 아닐까라는 가설을 세워볼 수 있다. 이 시기에 성년이 되기 시작한 신세대는 1970년대 후반에 태어나 소비자본주의가 강화되는 시점에 10대 말을 보낸 탓에 '혁명의 80년대'에 참여한 '386세대'에 비하면 절제와 금욕보다는 쾌락과 욕망을 훨씬 더 적극적으로 추구하는 경향을 가지고 있다. 386세대가 사회주의 이데올로기를 수용하면서 사회변혁을 위한 헌신에 골몰했다면 이 신세대는 이데올로기보다는 자신의 욕망 실현에 더 열중하는 태도를 보인다. 욕망은 이데올로기, 사상에 비해 표층 표현의 문제와 더 긴밀한 관련을 맺고 있다. '멋대로 하자'는 신세대가 랩, 레게, 힙합 문화에 심취하며 박자, 리듬, 의상, 스타일 등에 관심을 가진

---

2) 이 작업은 당시 '민주와진보를위한지식인연대'라는 이름으로 활동하던 지금의 사회진보연대가 주최한 강좌의 형식을 빌어 처음 본격적으로 이루어졌다. 이 강좌에서 사용된 강의록은『자본의 세계화와 신자유주의』(문화과학사, 1998)로 출간되었다.
3) 민주화를위한전국교수협의회, 민주와진보를위한지식인연대, 민주사회를위한변호사모임, 한국민족예술인총연합 등이 1997년 9월 10일 기독교회관에서 '우리 사회 표현의 자유는 있는가'라는 주제로 문화예술 검열 철폐를 위한 토론회를 가진 바 있다. 강내희, 「표현의 자유 탄압과 신자유주의」, '우리 사회 표현의 자유는 있는가' 자료집, 6-20쪽(강내희, 『신자유주의와 문화』, 문화과학사, 2000 수록) 참고.

것도 그들의 욕망이 표현 층위에서 물질성을 드러내는 것을 보여준다. 물론 그렇다고 80년대 운동권 문화가 나름의 표현방식이 없었다는 것은 아니다. 하지만 그때 표현은 내용의 종속물에 가까웠던 반면, 90년대 신세대 문화는 스타일의 기호적 측면을 특히 강조하는 등 표층 표현의 전략을 구사한다. 물론 여기에는 소비자본주의의 강화를 통해 청소년을 소비자로 포섭하려는 문화시장의 유혹이 작용했지만, 새로운 세대가 특히 자신의 욕망 표현을 중시한다는 점이 고려되었을 것이다. 문제는 한국사회로서는 처음으로 포드주의적 대중소비가 가능하게 되었던 90년대 전반과는 달리 90년대 후반에 들어 본격화된 신자유주의 국면에서는 이런 욕망이 제대로 충족되기 어렵다는 것이다. 신자유주의는 기본적으로 노동자를 중심으로 한 민중과 대중을 더욱더 착취하려는 전략이다. 이윤의 증대와 착취의 효율화에 도움이 되는 선에서는 신세대, 나아가 대중 일반의 욕망을 부풀리겠지만 이 욕망이 감당하기 어려워질 때는 그에 대한 부담을 느낄 수밖에 없다.

여기서 신자유주의의 문화적 모순이 발생한다. 신자유주의는 자본축적을 위해 상상할 수 있는 모든 수단을 활용한다. 교육, 환경, 교도, 의료 등의 분야에 시장논리를 도입하는 것이나, 문화산업을 확대하고, 소비자본주의를 강화하는 것은 그 때문이다. 문제는 이때 대중의 욕망이 더욱 확대되고 욕망 충족에 대한 요구도 더 커질 수밖에 없다는 것이다. 이것은 중대한 모순이 아닐 수 없다. 갈수록 착취의 강도를 높이기 때문에 더 많은 사람들을 빈곤과 궁핍의 나락으로 몰아넣으면서 문화시장 안에서는 욕망의 소비자를 만들어야 하는 것이다.

『문화과학』은 음란물을 둘러싼 표현의 자유 문제가 중요한 사회적 쟁점으로 떠오른 것은 바로 이런 상황 때문이라고 본다. 신자유주의 세력은 이데올로기 전선에서는 이미 승리를 확인하고 욕망 전선에서 공세를 취한다. 이데올로기 전선에서의 '승리'는 신자유주의가 세계적으로 등장한 1980년대에 자본주의와 대립해오던 현실사회주의가 이미 위기에 빠져 더 이상 경쟁 상대가 되지 않았다는 말이다. 이데올로기 전선에서 대립 구도를 격화시킬 필요가 없게 되자, 이제 가상의 적은 신자유주의 정책으로 양산된 사회의 주변으로 내몰린 사람들과 그들이 야기할 것 같은 새로운 문제들로 바뀌었다. 이 과정에서 신자유주의는 신보수주의와 연대를 하게 된다. 미국의 경우 신자유주의가 본격화한 1980년대에 가족의 소중함, 신앙심, 개인적 책무, 성적 순결, 의지 등 '미국적 가치'를 강조하는 경향이 두드러졌다. 신자유주의의 정치적, 경제적 공세로 일어난 대량 실업과 소득 감소, 삶의 질 저하, 그에 따른 비인간적 삶의 확산 등 갈수록 늘어나는 첨예한 사회적 문제들을 개인의 도덕적 책임 문제로 호도하기 위함이었다. 신보수주의 혹은 문화적 보수주의는 사회적 실패를 개인의 책임으로, 게이나 레즈비언 등의 성 정체성을 도덕적 타락으로 몰아붙였으며, 이로 인해 1989-91년 사이에 대규모 '문화전쟁'이 전개되었다. 오늘 한국에서도 비슷한 상황이 전개되는 것이 아닐까? 음란물을 중심으로 한 표현의 자유가 사회적 쟁점이 된 가운데, 신자유주의와 신보수주의가 표현의 자유를 추구하려는 세력을 압박해 들어오고 있는 것이다.

누가 음란물을
　　　반대하는가

오늘 한국에서는 표현의 자유와 관련하여 어떤 세력 구도가 형성되어 있는 것일까? 크게 보면 진보와 보수가 대결하겠지만 진보세력이든 보수세력이든 각자 안에도 다양한 견해의 스펙트럼이 있는 것 같다. 이는 표현의 자유 문제를 둘러싸고 입장과 논의의 지형이 복잡하다는 것인데, 우리는 이 복잡성을 충분히 인식할 때 비로소 표현의 자유 신장에 앞장설 '진보의 연대'를 위한 지반을 제대로 구축할 수 있을 것이라고 믿고 있다. 여기서 '지형의 복잡성'은 진보든 보수든 단일한 모습을 갖추고 있지 않다는 말이다. 우선 진보진영을 생각해보자. 노동, 생태환경, 문화, 여성 부문의 다양한 운동세력은 서로 혹은 내부에서 다양한 입장의 분할선에 따라 표현의 자유, 특히 음란물을 대하는 태도가 달라 보인다. 2000년 초 장선우의 〈거짓말〉을 음대협이 음란물이라며 고발하여 검찰 조사가 진행되었을 때 여러 단체들이 보여준 반응들을 보면 확인할 수 있는 바이다. 당시 '사회진보연대'와 같은 민중운동 좌파 세력은 즉각 검찰 조사를 표현의 자유에 대한 국가권력의 탄압으로 보고 반대한 반면, 과거 정치적 개혁에서는 동반자였던 여성단체나 학부모단체 등은 음대협과 입장을 같이 하는 편이 많았다. 문화운동 영역에서도 문화개혁을위한시민연대(문화연대)나 영화인회의 등이 '표현의 자유 수호'를 주장하며 음대협의 고발 행위와 국가의 개입을 비판했지만, 1980년대 진보적 문화운동을 주도해온 한국민족예술인총연합이나 민족문학작가회의는 즉각 개입하지 않거나 유보적인 태도를 취하는 의외의 반응을 보였으며, 그 중에는 공개적으로 〈거짓말〉을 퇴폐적이라고 비판하는 신문 기고를 하는 사례까지 있었다. 이런 다양한 반응을 보며 우리는 진보라는 것이 결코 일괴암으로 이해될 성질의 것이 아니라는 점을 명확하게 깨닫게 되었고, 표현의 자유, 특히 음란폭력물, 그 중에서도 음란물에 대한 반응에서는 과거 식의 진보라는 관점으로는 포괄되지 않는, 서로 다를 뿐만 아니라 대립되는 입장들이 있음을 확인하게 되었다. 이런 차이는 표현의 자유를 옹호해야 한다는 일반원칙에는 동의하면서도 음란물에 대해서는 별도의 입장을 갖기 때문에 생길 것이다.

『문화과학』의 입장은 표현의 자유를 옹호한다면 당연히 음란물의 제작과 유포도 기본적 권리로 인정해야 하고 법적으로도 허용해야 한다는 것이다. 하지만 우리의 입장을 펼치기 이전에 음란물을 반대하는 이유를 좀 더 상세하게 이해할 필요가 있다. 지금까지 음란 표현을 반대해온 개인이나 단체는 작가 이호철과 같이 과거에 넓은 의미의 진보적 예술인으로 통하던 예술인, 전 청소년보호위원장 강지원 검사나 김성희 현 청소년보호위원회 위원장과 같은 국가권력에 소속된 관료들, 손봉호 서울대 교수나 권장희 기독교윤리실천운동 사무처장 류의 보수적 도덕주의자, 양혜경, 최영애 등 여성단체 인사들, 그리고 참교육학부모회와 같은 학부모 단체 등 다양한 계열이 서로 충돌하고 있다. 이제 계열들의 입장과 그에 대한 우리의 입장을 생각해 보고자 한다.

첫 번째 계열로 손봉호나 권장희와 같은 특정한 종교적 입장에 서있는 보수적 도덕주의자의 경우는 음란물을 원천적으로 거부하는 정서를 드러내고 있다. 일종의 보수적 시민운동의 형태로서 이들의 음란물 반대운동은 80년대 초 스포츠신문의 선정성 반대운동의 경력에서 알 수 있듯이 이미 상당한 역사와 경험을 가지고 있다. 특이한 것은 최근 기윤실의 음란물 반대운동이 문화소비자운동의 형태를 띠고 있다는 점이다. 이들은 자신들의 음란물 반대운동이 특정 종교의 입장을 강변하는 것이 아님을 부각시키기 위해 청소년보호라는 명분을 가지고, 문화소비자운동이란 새로운 이름을 사용하기 시작했다. 음란물에 대한 반대를 종교 대 대중문화라는 이분법에서 보지 않고, 대중문화내의 문제로 삽입시키려는 기윤실의 문화소비자운동은 최근 청소년들의 일탈현상이 사회적 문제로 부각되면서, 실제로 일반 학부모로부터 상당한 호응을 이끌어내기도 했다. 그러나 이러한 문화소비자운동은 소비자의 대상을 크게 한정하거나, 적어도 청소년을 주체가 아닌 객체로 대상화시키고, 소비자의 볼 권리를 제한하고자 한다는 점에서 일종의 윤리적 정화운동의 성격을 가진다고 하겠다. 한편으로 이 문화소비자운동은 겉으로 드러나 있지 않지만, 90년대 후반부터 본격화하기 시작한 보수적인 개신교도들의 대중문화에 대한 집단적 반격 중 비교적 세련된 전략 형태로 볼 수 있고, 대중문화의 시대적 영향력에 대한 종교적 위기감을 타개하기 위한 적극적인 전략으로 해석할 수 있다. 4)

---

4) 청보법이 제정된 1997년을 기점으로 기독교 사상에 바탕을 둔 대중문화비판이 개신교 내에서 광범위하게 진행되고 있음을 알 수 있다. 기윤실 소속 회원들이 주축이 된 『대중문화, 더 이상 침묵할 수 없다』(강영안 외, 예영코뮤니케이션, 1998)를 비롯해 『기독교와 대

종교적 도덕주의자들의 음란물 혐오증은 기본적으로 타자에 대한 절대적인 이해 부족에 기인한다. 이들은 음란물과 음란표현 행위를 모두 청소년을 미끼로 한 작가, 혹은 업주들의 상업적 이기심의 산물로 환원하려는 경향이 강하다. 이는 자연스럽게 음란물이 청소년들에게 미치는 악영향을 과대 포장하여, 사회적으로 공포심을 조장하고 확산시키는 전술로 이행된다. 이들은 또한 다른 사람들의 성적 취향에 대해 자신의 도덕적 잣대를 들이대며 간섭하려 든다. 음란물을 도덕적으로 매도하는 이런 사람들과의 연대의 가능성은 희박하다고 해야 할 것이다. 오히려 이들의 종교적 도덕주의에 기반한 음란물 혐오증은 타인의 성적 표현행위를 일방적으로 매도하는 문화파시즘적 경향까지 드러내며, 이는 결국 사회적 억압을 조장하는 태도이자 인류의 평화와 진보에 어긋나는 입장임을 명시적으로 공격할 필요가 있다고 본다.

두 번째 계열로 강지원이나 김성희 등으로 대변되는 검찰이나 청소년보호위원회 관료들과, 나아가서 온라인상에서 표현의 자유를 크게 위축시킬 우려가 있는 인터넷내용등급제 도입에 결정적 역할을 한 '정보통신윤리위원회'(이하 정통윤)의 관료들의 경우가 있다. 이들의 경우는 강력한 국가기구의 힘을 활용하기 때문에 주로 도덕적 캠페인에 의존하는 첫 번째 계열에 비해 현실적으로 매우 큰 영향력을 행사하고 있다고 봐야 할 것이다. 보수적 시민단체들이 음란물에 대해 법적 고발, 고소 등의 조치를 취하면 청보위나, 정통윤이 기다렸다는 듯 이를 수용하는 것을 보면 첫 번째 계열과 두 번째 계열은 도덕적-제도적 짝패 관계를 이루고 있다 해도 과언이 아니다. 실제로 1997년 청보위와 1996년 정통윤이 만들어질

중문화』(박종균 저, 대한기독교서회, 1999), 『대중문화, 최후의 유혹』(심상언, 낮은울타리, 1998), 『대중문화도 거룩해 질 수 있는가』(방선기, 예영커뮤니케이션, 1999), 『사탄은 마침내 대중문화를?』(심상언, 낮은울타리, 1999) 등의 책이 출간되었는데, 대부분의 책이 선정적이고 폭력적인 경향을 수반한 현대 대중문화를 '사탄의 문화'로 결론짓고 있다. 이는 1990년대 한국에서 대중문화의 급격한 성장이 교회 성장 과정에서 청소년들과 교회의 관계에 부정적인 영향을 끼치고 있다고 여기는 위기감을 반영한 것으로 보인다.

당시 첫 번째 계열에 속한 인사들의 주도적인 참여가 있었고, 지금도 이들의 개입이 큰 영향력을 행사하고 있다.

그러나 두 계열이 서로 비슷한 도덕성을 드러내지만, 음란물을 관리하는 방식에 있어서는 차이가 나타난다. 청보위나 정통윤은 손봉호나 권장희 류의 청소년보호론 캠페인 입장을 수용하는 것을 보면 후자와의 도덕적 유대감을 가지고 있음이 분명하지만, 이를 공개적으로 드러내는 것을 꺼려하고, 다만 자신들이 장악한 제도의 합리화를 위해 후자의 입장을 활용하고 있다. 따라서 앞서 언급한 도덕적-제도적 짝패 관계는 겉으로보다는 암묵적으로 드러난다고 해야 한다. 청보위나 정통윤 관료들은 검열과 심의의 관료적 전문성을 내세우며, 청소년보호는 유해매체 식별과 그것과의 격리라고 하는 기술적 제도적 접근에 의해 실현이 가능하다고 믿는 사람들로 보인다. 예컨대 정통윤이 음란물차단소프트웨어 프로그램의 '기술적' 정확성에 대한 깊은 신뢰 혹은 집착을 드러내는 것은 이 때문이다. 여기에는 물론 감성적, 문화적 맥락이 제도적, 기술적 여과장치로 인해 얼마나 왜곡될 수 있는지에 대한 성찰이 빠져 있다. 이들은 첫 번째 계열의 인사들과는 달리 음란물을 놓고 감정적인 성토 발언을 하지 않는다. 대신 음란물에 대한 사회적 합의를 얻기 위해서는 심의와 조사라는 제도적 단계를 거쳐야 한다는 것을 강조할 뿐이다. 집약하자면 청보위와 정통윤 관료들은 음란물이 미칠 사회적 문제를 지적하면서 그것을 사회적으로 관리하겠다는 관료적 입장을 보이는 것이다. 이런 집단에 대해서는 어떤 대응을 해야 할까? 실질적으로는 큰 영향력을 가지고 있기 때문에 감시와 비판을 소홀히 해서는 안될 것이다. 하지만 동시에 이들이 국면에 따라서 자신의 입장을 바꿀 수가 있으며, 사회적 권력관계의 변화에 따라 다른 진보적 성향을 지닌 개인들에 의해 교체될 수도 있다는 점을 생각하면, 이들을 비판하는 것 못지 않게 우리의 영향력을 키우기 위한 노력이 중요하다고 본다. 여기에는 음란물과 관련된 개방적이고 진보적인 여론과 담론정세를 만들어내는 노력이 포함될 것이다.

　세 번째 계열은 〈사랑의 전화〉, 〈한국성폭력상담소〉 소속의 양혜경, 최영애 등으로 대변되는 여성 개인 혹은 단체들의 경우이다. 여성단체들 마다 입장 차이는 있겠지만, 이들이 대체로 지적하는 것은 음란물이 여성 문제에 미칠 수 있는 영향에 관한 것이다. 한국의 대표적인 여성단체인 〈여성민우회〉나 〈한국여성단체연합〉도 표현의 자유 수호 운동이나, 인터넷내용등급제 폐지 운동에 대체로 부정적이거나 미온적인 태도를 보이고 있다. 이들이 음란 표현물 제작과 유통을 반대하는 것은 음란물이 사회에 버젓이 유통될 경우 여성들이 성적 폭력에 노출되며, 그로 인해 실질적인 피해를 입는다는 이유 때문이다. 우리는 여성들이 음란물에 대해 거부감을 드러내는 것에 대해 먼저 이해의 태도를 취할 필요가 있다고 본다. 현재 포르노그라피는 남성의 이성애적 성애를 중심으로 한 성행위를 묘사하고 있는 것이 사실이며, 가부장적 지배 속에서 포르노가 남성에 의한 여성의 성폭행, 성추행을 촉발할 수 있는 환경상의 계기를 제공하는 것도 사실이다. 『문화과학』은 이런 환경 때문에 여성의 인권이 짓밟히는 것을 당연히 반대한다. 하지만 동시에 우리는 남성중심의 성문화 비판이 성애 자체에 대한 거부로 이어질 필요는 없다고 생각한다. 왜곡된 남성의 성 지배를 반대하기 위해 남성 자체의 성애와 여성 자신의 성애를 무시해서는 안될 것이다. 이런 점에서 우리는 여성들이 "여성비하적' 표현의 문제 때문에 성적 표현물을 무조건 억압하는 보수주의적 세력과 연대하는 일은 장기적으로 여성주의적 표현의 가능성을 스스로 제한하는 일"이라는 입장에 동의한다. 포르노 혹은 음란물은 남성과 여성이 모두 가진 성욕과 성애를 적극적으로 표현하는 매체이며, 인간의 성욕과 성애는 사회적으로 금지하거나 회피해야 할 것이라기보다는 존재론적 차원에서 인간 존재의 외침을 드러내는 중요한 방식의 하나라고 보아야 한다. "성적으로 노골적이지만 대안적인 여성주의적 시각과 의제를 다룬 표현물, 이성애, 동성애 여성, 성적 소수자의 쾌락을 위한 그러나 성차별적이지 않은 포르노, 그리고 좀더 '기이'하고 '변태적'인 성적 행위까지를 능동적으로 행하는 여성

주체적 표현물까지 꿈꾸고 상상하고 만들어내야 한다."5) 여성적 음란의
자유가 남성적 음란의 자유만큼이나 인정받아야 하고 보호받아야 한다면
〈거짓말〉 사태와 관련하여 여성단체들이 음란물을 거부한 태도는 여성 자
신의 욕망마저 외면한 것으로 보인다. 지금까지 여성단체들의 운동들은
주로 여성차별을 철폐하는 운동에 주력한 반면 여성 자신의 성적 욕망의
확대에 대해서는 뚜렷한 입장이나 정책을 가지지 못하고 있는 실정이다.
현재 여성단체들에게 성차별과 성적 욕망을 구별하고 후자의 영역을 확대
하는 운동은 앞으로 논쟁적인 사안이 될 것이며, 이 과정에서 표현의 자
유 수호 운동과의 연대가 중요한 과제가 될 것이다.

　네 번째 계열로, 학부모단체들의 입장을 살펴보자. 표현의 자유 옹호를
주요 목적의 하나로 삼아 활동을 벌여온 〈청소년보호법폐지와표현의자유
수호를위한공동대책위〉(이하 청보법폐지공대위)에 참여해오던 〈인간교육
실현을위한학부모연대〉(이하 학부모연대)가 최근 이 공대위로부터 공식
탈퇴를 선언했다. 학부모연대가 당초 청보법폐지공대위에 참여한 것은
기윤실과 같은 규제방식의 사회캠페인보다는 청소년들의 입장에서 문제
를 해결하는 적극적 문화교육이 더 필요하다는 입장 때문이었는데, 청보
법폐지공대위가 올 여름 박진영의 앨범 〈게임〉을 옹호하는 과정에서 이견
이 생긴 것이다. 박진영의 앨범은 자녀 교육에 부적절한 연애관과 성 담
론을 담고 있기 때문에 지지할 수 없다는 것이 학부모연대 일반 회원들의
정서였다고 한다. 표현의 자유를 원칙적으로, 아니 적극적으로 지지하는
경우라도 성 표현이 논란이 되는 실제 사건 속에서는 이견이 생긴다고 위
에서 지적한 것은 사실 이런 사례를 염두에 둔 것이지만, 학부모연대의
청보법폐지공대위 탈퇴는 음란물 표현의 자유가 얼마나 많은 오해를 극복
하고 난관을 거쳐가야 하는지를 단적으로 보여준다. '청소년 보호' 이전에
청소년의 인권을 보장하고, 복지를 확대해야 한다는 입장을 가진 이 단체

---

5) 권은선, 「표현의 자유와 여성주의적 시각」, 월간 『문화연대』, 2001년 11월호.

도 결국 청소년을 보호해야 한다는 '학부모'의 관점을 넘어서지 못한 것이다. 하지만 우리는 이 단체의 공대위 탈퇴 역시 깊이 이해할 필요가 있다고 본다. 문화적 관점에서는 상대적으로 진보적인 이 단체의 최종 태도를 보면, 음란물 표현 지지는 우리 사회 성의식 일반에 비춰볼 때 너무 급진적으로 보임이 분명하다. 그렇다면『문화과학』과 같이 음란물에 대해 개방적 입장을 가진 개인과 단체는 어떤 태도를 취해야 할까? 음란 표현의 자유에 대한 지지를 얻으려면, 음란물이 청소년에게 끼칠 영향력에 대해 학부모가 지닌 거부감이나 공포감을 근거 없는 반응으로 치부할 수는 없다. 그보다는 그 이유를 이해하려는 노력이 선행되어야 한다고 본다. 학부모들의 반응은 '내 아이'의 포르노 접촉이 가져올 영향과 결과에 대한 우려임이 분명하다. 이 우려를 표현의 자유 확대의 요구로 전환시킬 수는 없을까? 이 질문과 관련해서는 아래에서 따로 생각해보기로 하겠다.

마지막 계열로는 예술적 가치 때문에 음란물을 비판하고 음란 표현의 자유에 적극 나서지 않거나 비판하는 경우가 있다. 영화 〈거짓말〉에 대해 예술적 가치가 없는 음란물이라며 신문기고를 통해 비판을 가한 소설가 이호철이 그 대표적 경우이며, 민예총이나 작가회의에 속한 상당수 작가들이 비슷한 생각을 가진 것으로 여겨진다. 이 입장에는 음란물과 예술작품은 같지 않다는 판단이 작용하거나, 음란성을 띤 것이라도 고도의 예술적 승화가 이루어졌다면 모르되 그렇지 않다면 표현의 자유로 보호받을 대상이 아니라는 생각이 들어 있다. 우리도 예술적 가치를 중시하며 작품을 수준 높은 것으로 만드는 노력은 중요한 예술적 의무라고 생각한다. 하지만 예술적 가치가 없는 음란물은 만들면 안 되는 것인가? 음란물의 제작과 유통은 표현의 자유와는 관계가 없는 것인가? 이와 관련해서도 아래에서 우리의 입장을 밝힐 것이다.

지금까지 음란 표현과 관련하여 다섯 가지 정도의 입장을 살펴보았다. 우리는 여기서 세 가지 쟁점을 추출해 보고자 한다. 첫째, 음란물을 만드는 것은 오늘의 진보와 어떤 관계가 있는가 하는 문제이다. 이와 관련해서는 과거 진보를 표방하던 예술인 혹은 예술단체가 음란물에 대해 드러내는 혐오의 태도가 지닌 정치적 의미를 살피는 것이 필요하다고 본다. 둘째, 아이들의 음란물 접촉에 대한 학부모들의 우려를 어떻게 이해할 것인가라는 점이 있다. 이 쟁점은 성의 자유에 관련된 것이며, 올바른 해결책은 성 복지라는 새로운 관점의 사회복지를 전제해야 나온다는 것이 우리의 입장이다. 셋째, 음란물에 대한 공포 또는 혐오를 어떻게 이해해야 할 것인가라는 문제가 있다. 보수주의는 음란물을, 혹은 성적으로 명백한 표현을 혐오하거나 공포로 여긴다. 이것을 어떻게 이해할 것인가? 이제 이런 문제들을 차례로 살펴보자.

신자유주의와
문화보수주의의 협력

〈거짓말〉 사태와 관련하여 이호철과 같은 문인 개인, 민예총이나 작가회의 같은 예술단체가 보여준 음란물에 대한 거부 반응을 어떻게 이해해야 할까? 이들은 〈거짓말〉은 예술성이 없는 음란물이기 때문에 표현의 자유 차원에서 변호를 받을 필요가 없다고 하는 셈이지만, 우리는 음란물도 표현물인 이상 표현의 자유에 의해 보호받아야 한다는 입장이다. 그렇다면 음란물이 넘쳐나도 좋단 말이냐는 것은 본질을 흐리는 문제제기일 뿐이다. 음란물의 제작과 유통을 법적으로 허용하는 것과 그것의 사회적 관리는 별도의 문제이고, 표현의 자유에 의해 음란물 제작과 유통을 허용하더라도 그 관리는 사회적으로 다시 결정해야 하는 것이다.[6] 우리의 이런 입장은 〈거짓말〉을 음란물이라며 예술적 창작의 보호 대상이 아니라고 하는 쪽은 물론이고, 이 영화를 음란물로 몰아붙이는 보수적 시민단체들의 비난을 피해 어쨌거나 극장상영을 성사시켜 이윤을 내고자 베를린 영화제

---

6) 음란물의 '사회적 관리'에 대해서는 강내희, 「〈거짓말〉 사태가 제기한 문제들—예술의 음란성 논란과 음란물의 사회적 관리」, 『문화과학』 21호, 2000년 봄, 159-79쪽 참조.

에서의 본선진출을 이유로 문제의 영화가 높은 예술성을 가진 작품이라고 주장한 영화제작사와도 다르다. 우리는 〈거짓말〉이 음란물이라 하더라도 그것이 허구적 표현물인 한 제작과 유통이 허용되어야 한다고 보며, 음란물을 불법으로 규정하고 있는 현행법이 오히려 문제라고 보는 것이다. 문제의 핵심은 어떤 작품이 예술작품인가 아닌가가 아니라 음란물의 제작과 유통은 불법인가 아닌가라는 것이다. 음란물의 제작을 불법으로 해놓은 현행 형법은 표현의 자유를 보장하고 있는 헌법을 위배하는 것이 아닌가?

여기서 표현물의 예술성을 중시하면서 음란성에 대해서는 반대하는 입장이 어떤 정세적 효과를 가져오는지 살필 필요가 있다. 이런 입장을 취하는 이호철이나, 비슷한 입장을 가진 것으로 보이는 민예총과 작가회의는 넓은 의미의 진보 세력에 속한다. 『문화과학』은 오늘 시점에 진보가 어떤 의미를 가지는지 더 깊이 알기 위해서는 '음란성'을 둘러싼 입장을 따질 필요가 있다고 본다. 현단계에서 진보세력이 싸워야 할 가장 중요한 대상은 무엇보다도 신자유주의다. 이 신자유주의와 관련해서 음란 표현물을 비난하는 것이 어떤 의미를 지니는지 생각해봐야 한다.

앞서 말한 대로 신자유주의는 신보수주의와 협력 관계에 있다. 양자가 협력 '관계'에 있다는 것은 둘이 똑 같지는 않다는 말이다. 신자유주의가 선호하는 주체의 형태와 신보수주의가 선호하는 주체의 형태도 다르다. 미국에서 신자유주의 정세가 형성되던 시기인 1980년대에 등장한 신자유주의적 인간형은 당시 급증하던 기업합병에 참여하면서 고임금을 받던 경영학석사 출신을 포함한 '여피들'(yuppies) 이었다. 이들은 도시에서 소비생활을 즐기며 새로운 문화소비자로 부상하면서 미국의 '전통'과 '가족적 가치', 신앙심 등을 귀하게 여기던 신보수주의자들과는 다른 개인적 성향을 드러냈다. 1990년대 이후 한국에서도 신자유주의가 득세하면서 새로운 주체(형태)들이 만들어졌다. 구조조정, 정리해고의 희생자보다는 오히려 그 과정을 기획하고 더 적은 노동자로 수익을 올리는 기업 모델을 개발하는 고급인력, 평생고용의 안정적 직업이 갈수록 귀한 시대에 빈번한 직업 전환에 적응할 수 있는 다기능 혹은 이전가능 기능 소유자 등이 그런 주체들이며, 여기에는 신자유주의 정책을 밀어붙인 김대중정권이 새로운 유형의 지식인이라며 선전한 '신지식인'도 포함된다. 하지만 이미 언급했듯이 신자유주의 정세는 생산성과 경쟁력을 가진 이런 유형들보다는 실패자, 희생자를 더 많이 양산해내는 법이다. 구조조정을 당해 일자리에서 쫓겨난 사람들과 그 가족, 지금까지 문화시장에서 욕망의 소비자로서 역할을 해왔지만 주머니 사정이 나빠진 청소년, 주부는 이제 갈수록 '생산적 소비'에 참여할 수가 없다. 미국에서처럼 이들은 사회 주변으로, 마약, 매춘, 범죄 등으로 내몰리기 쉽다.

신자유주의와 신보수주의가 협력을 한다는 것은 이들 신자유주의의 희생자들이 살아가는 삶의 방식을 신보수주의가 도덕적으로 공격함으로써 신자유주의의 허물을 덮고 책임을 면하게 해주는 역할을 하기 때문이다. 도덕적 보수주의가 사회적, 정치적 문제를 개인 도덕의 문제로 환원한다면 문화적 보수주의는 예술적 가치를 내세우며 음란성, 퇴폐성, 폭력성을 담은 문화적 표현물을 비난한다. 하지만 음란성, 퇴폐성, 폭력성을 묘사하지 않고 어떻게 그것들을 실질적으로 양산해내는 신자유주의를 공격할 수 있을까? 지금은 신자유주의의 정치공세와 경제정책으로 엄청난 사회적 불평등이 생겨나고 있고, 당연히 사회적 불만도 높아지고 있는 국면이다. 음란과 폭력의 표현을 비난하는 것은 이런 불만을 잠재우려는 노력, '성공시대'를 구가하는 '신지식인'의 변명이 아닐까? 마약, 폭력은 물론이고 이성애적 성애와는 다른 성애 표현을 죄악시하고, 자유로운 성적 표현을 방종으로 모는 것은 계속 주변으로 내몰리는 사람들을 문화적으로 통제하려는 것이 아닌가?『문화과학』은 굳이 비난받을 음란성이 있다면 이런 통제야말로 음란성 자체라고 본다. 오늘 진보를 자처하는 사람이라면 음란을 비난할 것이 아니라 그런 존재론적 외침을 만들어내게 하는 신자유주의에 반대해야 한다.

성 복지를
위하여

앞에서 아이들의 음란물 접촉에 대한 학부모들의 우려와 관련하여 이 우려를 표현의 자유 확대의 요구로 전환시킬 수는 없을까 하는 질문을 제기했었다. 우리는 이 질문과 관련하여 학부모 가운데 아이들의 공부는 우리가 관리하겠으니 성 표현 부분만큼은 국가가 대신 책임져달라는 사람이 제법 많다는 사실을 중시한다. 공교육이 철저하게 무너져버린 한국사회에서 학부모는 지금 국가 대신 자녀들의 교육을 책임지고 있다. 개별 학부모가 교육내용에 대한 전문성을 갖출 수는 없겠기 때문에 자녀들의 교육내용을 일일이 챙기지는 못한다 하더라도 교육비만큼은 학부모가 거의 다 부담하지 않는가. 하지만 자녀의 성욕에 관한 한 한국 학부모는 완전히 무장해제된 상태이며, 이 결과 거의 공포 상태에 놓인 것으로 보인다. 이런 처지의 학부모가 청소년의 성 문제에 대한 '국가 개입'을 요청하는 이유는 무엇일까? 자신들은 대처방안이 없으니 국가가 제도적으로 책임을 져달라는 것 같아서 일면 학부모로서의 책임을 회피하는 듯해 보이기도 하지만 이 요청은 상당히 진보적인 문제제기를 담고 있다는 것이 우리의 판단이다. 여기서 질문은 청소년이나 청년들에 대한 사회적 관리를 누가 책임질 것인가라는 것이다. 혹시 학부모들은 자신도 모르게 아이들의 복지, 특히 성 복지 문제를 제기한 것은 아닐까?

일단 학부모의 문제제기가 명확하게 설정되거나 표현되고 있는 것은 아니라는 점을 인정할 필요가 있다. 오늘 학부모들은 왕성해지는 청소년의 성적 활동에 대해 큰 부담과 두려움을 가지고 있다. 옛날에는 그래도 성행위의 사회적 규범들이 있었는데, 지금은 그렇지 않다는 것이 어른들의 걱정이다. 이런 생각에는 최근 갑작스럽게 확산된 인터넷 등 신종 매체에 대한 정보 및 이해 부족도 작용하는 것 같다. 많은 학부모는 이들 매체가 음란 매체라는 확신에 차 있다. 청소년 음란물 접촉에 대한 학부모의 거부는 이 점에서 학부모 자신의 문제인지 모른다. 국가더러 청소년

성 문제를 책임지라는 것도 따라서 성인으로서 충분한 성 지식을 갖추고 있지 못하는 학부모가 자신이 모르는 것을 아이들이 접촉하는 것에 대한 공포감 때문인지 모른다. 하지만 그렇다고 이것을 단순히 무지에 의한 공포로만 여겨서는 안될 것 같다. 학부모의 공포는 나름의 정확한 지식에 기반을 두고 있다. 조숙한 성 활동이 아직도 혼전 순결이 강조되는 이데올로기적 조건에서 자녀의 인생에 불리하게 작용할 것임을 학부모는 너무나 잘 안다. 더 실질적인 문제도 있다. 한국에서는 청소년 성 활동을 지원하거나 보호하는 사회적 제도가 전혀 없으며, 이런 조건에서 자유로운 성 활동은 곧장 자녀의 손해로 이어진다. 단적으로 한국에는 미혼모가 아이를 키울 수 있는 지원 대책이 전혀 없지 않은가.

그렇다면 학부모의 문제제기가 지닌 의미는 사실 우리 사회에 성 복지가 전혀 마련되어 있지 않다는 점을 지적한 셈이다. 성욕은 우리가 인간 존재로서 가지고 있는 기본적 역능이며, 어떤 경우에도 부정할 수 없는 인간 에너지의 원천이다. 성욕은 어린아이에게도 있다지만 대개 사춘기인 10대 초중반에 분출할 정도로 활발해진다. 성욕을 무조건 방출할 경우 개인의 삶을 통제할 수 없는 어려움도 있으므로 성욕을 무조건 표출하는 것만이 능사는 아니겠으나 지금 한국처럼 10대 말은 물론이고 20대 후반에 이르기까지 성욕을 부모의 관리하에 두는 것은 매우 예외적인 일로 이해해야 한다. 줄리엣이 로미오와 사랑에 빠졌을 때는 겨우 14세이고, 춘향이와 이도령이 사랑놀이를 벌인 것도 '이팔청춘' 16세로 나온다. 이런 조숙한 성 활동을 문학작품에만 나오는 현상으로 볼 것은 아니다. 지금 자녀들의 성 활동을 공포에 차서 보는 부모들의 부모들 시대에도 10대에 결혼을 시키는 조혼 관행이 있었고, "업어서 신랑을 키웠다"는 옛말에서 보듯 이성애의 능력이 생기기도 전에 결혼을 시키는 경우도 적지 않았다. 역사적으로 볼 때 지금처럼 20대 후반에 가서야 겨우 결혼 등을 통해 안정적인 성 파트너를 찾게 하는 것은 자본주의의 형성과 함께 노동력에 관한 통제를 하게 되면서, 대중교육이 점차 대학교육에까지 확산되면서 생겨난 역사적 현상이다.

  하지만 모든 자본주의 사회가 한국처럼 청소년의 성 문제를 부모에게만 일임하는 것은 아니다. 영국이나 프랑스, 독일, 미국, 스웨덴, 노르웨이, 일본 등의 경우 국민국가 차원의 노동력 확보를 위해 한편으로는 학비 지원을 하면서 다른 한편으로는 젊은이가 10대 말이 되면 부모로부터 독립할 수 있도록 주택은 아니더라도 주거 자금은 지원하고 있다. 이 지원은 한편으로 보면 사회복지의 일환이지만 우리는 이 사회복지에 젊은 세대의 성 복지도 포함되어 있다는 사실을 강조하고 싶다. 지금 한국에는 노래방 수보다 더 많은 2만 5천여 개가 넘는 러브호텔이 성업이다. 러브호텔이 이렇게 많은 것은 성욕의 관점에서 보면 인간이 지닌 기본 성욕은 어떤 형태로든 분출될 수밖에 없음을, 그리고 사실 어떤 방식으로든 성 표현이 일어나고 있음을 증명하는 것이 아닐까? 한국에서 젊은 남녀가 연애를 할 때 영화관이든 러브호텔이든 밖으로 나도는 것은 한국적 핵가족 제도에서 젊은이들이 정식 결혼으로 분가하기까지는 부모 슬하에서, 정확히 말해 부모 소유의 주택에서 거주할 수밖에 없기 때문이다.

  이렇게 본다면 성행위와 성 표현의 자유에 대해 학부모나 다른 사람들이 갖는 두려움은 성적 복지를 포함한 사회 복지가 한국에 제대로 마련되어 있지 않기 때문으로 보인다. 만혼이 정상인 상황에서 성적 에너지를 표출할 수 있는 정상적 통로가 없을 경우 성 표현은 비정상적인 통로를 갖게 된다. 한국에는 러브호텔 이외에 엄청난 규모의 유흥업과 매춘이 성업중이다. 학부모는 자녀의 성 표현의 자유가 바로 유흥가와 매춘소굴로 이어질지 모른다는 두려움이 있을 것이며, 유감스럽게도 이런 두려움이 현실로 나타나는 경우도 없지 않다. 그러나 그것은 애당초 성행위와 성 표현의 자유가 위축되었기 때문에 생기는 것이며, 특히 성 복지로서의 사회복지가 보장되고 있지 않기 때문에 생겼다고 해야 한다. 학부모가 자녀의 성 관리 문제를 국가가 책임을 지면 좋겠다는 것은 사회가 복지를 제대로 하라는 요구로 받아들여야 하지 않을까?

음란물공포증,
무엇이 문제인가?

다른 한편 우리는 포르노 등 음란물에 대한 혐오가 지닌 문제점도 지적하고자 한다. 표현의 자유에 대해 유보적 입장을 지닌 학부모단체나 여성단체는 음란물의 단속은 성폭행 등의 문제를 예방하는 효과가 있다고 주장한다. 이 예방의 논리는 실제로 성추행이나 성폭행이 빈번한 현 상황에 대한 우려의 표현으로서 이해할 구석이 없지는 않으나 방금 말한 복지의 문제를 간과하고 있으며, 지나치게 소극적인 주장이라고 할 수 있다. 혹시 이 예방 담론이야말로 성 공포증, 혹은 성도착을 드러내는 것은 아닐까. "성은 건강하고 아름다워야 한다"고 한다. 이런 구호로 구성애라는 청소년 성 전문가가 스타로 떴다. 언뜻 들으면 타당한 말 같지만, '아우성'(아름다운 우리 아이들의 성)의 논리는 성도착을 죄악시하면서 성을 위생, 예방, 안전, 치안의 범주에 여전히 포획하는 것이다. 이런 관점에서는 포르노에 탐닉하고, 음란물을 만드는 일은 당연히 성도착으로 보일 것이다. 〈거짓말〉을 둘러싼 논쟁에서 이 영화를 음란물로 보는 관점에도 이런 성도착 공포가 작용하는 것 같다. 그러나 이런 공포야말로 편집증(paranoia)이 아닐까? 성을 건강하고 아름다운 것(즉 깨끗하고 질서 잡힌 특정 형상)으로만 보려는 것이야말로 생명이 넘치는 성 다양성의 미학을 선병질로 만드는 것은 아닐까?

〈거짓말〉을 음란물로 보는 것은 음란물공포증(porno-phobia)을 드러내는 것이며, 이런 태도는 이질적인 것, 더러운 것, 추한 것, 위험한 것에 대한 공포나 혐오와 통한다. 포르노공포증은 타자공포증이며, 우상공포증이다. 그것은 타자를 거부한다는 점에서 자아 중심적이며, 동일성의 원리에 포박되어 있는 심리상태이다. 포르노공포증이 성의 미학을 선병질로 만든다는 것은 이런 이유 때문이다. 선병질의 인간은 자신의 신체에 이질적인 것들이 틈입하는 것을 참아낼 능력이 없는 허약한 체질의 인간이다. 사실 건강한 신체라야 내부에 더러운 것, 위험한 것, 추한 것, 악취나는 것, 불쾌한 것을 속에 포함하거나 참아내는 능력을 가질 것이다. 자신의 깨끗한 피만 허용하고, 콧물, 침, 고름, 오줌, 똥, 땀, 정액, 비듬, 때 등의 영락물(零落物, the abject)을 한사코 신체 밖으로 내치기만 할 것인가? 영락의 존재는 '우리'에게, 동일성의 원리에 포괄되지 않는 존재이다. 사회적으로 볼 때 영락의 존재들은 외국인 노동자, 나라를 잃어 떠도는 사람들, 부랑자처럼 정처를 잃은 사람들인 경우가 많다. 이들은 한국에서 한국말을 잘 하지 못하는 사람, 한국의 문화적 코드에 따라 잘 움직이지 못하는 사람, 한국의 역사와 전통에 대한 이해가 일천한 사람, 혹은 한국의 정통 혹은 지배 문화에 귀속하지 못하는 사람, '정상적' 삶을 오히려 거부하는 사람, 사회규범에 맞지 않는 행동을 하는 사람이다. 이들은 사회의 '사이에 낀' 존재, 지배사회에 틈입한 존재로 보이며, 따라서 쉽게 배척과 업신여김과 증오의 대상이 된다. 하지만 이런 존재와의 공존을 거부할 때 그 사회는 편협한 자기중심적 사회, 파시즘이 횡행하는 사회가 된다. 한 사회에 사회생태적 차원이 있다면 서로 차이를 지닌 영락의 존재들, 서로가 서로에게 타자인 존재들을 더 많이 포괄할 수 있을 때가 더 바람직한 상태일 것이다.

미학적으로 볼 때 영락의 존재를 타자로, 자신에게 속하지 않고 속해서는 안 되는 존재로 규정하는 것은 동일성의 논리 안에 포박되어 있는 옹졸한 선병질의 미학이다. 더러움, 못생김, 위험함 등을 배척하는 것은 숭고미를 외면하는 것이다. 숭고의 상태는 상상까지 초월하는 상태이다. 작든 크든 현기증을 일으킬 정도의 크기, 비위를 뒤집는 역겨움, 눈을 뜨고 보지 못할 정도의 더럽고 추한 모습들과 직면하려는 자세, 통념을 깨는 개념적 실험 등이 숭고미를 찾는 노력이다. 알다시피 현대예술의 기획은 이런 숭고의 미학을 예술 속으로 가지고 들어와서 기존 예술 개념을 뛰어넘으려는 실험이자 노력이었다. 변기를 예술이라 명명하며 제도예술의 예술 개념을 깨부순 뒤샹의 실험 없이 현대예술의 역사가 가능했겠는가? 음란물은 예술이 아니라는 견해는 예술 안에 예술이 다룰 수 없는, 예술을 초과하는 것은 들여놓지 않으려는 선병질의 미학을 추종하는 것과 다를 바 없다. 그러나 숭고의 미학을 금지한 예술활동이 어떻게 상상을 초월하는 감동을 만들어낼 수 있겠는가? 음란 표현을 배척함으로써 한국의 미학은 숭고미를 아예 사라지게 할 것인가?

음란은
숭고하다!

표현의 자유와 관련하여 진보의 상을 새롭게 만들 필요가 있다. 현재 국면에서 표현의 자유를 강조하는 것은 사상의 정치에서 표현의 정치, 성의 정치로 전선을 옮기자는 주장은 아니다. 사상 대 표현, 이데올로기 대 욕망의 대당을 말하는 것도 아니다. 문제는 표현으로 사상을 대체하는 데 있지 않고, 사상을 성화된(sexualized) 사상으로, 탈육(脫肉)과 탈성(脫性)의 사상이 아니라 신체와 성욕을 가진 사상으로 전환하는 데 있다. 우리는 부르주아 질서에 의해 관리되는 일탈을 수용하자는 소극적 주장을 하는 것도 아니다. 안전장치를 만들자는 것도 아니다. 그보다는 '우리'를 새롭게 만들자는 제안이다. '우리'는 '내'가 버텨내기 어려운 '남'과 공존할 수 있을 때 가능한 정체성이다. 이때의 아름다움은 나만 허용할 수 있는 것으로 구성되지 않는다. 이 미학은 안전한 아름다움의 미학이 아니라 위험한 미학, 숭고의 미학이어야 한다. '우리'의 사상은 이때 불온한 것들만이 아니라 음란한 욕망의 표현도 담지 않으면 안 된다. 표현도 '심오한' 사상을 담아낼 수 있어야 하겠지만 이때 이 심오한 사상은 욕망과 신체에서 나온 성화된 사상일 것이다.

이제 진보를 새롭게 규정하자. 문화적 진보를 외치며 정치적 진보를 외면하는 것을 용납해서도 안되겠지만 정치적으로는 민주주의를 주장하면서 문화적으로 보수적 태도를 취하는 것도 용납해선 안 된다. 예술적 가치를 말하며 숭고미를 축출하려는 보수적 태도도 용납할 수 없다. 음란물을 저질로 보는 것은 대중을 저질로 만들어 거세하려는 신자유주의 세력과 협력하는 것임을 인식하자. 더러움에 대한 혐오를 드러내는 각종 청결주의는 경계의 불분명함을 참지 못하는 편집증이며, 바흐친이 말한 웃음의 여유를 상실한 생명혐오 증상이다. 정치적 보수도 보수이지만 문화적 보수도 보수라는 점을 잊어선 안 된다. 우리는 문화에서 진보란 예술적 가치를 주장하는 것만이 아니라 표현의 가능성을 끊임없이 확장하는 노력이기도 하고, 이를 위해 표현의 실험을 추구하는 것이기도 하다고 믿고 있다. 사회 진보에 대해서도 마찬가지이다. 이제 사회복지만이 아니라 성의 자유 실현을 위해 복지 개념을 확장해야 한다. 청소년도 자율적 성 권리가 있고, 여성도 자신의 성애를 추구할 권리가 있음을 인정해야 한다. 표현의 자유에 음란물 제작의 권리가 포함되어야 하는 것은 이런 이유 때문이다. 기이하고 음란한 표현을 허용하라! 성행위에는 (절대적) 도착이 없다. 표현에도 (절대적) 도착은 없다. 음란은 오히려 숭고하다. 우리 속에 내재한 타자성을 현기증 나게 일깨우지 않는가.

03

계급투쟁의 의미생산과 문화정치[*]

문화연구와
정치경제학

목하 계급투쟁이 격렬하다. '20 대 80 사회'의 불평등 구조를 확산시키는 자본의 신자유주의 공세에 맞서 세계 도처에서 노동자, 농민, 빈민, 여성, 시민, 청년학생, 지식인의 저항이 드높다. 2003년 봄 한국도 마찬가지다. 세계무역기구(WTO)의 서비스무역일반협정(GATS)에 따른 양허안 제출을 둘러싸고 노동, 농업, 교육, 문화 부문에서 자본의 세계화를 반대하는 투쟁이 한창인 것이다. 그러나 대중의 일상이 늘 이런 모습을 띠는 것은 아니다. 사람들은 지금 패션, 스타일, 광고, 이미지, 스펙터클에 탐닉하며 텔레비전 연속극의 스타가 광고에서 권하는 화장품을 구입하고, 인기가수의 코디에 맞춘 패션을 모방하고, 저녁이면 외식과 관광

---

[*] 출처: 『지구화시대 맑스의 현재성』 1, 문화과학사, 2003.

을 즐기며, 매일 커피숍이나 헬스클럽에 출입한다. 계급투쟁과 이런 삶의 모습은 무슨 관계인가?

대중의 일상에 대해서는 다양한 해석과 평가가 나오겠지만, 여기서는 그동안 문화적 실천을 두고 상반된 입장을 드러내온 문화연구와 정치경제학을 중심으로 살펴보고자 한다. 1960년대 이래 비판적인 지적(知的), 정치적 기획으로서 관심을 끌어온 '문화연구'는 "모든 것이 정치적이다"는 입장이다.1) 텔레비전이나 인터넷 등 대중매체의 시청과 활용, 광고나 잡지에 등장하는 광고이미지의 소비, 청소년의 팬덤 현상에 드러나는 대중음악의 광적인 수용, 패션이나 스타일에 대한 관심 집중, 주부나 젊은 여성의 쇼핑 중독과 외식 의존 등 사람들이 일상적으로 수행하는 문화적 실천들을 '저항'의 사례로 보는 것이 그 예다. 이런 입장에는 물론 정치적인 것(the political)에 대한 일정한 해석이 담겨 있다. 정치적 실천들은 여기서 정당, 노동조합, 의회, 정부 등 대의나 대표의 원리에 따라 작동한다는 부르주아민주주의의 '공식정치' 영역들에 국한되지 않는다. 이미지들의 생산과 소비, 건물이나 거리와 같은 구체적 공간의 점유와 사용, 세대간이나 양성간의 말 걸기, 텔레비전 채널 설정과 같은 일상의 문화적 실천들도 나름의 정치적 의미를 지닌다고 여겨지기 때문이다. 문화연구의 이런 관점은 권력관계가 작용하지 않는 사회영역은 없다는 것으로서 노동자, 여성, 소수민족, 청소년, 에이즈환자 등 소수자가 매체에서 재현되는 방식을 포함한 다양한 문화적 실천들에 간과할 수 없는 정치성이 있다는 점에 주목하게 함으로써 정치의 영역을 확장하는 데 기여했다. 이전같았으면 하잘것없다고 간주되었을 사안들이 '정체성의 정치', '스타일의 정치'와 같은 정식 이름을 획득하며 정치적 시민권을 획득한 것이다.

반면에 정치경제학은 문화연구가 사사로운 것들의 정치적 성격을 과장하면서 정작 중요한 정치적 사안들은 외면한다고 본다. 문화연구가 정치

---

1) 강내희, 「문화와 정치」, 서울대학교 정치학과 편, 『현대정치의 이해』, 인간사랑, 2003 참고.

경제적 지배구조를 전복하려는 저항과는 거리가 먼 도피성 실천에 과도한 관심을 보인다고 꼬집는 니콜라스 간햄이 그런 경우다.[2] 토드 기틀린도 "문화연구는…1980년대에 이르러…[정의와 민주적 권리를 위한] 운동과 [일상적] 유행을 재결합하고 말았으며, 이 결과 예컨대 마돈나식 옷입기가 낙태의 권리를 위한 시위에 상응하는 '저항'행위인 양 추켜세워지고, 가정폭력을 다루는 토크쇼 시청이 저항으로 치부되었다"고 비판한다.[3] 기틀린이 문화연구를 비판하는 것은 문화연구가 대중문화를 정치의 대안이라며 지나치게 긍정적으로 보고, 스스로 가장 중요한 정치적 기획임을 참칭한다고 본 때문이다. 그는 대신 "정치를 하고 싶다면 집단들, 연합들, 시위들, 로비들을 조직하자"고 제안한다.[4] 여기서 우리가 목격하는 것은 문화와 정치의 철저한 구분, 즉 한편으로 텔레비전 멜로드라마 시청, 대중여성지 탐독, 백화점 쇼핑, 외식 행위 등과 다른 한편으로 최근의 세계무역기구(WTO)의 교육개방 반대, 반전평화 집회 등을 정치적 등가물로 여겨서는 안 된다는 입장이다. 이렇게 보면 문화연구의 일부 조류가 수행한 (매체) 수용자 연구, 하위문화 연구, 민속지학(ethnography) 등은 정치적으로 별로 중요하지 않은 사안들을 중요하다고 한 침소봉대에 가깝다.

일상의 문화적 실천을 놓고 문화연구 전통과 정치경제학 전통이 상반된 평가를 내리는 데에는 역사적 이유가 있다. 문화연구는 1950년대 말 이래 스탈린주의에 대한 비판과 대안으로 등장한 신좌파 운동과 궤를 함께 하며 사회적 현실, 특히 문화를 조야한 경제결정론의 눈으로 봐서는 안 된다는 입장을 지녀왔다. 그러나 1980년대에 이르러 이런 경제결정론

---

2) Nicholas Garnham, "Political Economy and the Practice of Cultural Studies," in Marjorie Ferguson and Peter Golding, eds., *Cultural Studies in Question* (London: SAGE Publications, 1997), pp. 67-68.
3) Todd Gitlin, "The Anti-political Populism of Cultural Studies," in *Cultural Studies in Question*, pp. 29-30.
4) Ibid., p. 37.

비판은 역-비판에 직면한다. 신자유주의 정세로 경제적 착취와 불평등이 심화되는 국면에서 스타일의 정치, 소비의 정치를 운위할 수 있는 사람들은 "삶이 경제적으로 결정되지 않는 사람들", 즉 경제적 어려움 없이 문화적 활동을 할 수 있는 여유를 지닌 문화연구자 자신들이라는 비난이 일어난 것이다.[5] 아울러 문화연구는 사회적 "표현과 참여에 필요한 자원 할당 문제를 다루는 재분배 정치에 대해서는 할 말이 거의 없거나 아예 없다"[6]는 비판도 받았다.

문화연구가 문화적 실천에 깃들은 정치경제의 문제를 무시한다면 비판을 받는 것은 당연하겠지만, 그렇다고 문화연구가 원래 제기한 정치경제학의 문제, 즉 문화를 정치경제의 수단과 도구로 보는 문제가 사라지지는 않는다. 한국사회운동 맥락에서도 이것은 심각한 문제이다. 이유야 다양하겠지만 민중운동, 시민운동 가릴 것 없이 정치경제학적 문제설정이 쟁점을 독점하고 투쟁을 주도하는 것이 우리 사정인데, 이로 인해 문화운동은 중요성을 제대로 인정받지 못하고, 문화실천가들의 경우 정치경제 투쟁의 보필용으로 동원되기 일쑤이다. 1990년대에 문화운동이 사회운동 전반으로부터 떨어져 나와 '비정치적' 문화적 실천으로 선회한 것이나, 최근 어렵사리 정치운동과 문화운동의 연대가 모색되고는 있어도 양자 사이에 파열음이 생기곤 하는 데는 이런 이유가 크게 작용한다.[7]

이 글은 그러나 문화연구와 정치경제학, 문화투쟁과 정치경제투쟁 가운데 어느 쪽이 옳은지 가려보자는 것이 목적은 아니다. 정치경제투쟁과 문화투쟁의 차이와 관계를 제대로 이해함으로써 양자가 연대할 수 있는 길을 찾는 일이 더 중요하며 시급하기 때문이다. 이때 관건은 계급투쟁이 문화의 장에서 어떻게 굴절되고, 문화정치를 통해서는 어떻게 실천되는

---

5) A. Sivanadan, *Communities of Resistance: Writings on Black Struggles for Socialism* (London: Verso, 1995), p. 20; Graham Murdock, "Base Notes: The Conditions of Cultural Practice," in *Cultural Studies in Question*, p. 101에서 재인용.
6) Murdock, op. cit., p. 92.
7) 이 점에 대해서는 이 책에 함께 실린 「문화연대와 1990년대 문화운동」 참고.

가 하는 문제이다. 여기서 나는 문화연구의 문제의식을 중심으로 문화적 실천을 이해하되 정치경제학이 제기한 비판도 수용하면서 계급투쟁의 '의미생산' 문제에 초점을 맞추고자 한다. 의미생산의 문제를 중시하는 것은 문화의 장에서 계급투쟁은 사회적 의미와 그것의 관리를 두고 벌어진다고 보기 때문이다. 이때 무슨 작용이 어떻게 일어나는지 이해해야 문화와 정치경제의 관계를 제대로 이해할 수 있고, 또 그래야 문화적 실천의 방향을 제대로 설정할 수 있을 것이다. 문화연구자 입장에서 이 노력은 문화정치의 전략을 세우는 데 꼭 필요해 보인다.

의미생산의
내재적 원리

여기서 문화는 기호, 이미지, 언어, 텍스트, 담론, 스타일, 패션, 스펙터클 등으로 구성되는 상징적 체계들을 통해 이데올로기와 욕망, 가치와 규범, 상식, 희망, 꿈 등이 표현되거나 관철되고 실현되는 기호적 실천(signifying practices)이나 의미생산 (signification)으로, 혹은 이런 작용과 활동이 일어나는 장으로 간주된다. 문화를 기호적 실천과 의미생산과 연관지어 생각하는 것은 문화가 표현, 재현 등 상징적 작용과 행위가 집중되어 있는 장, 즉 의미를 생산해내는 메커니즘이라고 보기 때문이다. 이런 점에서 문화는 넓게 보면 의미생산의 양식이고, 의미는 문화적 실천의 생산물이다.

아울러 의미가 '가치'로서 생산된다는 점을 강조하고 싶다. 가치는 여기서 일정한 함수관계를 나타내며, 특정한 기호나 이미지가 하나의 기호체계나 재현체계에서 변별적인 위치를 차지하는 데서 만들어진다. 특정한 기호의 의미나 가치는 그 기호에 저장되어 있거나, 그것이 지시한다는 외부 현실로 인해 결정되는 것만은 아니다. 소쉬르가 말한 것처럼 '소'의 의미는 한자의 '牛'나 영어의 'ox'가 비슷한 의미를 지닌다는 점이 보여주듯이 '소'라는 기호에만 들어있는 것이 아니기 때문이다. 텔레비전에서 자주 보는 노무현의 이미지를 생각해보자. 이때 이 이미지가 현실의 노무현과 지표(指標, index)의 관계를 갖고 있고 또 도상(圖像, icon)으로서 실물과 유사성을 가지고 있기 때문에 의미가 만들어지는 측면을 부정하기는 어렵다. 하지만 그것은 이 이미지가 다른 이미지들과 차이가 있기 때문에 생겨나는 효과이기도 하다. 텔레비전을 통해 만들어지는 노무현 이미지는 실존하는 한 인물을 가리키기 위해서 텔레비전에 등장하거나 다른 대중매체들에 등장하는 여러 유사한 종류의 이미지들, 예컨대 부시, 후세인, 이회창의 이미지는 물론이고 조폭이나 코미디언 이미지 등과 구분되어야 한다.

짚고 넘어갈 점이 있다. 노무현 이미지는 재현체계와 관련하여 내재성의 원리에 의해서 만들어진다는 것이 그것이다. '내재성'은 이때 하나의 기호는 의미를 갖기 위해서 어떤 기호체계에 속해야 하며, 그 안의 다른 기호들과 일정한 관계를 맺어야 한다는 것을 가리킨다. 이미지로서 '노무현'이 현실 속에서 그런 이름으로 불리는 인물과 무관할 수야 없겠지만 동일한 존재인 것은 아니다. 텔레비전 화면이나 신문지면 등을 통해 생산되는 기호체계에서만 통용되는 사물과 실제 인물이 같을 수는 없다. 특정한 이미지는 이 체계 안에서 다른 이미지들과의 차이에 따라 변별적 위치를 갖게 되고 이 결과 나름의 가치와 의미를 갖는다. 노무현 이미지나 기호는 그것을 등장시키는 상징적 재현체계 외부에는 존재하지 않는다는 점에서 내재성에 의해 작동한다.

내재성을 강조하는 것이 기호학적 형식주의의 표방은 아니다. 나중에 보겠지만 의미는 재현체계 외부의 힘들에 의해 영향을 받고 또 그 외부로 어떤 방향, 흐름을 만들어내기 때문이다. 그럼에도 불구하고 내재성에 주목하는 것은 기호, 이미지, 상징으로 구성되는 재현체계나 상징체계가 지닌 물질성에 주목하기 위함이다. 기호나 이미지의 의미를 '꼴값'의 견지에서 볼 수 있을 것 같다. '꼴'은 어떤 사물의 형태나 모습, 생김새이다. '꼴값'은 상징들, 기호들, 텍스트들, 재현물들, 이미지들의 가치이다. 이

때 꼴은 예컨대 y=2x+3과 같은 방정식에서 x의 크기가 변하면서 y의 값이 그래프상에서 이동하며 선을 긋고 형태를 만들어내는 것과 유사하게 형성되는 것처럼 보인다. 이처럼 기호의 가치는, 특정한 기호체계 전체를 하나의 형상으로 간주했을 때, 이 형상을 구성하는 개별 요소들이 기여하는 몫에 해당하고, 꼴값은 이들 요소가 그 기호체계가 설정한 방식으로 배치되었을 때 만들어지는 총합 효과와도 같다.

내재성의 관점에서 본 꼴값 또는 의미는 이미지나 상징, 기호가 지닌 비초월적 물질성의 효과이다. 꼴값, 이미지효과, 의미를 만들어내는 것은 기호적 과정이다. 예컨대 정치지도자의 텔레비전 이미지는 폭력배 등 범죄자들을 찍는 부각(俯角) 샷과는 달리 앙각(仰角) 샷으로 찍히기 때문에 실물보다 더 크게 보임으로써 물신화 효과를 가지며, 이 결과 의미도 달라진다. 이런 정치인의 꼴값은 한국 정치의 상징적 재현체계 안에서 갖는 전체 효과를 가리킨다. 여기서 체계를 말하는 것은 특정한 정치인의 이미지를 고정하는 일정한 경향이 있다고, 적어도 이미지의 위치변동을 임의적으로 일으키지 않는 어떤 일관성이 작용한다고 보기 때문이다. 물론 정치지도자의 그것과는 상반된 기호적 실천도 가능하다. 지배문화에 대항하는 하위문화에서 자주 등장하는 옷 찢기, 피어싱과 같은 상징적 행위들이 예들이다. 이런 행위는 1960년대 말, 70년대 초에 미국에서 유행한 스트리킹과 같이 기존의 상징적 체계에 도전하거나 저항한다는 점에서 대안적, 저항적 기호체계에 속한다. 하지만 그렇다고 하여 이런 행위의 존재가 내재성의 원리를 부정하는 것은 아니다. 그것들의 의미도 여전히 그것들이 가동시키는 기호체계의 효과이기 때문이다.[8]

계급투쟁의 의미생산과 관련하여 이 내재성의 원리를 어떻게 이해해야 할까? 정치경제학이 생각하듯 계급투쟁이 의미생산 이전의 현실이라고 하더라도 의미를 갖기 위해서는 의미 생산과정을 거쳐야 하며, 이때 의미

---

8) 이상의 논의는 졸고, 「문화와 정치」의 일부를 개작한 것이다.

생산 재료로서 이미지, 기호, 상징 등이 반드시 가동되어야 한다는 점에서 계급투쟁도 내재성의 원리에서 벗어날 수 없다고 본다. 홀은 "문화를 놓고 작업을 할 때…여러분은 언제나 치환(displacement)의 영역에서 작업한다는 점을 인식해야 한다. 문화 매체에는, 언어에는, 텍스트성에는, 그리고 의미작용에는 다른 구조들과 직접적으로 무매개적으로 연결시키려는 시도를 벗어나서 빠져나가는 무엇이 언제나 있다"[9]고 한 적이 있다. 홀이 말하는 '무엇', '치환의 영역'이 곧 내재성이 작동하는 지점일 것이다. 이런 지점이 있다는 것은 계급투쟁이 문화적 실천에서 일어나려면 그것 역시 기호적 작용을 거쳐야 하며, 이 과정에서 문화적 치환, 의미작용을 거쳐야 함을 말해준다.

의미생산의
사회적 조건

하지만 내재성의 원리만으로 의미생산의 전과정을 설명할 수는 없다. 의미가 가치로서, 효과로서 만들어진다는 점을 다시 생각해보자. 이 말은 의미가 이미지나 기호, 기호체계, 재현체계를 통해 내재적으로 만들어진다는 것이지만 그렇다고 의미의 효과나 작용 범위가 그 체계에 국한된다고 주장하는 것은 아니다. 재현의 작동 효과로서 의미는 의미가 되기 위해서 그렇게 느껴지고, 감지되고, 수용되어야 한다. 상식들, 가치들, 규범들, 이데올로기, 욕망, 아비투스, 습속 등으로 나타나서 사람들에게 심리·정신·신체적 충격과 영향을 가하고 반응을 불러일으켜 개인들을 일정한 방향으로 꿈꾸거나 행동하게 하지 않고서야 어떻게 의미가 의미일 수 있겠는가. '고향', '가족', '조국', '우정', '사랑' 등이 의미를 지니는 것은 사람들이 그것들에 대해 놀랄 만한 애착을 가지고 때로는 죽음까지

---

9) Stuart Hall, "Cultural Studies and Its Theoretical Legacies," in Lawrence Grossberg, Cary Nelson, and Paula A. Treichler, eds., *Cultural Studies* (New York: Routledge, 1992), p. 284.

무릅쓰곤 하기 때문이다. 이런 효과를 의미효과라고 부를 수 있다면, 이제 문제가 되는 것은 이 효과가 심리적, 신체적, 문화적 흐름, 방향, 지향 등으로 존재하고 작동하는 방식이다. '의미생산'은 이렇게 볼 때 의미를 생산함과 동시에 그것의 효과까지 생산하는 일, 즉 의미를 유통·소비시키고, 관리·통제하는 전체 과정을 가리킨다.

여기서 확인할 점은 이 과정이 사회적으로 존재하고 실천되어야 한다는 사실이다. 다시 홀을 읽어보자. 그는 "문화는 언제나 자신의 텍스트성(textualities)을 통해 작용하려 한다"고 한다. 위에서 인용한 말과 다르지 않다. 하지만 그는 이 문장에 "—동시에 그 텍스트성은 결코 충분하지 않다"를 덧붙인다. "문화연구는 문화의 필수적 치환을 존중하면서도 중요한 다른 문제들, 즉 자신의 설명 안에서 보면 결정적인 것 같은 텍스트성만으로는 결코 완벽하게 포괄할 수 없는 문제들을 제대로 다루지 못한다는 점 때문에 늘 속상해" 할 필요가 있다는 이유 때문이다.10) 홀이 주목하는 점은 문화는 텍스트성에 의한 내부 치환 작용을 가지고 있지만 동시에 늘 그것만으로는 잘 설명되지 않는 외부의 문제를 안고 있으며, 이로 인해 문화에는 어떤 긴장이 조성된다는 사실이다. 이것을 나는 문화에는 텍스트성, 담론, 상징작용, 기호화 실천을 중심으로 하는 내재성의 원리가 작용하지만 동시에 정치경제적 요인들, 사회구조적 문제들 등 외부의 힘들이 밀려들어오기 때문에 문화연구로서는 문화와 비문화의 관계라는 문제에 천착하지 않을 수 없다는 말로 이해한다.

홀이 생각하는 문화연구는 정치경제학이 비판하는 문화연구와는 사뭇 다름이 분명하다. 일부 문화연구자가 대중영합주의(populism)에 경도하여 사회운동과 패션을 동일시하며 "마돈나식 옷 입기"를 "낙태의 권리를 위한 시위에 상응하는 '저항' 행위"로, "가정폭력을 다루는 토크쇼 시청"을 "저항"으로 치부함으로써 대중의 사회적 저항을 정체성, 스타일, 패션 등

---

10) Ibid.

에서 찾는 경향을 보인 것은 사실이므로 정치경제학의 문화연구 비판이 잘못된 것은 아니다.11) 그리고 문화연구가 대체로 의미생산이 이루어지는 정치경제적 조건, 예컨대 텍스트 생산의 소유구조나 지배구조, 이미지의 유통에 따르는 이해관계, 이미지의 산업적 측면 등을 분석하는 데 게을렀던 것도 사실이다. 그러나 문화연구가 모두 비슷한 태도인 것은 아니다. 이 맥락에서 홀이 20여년 전에 발표한 「코드화/코드해독」이라는 논문을 살필 필요가 있다.12) 홀의 이 글은 코드화는 방송사의 프로듀서 등 메시지 생산자들이 하는 작업으로, 코드해독은 소비자인 시청자들이 하는 작업으로 구분하여 대중매체 메시지를 생산과 소비의 두 측면에서 고찰토록 하여 문화연구의 방법론 개발에 기여했다는 평가를 받는다. 하지만 상당 부분이 수용자 연구로 방향을 전환한 데서 드러나듯 이후에 문화연구 전통은 매체의 메시지는 '지배적', '협상적', '저항적'으로 상이하게 독해된다는 점을 강조한 이 논문의 후반부에 유독 관심을 보였던 편이다. 홀의 이론작업 수용 흐름의 '결을 거스를' 필요가 있다고 본다. 텍스트성 이외에 다른 결정요인들이 문화에 있음을 지적하는 데서 보듯, 홀은 의미에는 소비만이 아니라 생산문제가 개입해 있고, 재현체계를 이해할 때는 이 두 측면을 함께 고려해야 함을 분명히 하고 있기 때문이다.

의미생산에서 '생산'은 흔히 서로 분리된 것으로 간주되는 생산과 소비 중 전자만을 가리키는 개념이 아니다. 맑스의 '생산양식'이 생산과 소비를 모두 포괄하고 있듯이 여기서도 생산은 의미를 만들어내는 생산과 의미

---

11) 문화연구의 대중영합주의 사례로는 딕 헵디지(Dick Hebdige), 존 피스크(John Fiske), 미셸 드 세르토(Michel de Certeau) 등을 들 수 있다고 본다. 헵디지의 경우 펑크문화의 저항적 경향을 강조하고 있으나 하위문화의 정치성을 과도하게 주장하고, 피스크는 소비의 생산성을 강조함으로써 자본주의 소비가 생산양식에서 맡은 기능(유효소비), 즉 소비에 의한 노동통제의 역할을 무시하며, 드 세르토는 패배자도 생존의 기지를 발휘한다고 주장하지만, 패배자가 이미 패배자가 된 구도 자체를 인정한다는 점에서 패배주의에 빠진 것으로 보인다.
12) Stuart Hall, "Encoding/decoding," in Stuart Hall, Dorothy Hobson, Andrew Lowe and Paul Willis, eds., *Culture, Media, Language* (London: Hutchinson, 1980), pp. 128-38.

를 해독하는 소비 두 측면을 아우르는 실천이다. 의미도 생산양식의 관점에서 통합적으로 이해할 필요가 있다. 의미의 생산수단, 생산관계, 생산력 개념들을 판별해내면서 동시에 그것들의 관계로 구축되는 의미효과 생산 메커니즘의 지형을 파악하자는 것이다. 이때 생산수단은 책, 잡지, 신문, 라디오나 텔레비전, 인터넷 등 다양한 매체들과 그 매체들을 가동, 유지, 관리하는 출판, 언론, 방송 등의 제도를 포괄하는 개념이 될 것이고, 생산관계는 이들 매체와 제도들을 활용하거나 작동시키는 문제를 놓고 일어나는 계급, 성차, 세대, 직업, 지역 등의 차이와 이들 차이로 인해 생겨나는 지형의 분할에 따라서 기자, 작가, 프로듀서, 자본, 국가, 대중, 시민사회, 평론가, 교육자 등 개인과 집단이 갖게 되는 사회적 권력관계를 가리킬 것이며, 생산력은 매체들과 제도들의 효율성, 생산성과 이와 함께 만들어지는 재현체계의 설득력이나 의미의 작용 효과, 작품이나 메시지의 효력, 매력, 질 등을 가리키게 될 것이다. 이런 식으로 '의미생산'을 이해하면, 그동안 문화연구(의 일부 전통)가 치중해온 텍스트분석이나 수용자 분석 등은 꼭 필요하기는 하지만 그것만으로는 문화적 실천의 사회적 역할을 파악하는 충분조건이 될 수 없음이 바로 드러난다. 이제 의미가 사회적으로 만들어지는 방식을 살피기 위해 텍스트나 기호적 실천, 재현체계 내부에만 초점을 맞춰서는 안 되는 이유가 분명해졌다. 텍스트성에 의해, 기호적 치환에 의해 의미를 내재적으로 만들어내는 재현체계의 개별적 특징과 메커니즘은 그 자체로 그것들을 관리하고 유통시키고, 소비시키는 사회적 조건에 종속되어 있기 때문이다.

하지만 다시 강조할 점이 있다. 의미생산에 사회적 조건이 작용한다고 하여 텍스트화, 담론화, 기호적 치환 등이 작동을 멈추지는 않는다. 의미생산의 정치경제적 요인이 작용하더라도 내재성의 원리는 여전히 유효하다. 이 말은 재현체계 내부의 기호적 실천만을 가지고 의미생산을 설명하는 것이 충분하지 않은 것처럼 정치경제적 요인에만 의존하는 것도 충분하지 않다는 것이다. 이제 문제가 되는 것은 의미생산의 내재적 메커니즘과 그것의 정치경제학적 조건의 관계인데, 이것을 살펴보기 위해 의미생산의 내재적 메커니즘이 지닌 복잡성을 좀더 깊이 들여다볼 필요를 느낀다.

비-코드적
의미생산

홀의 「코드화/코드해독」 논문은 의미를 생산과 소비 두 측면에서 통합적으로 살피게 하는 장점이 있지만, 이 과정을 '코드' 중심으로 살피기 때문에 의미에서 작동하는 비-코드적 요인들을 간과하는 문제가 있다. 코드만이 기호, 이미지, 텍스트를 지배하는 것은 아니다. 그것들 안에는 코드처럼 내재적으로 작용하지만 코드와는 다른 방식으로 의미효과를 만들어내는 요소들도 있다. 롤랑 바르트가 『카메라 루시다』에서 사진의 의미생산을 설명하면서 말한 '푼크툼'(punctum)이 한 예이다. 푼크툼은 "나의 지식과 교양에 의해 친근하게 느낄 수 있는 영역"인 '스투디움'(studium)과 달리 이미지나 텍스트에서 예기치 않은 경이와 충격을 만들어낸다. 스투디움의 경우에는 사진을 보는 내가 그것을 찾아내지만 푼크툼은 "그것 스스로가 마치 화살처럼 사건의 현장을 떠나 나를 꿰뚫기 위해 온다."[13] 시나 소설을 읽을 때, 영화를 볼 때, 혹은 포스터를 들여다볼 때에 그 의미를 다 알아낸 듯한데도 설명되지 않는 무엇이 여전히 남아있다고 느껴지거나, 벽에 묻은 오물을 내가 바라보는 것이 아니라 그것이 나를 응시하는 듯 보일 때, 즉 의미가 나의 이해 범위를 초과하는 것으로 드러날 때 의미는 코드와는 다른 방식으로 작동한다고 할 수 있다.

앞에서 의미가 "상식들, 가치들, 규범들, 이데올로기, 욕망, 아비투스, 습속 등으로 나타나서 사람들에게 심리·정신·신체적 충격과 영향을 가하고 반응을 불러일으켜 개인들을 일정한 방향으로 꿈꾸거나 행동하게"

---

13) 롤랑 바르트, 『카메라 루시다—사진에 관한 노트』, 조광희 역, 열화당, 1986, 31-32쪽.

만든다고 했다. 의미가 코드화 과정과 비-코드적 과정을 모두 거칠 수 있다는 점을 염두에 두면 이제 이 말은 한편으로 의미가 문화적 코드를 통해 작동하지만 다른 한편으로 코드화 이외의 방식으로 충격과 영향, 반응을 만들어내기도 한다는 것으로 이해되어야 한다. 이 말은 계급투쟁과 관련하여 어떤 함의가 있을까? 의미생산의 관점에서 볼 때 계급투쟁은 적어도 부분적으로는 '꼴값'을 둘러싸고 일어나는 것으로 이해된다. 사물의 꼴마다 가격표가 있다고 상정해보면, 문화는 다양한 꼴들이 만들어지고, 그것들의 '가치'가 산출되고 비교되는 영역이다. 이 가치는 물론 고정되어 있지 않다. 이미지나 꼴은 늘 새롭게 생산되고, 서로 덧씌워지고, 변화하며, 꼴값 역시 변동하지 않을 수 없다. 이것은 의미가 변한다는 말이기도 하다. 그런데 의미가 고정되어 있지 않다면 그것의 흐름을 관리하고 통제하는 일, 혹은 기존의 의미와 방향을 결정하는 일이 중요해진다. 의미를 둘러싸고 다양한 경합과 투쟁이 벌어지는 것은 이 때문이다. 14) 계급투쟁의 의미생산은 이런 점에서 의미의 방향을 놓고 벌어지는 정치적 해석행위로 이해된다.

한편으로 보면, 이 과정은 의미의 코드화와 코드해독의 맥락에서 진행된다. 가족이나 국가 또는 노동에 대한 가치 부여나 사회적 현안에 대한 공감대 형성, 정치인 등 사회적 인물의 공통 이미지 구성, 나아가서 현실의 현실로서의 구성 등이 그런 경우이다. 이들 행위는 다양한 방식의 재현, 의미생산, 기호적 실천을 전제하며, 텔레비전 화면, 신문 잡지의 지면 등 상이한 매체를 통해 구성되고, 사회에서 작동하는 의미생산의 코드를 내장한다. 재현체계의 의미를 해독하는 과정도 예술 및 문화 교육제

---

14) 씨엔엔(CNN) 등 미국의 주류미디어는 미국-이라크 전쟁 동안 이라크 대통령 후세인 (의 의미)을 인민의 '독재자'로, 부시를 미국과 세계의 안전과 이익을 위해 앞장선 '지도자'로 부각시키고, '이라크의 자유 작전'(Operation "Iraqi Freedom")이라는 미국 정부의 공식 명칭을 그대로 따랐다. 반면에 한국의 700여 사회단체들은 그 전쟁을 침략전쟁이라고 불렀다. '침략'을 사용한 것은 '자유 작전'의 그것과는 다른 재현체계를 만들어내는 일이다. 재현체계간의 이런 경쟁과 투쟁이 의미생산을 둘러싼 (계급)투쟁이다.

도, 비평제도, 광고산업, 팬클럽제도 등에 의해서 조절되고 통제된다는 점에서 코드에서 벗어나지 않는다. 이 모든 것을 우리는 지배적 의미의 코드화라고 할 수 있겠다. 지배적인 기호작용들, 예컨대 텔레비전 시청을 통해 사람들의 현실감각이나 믿음, 행동이 일정하게 바뀌거나 형성되는 것은 지배적 코드가 작동하기 때문이다. 이 전과정, 기호적 실천과 의미생산을 둘러싼 사회적 과정이 의미의 생산, 유통, 소비, 관리 등을 둘러싼 적대, 경쟁, 협력 등 정치경제학적 문제와 분리될 수 없다는 것을 새삼 말할 필요는 없을 것이다. 화면과 지면의 구성, 패션과 스타일의 선택, 소설이나 연속극의 장르 구분, 대중적 서사물에 등장하는 인물들의 직업, 개성, 관계설정은 사회적 공감각 형성을 위한 사회적 현실 및 의제의 의미와 향방을 정하는 문제의 일부로서 계급투쟁의 일환이다.

다른 한편, 의미를 푼크툼의 견지에서 볼 때 계급투쟁은 어떤 방식으로 이루어지는 것일까? 이때 의미는 안정화와는 반대로 충격이나 정동(情動)을 일으키는 힘으로 이해해야 할 것 같다. 스투디움이 기대값에 따라서 의미를 만들어낸다면 푼크툼은 코드의 안정적 조직을 흩트리며, 생산자의 의도나 수용자의 예상과 기대를 벗어나는 사건으로 작용한다. "푼크툼은 찌름, 작은 구멍, 작은 반점, 작은 흠이며 또한 주사위 던지기이기 때문이다. 사진의 푼크툼은 그 자체가 나를 찌르는 (또한 나를 상처입히고 주먹으로 때리는) 이 우연이다."15) 푼크툼의 견지에서 보면 기호와 이미지의 꼴도 이때는 구조화된 재현체계에서 정해진 위치 값들의 연쇄에 상응하여 형성된다기보다는 재현체계의 가치(=값) 체계를 뒤흔드는 어떤 비정형성을 지닐 것이다. 이렇게 되면 의미는 결정불가능성(unde-cidability), 동요, 해체 등의 특징을 띨 가능성이 높다. 이런 예는 흔치는 않지만 코드화한 기존의 의미생산 체계에 대한 도전이 일어날 때, 예컨대 '숭고의 미학'을 실험하는 아방가르드 예술적 실천과 같은 사례에서 드물

---

15) 바르트, 앞의 책, 32쪽.

지 않게 등장한다. 여기서 '숭고'는 "너무 끔찍하여 생각할 수도 없는 것, 너무 크든지 작든지 해서 제대로 인지할 수 없는 것, 너무 높거나 너무 낮아서 절대로 한 눈에 들어오지 않는 것 등을 의미"[16] 하며 다른 미적 범주인 '미'와 구분된다. '푼크툼'이나 '숭고'가 '스투디움'이나 '미'와 다른 것은 통상적 표현영역, 기존의 코드를 벗어나서 예기치 않게, 상상을 초월하여 작동하기 때문이다. 그것들은 통일성, 조화가 만들어내는 이해와 긍정, 납득, 수용을 가져오기보다는 경악, 고통, 충격을 야기하며 따라서 위험상황을 만들어내곤 한다. 재현체계의 안정적 운영을 통해, 이데올로기와 욕망의 장악을 통해 자신에게 유리한 계급투쟁을 끌어가려는 지배세력이 숭고미와 푼크툼과 같은 것들을 예의 주시하면서 통제하려는 것은 바로 이런 위험이 자신들이 작동시키는 권력구조에 대한 도전임을 알기 때문이다.

그런데 꼭 지배집단만이 이런 '위험한' 의미생산을 통제하려 드는 것일까? 사회주의 리얼리즘을 지지한 공식 노선이 아방가르드적 실천을 반혁명으로 규정하여 탄압한 옛 소련의 사례는 의미를 통제하여 코드화하려는 경향은 진보세력도 예외가 아님을 보여준다. 문제의 핵심은 이때 생산수단의 장악이 과연 의미생산의 진보적 실천을 보장할 수 있는가 하는 것이다. 2003년 4월 초 케이비에스(KBS) 사장의 선임을 둘러싸고 노무현정권과 노조 및 사회운동 단체들 사이에 줄다리기가 벌어진 것도 이 맥락에서 살펴볼 수 있다. 한국 최대의 공영방송 사장 자리를 놓고 사회적 논란과 세력들간의 투쟁이 벌어진 것 자체는 공영방송기구의 장악, 화면, 지면, 텍스트, 패션, 스타일, 도시풍경, 매체정경 등의 구성이 얼마나 중요한지 사람들이 잘 알고 있다는 증거일 것이다. 그러나 이때 진행되는 정치경제적 투쟁이 과연 비-코드적 의미까지 해방시킬 수 있을까? 기호, 이미지, 텍스트, 담론, 화면, 지면의 생산자들이 자신들의 생산수단을 장

---

16) 이 책에 함께 실린 졸고, 「타자의 문화연구와 숭고의 미학」, 35쪽.

악한다고 해서 숭고의 미학, 아방가르드적 실천, 푼크툼의 충격 등 '위험한 의미생산'이 허용되리라는 보장은 없다. 의미생산의 진보적 실천을 위해 정치경제적 투쟁 이외에 문화정치가 필요한 것은 그 때문이다.

문화
정치

문화정치는 기호적 실천, 의미생산을 둘러싸고 권력관계가 형성되면서 일어나는 실천이다. 의미생산에 내재적 메커니즘과 사회적 조건이 있는 만큼 문화정치는 크게 보면 두 종류의 실천으로 구성되지만, 내재적 메커니즘에 코드적 측면과 비-코드적 측면이 있다는 점을 감안하면 세 종류의 실천이 있다고 할 수 있다. 첫째 계급투쟁이 의미를 갖기 위해서는 문화적 치환을 거치며 이 치환의 체계가 재현체계를 구성한다. 둘째, 재현체계가 구성되는 문화적 치환처럼 내재성의 차원에 속하지만 동시에 체계화나 코드화에 수렴되지 않고 버티는 힘, 이로 인해 재현체계의 안정성을 무너뜨리는 또다른 의미작용이 있다. 셋째, 재현체계는 정치경제적으로 구성되는 사회적 존립 조건에 의해 조건지어진다. 이 세 측면에서 문화정치를 생각해보자.

우선 문화정치는 지배적인 기호적 실천, 즉 이미지나 텍스트 등의 배치로 만들어지는 재현체계와 이로써 발생하는 꼴값이나 의미의 유지, 전환 노력 등을 둘러싸고 벌어지는 일련의 투쟁으로 구성될 것이다. 이때 의미는 사회적 합의, 의제에 대한 공통감각과 이해를 전제한 문화적 코드에 따라서 생산되고 소비된다고 할 수 있으며, 의미생산은 사회적 상식, 지식, 입장, 소망, 희망 등을 둘러싼 다양한 힘들의 흐름을 관리·통제·재생산하거나 변형시키는 실천으로 이해된다. 이와 함께 만들어지는 것이 의미효과, 또는 '현실효과'이다. 여기서 현실효과는 사회적 진실, 사회적 감각이다. 이 진실과 감각은 기호적 실천, 의미생산을 통해 굴절된 것이다. 의미생산의 문화정치에서 진행되는 계급투쟁은 기호적 실천이나 상징적 재현에서 사회적 관심의 '방향'을 놓고서 벌어진다. 대중매체의 뉴스, 텔레비전의 연속극, 광고 메시지, 여성이나 동성애자의 이미지 등도 이런 관점에서 이해해야 하지 않을까 싶다. 우선 이런 것들은 이데올로기를 만들어내는 재현이라는 점에서 진실 게임의 일환이다. 뉴스가 만들어내는 사회적 의제들은 곧잘 역사적 진실을 왜곡한다. 하지만 의미의 방향이라는 관점에서 보면 대중매체가 사실과 진실을 왜곡하고 거짓을 퍼뜨리는 것만이 문제는 아니다. 기틀린에 따르면 오늘날 대중매체의 가장 큰 문제는 공적인 사안들을 하찮게 만들어버리는 데, 멜로드라마로 공적 담론의 공간을 빼앗고, 공공의 의지를 형성하여 효력을 발휘하게 만드는 각종 메커니즘들을 해체해버리는 데 있다. 17) 이때 중요한 것은 의미의 방향이고, 그것이 계급투쟁에서 차지하는 위치이다. 의미를 만드는 것보다는 의미의 방향을 잡는 일이 더 중요한 것이다. 18) 문화정치는 이때 사회적 의미와 그것의 방향을 잡으려는 투쟁으로 이해된다.

둘째, 문화정치는 위에서 살펴본 푼크툼처럼 코드체계에 의해 통제되지 않는 의미생산과도 관련이 있다. 이때 문화정치는 '위험한 의미'를 만들어내려는 도발적 시도와 실험, 그리고 이것에 대한 감시와 통제, 탄압의 사이에 벌어지는 협상, 갈등, 투쟁 등으로 구성될 것이다. 푼크툼은 아픔과 고통으로, 즉 사회적 공감각이나 여론, 합의 등 의미의 지배적 방향에 가하는 충격으로 작용하며, 비정상의 형태를 띠기 쉽다. 문제는 이때 이런 비정상을 어떻게 표현할 것인가라는 점이다. 비정상은 "변칙적인 것, 수량화할 수 없는 것, 비표준적인 것 혹은 표준화가 불가능한 것, 엉뚱한 것, 불완전한 것"19) 으로서 공감각과 여론이 허용하는 한계를 초과

---

17) Todd Gitlin, op. cit., p. 35.
18) 이런 점에서 프랑스어 'sens'이 '의미', '감각', '방향'을 한꺼번에 다 가리킨다는 사실이 매우 시사적이다. 질 들뢰즈, 『의미의 논리』, 이정우 역, 한길사, 1999 참조.
19) Charles Bernstein, "What's Art Got to Do with It? The Status of the Subject of the Humanities in an Age of Cultural Studies," in James Soderholm, ed., *Beauty and the Critic: Aesthetics in an Age of Cultural Studies* (Tuscaloosa and London: The University

하기 때문에 음란, 폭력, 타락, 야수성 등으로 규정되어 탄압이나 통제를 받기 마련이다.[20] 최근 들어와서 이따금 한밤중에 서울의 대학로에 나타나 경찰을 따돌리며 질주하는 오토바이 폭주족에 대한 단속을 반대하는 시민은 별로 없을 것이다. 이런 문화행위들은 기존의 재현체계, 그것의 제도화에 도전하고 저항하는 사례들로서 의미생산의 흐름을 방해하는 '소음'과도 같다. 하지만 이런 소음의 '무의미'를 무릅쓰지 않고 의미생산과 표현의 가능성을 확장할 수 있을까? 예술제도의 관성을 깨부수는 아방가르드 없이 새로운 예술의 탄생을 기대하기 어려운 것처럼 비-코드적 의미의 확장 없이 새로운 문화, 새로운 삶의 방식을 기대하기는 어렵다. 문화정치에 대한 요구는 여기서 나온다. 현기증, 충격, 고통을 감내하며 음란과 폭력, 소음, 무질서를 추구하는 것을 인간 역능을 확장하는 일로 보는 쪽과 그것을 체계에 대한 도전으로 위험으로 보는 쪽의 갈등과 투쟁은 필연적이다.

이상 말한 두 유형의 문화정치와 정치경제투쟁의 형태로 진행되는 전통적 의미의 정치는 어떤 차이가 있는가? 문화정치를 '꼴값의 정치'로 생각할 필요가 있다고 본다. '꼴값의 정치'는 이해관계의 정치, "자원 할당 문제를 다루는 재분배 정치"와는 구분된다. 지금 부르주아 민주주의사회에서 이해관계의 정치는 통상 청와대, 국회, 행정부, 사법기관, 정당, 노동조합, 사회운동단체 등에서 이루어진다. 이들 공식정치 영역에서 일어나는 것은 국민, 조합원, 피고, 당원, 시민의 목소리와 입장, 이해와 관심을 대변하는 '대의정치'로 알려져 있다. 이런 정치적 실천이 '의미'를 만들어내는 방식은 '가리킴', '지시'이다. 전문정치인, 관료, 법관, 노조간부 등 대표들은 지역구민, 유권자, 노동자, 피고나 원고 등 다양한 주체의

---

of Alabama Press, 1997), p. 29.

20) 최근에 부쩍 늘어난 표현의 자유 관련 논란도 이 맥락에서 이해할 수 있다. 이 책에 함께 실린 두 편의 글, 「누가 음란을 두려워하랴」와 「타자의 문화연구와 숭고의 미학」을 참고하라.

의사를 '가리키는' 방식으로 정치를 하기 때문이다. 여기서 의미는 따라서 원인에 대한 귀착 또는 참조(reference)의 형태를 띤다. 국회의원이나 노조대의원, 변호사가 하는 실천은 궁극적으로 보면 그것이 과연 그들이 대변한다는 사람들의 이해관계나 의사, 소망에 얼마나 충실히 귀착될 수 있느냐로 평가되는 것이지 그 실천 자체가 어떻게 구성되느냐, 그것이 얼마나 매력적이냐는 것으로 평가되지 않는다. 변호사나 의원이 자신들의 실천을 매력적으로 하느냐 아니냐는 물론 효과상의 차이를 낳겠지만 그런 노력은 어디까지나 부차적이다.

반면에 꼴값의 정치는 원인 귀착과 참조에 의하기보다는 정치의 장 자체에서 벌어지며 표면적이고 '미학적'인 경향을 강하게 띤다. 예컨대 국회의원이나 정부 관료가 공식석상에 꼭 넥타이를 맨 정장차림으로 나타나는 것은 '귀착' 행위와는 무관하다. 그것은 품위를 지키는 일, 꼴값을 지키는 일이다. 이 품위를 지키는 꼴값의 정치가 얼마나 큰 힘을 갖는가는 '꼴 같지 않은' 일을 하기가 얼마나 어려운가에 의해서, 한 예로 그 어느 국회의원도 감히 점퍼 차림에 슬리퍼를 끌고 본회의장에 들어올 엄두를 내지 못한다는 사실에 의해 입증된다. 하지만 꼴값이 체계적으로 통제되어 꼴 같지 않은 일을 벌이는 일이 결코 쉽지 않을 때 도발적 꼴들을 만들어내는 일이 오히려 큰 반향을 불러일으키는 역설도 생기는 법이다. 최근 영국에서 한 여성의원이 회의장에서 아이에게 젖을 물려 쫓겨나는 일을 자청한 것이 좋은 예이다.[21] 이것은 정치적 발언을 대변이 아니라 직접 표현의 형태로 한 경우이다.

꼴값의 정치를 언급하는 것은 문화와 정치경제의 시간은 일치하지 않으며, 문화와 정치경제가 작동하는 방식이 다름을 지적하기 위함이다. 정치경제를 중심으로 계급투쟁을 이해할 경우 꼴값에 대한 관심은 뒷전

---

21) 이 글을 완성한 뒤 한국의 국회에서도 비슷한 일이 벌어졌다. 최근의 보궐선거에서 당선한 개혁당의 유시민 의원이 평상복 차림으로 의원선서를 하려다가 다른 의원들의 저지를 받은 것이다.

으로 밀릴 수밖에 없고, 꼴값이 지닌 정치적 역할까지 외면할 가능성이 높다. 이 말은 한편으로는 재현체계에 대한 비판적 관심이 사라질 수 있다는 것이며, 그런 체계가 작동함으로써 만들어지는 사회적 효과에 대한 분석이 제대로 이루어지기 어렵다는 것, 나아가서 의미생산의 메커니즘을 다룰 수 있는 시각을 놓치게 된다는 것이다. 하지만 계급투쟁이 의미생산 과정을 거쳐야 한다면 이들 재현체계에 접근하고, 거기서 일어나는 일들에 개입하기 위한 투쟁은 필수적이다. 다른 한편 꼴값이나 재현체계에 대한 무관심은 표현, 의미생산의 가능성을 확대하기 위한 문화적 실험, 인간 존재의 역능을 확장하기 위한 노력을 폄하하는 것으로 이어질 수 있다. 정치경제투쟁과 문화투쟁 사이에 흔히 발견되는 분리주의를 만들어내는 주된 원인 하나가 바로 꼴값의 중요성을 외면하는 태도이다.

셋째, 문화정치는 꼴값이나 의미를 사회적으로 생산하는 조건에 대한 개입 형태를 띨 것이다. 재현체계는 존립을 위한 사회적 조건을 가질 수밖에 없으며, 이것은 결국 의미생산의 내재적 메커니즘과 그것의 정치경제학적 조건의 관계에 따라서 형성되어야 한다. 이 점을 문화적 공공성의 관점에서 살펴보고자 한다.

문화적 공공성

의미생산의 사회적 조건을 놓고 일어나는 문화정치는 일단 의미생산 메커니즘의 장악을 놓고 벌어지는 투쟁이다. 한 예로 '매체정경'을 놓고 벌어지는 투쟁이 예상된다. 매체정경은 "사회의 매체적 아비투스"로서 "사회적 인식이나 감각의 배치 등에 방향성을 부여"하는 일종의 '경향성'이다.[22] 지금 우리 눈앞에는 공적인 사안들을 사사로운 흥밋거리로, 사회적 쟁점들을 멜로드라마나 개그로, 자유시간을 텔레비전 시청이나 상

---

22) 원용진, 「신자유주의 시대의 '매체정경'」, 『문화과학』 29호, 2002년 봄, 207쪽.

품 소비를 위한 여가로, 사회적 관점에서 내려야 할 판단을 사적 취미의
문제로 만드는 경향을 지닌 '매체정경'이 펼쳐져 있다. 이 지배적 매체정
경을 바꾸려는 투쟁이 필요한 것은 그것이 기본적으로 재생산적이기 때
문이다. 개인들의 삶에 대한 관심을 주로 연예와 같은 소일거리로 집중시
키고, 활동 대부분을 상품의 생산과 소비에 바치게 함으로써 기존의 의미
생산을 지속할 뿐이다. 진보적 문화정치는 따라서 다양한 문화적 실천들,
의미생산의 장에서 사회적 책임이나 공공성과 같은 새로운 의미방향을
복원하려는 노력을 그 주요 과제로 삼는다. 이 노력은 사적 이윤의 장에
서 일어나는 문화적 실천들을 공공영역으로 이관시키려는 것이라는 점에
서 자본에 대한 투쟁의 성격을 띨 것이고, 동시에 제도의 기능전환을 위
한 투쟁이어야 할 것이다. 이는 곧 문화정치가 문화적 공공성을 구축하는
실천이 되어야 한다는 말이다.

한편으로 볼 때 이 실천은 의미생산의 다양한 제도들, 매체정경을 형
성하는 사회적 재현체계들을 사적 영역에서 공적 영역으로 이동시키는
노력으로, 즉 각종 매체제도들을 포함한 의미생산 제도들의 생산관계를
변화시키려는 노력으로 전개되어야 한다. 이것은 문화정치가 그동안 정
치경제학의 주된 관심사로만 여겨졌던 사안들을 자신의 문제로도 받아들
여야 한다는 말이다. 그동안 문화정치를 구상해온 문화연구는 의미생산
이 이루어지는 정치경제학적 조건에 대해서는 큰 관심을 기울이지 않았
다. 텍스트의 외부를 늘 기억하라고 경고했던 홀도 이 점은 마찬가지다.
문화연구 전통에서 의미, 의미효과를 만들어내는 재현체계의 내적 메커
니즘 이외에 이 메커니즘을 사회적으로 유지, 관리하는 방식을 살피는 일
은 극히 드물다. 하지만 이 글에서 살펴본 대로 '의미'는 사회적 재현체계
를 통해서 만들어지는 사회적 의제의 공감각, 목표, 방향으로 나타나며,
이 목표와 방향은 자연발생적으로 주어지는 것이 아니라 사회적으로 구
성되고 생산된다. 이런 점에서 의미생산을 주된 탐구의 대상으로 삼는 문
화연구는 정치경제학을 외면할 수가 없다. 해석의 정치, 꼴값의 정치 등

문화정치도 정치경제투쟁과 무관하지 않다. 그것들 역시 자신의 에너지, 노하우, 전략을 집중시키고, 배치시키는 기본 구조로서 재화와 서비스, 노동의 교환과 분배를, 다시 말해 정치경제적 조건을 전제할 것이기 때문이다. 이런 점에서 문화연구와 문화정치는 정치경제학의 관심사로만 치부해온 '국가'를 자신의 문제로도 받아들일 필요가 있다. 문화정치는 그동안 자본주의 생산관계를 종합하는 것이 국가이며, 의미생산 역시 국가와 무관할 수 없다는 점을 애써 외면해왔다.[23] 하지만 국가가 기호적 실천과 의미생산의 메커니즘들을 사회에 배치하는 데 가장 큰 힘을 발휘한다면 그것에 대한 개입 전략은 필수이다. 지금 상론할 수는 없지만 이 일은 국가, 시민사회, 경제(시장), 미디어를 포함한 각종 사회제도와 습속에 대한 종합적 개입 형태라야 하며, 이때 지배적 재현체계들의 공적 제도, 의미의 생산수단에 대한 접근권을 확대하는 것이 관건이라고 본다.

다른 한편, 정치경제의 계급투쟁에서 '진보세력'이 승리한다고 해서 문화적 공공성을 보장받는 것은 아니다. 특정한 문화적 생산수단을 노동조합이 장악했다고 화면을 통한 의미생산의 통제가 사라지거나 매체정경이 자동으로 변혁되리라 기대할 수 있을까? 위에서 문화와 정치경제의 시간은 다르다고 했다. 이 말을 "정치경제 먼저, 문화는 다음"과 같은 식으로 이해하는 것은 곤란하다. 여기서 차이는 어떤 통합불가능성을, 즉 두 시간의 전개 방식과 속도가 근본적으로 달라서 정치경제의 계급투쟁에서 진보세력이 승리하더라도 문화적 해방은 여전히 미해결로 남아 있을 수 있다는 것을 가리킨다. 문화의 관점에서 해방은 주체의 욕망과 역능을, 인간적 존재의 가치를 최대한 보장하고 실현시키는 일이다. 문화적 공공성의 구축은 따라서 의미의 생산수단에 대한 사회적 장악을 필요조건으로 전제하지만, 동시에 그것 이상을 요구한다. 비-코드적 의미생산, 지배적 재현방식에 대한 위반과 도전, 아방가르드 실천이 허용되지 않는 문

---

23) Nicholas Garnham, op. cit., pp. 68-69 참조.

화적 공공성의 구축은 의미생산 코드를 교체하는 것일 뿐, 삶의 의미를 풍부하게 만드는 충분조건이 되지 못한다. 의미의 의미 혹은 방향을 바꾸는 것에는 코드 교체 이상이 필요하다. 특히 중요한 것이 숭고미나 푼크툼과 같은 고통과 충격의 의미를 허용하고 아방가르드적 실천을 가능케 하는 일이다. 이는 계급투쟁에 타자의 관점을 도입해야 하기 때문이다. "변칙적인 것, 수량화할 수 없는 것, 비표준적인 것 혹은 표준화가 불가능한 것, 엉뚱한 것, 불완전한 것"을 허용해야만 동성애자, 외국인노동자, 여성, 청소년 등 지배적 정체성과 구분되는 타자적 주체들의 욕구와 욕망을 표현할 수 있다. 문화적 공공성을 구축하는 문화정치는 이런 점에서 사회적 의미의 차이들을 최대한 수용하는 시공간을 구축하는 실천이 되어야 한다. 문화적 공공성이 이런 차이들을 수용하지 못하면 문화적 해방은 요원할 수밖에 없으며, 이는 정치경제적 투쟁만으로 문화적 공공성이, 나아가서 해방이 구축될 수 없다는 말이다.

논의를
맺으며

이 글에서 나는 계급투쟁을 의미생산 문제를 중심으로 살펴보고 이를 통해 문화정치의 방향을 설정함과 동시에 문화연구와 정치경제학 사이에 쌓인 불화를 해소해보고자 했다. 문화연구가 정치경제학을 경원하는 것이나 정치경제학이 문화연구를 불신하는 것은 일방이 다른 일방을 배제해도 문화적 실천을 해낼 수 있다는 잘못된 판단의 결과이다. 문화연구의 쪽에서 이 오류를 시정하려면 문화정치가 꼴값 변동이라는 표현 층위의 실천으로 끝나지 않도록 의미생산의 사회적 조건에 개입하여 문화적 공공성을 강화하는 실천으로 나갈 필요가 있다. 이것은 문화의 '불충분함', 또는 문화정치의 상대성을 인정하는 일이기도 하다. 문화정치는 당연히 의미의 사회적 생산조건을 둘러싼 싸움에 동참하고, 정치경제적 관계가 집중된 사회제도들에 개입해야 할 필요가 있다. 하지만 동시에 문화정치의 자율적 측면도 놓쳐서는 안 된다. 이 자율성은 물론 절대적이 아니라 상대적이지만 문화정치를 정치경제 투쟁과 다른 종류의 것으로 만드는 원인이다. 문화정치는 이해관계를 놓고 벌이는 계산된 개입의 실천이되 늘 위험, 위반, 도발의 형태를 띠기도 해야 하고, 면밀한 기획으로 진행되어야 하되 동시에 욕구와 욕망을 충족하는 실천이 되어야 한다. 문화정치와 문화운동은 패션과 사회운동을 혼동해서는 안될 것이며, 다른 사회운동과 연대하고, 시위와 집회에도 참여해야 하겠지만, 그 과정에서 제출하는 요구나 투쟁 방식은 다를 수 있다. 문화정치는 이때 진보운동 진영과도 새로운 교섭과 협상, 관계설정을 할 수밖에 없을 것이다. 그것은 문화정치가 운동의 연대에 동참하더라도 운동의 의미방향을 새롭게 만들어야 할 것이기 때문이다. '문화적 공공성'은 생산수단의 사회화로 촉진되겠지만 보장되지는 않는다. 계급해방을 이룬 뒤에도 문화적 해방이 과제로 남을 가능성은 얼마든지 있다. 문화정치가 정치경제투쟁에 동참해야 하지만 일방적으로 동원되어서는 안 될 이유가 여기에 있다. 의미생산의 문제와 꼴값의 문제, 문화적 해방은 정치경제적 투쟁과는 또다른 노력을 요구하는 것이다.

— 2부 —

문화, 정치, 국가

04

문화와 정치[*]

문화와 정치는 어떤 관계가 있을까? 시나 소설, 조각과 같은 본격 예술작품, '뽕짝'이나 록 같은 대중예술, 우리가 일상적으로 접하는 TV 드라마나 광고물, 네온사인, 광고판, 건물들, 이것들로 구성되는 거리의 스펙터클, 계절과 장소 혹은 세대에 따라 달리 나타나는 패션 등은 어떤 정치적 의미를 지니는 것일까? 텔레비전 드라마에 등장하는 여성의 모습은 남녀간 정치적 위상 차이와 무슨 관계가 있을까? 넥타이를 꼭 매고 강의하는 교수와 그런 스타일을 한사코 거부하는 교수는 어떤 서로 다른 정치적 입장을 표현하는 것일까? 공식 석상에서 국회의원이나 관료, 외교관 등이 한결같이 정장 차림을 하고 나타나는 까닭은 무엇일까? 왜 권력자는 5.16 광장과 같은 큰 광장을 만들고, 자유분방한 문화예술 활동을 퇴폐니 불온이니 하며 단속하려드는 것일까? 법원이나 검찰청, 군청과

---

[*] 출처: 서울대학교 정치학과 편, 『현대정치의 이해』, 인간사랑, 2003.

같은 관공서 건물은 왜 길에서 뒤로 나앉아 근엄한 표정을 짓고 서있으며, 기관장의 집무실은 왜 한결같이 넓기만 할까? 왜 모든 민족국가는 다양한 언어들을 사투리와 표준어로 분류하는 것일까? 한국에서 아내가 남편에게 존댓말을 쓰는 경향이 높은 것은 성정치상 어떤 의미가 있는가? 인터넷을 즐겨 사용하는 네티즌 세대와 그렇지 못한 세대간에는 기술과 정보의 차이 이외에 어떤 권력상의 차이가 있을까?

이 장에서 우리는 이런 질문들을 염두에 두면서 문화와 정치의 관계, 문화의 정치적 의미, 그리고 정치의 문화적 의미 등의 문제를 다루려고 한다. 이런 목표를 설정한 데에는 문화와 정치는 나름대로 관계가 형성되어 있고, 문화 안에도 정치가, 정치 안에도 문화가 있다는 판단이 작용한다. 문화는 어떻게 정치를 품고 있으며, 정치는 또 어떻게 자신 속에 문화를 품는 것일까? 문화는 어떤 정치를 실천하고, 정치는 어떤 문화적 실천을 담고 있는가? 이런 질문들을 좀더 구체적으로 생각해보기 위해 먼저 문화와 정치의 개념을 살펴보자. [1]

개념의
이해

한 사전이 정의하는 바에 따르면 '문화'는 "사회 구성원에 의하여 습득·공유·전달되는 행동 양식 내지 생활 양식의 총체. 자연 상태와 대립되는 것이며 또한 그것을 극복한 것임. 언어·풍습·도덕·종교·학문·예술 및 각종 제도 따위"로 정의된다. 문화를 이런 뜻으로도 이해할 수 있겠지만 좀더 엄밀하게 정의할 필요가 있다. 여기서는 20세기 후반에 문화를 연구하는 새로운 기획으로 대두하여 1990년대 이후 한국에서도 제법 널리 퍼져서 영향력을 행사하고 있는 '문화연구'(cultural studies)를 참조하려고 한

---

1) 이 장을 구성하기 위해 Elaine Baldwin, Brian Longhurst, Scott McCracken, Miles Ogborn & Greg Smith, *Introducing Cultural Studies* (London: Prentice Hall Europe, 1999)의 제7장 "Politics and Culture" 부분을 많이 참조하였음을 밝힌다.

다. '문화연구' 전통에 따르면 문화는 대략 세 가지 정도의 의미가 있다.

1) '문화'의 개념

첫째, 문화는 음악, 문학, 미술, 조각, 연극, 영화와 같은 예술과 예술행위를 가리킨다. 이들 예술장르는 근대사회에서 가장 큰 가치가 있는 문화, 가장 문화다운 문화로 치부되었다. 여기에는 이들 예술 활동이야말로 인간적 가치를 가장 완벽하게 구현할 수 있다는 관점이 들어 있다. 영어권에서는 이런 평가를 받는 문화를 가리켜 '대문자 C로 시작되는 문화'(Culture with a big C)라는 표현을 쓴다. 이런 문화는 '교양', 즉 우아하고 세련된 취미와도 통한다. 물론 이런 관점은 엘리트주의적 경향을 지니기 때문에 문화의 대중적 성격을 강조하는 사람들, 그리고 문화민주주의 관점에서 문화를 이해하려는 사람들로부터 공격을 받기도 하였다.

둘째, 문화는 좀더 포괄적으로 '삶의 방식'으로 이해된다. 이 정의는 인류학에서 제출된 것인데, 여기서는 어떤 부족, 국민, 시대, 혹은 인류 전체가 지닌 특정한 삶의 양식이 문화이다. 그리고 이때 문화는 삶의 방식을 드러내는 상징체계와 그것을 창안하고 사용하는 능력으로도 이해된다. 이 정의에서 인간은 상징을 사용하는 능력을 갖추었기 때문에 문화적 존재로 간주됨을 알 수 있다. 상징작용은 사람들이 말이나 그림, 몸짓을 통해서 생각(예컨대 국가나 계급)이나 대상(집, 토끼 등), 또는 (분노와 같은) 감정을 나타낼 때 일어난다. 이 상징작용의 특징 가운데 하나는 사회 집단에 의해 공유될 수 있다는 점이다. 한국사회에서는 낮은 연령의 사람들이 좀더 고령의 사람들에게 높임말을 사용하는 것이 관례이다. 또 처음 만나는 사람끼리 인사를 할 때는 허리를 굽혀서 경의를 표하기도 한다. 이런 식의 몸짓으로 인사를 하는 것은 한국에 특유한 것이며, 따라서 한국의 문화적 특징으로 인지된다. 이때 몸짓이 상징 기능을 할 수 있는 것은 사람들이 의미를 공유하기 때문이다.

셋째, 문화는 개인이나 집단의 발전과정을 가리키기도 한다. 이 의미는 서양언어에서 문화가 '경작'이나 '손질'과 같은 의미를 지녔던 데서 비롯된 것으로 보인다. 중세 말까지 영어의 'culture'는 농작물이나 짐승을 돌보거나 가꾸는 일을 가리켰다. 나아가 '문화'는 차츰 정신수양처럼 인간이 자신을 돌보는 활동을 가리키는 말로 사용되었고, 더 나아가서는 '교화'(敎化)나 '수련'(修鍊), '수양'(修養) 등 사람들의 정신적 능력을 계발하는 일, 인간 고유의 독특한 발전 방식이나 과정으로 이해되기도 하였다. 이 용례에서 문화는 자연의 상태와 구분되는 것으로 이해됨을 알 수 있다. 자연상태의 식물이나 동물에 인간의 손길을 뻗쳐 더 나은 상태로 만드는 것이 문화로 간주되는 것이다. 여기서 '문명'의 개념이 도출된다. 문명은 흔히 야만과 구분되는데 역사적으로나 사회적으로 야만에 비해 더 발전된 것으로 치부된다. 19세기에 서구의 제국주의 세력이 비서구 사회들을 식민지로 만들어 지배하면서 '문명 대 야만'의 이분법을 활용한 것을 상기해보면, 여기서 문명 또는 문화는 진보를 대변함을 알 수 있을 것이다.

2) '정치'의 개념

한글사전을 다시 참조하면 정치는 "나라를 다스리는 일"이다. 즉 "국가의 권력을 획득하고 유지하며 행사하는 활동"이요, "국민들이 인간다운 삶을 영위하게 하고, 상호간의 이해를 조정하며, 사회질서를 바로잡는 등의 역할"을 하는 것이 정치라는 것이다. 우리가 눈여겨볼 점은 사전적인 의미의 정치는 철저히 국가를 중심으로 이해되고 있다는 점이다. 정치가 대통령이나 국회의원과 같이 국가의 행정부, 입법부 등에서 중요한 결정을 하며 지도력을 발휘하는 사람들에게 고유한 활동이라는 생각이나 대통령선거야말로 최대의 정치 행사라는 인식도 이런 사전적 의미와 무관하지 않을 듯싶다. 물론 국가는 대통령이 대표하는 정부만을 포괄하지는 않는다. 행정부 이외에 사법부, 입법부도 국가를 구성하며, 더 나아가 종교기관, 교육기관, 대중매체 등도 국가권력의 영향이 미치는 범위 안에 있다고 할 수 있다.[2] 하지만 대통령이 중요한 정치적 인물로 인식되는 것은 정부 수반으로서 국가를 지휘하는 위치를 차지한다고 간주되기 때문이다. 이때 국가는 모든 권력의 집합 장소로 여겨지고, 바로 이 지점에서 정치가 일어난다는 것이 정치에 대한 통념이다.

그러나 '문화연구'의 관점에서 보면 정치란 이런 전통적 의미를 넘어선다. 이 글의 첫머리에서 문화와 정치의 관계를 생각해보기 위해 제기한 많은 질문들만 잠깐 되짚어 보더라도 '정치적인 것'의 의미가 얼마나 복잡하고 다양한지 짐작할 수 있을 것이다. 문화연구의 관점을 수용하는 사람들은 국가의 문제를 다루는 것만을 정치로 보려 하지 않고 일상과 스타일의 차원에서, 정체성의 관점에서, 성관계에서, 세대관계에서 다양한 형태의 정치적 관계가 형성된다고 본다. 이들이 텔레비전의 일일연속극에 등장하는 주부의 모습, 〈007〉 영화시리즈에 등장하는 본드 걸의 인종 성분, 젊은이들이 하는 머리 염색이나 피어싱 혹은 보디페인팅, 텔레비전 시사토론 프로그램 진행자가 자주 사용하는 말투 등에 각별한 관심을 기울이는 것은 그 때문이다. 전통적인 정치학에서 중요성을 인정받지 못하는 '사소한' 현상들에 정치가 내재해 있다고 보는 관점에서 볼 때에는 '모든 것이 정치적이다.'

문화와
정치의 관계
1) 전통적 관계

문화와 정치의 관계를 어떻게 이해해야 할지 좀더 자세히 살펴보자. 전통적인 한 관점에 따르면 문화와 정치는 별개의 영역이다. 작년에 작고한 코미디언 이주일은 재벌로서 정계에 진출한 정주영의 추천을 받아 국회의원을 한 번 지낸 뒤 "정치가 더 코미디더라"는 말을 남겼다고 전해진

---

2) 이런 생각을 프랑스의 맑스주의 철학자 루이 알튀세르의 '이데올로기 국가장치'라는 개념에서 찾아볼 수 있다. 알튀세르는 국가권력은 군대나 경찰 등 억압적 장치들 이외에 이데올로기적 효과를 만들어내는 장치에 의해서도 유지된다고 보았다.

다. '코미디의 황제'가 한 이 말에는 '정치도 연예계에서 하는 놀음 같더라'는 조롱이 담겨 있지만, 이 말 자체가 다시 코미디로 쓰이는 것을 보면 정치가 코미디여서는 안 된다는 판단도 담겨 있음을 알 수 있다. 정치는 코미디, 나아가서 연예활동이 아니며, 더 나아가서는 문화예술이 아니라는 인식은 상당히 널리 퍼져 있다. 사실 대중예술인이 사회적, 정치적 사안에 대해서 나서는 일은 별로 없다. 정치란 국회나 정부와 같은 '국사'를 다루는 국가기구에서 일어나는 일, 서로 다른 사회적 이해관계를 대변하려는 정당 활동이나 노조활동, 국가와 국가의 관계를 다루는 외교의 문제에 해당한다는 것이 더 일반적인 생각이다.

물론 문화가 정치적 성격을 강하게 띠는 경우도 있다. 군부독재의 살벌한 '겨울공화국' 시절에는 한 줄의 시가 어떤 정치적 발언에 못지 않은 큰 파장을 일으키곤 했다. 1980년대에 사회변혁운동이 거세게 타올랐을 때 시위현장이나 파업현장, 혹은 대학교 광장에서는 곧잘 문화행사가 벌어지곤 했다. 이때 마당극, 사진전, 탈춤, 노래 등의 문화적 행위는 군부독재에 항의하고 사회변혁을 요구하는 내용을 담았다는 점에서 누구도 부정하지 못할 강력한 정치적 표현이었다. '문화예술인'의 정치참여도 자주 있는 일이다. 지난 16대 대통령선거에 많은 연예인, 문화예술인들이 권영길, 노무현, 이회창, 정몽준 진영에 참여한 것이 그런 경우이다. 이 중에는 영화배우 문성근과 명계남처럼 '노사모'(노무현을 사랑하는 사람들의 모임)를 이끌며 유세 과정에 적극 참여함으로써 선거 결과에 큰 영향력을 행사한 경우도 있다. 이런 점을 고려하면 정치와 문화는 서로 분리되어 있는 만큼이나 밀접한 관계를 지닌 것으로 보인다. 문화가 정치의 시녀라는 말을 들을 때도 사정은 마찬가지였다. 독재권력이 사회를 지배할 때 시인, 소설가, 화가, 영화인 등 예술계 인사들이 억압적인 정치권력을 미화하거나 정당화하는 데 동원되어 정치권력의 하수인이 되는 일이 적지 않았지만, 이런 사실 자체는 비록 부정적인 형태라고 하더라도 문화와 정치가 긴밀한 관계를 지니고 있었다는 증거이다.

그러나 이런 식으로 문화와 정치를 이해하는 것은 전혀 새로운 관점이
아니다. 군사정부 치하에서 항의나 저항 형태로 벌어진 마당극이나 탈춤
과 같은 문화적 실천들이 정치성을 강하게 띤 것은 사실이지만, 그런 실
천들이 정치적 행위라고 인식된 것은 전통적인 국가권력을 겨냥하여 비
판했다는 사실 때문이다. 당시 정권을 비판하는 시 한 줄, 새롭게 짠 판
소리의 풍자가 정치적 파장을 일으켰던 것도 정치와 문화는 다르다는 생
각이 지배적이었기 때문에 나온 역설적인 효과라고 할 수 있다. 감히 시인
이나 소리꾼이 정치적 발언을 할 수 있냐며 통제를 가하려 한 것은 정치와
문화는 엄연히 구별되어야 한다는 지배적 인식이 작용한 결과이지만, 이
런 인식과 태도가 오히려 그런 발언의 정치적 의미를 키워버린 것이다.

2) 모든 것이 정치적이다

'문화연구'의 관점에서 볼 때 문화와 정치의 관계는 서로 분리된 문화와
정치가 맺는 관계에 국한되지 않는다. 여기서 '문화'는 이미 정치요, 정치
는 이미 문화로 인식된다. 정치의 고유한 장소와 문화의 고유한 장소가
서로 분리된 채 맺는 양자의 관계는 독립한 두 국민국가가 벌이는 외교와
비슷한 모습일 것이다. 하지만 '문화연구'에서는 정치적이지 않은 문화가
없고, 문화적이지 않은 정치란 없다는 인식이 강하게 작용한다.

정치를 넓은 의미로 권력의 문제로 간주한다면 권력관계가 꼭 의회,
정부, 사법부, 외교관계와 같은 국가 수준에서만 형성된다고 할 수는 없
다. 페미니즘에서 "개인적인 것이 정치적인 것이다"라는 주장이 나오는
것도 사실 이런 점 때문이다. 보통 개인적인 사안들은 '사소한' 것으로서
국가의 공적인 영역에서 일어나는 공식 정치적 사안과는 달리 비정치적
이라는 인식이 있다. 그러나 따지고 보면 '사소한' 개인적인 사안들도 고
도의 정치적인 성격을 띤다. 여성이 겪는 일상의 경험이 그런 경우에 속
한다.

전통적인 관점에서 보면 대부분의 여성은 정치와는 무관한 생활을 하

는 듯이 보인다. 집안에서 청소하고 빨래하는 일, 밥 짓는 일은 '국사'를 논하는 정치와는 무관해 보이지 않는가. 하지만 일상의 일이라고 해서 국가권력, 자본, 노동 등이 빚어내는 정치적 세력관계와 무관한 것은 아니다. 집안에서 식사를 할 때 남자아이는 아무런 방해를 받지 않고 식사를 끝낼 수 있는 반면 여자아이는 계속해서 잔심부름을 해야 하는 이유를 생각해 보라. '집안일' 즉 사적인 일은 여자가 해야 한다는 고정관념이 작용하기 때문일 것이다. 하지만 왜 여성은 가정이라는 사적인 공간에 갇히고 남성은 '바깥일', 공적인 업무를 봐야 하는 것일까? 사실 따져보면 남녀간의 역할 구분은 결코 자연스런 것이 아니다. 남성이 집 바깥의 공적인 일을 하고 여성은 집안의 사적인 일을 하는 것은 성별에 따른 사회적 역할 분할의 결과이다. 이 분할이 생긴 이유는 한편으로는 가장이 집안에서 소득을 책임지게 된 데서, 다른 한편으로는 여성과 남성을 체계적으로 차별하는 가부장제도에서 찾을 수 있다. 이렇게 보면 여성의 '사사로운' 일은 결코 사사로운 것이 아니라 여성으로 하여금 사회진출을 하지 못하게 막고 있는 사회구조의 정치적 표현이다.

정치는 이처럼 뜻하지 않은 곳에서도 발견된다. 물론 국가를 중심으로 생각하더라도 정치의 범위는 사실 넓다. 정부, 국회, 정당, 노사관계, 외교관계 등 국가영역이란 것이 워낙 광범위하기 때문이다. 하지만 더 나아가서 정치란 국가를 넘어서 사회적 권력관계 일체를 포괄한다고 해석하면 정치의 장소는 그 한계가 없을 정도이다. 이것은 권력문제가 거시적이면서 동시에 미시적이며, 국가권력의 형태를 띠면서도 개별제도나 인간관계 전영역에 만연되어 있다는 말이다. 대통령 선거와 같은 거시권력을 중심으로 한 경쟁에서만 정치적 행위와 권력관계가 생기는 것이 아니다. 남편과 아내, 부모와 자식, 직장 상사와 부하, 교사와 학생, 의사와 환자, 선배와 후배 등 생각할 수 있는 모든 인간관계에서 권력관계는 형성된다. 권력관계가 형성되는 계기도 다양하다. 책상과 같이 집안의 특정한 기물 사용을 놓고서, 상급학교 진학을 놓고서, 높임말과 낮춤말 등 상이한 언어 사용을 둘러싸고 형제간이나 남매간, 선후배간에 경쟁과 불평 등 관계가 형성될 수 있는 것이다.

이런 권력관계는 물론 사회에 따라서 다르게 나타난다. 예를 들어서 한국의 남녀관계와 중국의 남녀관계는 크게 다를 수 있다. 한국에서는 가사노동을 여성이 거의 도맡는 것이 아직까지 지배적이지만 중국에서는 같은 직장을 다니는 부부가 귀가했을 때 남편이 저녁 식사를 준비한다고 한다. 이는 적어도 일부 가사노동을 둘러싼 부부간의 역할이 한국과 중국이 다르다는 말이다. 이런 차이는 한 사회가 가동하는 문화적 질서, 재현의 방식 등에 따라서 만들어질 것이다.

미국이나 프랑스와 같은 서양문화권에서 만든 영화를 한국말로 더빙할 때 일어나는 변화를 살펴보면, 남녀간의 관계가 번역과정을 통해 어떻게 바뀌는지 볼 수 있다. 외국영화를 한국어로 더빙하여 TV 등에서 방영할 때, 원어에서는 없던 높임말과 낮춤말의 구분이 생겨나곤 한다. 특히 재미있는 현상 가운데 하나가 처음 만나 서로 높임말을 주고받던 남녀가 성관계를 맺고 난 뒤 대화하는 장면을 보면 여자는 계속 높임말을 쓰게 하면서도 남자는 일순간에 낮춤말을 쓰게 만든다는 점이다. 여기서 우리는 동일한 이야기와 등장인물이 영어나 독일어, 프랑스어 등으로 이야기를 나눌 때와 한국어로 이야기를 나눌 때 어떤 권력관계의 변화를 겪는지, 그리고 한국사회에서 남녀간에 어떤 불평등이 작용하는지 살펴볼 수 있는 중요한 단서를 포착하게 된다. 이런 '사소한' 듯한 지점에서 교묘한 권력의 불평등이 일어난다는 사실은 모든 것이 정치적임을, 그리고 문화야말로 교묘한 정치가 작용하는 영역임을 보여준다. 사회적 권력관계를 규정하는 정치가 우리가 전혀 예상하지 않는 곳에서도 작동한다는 점을 알 수 있다.

3) 문화와 정치의 관계

하지만 그럼에도 불구하고 정치의 고유한 영역이 있다는 통념은 사라지지 않으며, 이 통념을 무시할 수 있는 것도 아니다. 전통적인 정치의 영역은 거시적인 차원에서 사람들이 합법성과 정당성, 권위 등을 주장하거나 추구하는 영역이며, 선거를 통해서 그리고 공개적이고 공식적인 절차를 통해서 그와 관련된 정책결정 등이 이루어진다는 점에서 공식정치의 영역이다. 이런 점은 국회의원 선거나 대통령 선거와 같이 선거의 계절이 되면 분명해진다.

이상 말한 것은 종합해보면 정치란 꼭 공식적인 정치영역에만 국한되지 않고, 통상 문화라고 간주하는 영역에도 스며들어 있지만 그럼에도 불구하고 고유한 영역으로 통하는 공적인 정치 영역이 있다는 점을 인정해야 할 것 같다. 이 장에서는 이 공식 영역을 '진짜 고유한' 정치의 영역으로 보지는 않지만 사회에서는 통상 그렇게 통한다는 점을 현실로 인정하고, 넓은 의미의 정치개념을 통해서 그것을 살펴보려고 한다. 이렇게 하면, 공적인 정치가 주장하는 바를 들으면서 그 주장에 깃들 수밖에 없는 문화의 문제를 이해할 수 있을 것 같다. 이제 공적인 정치의 장이 어떻게 문화에 의존하며, 더 나아가서 문화 자체는 어떤 정치를 수행하는지 살펴보자.

문화와
의미생산

위에서 문화는 상징질서의 세계에 속한다고 하였는데, 문화와 정치의 관계를 이해하려면 이 점을 좀더 구체적으로 살펴볼 필요가 있다. 문화가 상징질서에 속한다는 것은 문화가 주로 기호, 이미지, 텍스트, 담론 등 상징 또는 상징체계를 통하여 의미를 만들어내는 영역이라는 말이다. 상징체계는 재현체계이기도 하다. 이 '재현'이 어떻게 작동하는지 좀더 자세히 알아보자.

1) '재현'

'재현'은 다시 나타남, 다시 제시함이다. '재현'과 비슷한 뜻으로 사용되는 말에는 '대신', '대변', '대표', '표상', '표현', '초상', '상영' 등이 있다.

이들 말은 한국어에서는 서로 다른 의미를 가지고 있어 보이며 또 적용되는 분야도 외교, 사법, 정치, 철학, 예술(문학, 미술, 연극, 영화) 등으로 서로 다르지만, 영어로는 모두 '리프리젠테이션'(representation)이라는 단어 하나로 포괄된다. 리프리젠테이션은 재현처럼 '다시 나타남', '다시 제시함'의 의미이다. 대신, 대변, 대표, 표상, 표현, 상영 등을 가만히 살펴보면 이 재현과 의미가 상통함을 알 수 있을 것이다. 재현은 통상 문학, 그림과 같이 묘사를 통해 형상화를 하는 예술에서 사용되는 말이다. 문학작품에 등장하는 인물이나 배경은 실제의 인물 또는 배경을 다시 제시함으로써 형상화된다. '대신'은 어떤 사람이 다른 사람의 자리를 차지하는 일이다. 대변의 경우는 변호사가 하는 일이다. 변호사는 피고를 대변할 때 후자의 입장을 다시 제출한다. 지역주민의 이해관계를 대표하는 국회의원의 경우도 마찬가지이다. 의원이 몫을 제대로 할 경우 자신이 대표하는 사회집단을 대신하여 그들이 꼭 필요하다고 여기는 문제를 제기할 것이기 때문이다. 표상도 철학에서 어떤 대상에 대한 관념을 가리킨다는 점에서 대상을 머리 속에 다시 제시하는 일이다. 표현, 초상, 상영 등에서도 유사한 일들이 일어난다.

그런데 재현과 그와 유사한 말들을 행위로 보는 경우와 사물로 보는 경우로 나눠 생각해볼 수 있다. '대신', '대표', '대변'은 그 행위를 하는 주체의 측면에서도 바라볼 수 있지만 주체가 아닌 사물의 관점에서 이해할 수도 있다. 전자의 경우 재현은 변호사, 의원, 대사, 배우 등이 하는 행위로 생각할 수 있겠지만 후자의 재현은 객관적으로 존재하는 물건이 지닌 기능에 해당한다. 예를 들어 올림픽 게임이 벌어지는 경기장에서 나부끼는 태극기가 그런 경우이다. 태극기는 이때 경기장에 게양된 다른 나라 국기들과는 달리 한국을 대표하는 상징이다. 이때 국기는 한국이라고 하는 다른 어떤 것을 대신하는 기호가 된다. '기호'란 상징물로서 자기 자신 이외의 다른 것을 가리킨다. '소'라는 언어기호의 역할은 언어기호인 자기 자신이 아닌 다른 것, 즉 동물 소를 가리키는 데 있다. 그리고 이때 기호가 가리키는 대상은 기호가 있는 곳에는 존재하지 않는다. 태극기가 상징하는 한국은 태극기가 걸려 있는 경기장에 존재할 수가 없다. 그 자리에 없는 한국을 가리키는 기호는 한국을 재현하며, 한국을 대리한다고 할 수 있다. 문화는 이런 대리 역할을 하는 기호들, 상징들, 즉 재현들로 가득 차 있는 영역이다.

2) 기호와 의미생산

'기호'의 중요한 역할 하나는 의미를 생산한다는 점이다. '소'라는 기호가 의미가 없다면 계속하여 사용될 필요가 없을 것이다. 그런데 기호에는 의미가 있다는 사실을 확인하는 것 못지 않게 기호가 어떻게 의미를 만들어내는지 이해하는 것이 중요하다. '대전 발 0시 50분 기차'의 경우를 생각해 보자. 〈대전블루스〉라는 대중가요의 가사에서 언급되는 이 기차는 대전에서 새벽 0시 50분에 출발하는 목포행 완행열차로 나온다. 따라서 기호 '대전 발 0시 50분 기차'는 분명한 대상을 가리키는 것처럼 보인다. 하지만 다만 그렇게 보일 뿐이다. '소'라는 기호가 동물 소를 가리킨다고 했을 때 놓쳤던 부분이 있다. 과연 언어기호 '소'와 동물 소 사이에 진짜로 어떤 관계가 있는가 하는 점이다. '대전 발 0시 50분 기차'라는 기호를 생각할 때 우리는 그것이 대전에서 새벽 0시 50분에 출발하는 기차를 가리킨다고 생각하지만, 잘 생각해보면 '대전 발 0시 50분 기차'로 불리는 기차가 반드시 정해진 그 시간에 대전 역을 통과하는 것은 아니다. 똑같은 기호를 사용하면서도 그것이 가리키는 대상물, 즉 물리적인 기차는 완전히 다를 수도 있다. 평소에 '대전 발 0시 50분 기차'로 불리던 기차의 기관차가 고장이 나서 다른 기관차로 대체될 수도 있고, 같은 기관차라도 뒤에 딸린 객차들이 바뀔 수도 있지 않겠는가. 그럼에도 불구하고 우리는 이 기차를 '대전 발 0시 50분 기차'라고 부른다. 현실세계에서 움직이는 기차의 실체와 그것을 가리킨다고 하는 기호 사이에는 반드시 고정된 인과관계가 있는 것은 아닌 셈이다.

따라서 의문이 생긴다. 언어기호 '대전 발 0시 50분 기차'의 의미는 그 기호가 가리킨다고 하는 대상(대전 발 0시 50분 기차)과 매우 불안정한 관계를 맺고 있다. 이 기호가 동일한 의미를 갖는 것은 늘 동일한 대상을 가리키기 때문만은 아니다. 그렇다면 이 기호가 지닌 의미생산의 독특한 메커니즘은 무엇일까? 이런 질문을 하면서 우리는 '대전 발 0시 50분 기차'가 그 나름의 의미를 갖는 것은 대전 역에 정해진 시간에 통과하는 기차가 있기 때문보다는 다른 이유 때문은 아닌지, 그 기호가 다른 기호들, 예를 들어 '대전 발 0시 30분 기차'나 '대전 발 11시 기차' 등과 차이가 있기 때문은 아닌지 생각해 본다. 이런 생각이 부질없어 보이지만 꼭 그렇지는 않다

여기서 작용하는 것은 일종의 방정식이다. 수학 방정식을 나타내는 그래프에서 x축과 y축의 관계를 생각해 보라. 예를 들어서 $x=2$, $y=3$의 값을 가진 점 A를 생각하면, 이 점은 x가 2이고 y가 3일 때 맺어지는 관계가 된다. 동시에 점 A는 x와 y의 여러 경우의 수에 따라서 만들어지는 그래프 위의 한 점으로도 이해할 수 있다. 점 A는 점 B, 점 C, 점 D 등과 일정한 거리를 두며 정해진 위치인 것이다. 문화와 정치의 관계를 설명하면서 갑자기 방정식 이야기를 해서 의아해 하겠지만 기호의 의미도 이런 그래프상의 값과 논리적으로는 다를 바가 없다. 같은 방정식으로 표현되는 그래프에서 두 점 A와 B가 값과 관계의 차이를 나타내는 것처럼 기호의 세계에서 생겨나는 의미의 차이도 같은 기호체계 안에서 서로 다른 기호들이 서로 다른 자리를 차지하고 있는 결과이다. 기호들의 의미가 다른 것은 그렇게 만드는 기반 즉 동일한 기호체계가 있다는 말이다. 이 체계 안에서 각각의 기호는 그 나름의 위치를 차지하며, 이 위치가 다른 기호가 차지하고 있는 위치와 거리가 있기 때문에 서로 다른 값을 갖게 되고, 따라서 서로 다른 의미를 가지게 된다. 하지만 이런 식으로 기호를 이해하는 것은 구체적인 문화현실을 이해하는 데 도대체 어떤 도움이 될까?

3) 의미생산 메커니즘

군부독재가 종식되고 문민정부가 들어선 1993년 이후 텔레비전에는 당시 대통령이던 김영삼이 청와대 집무실에서 바깥을 내다보며 서있는 모습이 가끔 나왔다. 이때 그의 모습은 주로 새하얀 와이셔츠 차림에 넥타이를 하고 입을 다문 채 앞으로 팔을 깍지 낀 상태였다. 우리는 이런 대통령의 모습을 보면서 어떤 생각을 하게 되는 것일까?

대통령의 모습은 재현의 한 형태이다. 위에서 언급한 대로 재현 또는 기호는 그 자리에 없는 어떤 것을 가리키는 작용을 한다. TV 모니터에 비치는 대통령의 모습은 아무리 대통령과 닮았다고 하더라도 '재현'이라는 점에서 실제 대통령과 동일한 존재일 수는 없다. 김영삼이 아무리 귀신같은 재주가 있어도 TV 모니터의 화면에 실존인물 그대로 나타날 수는 없을 것이기 때문이다. TV로 재현되는 대통령의 모습은 방금 말한 기호와 같은 존재이다.

그런데 한 기호의 값이 기호체계 안에서 그것이 차지하는 위치에 의해 결정된다는 점을 생각하면, 여기서 기호가 자기 자신 아닌 다른 것을 가리킨다는 말을 새롭게 이해할 필요가 있다. 한편으로 기호와 상징으로서 김영삼, 즉 김영삼이 TV에서 드러난 이미지는 실존인물을 가리키지만, 다른 한편으로 기호 또는 이미지 김영삼은 그것이 속한 기호체계, 재현체계에 함께 속한 다른 기호나 이미지와의 차이도 나타낸다. 김영삼의 TV 이미지는 실존하는 대통령 김영삼을 가리킴과 동시에 TV에 등장하거나 다른 대중매체들에 등장하는 여러 유사한 이미지들과 구분된다는 말이다. 예를 들면 김영삼의 이미지는 한국의 정치역사에서 김영삼과 협조와 경쟁관계를 유지해온 김대중의 이미지와 대비된다. 김영삼이 1993년 대통령선거에서 당선되었을 때 김대중은 정치은퇴를 선언했고, 곧 이어 영국으로 떠났다. 이런 과정에서 만들어진 김대중의 이미지는 대통령으로 당선되어 청와대 집무실에서 넥타이를 맨 채 하얀 와이셔츠를 입은 모습으로 나타난 김영삼의 이미지와는 달리 패배한 정치인의 그것이다.

이밖에도 김영삼의 TV 이미지는 TV에 등장하는 다른 여러 종류의 인물 이미지와 대비된다. 그가 TV에서 나타나는 모습은 대개 카메라가 약간 아래서 위를 향해 찍은 것, 즉 '앙각 샷'이었다. 앙각 샷은 피사체를 실물보다 더 커 보이게 하기 때문에 대상을 물신(物神)화하고 신비화하는 경향이 있다. 김영삼 이미지는 이런 점에서 다른 이미지들, 예컨대 조직폭력배 이미지와 대비된다. TV에 '폭력배'로 나오는 사람들의 모습은 초라해 보이는 경우가 많다. 그것은 그들이 주로 부각(俯角) 샷으로 찍혀서 나오기 때문이다. 카메라보다 피사 대상을 아래에 놓고 찍을 경우 그 대상은 실물보다 더 하찮고, 왜소하고, 별 볼 일 없는 존재로 나타나는 경향이 있다. 이런 점을 고려할 때 김영삼 이미지가 실물보다 '위대해' 보이는 것은 이미지 연출의 효과라는 결론이 나온다. 앙각 샷으로 만들어진 김영삼 이미지는 실물보다 더 거룩한 모습을 만들어내고, '국사를 걱정하는 지도자' 정도의 의미를 부여하며 그를 '영웅화'하는 것이다.

이제 우리는 이미지나 기호에 대해 중요한 사실을 하나 확인한 셈이다. 이미지의 의미란 결코 자동적으로 주어지는 것이 아니라 정교하고도 복잡한 메커니즘을 통해 만들어진다는 사실이 그것이다. '대전 발 0시 50분 기차'의 의미는 분석을 제대로 하지 않고 볼 때는 현실세계 속에서 한밤중 정해진 시간에 대전에서 출발하는 기차를 가리키기 때문에 나오는 듯 하지만 그 때문만은 아니다. '대전 발 0시 50분'은 '대전 발 영시 30분 기차', '대전 발 11시 기차' 등과 구별되는 차이를 가리키지 않으면 그 의미를 가질 수가 없다. 이처럼 하나의 기호는 의미를 갖기 위해서 어떤 기호체계에 속해야 하며, 그 체계에 속한 다른 기호들과 일정한 관계를 맺어야 한다. 김영삼 이미지는 유사한 이미지들이 모여서 만든 재현체계 안에서 다른 이미지들과 관계를 맺으며 동시에 그것들과 편차를 이루며 나름의 위치를 차지함으로써 의미를 갖는다. 텔레비전 화면에 등장하는 무수한 이미지들 사이에 차이들이 없다면, 즉 조폭 이미지, 실패한 정치인 이미지, 영웅 이미지, 독재자 이미지 등과 일정한 관계를 맺으면서 동시에 편차를 가지지 않는다면 김영삼 이미지는 의미를 만들어낼 수 없다.

정치의
문화

김영삼 이미지가 저절로 만들어지지 않고 다른 이미지들과의 관계를 염두에 두고 연출된 것임을 생각하면 정치가 얼마나 이미지, 나아가서 문화에 의존하는지 쉽게 짐작할 수 있을 것이다. 16대 대통령 선거기간 동안 노무현 당시 민주당 후보와 정몽준 당시 국민통합21 후보 사이에 대통령 후보 단일화 문제를 놓고 토론이 벌어진 직후 한나라당의 이회창 후보가 젊은이들을 대상으로 한 방송에 출연한 적이 있다. 이때 이회창 후보가 텔레비전 카메라 앞에 와이셔츠 차림으로 나타나서 자기의 건강을 자랑하며 허리를 굽혀 두 팔을 땅에 닿게 하는 모습을 보여준 것을 기억하는 사람들이 있을 것이다. 이밖에도 이후보는 유세 과정에서 시민들과 함께 자전거를 타는 모습을 보여주거나, TV 토론에 출연할 때 빨간색 넥타이를 매고 나오는 식으로 외모 관리에 크게 주의하는 모습을 보였다. 이런 것은 명백히 이미지의 연출이다. 이때 연출은 정치인이 사람들에게 보이는 자신의 모습을 관리하고, 부정적이다 싶은 과거의 이미지에서 새로운 긍정적인 이미지로 바꾸려는 계산된 행동이다. 물론 이런 노력은 이회창 후보만 한 것은 아니고, 민주당의 노무현, 민노당의 권영길 후보 등 모든 대통령 후보들이 각자 자신의 이미지 연출에 관심을 기울였다. 여기서 연출은 위에서 재현이라 부른 것을 관리하고 조직하는 일에 해당한다.

1) 정치적 권력의 상징체계와 그 작용

대선 기간 동안 정치인들이 이미지 연출에 관심을 기울인 것은 대중에게 친근감을 주기 위해 과거의 자기 이미지를 변신시킬 필요가 있었기 때문이다. 정치인의 이미지 변신은 정치적으로 중요한 시기, 권력의 향방이 결정되는 선거철과 같은 시기에 유권자 대중에게 새롭게 어필할 필요가 있을 때 이루어진다.

정치인들이 항상 이미지 변신을 시도하는 것은 아니다. 선거 철이나 정치적 위기 상황이 지나고 나면 정치인들은 그들의 '정상적' 모습을 드러낸다. 이것은 일단 권력의 재편이 일어난 뒤에는 이미지를 변화시키는 것보다는 안정시키는 것이 더 필요하다는 계산 때문일 것이다. 사실 정치적 권력을 장악했을 경우 자신의 권력을 위험한 시험대에 올리고 싶은 사람이 많을 리는 없다. 정치적 권력을 장악한 이후 정치인들은 그래서 김영삼의 경우처럼 지도자로서의 안정된 이미지를 만들어내려고 한다. 재벌이나 관료집단과 같이 지속적으로 지배집단에 속하는 경우에도 변화보다는 안정을 더 바라는 경향이 있다. 이들 엘리트는 그래서 문화의 장에서도 자신을 안정과 지속의 화신으로 만들고자 한다.

물론 이 경우에도 정치적 권력이 행사되고 연출된다는 점에는 변함이 없다. 정치적 권력이 유지되려면 신뢰를 획득해야 한다. 정당성이 결여되고, 쓸모가 없으며, 권위도 없다고 여겨지는 권력은 오래 유지될 수 없을 것이기 때문이다. 정치적 권력은 합법성, 정당성, 효율성 등을 가졌다는 것을 과시하고자 한다. 과거 귀족집단은 그래서 조상 대대로 물려받았다며 전통, 무용담, 의전, 휘장, 격식 등으로 구성된 상징체계를 가동했고, 이를 통해 지배자로서 자신들의 '자격'을 증명하려고 했다. 혁명이나 쿠데타 등을 통해 지배세력으로 부상한 세력의 경우 새로운 상징체계를 창안해내기도 한다.

서울의 광화문에 서있는 이순신 장군의 동상을 이 맥락에서 생각해보자. 이 동상은 박정희 대통령의 재임 시절에 세워졌다. 박정희는 군인출신이었기 때문에 합법적이고 정당한 정치지도자임을 입증하기 위해 군인에게 지도자의 상을 부여할 필요가 있었을 것이다. 그가 권력을 잡았던 시점에 이순신 장군의 사당인 현충사, 강감찬 장군의 생가인 서울 낙성대 등지가 성역으로 꾸며진 것은 따라서 모두 계산된 조처라 할 수 있다. 세종로에 이순신 동상을 세운 것도 마찬가지로 '나라를 구하고 죽은' 이순신처럼 자신도 구국의 일념에서 나라를 이끈다는 이미지를 만들어내는 작업의 일환이었을 것이다. 정치적 권력의 상징체계는 권력자가 있는 곳이 권력의 중심임을 증명하는 효과를 만들어낸다. 이순신 동상이 광화문 한복판에 자리를 잡은 것은 우연이 아니다. 이곳은 서울에서, 아니 대한민국에서 가장 중요한 정치적 상징성을 가지고 있는 곳이다. 복원된 광화문을 중심으로 볼 때 뒤로는 전근대 권력의 핵심적 공간(경복궁)이, 앞으로는 근대의 대표적 권력공간(미국대사관, 정부종합청사 등)이 있기 때문이다. 문제의 동상은 근대공간 세종로의 가장 앞 부분에 자리를 잡음으로써 적어도 박정희가 집권을 하고 있던 1970년대 말까지의 상황을 생각하면 한국 국가권력의 상징적 중심 또는 그 선두를 차지했던 셈이다. 바로이 지점에 이순신 동상을 세워놓음으로써 쿠데타를 통해 집권한 군인출신 대통령은 자신의 군사독재 정권을 정당화함과 동시에 자신을 확고부동한 지도자로 상징화했다고 할 수 있다.

위에서 하나의 기호는 자신이 속한 기호체계의 다른 기호들과 지닌 편차 때문에 의미를 갖게 된다는 점을 살펴보았다. 이제 어떤 기호든 자신의 자리를 차지하기 위해서는 다른 기호들을 배제해야 한다는 점을 지적할 필요가 있다. 이순신 장군의 동상을 하나의 기호로 생각해보자. 세종로에 그 동상이 있다는 것은 그 자리에는 다른 동상, 또는 다른 기호들이 있을 수 없다는 말이다. 이순신의 동상이 박정희의 권력을 상징한다고 할 때 상징으로서 그 동상은 다른 상징들을 물리치고 그 자리를 차지한 것이기 때문이다. 이 점을 박정희의 집권시절, 특히 유신독재 시절과 연관지어 생각해보자. 70년대를 청소년으로 지낸 세대 가운데는 장발단속에 걸려서 머리를 깎인 경험을 한 사람들이 적지 않다. 길을 가다가도 재수없게 단속경찰에게 걸리면 바리캉으로 머리를 밀어버렸기 때문에 장발을 좋아하는 젊은 사람들의 경우 늘 조심해야 했다. 그리고 당시에는 퇴폐적이고 왜색이라는, 혹은 불온하다는 이유로 〈동백아가씨〉나 〈아침이슬〉 같은 노래가 축출되었고, 신중현 같은 음악가의 활동이 금지되기도 했다. 퇴폐, 왜색, 불온 등의 규정을 받으며 특정한 라이프스타일이나 문화행위가 규제를 받은 것은 세종로와 같은 공개된 권력의 장소에 이순신 장군의 동상이 서있다는 사실과 결코 무관하지 않다. 이순신은 목숨을 바치면서까지 나라를 지킨 훌륭한 분으로 기념되었고, 박정희 역시 '구국의 십자가'를 진 민족의 지도자라는 의미부여를 받았기 때문에 이런 상징적 질서를 위배하는 기호, 상징, 재현, 제스처, 스타일은 제재를 받을 수밖에 없었던 것이다.

정치적 권력을 상징하는 이순신 동상과 같은 문화적 상징체계는 강력한 발언을 한다. 이 발언은 권력자를 중심으로 한 지배집단에 의해서 특정한 목적을 위해 이루어진다고 할 수 있으며, 당대의 물정이나 정세, 상황에 대한 특정한 관점을 대변한다. 박정희가 통치하던 시기의 이순신 동상은 한국인에게 장발에다 대마초나 피워대는 퇴폐적인 행위, 〈아침이슬〉따위나 부르며 체제에 반항하는 행위는 즉각 중단하고, "새벽종이 울렸네, 새 아침이 밝았네, 너도나도 일어나 새마을을 만드세"와 같은 '건전한' 노래만 부르면서 조국근대화에 앞장서라는 명령을 내리고 있었던 것은 아니었을까? 그렇다면 이순신 동상과 같은 유형의 상징체계가 지배하는 세계에서는 경제제일주의, 근대화주의가 지배적 가치로 작용할 것임을 알 수 있다. 사실 당시 한국인들은 '민족중흥의 역사적 사명'을 받고 태어나 '산업의 역군'이 되라는 명령에 복종하지 않을 경우, 즉 전태일과 같이 노동조합을 만들려고 하거나 김민기처럼 〈아침이슬〉을 부르거나, 신중현처럼 대마초를 피우다가는 바로 사회에서 축출되곤 했다. 이렇게 볼 때 이순신 동상과 그것을 중요한 상징으로 포함한 지배적인 상징체계, 나아가서 이런 상징체계를 가동하는 당시의 문화는 많은 사람들에게 지배세력의 요구에 복종하라는 엄중한 경고와 명령을 내리고 있었던 셈이다.

2) 문화와 이데올로기

지금까지 정치적 권력이 어떻게 문화적 재현, 상징체계, 기호체계 등을 통해 노골적으로 행사되는지 살펴보았다. 이제 문화가 어떻게 간접적으로 정치적 기능을 하는지 살펴보자. 이 맥락에서 이데올로기라는 개념을 살펴보는 것이 필요하다. 사실 전통적인 의미의 정치적 권력마저 문화를 활용하고 문화적 효과에 의존하는 데에는 이유가 있다. 문화가 상징작용의 영역이고, 의미생산의 영역이고, 이데올로기가 작동하는 지점이기 때문이다.

이데올로기는 지식의 한 형태로서 보통 과학과 대비된다. 과학적 지식이라 함은 사물이나 대상에 대하여 정확성을 지닌, 즉 대상 및 사물과 진실의 관계를 가진 지식이다. 반면에 이데올로기적 지식은 그 대상에 대한 왜곡이 작용하는 지식이다. 이데올로기가 가장 왕성하게 작용하는 곳의 하나는 상식이다. 너무나 당연하다고들 여기는 상식이 이데올로기적이라 하면 뜻밖의 말로 들릴지 모르나 상식에는 알게 모르게 사회적 진실에 대한 왜곡이 작용한다.

"믿을 것은 가족뿐이다"라는 상식을 살펴보자. 이 말은 현재 우리 사회, 나아가서 오늘날 다른 수많은 자본주의사회에서는 '진실'처럼 들린다. 사실 한 개인이 불행을 당할 때, 의존해야 할 것은, 적어도 지금 한국의 상황에서는, 가족뿐임을 부정하기란 어렵다. 그러나 이것은 오늘날 사회가 가족에게만 책임을 지우는 방식으로 구조화되어 있기 때문이기도 하다. 개인의 불행을 가족에게만 의존하여 해결해야 한다는 '상식'이 통하는 사회는 계급사회이다. 계급사회는 부르주아 계급과 프롤레타리아 계급 사이의 차별화가 일어나며, 계급간의 불평등을 그 존재 조건으로 삼는다. 이데올로기는 이런 사회적 조건을 당연한 자연적인 현상으로 만든다. 어느 한 개인이 빈곤에 시달린다던가, 다른 한 개인이 성공을 거두는 이유를 설명하면서 그들의 타고난 역량이나 노력 여하에 따라 결정되는 것으로 여기게 하는 것이다. 이것은 사회구조에 의해서 만들어진 개인들간의 불평등을 생물학적, 자연적 개인의 조건에 의해서 야기된 것으로 만드는 것과 같다. 맑스는 이데올로기란 사회의 '시멘트'라는 말을 했는데, 이것은 근본적으로는 사회적 불평등 때문에 분열되어 있는 사회가 더 이상 균열되지 않고 유지되도록 하는 데 이데올로기가 중요한 역할을 한다는 점을 지적한 말이다. "믿을 것은 가족뿐"이라는 상식이 이데올로기의 성격을 지닌다는 것은 그런 생각이 계급사회의 문제와 진실을 가리고, 결국 불평등 구조라고 하는 사회적이고 집단적이고 공적인 문제를 사적이고 개인적인 문제로 간주하게 함으로써 사회문제를 봉합해버린다는 점을 가리킨다.

문화가 이 맥락에서 매우 중요하다. 문화야말로 이데올로기적 지식이 가장 잘 작용하며 여러 상반된 이데올로기가 각축을 벌이는 사회의 층위이기 때문이다. 문화는 상징적 질서와 긴밀하게 관련이 있다는 점에서 '의미생산양식' 혹은 의미를 만들어내는 생산체계이다. 위에서 기호 또는 상징의 의미는 다른 상징들 혹은 기호들과의 관계에 의해서, 기호체계나 상징체계 안에서 특정한 기호나 상징이 다른 기호나 상징과는 다르다는 사실에 의해서, 따라서 기호와 기호, 상징과 상징 사이에 존재하는 편차에 의해서 정해진다는 점을 살펴보았다. 이제 이렇게 만들어진 의미가 어떤 효과를 만들어내는지 살펴볼 차례이다. 이미 기호의 의미는 기호의 가치라는 점을 언급했거니와, 어떤 것에 의미가 주어지면 그 어떤 것은 가치있는 것이 되기 쉽다. 어떤 사실, 기호, 상징에 의미를 부여하고 가치를 부여하는 것은 기호나 상징을 당연한 것으로 만드는 일이다. '대전 발 0시 50분'이라는 기호에 의미가 있다고 인정되는 순간 그 기호가 의미를 갖게 되는 메커니즘—이것을 의미생산 과정이라고 하든, 기호작용이라 하든, 아니면 상징작용이라 하든—은 일순간 망각된다. 가족이 의미가 있다는 것이 상식이 되면 가족이 왜 의미가 있는지, 의미가 있다 하더라도 그 의미가 어떤 메커니즘을 통해 형성되는 것인지 하는 문제들이 봉합되어 버린다. 의미와 가치를 지닌 고향, 가족, 조국, 국가, 아름다움, 도덕 등은 더 이상 문제제기의 대상이 되지 않는다.

1980년대에 미국에서 만들어져 한국에도 상영된 영화시리즈 〈나 홀로 집에〉를 살펴보면 가족이데올로기가 어떻게 영화텍스트라고 하는 문화적 생산물과 그것의 상징체계를 통해 만들어지고 유지될 수 있는지 알 수 있다. 이 영화의 주인공은 어린아이다. 영화는 늦잠을 잔 자기만 남겨 놓고 전가족이 외국여행을 떠난 사이에 이 아이가 집에 침입한 강도 둘을 온갖 꾀를 써서 퇴치하는 내용을 담고 있다. 영화텍스트에서는 전혀 힘을 쓰지 못할 것 같은 아이가 무섭기만 할 것 같은 강도를 골탕먹이는 무용담이 펼쳐지는데, 이런 재미있는 사건 또는 장면 전개에 깔린 중요한 전제가 있다. 어떤 경우라도 가정은 지켜야 한다는 것이 그것이다. 이 전제는 주인공이 집안에서 문제가 가장 많은 아이로 설정되어 있는 데서 더 강력하게 작동한다. 늘 말썽만 피우던 아이가 강도들이 막상 자기 집을 침입하자 모든 지혜와 노력을 동원하여 물리친다는 식으로 이야기를 설정한 것은 가정이란 그 누구도 침입해서는 안되며, 자기 가정이 침입 받을 경우에는 누구라도 지혜와 힘을 다 합쳐서 물리쳐야 한다는 말인 것이다. 이처럼 가족이 소중하다는 것이 이데올로기로 작용할 경우 가족이란 가치가 어떻게 만들어지고 왜 만들어지는지, 가족이라는 사회제도가 지닌 기능이나 문제는 무엇인지 질문하기란 이미 불가능하다.

이데올로기에 대한 가장 강력한 정의 가운데 하나는 "개인들이 실제 삶의 조건에 대해 가지고 있는 상상적 관계의 표상"이라는 것이다. 루이 알튀세르가 정식화한 이 정의에서 이데올로기는 개인들이 실제의 삶에 대해서 가지고 있는 상상을 표현하는 것으로 이해된다. '실제 삶의 조건'은 자본주의 사회의 구조적 불평등과 같은 것이다. 이데올로기적 표현에서는 이 구조적 불평등이 바로 나타나지 않는다. 다만 개인들이 상상한 형태로 나타날 뿐이다. 이때 상상은 과학적 지식은 아니지만 그렇다고 거짓이나 허위도 아니다. 가족이 중요하다는 믿음이 완전히 잘못된 것은 아니다. 불평등이 구조화된 사회에서는 대체로 가족이 사회적 안전을 보장해

줄 최후의 보루일 것이기 때문이다. 이데올로기는 그래서 일말의 진실을 지닌다고 할 수 있다. 대표적인 이데올로기의 형태인 종교를 보더라도 그렇다. 종교에서 궁극적 구원은 내세에 있는데, 이처럼 내세에서나마 구원을 바란다는 것은 현존하는 세상이 불평등하다는 사실에 대한 인식이 반영된 결과이다. 종교는 그 자체로 과학은 아니지만 과학이 다루는 사회에 문제가 있다는 것을 감지하고 그것에 대해 문제제기를 나름대로 하고 있는 셈이다.

이데올로기를 통해서 일어나는 일은 삶의 조건 또는 생산조건을 재생산하는 것이다. 인간은 지상에서 살기 위해서 생산활동을 벌이지 않으면 안 된다. 이 생산을 하는 데에는 여러 조건들이 있다. 가령 우리가 살기 위해서는 식량, 의복과 같은 필수품과 이런 필수품을 제조할 수 있는 생산 설비, 이 설비를 가동할 기술력과 그 기술을 갖춘 노동자들, 또 이들 노동자가 원료로 사용할 것들 등 다양한 것들이 있다. 그런데 만약 노동자들이 재화나 서비스를 생산하던 일을 중단하는 사태를 생각해보자. 그렇게 되면 생산의 기반, 생산의 조건은 그 날로 중단되어 버릴 것이다. 이런 상황이 하루나 이틀 가게 되면 생산조건은 더 이상 유지될 수 없을 것이다. 물론 이런 일은 잘 일어나지 않는다. 일부에서 파업을 하는 경우가 있지만 대체로 부분적인 파업으로 끝날 뿐 사회 전체의 작동이 중단될 만큼 심각한 형태로 일어나지 않는다. 노동자들은 왜 자신들에게 불리한 현재의 생산조건을 근본적으로 바꾸려는 노력을 하지 않는 것일까? 이데올로기라는 개념은 그들이 지배적 질서, 즉 현재의 생산조건을 계속 재생산하는 구조에 얽매여 있기 때문임을 말해준다. 이때 얽매여 있다는 것은 가족, 민족, 국가와 같은 큰 질서에 대해 개인들이 소속감을 가지고 가족의 요구, 민족과 국가의 명령을 자신의 것으로 받아들인다는 말이다.

알튀세르는 이데올로기란 개인들을 주체로 만든다고 했다. 여기서 '주체'란 특별한 의미체계, 상징체계, 기호체계를 자신의 것으로 수용하는 존재이다. 이때 '주체'는 '정체성'을 가진 존재이다. 예컨대 자신이 한국인

이라고 생각하는 사람이 그런 경우다. 한국인의 정체성을 가진 주체는 특
정한 상징체계와 의미체계, 재현체계를 자기의 것으로 받아들이고 거기
에 의미를 부여한다. 민족부흥, 조국근대화를 위해 산업의 역군임을 자
처하고, 국기에 대해 경례를 올리고, 월드컵경기를 지켜보며 '대~ 한민국'
을 외치게 되는 것은 그 때문이다. 그런데 이 주체는 원래부터 있는 것이
아니라 만들어지는 존재이다. 특정한 상징체계와 재현체계에 의미와 가
치를 부여하고 그것을 자기의 규범으로 수용하는 과정을 거쳐야 하는 것
이다. 어머니 뱃속에 있을 때부터 아들 또는 딸로 이름이 불려지고, 유치
원에서 가족의 소중함과 사회의 소중함을 배우기 시작하고, 초등학교 6
년, 중고등학교 6년 동안 출석 점검을 통해 호명을 당하고, 나아가서 대
중매체를 통해 자신이 한국인임을 확인하는 과정을 거치는 것이다.

　문화는 이런 효과를 만들어내는 이데올로기가 작용하는 장소이다. 문
화의 장에서 이데올로기가 작용하는 것은 여기서 의미가 만들어지고 가
치가 만들어지며, 나아가서 규범이 만들어지기 때문이다. 어떤 행동이나
실천, 또는 생산물에 의미를 부여한다는 것은 그것에 가치가 있다고 인정
하는 일이며, 가치를 부여받은 행동, 실천 등은 규범으로 된다. 의미와
가치와 규범이 어떻게 만들어지는지, 우리가 어떻게 한국인이라는 정체
성을 가지게 되는지 이해하려면 대중문화가 작동하는 방식을 보면 될 것
이다. 대중문화 영역만큼 가족, 국가, 민족을 당연하게 만드는 데도 없을
것이다. TV 드라마를 보면 가족과 국가와 민족의 가치가 부정되는 경우
는 거의 없으며, TV 뉴스나 신문의 보도나 사설 등은 직접 진술을 통해
가족과 국가와 민족의 현안을 언급함으로써 그에 관한 사회적 의제를 결
정한다. 노동자들의 파업은 그래서 국가경쟁력에 해를 끼치고, 교통사고
는 가족의 행복을 파괴하고, 젊은이의 절제되지 않은 행동은 민족의 장래
에 먹구름을 덮는 일로 해석된다. 국가와 민족, 가족 등이 그 자체로 가
치로 인정되는 것을 이데올로기 작용이라고 하는 데에는 이유가 있다. 그
과정에서 자본주의 사회의 진실이 가려지기 때문이다. 국가와 민족은 생

각만큼 '선량'하지 않다. 국가는 자본의 편을 들어 노동자계급을 탄압하기 일쑤일 뿐더러 가부장제도를 유지하는 큰 틀로 작용하는 경향이 있다. 사회를 민족 개념으로만 볼 때에도 상이한 계급과 상이한 성이 있다는 사실, 민족의 이름으로 부름을 받고 싶어하지 않은 여성, 동성애자, 외국인 노동자 등이 있을 수 있다는 점을 간과하는 우를 범하기 쉽다.

문화의
정치

지금까지 주로 정치나 지배 권력이 어떻게 문화적으로 표현되는지, 작용하는지 살펴보았다. 이제 방향을 바꾸어 문화가 드러내는 정치적 작용, 또는 문화의 정치 문제를 다루어보기로 하자. 하지만 지금쯤이면 문화의 정치와 정치의 문화가 뚜렷하게 구분되지 않는다는 것을 짐작했을 것이다. 사실 위에서 '정치의 문화'라는 관점으로 다룬 내용에도 '문화의 정치'라는 측면이 들어 있었고, '문화의 정치'라는 관점으로 지금부터 다루려는 내용에도 '정치의 문화'라는 문제가 들어있음은 부인할 수 없다. 물론 그렇다고 하여 '문화의 정치', 또는 문화정치라는 개념이 불필요한 것은 아니다. 우리는 이 개념을 통해 전통적으로 문화라고 여겨지는 영역에서 정치가 어떻게 행해지는지 살펴볼 수 있다.

1) '꼴값'

위에서 문화를 의미생산양식으로 볼 것을 제안하였다. 이 말은 문화를 '꼴값'을 만들어내는 영역으로 보자는 말이기도 하다. 여기서 '꼴값'은 상징들, 기호들, 텍스트들, 재현물들, 이미지들의 형태가 지닌 가치를 일컫는다. 상징, 기호, 텍스트, 이미지, 재현물이 문화의 장에 집중 배치되어 있고, 문화가 이것들을 자원으로 삼아서 의미를 만들어낸다는 점을 생각할 때 문화영역에서 집중적으로 생산되는 가치는 '꼴값'이라고 할 수 있을 것 같다. '꼴'은 어떤 사물의 형태나 모습, 생김새를 말하는데, 사물의 꼴마다 더 좋은 꼴, 더 나쁜 꼴 하는 식으로 가격표가 있다고 상정해보면, 문화는 다양한 꼴들이 만들어지고, 그것들의 가치 또는 가격이 산출되는 영역으로도 이해할 수 있다. 앞에서 대통령선거에 나선 후보들이 유권자들에게 어필할 이미지를 만들어내려고 애를 쓴 사실을 언급한 적이 있는데, 이제 그런 노력은 각자 자신의 꼴값을 높이려는 시도로 이해된다.

꼴값과 비슷한 개념으로 '문화자본'이라는 것이 있다. 프랑스 사회학자 피에르 부르디외가 소개한 이 개념에 따르면, 사회적 불평등은 꼭 경제적 불평등으로만 나타나지 않는다. 대기업의 중역이나 재벌의 경우 경제적 자본은 많이 소유하고 있겠지만 고전문학이나 고전음악, 아방가르드 예술을 감상하고 이해하는 '고상한' 취향을 반드시 가진다고 볼 수는 없다. 반면에 비정규직 교수, 룸펜프롤레타리아로 살아가는 화가의 경우 경제적 자본은 부족하더라도 문화적 자본은 많을 수가 있다. 부르디외는 권력을 행사하거나 추구할 때 문화적 자본도 경제적 자본처럼 활용될 수 있다고 본다. 유명한 서예가, 화가, 소설가, 시인의 사회적 권위가 그 예일텐데, 이 권위는 그들이 지닌 경제적 자본의 규모와 비례하는 것이 아니라 문화적 자본의 그것과 비례한다. 이 문화적 자본을 굳이 좁은 의미의 문화, 즉 순수예술에 국한된 것으로 볼 필요는 없을 것이다. 패션이나 라이프스타일과 같이 넓은 의미의 문화에서 발휘되는 기술이나 능력도 개인과 집단이 누리는 사회적 권력의 중요한 자원이 될 것이기 때문이다.

2) 재현의 기회

문화의 정치는 일면 '꼴값'의 결정을 둘러싼 정치라고 할 수 있다. 꼴값을 내리거나 올리기 위한 경쟁은 곧 정치적 성격을 띠게 된다. 요즘 연예인이나 스포츠스타가 과거와는 비교할 수 없을 정도로 사회적 명망성과 중요성이 높아진 것도 이런 점에서 이해할 수 있지 않을까 싶다. 문성근과 명계남이 대통령선거에서 큰 영향력을 행사하게 된 데에는 영화와 TV

등 대중매체에 자주 노출되는 과정에서 상징적 가치를 높인 것과 무관하지 않으며, 박찬호, 박세리 등이 중요한 인물이 된 것도 스포츠의 문화산업화를 통해 TV와 신문에 자주 노출된 것과 무관하지 않을 것이다. TV 출연이 얼마나 큰 정치적 의미를 가질 수 있는가는 지난 대선에서 민주노동당 권영길 후보가 거둔 성과에서 바로 알 수 있다. 권영길 후보는 민노당의 14대 총선 득표 결과로 대통령 선거에서는 주요 3당의 한 후보로 인정을 받았다. 덕분에 그는 노무현, 이회창 후보와 함께 주요 후보군으로 분류되어 TV 토론회에 초청되었는데, 이 결과 5년 전 대통령선거에 출마하여 1%대의 득표에 그친 것과는 비교할 수 없을 만큼 많이, 4%에 가까운 95만 표 이상을 얻을 수 있었다. 이 성공에는 권영길이 노무현, 이회창 등 유력한 후보들과 함께 TV에 출연할 수 있게 됨으로써 자신의 꼴값을 높인 점이 적잖이 작용했을 것이다. 다른 맥락이지만 노무현 민주당 후보도 정몽준 국민통합21 후보와의 후보단일화 협상 과정에서 자기에게 불리할지도 모르는 결정을 연이어 내리는 '멋있는' 모습을 연출함으로써 열세에서 치른 경선에서 근소하게나마 승리하였고, 덕택에 지지도가 급상승하여 대통령 선거에서 승리할 수 있었다.

　정치적 힘이 큰 세력은 정부나 입법부, 사법부 등은 물론이고 시민사회와 대중매체 등 사회의 공적인 영역에 대한 통제력을 갖는다. 이로 인하여 정치적으로 미약한 세력은 사회적 재현체계에서 등장하여 자신의 존재를 증명할 기회를 갖기 힘들다. '사회적 재현체계'는 여기서 상징, 기호, 이미지, 텍스트의 생산, 유통, 관리 등이 제도화된 것을 가리키는데, 대중매체, 교육제도, 종교제도, 정당제도, 가족제도와 같은 사회제도를 포괄한다. 이들 장치들은 궁극적으로는 국가에 의해서 통제된다고 할 수 있겠지만, 동시에 그 안에서 상대적으로 자율성을 누리며 지배력을 행사하는 헤게모니 세력에 의해서 크게 지배를 받는다 할 수 있다. 이 결과 이들 재현체계에 접근하고, 거기서 일어나는 일들에 개입할 수 있는 기회는 아무에게나 평등하게 주어지는 것이 아니다. 예를 들어서 가부장적 질서가 지배하는 가족제도에서 아버지와 어머니의 사회적 권력, 부모와 자식의 사회적 권력은 격차가 있으며, 대체로 여성보다 남성이, 청소년보다는 성인이 더 큰 권력을 가진다. 방송과 신문과 같은 언론매체의 경우에도 대중 모두에게 평등하게 접근할 기회를 주는 것은 아니다.

따라서 자신의 꼴값을 올리려는 개인과 집단은 재현의 기회를 확보하기 위한 투쟁을 하기 마련이다. 이 투쟁은 기존의 재현체계에 대한 접근권의 확대를 위한 투쟁으로, 재현체계가 작동하는 방식에 대한 도전으로, 그동안 지배적인 방식으로 정착된 재현에 대한 위반으로 나타나곤 한다. 1960년대와 70년대에 미국에서 '스트리킹'이라는 것이 성행한 적이 있다. 이것은 정부의 공식 행사나 스포츠경기와 같이 공중이 운집한 장소에서 갑자기 알몸으로 뛰어들어 분위기를 훼손시켜 버리는 행위이다. 이런 행위는 단순한 해프닝으로만 볼 수도 있겠지만 공식적인 행사가 꼴들을 만들어내는 방식, 즉 의미생산양식에 개입하는 일이기도 하다.

3) 정체성, 스타일의 정치

위에서 "문화야말로 이데올로기적 지식이 가장 잘 작용"하는 곳이며, "여러 상반된 이데올로기가 각축을 벌이는 사회의 층위"임을 지적한 바 있지만, 정작 문화의 장에서 이데올로기가 어떻게 각축을 벌이는지에 대해서는 별로 언급하지는 않았었다. 이제 이 점에 대해서 정체성의 개념을 중심으로 살펴보자. '정체성'은 어떤 개인이나 집단이 다른 개인이나 집단과 구분되게 만들고 특정한 집단과 개인을 '그런' 집단과 개인으로 만드는 성격이나 특징을 가리킨다. 예컨대 한국인과 중국인 사이에, 서울의 강남 중산층 자녀와 강북 빈민촌 자녀 사이에, 도회인과 시골 출신 사이에는 차이가 있을 수밖에 없으며, 이 결과 대립되는 사람들의 정체성도 다르기 마련이다. 같은 한국인이라고 해서 정체성이 동일한 것은 아니다. 물론 역사적 조건을 공유해왔고, 같은 언어를 사용한다는 점에서 일정한 공통성이 없지는 않으나, 민족을 구성하는 사람들 사이에는 다양한 사회적 차이가 존재한다. 같은 국민이라 하지만 지금도 영남 출신과 호남 출신, 영남에서도 호남에서 이주하여 사는 영남인과 그렇지 않은 사람들, 또 같은 영남이라고 하더라도 성별이나 세대에 따라서, 직업과 계급에 따라서 정체성이 다르다.

정체성은 복잡하게 구성된다. 그것은 정치 경제적 요인에 주로 규정되는 계급적 차이에 의해서만 구성되는 것도 아니며, 성별에 따른 요인에 의해서만 구성되는 것도 아니다. 정체성을 형성하는 요인들은 계급, 인종 또는 민족, 세대, 성차(gender), 성애(sexuality), 지역 등 다양하다. 그리고 누구라도 이 요인들을 한꺼번에 다 가지고 있기 때문에 그것들의 결합 양상이 어떠한가에 따라서 개인마다 집단마다 상이한 정체성을 가질 수가 있다. 남성이지만 중산층에 속하는 경우와 하층민에 속하는 경우, 동성애자인 경우와 이성애자인 경우, 중년인 경우와 사춘기 청소년인 경우에 따라서 개인들은 각기 다른 정체성을 가질 것이다. 물론 이런 차이와 다양성에도 불구하고 집단화와 세력화는 있을 수 있다. 정체성에 기반을 둔 다양한 사회운동이 있지만 노동운동, 민족운동, 여성운동 등으로 큰 범주가 형성되는 것은 정체성을 형성하는 요인들간에도 일정한 질서가 생길 수 있다는 것을 보여준다.

문화정치는 복잡한 정체성의 조건을 지닌 개인이나 집단이 타고났거나 선택한 여러 가지 상징체계, 재현의 방식, 기호사용 방식 등을 놓고 일어난다. 우선 여기서 이데올로기들이 대립하는 것을 생각해볼 수 있다. 가족의 소중함을 굳게 믿는 사람들과 결혼제도를 사회통제의 장치로 보는 사람들의 사이에는 이데올로기적 대립이 있을 수밖에 없을 것이다. 대중 앞에서 알몸을 드러내는 것이 정치적 표현의 하나라고 보는 히피와 대중 앞에서는 점잖게 보여야 한다고 생각하는 보수적인 중년신사도 서로 신념의 체계가 다를 것이다. 정치문화의 한 사례를 통해서 보았듯이 적어도 지금까지 지배적인 위치에 있는 세력은 정당성, 합법성, 권위 등을 내세우기 때문에 위계질서를 지지하는 경향이 크다. 관료나 정치인, 기업의 임원, 교수 등이 늘 정장 차림을 하고, 표준말을 사용하며, 국가경쟁력의 중요성을 강조하고, 민족의 부흥을 설교하는 것은 그들이 이런 질서를 표상하고 있기 때문이다. 히피들, 동성애자들, 여성들, 노동자들, 외국인 노동자들, 탈북자들, 청소년들처럼 다른 이해관계와 욕망을 지닌 사람들은 또 다른 질서를 추구하려 할 것이기 때문에 다른 모습을 하고 나타난다. 동성애자는 동성끼리의 성관계를 당연시하고, 노동해방을 원하는 계급은 부르주아가 강조하는 노동윤리에 저항하려 할 것이고, 여성이나 청소년 역시 남성과 성인이 지배하는 사회질서에 반기를 들 수 있다.

그런데 이 시점에서 우리가 눈여겨볼 것은 위계질서의 유지나 그것에 대한 저항은 반드시 나름의 스타일을 만들어낸다는 것이다. 이 스타일은 물론 정체성의 표현이며, 문화적 재현체계, 상징체계를 갖춘다. 위에서 언급한 스트리킹, 가족이데올로기, 군사독재의 상징체계 등은 모두 일정한 상징적 효과를 만들어내며, 일정한 삶의 스타일을 표현한다. 최근에 들어와서 이 스타일이 더욱 중요해졌다. 강북지역 청소년의 복고풍과 강남지역 청소년의 힙합 차림은 계급적, 경제적 능력의 차이를 표현하기도 하지만, 취향의 차이도 드러내고 있다. 경찰단속에도 불구하고 폭주족이 사라지지 않고, 머리 염색을 하거나 코나 입술에 피어싱을 한 청소년이 갈수록 늘어나는 것은 많은 사람들에게 스타일이 사회적 발언 방식이 되고 있다는 증거일 것이다. 이런 것을 보고 문화적 행위가 그 자체로 정치적 의미를 띤다고 하면 과장일까?

4) 위반의 정치

문화의 영역에서 행해지는 정치적 행위는 문화적 가치, 또는 '꼴값', 나아가서 '문화적 자본'의 배분을 둘러싸고 일어난다. 꼴값, 가치, 자본 등은 규모나 위계를 전제하는 개념들이다. 자본이나 가치는 더 큰 것이 더 나은 것으로 인정받거나 더 큰 위력을 발휘한다. 더 가치있는 것, 더 나은 것이라는 위계질서의 관념이 생겨나면 문화 내부에서도 고급문화, 저급문화 등의 차별화가 만들어질 수 있다. 처음에 언급한 세 가지 문화 개념 가운데서 첫 번째 '대문자 C로 시작되는 문화' 개념의 경우가 바로 이런 위계질서를 인정한 관점에서 나온 것이다. 이 문화 개념은 18세기 이후 문화생산이 경제적 이윤을 중시하는 시장논리에 지배되면서 시장의 직접 지배를 벗어나는 예술을 위해 만들어졌다는 점에서 비판적인 면도 있지만, 자칫 엘리트주의 문화를 옹호하고, 문화 내부에 위계질서를 도입할 우려가 있다. 특히 이런 문화가 대중적이거나 민중적인, 혹은 통속적인 문화를 미리 가치없는 것으로 만들어버리면서 우회적으로나마 지배질서를 지지하게 될 경우에는 지배문화로 군림할 위험이 생긴다.

문화정치는 이런 지배문화에 대한 도전과 저항을 통해서 이루어지기도 한다. 지배문화를 위반하는 행위가 그런 경우이다. 하위문화를 실천하는 집단 성원들은 전통적이고 지배적인 문화적 표현과는 전적으로 다른 표현을 하는 경우가 많다. 지배문화와는 너무나 다른 스타일을 보임으로써 이들은 자신들의 정체성이 다르다는 것을 표현한다. 지배문화는 한 사회에서 표현과 재현의 한계를 설정하는 힘을 가지고 있다. 하위문화나 소수문화는 위반행위들을 통해 이런 한계에 도전한다. 지배문화가 점잖은 행동을 요구할 때 소수문화는 거꾸로 경망스런 모습을 보이고, 지배문화가 노동의 중요성을 강조할 때 하위문화는 놀고먹는 일에 골몰하고, 지배문화가 표준어 수호를 강조할 때 소수문화는 '아햏햏' 언어를 퍼뜨림으로써 새로운 표현의 가능성을 탐구한다. 하위문화나 소수문화는 지배문화가 금지하는 것을 함으로써 지배문화의 명령을 위반하며, 이로써 지배문화의 권위를 무너뜨리기도 한다. 이렇게 볼 때 하위문화와 소수문화는 저항문화의 성격을 지니며 궁극적으로 정치적 권력에 도전하는 것으로 이해할 수 있을 것이다.

물론 이런 해석에 대한 의문도 없지 않다. 소수문화, 하위문화가 과연 지배문화를 근본적으로 변화시킬 수 있을지, 또 그것이 어떤 정치적 의미가 있는지는 분명하지 않다. 폭주족이나 힙합족이 세상을 어떻게 바꿀 것이며, 스타일의 정치가 어떻게 국가권력을 바꿔낼 것인가? 스타일에 관심을 기울인다거나 정체성에 관심을 기울이는 것은 심지어 정치에 대한 외면으로 보이기까지 한다. 그렇다면 문화정치는 탈정치의 형태인 것일까? 상징체계, 재현체계, 의미생산양식의 변화에 골몰하는 것은 정치를 문화화함으로써 정치를 외면하게 만드는 것일까? 이 질문은 문화정치라는 개념과 함께 계속 던져야 할 질문이다.

이 글에서 우리는 문화와 정치의 관계를 살펴보았다. 이 과정에서 전통적인 의미의 정치에도 문화가 중요한 역할과 기능을 하지만 동시에 정치와 무관하고 사소한 듯해 보이는 문화의 영역에서도 권력관계가 형성되며, 정치가 작용한다는 점을 확인해볼 수 있었다. 문화의 정치라는 관점에서 보면 정치는 상당 부분 '문화정치'로 전환되고 있다는 것을 알 수 있다. 이것은 정치가 문화를 활용하는 것이기도 하지만 공적인 정치 자체가 변화를 겪는다는 말이고, 정치의 지반이 바뀐 결과이기도 하다.

이와 관련하여 대략 1980년대 이후 신자유주의 세계화라는 거대한 흐름이 발생하였고, 이 과정에서 전통적으로 정치의 중심으로 작용하던 많은 일국적(一國的) 혹은 국제적인 정치적 제도들이 변하였다는 점을 주목해야 할 듯싶다. 소련의 붕괴, 독일의 통일, 체코슬로바키아와 같은 나라의 소멸과 마케도니아 같은 새로운 민족국가의 성립, 바르샤바조약의 종말, NATO의 확장, WTO의 출범, NAFTA 결성, 그리고 도하개발협정 등 새로운 국제조약이 체결되면서 과거에 비교적 안정적인 상태에 있던 민족국가의 위상에 변동이 생겨나기 시작했고, 신자유주의 세계화, 특히 금융의 세계화를 통하여 시장개방이 급속도로 진행되면서 국가간의 경계가 모호해지는 상황도 벌어지기 시작하였다. 이 과정에서 국가권력이 행사되는 방식도 바뀌었으며, 권력의 국가 집중 현상도 많이 퇴색한 듯하다.

세계교역의 증대와 함께 일어나는 일 가운데에는 언어, 지식, 정보, 재현, 정체성의 문제들이 포함되어 있다. 이들 문제를 파악하고 그것에 대처하는 일은 이제 전쟁, 외교, 무역불균형과 같은 문제들을 다루는 일 못지 않게 중요해졌다. 정보와 지식, 이미지와 텍스트, 취향과 스타일 등이 국경을 넘는 문화월경(文化越境) 현상은 권력관계 형성의 새로운 조건을 만들어낸다. 민족과 계급, 성(애), 세대 등의 차이를 둘러싼 권력배분의 지형도 바뀐다. 새로운 세계질서에서 '우리'는 더 이상 전통적인 의미의 '우리'와는 다른 의미를 가질 수도 있다. 어려서부터 혀 수술을 통해 영어를 배운 집단이 말하는 '우리'와 그렇지 않은 집단의 '우리'가 같다고 하기는 어렵다. 인터넷의 바다를 항해하며 정보를 수집하고, '오노 사건' 또는 '미선이 효순이'의 죽음을 보고 바로 '전자민주주의'를 실천할 수 있는 세대와 그렇지 못한 세대간에도 큰 정체성의 차이가 만들어질 수 있다. 이처럼 새롭게 만들어지는 차이는 문화적 차이를 동반할 수밖에 없는데, 이 과정에서 만들어지는 취향과 의미생산의 변화는 어떤 정치적 성격이나 힘을 가지게 될까?

이 글은 문화의 변화가 정치에 큰 영향을 미친다는 관점에서 서술된 것이지만 이 관점의 정당성에 대한 판단은 독자가 내려야 할 것이다. 다음은 이 글에서 다룬 내용과 관련하여 제기해볼 수 있는 질문들이다.

1. 전통적으로 문화는 어떻게 정의되어 왔는가? 정치는 어떻게 정의되어 왔는가? 문화와 정치의 정의를 새롭게 바꾸는 것은 문화와 정치를 이해하는 데 어떤 차이를 만들어내는가?

2. 정치의 영역은 과연 확장되고 있는가? 확장되고 있다면 그 이유는 무엇인가? 모든 것이 정치적이라는 말은 과연 설득력이 있는가?

3. 우리 사회의 지배적 이미지들은 어떻게 만들어지는가? 오늘의 지배적인 상징체계는 어떤 모습을 띠고 있는가? 군부독재 시절의 지배적 상징체계나 재현체계와 오늘의 그것들 사이에는 어떤 차이가 있는가?

4. 정치인의 이미지 연출은 어떻게 이루어지는가? 이미지 변신과 정치인의 정치적 생명은 서로 어떤 관계가 있다고 보는가?

5. 기호는 어떤 방식으로 의미를 만들어내는가? 기호나 이미지를 활용하여 이루어지는 사회적 실천은 어떤 의미와 가치를 가지는가?

6. 저항의 문화들에는 어떤 것들이 있는가? 저항문화가 지배정치에 미치는 영향은 무엇인가? 저항문화는 지배질서에 과연 어떤 변화를 가져올 수 있는가?

7. 국가란 무엇인가? 국가권력은 어떻게 작용하는가? 국가는 사회에서 어떤 위상을 차지하며 어떤 정치적 기능을 하는가? 국가로부터 자유로운 사회영역이 있을 수 있는가, 있다면 어떤 영역이 있는가? 국가와 분리된 문화영역이 성립될 수 있는가?

8. 문화정치가 가져올 수 있는 파장은 얼마나 클까? 스타일과 패션, 상징체계, 욕망의 발현 방식 등을 변화시키는 것이 정치적으로 어떤 변동을 만들어낼 수 있을까? 16대 대통령선거에서 한국사회가 그동안 겪은 문화적 변화가 어떻게 작용했다고 보는가? 20-30대 젊은 층의 문화와 50대 이상의 문화는 서로 어떻게 다르며, 이 차이가 어떤 정치적 변화나 결과를 낳았다고 보는가?

9. 이데올로기란 무엇인가? 이데올로기가 '주체'를 구성한다는 말은 과연 설득력이 있는가? 이데올로기는 어떤 방식으로 작용하는가? 이데올로기 개념의 해석을 둘러싼 입장들은 어떤 것이 있는가? 오늘날 한국에서 강력하게 작용하는 지배이데올로기들은 무엇인가?

10. 정체성의 정치에는 어떤 유형이 있는가? 정체성의 관점에서 정치를 이해하는 것과 계급이해의 차이를 중심으로 정치를 이해하는 전통적인 관점 사이에는 어떤 차이가 있는가?

11. 문화정치는 탈정치의 형태인가, 아니면 정치의 한 형태인가? 정치적으로 문화정치는 어떤 의미가 있다고 보는가?

05

문화와 재생산, 그리고 국가주의*

문제
설정

안토니오 네그리와 마이클 하트가 작년에 내놓은 『제국』에 의하면, 세계는 이제 제국주의 시대를 지나 제국의 시대로 접어들었다고 한다. 1) 여기서 '제국주의'란 19세기 이후 자본주의 근대화 과정에서 식민지를 경영하며 경쟁 구도 속에서 세계질서를 관리해온 영국, 프랑스, 독일, 미국, 일본, 소련 등 소수 강대국들의 지배형태를 가리키고, '제국'은 20세기말 사회주의권의 붕괴와 함께 이들 강대국간 힘의 균형이 깨지면서 여타 제국주의를 제압할 정도로 막강한 힘을 가지게 된 초강대국 미국을 중심으로 한 세계체제를 가리킨다. 제국의 시대가 보여주는 특징은 국제관계가 국가간 경계 구분 및 유지, 국가간 경쟁을 통해 성립되기보다는 국경을 뛰어넘

---

* 출처: 『세계정치경제』 8호, 2002.
1) 윤수종, 「제국주의에서 제국으로」, 『진보평론』 9호, 2001년 가을, 13-45쪽.

는 초국적인 성격을 지니며, 이에 따라서 국가의 역할이 해체되는 경향을 나타낸다는 것이다. 지난 9월 11일에 발생한 미국 뉴욕 소재 세계무역센터 테러 폭파 사건과 그에 따른 미국의 대응이 제국의 이런 초국적 성격을 그대로 보여주는 사례가 아닐까 싶다. 사건을 일으킨 테러범들과 그에 대응하는 미국 중심 국제 네트워크는 국가간 전쟁과는 다른 전쟁, 국경을 초월한 '전쟁 아닌 전쟁'을 벌이는 듯 보이며, 이 전쟁은 국가의 경계를 두고 벌어진 제국주의간 갈등과는 다른 양상을 띤다. '제국'은 자신의 영토 내부에서 일어난 '반란'을 진압하기 위해 자신의 하위 단위라 할 국가들을 제후국으로 불러모아 불충하게도 테러주범 빈 라덴을 숨기고 있다는 아프가니스탄의 탈레반정권을 징벌하려고 하고 있다. 오늘의 세계질서에 대한 이런 해석을 그대로 수용해야 할지는 의문이지만, 국경을 넘어서는, 국경을 무시하면서도 국제적으로 중요한 쟁점을 만들어내는 사건들이 근래에 늘어나고 있는 것만큼은 사실이다. 각종 테러의 지속적 증가 이외에, 지구화되어가는 금융시장, 대륙을 넘나드는 환경 재해 등이 그런 초국적 현상들이다.

세계화 현상들이 꼭 최근에서야 나타났다고 할 수는 없겠으나,[2] 최근의 세계화는 신자유주의적 성격을 가지고 나타난다는 점에서 과거의 현상과는 구분될 필요가 있다고 본다. 김세균에 따르면 지금 국면은 '제2차 세계자본주의체제의 제2국면'인 '신자유주의적 세계자본주의체제'에 속하며, 현시점에서 국가는 더 이상 케인즈주의 국가, 복지국가의 역할을 수행하지 않는다.[3] 김세균은 네그리와 하트와는 달리 현시점이 새로운 전환기에 접어들었다고는 해도 제국의 시대는 아니라는 입장이다. 나로서는 두 입장 중 어느 것이 옳은지 속시원하게 판가름할 능력이 없으나, 설령 제국의 시대 도래가 대세이고, 그 결과 국가간 경계들이 사라지는 듯

---

2) 로버트슨에 따르면, 세계화 "과정과 행위들은 몇 번의 중단은 있었지만 수세기 동안 진행 중에 있다"(Roland Robertson, *Globalization* (London: SAGE Publications, 1992), p. 8).
3) 김세균, 「신자유주의와 저항운동: 세계사적 차원에서」, 『신자유주의 시대, 노동자의 희망을 어떻게 만들 것인가』, 9-46쪽.

보인다 해도, '국가 해체' 테제가 시사하는 '국가의 역할 소멸' 주장을 선뜻 받아들이고 싶지는 않다. 신자유주의 세계화가 국가들간의 경계를 손쉽게 뛰어넘는 모습을 부정하기 어렵지만, 그렇다고 해서 국가의 기능과 역할이 아예 소멸하는 것 같지는 않기 때문이다. 국가의 기능과 역할에 일정한 변동이 일어나고 있다는 것이 좀더 균형잡힌 판단으로 보이는데, 이런 판단에 따라 오늘 토론의 주제로 설정된 '한국의 민주주의' 문제를 생각해보고자 한다.

지난 20여 년 동안 거세게 밀어닥친 신자유주의 세계화 물결에 빨려 들어간 것은 한국도 예외가 아니다. 신자유주의 세계화는 1980년대 초 이후 미국과 영국에서 신자유주의의 정치적 공세가 강화된 뒤로 힘을 얻기 시작하더니, 1980년대 말 동구 사회주의가 붕괴함에 따라 세계 어느 나라도 거역할 수 없는 대세가 되었다. 마침 현실사회주의의 붕괴와 함께 국내 진보진영이 와해된 한국도 90년대에 들어와서 노골적인 신자유주의 세계화 흐름을 타게 되었고, 1997년의 외환위기로 국내 경제 및 사회정책의 이니셔티브가 국제 신자유주의세력의 기수 국제통화기금(IMF)의 수중에 들어가면서 이 흐름은 더욱 거세졌다. 이 글에서 좀더 구체적으로 살펴야 할 점은 이런 변동 속에서 문화가 어떤 변화를 겪는가라는 것이다. 문화는 오늘날 사회 변동 과정에서 어떤 역할을 하는 것일까? 그리고 문화의 역할은 오늘의 중심 주제인 한국의 민주주의와 어떤 관련이 있는 것일까? 이런 질문을 살펴보기 위해 문화의 주요 기능이라고 할 수 있는 재생산 문제를 국가가 문화에 관여하는 방식을 중심으로 살펴보고자 한다. 이를 통해 네그리와 하트가 제시한 국가 해체와는 다른 상황을 그려낼 수 있지 않을까 싶기도 하다.

문화와 재생산, 그리고 국가

문화는 비판이론의 (적어도 일부) 전통 안에서는 재생산 문제와 함께 고려되어 왔다. 경제가 상품의 직접 생산과 소비를 위한 영역이고, 정치가 생산관계 혹은 권력관계의 영역이라면, 문화는 이런 사회적 생산관계와 생산의 조건을 재생산하는 영역으로 이해되어온 것이다. 물론 문화를 재생산의 관점에서 보는 데 대해 '기능주의'라는 비판이 없는 것은 아니다. 이런 비판은 주로 알튀세르 맑스주의, 특히 그것의 문화론에 대해 제출된 것인데, 여기서 상론할 수는 없지만 반론이 불가능하지는 않다고 생각한다. 문화와 사회의 관계를 재생산 관점에서 이해한다는 것은 양자 사이에 결정의 관계가 성립한다는 것인데, 이 '결정'을 단순하지 않은 유연한 방식으로 이해하는 한 문화를 재생산의 관점에서 보는 것은 필수적이다.4) 다른 한편 문화를 생산의 관점에 국한하여 보는 데, 즉 생산과 재생산 개념만으로 사회를 이해할 수 있겠는가 하는 문제제기의 여지도 있을 것 같다. 이것은 생산의 문제설정만으로는 성차나 성애, 인종이나 민족, 환경, 세대와 같은 사회 영역들을 온전하게 포섭하거나 설명할 수 없다는 인식의 발로이며, 최근에 들어와서 페미니즘, 성정치, 탈식민주의, 생태주의 등을 다루는 담론들에 의해 널리 유포되고 있다. 나는 이들 비-계급 중심적 입장들의 정당성을 인정하지 않는 것은 아니지만, 이들 담론에 등장하는, 생산 문제에 대한 무관심이 더 큰 문제라는 입장이다. 생산-재생산의 문제틀이 사회에 대한 설명으로 충분하지 않다는 것과 생산-재생산 문제에 대한 무시는 구분할 필요가 있다. 생산 이외의 문제들을 잊지 않으면서 동시에 생산의 문제를 살피고, 생산 및 비-생산 문제들의 관계와

---

4) 여기서 '결정'은 토대-상부구조의 단순결정론적 설명과는 물론 다른 의미로 이해되어야 한다. 레이먼드 윌리엄스의 다음과 같은 언명이 이 글에서 사용하는 '결정'의 의미를 잘 설명해주고 있다. "결정이라는 것은 한계의 설정이고 압력의 행사다. 다양한 사회적 실천들이 거기서 깊이 영향을 받기는 하지만 필연적으로 통제되는 것은 결코 아니다. 우리는 결정을 단일한 힘이나 여러 힘들의 단일한 추출로 생각하기보다는, 실질적 결정 요인들―권력이나 자본의 배분, 사회적 육체적 상속, 등급이나 규모에서 집단간의 관계―이 그 안에서 한계를 정하고 압력을 행사하되…결과를 전적으로 통제하지도 전적으로 정해주지도 않는 과정으로 생각해야 한다"(Raymond Williams, *Television: Technology and Cultural Form* (London: Fontana/Collins, 1974), p. 130: Graeme Turner, *British Cultural Studies: An Introduction* (London: Routledge, 1991), pp. 64-65에서 재인용).

지형의 복잡성을 이해하고자 노력하는 것이 바람직한 태도일 것이다.

문화를 재생산 개념으로 이해해야 한다는 생각은 두 가지 대립되는 주요 입장들, 한편으로는 문화가 사회현실을 그대로 반영한다는 견해, 다른 한편으로는 문화야말로 사회를 계도하는 것이라는 견해에 대한 비판을 담고 있다. 우선 재생산 테제는 문화가 정치경제의 단순한 반영이라는 통상 '경제주의적'이라 간주되는 입장, 즉 토대-상부구조에 대한 단순결정론적 이해에 대한 수정이다. 경제주의는 맑스주의의 지배적 전통으로서 사회적 문제들을 경제의 문제로, 특히 생산력의 문제로 전환시켜온 역사적 사회주의에서 강력하게 작동했으며, 비판적임을 자처하는 상당수 정치경제학자들마저 은연중에 견지해온 태도이다. 이 경제주의가 문제가 되는 것은 그것의 부르주아적 문화 관념 때문이다. 자본의 이해를 대변하는 부르주아 이데올로기는 경제가 모든 것에 우선한다는 입장이며, 현존하는 질서가 문제가 많다 하더라도 존재할 수 있는 최선의 것이라는 입장을 지닌다. 여기서 문화란 현존하는 정치경제의 필연적 귀결 또는 반영이라는 생각이 나온다. 예컨대 대중매체와 같은 중요한 문화영역은 사회의 기존 정치경제적 조건들을 반영하고 표현한다는 입장이 그것이다. 이런 생각은 미국의 커뮤니케이션 연구에서 아직도 지배적 패러다임으로 남아 있는데, 매체나 문화는 여기서 이미 존재하는 사회적 합의를 그런 대로 충실하게 반영하는 기능을 수행하는 것으로 이해된다.[5] 재생산의 견지에서 문화를 이해하려는 것은 문화가 사회적 합의의 반영이라기보다는 사회의 기존 질서를, 즉 사회에 존재하는 다양한 불평등, 갈등, 반목, 적대, 모순들의 현존 지형을 근본적으로 해체하지 않고 고수하는 어떤 이데올로기적 기능을 가지는 것으로 보고자 함이다. 여기에는 '사회적 합의'란 사회 세력들의 다양한 견해나 이해관계, 염원 등이 자연스런 과정을 거쳐 생겨난 유기적 결과물이 아니라 권력의 작용, 지배의 효과라는 입장이 담겨 있다.[6]

---

5) Turner, *British Cultural Studies*, p. 200.
6) Stuart Hall, "The rediscovery of ´ideology´: return of the repressed in media studies,"

　재생산 테제는 다른 한편 문화의 절대적 자율성을 강조하는 또 다른 부르주아 테제를 거부한다. 문화의 절대적 자율성 테제는, '제도예술' 전통에서 제출된 것과 같이, 문화야말로 인간적 가치가 가장 잘 구현되는 활동 또는 산물이며, 문화만이 근대사회를 지배하는 도구적 이성에 의해 지배되는 자본주의적 삶의 분열을 치유하는 능력을 가지고 있다는 입장을 담고 있다.[7] 이 테제는 일견 경제주의적 문화관과 정반대로 보이며, 그런 점 때문에 '문화주의'로 불리기도 하지만, 정치경제와 문화를 분리시켜 자본주의적 정치경제에 의한 사회지배를 방치하고, 문화는 그와 무관한 것으로 본다는 점에서 부르주아적 관념론의 한 형태이다. 문화연구의 역사에서,[8] 그리고 서구의 비판이론에서 '문화와 문명 전통'으로 일컬어지는 이 전통에서 문화는 매튜 아놀드의 유명한 정의에 따라 '생각되고 말해진 최상의 것'이다. 20세기에 들어와서 이 전통은 문화를 자본주의 발달과 함께 상품관계의 만연으로 일어난 대중문화 지배의 국면이 퍼지자 '사회 타락'을 막을 수 있는 마지막 보루로 파악되는 고급문화로 이해했다. '문화산업론'을 통해 자본주의 대중문화의 공격에 맞서 고급문화로 부르주아가 지배하는 자본주의 사회를 극복하는 유토피아적 전망을 간직하려 한 독일의 프랑크푸르트 학파, 20세기 초 영국에서 문학을 통한 삶의 구원을 기획한 에프 알 리비스(F. R. Leavis)가 그런 경우라 할 수 있을 것이다. 리비스는 영문학을 통하여 근대사회를 지배하는 분열적이고 추상적인 사유와는 다른 구체적이고 통합적인 사유의 길을 개척하고자 했다.[9] 이때 문화는 사회의 생산 및 재생산 조건으로부터 완전한 자율을

---

in Michael Gurevitch et al., eds., *Culture, Society and the Media* (Methuen, 1982), pp. 56-90.

7) "제도예술" 개념에 대해서는 Peter Bürger, "The Institution of 'Art' as a Category in the Sociology of Literature," *Cultural Critique* 2 (Winter 1985-86), pp. 5-33 참조.

8) "문화연구"는 여기서 문화의 연구라는 보통 명사가 아니라 1960년대 이후 영국에서 발달한 비판적 지적 기획인 "cultural studies"를 가리킨다.

9) F. R. Leavis, *The Living Principle: 'English' as a Discipline* (New York: Oxford UP, 1975) 참조.

누리고, 사회 현실에 직접 개입할 수 있는 힘을 가진 것으로 이해된다.

재생산 테제는 문화의 자율성을 이처럼 과도하게 강조하는 경향에 대한 제동으로서 문화와 이데올로기의 '상대적 자율성'을 주장한다. '상대적 자율성'은 문화를 경제주의처럼 현실의 직접 반영 혹은 표현으로 보거나, 문화주의처럼 현실에 직접 개입할 수 있는 작인(agency)으로 보기보다는, 제한되어 있기는 하지만 그 나름의 물질성을 범주로 보는 관점이다.

문화가 재생산과 밀접한 관련을 가지는 것은 이데올로기가 거기서 작동하기 때문이다. 이데올로기는 알튀세르의 정식화에 따르면 "실제 삶의 조건에 대한 개인들의 상상적 관계의 '표상'"이다.10) 이 정식화의 혁신 가운데 하나는 이데올로기를 무의식과 관련지은 데 있다. '실제 삶'에 대한 '상상적 관계'라는 말은 이데올로기가 직접적 인식이 아닌 가상적 인식임을 나타내는데, 실제의 삶이 사회적 불평등에 의해 각인되어 있는데도 사람들이 당연한 것으로, 혹은 어쩔 수 없는 것으로 여기는 것은 이데올로기의 이 상상성 때문이다. 여기서 상상성은 무의식의 매개 작용의 결과이다. 실제가 무의식에 의해 억압된 곳에 실제에 대한 상상이 자리를 잡은 것이다. 이데올로기적 지배는 실제의 삶이 사회적으로, 역사적으로 구축된다는 사실을 드러내는 대신 그것이 자연스러운 것인 양 만드는 데서 생겨난다. 역사의 문제를 초역사의 문제로, 사회의 문제를 자연의 문제로 치환하는 효과인 것이다. 이 효과는 재생산의 효과이기도 하다. 역사와 사회의 자연화를 통해 지배가 재생산되기 때문이다. 문화가 이런 작용과 깊은 관련을 맺는 것은 기본적으로 삶의 의미와 가치를 생산하고 만들어내고 관리하고 통제하는 사회적 층위이기 때문이다. 의미나 가치야말로 이데올로기적 효과인데, 이것은 의미와 가치는 그것을 만드는 시스템에 의해, 즉 의미작용 혹은 담론과정이나 교환과정을 통해 생산되는 것임에도 불구하고 원래 있는 것으로 여겨지기 쉽기 때문이다. 특정한 문화는

---

10) 루이 알튀세르, 『아미엥에서의 주장』, 김동수 옮김, 솔출판사, 1991, 107쪽. 원래 번역의 "실재 존재조건"을 "실제 삶의 조건"으로 바꾸었다.

거기에 속하는 사람들에게는 가장 가치가 있고 의미가 있으며 자연스러운 삶의 방식으로 다가오며, 바로 이런 점 때문에 쉽게 당연시된다.

그러나 아무리 자연스럽고 당연해 보여도 문화는 자동적으로 만들어지지 않는다. 그것은 사회적으로 형성되는데, 여기서 강조하고 싶은 것은 근대사회에서 문화의 형성에는 국가가 깊이 관련된다는 사실이다. 문화와 이데올로기에 대한 국가의 지위를 가장 잘 설명하고 있는 것이 방금 살펴본 알튀세르의 이데올로기론이다. 알튀세르는 이데올로기가 근대 국가의 기본적인 기능 혹은 역할과 밀접한 관련이 있다고 보고 '이데올로기적 국가장치'(Ideological State Apparatus, 이하 ISA로 표기)라는 개념을 제출한 바 있다. ISA는 국가의 억압적 기능을 맡은 '억압적 국가장치'(Repressive State Apparatus, RSA)와 달리 자본주의체제가 대중 지배를 위해 물리적 억압이나 탄압만을 사용하는 것이 아니라 대중의 동의를 얻는 방식을 취하기도 한다는 사실을 강조하기 위해 그람시가 제출한 헤게모니 개념을 부분적으로 수용하면서도 그와는 달리 이 동의가 국가라는 '총체적 장치'의 영향권에서 벗어나지 않는다는 점을 강조하기 위하여 알튀세르가 고안한 개념이다. 11) 알튀세르는 ISA가 재생산의 사회적 조건임을 분명히 하였다. 그는 이데올로기 이론에 관한 기공(起工)적 성격의 논문이라 할 자신의 「이데올로기와 이데올로기 국가장치」에서 재생산을 사회적 생산 조건의 재생산으로 정의하고 이 재생산을 위해 ISA가 필요하다고 하였다. 당연히 국가의 역할은 이 재생산에서 배제될 수 없다. '이데올로기 국가장치'라는 개념에는 현존하는 체제가 재생산되려면 생산관계

---

11) 문화연구의 역사기술에서는 알튀세르의 "기능주의"를 극복하기 위해 "그람시로의 복귀"가 이루어졌다고 하는 것이 통례이다(Turner, *British Cultural Studies* 참조). 그러나 내가 보기에 이 역사기술은 알튀세르가 강조한 것이 "국가"의 부정하기 어려운 이 위력이라는 점을 간과하고 있다. "국가" 외면은 1980년대 후반 이후 문화연구에 나타난 우경화 경향과 무관하지 않은데, 이 결과 "국가 없는 문화"라는 관념이 문화연구를 지배하고 있다. 하지만 "알튀세르에서 그람시로의 전환"은 쉽게 할 수 있는 선택이 아니다. 양자의 차이는 국가론과 시민사회론의 차이인데, 시민사회론이 국가론을 해소할 수 있는지는 의문이기 때문이다.

나 이데올로기적 조건 등이 유지되고 반복되어야 하는데 이때 중심적 역
할을 하는 것이 국가라는 관점이 깔려 있는 것이다.

문화적
국가주의

이제까지 국가 문제를 재생산과 연관지어 길게 언급한 것은 글머리에
서 언급한 대로 국가의 역할이나 위력에 변화가 일어나고 있다는 지적을
염두에 두었기 때문이다. 오늘 국가의 위상에 어떤 변동이 일어나고 있다
면, 재생산의 문제와 밀접한 관련을 지닌 문화도 그 영향을 받지 않을 수
없을 것이다. 재생산은 사회적 생산 조건의 재생산이며, ISA 개념이 강
조하듯 국가는 이 재생산의 기반적 조건에 해당한다. 사실 역사적으로 문
화는 직접적으로나 간접적으로 국가의 중대한 관심사로 간주되어 왔다.
문화가 국가의 사회적 기획에 중요한 의미를 지닌다는 것은 문화의 자율
성을 강조하는 문화주의 전통까지도 인정한 바다. 매튜 아놀드는『문화
와 무정부』의 결론 부분에서 "국가의 틀 자체와 외면적 질서는 국가를 누
가 다스리든 성스러운 것이다. 그리고 문화는 무질서의 단호한 적이다"라
고 했는데, 마사오 미요시가 간결하게 정리하고 있듯 여기서 "문화는 법
과 질서를 위한 대리인"으로 간주된다.[12] 영국에서 문화가 새로운 사회
적 범주 혹은 전략으로 떠오른 것은 18세기 말 이후, 즉 산업주의의 사회
적 지배가 분명해진 이후이다. 레이먼드 윌리엄스는 이때 예술들의 조직
방식이 사회 조직과 분리되면서 문화가 삶의 "질에 대한 총체적 평가"를
수행하기 시작한 것으로 본다. "문화가 예술이라는 생각과 문화가 총체적
삶의 방식이라는 생각" 사이에 구분이 생겨났다는 것이다. 이 결과 "다른
사람들과 시인들의 구분"이 생겨났고, "시인들을 '시인' 혹은 '예술가'라는

---

12) Masao Miyoshi, "'Globalization', Culture, and the University," in Fredric Jameson
and Masao Miyoshi, eds., *The Cultures of Globalization*, (Durham and London: Duke
University Press, 1998), p. 259.

이상화된 총괄적 인간으로 범주화"하는 일이 일어났다. 13) 아놀드가 "문화는 무질서의 단호한 적"이라 한 것은 예술만을 문화로 여기는 이런 입장이 이후 문화를 통한 "사회의 구원"이라는 기획으로 이어지고 있음을 보여준다.

문화가 국가의 문제로 인식된다고 꼭 국가의 직접 관리를 받는 것은 아니다. 영국은 일찍부터 문화를 중대한 사회적 기획으로 삼았지만 정부는 지원은 하되 간섭은 하지 않는, '거리를 두는' 문화정책을 펼쳐왔다. 하지만 ISA에 교회, 가족 등이 포함되어 있는 데서 단적으로 드러나고 있듯이 문화는 그럼에도 불구하고 국가의 기능, 통치와 무관하지 않다. 문화가 통치의 문제라는 것은 이데올로기나 국가의 개념을 신뢰하지 않은 미셸 푸코가 특히 강조한 점인데, 푸코의 이론을 수용하는 이언 헌터는 문화가 통치의 전략임을 문학교육의 예를 들어 설명한 적이 있다. 14) 문화가 통치의 전략으로 채택되었다고 한다면, 문화가 결코 국가와 분리될 수 없다는 말이 아닐까? 푸코는 국가의 주권보다는 공장, 학교, 군대, 병원 등 신체가 배치되어 있는 현장에서의 권력 관계가 중요하며, "통치가 국가보다 먼저 생겨났다"고 믿었다 한다. 15) 하지만 나는 "국가에 대한 통치의 선행"은 통치와 국가의 분리 가능성을 시사하기는 하지만 통치가 국가의 기능과 무관함을 증명하는 것으로 받아들일 필요는 없다고 보며, 푸코 자신이나 헌터 등이 보여주듯 문화가 통치와 분리될 수 없는 한 국가의 영향을 받는 국가주의적 경향을 띤다는 입장을 취하고자 한다.

'문화적 국가주의'는 19세기 이후 근대국가, 특히 근대 민족국가의 형

---

13) Raymond Williams, *Culture and Society: 1780-1950* (New York: Columbia UP, 1983), p. 43, p. 48.

14) Ian Hunter, *Culture and Government: The Emergence of Literary Education* (London: Macmillan Press, 1988). Foucault가 문화를 "통치"(governability)의 관점에서 이해했다는 점에 대해서는 Tony Bennett, "Putting Policy into Cultural Studies," Lawrence Grossberg, Cary Nelson, Paula A. Treichler, eds., *Cultural Studies* (New York and London: Routledge, 1992), pp. 23-34도 참조.

15) 질 들뢰즈, 『들뢰즈의 푸코』, 권영숙 · 조형근 옮김, 새길, 1995, 119쪽.

성 및 유지가 사회적 역사적 과제가 되면서 세계적으로 널리 확인되는 현상이다. 프랑스가 자유와 평등이라는 이데올로기를 환산하기 위하여 국민 보통교육을 실시하려 한 것이나, 독일이 대학의 이념을 민족의 정신과 연관지으려 한 것은 민족문화를 통해 국민 통합을 하려했기 때문이다.16) 영국에서도 19세기말과 20세기초에 대영제국의 "국민"을 양성하기 위하여 영국 고유의 전통을 만들어냈다.17) 영국의 민족문학으로서 영문학도 이런 과정에서 주요 분과학문으로 성장한 경우이다.18) 이런 현상이 서구의 제국주의 국가들에만 한정되는 것도 아니다. 일본의 경우 메이지유신 이후 새로운 근대적 주체로서의 '국민'을 형성하기 위해 천황체제와 같은 일본 '고유의' 문화를 만들어낸 것으로 유명하다. 만약 일본의 경우는 탈아입구(脫亞入歐) 전략을 통해 근대적 제국주의 국가로 성장했으니 서구 모델과 크게 다르지 않다고 한다면 제3세계의 예들을 들 수 있을 것이다. 제3세계 민족문화는 인도에서처럼 제국주의가 장악한 식민지 국가의 물질적 공적 영역으로부터 분리된 자율적인 고유의 '정신적' 영역으로서 자리잡는 경우가 많았으며, 독립 이후 민족 부르주아지의 탈식민지 국가권력 장악 이후 지배문화 혹은 문화적 지배이데올로기가 된다.19) 제국주의 침탈 속에서 고유한 민족적 정체성을 주조해낸 것은 한국도 마찬가지이다. 조선왕조가 멸망하는 과정에서 진행된 애국계몽운동과 항일투쟁, 그리고 독립전쟁 등을 통해 '민족 동원'이 이루어졌으며, 이 전략은 좀더 미세하게는 신채호와 같은 사람들이 수행한 민족역사의 '복원'을 통해, 혹은

---

16) 장 프랑수아 리오타르, 『포스트모던의 조건』, 유정완 외 옮김, 민음사, 1992, 93-99쪽 참조.
17) Eric J. Hobsbawm and Terence O. Ranger, eds., *The Invention of Tradition* (Cambridge: Cambridge UP, 1983)과 Robert Colls and Philip Dodd. eds., *Englishness: Politics and Culture 1880-1920* (London: Croom Helm, 1986) 참조.
18) 영문학의 분과학문으로서의 수립 과정에 대해서는 졸고, 「영국의 문학교육과 그 제도화」, 『문학의 힘, 문학의 가치』, 문화과학사, 2003 참조.
19) Partha Chatterjee, "Whose Imagined Community?" in Gopal Balakrishnan, ed., *Mapping the Nation* (London: Verso, 1996), pp. 214-25.

근대 한국어의 형성을 통해 이루어졌다.[20]

20세기 후반에 들어와서 문화에서의 국가주의적 흐름은 자본주의가 새로운 축적 단계에 들어감에 따라서, 특히 자유방임주의에 따른 위기를 극복하고자 수정자유주의가 케인즈주의국가의 형태로 등장하게 되면서 새로운 형태를 띠게 된다. 케인즈주의 타협 국면에서 국가가 수행한 역할은 포드주의 생산 방식의 관리자로서 노동과 자본의 갈등을 조정하고, 사회와 시장을 안정화하여 축적을 돕는 것이었다. 이 국면의 국가는 국민/국가 통합을 위한 문화정책에 주역을 담당한다. 케인즈주의 기간 동안 NEA(National Endowments for the Arts)에 의한 비상업 예술 지원을 통해 국가가 문화예술의 핵심적인 후견인 역할을 한 미국이 한 예이다. 문화적 국가주의는 물론 나라에 따라 다른 양상을 띠고 나타난다. 예컨대 프랑스의 문화적 국가주의와 한국의 문화적 국가주의는 분명히 다르다. 프랑스는 가로수의 모양을 한결같이 깎고 간판 등에 대한 규제를 통해 도시 외관을 엄격하게 관리하지만, 한국에서는 이런 일이 거의 없다. 하지만 이런 도시 외관 방치를 보고 과거 군사독재 시절 장발까지 단속하던 문화적 국가주의가 사라진 것으로 봐서는 안될 것이다. 한국에서의 건축도 법에 따라 지어지며, 간판 난립에 대한 무시도 행정 당국이 취한 일관된 방침의 결과이다. 다른 한편 '음란물'이나 '이적 표현물' 등에 대한 규제는 프랑스와는 비교할 수 없을 정도로 엄격하다. 여기서 확인할 점은 문화적 국가주의가 동일한 형태로 나타나지 않는다는 점이다. 따라서 서구의 경우와 동구의 경우, 그리고 제3세계의 경우, 그리고 제3세계에서도 한국과 같은 경우의 개별적 특징을 이해할 필요가 있다.

한국의 문화적 국가주의는 어떤 성격을 가졌다고 할 수 있을까? 해방

---

20) 한국어는 19세기 말 이후 언문일치 언어정책을 통해, 그리고 특히 1910년대 이후부터 1920년대 말까지 전개된 종결어미 '-다' 체계의 지배적 위상 차지를 통해 근대언어로 바뀌었다. 이 근대언어 성립으로 한국어를 통한 언중 소환의 방식이 만들어졌다. 졸고, 「종결어미 '-다'와 한국의 언어적 근대성」, 『흔적』 3호(근간) 참고.

이후 한국은 분단으로 인해 독립적 민족국가 형성에 실패하였고, 자본주의 길을 걸은 남한에서는 인도 등과는 달리 민족 부르주아지가 정통성을 가지고 정권을 잡지 못한 결과 민족문화 프로젝트 역시 굴절될 수밖에 없었다. 미국의 신식민지로 전락함으로써 한국은 독자적 민족문화를 구성할 기회를 갖지 못하였으며, 이는 1960년대 말 탈춤운동과 함께 시작된 민족문화운동이 박정희 이래의 군사정권에 의해 억압당한 과정을 보면 잘 알 수 있다. 한국에서 문화적 국가주의의 성격은 기본적으로 억압적이었다. 박정희정권 이후 국가가 주도하는 경제개발 정책 속에서 억압적 정치구도가 형성되고 이런 기조가 문화에도 관철되었기 때문이다. 이 억압성은 박정희정권이 왜색을 이유로 일부 대중가요들을 탄압한 대중문화정책, 전두환 정권이 집권 초기에 시도한 '국풍' 운동, 그리고 아직까지도 남아 있는 문화예술 분야에서의 정부 검열 관행 등에 일관되게 나타난다. 역대 정권은 불법적 권력 탈취로 상실한 정통성을 보상받기 위한 노력을 하기도 했다. '민족중흥'을 외치며 벌인 박정희정권의 새마을운동, 전두환 정권의 프로야구제도 도입, 김영삼정권의 '역사바로세우기', 김대중정권의 '제2건국운동' 등이 그런 예들인데, 그 목적은 물론 대중 동원이었다.

한국의 문화적 국가주의의 가장 분명한 성과는 한국이 한국으로 성립된 것이 아닐까 싶다. '한국'은 오늘 '한국어', '한민족', '한국의 얼' 등의 표현들과 함께 일정한 의미를 지니고 있지만, 이 의미는 원래 있었던 것이라기보다는 남한 사회가 만들어낸 것이며, '한국'에 관한 담론이 남한에서 수립되어 작용해온 결과이다. 구체적으로 남한에서 수립된 정권과 남한 사회의 정통성을 주장하기 위하여 해방 이후 남한의 국가가 오늘 북한에서 사용하는 '조선'을 배제하며 사용해온 것이 '한국'인 것이다. 문화적 국가주의가 지닌 기능 가운데 가장 중요한 것은 그것이 작동하는 사회의 개인들을 국가의 성원으로, 즉 국민으로 만들어내는 것이다. 오늘 한국인이 스스로 한국인이라 여기는 것은 문화적 국가주의가 여전히 한국에서 작동한다는 증거로 보인다.

국가주의의
후퇴?

이 지점에서 제국주의에서 제국으로의 전환이 일어나 국가가 과거의 위상을 상실했다고 하는 네그리와 하트의 견해를 다시 검토할 필요가 있다. 과연 세상은 근본적으로 바뀐 것일까? 문화적 국가주의도 사라지고 있는 것일까? 일단 지난 20년 정도에 걸쳐 세계가 크게 바뀌었다는 점은 인정해야 할 것이다. 이 변화는 1970년대 초에 발생한 세계자본주의의 축적 위기와 관련이 있다. 김세균이 말하는 '제2차 세계자본주의체제의 제1국면'인 '케인즈주의적 국가독점자본주의' 혹은 '규제된 자유주의'는 위기를 맞아 '신자유주의적 세계자본주의체제'로 전환되기 시작한다. 신자유주의는 축적 위기를 맞은 자본의 정치적 공세, "지배계급에 의한 새로운 사회질서의 강요"였다.[21] 이 결과 1970년대까지 유지되던 복지국가의 틀은 마가렛 대처의 보수당과 로널드 레이건의 공화당이 정권을 잡은 영국과 미국에서 먼저 깨지기 시작하며, 특히 '사회의 보호'라는 국가의 전통적 공적 역할이 축소되기 시작했다. 이런 신자유주의 흐름은 현실사회주의가 1980년대 말 붕괴됨에 따라서, 그리고 1990년대 중반 우루과이라운드 체결과 함께 WTO가 출범함으로써 지구적 현상으로 번져간다. 오늘 세계가 금융의 세계화, 시장의 개방화, 노동의 유연화, 나아가서 빈곤의 세계화 등의 경향을 드러내는 것은 신자유주의의 세계화가 만들어낸 결과이다.

여기서 질문은, 현재 국면에서 문화는 어떤 변동을 겪으며, 어떤 역할을 요구받고 있는가라는 것이다. 신자유주의 국면은 '문화적 국가주의'에 어떤 수정을 가져오고 있으며, 이는 문화정치에 어떤 새로운 조건을 만들

---

21) Gérard Duménil and Dominuque Lévy, "Imposing the Neoliberal Order. Four Historical Configurations (US, Europe, Japan, and Korea): Preliminary draft," 서울대 한국정치연구소·프랑스 파리제8대학교 한국연구원 주최 국제학술회의 자료집('세계화시대의 아시아와 유럽'), 2001. 9. 20-21, 80쪽.

어내고 어떤 가능성을 열어놓는가? 마사오 미요시는 오늘 문화는 초국적 기업의 요구로 역할이 크게 수정되어 이윤의 수단이 되고 있다는 요지의 논의를 제출한 바 있다. 그의 말을 옮기자면, "미술과 건축은 사업으로, 음악, 연극, 영화는 오락과/혹은 투자 겸 오락으로 흡수된다. 역사와 지리, 즉 모든 '차이들'은 경제 지도자들에 의해 곧잘 박물관, 레스토랑, 테마 파크로 패키지에 넣어져 관광의 일부로서만 중요하게 취급된다. 이리하여 모든 문화적 생산들은 이윤을 내는 상품으로 초국적 기업에 전유되기 십상이다."[22] 이 지적은 그 자체로는 분명히 맞는 말이지만 오해의 소지가 없지 않아 보인다. 초국적 기업만이 문화를 변동시킨 요인으로 볼 수 없을 뿐만 아니라 미요시가 시사하는 것과는 달리 문화적 국가주의가 소멸한 것 같지도 않기 때문이다. 초국적 기업 자체만 주목할 것이 아니라 그것으로 관철되는 계급적 성격, 신자유주의적 경향을 놓쳐서는 안 될 것 같다. 기업 형태와는 다른 차원에서, 특히 정치적 차원에서 문화의 변동을 살펴볼 필요가 있다. 이는 문화를 문화정치의 관점에서 봐야 한다는 말이기도 하다.

문화정치의 관점에서는 초국적 기업의 등장만이 아니라 68혁명이라는 정세적 조건의 형성과 이후의 역사 전개가 중요하다. 일부 논자들이 지적한 바 있듯이 1968년 프랑스의 파리에서 번진 '68혁명'은 세계혁명의 의미를 지닌다.[23] 그것은 당시 세계를 지배하고 있던 세 가지 정치경제적 흐름들, 즉 자본주의 세계를 지배하던 자유주의 혹은 자유민주주의, 동구의 지배이데올로기였던 사회주의, 그리고 제3세계의 민족주의를 모두 '체제' 혹은 '구체제'로 규정하고 이에 저항했다는 점에서 '반체제' 운동이었다. 그리고 그 운동은 이들 세 체제들이 모두 국가주의적이었다는 점에서

---

22) Masao Miyoshi, "'Globalization', Culture, and the University," p. 259.
23) Immanuel Wallerstein, "1968, revolution in the world-system," in his *Geopolitics and geoculture: Essays on the changing world-system,* (Cambridge: Cambridge UP, 1991), pp. 65-83.

반국가적이기도 했다.[24] 68혁명의 이런 성격은 페미니즘, 성혁명, 또는 푸코나 들뢰즈 등의 탈구조주의의 이론 등 그 이후 나타난 진보적 흐름들이 대체로 생산관계, 가부장제나 가족구조, 국가장치 등과 같은 구조나 장치를 탈피하려는 경향을 보인 데서, 그리고 알튀세르가 이끈 맑스주의의 경우 국가-당의 해체를 주장한 데서 잘 드러나고 있다.

오늘의 신자유주의적 흐름은 이런 진보적 흐름에 대한 보수세력의 정치적 반격이며, 그 여파가 문화에까지 미치고 있다. 신자유주의는 1960년대, 70년대에 진보세력이 쌓아올린 성과들을 이전으로 후퇴시켰다. 그것은 포스트포드주의 생산방식을 채택, 68혁명이 지향하던 자율성 테제를 흡수하여 노동의 교섭능력을 약화시키고, 노동의 유연화를 강요하였고, 아울러 공공 부문의 해체를 유도했다.[25] '국가의 위상'에 변화가 있다면 신자유주의의 이런 작용과 관련이 있으며, 문화의 역할에 변화가 있다면 신자유주의로 인한 국가 기능의 변동과 관련이 있다고 봐야 할 것이다. 특히 과거 국가가 맡아오던 공적 기능들이 대거 시장으로 이전된다는 사실을 주시할 필요가 있다. 미국의 경우 1980년대에 레이거노믹스 경제정책과 신보수주의 정치 환경 속에서 공공서비스를 대폭 축소했다. 이 결과 공공 보조금으로 운영되던 공영방송은 개인 기부금이나 광고 수입에 의존하게 되었고, NEA의 보조금도 크게 삭감되었으며, 교도업무마저 사기업에 맡겨지는 지경에까지 이르렀다. 한국에서도 신자유주의 흐름이 거세어지고, 특히 1997년의 외환위기로 한국경제가 IMF의 통솔에 들어가게 되면서 공공부문의 '민영화' 혹은 '사유화'가 일어나고 있다. 하지만

---

24) 68혁명의 반체제, 반국가적 성격에 대해서는 펠릭스 가타리의 『분자혁명』, 윤수종 옮김, 푸른숲, 1998, 49-51쪽 참조. 이 흐름에 대한 역사기술은 조지 카치아피카스, 『신좌파의 상상력—세계적 차원에서 본 1968』, 이재원·이종태 옮김, 이후, 1999를 참고할 것.
25) 여기서 우리는 아우토노미아 운동을 전유하여 "그것(=운동)의 유목민주의, 안정된 직업에 대한 그것의 혐오, 그것의 기업가적 자기충족성, 나아가 개인적 자율성과 실험에 대한 그것의 취미 등"을 "자본주의적 생산조직 속에 모두 결합"시킨 이탈리아 경우를 예를 들 수 있을 것이다. 빠올로 비르노, 「당신은 반혁명을 기억하는가?」, 세르지오 볼로냐·안토니오 네그리 외, 『이딸리아 자율주의 정치철학』, 이원영 편역, 갈무리, 1997, 202쪽.

과연 이런 현상을 국가의 축소로, 혹은 국가의 소멸 징후라고 봐야 하는
것일까? 최근의 변화가 현단계 자본주의 정세와 맞물려 있는 것은 분명하
다. 지금은 시장의 상승세가, 즉 자본주의체제의 3대 주역인 자본과 국가
와 노동의 삼각관계에서 자본의 우위가 관철되고 있는 국면이다. 자본의
우위는 국가의 역할에 일정한 영향을 미친다. 이 결과 최근 들어와서 국
내에서도 보건의료, 통신, 전기, 교육 등 전통적으로 시장 논리가 크게
지배하지 못했던 공공부문들이 대거 시장에 포섭되고 있다. 그러나 이것
을 국가의 축소나 후퇴로, 소멸의 징후로 봐야 할지는 의문이다. 이런 변
화 자체를 주도하는 것이 오히려 국가이며, 변화 이후에도 국가는 여전히
남아 있기 때문이다.

　국가주의는 문화에서도 여전히 관철되고 있다. 물론 여기에도 오해의
소지는 있다. 언뜻 보기에 문화는 이제 국가의 공식 의제에서 배제되는
것처럼 보인다. 최근 들어와서 민족문화 기획을 포기한 듯한 국가의 태도
가 그렇다. 지난 1998년 6월, 새로 출범한 김대중정권이 미국과의 양자간
투자협정(BIT, Bilateral Investment Treaty)을 체결코자 스크린쿼터를 양
보하려 한 것이 단적인 예라 할 수 있을 것이다.26) 당시 협상교섭에 나
선 미국측은, 1947년 GATT 제4조에서 문화적 영향 등을 이유로 내국민
대우에 대한 예외로 인정해왔고, 현행 WTO 체제에서도 GATT 1994
(WTO) 제4조로 변경 없이 인정하고 있는 스크린쿼터를 축소하고 궁극적
으로는 폐기할 것을 요구했다. 김대중정권의 통상교섭본부는 내용이 불
리하다는 전문가들의 진단에도 불구하고 외환위기 극복을 위해서는 투자
협정 체결이 필요하다며, 이 요구를 받아들여야 한다는 입장을 취했다.
이런 입장은 쿼터제도를 사수하려는 영화인들과 사회운동단체들의 맹렬
한 반대에 부딪쳐 일단 철회되었지만, 외교통상부는 여전히 스크린쿼터

---

26) 스크린쿼터 문제에 대해서는 원용진·유지나·심광현 편,『스크린쿼터와 문화주권』,
문화과학사, 1999와 졸고,「'위기' 이후의 한국문화」,『신자유주의와 문화』, 문화과학사,
2000 참조.

취소 복안을 가지고 있는 것으로 알려져 있다. 한국은 영화부문에서는 미국과 경쟁이 되지 않으니 자동차나 반도체 수출에 전력해야 하고, 또 그렇게 하려면 영화부문에서의 양보가 필요하다는 이유 때문이다.

스크린쿼터에 대한 태도만 가지고 정부가 민족문화 정책을 포기했다고 할 수는 없겠지만, 문화정책에 대한 경제주의적 접근이 강화되고 있는 것만은 분명하다. 김대중정권이 결정한 일본대중문화 개방 정책도 같은 맥락에서 이해할 수 있다. 현정권은 전임 김영삼정권과는 달리 일본과의 관계 정상화를 적극 추진하였는데, 여기에는 크게 두 가지 현실적 이유가 작용한 듯하다. 일본과의 투자협정 체결을 하기 위한 조건을 형성하기 위한 것이 한 이유이고, 2002년도 월드컵 대회를 일본과 공동 유치한 것을 계기로 한 양국간 '관계 정상화'를 이루려는 것이 다른 한 이유이다. 이웃 나라와의 대중문화 개방이 바람직한가 여부를 떠나 여기서도 정책 결정을 문화적 이유보다는 정치경제적 이유로 한다는 점을 짚어야 한다. 최근 일본 역사교과서 내용 문제로 개방 조치는 일시 중단되었지만, 이 글을 쓰고 있는 지금, 더 최근에 발생한 테러사건과 관련한 일본수상 고이즈미의 방한이 예정된 사실로 미루어 이 결정 역시 정치적 경제적 문제로 번복될 가능성이 크다.

문화적 국가주의와 관련하여 이 맥락에서 지적할 점은 국내문화 보호 장치인 스크린쿼터 제도의 철회, 외국 문화에 대한 개방이나 개방 취소 등이 정부 결정으로, 즉 국가의 공식적 문화정책으로 이루어진다는 사실이다. 국가가 문화정책을 항상 명시적으로 수립하여 시행하는 것은 물론 아니다. 앞서 언급한 도시 정책의 경우 '무정책의 정책'이 통용되고 있고 미국 대중문화의 경우는 일본 대중문화와는 달리 아무런 공식 정책 결정 없이 대폭 수용되고 있다. 하지만 이런 모습도 한국의 지배적 문화정책이 경제중심적임을 수정하지는 않는다. 김대중정부는 정부 역사상 처음으로 2000년 문화예산을 전체 예산의 1% 이상으로 배정했다. 1997년 선거 과정에서 당시 김대중 후보가 내건 공약을 지킨 것인데, 예산 내역을 들여

다보면 문화산업 분야 예산이 대폭 증액된 결과임을 알 수 있다. "〈타이
타닉〉 한 편으로 한국이 미국에 자동차를 수십만 대 수출한 만큼의 이윤
을 볼 수 있다"는 문화산업론적 입장이 반영된 예산 편성이었던 셈이다.
최근 한국 대중문화의 동아시아 진출 가능성을 보여주며 이른바 '한류 현
상'이 일어나자 김한길 문화관광부 장관이 중국 등에 진출하여 성공을 거
둔 인기 연예인 등 대중문화 관계자들을 초빙하여 격려를 하고 지원을 약
속한 경우도 마찬가지이다. 정부가 문화산업에 적극 개입하고 있다는,
국가가 문화정책을 주도함을 보여주는 것이다. 이들 정책이 초국적자본
과 국내 문화자본의 요구에 부응한 것임을 부정할 수는 없다고 본다. 최
근 정부는 이런 맥락에서 공공 문화시설에 책임 경영을 요구하며, 자체
수익구조를 강화하라는 압박을 가하고 있다.[27] 하지만 이런 정책 변화
역시 국가의 주도로 발생한다는 점은 여전히 사실로 남는다.

　문화의 경제화가 진행된다고 하여 문화 통제가 약해진 것도 아니다.
군사정권 이래 한국의 문화정책은 간섭과 통제를 특징으로 지녀왔고, 과
거 공보처, 간행물윤리위원회 등에서 해온 검열 관행도 형태를 바꾸었을
뿐 여전하다. 이런 억압성은 한국사회의 신식민지적 성격과 무관하지 않
을 것이다. 신식민지 한국의 공식 문화는 일본에 대해서는 지금까지의 대
중문화 수용 금지에서 드러나듯 표면적 거부 입장을 취할 수 있었지만,
일본을 대신한 미국에 대해서는 그렇게 할 수가 없었다. 한국의 지식생산
방식, 대중문화 등에 넘쳐나는 미국화 경향은 그 결과이며, 이런 문화 상
황을 극복하고자 한 자주적이고 저항적인 민족문화에 탄압의 족쇄가 채
인 것도 그 결과이다. 물론 박정희 시대의 왜색 가요, 장발, 대마초 연예
인 단속, 전두환 시대의 민중문화 운동에 대한 탄압 등과 같은, 국가의
노골적인 대안문화 억압과 통제는 많이 사라진 것이 사실이다. 대중문화

---

27) 서울의 세종문화회관이 그런 경우이다. 세종문화회관은 그동안 한사코 고급예술에만
장소 제공을 해오다가 최근에 들어와서 책임 경영에 따른 수익성 보장을 위해 대중문화에
도 개방하기 시작했다.

의 지형도 크게 바뀌었다. 1980년대 이후 프로야구, 프로축구 등의 도입은 국가가 대중문화를 억압이나 통제보다는 오히려 활용의 대상으로 삼기 시작했음을 보여준다. 이것은 대중의 일상 생활을 새롭게 구조화하려는 계산에서 나온 정책 변화로서 대중에 대한 통제가 더욱 치밀해졌다는 말이기도 하다. 스포츠 산업화는 자본을 위한 시장 형성 조치이기도 했다. 1990년대에 들어와서는 스포츠산업이 더 성장함과 아울러 대중음악, 영화, 애니메이션, 게임 산업 등이 크게 발전했다. 이들 대중문화 이외에 폭주족이나 매니아 현상 등 대중문화라기보다는 소수문화에 가까운 하위문화가 등장하기도 하였다. 그러나 이런 변화에도 불구하고 문화적 국가주의는 여전하다.

현재 국가는 문화의 산업화와 경제화를 추진하면서 다른 한편 문화활동의 주요 조건인 사상의 자유와 표현의 자유에 대해서는 여전히 통제와 탄압을 지속하고 있다. 문화영역에서의 통제는 몇 가지 법적 기제와 행정위원회의 가동을 통해 진행된다. 국가보안법과 청소년보호법, 정보통신망이용촉진등에관한법률 등과 청소년보호위원회, 정보통신위원회 등이 그것이다. 최근의 변화는 종래의 국가보안법에 청소년보호법과 정보통신망이용법을 문화감시의 수단으로 추가했다는 것이다. 이 변화는 사상의 자유에 대한 통제 이외에 표현의 자유에 대한 통제가 국가의 새로운 관심사안으로 떠올랐음을 보여준다.[28] 왜 이런 변화가 생긴 것일까? "90년대 남한사회의 특징은 다양한 새로운 '문화구성체'가 출현했다는 데 있다. 새로운 감수성을 지닌 신세대의 등장과 이들의 소비문화 내 편입, 여성의 사회적 진출 요구의 증가, 삶의 질 고양에 대한 시민적 요구의 증가, 자연파괴로 인해 발생한 지역 주민의 삶의 질 저하에 따른 불만의 사회적 조직과 같은 새로운 양상들이 노동자들의 민주노조 건설 노력과 함께 등

---

28) 신자유주의 시대 표현의 자유 문제에 대해서는 고길섶, 「문화시대와 국가권력의 이동—'국가보안법'에서 '청소년보호법'으로」, 『진보평론』 2호, 1999년 겨울, 173-95쪽과 졸고, 「표현의 자유와 신자유주의」, 『신자유주의와 문화』, 문화과학사, 2000, 304-24쪽 참고.

장한 것이다."29) 이런 변화가 국가로 하여금 좀더 정밀한 인구통제 장치를 필요로 하게 만들었으며, 청소년보호법과 인터넷상에서의 검열을 허용하는 새로운 정보통신망이용법을 통과시키도록 했을 것이다.

ISA 지형의
변화

왜 이런 정밀한 인구 통제가 필요해진 것일까? 이 질문과 관련해서는 현단계 재생산의 구도가 어떻게 변했는지 살펴볼 필요가 있다고 본다. 오늘 재생산 기능을 맡은 주요 사회적 장치들의 지형은 옛날과 같은가, 다른가? 다르다면 최근의 ISA 지형에는 어떤 변화가 생긴 것일까? 1960년대 말 알튀세르는 당시 서구사회의 지배적 ISA 지형을 가족과 교육의 결합에서 찾은 적이 있다. 그는 근대적 지형은 가족과 교회가 지배하던 과거의 형태에서 변한 것이며, 이 변화는 근대에 들어와 교육 기능이 커진 결과라고 보았다. 하지만 이런 ISA 지형 분석이 모든 사회에 그대로 적용되는 것은 아니다. 영국의 경우를 보더라도 프랑스와 사정이 아주 달랐던 것 같다. 영국은 1950년대 말에 벌써 "대중문화가 만연함에 따라 교사와 학생들간의 문화적 이데올로기적 간극이 커지고 있었다"고 한다.30) 대중문화를 중요한 범주로 간주하는 '문화연구'가 영국에서 처음으로 새로운 지적 기획으로 출범한 것도 이런 사정과 관련이 있을 것이다. 오늘 한국의 ISA 지형은 어떤 모습인가? 알튀세르가 말한 가족과 교육의 연대에 영국의 문화연구가 중시한 대중매체, 대중문화까지 합세하는 것이 아닐까 싶다. 물론 대중문화가 최근에 나타난 것은 아니다. 하지만 최근 변화의 요체는 가족의 역할이나 교육의 사회 장악이 막강하긴 해도 이전에 비해

---

29) 졸고, 「'위기' 이후의 한국문화」, 127쪽.
30) Turner, *British Cultural Studies: An Introduction*, p. 45. 영국의 전국교사노조는 대중문화가 학생들의 일상생활에 중요한 위치를 가진다는 점을 인식하여 1960년 '대중문화와 개인의 책임'이라는 주제로 학술대회를 조직할 정도였다.

위력이 작아진 반면, 대중매체와 대중문화의 경우는 갈수록 힘을 강화하고 있다는 점이다.

가족제도와 교육제도의 약화는 한편으로 보면 근대성에 대한 회의나 반성이 우리 사회에서 일어나고 있는 것과 무관하지 않다. 가족제도에서 최근의 경향은 근대적 핵가족 제도가 부분적으로 저항을 받고 있는 양상으로 보인다. 전근대 농업사회의 지배적 가족 형태인 부계중심 대가족제도를 해체하며 나타난 핵가족제도는 물론 지금 지배적 가족 형태이다. 하지만 적어도 부분적으로는 이 핵가족이 해체되는 경향도 없지 않다. 이런 경향은 독신가구가 늘고, 결혼연령이 크게 높아지고 있는 추세에서 드러나고 있다. 이는 여성의 경제력 향상과 함께 사회적 진출이 늘어나고, 물론 아직 눈치를 보며 하는 것이기는 하지만 동성애자들의 커밍아웃이 빈번해지는 등 그동안 지배적 위치를 지켜오던 이성애 중심의 가족 생활과는 다른 유형의 가족 형태가 생겨난 결과이다. 전통적 가족형태는 여전히 지배적이지만 과거와는 달리 더 이상 유일한 선택으로만 여겨지지는 않는다. 교육제도에서도 변화가 일고 있다. 특히 공교육의 와해가 심각한 상태이다. 이것은 분명 폴 윌리스가 1970년대 영국 상황에서 진단한, 교육에 대한 '반동일시'와 유사한 현상이 한국의 교육현장에도 1990년대 이후 만연하고 있다는 것을 보여준다.31) '반동일시'는 학생이 학교에서 주입하는 가치, 이데올로기, 교육에 저항하는 한 형태이며, 최근의 '학교붕괴' 현상은 학생대중이 한국 자본주의가 교육을 통해 지배를 강화하고 있다는 사실을 간파하고 있다는 증거일 것이다.

오늘 가족이데올로기가 강화되는 것이나 신자유주의 교육이데올로기가 강화되고 있는 것은 가족제도 및 교육제도의 이런 조건 변화와 무관하지 않아 보인다. 가족의 중요성은 가족이 해체되는 객관적 조건에서 더 강조되는 법이며, 교육의 수월성이나 생산성을 강조하는 이데올로기 역시 교

---

31) Paul Willis, *Learning to Labour: How Working Class Kids Get Working Class Jobs* (Farnborough: Saxon House, 1977).

육기반이 급격하게 무너지고 있을 때 더 강조될 수 있기 때문이다. 신자유주의 교육정책에 의한 공교육 해체와 교육의 사교육화가 본격적으로 진행되기 시작한 국민의 정부에서 신지식인론과 같은 담론이 성행한 것은 결코 우연이 아니다. 신지식인론은 교육에 대한 국가의 책임보다는 개인의 책임을 더 강조한 담론이다. [32]

현단계 ISA 지형에서 지배적 위치는 대중문화가 차지하고 있다. 대중문화의 부상은 서구에서는 대략 1960년대 이후 두드러진 대중의 사회적 진출을 문화적으로 포섭하기 위한 문화산업이 크게 발전하면서 생겨났다. 물론 여기에는 신문과 라디오에 뒤이어 1960년대에 TV가 일상을 지배하게 되고, 나아가 1980년대에 MTV, 케이블 TV가, 최근에는 위성방송이 전반적으로 확산된 사실이 크게 작용한다. 한국에서는 80년대 말 올림픽 유치를 전후한 시기부터 큰 변화가 있었다. '3저호황' 국면을 거치고 이후 발생한 과잉축적, 과잉생산 문제를 해결하기 위해 소비자본주의가 강화되기 시작한 시점이 이때이다. 뿐만 아니라 1987년의 6월 항쟁 이후 이전까지 억압적 통제를 받아오던 매체시장이 내국인에게 개방됨으로써 대중매체가 엄청난 규모로 확산되었고, 이어서 신세대 문화의 등장 속에서 대중음악, 게임산업, 영화산업 등이 폭발적 발전을 경험했다. 현재 국내 ISA 지형의 정세는 매체문화와 대중문화의 전반적 상승세 속에서 가족제도와 학교제도의 역할 축소 혹은 조정이 일어나고 있다는 것으로 요약될 수 있다. [33]

이데올로기와
욕망의 통제

지금까지의 논의를 종합한다면, 한국의 최근 문화정세는 문화산업 논

---

32) 홍성태, 「자본주의 '지식사회'와 '신지식인'론 비판」, 『문화과학』 19호, 1999년 가을, 31-50쪽 참조.
33) 이런 견해의 초기 형태로는 졸고, 「대중문화, 주체형성, 대중정치」, 『문화과학』 6호, 1994년 여름 참고.

리의 확산, 표현의 자유에 대한 감시 증가, ISA 지형에서 대중문화의 부상 등으로 요약할 수 있겠다. 이제 이 변화를 1990년대 이후 이데올로기 전선과 욕망 전선에서의 변화와 관련지어 살펴보고 싶다. 1990년대의 중요한 문화 변동의 하나는 새로운 감수성을 지닌 이른바 '신세대'의 출현이다. '신세대'는 1990년대에 성년기를 맞기 시작한 세대로서 80년대에 성년기를 맞은 소위 386세대와는 다른 아비투스를 지니고 나타났다. 386세대는 대략 1960년대나 그 이전에 출생하여 아직 농촌 출신이 많거나, 도시에서 자랐다고 하더라도 도시가 완전히 소비사회로 전환하기 이전에 유년기를 보낸 세대이다. 이에 비해 신세대는 1970년대 이후에 탄생한 세대로서 남한이 본격적으로 소비사회로 전환되는 과정에 유년기를 보냈고, 특히 1980년대 후반 이후 소비자본주의의 본격 가동과 함께 10대 후반을 보낸 세대이다. 이들은 386세대와는 다른 유형의 사회적 문제의식을 가진 것으로 보인다. 선배 세대가 기본적으로 정치경제적 민주화를 추구했다면, 후속 세대가 요구한 것은 지금까지 나온 가장 중요한 신세대 선언문이라 할 수 있는『신세대 네 멋대로 해라』에서 주장된 대로 욕망의 해방이었다. 이 책의 공동저자들은 1980년대 변혁운동은 금욕주의에 지나치게 강박되어 있었다며, 신세대는 욕망의 금욕이 아닌 욕망의 해방을 추구할 것을 주장하였다. 개인의 자유나 욕망보다는 집단과 운동 조직을 먼저 생각한 과거 변혁운동의 관성에 대한 비판이 담긴 주장이다.

과연 신세대의 욕망은 해방을 이룬 것일까? 제 멋대로 하는 것이 신세대라는 통념만으로 보면 그런 것 같다. 학교붕괴 현상, 자신들만의 하위문화 추구, 팬덤문화의 형성, 소비력의 증가 등 1990년대 이후 청소년이 보여주고 있는 모습은 일관되게 욕망의 추구와 관련이 있다. 신세대가 나타난 1990년대는 이런 이유로 흔히 "문화의 시대"로 불린다. 이 문화로의 전환은 과잉생산 문제를 해결하기 위한 소비자본주의의 전개, 민주화 운동의 성과로 얻어낸 언론의 자유와 대중매체의 대거 출현, 사회변혁의 꿈을 앗아가버린 사회주의 붕괴 등 80년대 말 이후의 한국사회의 변동 속에서 일어난 현상이다. 문화에 대한 경도는 1980년대 인문사회과학을 지배하던 정치경제학이 후퇴하고, 대신 문화론이 사회에 대해 더 설득력 있는 설명을 제공하는 것으로 치부되기 시작한 데서도 확인된다. 문화 논의 내부에서는 이런 변화가 이데올로기 비판의 후퇴로 나타났다. 90년대에 들어와서 확산된 문화담론에서 강조된 것은 이 결과 소비와 감수성의 정치였다. 물론 여기에는 80년대 이후 사회적 변동 이외에, 신자유주의에 의한, 그리고 그것에 대한 인식론적 혼란도 적잖이 작용했던 것 같다. 신자유주의 공세가 거세지면서 생산관계의 문제에 대한 비판적 인식은 뒷전으로 밀리기 시작했으며, 생산성, 경쟁력, 효율성을 강조하는 담론이 득세하였다. 이런 경향은 우루과이라운드 체결로 WTO가 결성되는 와중에 김영삼정권이 국가경쟁력 강화를 외치며 세계화 정책을 밀어붙이던 1990년대 초 절정에 달했다. 이 시기 소비와 감수성을 예찬하는 문화담론의 확산은 경쟁력 담론이 대중만이 아니라 많은 지식인들까지 장악했음을 말해준다.

이데올로기는 이제 문제가 되지 않으며, 욕망의 해방 전략은 과연 성공한 것일까? 이데올로기 전선 대신 욕망의 전선에서 더 중요한 투쟁이 벌어지는 것일까? 욕망이 중요한 사회적 의제로 등장한 것은 부정할 수 없지만, 이데올로기가 더 이상 사회적 문제가 아닌 듯 여기는 경향은 받아들일 수가 없다. 대중의 소비욕구를 충족하는 대중문화가 발달하고, 새로운 감수성을 발현할 수 있는 욕망 전선이 확장된 것은 사실이나, 국가의 문화산업 장려, 표현의 자유 감시 체제는 계속 가동되고 있다. 국가가 이처럼 문화를 정책 혹은 통치의 영역으로 가두어두려는 데에는 이유가 있을 것이다. 문화가 사회를 통합하고, 사회에 그 존재 의의를 부여하며, 나아가서 사회적 정체성을 형성하는 데 핵심적 역할을 하기 때문이다. 스튜어트 홀이 지적한 것처럼 문화는 '현실효과'가 생겨나는 중요한 사회적 영역 혹은 층위이다. '현실효과'란 현실을 현실로 만드는 효과, 오늘의 현실은 이런 것이구나 하는 느낌을 만들어내며, 사회적 의제를 사회적 의제로 만들어내는 것을 말한다. 34) 이 말은 문화적 실천을 통해 오늘의 사회적 상황에 대한 정의가 만들어지고, 사회적인 것의 자연화, 즉 역사적 과정으로서의 사회가 마치 자연적이고 유기적인 전개의 결과처럼 여겨지는 일이 일어난다는 말이다. 문화에서 이런 일이 가능한 것은 이미 말한 대로 문화는 의미와 가치의 생산과 관리와 소비가 이루어지는 장이기 때문이다. 문화는 전통적으로 의미를 생산하고 관리하고 통제하는 역할을 맡아왔다. 전통, 하위문화, 소수문화, 대중문화 등 문화의 다양한 영역들은 참여하는 개인들과 집단들에게 가치있는 것으로 간주되는 의미들을 만들어내며, 이를 통해 삶의 결을 구성한다고 할 수 있다.

문화는 결코 가치중립적인 영역이 아니다. 문화의 장은 의미와 가치의 생산을 둘러싸고 개인과 집단의 투쟁이 일어나는 장이다. 문제가 의미와 가치에만 국한되는 것도 아니다. 사람들의 욕망과 역능의 배분이나 그들의 자율적 혹은 창의적 활동의 가능성을 놓고 사회적 갈등과 대립, 혹은 적대가 벌어지기도 하는 것이 문화의 장이다. 이런 곳에서의 싸움은 의미나 가치, 정체성, 욕망이나 역능, 활동 등이 생산과 계급의 범위를 넘어서기 때문에 복잡할 수밖에 없다. 성차나 성애, 인종 등을 둘러싼 대립은 경제적 이해관계로만 환원되지 않는다. 노동 유연화를 위한 구조조정에서 노동자들이 모두 평등한 대우를 받지 못하는 것은 그 때문이다. 성차와 성욕과 인종의 문제는 계급 불평등과 관련이 되어 있지만 구분되어야 할 문제들이다. 계급, 성차, 성애, 인종, 세대, 출신지 등 다양한 사회적 정체성들이 복합적으로 들어있는 문화지형은 차이들의 복잡성 체계로 이해되어야 한다. 하지만 그렇다고 자본과 노동과 함께 작동하는 '국가' 개념을 철회하거나 이데올로기 개념을 포기해야 할 것인가? 지형과 투쟁의 복잡성을 인정한다는 것을 이유로 지형의 대세를 부정할 수는 없다. 복잡

---

34) 이런 의미의 "현실효과"에 대해서는 Hall, "The rediscovery of ´ideology´" 참조.

한 지형 안에서도 지배와 피지배의 경향이 있기 마련이며, 투쟁의 전선들 사이에 위계도 있을 수 있다. 이데올로기와 국가 개념은 문화의 장에서 한편으로는 지배적 '현실효과'를 만들어내려는 세력과 그와는 다른 '현실효과'를 만들고자 하는 세력의 대치를 전제한다.

그동안 문화에 국가주의가 관철되어 왔다는 사실은 근대사회에 들어와서 문화의 주된 관리자가 국가였음을 말해준다. 국가가 사회적 상황, 사태에 대한 공적인 의미를 주조하고 관리하는 힘을 가졌던 것이다. 지금도 문화적 국가주의는 지속되고 있으며, '이데올로기' 개념도 여전히 중요한 분석적 힘을 가지고 있다. 사실 오늘의 정세에서 욕망은 결코 이데올로기와 분리된 것 같지 않다. "욕망은 본질상 혁명적이다"라는 들뢰즈와 가타리의 주장이 있지만,[35] 오늘 욕망에 대한 사회적 통제는 사라지지 않았고, 이 통제의 대부분은 이데올로기를 통해 이루어진다. 노동의 고역에서 벗어나 놀고 싶은 욕망, 생산의 분업체계를 횡단하는 자유, 틀 지어진 일상에서 벗어나고 싶은 마음, 사랑을 나누고 싶은 욕망 등 수많은 우리의 바램은 노동윤리, 직업윤리, 성윤리와 같은 이데올로기에 의해 차단되고 있다. 욕망의 "음란한" 표현은 보수적 도덕을 지키려는 시민운동의 감시와 검찰의 수사 대상이 되고 있고, 정체성의 해체와 분열은 근대적 규율에 의해 통제를 받는다. 이런 욕망의 차단 장치가 이데올로기적 성격을 갖는 것은 욕망의 통제가 내면화된 가치들과 의미들에 의해 이루어지기 때문이다.

오늘 욕망이 가장 지배적으로 표출되는 장소는 ISA 지형에서 지배적 위치를 차지한 대중문화 영역이지만, 그만큼 이 영역에서의 이데올로기 작용은 집요하다. 대중문화영역만큼 가족, 국가, 민족 등 사회적 구성체들에 대한 신비화가 집중적으로 이루어지는 데가 있을까. 이들 사회적 구성물들은 예컨대 영화나 TV 드라마에서 절대적인 것으로 전제되어, 즉

---

[35] Gilles Deleuze and Félix Guattari, *Anti-Oedipus: Capitalism and Schizophrenia* (Minneapolis: University of Minneapolis Press, 1983), p. 116.

코드가 되어 나타난다. 스튜어트 홀이 지적한 대로 이 코드화에 대한 비판적 독해가 물론 불가능한 것은 아니나,36) 역사적으로 구성된 가치들을 코드로 만들어 놓았다는 것은 대중문화의 텍스트가 특정한 방식으로 생산되고 있음을 보여준다. TV 드라마나 영화 등이 가족과 국가와 민족의 가치를 극적 사실로 만들어내고 관중이 그것을 자신의 것으로 받아들이게 한다면, TV 뉴스나 신문의 보도나 사설 등은 직접 진술을 통해 가족과 국가와 민족의 현안을 언급함으로써 그에 관한 사회적 의제를 결정한다. 노동자들의 파업은 국가경쟁력에 해를 끼치고, 교통사고는 가족의 행복을 파괴하고, 젊은이의 절제되지 않은 행동은 민족의 장래에 먹구름을 끼얹는 일로 해석되는 것이 그런 경우다. 이중 TV나 신문 뉴스는 거기서 언급되는 것 자체로 특정한 사건을 사건으로 만드는 효과가 있다. 『조선일보』가 최근 미국의 테러사건을 북한문제와 연계하여 보도한 것이 그런 예인데, 이런 언급으로 인해 북한은 테러사건과 아무런 관계가 없더라도 거기에 연루되어버리는 꼴이 된다. 이것이 대중매체에 의한 "현실효과"의 생산 과정이다.

이러한 "현실효과" 생산이 이데올로기적인 것은 텍스트화 과정 혹은 의미작용을 거치기 때문이다. 이는 현실효과 생산이 현실 자체의 생산이 아니며, 문화는 정치경제가 직접 반영되는 형태가 아니라는 말이다. 이데올로기는 이미 말한 대로 실제 삶에 대한 상상적 관계를 드러내는 표상체계이지 실제 삶 그 자체는 아니다. 문화에서 이데올로기가 작동한다는 것은 영화나 TV 드라마에서 재현되는 가족의 삶이 아무리 실제처럼 보인다 하더라도 상상적 성격을 띤다는 것, 그래서 실제 삶에 대한 해석이라는 것이다. 대중문화에 나타나는 이런 삶에 대한 해석은 대중음악 노랫말에 끊임없이 등장하는 사랑이야기처럼 해석이나 재현인 것이지 실제가 아니다. 그러나 이데올로기 비판의 관점에서 볼 때 문제는 여전히 남는다. 이

---

36) Stuart Hall, "Encoding, decoding," in Simon During, ed., *The Cultural Studies Reader* (London: Routledge, 1993), pp. 90-103.

런 해석, 재현, 표상 등이 지배적 생산 조건의 재생산에 기여한다는 점이 그것이다. 남녀간의 사랑은 가족 구성으로, 가족간의 사랑은 생산 전선에서의 희생으로, 삶의 에너지는 가족, 회사, 국가의 번영을 위한 헌신으로 전환되고 있는 것이 여전한 현실이 아닌가.

이런 이데올로기 작용은 개인들을 결국 생산자로, 시민으로, 국민으로 호출한다는 점에서 국가의 틀 안에 놓여 있다. 욕망의 흐름이 국가장치에 의해 포획되어 있는 것이다. 문화적 국가주의는 개인들이 국가로부터, 즉 사회적 생산의 조직으로부터 벗어나는 것을 문화의 장에서 막기 위해 국가가 한계를 쳐놓고 있음을 의미한다. 국가의 포획에서 벗어나지 않게 하는 것, 이것이 문화의 재생산 기능이다. 그런데 여기서 알튀세르가 ISA 이외에 RSA도 언급하였음을 상기할 필요가 있다. ISA가 동일시라는 동의 과정을 통해 작동한다는 특징을 가졌다면 RSA는 억압, 혹은 폭력에 의해 동의를 강요하는 장치이다. 최근에 들어와서 이 장치의 활용이 빈번해지고 있다는 의혹을 지울 수가 없다. 신자유주의 국면이 전개된 이후 세계적으로 국가의 억압적 기능이 강화되고 있는데, 한국도 예외가 아니다. 국가폭력의 증가는 2001년 여름 레미콘 노동자들에 대한 폭력 진압 등에서, 현재 검찰이 단병호 민주노총 위원장을 계속 가둬놓고 있는 데서 확인된다. 청소년보호법을 도입하고, 정보통신망이용촉진법을 통해 인터넷내용등급제를 수용하고 있는 데서 드러나듯 문화에서도 억압성이 여전하다. 이들 법들이 새롭게 정비되는 것은 헌법재판소에서 위헌 판결을 받고 있는 검열 관행을 실질적으로 존치하기 위함이다. 문화영역에서의 검열 분위기는 1997년 이후 부쩍 심해졌다. 소설가 장정일과 마광수, 화가 신학철, 만화가 이현세 등이 국가보안법 아니면 음란물 관련법을 어긴 혐의로 체포되거나 재판에 회부되어 유죄판결을 받기도 했으며, 작년에는 영화 〈거짓말〉이 보수적 시민단체의 고발로 검찰의 조사를 받았고, 최근에는 교사화가 김인규가 자신과 부인의 나체사진 작품을 인터넷에 올렸다고 하여 정보통신위원회의 고발로 재판을 받고 있는 형편이다. 문화적 국가주의는 여전히 시퍼렇게 살아 있으며, 그것도 억압성마저 띠고 있는 것이다.

글을
맺으며

현재와 같은 국면에서 민주주의 일반, 그리고 특히 문화에서의 민주주의는 어떻게 실현될 수 있을 것인가? 지배적 생산 조건의 재생산, 지배구조의 재생산의 작동을 멈추게 하려면 어떤 일이 필요한가? 최근의 세계화 정세를 감안할 경우, 초국적자본 혹은 기업에 대한 저항이 초미의 관심사가 되어야 한다는 주장이 가능할 것 같다. 이런 점에서 미요시는 "초국적 기업주의로부터 자유로운 공간과 더 많은 반성과 비판을 위한 지점"을 마련하는 것이 중요하다고 지적한다.[37] 신자유주의 국면에서 "초국적 기업주의"에 대한 저항이 필요하다는 것은 부인할 수가 없다. 하지만 초국적 기업주의에 대한 저항이 국가에의 회귀, 혹은 국가주의에 대한 비판 철회로 이어져서는 곤란하다. 이런 점에서 나는 이데올로기와 욕망의 통제에서 벗어나는 것이 중요한 과제임을 한 번 더 강조하고 싶다. 이데올로기전선에서의 투쟁과 욕망전선에서의 투쟁에서 여전히 그리고 공통적으로 중요한 것은 국가장치이다. 이데올로기전선에서의 투쟁은 국가의 해체 혹은 기능전환을 지향하고, 욕망 전선에서의 투쟁도 욕망의 흐름을 차단하는 국가장치의 포획에 맞서야 한다. "초국적 코포라티즘으로부터 자유로운 공간"을 구축하는 전략으로는 부족하다. 이 전략은, 국가가 해체되지 않고 여전히 사회적 재생산의 핵심 기제로 작용하는 한, 국가에 의해 포획되고 말 것이기 때문이다.

국가장치의 포획, 네그리와 하트가 말하는 제국의 시대에는 이 문제가 어떻게 나타나는 것일까? "제국"이란 개념에서는 국가가 사라지거나 희미

---

37) Masao Miyoshi, op. cit., pp. 260-61.

해져 버린다. 우리가 본 것은 그러나 시퍼렇게 살아 있는 국가가 아니었는가? 이 국가라는 현실을 외면하는 것은 초국적자본의 운동에, 오늘 세계화라고 하는 흐름에 너무 큰 기대를 거는 것이 아닐까? 초국적자본의 운동, 세계화는 물론 부정할 수 없는 현실이다. 그러나 신자유주의 세계화 과정에서도 국가는 억압적 성격을 강화하면서 작동하고 있다. 한국의 민주주의는 이렇게 볼 때 국가의 이런 성격을 극복하지 않으면 안될 것이다. 이 입장이 궁극적으로 국가의 해체라는 테제로 나아가야 할는지는 불분명한 쟁점이지만, 국가의 기능이 전환되어야 한다는 것은 분명하다. 기능 전환이 일어난 국가, 혹은 이제는 더 이상 국가라고 부를 수 없는 모습을 한 미래의 사회 통합 장치는 더 이상 개인들을 지금의 자본주의체제를 재생산하는 주체로 호출해서는 안될 것이다. 여성을 차별하는 가부장제도, 동성애나 양성애를 차별하는 이성애, 다른 인종을 차별하는 인종주의, 반-생태적 삶의 방식에 동원되는 가족, 민족, 국민을 만드는 주체화양식을 지속해서도 안 된다. 문화적 국가주의도 이런 관점에서 비판되어야 할 것 같다. 문화적 국가주의는 문화에서 작용하는 이데올로기와 욕망을 국가 형성과 유지를 위해 활용하는 경향이다. 그러나 현존하는 국가 형태가 개인들의 욕망을 포획하는 것이라면 국가주의는 비판되어야 한다. 노동윤리, 직업윤리, 성윤리 등으로, 혹은 노골적 억압을 통해 개인들을 국가를 위한 주체들로 전환시키는 것이 문화의 장에서 일어나는 것을 용납해서는 안 되는 것이다.

  사실 관건은 이런 당위적 주장을 어떻게 현실로 바꿔내느냐는 것이다. 민주주의는 오직 운동을 통해서만 가능하다는 것이 내 생각이다. 다만 현실을 바꿔낼 운동에 방향이 없을 수가 없다면, 이 글의 결론은 국가의 권위에 대한 도전, 국가의 계급적 성격에 대한 진단과 비판, 그리고 국가권력에 대한 저항이 필요하다는 것이다. 국가가 여전히 작동하고 있는데, 해체되는 듯 여겨서는 민주주의 실현을 위한 실천의 장을 제대로 찾을 수가 없다. 이런 점에서 문화가 지배와 저항의 전장이라는 점을 다시 강조할 필요가 있다고 본다. 문화가 재생산의 영역이라는 것은 문화가 재생산 기능만 한다는 말이 결코 아니다. 그것은 문화가 투쟁의 장이라는 말이다. 오늘 이 투쟁에서는 여전히 국가의 지배전략과 대중의 저항이 맞서고 있다. 대중이 자신의 욕망과 꿈과 자유를 위해 문화를 가꾸려 한다면, 국가는 이런 대중을 자본을 위한 주체로 호출하고자 한다. 현실 속에서의 운동은 따라서 국가에 대한 개입을 우회할 수 없다. 국가는 문화의 장에서 여전히 건재한다.

06

욕망과 이데올로기, 혹은 제국과 국가[*]

욕망이론의
부상

1990년대 국내 사회이론에서 나타난 가장 큰 변화의 하나는 욕망의 정치를 새로운 실천 모델로 삼는 입장이 부상한 것일 게다. 이 변화는 민주화, 노동해방, 민족통일 등을 요구하며 정치투쟁을 벌인 1980년대 세대와는 다른 감수성을 지닌 신세대가 출현한 것과 무관하지 않다. 1991년 강경대 정국이 끝난 뒤 나온『신세대 네 멋대로 해라』라는 '신세대 선언문'은 운동권문화의 지나친 금욕주의를 거부하고 욕망의 자유로운 표출을 대안으로 주장했다.[1] 그러잖아도 현실사회주의의 역사적 몰락으로 진보적 이념이 설득력을 상실한 마당이었던지라 운동의 대의와 조직의 안위보다 개인의 자유와 욕망을 먼저 챙기는 신세대가 출현하게 되자 80년대

---

[*] 출처:『문화/과학』30호, 2002년 여름, 123-51쪽.
[1] 미메시스 그룹,『신세대 네 멋대로 해라』, 현실문화연구, 1993.

에 피어오른 변혁의 열기는 역사의 뒤안길로 사라지는 듯했다. 진보진영에서 이런 국면에 대응하여 변혁모델로 삼아오던 스탈린주의를 지양하고 이론적 쇄신을 추구하지 않은 것은 아니지만, 그런 노력은 80년대 후반 이후 두드러진 소비자본주의와 그와 함께 펼쳐진 욕망의 바다로 침몰할 뿐이었다. 아마 이것이 맑스주의의 쇄신, 아니 전화(轉化)를 주장함으로써 90년대 초 주목을 받은 루이 알튀세르와 에티엔 발리바르에 대한 관심을 단기 현상으로 만든 원인이었을 게다. 90년대 중반에 이르자 사람들은 더 이상 맑스주의에 관심을 기울이지 않았고, 장 보드리야르, 미셸 푸코, 질 들뢰즈, 펠릭스 가타리 등 욕망의 이론가들을 선호했으며, 이런 추세는 지금도 여전하다. 80년대를 풍미하던 '좌파 상업주의'가 90년대 들어 수그러들며 정치경제학 비판보다 문화이론이 인기를 끈 것은 필시 이런 이론 정세를 반영한 셈일 것이고, 이때 부쩍 번창하기 시작한 문화담론에서 미학적 대중주의와 욕망이론이 지배한 것도 같은 맥락일 것이다.[2]

욕망이론의 부상은 국내에 국한된 현상만이 아니라, 진보 운동 및 이론 지형에서 맑스주의의 위상이 크게 후퇴하면서 생긴 세계적인 현상이다. 알렉스 캘리니코스에 따르면 여기에는 맑스주의와 니체주의의 결연 및 분리의 역사가 작용한다. "68혁명에 의해 급진화되어 지배문화의 비판적 분석을 위한 정교한 도구를 찾고 있던 지식인들"이 맑스주의와 니체주의의 '결연'을 시도했지만, 혁명 전망이 불투명해지면서 그 연대가 깨지고, 1970년대 말에 이르러 맑스주의가 니체주의와의 경쟁에서 패배한 결과 욕망이론이 세계적으로 부상하게 되었다는 것이다. 캘리니코스는 이

---

2) 문화연구 분야에서의 이런 흐름의 부상이 1990년대 이후 형성된 소비자본주의 흐름과 관련이 있다는 논지에 대해서는 이 책에 함께 실린 졸고, 「타자의 문화연구와 숭고의 미학」 참고. 국내의 이런 흐름은 1980년대 후반 문화연구에서 일어난 "이데올로기의 후퇴"를 뒤이은 것으로 보인다. 이로써 이전 같았으면 이데올로기적 지배를 위한 '당의정'으로 치부되었을 대중문화의 특징들, 문화적 실천들이 해방 혹은 전복(顚覆)의 성격을 갖는 것으로 해석되기 시작했다. Graem Turner, *British Cultural Studies: An Introduction* (London: Routledge, 1991), 제6장 참고.

패배의 원인을 서구에서의 계급투쟁이 1968-76년의 상승 국면 이후 퇴조를 겪고, 각국 공산당이 현실사회주의와 다시 활기를 찾은 사민주의 사이에 끼여 위기에 처하게 되고, 모택동주의가 붕괴하게 된 것과 같은 정치적 이유에서 찾는다.[3] 세계적 진보운동의 퇴조는 전반적으로 신자유주의 세계화가 진행되는 시기와 맞물려 있다. 신자유주의는 영국과 미국에서 마가렛 대처, 로널드 레이건과 같은 우파가 정권을 잡은 뒤로 세계적 흐름으로 자리를 잡기 시작했고, 한국의 경우 세계적 진보운동으로서는 '지체'라고나 해야 할 변혁운동의 성과로 형식적 민주주의가 시작된 1990년대에 접어들어 WTO와 같은 "신세계질서"에 편입되며 본격화되었다. 욕망으로의 전환은 이렇게 볼 때 부르주아 세력, 특히 초국적자본의 정치적 지배가 확고해진 시기와 거의 정확하게 일치하는 셈이다.

욕망이론의 상승세는 안토니오 네그리와 마이클 하트가 공동으로 작업한 『제국』이 거둔 '성공'을 보아도 확인할 수 있다. 2000년도 초반에 나와서 지난해 말 한국어로도 번역된 『제국』은 전통적인 진보적 입장들, 해방전략들과는 근본적으로 다른 과감하고 도발적인 관점, 판단, 분석, 문제제기, 주장, 제안, 전략 등을 제출하여 커다란 파장을 불러일으키는 중이다. 하트와 네그리는 그동안 좌파 지식인들이 견지해온 핵심 입장들을 수정하고 폐기할 것과 새로운 입장들 및 해석들을 수용할 것을 요구한다. 그들의 이런 요구는 오늘의 세계가 전적으로 새로운 정치적 구도 속에 놓여있다는 판단에서 비롯된다. 네그리와 하트는 이제 사람들은 근대적 질서에 사로잡혀 있기만 한 것은 아니라고 본다. 탈근대적 권력 형태인 "제국이 바로 우리 눈앞에서 구체화되고" 있어서 근대적 세계체제를 주도해온 근대적 주권형태, 즉 국민국가는 더 이상 "경제적·문화적 교환들을… 규제할 수 없"다는 것이다.[4] 이런 정세 판단에 따라 그들은 전통적으로

---

3) Alex Callinicos, "What Is Living and What Is Dead in the Philosophy of Althusser," in E. Ann Kaplan and Michael Sprinker, eds., *The Althusserian Legacy* (London & New York: Verso, 1993), pp. 40-41.

맑스주의자들이 지배질서 비판을 위한 과학적 사유 방법으로 채택한 변증법의 폐기를 주장한다. 제국주의 단계와는 달리 제국에서는 부정할 외부, 한계가 사라졌으므로 한계와 부정의 과학으로서의 변증법은 불필요하다는 것이다. 이들은 또한 그동안 좌파가 핵심적 정치 과제로 삼아온 국가의 분쇄라는 비판적이고 혁명적인 노선 대신 국가를 경유하지 않는 해방, '지금 여기의 코뮌' 건설이라는 즉각적 해방 전략을 주창한다. 이런 주장에는 인류 해방을 이룩하기 위해서는 인민을 국민으로 호출하여 불평등한 생산관계와 사회적 분업 속에 얽어매고 있는 근대 국민국가를 장악하여 분쇄해야 한다는 좌파의 핵심적 전략에 대한 비판이 담겨 있다. 그들은 또 제3세계의 진보적 지식인들이 견지해온 탈식민주의 전략도 수정할 필요가 있다는 입장이다. 근대적 제국주의체제가 아닌 탈근대 제국의 지배가 이뤄지고 있는 지금 근대적 세계체제의 지배적 주권 형태인 제국주의가 아직도 작동하고 있다고 보고 제국주의로부터의 해방 전략이 필요하다고 믿는 탈식민주의는 오히려 탈근대적 지배 형태와 공모하는 의도하지 않은 결과를 낳을 수 있다는 것이다.

네그리와 하트의 주장은 '자본주의', '권력', '근대성' 등 오늘날 삶의 조건들을 이해시키는 핵심 용어들의 개념적 지형을 바꿔 수용 여부에 따라 진보진영의 이론적, 정치적 입장을 뒤흔들 만큼 과감하고 도발적이다. 그들은 '맑스주의'는 물론이고 '맑스주의 전화' 입장도 훨씬 벗어난 것처럼 보인다. 꼭 니체주의는 아니라고 하더라도 그것과 흡사한 '욕망의 정치학'을 수용함으로써 맑스주의적 문제설정의 근본적 수정 및 폐기를 주장하는 것이다. 하지만 과연 맑스주의는 비맑스주의에 의해 대체될 수 있는 것인가? 네그리와 하트의 주장대로 과연 변증법은 이제 더 이상 필요하지 않으며, 국가 중심 권력을 경유하는 혁명 노선은 폐기 처분되어야 하는 것일까? 제국주의 및 국가의 시대는 끝나고 제국의 시대가 열린 것일까?

---

4) 안토니오 네그리·마이클 하트, 『제국』, 윤수종 역, 이산, 2001, 15-16쪽. 앞으로 이 책에서의 인용은 본문에서 괄호로 표시한다.

정말 지금은 탈근대인가?

이 글에서 나는 이런 질문들을 염두에 두면서 이데올로기와 욕망의 관계라는 문제를 생각해보려고 한다. 욕망 개념의 부상은 니체주의 혹은 비맑스주의의 전면적 부상과 함께 맑스주의와 이 전통에 핵심적인 이데올로기 개념의 후퇴를 의미한다. 하지만 욕망을 중시한다고 꼭 이데올로기를 뒷전으로 내칠 것은 아니라는 생각이다. 이와 관련하여 내가 참여해온 『문화과학』의 입장을 잠깐 밝힐 필요가 있다. 『문화과학』은 창간 이후 욕망의 문제설정을 중요하게 여겨왔으며, 그 지면에서 알튀세르의 이데올로기 이론만이 아니라 푸코, 들뢰즈, 가타리 등의 욕망이론과 그들의 욕망의 정치학을 호의적으로 수용해왔다. 하지만 욕망의 문제설정을 수용한 국내의 다른 개인이나 집단과는 달리 『문화과학』은 욕망문제를 중요시하는 것이 꼭 이데올로기 개념의 폐기로 이어질 수는 없다는 입장을 견지한 편인데, 이는 맑스주의를 포기하고 비맑스주의로 가는 것도, 그렇다고 맑스주의만 끌어안고 비맑스주의는 거들떠보지도 않는 것도 아닌, 더 나은 다른 길이 있다고 본 결과이다. 문제는 맑스주의냐 비맑스주의냐가 아니라, 어떻게 맑스주의와 비맑스주의를 결합시킬 수 있느냐이다. 하지만 전통적으로 이데올로기와 욕망은 서로 분리된 문제로 간주되는 편이었기 때문에 대부분의 이론가들은 두 개념을 양자택일적으로 수용하면서 어느 한 개념을 철저히 외면하는 경향이 있다. 이 글에서 나는 이런 태도의 문제점을 살펴보고 두 개념의 절합 가능성을 모색해보려 한다.

욕망의 제국과
이데올로기적 국가?

하트와 네그리는 자신들의 저서 곳곳에서 욕망의 힘, 역능의 중요성을 강조한다. 이때 욕망은 들뢰즈와 가타리가 '생산하는 힘'으로 본 욕망, 지배를 벗어나는 원동력으로 본 욕망과 별반 다르지 않다. 후자들에게 그것은 미시적으로 작용하며, 몰적인(molar) 집적화가 아닌 유동하고 탈주하는 흐름이고, 표상적이 아니라 기계적으로 작동하는 실질적 힘, 어느 지점에서든 흐름을 채취하여 새로운 변화와 탈주의 통로를 만드는 힘이다. 들뢰즈와 가타리가 이런 욕망을 가리켜 본질적으로 "혁명적"이라고 한 것처럼,5) 하트와 네그리도 욕망의 힘, 그 생산성을 인정한다. 그들에 따르면 욕망은 "구체적인 생산, 즉 활동중인 인간의 집합성"인 생체정치에서 "생산공간으로서, 역사를 구축하는 인간 협동의 활동성으로서 나타난다. 이러한 생산은 전적으로 인간 재생산, 즉 생성(generation)의 힘이다. 욕망하는 생산은 생성이며, 더 정확하게 말하자면 특이한 본질들의 집합적 운동 속에서 자신의 원인과 자신의 완성 둘 다를 편입시킨 권력의 축적과 노동의 초과이다"(492).

이러한 욕망의 소유자는 누구인가? '다중'(多衆, multitudes)이다.6) 이 다중은 오늘 세계의 주인공으로서 제국의 권력을 축적하는 것은 물론 그 것의 지배로부터 벗어날 수 있는 주체이다. 다중의 대표적인 존재로 그들은 프롤레타리아트를 꼽는다. 이 프롤레타리아트는 그러나 전통 맑스주의가 이해한 것과는 달리 착취당하고 핍박받는 민중이나 인민의 상은 아니다. 오늘날 프롤레타리아트는 생산수단을 박탈당했다기보다는 자신의 두뇌 속에 그것을 보유하고 있고, 언제 어디서나 생산활동을 벌일 수 있는 자유로운 존재이기 때문이다. 네그리와 하트에 따르면 이들 프롤레타리아트, 이들 다중이 오늘의 제국을 구성하는 원동력이며, 제국을 해체할 주체이다. "우리의 욕망과 노동이 제국을 끊임없이 재생성하기 때문에 우리가 세계의 주인이다"(492). 현재 제국의 최상위 위치를 차지하는 미국의 헤게모니도 미국의 "정치가나 자본가의 천재성" 때문이 아니라 "미국 프롤레타리아트의 힘과 창조성" 덕택이라는 게 그들의 생각이다. "유럽과

---

5) Gilles Deleuze and Félix Guattari, *Anti-Oedipus: Capitalism and Schizophrenia* (Minneapolis: University of Minnesota Press, 1983), p. 116.
6) 한국어 번역판에서 'multitudes'는 대중으로 번역되고 있으나 '대중'이 'the masses'의 번역어로 정착되어 있는 점을 고려하여, 조정환의 용법에 따라서 '다중'으로 번역한다.

다른 지역에 비해 미국 프롤레타리아트가 당과 조합으로 대표되는 비율이 낮기 때문에 미국 프롤레타리아트가 약하다는 통상적인 생각에 반대하여…우리는 정확히 그러한 이유들로 인해 미국 프롤레타리아트가 강하다고 보아야"(356) 한다는 것이다.

생성 및 생산의 원천으로서의 욕망을 자신의 힘, 역능으로 지닌 다중은 어떻게 제국의 구성원리로 작용할 수 있는가? 어떤 매개에도 의존하지 않고 직접 힘을 발휘할 수 있기 때문이다. 하트와 네그리에 따르면, "자본주의 발전은 세계적 수준에 도달하였기 때문에 매개 없이 다중과 직접 대면한다. 따라서 변증법, 즉 사실상 한계와 한계의 조직에 관한 과학은 소멸한다. 국민국가를 폐지하고 따라서 국민국가에 의해 설정된 장애물을 넘어서려는 계급투쟁은 제국의 구성을 분석과 갈등의 장소로 제시한다. 따라서 이런 장애물이 없다면 투쟁 상황은 완전히 개방적이다. 자본과 노동은 직접적인 적대적 형태로 대립한다"(318). 그들이 보는 한 "제국의 구성에서는 더 이상 권력에 '외부'가 없으며, 따라서 약한 고리들…도 없다…제국의 건설, 그리고 경제적·문화적 관계의 전지구화는 어떤 지점에서도 제국의 가상적 중심을 공격할 수 있다는 것을 의미한다…그 투쟁들에 이용할 수 있는 유일한 전략은 제국 안에서부터 생겨나는 구성적 대항권력이란 전략이다"(98-9). 이 대항권력을 만들어내는 것이 다중들의 역능이고 이 역능을 구성하는 것이 욕망의 힘이라는 것을 생각할 때 제국은 다중의 욕망에 의해서 구성되고 다중과 직접 대면한다고 할 수 있다. 오늘 다중은 언제 어디서라도 제국의 '가상적 중심'을 공격할 수 있다는 그들의 주장은 여기서 나온다.[7]

이렇게 볼 때 네그리와 하트에게 욕망은 전적으로 긍정적 의미를 갖는 셈이다. 그들이 푸코를 따라 추구하는 생체정치도 같은 맥락에서 이해된

---

7) 여기서 '가상적'은 "virtual"의 번역이다. 이 맥락에서는 "virtual"을 '실질적'으로 번역하여 다중이 어디서든 제국의 중요한 지점들을 공격할 수 있다는 의미로 만드는 것이 맥락에 더 맞을 것이다.

다. "생체정치 세계는 (특이성들이 만나는 지점으로서) 집합체가 그 동력이 되는 생성 행위들의 지칠 줄 모르는 결합이다…생성은 욕망의 집합적 메커니즘이다…생성이 발생할 수 있으려면, 정치는 사랑과 욕망에 굴복해야 하며, 이것이 바로 근본적인 생체정치적 생산력이다…정치는 오히려 민주적 마키아벨리가 우리에게 말하는 것처럼 생성과 욕망과 사랑의 힘이다"(492-3). 여기서 정치는 억압이나 압박에도 불구하고 활동하며, 결코 부정할 수 없는 인간의 원초적 생명의 힘, 생성적 역능, 긍정성 그 자체로서의 욕망의 표현으로 이해되고 있다.

이데올로기는 이런 욕망과는 대조적으로 통상 부정적 의미를 지닌 것으로 이해된다. '통상'이라는 말을 쓰는 것은 이데올로기가 늘 부정적으로만 치부되는 것은 아니기 때문이다. '프롤레타리아 이데올로기' '대항 이데올로기' '사회주의 이데올로기'와 같은 표현에서 '이데올로기'는 분명히 긍정적 의미를 지니고 있다.[8] 하지만 맑스주의에서 이데올로기 개념은 주로 상상, 의식 등의 차원에 속하지만 과학과 대당(對當)을 이루는 것으로 이해되고 있으며, 특히 "맑스는 이론적 '동요'에도 불구하고 이후의 다양한 용법과 달리 이데올로기를 '주로' 부정적인 협의의 개념으로 사용해왔다."[9] 비판이론 전통에서 이데올로기가 예찬을 받는 일이 드문 것은 이처럼 과학적 사고를 방해하는 부정적인 힘, 장애로 파악되기 때문이다. 그리고 바로 이런 이유 때문에 이데올로기는 사회적 지배현상을 비판적으로 고찰하는 맑스주의에서 핵심 개념의 하나로 떠오른다. 맑스주의의 전통에서 '이데올로기'라는 개념은 부르주아 영향 아래 있는 의식, 상상, 습관, 인식, 표상체계와 관련된 사회적 자명성 일체는 비판받아야 할 대상임을 환기시킨다. 이데올로기 이론이 흔히 '비판'의 형태를 띠는 것은

---

8) 맑스주의 전통에서 이데올로기가 부정적 의미만이 아니라 긍정적 의미를 가지고 있다는 점에 대해서는 Jorge Larrain, *Marxism and Ideology* (Atlantic Highlands, N. J.: Humanities Press, 1983) 참조.
9) 손호철, 「사회과학, 과학인가? 이데올로기인가?: 학문의 '이데올로기'적 성격과 맑스주의」, 『근대와 탈근대의 정치학』, 문화과학사, 2002, 37쪽.

그 결과이다. 이런 사실은 이데올로기가 단순한 허위의식이 아니라 고유한 물질성을 갖춘 사회적 실천의 한 층위임을 강조한 알튀세르에게서도 분명하게 나타난다. 알튀세르는 이데올로기의 물질성을 인정함으로써 이데올로기가 무의식처럼 통(通) 역사성을 갖는다고 했지만 동시에 그것을 자본주의체제하에서 사람들이 실제로 갖는 삶의 조건과는 차이가 있을 수 있는 상상과 표상이라고 규정함으로써 이데올로기가 진실과 위배될 수 있다는 점을 인정했다.[10]

이데올로기 개념이 맑스주의에서 핵심적 위치를 차지하는 것은 의식 일반의 사회적 결정 또는 매개를 환기시키기 때문이다. "인간의 삶을 결정하는 것이 의식이 아니라 의식을 결정하는 것이 삶이다"[11] 라는 맑스와 엥겔스의 말, 혹은 "사람들의 의식이 그들의 존재를 결정하는 것이 아니라 반대로 그들의 사회적 존재가 의식을 결정한다"[12] 라는 맑스의 말이 시사하듯, 이데올로기 개념은 정치적, 경제적, 사회적 차원에서 일어나는 선택, 계산, 입장, 관점 등이 완전히 자율적이라기보다는 더 심층적인 원인들에 영향을 받는다는 사실을 가리킨다. 이런 식의 이데올로기 개념이 토대-상부구조론 등의 형태로 진행되어 단순결정론의 문제를 발생시켜 비판을 받았다는 것은 주지의 사실이다. 하지만 유연하게 사고한다면 여기서 말하는 '결정'은 정치적, 경제적 입장이나 판단, 예술적 취향, 문화적 태도, 학문적 태도 등이 그 담지자의 사회적 위치나 기능과 무관하지 않다는 사실, 자유롭다고만 여기는 의식이 사회적 실천들, 과정들에 의해 한계가 지어지며 압박을 받는다는 사실을 인식시키는 효과를 지닌다. 문제가 전혀 없다고 할 수는 없어도 이데올로기 개념을 맑스주의가

---

10) 루이 알튀세르, 「이데올로기와 이데올로기적 국가장치」, 『아미엥에서의 주장』, 김동수 옮김, 솔출판사, 1991, 75-130쪽 참조.
11) Karl Marx and Frederick Engels, *Collected Works*, vol. 5 (New York: International Publishers, 1975), p. 37.
12) Karl Marx, "Preface to a Contribution to the Critique of Political Economy," in Christopher Pierson, ed., *The Marx Reader* (Cambridge, UK: Polity Press, 1997), p. 119.

포기하지 않는 것은 이 때문이다.

욕망이 '제국'과 밀접한 관련을 맺는다면, 이데올로기는 '국가'와 긴밀한 관련이 있다. 이데올로기 개념을 수용할 경우 제국론이 비판하는 제국주의론, 즉 여전히 오늘의 세계를 지배하는 것은 중심적 국가들이라고 하는 입장을 버릴 수가 없다. 이데올로기와 국가의 관련은 인간 주체들이 이데올로기적 실천 속에서 형성되며, 이 실천 과정이 자본주의 사회의 사회적 관계들 특히 생산관계를 관장하는 국가에 의해서 관장된다는 사실에서 비롯된다. 국가는 분산되어 살아가는 사람들을 인민으로 상정하여 여러 장치들, 과정들, 제도들, 실천들 속에서 작동되는 사회적 모순을 통해 그 집합적 주체인 국민으로 포섭하는 힘이 있다. 인민의 이 국민화에서 빠뜨릴 수 없는 것이 개인들을 국가가 필요로 하는 사회적 기능들을 수행하는 주체들로 호출하는 데 핵심적인 역할을 하는 이데올로기의 작용이다. 이 점은 알튀세르가 이데올로기를 국가장치와 관련지어 이해하려 한 데서도 분명하게 드러난다. 알튀세르는 이데올로기 개념을 통해 지배적 생산조건의 재생산 문제를 사고하고자 했고, '이데올로기국가장치' 개념을 제출하여 지배의 재생산이 국가를 중심으로 이루어진다는 입장을 제출했다.

알다시피 '국가'는 맑스주의를 괴롭혀온 가장 큰 난제 가운데 하나이다. 맑스주의는 혁명이론으로서 국가권력을 '장악'하고 그것의 기능과 위상을 변혁하려는 목표를 가지고 있다. 물론 여기서 '장악'은 오해의 소지가 있는 표현이다. 맑스주의는 국가권력을 장악할 수 있다고 생각하지도 않았고, 국가를 소유해야 할 제도로 보지도 않았기 때문이다.[13] 하지만 역사적 사회주의 실험이 보여주듯 맑스주의는 '국가'의 물질성을 제대로

---

13) 바로 이런 관점에서 손호철은 '국가권력의 장악'은 실제로는 "생산관계, 계급관계의 근본적인 변혁이나 유지"를 의미하며, "정확한 표현은 '국가권력의 변혁', '국가권력의 재생산'일 것이다"라고 말한다. 손호철, 「푸코의 권력론 읽기」, 『근대와 탈근대의 정치학』, 문화과학사, 2002, 96쪽.

이해하지 못하여 국가권력을 '장악'한 이후 오히려 국가주의로 빠져든 오류를 범했다. 이런 점에서 맑스주의에게 국가는 난제였던 셈인데, 그렇다고는 해도 맑스주의에서 국가 문제는 우회할 수 없는 문제로서 존재하며, 근본적으로 변혁시켜야 할 대상으로 남아 있다. 이런 점 때문에 주요 맑스주의 전통이 국가를 분쇄하고 파괴하려 한다면서 그런 변혁을 수행하기 위하여 국가 권력을 장악하려는 전략을 포기할 수 없는 딜레마에 빠졌는지 모른다. 이렇게 보면 '프롤레타리아 독재' 테제도 부르주아계급이 지배하는 생산관계와 사회적 분업에서 국가가 수행하는 기능과 역할을 지양하기 위한 정치적 사회적 조건을 만들기 위해 고안된 것으로 이해된다. 알다시피 이런 입장은 결국 혁명 이후 소련에서의 민주주의를 압살하는 효과를 가져왔으며, 이는 맑스주의가 국가 문제를 썩 잘 해결하지 못했음을 보여주는 사례일 것이다. 하지만 다른 한편에서 맑스주의는 자본주의 지배가 국가장치를 중심으로 재생산된다고 보았기 때문에 변혁을 위해 국가권력을 '장악'하려 했다고 할 수 있다.

문제의식의 분리와
전략적 차이

욕망 개념을 중시하는 전통과 이데올로기 개념을 중시하는 맑스주의 전통이 상대방의 문제에 관심을 기울이는 일은 드물다. 네그리와 하트의 경우 원래 맑스주의에서 출발한 연유인지 『제국』 곳곳에서 '이데올로기'라는 표현을 쓰고 있기는 하지만 그것을 '사회적 결정'의 문제로 중요하게 다루기보다는 단순히 부정적 현상을 가리키는 표현으로, 빈말에 가깝게 쓸 뿐이다. 이것은 이들이 이데올로기 개념을 폐기 처분한 푸코, 들뢰즈·가타리의 입장을 수용한 데서 이미 예상된 일이다. 알다시피 푸코는 이데올로기를 불필요한 개념으로 간주했고,[14] 들뢰즈와 가타리는 "이데

---

14) Madan Sarup, *An Introductory to Post-structuralism and Postmodernism* (New York: Harvester Wheatsheaf, 1988), pp. 85-86.

올로기는 있지도 않고 있어본 적도 없다"는 입장이다. 15) 하트와 네그리가 이데올로기를 부차적으로 여기는 것은 오늘의 주권형태인 제국에서는 오직 다중의 직접 행동과 이 행동을 추동하는 욕망의 힘이 중요할 뿐, 이 행동을 제한하는 이데올로기의 힘은 무시해도 좋다고, 즉 욕망이 이데올로기를 제압한다고 여긴 때문인 것 같다. 그들의 이런 이데올로기 무시 태도는 제국의 성립으로 국가는 더 이상 인민을 포섭하고 그들을 지배하기 위한 결정적 매개 역할을 하지 않는다는 판단에서 이미 예상된 것이다. 그들이 국가의 기능을 인정하지 않는다는 것은 '인민' 개념 대신 '다중' 개념을 선택한 데서도 드러난다. 그들에 따르면 '인민'은 일자(一者)에 의해 위로부터 포섭되어 이데올로기적 호출을 통한 주체화 과정을 거쳐 국민으로 일반화되어 구성되는 존재로 인식되기 때문에 내부에 차이가 있다 하더라도 일자로, 즉 국가로 수렴되는, 위계화될 수 있는 차이의 존재이다. 반면에 '다중'은 일원화, 획일화되지 않는 사람들, 즉 특이화 혹은 개체화 과정을 거친 사람들의 집단을 가리키며, 그 속에서 개인들은 상호 공통성보다는 차이에 의해 관계를 맺는 것으로 이해된다. 네그리와 하트는 이런 점에서 같은 자율주의 이론가인 파올로 비르노가 "현재 삶의 형태들은 '인민'이라는 개념의 해체와 '다중'이라는 개념의 새로워진 적합성을 보여준다"16) 고 하는 말에 선뜻 동의할 것이다.

자율주의자들이 제국의 주민으로서 욕망하는 다중을 중심으로 사고하는 것은 비맑스주의 전통에 크게 기대고 있기 때문이다. 여기서 비맑스 전통은 들뢰즈와 가타리, 푸코, 니체, 스피노자 등이다. 이들은 인간 역능에 대한 인정을 통해 사회적 실천을 구상한다는 점에서 기본적으로 긍정의 철학 전통을 수립한 사람들이고, 존재나 실재를 근거로 사고한다는 점에서 존재론의 기반 위에 선 사람들이다. 특히 하트와 네그리가 많이

---

15) 질 들뢰즈·펠릭스 가타리, 『천개의 고원: 자본주의와 분열증』, 김재인 옮김, 새물결, 2001, 14쪽.
16) 파올로 비르노, 「다중과 개체화의 원리」, 『문화과학』 29호, 2002년 봄, 140쪽.

의존하는 푸코, 들뢰즈/가타리에게서 사유, 인식의 문제는 대체로 존재의 문제로 치환되는 경향이 있다. 그들에게 과학, 지식 등은 의지, 정념, 혹은 정동(情動, affect)과 같은, 존재적 층위의 작용이라는 관점에서 이해된다. 인식론이 존재론에 의해 포섭되는 것이다. 이들이 욕망의 생성적 힘, 권력의 생산적 능력을 강조하고 이데올로기에 관심을 두지 않는 것도 같은 맥락에서 이해할 수 있다.

반면 맑스주의 전통에서 이데올로기 개념은 인식의 문제에 대한 천착에서 만들어진 결과이다. 라레인의 지적대로 "맑스는 이데올로기의 정념보다 그것의 인식적 측면들을 강조했고, 그것의 종말을 호소력의 상실이 아니라 그것을 발생시킨 모순들의 해소라는 견지에서 사고했다."17) 맑스주의에 이데올로기는 불평등한 생산관계에 의해 발생하는 사회적 모순들을 제대로 인식하지 못하게 하는 조건을 생각할 수 있게 하는 개념이다. 그것은 옳고 그름, 맞고 틀림의 구분을 중시하는 인식론적 문제틀을 안고 있으며, 이는 맑스주의 전통에서 이데올로기를 긍정적, 적극적 의미를 지닌 것으로 이해할 때에도 마찬가지로 보인다. 맑스주의 전통에서 이데올로기가 긍정적 의미를 가지는 것은 그것이 목표로 하는 사회나 이념, 혹은 태도와 연관될 때이다. 프롤레타리아 이데올로기가 한때 광신의 대상이 되기도 한 데서도 드러나듯 이때 이데올로기는 그 자체로 욕망 혹은 정념으로 작용하기도 한다. 하지만 이런 적극적 의미의 이데올로기가 작동할 경우에도 인식론적 범주로서의 과학 개념은 폐기되지 않는다. 부정적 의미의 이데올로기가 과학의 대당으로 사용된다면 긍정적 의미의 이데올로기는 이미 과학에 속한다고 여겨지는 것이 다를 뿐이다.

네그리와 하트에게 스며든 비맑스주의 전통이 이데올로기 개념을 외면한 만큼 맑스주의 전통도 욕망 문제를 외면하거나 무시했다. 이는 정념으로서의 이데올로기 개념을 지배적으로 수용할 때에도 마찬가지였다. 알

---

17) Larrain, op. cit., p. 224.

다시피 니체, 프로이트, 빌헬름 라이히 등 욕망의 이론가들은 예외없이 맑스주의 전통에서 거부당해 왔으며, 같은 맥락에서 1980년대 한국 운동권도 '금욕주의'가 강했다. 맑스주의에서 정념과 욕망이 바람직하다고 인정받는 것은 그것들이 과학의 위상을 부여받은 이데올로기에 의해 호출될 때에 한정된다. 맑스주의 전통에서 욕망은 늘 이데올로기에 비해 하위개념으로 치부되었던 셈이다. 이것은 계급적 이해 관계와 분리된 욕망하는 주체는 인정하지 않는 태도에서 비롯되었겠지만 동시에 맑스주의에 뿌리깊이 박혀 있는 '과학주의'의 영향일 것이다.

욕망과 이데올로기 개념 사이에는 이처럼 분리의 강이 흐르고 있다. 문제는 이 분리가 인간 해방을 위한 전략을 구상할 때 근본적 노선의 차이로까지 발전한다는 점이다. 이미 언급한 대로 이데올로기 개념은 이데올로기 비판 작업을 요청하며, 나아가서 국가의 문제를 건드리게 된다. 특히 부정적 의미의 '이데올로기'는 지배계급이 상식으로 당연시하는 사회적 삶에 대한 관점, 이론, 해석, 의미, 태도 등이 피지배계급에게 수용되었을 때 후자에게 불리하게 작용한다는 사실을 환기시킨다. 국가가 여기서 중요한 문제로 등장하는 것은 자본주의체제에서 국가는 총자본의 이해관계를 관리하고 국민으로 포섭한 인민들의 상식, 지식, 이념, 즉 이데올로기를 관장하기 때문이다. 아래서 풀란차스와 관련지어 언급하겠지만, 국가가 무조건 계급적 입장을 관철시키며 이데올로기를 주입하기만 하는 것은 아니다. 그것은 어떤 형태로건 대중 혹은 다중의 욕망을 충족시키는 역할도 수행해야 한다. 그래도 잊지 말아야 할 것은 국가가 이데올로기적 기능을 초과한다고 하여 이데올로기 개념과 무관한 것은 아니라는 사실이다. 이데올로기, 특히 부정적 의미의 이데올로기 개념을 생각할 경우 국가는 반드시 비판하고 극복해야 할 대상이다. 이데올로기 개념을 발전시킨 맑스주의가 혁명을 국가 전복이라는 관점에서 사고한 것도 이런 점 때문으로 보인다.

이데올로기 개념은 우리가 사회를 생각할 때 국가를 경유하여 사고하고 특히 다른 단계의 사회로 이행할 때 국가를 '타고 넘어설' 것을, 즉 국가를 경유하여 그것의 기능을 전환시킬 것을 요구한다. 여기서 '타고 넘어서는' 것은 '동일시'(identification) 및 '반동일시'(counter-identification)와 구분되는 '역동일시'(逆同一視, disidentification) 전략이다. '동일시'는 주체가 자신을 소환한 대(大)주체나 국가의 명령을 그대로 순종하는 경우이다. 이것은 모범생, 애국자와 같은 '좋은 주체'의 태도라고 할 수 있다. 반면에 '반동일시'는 말썽꾸러기, 문제아의 태도로서 국가의 명령을 절대로 자신의 것으로 받아들이지 않는 경우이다. 미셸 페쉬는 '**당신의** 사회과학', '**당신의** 성처녀 마리아' 등이 그런 경우라고 한다. 반면에 '역동일시'는 주체가 자신을 호출한 대주체에 순종하지도, 그렇다고 당장 거부하지도 않으면서 대주체의 명령을 수용하면서 그것의 의미, 의도, 효과 등을 무효화시키는 방식, 대주체가 국가일 경우 그것 속에서 그것의 작동 메커니즘을 바꿔내는 기능전환 전략을 가리킨다. 이를 위해서는 지배체제에 올라타는 일과 그것을 넘어서는 일이 동시에 필요하다. 18) 국가가 이데올로기적 지배의 가장 중요한 사회적 장치라면 이 지배를 벗어나는 역동일시 전략은 국가를 경유하지 않으면 안 된다.

반면 욕망이론에서 근본적 변화는 국가를 통하지 않고 오히려 국가로부터의 도주나 탈출, 탈주의 전략을 통해 이루어지는 것으로 간주된다. '탈주'는 지배기계에 개입해 들어가기보다는 거기서 벗어남으로써 그것이 더 이상 효력을 갖지 못하게 하는 방식이다. 이는 욕망이론이 기본적으로 변증법적 모순 혹은 응집보다는 분산현상을, 국가로의 수렴보다는 국가로부터의 탈주를 중시하는 결과일 것이다. 19) 네그리와 하트도 이행의 문

---

18) '동일시', '반동일시', '역동일시'에 대해서는 Michel Pêcheux, *Language, Semantics and Ideology* (New York: St. Martin's Press, 1982), p. 156 이하와 Diane Macdonell, *Theories of Discourse: An Introduction* (Oxford: Basil Blackwell, 1986), pp. 39-40, 그리고 졸고, 「언어와 변혁―변혁의 언어모델 비판과 주체의 '역동일시'」, 『문화론의 문제설정』, 문화과학사, 1996, 132-37쪽을 참조할 것.
19) 맑스와 푸코의 차이를 모순과 분산의 개념적 차이로 해석한 에티엔 발리바르, 「푸코와

제를 비슷한 방식으로 본다. 그들에 따르면 현단계의 이행은 맑스가 말한 자본하에서의 노동의 형식적 포섭에서 실질적 포섭으로의 이행과도 다르고, 프랑크푸르트학파가 말한 "전체주의적인 국가 형상 아래에서의, 즉 정말로 그릇된 계몽의 변증법 안에서의 문화(그리고 사회관계)의 포섭이라는 밀접하게 관련된 이행"과도 다르다. 맑스주의 전통에서 이행이 "과정의 일차원성에 초점을 맞추는 것"과는 근본적으로 달리 새로운 단계에서의 이행은 "복수성과 다원성의 역설"을 지닌다고 보기 때문이다. "실질적 포섭이 사회의 경제적 차원이나 문화적 차원뿐만 아니라 사회적 **생체** (bios) 자체에 스며드는 것으로 이해될 때, 그리고 실질적 포섭이 훈육성 그리고/혹은 통제의 양태들에 주의를 기울일 때, 실질적 포섭에 대한 분석은 자본주의적 발전의 직선적이며 전체주의적인 형상을 분쇄한다"는 것이 그들의 판단이다. 이 결과 근본적인 변화를 가져오는 이행은 국가를 경유하는 것이 아니다. 그들이 생각하는 이행의 상은 다음 표현에서 잘 드러난다. "저항들은 더 이상 주변적이지 않고 네트워크 속에서 열리는 사회의 중심에서 활동한다. 즉 개별적인 지점들은 천 개의 고원에서 특이화된다. 그러므로 푸코가 암묵적으로 구축한(그리고 들뢰즈와 가타리가 분명하게 만든) 것은, 사회생활의 모든 것을 통합하고 자신 안에 봉합하는(그래서 서로 다른 사회세력들을 효과적으로 매개할 수 있는 자신의 능력을 잃는) 바로 그때 새로운 맥락을, 즉 최대한의 복수성과 구속할 수 없는 특이화라는 새로운 환경—사건의 환경—을 드러내는 하나의 권력의 역설이다"(55).

여기서 드러나는 변혁의 전략은 힘들의 결집, 의지들이나 욕망들의 수렴이 아니다. 변혁의 힘은 일반의지를 만들어내는 데서 오는 것도 아니며, 따라서 현재 지배적 상태의 근본적 전환은 인민의 전면적 봉기에 의해 일어날 것으로 이해되지 않는다. 욕망이론에서 제출되는 저항이나 반

마르크스: 명목론이라는 쟁점」, 『이론』 3호, 1992년 겨울, 286-309쪽을 참고.

란은 그래서 도주, 탈출, 유목주의이다. "근대에서의 대항은 종종 직접적인 그리고 혹은 변증법적인 힘의 대립을 의미했던 반면, 탈근대에서의 대항은 애매하거나 삐딱한 자세에서 가장 효과적인 것은 당연하다. 제국에 대항하는 전투는 삭제(subtraction)와 태만(defection)을 통해서 승리할 수 있을 것이다. 이러한 도주는 어떤 장소를 갖지 않는다. 그것은 권력의 장소를 철거하는 것이다"(283-4). 권력의 장소를 철거한다는 것은 더 이상 국가권력을 장악하지 않겠다는 말이다. 하트와 네그리에게 국가는 외부를 지닌 중심, 혹은 자유로이 흐르는 욕망을 포획하는 장치이다. 그들은 국가 문제를 우회하며, 국가권력 장악이든 전복이든 변혁이든 지금까지 맑스주의 전통에서 생각해오던 국가를 경유한 혁명이라는 관념, 국가권력의 변혁과 해체, 기능전환이라는 전략, 즉 맑스주의가 채택해온 변혁 전략에 대한 불신을 드러내고 있다.

국가의
쇠퇴?

이데올로기의 문제설정과 욕망의 문제설정이 전략적으로 갈라서는 가장 큰 이유의 하나는 따라서 국가를 보는 관점 때문으로 보인다. 네그리와 하트에 따르면 "국민국가의 쇠퇴는 구조적이고 불가역적인 과정이다. 국민은 문화적 형성체, 소속감, 공동 유산이었을 뿐만 아니라 또한 주로 사법적-경제적 구조였다. 이러한 구조가 지닌 효과가 쇠퇴한다는 것은 확실히 관세무역일반협정(GATT)과 세계무역기구(WTO), 세계은행, 그리고 국제통화기금(IMF)과 같은 완전하게 전지구적인 사법적-경제적 기구들의 진화를 통해 추적할 수 있다. 이러한 초국적인 사법적 토대에 의해 지탱되는 생산과 유통의 전지구화는 일국적인 사법 구조들이 지닌 효과를 넘어선다"(434). 이런 이유 때문에 그들은 국가장치를 장악하여 그것을 분쇄하는 전략은 불필요하다고 본다.

그러나 과연 오늘은 제국의 시대이며 현단계 정치적 주권 형태로서 국가는 아무런 위력이 없는 것인가? 제국론은 '국가 쇠퇴' 테제를 통해 국가권력의 변혁이라는 노선의 폐기를 주장한다. 과연 하트와 네그리의 주장처럼 국가의 역할은 끝난 것일까? 국내의 제국론자인 조정환은 "제국적 주권의 구축이 국가의 사멸을 가져오는가? 그렇지는 않다"고 한다. 그에 따르면 "민족국가는 제국적 통치망 속에서도 의연히 살아서 그 나름의 역할을 담당한다. 무엇보다도 UN은 민족국가들의 연합체(United Nations)로서의 성격을 갖고 있다. IMF와 WB와 같은 금융기관들은 민족국가에 기초하고 있지는 않지만 위기를 통해 민족국가들을 지도하고 민족국가들로 하여금 자신들의 필요들을 국민들에게 관철시키도록 지도한다. WTO, MAI 등과 같은 무역과 투자를 위한 국제적 기관 혹은 협정들도 민족국가들로부터는 초월해 있지만 각각의 민족국가들의 이해관계들을 긴밀히 반영한다. NATO와 같은 군사동맹들, NAFTA, EU, APEC과 같은 지역적 경제연합체들도 민족국가를 전제로 하여, 그리고 민족국가를 통해서 작동한다."[20] 문제는 이들 국가의 위상과 역할이다. 조정환에 따르면 "민족국가들의 위상과 역할은 바뀐다. 그것은 더 이상 외부와 대결하고 외부를 자신 속으로 흡수함으로써 내적 통합을 이루는 중심적 주권자의 역할을 수행하지는 않는다. 그것은 초월적 기계체제인 제국의 마디들로 재배치되어 지구적 자본축적의 정치적 고리들로 작동한다".[21] 그렇다면 핵심적 질문은 "민족국가들의 위상과 역할"이 구체적으로 어떻게 바뀌는가라는 것이겠다.

내가 보기엔 제국론자들이 이 질문에 충분한 답변을 내놓는 것 같지는 않다. 만약 민족국가가 "초월적 기계체제인 제국의 마디들로 재배치"된다면 이 새로운 배치 속의 국가가 어떤 기능과 위상을 갖게 되는지 설명이 필요하겠는데, 제국론에서 '국가'에 관한 설명을 찾기란 쉽지 않다. 반대로 더 자주 들을 수 있는 것은 "국민 주권이라는 개념이 효율성을 잃어가

---

20) 조정환, 『지구제국』, 갈무리, 2002, 63-64쪽.
21) 같은 책, 35쪽.

고 있는 만큼 마찬가지로 정치적인 것의 자율성도 효율성을 잃어가고 있
다…합의는 더욱 중요하게는 무역수지의 균형과 통화 가치에 대한 투기
와 같은 경제적 요인들에 의해 결정된다. 이러한 움직임들에 대한 통제는
주권을 쥐고 있는 것으로 전통적으로 인식되는 정치세력의 손에 있는 것
이 아니다…정부와 정치는 초국적 명령[지배] 체제 속으로 완전히 통합
되게 된다. 통제는 일련의 국제 기구 및 기능을 통해 연결된다"(401-2) 와
같은 말, "국민국가의 쇠퇴와 국제질서의 해체는 '제3세계'라는 용어의 효
과를 결정적으로 없앤다"(431) 는 것과 같은 주장이다. "국민국가들 사이
의 혹은 심지어 국민국가들의 중심과 주변, 북과 남 사이의 지리적 구분
은 더 이상 생산, 축적 그리고 사회적 형태들의 전지구적 분할과 배분을
파악하는 데 충분하지 않다. 생산의 탈중심화와 함께 세계시장의 공고화
를 통해 노동과 자본의 국제적 분업과 흐름은 깨지고 다양화하여서, 거대
한 지리적 지대들을 중심과 주변, 북과 남으로 더 이상 구분할 수 없
다"(433) 는 것이다. 하트와 네그리가 제3세계 개념을 폐기하려는 것은 여
러 가지 이유 가운데서도 "제한된 국지적 자율성을 목적으로 하는 프로젝
트로는 제국에 저항하지 못한다"고 보기 때문이다.[22] 이런 관점은 한편
으로는 제국의 시대에는 국민국가가 이미 해체되고 있다는 판단에 근거
한다. "민족국가는 제국적 통치망 속에서도 의연히 살아남아서 그 나름의
역할을 한다"는 말이 공허하게 들리는 것은 이 때문이다. 더구나 여기에
는 제3세계에 속하는 국민국가는 제국의 저항할 수 있는 근거가 되지 못
한다는 주장까지 담겨 있다. 이렇게 되면 1980년대 국내에서 벌어진 사회
구성체논쟁에서 제기된 신식민지론은 번지수를 잘못 찾은 꼴이 된다.

　제국론은 신빙성이 있는 것일까? 지난 수십 년 사이에 일어난 신자유
주의 세계화 과정에서 경제적·문화적 교환들이 국가의 경계를 손쉽게
뛰어넘는 초국주의(超國主義, transnationalism) 현상이 늘어난 것은 사실

---

22) 정성진, 「자본주의와 반자본주의 운동의 전망」, 『진보평론』 9호, 2001년 가을, 232쪽
에서 재인용.

이다. 현실사회주의의 붕괴와 함께 국내 진보진영이 와해되고, 90년대에 들어와서 특히 1997년의 외환위기로 국내 경제 및 사회정책의 이니셔티브가 국제통화기금(IMF)의 수중에 들어가면서 노골적인 신자유주의 세계화 흐름 속으로 빨려 들어간 한국에서도 민영화를 위한 공적 영역의 축소와 시장확대에 따른 국가영역의 축소가 일관되게 등장하고 있다. 그러나 그렇다고 국가의 기능과 역할이 소멸하는 것은 아니다. 여기서 현재 존재하는 국가가 제국론의 주장처럼 "제국의 마디"인지, 아니면 제국주의론의 주장처럼 중심적 주권 형태인지 판정하려는 생각은 없다. 하지만 설령 제국이 구성되어 있는 것이 사실이라 하더라도 세계 도처에서 국가가 작동하고 있다는 것은 엄연한 사실이다. 세계화 국면에서 국민국가들은 한편으로는 자본에 대한 통제를 약화해가지만 다른 한편으로는 인구에 대한 통제를 강화하고 있다. 지금 국가는 강력해진 자본의 자유를 보장하기 위한 기능을 강화하고 있으며, 이런 경향은 네그리와 하트도 주목하는 '경찰권'의 강화로도 나타나고 있다. 사실 사회 지배의 핵심적 장치로서 국가는 사라지기는커녕 여전히 강력하게 작동하고 있다. 신자유주의 세계화 과정에서 진행되고 있는 수많은 투자협정이나 자유무역협정들, 그리고 이들 신자유주의적 협정들을 추동하는 WTO나 IMF 등이 초국적 기능을 강화하고 있는 것도 사실이지만 이런 국제 기구들이나 제도들은 엄연히 국민국가 내부의 계급적 세력관계에 의해 영향을 받는다. 개별 국가들간의 경쟁도 여전히 치열하고, 국가는 대중과 인민을 국민으로서 통치하는 기능을 포기하지 않고 있다. 신자유주의 세계화에 합류하는 과정에서 WTO, OECD에 가입한 한국이 미국, 일본, 칠레 등과 투자협정을, 나아가서 중국 및 일본과 자유무역협정을 추진하기 위해 하고 있는 작업을 보더라도 그렇다. 투자협정, 자유무역협정은 자본의 초국적 흐름을 보장하는 것임에 틀림없다. 하지만 동시에 이를 위해서 국가는 세계화 흐름에 저항하는 운동세력을 저지하기 위해 억압적, 이데올로기적 국가장치들은 물론이고 자신이 활용할 수 있는 모든 수단들을 동원한다. 자신의 내부를 장악하지 못하는 국가는 결코 '제국의 마디'로서 요청되는 초국적 기능을 수행할 수 없기 때문일 것이다. 즉 국가는 한편으로는 자국의 시장과 인민을 자본주의적 세계체제 전체 속에 편입시키기 위한 노력을 기울이면서, 다른 한편으로 바로 그 과정에서 막강한 힘을 행사하고 있는 것이다. 이는 국가의 기능과 위상이 여전히 굳건하다는 것을 말해준다. 사실 국가의 쇠퇴나 소멸은 생산관계와 사회적 분업을 통괄하는 국가 기능이 사라지지 않는 한 있을 수 없는 일일 것이다. 이런 점을 생각할 때 국가의 실존, 국가의 경찰력 강화와 인구 통제 기능을 외면하는 것은 진보이론으로서는 무책임한 일이며, 지배세력에 투항하는 것과 다를 바가 없어 보인다.

욕망의 흐름과 분출에 의해 국가로부터의 도주가 가능하다고 보는 것도 섣부른 판단이다. 우선 욕망의 전선이 과연 이데올로기에 포섭되지 않고 해방의 효과를 만들어내고 있는가에 대한 문제제기가 가능하다. 하트와 네그리는 '지금 여기의 코뮌'의 개념으로 이데올로기 지배에 의해 포섭되지 않는 욕망의 탈주가 당장 가능한 듯 주장한다. 그렇다면 바람직하다고 할 수 있겠으나 그런 주장을 들으면 당장 묻고 싶은 게 있다. 그러한 코뮌은 도대체 어디에 있는가? 제국에 중심이 없다고 하니 도처에 있을 수 있다고 할 것 같다. 가타리가 실험한 라 보르드 병원, 네그리 등의 아우토노미아 운동, 그리고 최근의 사빠티스타 저항 등이 예로 떠오를 법하다. 하지만 중요성에도 불구하고 이 코뮌들은 여전히 취약하며, 자본주의체제의 속박과 강제로부터 결코 자유롭지 못하다. 단적인 예로 사빠티스타가 이룬 성취를 들 수 있다. 그들이 오랜 투쟁 끝에 얻은 것이 무엇인가? 정부로부터 자치권을 얻기 위해 부사령관 마르코스가 의회에서 연설한 것 정도가 아닌가? 설령 사빠티스타가 자신들이 원하는 것을 쟁취했다고 해도 그들이 멕시코 국가로부터의 도주를 통해 국가를 없앤 것은 결코 아니다. 이런 점에서 욕망의 정치를 통해 도주와 탈주의 선을 따라감으로써 전적으로 새로운 해방의 공간을 만들 수 있다는 말에 쉽게 공감이

가지 않는다. 국가가 전략적 거점의 위상에서 밀려났다는 것도 섣부른 판단으로 들린다. 그리고 국가가 사라진 것이 아니라면, 국가를 경유하지 않는 이행 전략은 허황하다. 국가가 여전히 근본적인 주권 형태로서 작동을 하고 있는 한 이데올로기의 문제도 여전히 중요한 위상을 지니지 않을수 없다. 욕망의 전선이 등장했다고 해서 이데올로기 전선이 후퇴하지 않는다는 것은 오늘 한국에서 금욕적 태도를 거부하는 신세대의 욕망이 혁명이나 전복의 양상보다는 오히려 이데올로기적으로 수렴되고 있는 데서 그대로 드러난다. 23)

욕망의 정치와
이데올로기 비판의 절합

지금까지 욕망의 문제설정에 따른 제국론과 그것의 국가 쇠퇴 주장을 비판적으로 살펴본 셈이지만, 오해를 막자면 제국론 비판이 곧 이데올로기 중심의 문제설정에 대한 일방적 지지로 이어지는 것은 아니다. 욕망 개념을 지지하면서 이데올로기 문제를 외면하는 것만큼이나 이데올로기 개념만을 고수하며 욕망을 외면하는 것은 문제가 있다. 비맑스주의에 빠져들어 맑스주의를 폐기하는 것이 섣부른 선택이듯이 비맑스주의의 항의를 무시하고 전통적 맑스주의 노선을 고수하는 것 역시 능사는 아니다. 이제 우리는 비맑스주의와 맑스주의를 양자택일의 관계가 아닌 상호 보완 혹은 절합의 관계로 볼 필요가 있다. 욕망의 힘에 바탕을 두고 지배와 명령으로부터 도주하는 전략과 이데올로기 비판을 포함한 국가 변혁 노선 사이에는 연대나 결연, 절합의 가능성이 없는가?

국가 문제를 다시 생각해보자. 여기서 풀란차스가 알튀세르의 이데올로기 개념을 비판하며, 국가는 이데올로기 국가장치로 한정되는 것은 아니라고 한 점을 상기하고 싶다. "현재의 국가 기능의 물질성 안에서 억압

---

23) 이 책에 함께 실린 졸고, 「문화와 재생산, 그리고 국가주의」, 127-58쪽 참고.

과 이데올로기적 주입이 현존한다는 것은 말할 나위도 없다. 그러나 말장난을 하지 않는다면, 억압과 이데올로기적 주입이라는 양식만으로는 국가의 경제적 활동을 이해할 수 없다."[24] 국가를 억압적 국가장치와 이데올로기적 국가장치로 양분하여 생각한 알튀세르와는 달리 풀란차스는 국가가 생산관계와 사회적 분업의 구성에 개입하기 위해 "대중의 동의의 물질적 기반을 창출함으로써 활동"한다고 보고, 이 기반은 억압과 이데올로기를 넘어서는 것으로 본다(39). "국가는 이데올로기를 뛰어넘는, 그러나 자연히 이데올로기와 밀접히 관련되어 있는 지식과 지식의 기술을 생산한다"(41).

　욕망의 정치와 관련지어 생각해보면 국가가 억압과 이데올로기를 넘어선다는 이 말은 풍부한 함의를 지니는 듯싶다. 무엇보다도 그것은 네그리와 하트가 수용하고 있는 푸코의 '생체정치' 개념을 새로운 방식으로 이해할 수 있게 해준다. 알다시피 푸코가 생체정치 개념을 사용한 것은 권력이 파괴적이라기보다는 생산적이라고 이해한 결과이다. 그는 권력이란 결코 맑스주의의 국가주의적 해석에 따른 국가에 수렴되지 않고 국가를 벗어난 수많은 사회적 장치들에서 행사된다고 보았다. 이렇게 이해된 권력 개념은 앞서 언급한 하트와 네그리의 생체정치 해석에서 보듯이 욕망의 개념과 쉽게 연결된다. 권력의 생산성은 그것이 욕망의 작용과 밀접하게 관련이 있다는 것을 말해주고, 이것은 권력이 국가의 틀에서 벗어날 수 있다는 것을 말해준다. 그러나 풀란차스의 다음 말을 들을 필요가 있다. "푸코는 이데올로기를 관념에만 위치짓고, 실천이나 기술의 문제에서는 이데올로기를 포함하지 않음으로써, 스스로 이데올로기적 주입과 정상화를 명확하게 구분하고 있다. 그러나 실재에 있어서, 지배적 이데올로기의 기본적 형태는 이미 국가의 실천에 물질화되어 있으며, 따라서 정상화는 지배적 이데올로기의 기본적 형태가 개입하는 과정이다"(85). 풀

---

24) 니코스 풀란차스, 『국가, 권력, 사회주의』, 박병영 옮김, 백의, 1994, 38쪽. 이하 이 책에서의 인용은 본문의 괄호 속에 표시한다.

란차스는 푸코가 권력의 메커니즘에 대한 유물론적 분석을 제공하고 있지만 그 분석을 받아들이려면 권력, 특히 근대 권력의 제도적 특수성이 '경제적인 것'에 근거를 두고 있다는 점을 덧붙여 인정해야 한다고 본다. 그가 볼 때 푸코, 그리고 그의 권력 분석을 수용한 들뢰즈와 가타리 등의 가장 큰 문제는 경제가 제도의 물질적 기초라는 점을 부정한다는 것이다. 그러나 경제의 '결정'을 인식한다면 결코 생산관계와 사회적 분업, 그리고 국가의 관계를 외면할 수 없다. 풀란차스는 그래서 푸코의 권력 분석을 수용하려면 추가로 "국가와 생산관계 및 사회적 분업 사이의 관계와 그 관계의 모든 복합성을 공간적-시간적 모태라는 본질적인 측면으로부터 파악해야 한다"고 말한다(88).

풀란차스의 국가론, 혹은 권력이론은 욕망의 작용을 인정하면서 그것을 국가라는 전략적 거점과의 관계 속에서 사고하게 하는 관점을 제공하고, 이런 점 때문에 이데올로기 개념과 욕망 개념의 관계를 생각할 수 있게 해준다. 풀란차스가 자신의 사회주의 구상에서 민주적 사회주의로의 이행은 사회주의로의 민주적 길을 요구한다는 입장을 제출하는 것은 이런 관점과 무관하지 않을 것 같다. 풀란차스는 부르주아의 대의제 민주주의를 형식적 민주주의로 규정하고 이 "형식적 민주주의를 실질적 민주주의로, 대의제 민주주의를 이른바 평의회주의(당시, 자주관리라는 표현은 아직 사용되지 않았다) 적인 직접민주주의만으로 근저적으로 대체하는 노선"(327) 을 제시한 레닌의 국가론이 "중앙집권적-국가주의적 레닌"을 만들어낸 기본 원인이라고 주장한다. 풀란차스가 형식적 민주주의를 실질적 민주주의로 대체하려 한 레닌을 비난하는 것은 그의 노선이 "보통선거, 무제한적인 출판·결사의 자유, 다양한 의견 사이의 자유로운 논전"을 제거하여 관료제의 승리를 초래했다고 생각하기 때문이다(328). 풀란차스는 레닌의 국가 분쇄 이론에는 "국가 내부에서의 인민대중의 개입 가능성에 대한 영원한 회의적 태도"가 담겨 있다고 본다(330). 그 결과는 "위로부터 통제-점유되는" 의미의 "프롤레타리아 국가", 즉 스탈린주의적 국가주의, "위로부터 인민대중에 대해 사회주의를 가져다주는" "전문가의 기술관료주의적 국가주의"이다(330-1). 부르주아의 형식적인 대의적 민주주의 대신 실질적인 직접 민주주의를 만들어낸다는 구실로 "국가주의적 전제 또는 전문가에 의한 독재"를 출현시킨 것이다. 풀란차스는 이 문제를 풀기 위한 방안으로 "대의제 민주주의의 제도 및 자유(이것 역시 인민대중이 획득한 성과이다)의 확대·심화와 직접 기층민주주의의 확장 및 자주관리적 거점의 분산·확대를 접합하는 방식으로, 국가를 근저적으로 변혁"(331)할 것을 주장하며 "이것이 바로 민주적 사회주의의 근본 문제이다"(332)라고 한다.

풀란차스가 이런 관점을 제시한 것은 1968년 이후 불타오른 새로운 사회 건설의 희망이 사라지기 시작하는 시점이었다. 이미 말한 대로 1980년대 이후 적어도 한동안 사회주의 혁명은 염원으로도 가능성으로도 받아들여지지 않았다. 그러나 21세기를 맞은 지금 새로운 사회를 기획해야 할 필요성은 여전히 그리고 새롭게 제기되고 있다. 이때 우리는 국가를 어떻게 이해해야 할 것인가? 풀란차스의 방향 설정이 나름대로 타당성을 가진 것 같다. 그는 국가장치의 분쇄 또는 파괴 테제를 지지하지 않는다. 그것은 한편으로 이 테제가 형식적 민주주의 혹은 대의제 민주주의의 근절을 의미하기 때문이다. 그는 대의제 민주주의가 민주적 사회주의를 위한 본질적 조건이라고 본다. "사회주의로의 민주적 길 및 민주적 사회주의가 정치적 다원주의(복수정당제) 및 이데올로기적 다원주의, 보통선거의 역할에 대한 승인, 모든 정치적 자유(반대파의 정치적 자유를 포함)의 확대·심화 등을 의미"(338-9)하기 때문이다. 아울러 그는 "국가의 사멸로 향하는 국가장치의 변혁이라는 맑스주의의 목표는 국가에서 인민대중의 개입의 증대에 의거할 수밖에 없다"(339)고 본다. 풀란차스에게 이 증대 과정은 네그리와 하트가 말하는 '지금 여기의 코뮌'과는 달리 단계적이다. 이런 말을 한다고 그가 혁명적 접근을 무시하고, 국가권력의 변혁을 거부한다고 볼 필요는 없다. 그가 강조하는 것은 국가란 탈취되는 사물-도구가 아니라 정치권력 행사의 중심이라는 사실이다. "사회주의로의 민주적 길에 있어서 권력장악의 장기간에 걸친 과정은, 기본적으로 국가 조직망에서 대중이 항상 가지는 분산적인 저항의 중심이 국가라는 전략적 지형에서 실질적 권력의 현실적 중심이 되는 형태로 새로운 저항의 중심을 창출·발전시키고, 보급·발전·강화·지도하는 과정이다. 따라서 정면으로부터의 기동전과 진지전 사이의 단순한 양자택일이 문제인 것은 아니다"(334).

풀란차스의 마지막 말을, "국가 전복 혹은 국가권력 변혁을 위한 이데올로기 비판과 욕망의 흐름에 따른 국가로부터의 도주 사이의 단순한 양자택일이 문제인 것은 아니다"로 바꾸고 싶다. 이데올로기 문제를 폐기하고 욕망으로만 치닫거나 욕망을 무시하고 이데올로기 문제에만 천착하는 것이 능사인 것만은 아니다. '지금 여기의 코뮌'만을 고집하고 "국가라는 전략적 지형"을 놓칠 경우 현존하는 생산관계와 사회적 분업을 그대로 방치하는 꼴이 될 것이고, 욕망의 흐름을 외면한 이데올로기 비판만 할 경우 국가로의 수렴만을 문제로 보는 나머지 새로운 생성의 힘을 제기하는 기회를 상실할 것이다. 문제는 국가의 지배를 외면하지 않은 채 코뮌을 건설하는 것이다.

욕망의 정치학을 구상한 네그리와 하트의 정치적 이론적 동지라 할 파올로 비르노에 따르면, 희망은 '사회적 개체들'의 총체로서의 다중에게 있다. 여기서 말하는 '사회적 개체'는 '일반적 지성'을 말한 바 있는 맑스의 개념이다. 비르노는 일반적 지성을 시몽동, 뷔고츠키 등의 해석에 따라서 '선-개체적' 능력으로 이해한다.[25] 이에 따라서 그는 오늘날 다중은 이런 선-개체적 전제들을 자신의 기본 능력으로 가지고 있는 개체들이면서 동시에 각기 고유한 개체화 혹은 특이화의 길을 걸어 다른 개체들과는 결코 동일할 수 없는, 따라서 일자(一者)나 일반의지, 혹은 인민의 개념

---

25) 파올로 비르노, 「다중과 개체화의 원리」 참조. 이후 이 글에 대한 언급이나 이 글에서의 인용은 본문의 괄호 속에 표기한다.

에 의해서 포괄되지 않는 개체화된 개체들의 총체로 이해한다. 여기서 주목하고 싶은 대목은 비르노가 맑스의 '사회적 개체' 개념을 시몽동, 비고츠키 등의 해석에 따라 재해석하면서, "자연, 공공영역의 기능 그리고 집합적 행위의 기능들을 근본적으로 재정의"하는 방식이다. 그에 따르면 "이러한 재정의는 자명하게도 '인민'과 국가의 주권에 근거하고 있는 윤리-정치적인 규범들을 축출한다"(153). 하지만 비르노에게는 국가를 달리 이해하게 해주는 부분도 있다. 그는 "특이성은 집단적 작용 안에서, 그리고 목소리의 복수성 안에서, 간단히 말해 공공영역 안에서 퇴행하기는커녕, 정련되어 자신의 정점에 도달"한다고 본다(153-4). 특이성이 공공영역에서 더욱 발달하는 것은 사회적 개체들, 혹은 주체들이 선-개체적인 실재를, 다시 말해 "감각적 지각"이나 운동성, 환경이나 의사소통 능력과 같은 "공동체의 역사적이고 자연적인 언어", 그리고 지배적 생산관계 등 인간으로서의 자산 혹은 능력을 보유해야 하기 때문이다(144-6). 같은 맥락에서 그는 "일반적 지성의 개념은 '다수'들의 생성과 작용을 위한 보편적인(또는 선-개체적인) 전제를, 따라서 공통된 구획을 이루는 것이다. '사회적 개체'라는 표현의 사회적인 측면은 분명 일반적 지성"이라고 한다(150-1). 여기서 일반적 지성이나 선-개체적인 것은 유적 존재로서 인간이 성취한 능력 혹은 성과이다. 특이한 존재로서 개체들은 이런 선-개체적인 것들을 자기 존재의 전제로서 가지는 존재들로 이해된다. 비르노는 다수가 자신의 선행조건으로서 이런 보편적인 것을 가질 때에는 다수 각각은 국가를 구성하는 인위적인 보편성을 필요로 하지 않는다는 입장이다(150). 국가를 필요로 하지 않는 이 '다수'는 네그리와 하트가 말한 프롤레타리아, 즉 자신의 두뇌 안에 역사적 선-개체적 조건으로서의 생산수단을 보유하고 있는 다중을 연상시킨다. 하지만 이런 능력을 보유한 사람들이 없다고 할 수는 없어도 그 수는 극히 제한되어 있다. 게다가 갈수록 비정규직 등 다중의 형상에 맞지 않는 노동형태를 해야 하는 사람들의 수가 늘어나고 있는 현실을 어떻게 해야 하나? 일반적 지성을 다른 방식으로 이해해야 하지 않을까?

여기서 공공영역의 중요성이 강조될 수 있다. 비르노가 말하는 선-개체적인 층위에 속하는 것이지만 비르노나 네그리 및 하트와는 다른 방식으로 이해하고 싶은 것이 이 공공영역이다. 공공영역을 선-개체적인 것으로 이해할 필요는 분명히 있다. 공공영역은 역사적이고 사회적인 존재로서의 인간이 구축한 인간적 삶의 가능성의 영역이며, 이 영역을 바탕으로 개인들은 개체화의 꿈을 달성할 수가 있다. 그런데 나는 비르노와는 달리 이 영역이 비르노 식으로 이해한 사회적 개체들, 특히 "개체화된 개체들"로서의 개체들에게만 체현될 수는 없다고 생각한다. 왜냐하면 그런 개체들은 너무나 한정되어 있어서 공공성의 개념과는 어긋나는 특권의 형태로 구현될 수 있을 것이기 때문이다. 공공영역은 소수, 특권자를 위해서 존재하는 것이 아니라 대중과 인민을 위해서 존재해야 한다. 다중을 배제하자는 것은 아니지만 다중에게만 배타적으로 있는 것으로 간주할 수는 없다. 나아가서 공공영역은 개체들에게 건너뛰기 식으로, 혹은 임의적으로 나타나서는 안 되는, 안정된 재생산이 필요한 공간이다.

국가를 폐절할 수 없는 것은 바로 이런 이유 때문이다. 국가는 한편으로는 생산관계와 사회적 분업 혹은 불평등의 총괄적 관리를 맞고 있다는 점에서 극복되어야 한다. 하지만 공공성을 확대하고 인류 공통의 자산으로서의 사회적인 것을 유지하고 사회적 삶의 조건을 더욱 확대하는 것이 필요하다면 그것을 지키는 것도 필요하다. 국가는 물론 공공영역 자체인 것은 아니지만 그것이 배제된 공공영역 구축은 상상하기 어렵다. 이런 점에서 풀란차스가 말한 민주적 사회주의 건설을 위한 사회주의로의 민주적 길이라는 전략과 원칙을 포기할 수 없다고 생각한다. 하지만 동시에 바로 이 과정에서 '다중의 힘'과 '욕망의 정치'가 소중해 보인다. 다중의 힘이 국가를 벗어나지 않고 관통하도록 하되 국가가 더 이상 지금처럼 작동하지 못하게 하는 것은 욕망의 정치를 이데올로기 비판과 그에 따른 역동일시 전략과 절합할 수 있을 때 가능하다는 생각인 것이다. 이것이 푸코와 들뢰즈/가타리, 나아가서 네그리, 비르노 등을 포함한 이탈리아 자율주의 운동의 흐름이 제기한 문제의식을 양자택일이 아닌 상생적 방식으로 수용하는 길이 아닐까 싶다. 내가 볼 때 욕망의 정치학은 무조건 추종해서도 그렇다고 거부해서도 안될 전략이다. '이행 없는 코뮌주의'는 국가를 벗어남으로써 허황한 약속을 하는 듯하지만 거기에는 사람들을 인민으로 국민으로 소환하는 국가의 권력 행사에 대한, 그리고 이 권력의 비민주적, 독재적 성격에 대한 강력한 저항의 의미가 담겨 있다. 또 동시에 이런 태도를 수용하기 위해서라도 이데올로기 문제를 놓칠 수 없다. 지금 여기의 코뮌을 구성하려는 사람들의 주장과는 달리 국가는 여전히 강력한 힘을, 주권을 가지고 있다. 이 주권이 사라진 것으로 생각하는 순간 우리는 이데올로기의 지배 속에 놓이게 된다. 이데올로기적 주체 구성을 통해 자본주의 국가가 부르주아 중심의 권력관계, 생산관계, 그리고 사회적 분업을 관장하고 있다는 사실을 외면함으로써 이데올로기 문제가 우리의 비판과 성찰의 시야에서 사라지면 남는 것은 지배뿐일 것이다.

　이데올로기 비판의 필요성이 남듯이 국가도 쉽게 사라지지 않는다. 하지만 욕망의 정치가 필요하다는 말은 국가의 성격이 바뀌어야 한다는 말이기도 하다. 국가를 공공영역으로 전환시켜야 한다는 테제는 국가가 권력의 전략적 거점으로서 정치의 장이며, 국가가 지배장치가 아닌 해방의 장치로 바뀌려면 "물질적 필요에 대한 요구와 자유로운 정치적 행위의 표현이 교차하는 역동적인 장"이라는 관점에 들어 있다. 심광현에 따르면 바로 "여기서 공공영역과 공공성의 중요성이 대두된다. 즉 국가장치와 생산현장은 단순히 물질적 부를 생산하고 소유 관계를 통제하는 도구적 장치"가 아니다. 그것은 "자유로운 개인들이 자유로운 표현을 통해 공동의 세계를 구성해가는…정치적 '행위'의 장으로서 새롭게 변화해야 한다."[26)]

---

26) 심광현, 「변혁과 탈주의 이분법을 넘어서」, 『문화과학』25호, 2001년 봄, 38쪽. 심광현의 글은 내가 강조하는 '절합'의 문제를 풀란차스가 강조한 대의제 민주주의와 직접 민주주의의 '절합'의 문제로서, 그리고 공공영역을 그런 절합의 장으로서 더 자세하게 고찰하고 있다.

국가장치가 더 이상 지배의 장치가 되지 않고 해방의 장치, 욕망 실현의 장으로 바뀌려면, 그리하여 개인들 특이한 개체로 발전할 수 있으려면 공공영역을 만들어내야 하는 것이다.

글을 맺으며

이제 한국사회의 구체적 현실로 돌아와 보자. 한국의 2002년은 지방자치 선거와 대통령 선거가 실시되는 보통선거의 해이다. 진보진영은 여기에 어떻게 대응해야 할 것인가? 네그리와 하트의 전략대로라면 계급 및 다른 사회적 관계들로 구성된 국가권력에 대한 변혁의 관점이 결여되어 있기 때문에 그것이 어떻게 재생산되든 별로 중요하지 않을 것 같다. 하지만 이런 태도는 무대책이 아닐 수 없다. 진보진영에게도 국가권력에 개입할 전략이 필요하다. 하지만 부르주아 정치판의 여야가 새로운 정치 풍토를 형성하여 국민경선제가 실시되고 있는 지금 진보진영은 국가권력을 변혁할 힘은 고사하고 대통령 후보를 낼 역량조차 없어 보이는 현실이다. 무엇을 어떻게 해야 할 것인가? 원론적 답변은 간단하다. 국가권력을 근본적으로 바꿀 힘, 혁명의 힘을 기르는 것이다. 하지만 사실 이런 입장은 원론적인 것만큼이나 안이한 것일 수 있다. 나는 오히려 더 어려운 길을 택하여 국가에 개입하고, 경영할 수 있는 실질적 능력을 길러야 한다고 말하고 싶다. 국가정책에 개입하고, 생산관계를 새롭게 정의하고 계급, 성차, 성애, 세대, 인종, 지역 등의 차별선에 따라 이루어지는 사회적 분업을 전환시킬 실질적 방안을 찾아야 한다. 이 작업이 국가 내부의 세력 관계를 실질적으로 변화시키고 현재의 부르주아 지배체제를 근본적으로 단절하는 방향으로 이루어져야 하는 것은 물론 원칙이다. 그러나 풀란차스의 충고에 귀를 기울인다면 그 방향이 국가의 분쇄나 파괴일 수는 없다. 물론 국가를 지금처럼 보존하자는 것은 아니다. 대신 위에서 말한 공공영역을 만들어야 한다. 그 위에서 사회적 개체들의 개체화, 특이화가 이루어질 수 있도록 말이다.

　진보세력이 국가권력을 '장악', 아니 변혁하고자 한다면 이데올로기 비판과 욕망의 정치를 동시에 충족하는 강령과 기획과 능력을 발휘할 수 있는 형태로 조직을 할 수 있는 정당을 구성할 수 있어야 할 것이다. 그렇다면 제세력간의 연대 방식은 복잡해질 수밖에 없다. 오늘 우리 사회에는 생산관계 이외에도 성차와 성애를 둘러싼 입장 차이, 환경보존을 둘러싼 차이, 민족 혹은 인종을 중심으로 한 입장 차이 등 다양한 권력관계들이 존재한다. 이들 권력관계들을 서로 연결하고 아울러 욕망들의 자유로운 흐름을 최대한 보장할 수 없는 정치적 조직은 어떤 진보정당이라도 현실정치에서 미미한 힘밖에 못 쓰는 소수정당일 수밖에 없거나 아니면 아예 정당 구성조차 못할 것이다. 진보세력이 힘을 가지려면 이데올로기 비판과 욕망의 실현이 동시에 가능한 국가를 구성할 수 있는 능력을 가져야 한다. 이데올로기 비판의식, 즉 국가를 경유하는 변혁노선은 포기할 수 없다. 하지만 단서가 있다. 이 노선이 성공하려면 욕망의 정치를 내장하지 않으면 안될 것이다.

07

문화연구의 정치학[*]

글을
시작하며

'문화연구의 정치학'에는 두 가지 다른 뜻이 있겠다고 본다. 문화연구를 정치적 분석의 대상으로 삼느냐, 아니면 정치적 실천의 주체로 설정하느냐에 따라서 의미가 달라질 것이기 때문이다. '문화연구의 정치학'에서 문화연구를 주체로 보면 문화연구가 실천하는 정치라는 관점에서 논의가 진행될 수 있을 것이고 이 경우 문화연구는 분석의 대상이라기보다는 분석자/연구자 주체가 수행하는 활동에 해당한다. 아마 스스로 문화연구자라고 여기는 이들은 문화연구의 정치학을 이런 관점에서 이해하려 하지 않을까 싶은데, 나 자신도 대체로 그런 편임을 일찌감치 인정하련다. 반

---

[*] 출처: 『비평』 창간호, 1999, 55-77쪽. '이론의 정치성'을 주제로 1998년 11월 21일에 가진 한국비평이론학회 가을 학술대회에서 발표한 글이다. 이 글에서 사용한 '오늘'은 따라서 이 시점을 가리킨다.

면에 문화연구를 분석 대상으로 삼을 수도 있다. 문화연구라는 것이 수행하는 정치적 실천의 정치적 의미는 무엇인가라는 질문을 제기할 때가 그럴 때다. 이 경우는 문화연구가 자신에 대해 갖게 되는 자의식에 깃들은 무의식이, 그리고 문화연구가 수행한다는 정치적 실천 자체가 문제가 될 것이다. '문화연구의 정치학'이 이처럼 양면적 의미를 지니고 있음을 인정하게 되면 오늘의 논의는 명시적인 정치적 태도를 드러내지 않고서는 불가능하다. 이 논의는 문화연구가 주체로 작용하는 관점에서, 문화연구를 정치적 실천으로 수행하는 처지에서 시작함을 미리 밝히고자 한다. 발표되는 글에 필자의 이름과 함께 소속, 직업, 전공을 써넣는 출판 관행에 따라 애초에 전공한 영문학 이외에 문화이론 혹은 문화연구를 또 다른 전공으로 표기해온 사람으로서 '문화연구'를 주체화하여 논의를 전개하는 것이 솔직한 자세일 것 같다.

문제제기적, 지적 기획

문화연구는 여기서는 요약할 엄두조차 내지 못할 정도로 기원, 역사, 구성이 복잡하지만 문화를 인식할 때 전통적인 방식, 특히 대학제도에 편성되어 있는 인문학 혹은 예술 전통과는 다른 관점을 취해온 것으로 알려져 있다. 인문학과 기존의 예술제도가 '정전'개념을 고수하고, 예술의 '절대적' 가치 혹은 자율성을 부여하고, 문화를 고급문화와 대중문화로 이분하여 전자에 가치를 부여하는 경향이 있다면, 문화연구는 그런 태도를 엘리트주의라고 본다. 문화연구 관점에서 보면 '문화'는 아직 그 가치나 개념, 혹은 그것을 둘러싼 실천이 '주어지'거나 관행으로 굳어져 있다기보다는 그런 것들을 역사적으로든 실험적으로든 설정하는 과정이나 활동 등과 연결되어 있는 문제다. 문화연구는 예술비평과도 구분된다. 예술비평은 예술을 딱히 규정하기 쉽지는 않으나 그래도 지고하다고 간주되는 어떤 가치를 구현하고 있거나 구현해야 하는 것으로 보는 데 반해, 문화연구는 문화와 예술을 사회적으로 그 개념이 설정되는 실천 혹은 그 실천과 관련된 생산물로 보는 경향이 있다. 문화의 가치를 기정사실로 받아들이지 않고, 어떤 특정한 실천이나 '문화적' 생산물, 또 그것과 관련된 제도 등이 어떻게 구성되고 그 구성 과정에서 발생하는 사회적 문제들이 무엇인지 따지려 드는 것이다. 예를 들면, 셰익스피어가 위대하다고 말하는 사람들은 권력을 어떻게 행사하는가, 특정한 감수성을 가치있는 것으로 규정하는 세력은 어떤 정치경제적 이득을 취하는가, 문학교육은 수업을 받는 학생들에게 어떤 주체화(subjectification) 효과를 행사하는가 하는 따위의 질문들이 그것이다. 문화연구는 이런 질문들을 통해 진실이든 미적 효과든 무엇인가를 엄숙하게 선언하던가 주장하는 태도나 관행을 문제삼는다. 가치있고, 권위있다고 하는 것에 대해 오히려 더 심하게 딴죽을 걸려고 하니, 불손한 태도라 하겠다. 반면에 문학비평은 작품의 잘됨, 잘못됨을 가리기는 하되, 문학적 실천의 기본적 가치나 의의에 대해 회의를 품는 경우는 드물다. 개별 작품의 하자는 개별 작품의 하자로 끝나는 것이지 문학 자체의 문제는 아니라는 것이다. 예술은 여기서 본원적으로 가치있는 어떤 것으로 인정받고 있는 셈인데, 문화연구는 그와 달리 예술적 실천이 어떤 사회적 기능을 수행하는가, 심미적 활동이 어떤 권력효과를 생산하는가 조명코자 한다.

　문화연구가 지향하는 정치는 그래서 문화적 실천에 연루되어 있는 권력의 분석에, 문화적 실천에서 행사되는 권력의 비판과 결부되어 있다. 문화연구는 문화란 무엇인가와 같은, 문화의 '본질'을 캐고자 하는 질문을 던지지는 않는다. 오히려 문화란 무엇인가라는 질문이 제기될 경우 그런 질문이 일으키는 현실적 파장을 분석하고자 하는 것이 문화연구다. 문화연구가 문화를 연구대상으로 삼는다고 하는 것은 그래서 좀더 엄밀하게 이해할 필요가 있다. 문화연구가 문화를 대상으로 가지고 있다면 그때 문화는 어떤 본질적, 본래적 의미의 문화가 아니라, '그렇게' 인지되고, 설정되는 문화다. 예컨대 우리가 통념상 말하는 문화적 행위들, 즉 예술과 같이 통상 문화적이라고 규정되는 것을 문화로 보기는 하되 이러한 문화 관념은 통념일 뿐이지 예술이 '진짜 문화'이기 때문에 그런 관념이 생겼다고 보지는 않는 것이다. 그런 점에서 문화연구는 문화의 개념설정과 관련된 다양한 실천, 제도, 활동, 전략을 오히려 자신의 대상으로 삼는다고 하겠고, 그런 설정 과정에서 발생하는 문제들, 방금 언급한 권력의 문제들을 자신의 문제로 보게 된다. 이런 점에서 문화연구는 '문제제기적'이다. 문화라는 통념이 있는 것은 사실이고, 이 통념에 따른 문화라고 하는 사회적 실천과 생산물 혹은 과정도 있다고 인정하지만, 문화연구는 그런 통념이 역사적으로 어떻게 생산되는지 따지려 들기 때문에, 통상 문화를 문화로만 간주하고 있는 것이 편하거나 득이 되는 사람들을 불편하게 만드는 것이다.

문화연구에 사람들을 불편하게 하는 까다로운 구석이 있다는 것, 문제제기적인 태도가 짙게 배어 있다는 것은 문화연구가 지적인 기획임을 말해준다. 예술비평과 문화연구를 구별하도록 만드는 것도 이런 점이 아닐까 싶다. 인문학에서 비평이 시, 소설, 희곡과 함께 문학의 '구성적' 부분으로 인정받는 것은 비평이 창작처럼 심미적 요소를 지니고 있다고, 즉 문학적 감수성을 표현한다고 인정되기 때문이다. 이와 달리 문화연구로 분류되는 글은 문학비평과는 달리 사회과학적 담론 유형을 닮은 경우가 많다. 감상적, 심미적인 접근보다는 분석적인 접근을 더 많이 시도하기 때문일 것이다. 어느 방식으로 담론을 구성하는 것이 효과적이고, 또 의미가 더 큰지 말하기 어렵지만, 문화연구의 이런 표현 양태는 지적 기획으로서 그것이 지닌 성격과 무관하지 않다. 문화연구가 유달리 지식체계에 관심을 많이 기울이는 것 역시 자신의 지적 기획 성격을 드러낸다. 비평과 다른 방식의 표현양태를 지닌다는 데서도 드러나지만 문화연구는 오늘 토론회의 기본주제인 '이론'의 성격을 지니며, 이론이 지닌 정치적 역할과 한계 등을 지니고 있다. 문화연구는 맑스주의, 정신분석학, 후기구조주의, 포스트모더니즘, 담론이론, 욕망이론, 페미니즘, 기호학 등 다양한 이론적 관점, 쟁점, 방법론과 깊이 연루되어 있다. 이런 이론에의 경도는 문화연구가 문화적 실천의 이데올로기적 효과, 혹은 지배효과 분석, 권력 분석 등을 자신의 과제로 삼고 있는 데서 비롯된다. 인간의 정체성 혹은 주체성의 구성과 관련된 이데올로기나 무의식의 역할, 계급적-성적-세대적-인종적-민족적 차이에서 오는 다양한 종류의 불평등, 거시적 미시적 수준에서 발생하는 권력의 작동 방식과 그에 따른 인간해방의 가능성 문제 등은 사회적 쟁점이자 유물론적 쟁점들로서 이론적 논의를 요청하며, 이론의 개입 없이는 쉽게 이해하거나 해결하기 어려운 복잡성을 가지고 있다. 문화연구는 이들 이론적 관점을 전략적으로 채택하거나 혹은 그것들과 제휴함으로써 '이론의 정치'를 실천하고자 한다.

문화연구 기획과
사회구성체의 '관계'

지적인 기획으로서 이론의 정치를 지향하는 문화연구는 전략적 개입 지점을 추구하지 않을 수 없을 것이다. 문화연구가 자신의 '현장'에 대한 날카로운 의식을 갖게 되는 것도 그 때문이 아닐까 싶다. 문화연구는 어디서 자신의 현장을 발견하고자 하는가? 삶과 사회, 혹은 물질적 과정의 어느 지점에 개입하고자 하는가? 이와 관련하여 지적 혹은 예술적 프로젝트란 그것이 속해 있는 사회구성체와 분리하여 이해할 수 없다고 하는 레이먼드 윌리엄스의 지적에 귀를 기울일 필요가 있다. 윌리엄스는 문화연구의 이론적 태도에서 핵심은 자신의 기획과 그것이 속한 구성체의 '관계'라는 문제를 중시하는 데 있다고 강조한다. 문화연구가 제대로 되기 위해서는 기획과 구성체 중 어느 하나를 우위에 놓으려 하기보다는 양자의 '관계'가 어떻게 이루어지는지 파악하도록 노력해야 한다는 것이다. 특정한 문화적 활동을 어떤 사회구성체의 성격을 보여주는 사례로 본다거나, 혹은 사회구성체를 그런 활동의 맥락이나 배경으로 보는 방식에서 벗어나서, "기획과 구성체는 사실상 에너지와 방향을 공통으로 배분한 어

떤 것을 구현하는—기술하는—서로 다른 방식"으로 보자는 것이 그의
생각이다. 1)

월리엄스가 강조한 문화연구의 '이론적 요점'을 수용한다면 문화연구가
실천코자 하는 정치에 대한 이 논의 또한 문화연구와 그것이 속한 사회구
성체의 '관계'라는 문제를 중심으로 진행될 필요가 있다. '문화연구의 정
치학'이 국내에서 문화연구가 등장하는 역사적 맥락, 지적인 기획으로서
그것이 우리 사회와 갖는 역사적 관계라는 문제를 벗어나서 논의된다면
오늘의 발제는 허황해질 수밖에 없다. 그래서 다음 질문들이 필요할 것
같다. 문화연구는 자신의 출현을 위해 어떤 사회구성체적 조건이 필요한
가? 현단계에서 문화연구가 등장한다는 것은 우리 사회에 대해 무엇을 말
해주고 있는가? 문화연구는 우리 사회에 어떤 종류의 개입을 시도하는가?

이들 질문과 관련하여 서구에서 문화연구의 등장은 지적 기획의 '문화
로의 전환'과 함께 이루어졌다는 사실을 상기할 필요가 있겠다. 문화연
구는 1960년대 서구의 새로운 지적, 문화적, 사회적 변화 속에서 그 성
격과 기조가 형성되고 닦인 비판이론 전통에 속한다. 알다시피 1960년
대 서구의 비판이론은 과거에 비해 훨씬 더 복잡해진 자본주의사회를
이해하고 거기에 더 효율적으로 개입하기 위해 비판이론의 전범으로 수
용돼온 맑스주의를 경제결정론과 같은 조야한 유물론과 분리시키면서
신좌파적 관점을 수용했다. 문화연구의 발생지로 알려진 영국에서 문화
연구 전통이 처음에는 문화를 대중의 의식과 경험을 중심으로 이해하다
가 1970년대에 알튀세르의 '이데올로기', 그람시의 '헤게모니' 개념을 수
용하게 된 것도 같은 맥락이다. 문화연구는 또한 페미니즘, 생태론 등
새로운 사회적 쟁점들을 제기하며 맑스주의를 비판, 확장, 또는 유연화
하는 이론적 태도를 수용하기도 하였는데, 이런 점은 문화연구가 비판적
전통을 지키되 변화하는 정세에 유연하게 대처하려는 노력을 해왔음을

---

1) Raymond Williams, "The future of cultural studies," in John Storey, ed., *What Is
Cultural Studies?* (London and New York: Routledge, 1996), p. 168.

보여준다.

국내 상황도 비슷해 보인다. 한국에서 문화연구는 전통이 일천하고, 연구자 수도 미미하다. 소수나마 문화연구를 실천하려는 사람들이 생긴 것은 1990년대 들어와서인데, 문화연구의 이런 지각 등장은 그것과 사회구성체의 관계가 지닌 특징을 드러내는 현상으로서, 대체로 문화연구가 기존의 정치경제학비판의 퇴조 혹은 반성과 함께 하는 것임을 보여준다. 국내에서 문화연구가 등장한 것은 1980년대 말 소련을 포함한 현실사회주의권이 몰락한 이후다. 우연치 않게 한국은 이때부터 서구의 1960년대처럼 발달한 소비자본주의 사회로 전환하였다. 1990년대, 특히 강경대 정국 이후 신세대 담론이 호소력을 키우고 문화론이 관심을 불러일으킨 데는, 그리고 문화담론이 크게 확산된 데에는 문화산업의 확대와 대중문화의 성장, 소비문화의 만연이 중요한 작용을 했을 것이다. 한편으로는 사회주의권의 붕괴를 통한 진보모델의 소멸, 다른 한편으로는 자본주의의 전지구적 승리라는 신기루 형성, 그리고 이와 함께 소비자본주의적 사회성격의 강화가 정세를 지배하면서 그동안 국내에서 지식인 대중을 사로잡던 정치경제학비판 기획은 한 순간에 영향력을 잃고 말았다. 1990년대에 들어와서 사회과학서적들 대신 문화론 서적들이 인기를 끌게 된 것은 이런 변동의 일환으로서 문화연구 출현 역시 그 현상의 일부라고 할 수 있다. 국내의 문화연구 출현을 잠깐 부정적으로 그려보았지만, 물론 꼭 그럴 것만은 아니다. 문화담론이 만개하면서 문화연구가 소비문화에 침윤되는 측면이 없었던 것은 아니나 문화연구의 등장은 1980년대를 풍미했던 목적론적 사회이론들, 경제환원론, '변유'(Diamat) 등이 결여한 사회구성의 복잡성에 대한 이해가 요청되던 시기에 사회에 대한 문화론적 설명이 요청되면서 이루어졌다는 점에서 시대적 요청에 대한 부응이기도 하다. 이는 한국에서도 문화연구는 사회성격의 변화와 밀접한 관련을 가지고 등장하였으며, 우리 사회의 후기자본주의적 성격 때문에 요청된 지적 기획임을 말해준다.

문화연구와
지식생산

좀더 구체적으로 말해, 지적 기획으로서 문화연구는 우리 사회와 어떤 관계를 맺고 있는가? 문화연구가 비판적 기획이라면 그것은 우리 사회에 어떻게 개입하고자 하는가? 문화연구가 사회구성체와 관계를 맺는다면 지식생산과정과 관계를 맺는다고 해야 하지 않을까 싶다. 비판이론의 전통을 이어받고 있다는 점에서 문화연구가 지식생산에 특별한 관심을 가지는 것은 당연한 일이겠지만 문화연구는 지식생산에 '특별히' 관심을 기울이는 것처럼 보인다. 이 점에 대해 약간의 설명이 필요하다. 모든 과학과 이론은 지식생산에 대한 개입이라는 성격을 갖는다. 학문은 칸트의 말대로 자신이 차지할 자리를 위해서 싸워야 하는 것이다. 맑스의 정치경제학비판의 경우 그 비판의 대상인 부르주아 정치경제학 혹은 국민경제학이 생산한 지식체계의 이데올로기적 성격을 문제삼는다. 알튀세르는 『자본을 읽는다』에서 맑스가, 부르주아 정치경제학은 '노동력'을 보고도 보지 못하는 점을 간파하며 지적 혁명을 이루었다고 말한 바 있다.[2] 정치경제학이 대상을 보고도 보지 못하는 것은 특정한 '문제틀'(problematic)에 얽매여 있기 때문인데, 맑스의 정치경제학비판 기획은 새로운 문제들을 제기함으로써 부르주아적 지식생산의 문제틀을 극복한다는 것이다. 맑스주의 정치경제학(비판)의 경우 자본주의 노동과정에서 발생하는 구상과 실행의 분리, 육체노동과 정신노동의 분할에 따른 대중지배라는 문제를 지식생산 과정에서 지식의 파편화 경향 속에서 찾기도 하였다. 이런 점들을 고려할 때 비판이론 전통에서 유독 문화연구만이 지식생산에 관해 관심을 기울인다고 할 수는 없지만 그래도 문화연구가 지식생산에 관심을 기울인다고 하는 데는 나름대로 근거가 있다. 앞에서 문화연구의 출현은 조야한 유물론에 대한 반성의 필요성 때문임을, 그런 반성이 지닌 사회적 조건

---

2) Louis Althusser and Etienne Balibar, *Reading Capital* (London: Verso, 1979), p. 18ff.

때문임을 언급했지만, 이 반성은 비판이론의 대부라 할 맑스주의까지 대상으로 삼고 있다는 점을 지적해야 한다. 맑스의 정치경제학비판 기획이 처음 등장했을 때 지녔던, 부르주아 지식생산양식에 대한 비판 정신이 현실사회주의의 등장과 함께 사회주의 학문의 패러다임이 된 '변유' 즉 조야한 유물론에 의해서 희석되고 굴절되어 버렸다는 것은 널리 알려진 사실이다. 다른 한편 자본주의권에서도 정치경제학비판은 하나의 분과, 혹은 방법론으로 축소되어 버렸다. 그 결과 맑스가 원래 기도했던 지식체계의 단락(短絡, shortcircuit)을 기대하기는 어려워졌다. 오늘 국내의 비판사회과학자들 사이에 '정치경제학'이라는 용어가 널리 유포되고 있는 것을 봐도 이 점을 짐작할 수 있다. 맑스는 자신의 지적 작업에 '정치경제학비판'이라는 이름을 붙여 부르주아 지식 전통이 확립한 정치경제학과 구분하였다. 오늘 이 정치경제학비판과 정치경제학을 혼동하는 일이 잦은 것은 단순한 말실수 문제일까? 국내 비판이론이 정치경제학비판을 정치경제학으로 축소한 채 실천하고 있다는 증거는 아닐까? 문화연구가 지식생산 문제에 중요성을 부과하고, 거기에 개입하고자 하는 것은 비판이론조차도 지배적인 부르주아적 지식체계와 그것의 지식 분류방식에 포섭되어 버렸다는 상황 인식에서 비롯된다.

지식생산 개입 기획으로서 문화연구는 주로 대학내 지식생산에 대한 개입을 지향한다. 대학이 오늘 사회에서 가장 중요한 지식생산 제도이기 때문이다. 최근에 들어와서 대학이 위기에 처해 있다는 지적이 자주 나오고, 기업체의 실험실이나 연구소가 갈수록 중요해지고 있다고는 하지만, 또 대학이 제대로 기능을 하고 있는지도 별도 문제로 취급해야 하겠지만, 대학이 사회적 지식생산에서 가장 중심적인 위치를 차지하고 있음은 분명하다. 그런데 대학은 지식생산의 거점으로서 어떤 역할을 하고 있는가? 가타리에 의하면 그것은 생산-연구-교육을 연계하는 중요한 역할을 하며, 연구와 교육을 오늘의 지배적 생산양식인 자본주의적 생산양식과 연결시키는 역할을 한다.3) 이는 대학이 고급 노동력을 길러내는 곳이고,

자본주의 사회에 필요한 주체들을 양성하는 곳이라는 말이다. 지난 수십 년 동안 학생운동의 산실이었던 데서 볼 수 있듯이 대학은 체제 비판의 중요한 거점이기도 하다. 그러나 지금 대학을 장악한 것은 대학이 자본축적에 '생산적'인 역할을 할 것을 바라고 자본의 사회지배에 순기능하기를 바라는 세력이다. 지금 대학이 '반사회적' 기능을 더 많이 수행하는 것은 그 때문이다. 사회가 다양한 계급적, 성(애)적, 세대적, 지역적 차이들을 가진 복잡성의 세계라면, 자본과 그 동조자에 의해 지배되는 대학은 그런 복잡성을 무시하고자 할 것이고, 지배를 위한 메커니즘이 되는 경향을 더 많이 갖게 될 것이다. 오늘 대학의 반사회적 성격은 곳곳에서 확인되고 있으며, 특히 최근 신자유주의적 사회정책을 수용하는 국면에서 '대학개혁'이라는 이름의 하향식 대학 구조조정이 진행되면서 더 노골적으로 드러나고 있다. 대학은 1980년대 초 이후 한국 자본주의 노동시장에 노동력을 과잉 공급하는 기능을 수행해왔고, 특히 80년대 말부터는 그전까지 지녔던 사회적 유동성마저 위축되어 계급간 불평등을 재생산하는 기능을 키우기 시작하였다. 최근 서울대 총장이 자녀의 고액과외 수업 때문에 사임하게 된 일은 계급불평등 구조가 대학교육을 통해 구축되고 있음을 보여주는 웅변적 사례다. 고액과외 사건은 단순히 자식을 대학에 보내고자 하는 열의가 국민 전체에 퍼져 있다는 점만이 아니라 인구를 서열화하는 대학 서열화가 이미 많이 진척되어 있다는 증거다. 최근 들어와서 교육부는 이 서열화를 새롭게 추진하고 있다. 소수의 연구중심대학과 다수의 교육 및 기술중심대학으로 대학들을 양분하겠다는 것이 바로 그것이다. 4)

오늘 대학이 이런 처지에 놓여 있다는 것은 문화연구와 관련하여 무엇을 말해주는가? 이 자리에 모인 우리에게 문화연구가 제기하고 있는 문제들을 외면해서는 안 된다는 점을 말하는 것이 아닐까? 여기 모인 사람들

---

3) 펠릭스 가타리, 『분자혁명』, 윤수종 역, 푸른숲, 1998, 47쪽.
4) 연구중심대와 교육중심대로 대학들을 양분하는 문제에 대해서는 졸고, 「'대학원중심대학' 논의와 대학원 구조개혁의 방향」, 『대학교육』, 1998년 11/12월호 참고.

대부분은 대학이란 사회제도를 중심으로 혹은 그 현장에서 혹은 그 주변에서 삶을 꾸려갈 것이다. 대학의 이념, 사회적 기능, 구조 등이 바뀌고 있는 지금 우리는 연구와 교육, 지식생산을 어떻게 하고 있는가? 연구와 교육을 사회적 생산과 어떻게 연결하고, 대학이 생산하는 지식과 주체로 하여금 어떤 사회적 기능을 하도록 할 것인가? 문화연구는 이런 질문을 던지며 비판적이고 대안적인 지식생산을 추구하는 중이다. 교육이 자본주의 사회에서 가장 중요한 이데올로기국가장치이고, 대학과정이 교육과정의 정점임을 생각할 때 지식생산에 개입하는 일은 바로 대학의 사회적 기능에 개입하는 일이다. 문화연구는 대학의 기능을 지배가 아닌 해방을 위한 기능으로 전환하고자 한다.

분과적
지식생산의 비판

문화연구는 지식생산에 관심을 가지는 만큼 그 전략 문제를 중시한다. 문화연구가 추구하는 지식생산 전략은 학제간(interdisciplinary), 반분과적(antidisciplinary), 혹은 분과횡단적(transdisciplinary)이다. 이런 전략을 취하는 것은 문화연구가 지식의 분과적 체계를 문제삼기 때문이다. 오랜 전통인 탓에 다들 당연하게 여기지만 학문이나 교육을 분과 형태로 운영하는 것은 심각한 문제를 안고 있다. 학과체계 혹은 그와 유사한 방식으로 운영되는 학문과 교육 방식은 지식의 대상을 획정하고 확정한다. 분과학문은 대개 다루는 대상의 차이에 의해서 영역 설정이 이루어지는데, 자의적인 경우가 허다하다. 지식의 대상이 되는 세계는 전혀 분리되어 있지 않은데 학문에서는 그것들을 쪼개버리는 것이다. 한 예가 국내 대학이 보여주는 문학 관련 학과의 편성방식이다. 내가 속해 있는 분과학문의 행정조직은 영문학과다. 일단 언어학 부분을 배제하고 말한다면 영문학과의 지식대상은 영문학인데, 이런 방식으로 대상을 설정하게 되면 영문학과에서는 정작 문학을 연구하고 교육하는 일이 사라질 우려가 크다. 영문학과에서 영문학을 가르치는 것이 문학하는 것 아니냐고 할 수도 있다. 또 현실적으로 문학과를 영어와 독일어 등 민족언어로 분류하는 것 이외에 어떤 다른 방식이 있겠느냐 할 수도 있다. 하지만 왜 한국에서는 하나같이 민족언어와 문학을 결합하여 학과를 만드는가 하는 질문은 여전히 남는다. 언어를 학과를 나누는 기준으로 삼아야 한다면 왜 정치, 경제, 철학은 두고 문학만을 대상으로 그렇게 하는가 물을 수도 있다. 문학이 언어와 가장 밀접하게 연관되어 있기 때문이라고 할 수도 있겠지만 그것은 문학주의 태도일 뿐이다. 어쨌든 이런 식으로 분과로 고착된 영문학과에 들어와서 가르치거나 교육을 받는 사람들은 정전으로 규정되는 문학작품을 읽고 가르칠 것을 강요받게 될 뿐만 아니라 이를 통해 문학이라는 중요한 실천에 대한 특정한 개념을 강요당한다. 이때 '문학'은 무엇을 의미할까? 근대적 민족문학일 것이다. 민족문학은 당연히 중요한 문학개념이다. 그러나 문학 관련 학과들이 예외 없이 민족문학 관점에서 지식생산을 한다면 아무리 문학과가 많아도 문학연구는 협소한 문학 개념에 얽매일 수밖에 없다.

　분과적 지식생산의 문제점은 지식의 분과화, 파편화로 끝나지 않는다. 더 큰 문제는 규율권력을 생산한다는 점일 것이다. 규율권력은 대학이 채택한 학문과 교육의 분과적 운영과 밀접한 관련이 있다. 특정한 분과는 계승할 지적 전통, 제기할 질문, 탐구할 대상, 축적할 지식 내용, 지식생산의 기술 등과 관련된 일체의 관습과 노하우가 있다고 주장하며, 자신을 다른 분과와 구분하는 경계를 설정한다. 분과의 어느 버릇없는 사도(disciple)가 이 경계를 넘어서려 하면 강력한 경고를 발하고, 혹여 다른 쪽으로 가서 구경이라도 할라치면 파문을 경고하기도 한다. 이렇게 볼 때 분과는 단순히 학문 대상의 차이에 의해서만 구성되는 것이 아니라 규율의 효과를 위해 구성된다고까지 할 수 있다. 분과학문은 자신의 대상을 고정시키고, 그 대상을 보는 방식을 결정하는 일을 한다는 점에서 훈련이고 길들이기다. 이 훈련과 길들이기가 모두 문제라고 하기는 어렵겠지만 그런 과정을 통해 배우는 사람들의 기가 죽는다면 문제가 아닐 수 없다. 문화연구가 분과적 지식생산양식을 문제삼는 것은 분과학문이 이처럼 규율학문의 성격이 강하기 때문이다. 분과학문이 행사하는 규율권력은 문화연구가 애초부터 지향하는 문제제기 태도와는 배치되기 때문에 문화연구로서는 분과를 벗어나고자 하는 시도를 끊임없이 하며, 설령 하나의 분과 속에서 진행된다고 하더라도 그 분과가 정해놓은 경계를 벗어나고자 시도하게 된다. 5)

어떤 점에서 보면 문화연구는 '보이지 않는 교과과정'과 싸우고 있는지도 모른다. 연구와 교육의 대상을 분과적으로 설정하고, 분과간 경계선을 설치하여 지식생산을 운영할 때 발생하는 심각한 문제의 하나는 '보이지 않는 교과과정'이 형성된다는 점이다. 대학과 학과들이 운영하는 교과과정은 반드시 정식 교과목의 형태로만 존재하진 않는다. 학과에 설치된 교과목들은 가시적인 과정이지만 대학교육의 위력 가운데 하나는 지배체제를 온존시키기 위해서 각자 할 일이 무엇인지 은연중에 알게 만드는 것이 아닐까 싶다. 문학수업에 사용되는 작가와 작품의 선정은 '정전화'를 통한 정교한 검열과정을 거친 경우가 많다. 이때 교육과정에서 말한 것, 발화한 것만이 효력을 발휘하는 것이 아니다. 교수와 학생, 선배와 후배, 동료들 간에는 서로 모두 알고 있지만 말하지는 않는 비밀들이 있다. 거기에는 괜한 문제 일으키지 말라는 경고도 포함되어 있다. 자본주의적 대학제도에 필요한 커리큘럼의 가동은 가시적, 비가시적으로 이루어진다. 지식을 생산하는 일을 지배에 유리하도록 하는 것, 오늘 공식 교육제도 및 학문제도가 사회적으로 부여받은 기능이다. 사회 지배체제의 온존을 위

---

5) 이런 점에서 문화연구는 최근 국내에서 지식생산과 관련된 지배적 분류방식으로 등장하고 있는 학부제가 반드시 바람직하다고 보지 않는다. 물론 학부제는 학과체계의 한계를 극복하려는 시도로서 나름대로 의미가 없지는 않은데, 지금 교육부가 주도하면서 도입하는 학부제는 강좌의 대형화를 유도하고, 문제가 많기는 하지만 자본주의에 대해 일정한 비판적 거리를 유지해온 기초학문을 고사시키고 있을 뿐더러 이 글에서 비판의 대상으로 주목하고 분과적인 성격을 여전히 너무 많이 안고 있다고 본다.

해 기능하고 있는 그와 같은 규율학문적 경향과 태도가 없어지지 않으면 지배체제는 지속된다. 문화연구가 분과(학문) 횡단적이고 반분과(학문) 적 태도를 가지고자 하는 것은 이 때문이다.[6]

문화연구는 지적인 기획이지만 지배적 지식체계인 대학에 대해서 비판적인 거리를 두고 있다. 이런 태도를 굳이 반대학 혹은 반학문이라고 할 수는 없겠지만 그래도 대학을 중립적이고 투명한 지식생산으로 보는 태도와는 크게 다르다. 분과학문적 지식생산의 비판은 대학에 고유한 비판일 것이다. 이는 지식생산의 정치에 대한 비판이 대학 외부에서 일어나는 정치적 활동의 단순한 부산물이 아님을 말해준다. 대학에서 어떤 영역, 어떤 과정을 전공하는 일도 그 자체로 중요한 정치적 결정이 된다. 이런 인식은 전공의 선택은 정치와는 무관한 중립적, 순전히 학술적 혹은 학문적 결정이라는 주장을 섣불리 하지 못하게 한다.

문화연구의
자기비판과 과제

지금까지는 오늘의 주제인 '문화연구의 정치학'을 문화연구를 하는 사람들의 관점에서 접근한 셈이다. 하지만 스스로 까다롭게 굴고, 좀체 권력에 굴하지 않겠다고 하는 문화연구 자체는 문제가 없는지 물을 필요도 있다. 문화연구는 스스로 진보적 관점임을 내세우면서 사실은 자신의 지식권력을 생산하는 데 급급하고 있지는 않은가? 혹시 문화연구의 등장은 운동의 유연화는 아닐까? 아니 더 나아가 진보의 포기? 1980년대 '좌파상업주의'가 성행하여 인문사회과학 계열 출판사와 서점이 대거 등장한 적이 있었다. 지금 좌파적 관점의 책들을 내려고 엄두를 내는 사회과학 출판사들은 한 손으로 꼽을 정도밖에는 되지 않는다. 1990년대는 흔히 '문화의 시대'라고들 한다. 80년대 말 현실사회주의권이 붕괴하면서 정치경

---

6) 분과적 지식생산의 문제와 그 대안에 대한 좀더 상세한 논의는 졸고, 「분과학문체계의 해체와 지식생산의 '절합적 통합'」, 『지식생산, 학문전략, 대학개혁』, 문화과학사, 1998 참고.

제학비판의 프로젝트인 역사유물론 대신 문화론이 사회를 설명하는 틀로 인식되는 경향이 커진 것도 그런 시대규정에 한 몫 했을 것이다. 문화담론의 만개도 큰 몫을 했을 것이다. 문화담론의 번성은 물론 나름대로 의미가 있다고 본다. 기존의 예술담론과 달리 장르간 경계를 무시하는 '문화게릴라'들의 활동을 활성화하고, 문화적 '광들'(maniacs)을 만들어내는 분위기 또는 조건을 형성한 것이 문화담론의 성과 중 하나다. 이른바 '10매 비평'의 양산은 다양한 문화현상들에 대한 필자들의 관심을 촉구하고 생활 주변의 평범한 사물, 현상들에 대한 지적 관심을 불러일으키는 효과도 있다. 하지만 1990년대 초 이후 급증한 문화담론의 여러 사례들은 문화연구적 접근이 일부 필자들에게 문화자본 혹은 문화권력을 축적하고 구축하는 데 주로 기여한 것이 아닌가 하는 생각도 들게 한다. 문화연구에 대한 관심이 지금 늘고 있다면 그것은 문화연구가 '뜨기' 때문이요 붐을 이루기 때문인 점도 크다. 주로 대중매체를 통해 생산되는 문화담론이 소비문화의 만개와 함께 붐을 이룬다면, 문화연구는 대학에서 이루어지고 있지만 이 역시 그것을 자신의 소유물로 분점하면 득이 된다는 사람들에 의해서 이루어지는 경우가 많다. 문화연구는 지금 영문학, 사회학, 신문방송학 분야에서 수용되고 있는 중인데, 이 수용의 방식이 문화연구를 극히 탈정치화하여 상품화하려는 경향도 큰 것이다.[7]

문제는 거기서 끝나지 않는다. 지배적 정세에 개입을 하네, 지배권력에 문제제기를 하네 하는 것 자체가 문화연구자의 권력행사 방법인지도 모른다. '뜨고 있는' 지식생산 전략으로서 문화연구는 지식생산의 헤게모니적 전통들에 대해 한껏 도발적인 태도를 취하지만 과연 그 효과가 있는지 질문할 필요도 있다. 이것은 문화연구를 진지하게 수행한다는 생각을 가진 경우에도 문제가 있을 수 있다는 말이다. 대학에서 문화연구를 실천하는 사람들은 지배문화를 바꾸는 데 기여하는 세력 중 하나일 뿐이다.[8]

---

7) '붐'은 장사가 되느냐 않느냐 하는 문제다. 문화연구의 상품화에 대해서는 Meaghan Morris, "Banality in cultural studies," in *What Is Cultural Studies?*, pp. 147-49 참조.

따라서 과연 문화연구로서 진보적 실천이 종결될 수 있는가 하는 질문이 여전히 남게 된다. 문화연구가 '진보적 기획'의 성격을 유지하기 위해서는 다른 비판이론에 비판적인 만큼 자신에게 비판적일 필요가 있다.

이런 지적이 타당하다면 문화연구가 대학에서 수행할 역할이 중요하다고 하더라도 그것만으로 소임이 끝나지 않는다는 인식이 필요하다. 하지만 이런 인식과 함께 문화연구에는, 그리고 문화연구와 같은 지적 기획을 수행하는 지식인에게는 어쩌면 과중할지도 모르는 과제가 하나 따라 붙는다. 문화연구를 대학 외부의 진보운동과 연결하는 것이 그것이다. 앞서 언급한 가타리의 지적대로 대학의 문제는 학생만의, 교수만의 문제가 아니다. 대학은 사회의 생산-기술-연구-교육을 연계하는 중요한 사회적 장치로서 거기서 일어나는 지식생산은 사회적 진보 혹은 반동과 긴밀하게 연결되어 있다. 문화연구가 곧 정치적 기획의 성격을 지닌 지적 작업임을 감안한다면 당연히 대학 내부에만 머물 수는 없다. 물론 이미 언급한 대로 문화연구를 한다는 것은 지식생산에 개입하는 일이다. 이 개입은 지배적 지식생산에 저항하고, 지식생산의 민주화를 꾀하고, 분화 혹은 파편화된 분과적 지식생산, 영역들을 설정하여 경계를 넘지 못하게 하는 지식생산을 지양하면서 지식의 새로운 생산을 지향한다. 문화연구의 선택은 지식권력과 관련하여 정치적 선택을 하는 셈이 되는 것이다. 정치적 선택으로서 문화연구는 그래서 기존의 지식생산에서 설정된 학과틀을 벗어나 반분과적, 분과횡단적인 통합학문의 길로 나간다는 것인데 문제는 이런 경로가 연구자의 개인적 각성이나 결심만으로 형성되지 않는다는 것이다. 운동의 관점이 필요하다. 문화연구를 기존의 학과에서 운영하는 커리큘럼에 도입하는 것도 대중적 기반이 없어서는 어렵다. 연구자 한 사람의 결단이 아니라 집단적 결정에 의해서 문화연구가 일어나야 한다는 사실에 대한 자각은 문화연구자로 하여금 대학 안에서만 문화연구

---

8) Joel Pfister, "The Americanization of cultural studies," in *What Is Cultural Studies?*, p. 296.

를 수행할 수 없게 만든다. 바로 이 점이 문화연구자가 대중운동과 접속해야 하는 이유다. 문화연구에는 대중적 기반을 만들 정치적 의무가 부여되는 것이다.

상황
분석

문화연구에 부여된 정치적 의무를 좀더 깊이 이해하기 위하여 문화연구가 처한 상황을 올바로 살펴볼 필요가 있다. 문화연구 기획에는 페미니즘 기획처럼 3가지 층위가 있다고 볼 수 있다. 엘런 루니에 따르면 페미니즘에는 이론적 층위로서 페미니즘, 연구 및 교육 실천으로서 여성연구, 그리고 사회운동으로서 여성해방운동이라는 세 층위가 있다.[9] 비슷한 방식으로 문화연구와 관련해서도 대학의 지식생산에 개입하는 형태로서 문화연구, 이론적 층위로서 문화이론, 그리고 실천 층위로서 문화운동으로 구분하여 생각할 수 있을 것 같다. 문화연구 기획의 세 층위는 모두 정치적 기획의 의미를 지닌다. 문화로 규정되는 사회적 장 속에서 일어나는 지배와 권력 현상들을 이론적 차원, 연구 및 교육 활동 차원, 그리고 사회적 운동 차원에서 개입하여 좀더 평등하고 자유로운 것으로 만들고자 하는 것이기 때문이다.

첫째 문화연구 차원에서 주로 문제가 되는 것은 지식생산 제도다. 분과학문적 지식생산의 비판은 "대학제도에 특유한 비판이다."[10] 문화연구를 대학에 도입하는 것은 그래서 매우 복잡한 상황이 될 수 있다. 문화연구가 지식권력의 축적만을 위한 것이 아니라면, 즉 그것의 정치적 기획이 여전히 유효하려면 이 프로그램은 반분과적/분과횡단적/간분과적 성격을 지녀야 할 것이라는 점에 대해서는 이미 지적하였다. 문화연구는 대학에

---

9) Ellen Rooney, "Discipline and vanish: feminism, the resistance to theory, and the politics of cultural studies," in *What Is Cultural Studies?*, p. 210.
10) Ibid., p. 214.

어떻게 들어올 수 있을까? 프로그램의 형태로 들어갈 수도 있을 것이다. 이는 문화연구가 한편으로는 기존의 학과체제 안에서 진행될 수도 혹은 학과의 틀을 벗어나서 이루어질 수도 있다는 말이기도 하다. 하지만 학과 안에 들어있다, 있지 않다가 중요한 것은 아니다. 분과체계가 부과하는 지식생산의 틀에 안주하지 않는 것인데, 어떤 방식이냐가 문제라 하겠다. 둘째, 문화이론 차원에서 문화연구는 맑스주의, 정신분석학, 이데올로기론, 담론이론, 기호학 등과 어떤 관련을 맺을 것인가가 중요한 쟁점이 된다. 이들 이론적 관점의 적극적 혹은 비판적 수용을 통해 '문화'와 비문화의 관계 설정을 계속 모색하고, 문화의 통념이 형성되는 역사적 과정을 추적하면서 그 속에서 발생하는 사회적 쟁점들을 끌어안는 노력이 필요하다. 이런 노력을 통하여 문화연구는 자연스럽게 분과학문적 틀과 한계를 벗어나고, 또 대학의 지식생산 문제만이 아니라 대중의 이데올로기, 욕망과도 접속해야 한다. 끝으로 문화운동의 층위가 있다. 문화연구 혹은 문화이론이 사회구성에서 문화의 층위에 대한 이해와 개입의 폭을 넓히려면 그 고유한 문제틀을 지닌 대중운동이 필요하다. 맑스주의의 경우에는 노동해방운동이, 페미니즘의 경우에는 여성해방운동이, 생태론의 경우에는 환경운동이 대중운동으로 버티고 있다. 문화연구에 필요한 문화운동은 어떻게 활성화될 수 있을까?11)

정치적 기획이란 계획대로 이루어지기 어렵다. 어떤 학생에게 욕망의 문제나 무의식의 문제를 강의한다고 해서 그 학생의 생각이나 행동이 바로 바뀔 것으로 생각하는 사람이 있다면 그야말로 환상에 빠진 것일 게다. 문화적 텍스트를 분석하고 거기서 작동하는 이데올로기나 혹은 미시적 권력의 문제들을 파악하는 글을 쓰는 사람도 담론적 차원을 벗어난 실천을 할 것인지 여부는 불투명하다. 하지만 이런 말을 하는 것은 문화이

---

11) 이 글을 쓴 뒤 일년이 되지 않아 문화연구의 이론적 전망을 공유한 문화운동을 추진하기 위해 〈문화연대〉라는 조직이 만들어졌다. 이 책에 함께 실린 졸고, 「문화연대와 1990년대 문화운동」 참고.

론 학습이나 문화연구적 실천이 정치적 의미를 지니지 않았다고 말하기 위함은 아니다. 여성연구, 정치경제학비판, 생태학과 마찬가지로 문화연구를 전공하겠다고 하는 것은 정치운동을 이론적 차원에서 수행하겠다는 의사를 표명하는 것이다. 문제는 이런 선택이 정치적으로 중요성을 가지려면 그 선택이 힘을 가져야 한다는 것이다. 기왕의 운동과 연결될 필요가 있는 것은 그 때문인데, 문화연구가 대중적 기반을 갖는 것이 그래서 중요하다. 그렇지만 국내 문화연구는 대학제도에 대한 개입의 위력도 없는 편이지만 특히 대중적 기반이 거의 없다. 물론 문화운동의 전통이 없는 것은 아니지만 기왕의 국내 문화운동은 문화연구 기획에서 중시하고 있는 문화이론적 관점을 수용하고 있는 경우가 드문, 전통적인 예술 개념을 수용하고 전개되는 경우가 많다.

희망이 없지는 않다. 내 생각에 문화연구가 자양분을 받을 곳은 기왕의 문화운동을 제외하더라도 적어도 세 분야의 현실적 대중운동이 있다고 본다. 첫째 하나는 학생운동이다. 한국의 학생운동은 최근 들어와서 위기를 맞고 있지만 지금 새로운 진로를 모색중이다. 문화연구의 관점에서 볼 때 학생운동에 중요한 변모가 일어나고 있거나 일어나야 한다는 자각이 커지고 있다. 과거와는 달리 대학을 자신의 중요한 현장으로 삼으려는 시도가 나타나고 있는 것이다.[12] 사실 학생대중은 지금 지식생산체계에 대한 개입을 시도하지 않고서는 미래에 대한 희망을 가질 수 없는 상황에 빠져 있다. 실업자가 대량으로 양산되고 있는데, 만약에 학생들이 대학제도를 개혁하고 투쟁을 전개하게 된다면, 즉 대학이 새로운 학생운동의 현장이 될 수 있다면 학문을 하고 전공을 선택하는 일을 정치적 의미를 갖는 선택으로 만들 수 있는 계기가 되리라고 본다.

둘째, 지역운동의 성장이 중요한 역할을 할 수 있다. 문민정부의 출범

---

12) 졸고, 「학생운동과 대학개혁」, 민주화를위한전국교수협의회 주최 대학정책토론회('한국의 대학, 무엇이 문제인가? 진단과 모색') 중 제3차 토론회 '학생운동의 진로와 대학개혁'(1998. 11. 13) 자료집, 14-24쪽 참고.

과 함께 지방자치제도가 실시됨으로써 이제는 지역운동이 매우 중요한 위상을 갖게 되었다. 지역운동은 삶의 현장을 개혁하고 변혁하는 운동으로서 개인과 집단의 구체적 삶이 뿌리를 내리고 있는 현장운동이라는 점에서 중요하다. 그것은 개개인의 삶의 질을 결정하는 생활운동의 성격이 강하며 당연히 문화운동으로 구체화할 가능성이 높다.

셋째, 노동운동이다. 노동운동은 지금 실업자의 양산과 함께 전기를 맞아야 할 국면에 처해 있다. 서구 여러 나라들이 외환위기와 같은 경제위기를 맞고 있지 않은 경우에도 고실업을 유지하고 있는 것을 보면 우리 사회도 경제위기를 극복한다고 하더라도 앞으로는 고실업 상태를 계속 유지할 것으로 보인다. 이때 등장하는 것은 노동시간단축과 같은 문화운동의 조건에서 보면 매우 중요한 과제가 등장하게 된다. 노동시간 단축은 줄어들고 있는 일자리를 나눠 가질 수 있는 조건을 만드는 일이면서 또한 자유시간의 확장으로 인한 '문화사회'의 구축에 중요한 조건이 된다. 13)

끝으로 문화운동 내부에서도 새로운 조건의 변화가 생기고 있다. 이와 관련하여 새로운 감수성을 지닌 세대가 등장하였으며, 외형적으로는 문화담론의 확산과 함께 문화에 대한 관심이 증가한 점을 중시하고 싶다. 새로운 욕망을 지닌 세대의 등장, 기존의 담론과 다른 형태의 담론을 통해 표현하는 집단의 등장은 문화운동에 큰 자산이 될 수 있다. 이런 새로운 변화들에 내재한 욕망의 정치를 수용할 경우 기존의 문화운동도 새로운 형태의 문화운동을 전개할 전기를 마련할 수 있을지 모른다. 예컨대 시선, 색깔, 촉감, 냄새 등을 둘러싼 새로운 요구들이 조직될 수 있다면, 거리를 활보할 권리와 같은 기본적 권리이면서도 대중이 등한시해 온 권리에 대한 인식이 확산될 수 있다면 새로운 대중적 문화운동이 활성화하여 노동운동, 시민운동, 환경운동, 여성운동 등과 접속할 가능성은 얼마든지 있다.

---

13) 졸고, 「노동거부의 사상―진보를 위한 하나의 전망」, 『신자유주의와 문화―노동사회에서 문화사회로』, 문화과학사, 2000, 163-86쪽 참고.

문화연구는 비판적이다. 하지만 문화연구 자체도 반성이 필요하다. 문화연구가 우리 상황에 닻을 내려야 한다. 이론적 기획이라도 마냥 떠다닐 수만은 없다. 관념의 바다 위를 떠도는 이론이 정박하면, 그 이론은 자신이 정박한 곳의 풍경에 녹아들게 되어 있다. 그 풍경에 따라 움직이면 모습도 바뀐다. 그런 점에서 문화연구도 계속해서 변신해야 한다. 문화연구의 한국내 정박, 그것은 문화연구가 한편으로는 한국 현실과 융합해야 함을, 다른 한편으로는 그 현실의 변화와 함께 자신이 변화해야 함을 의미한다. 이 변화는 현실에 대한 개입과 함께 요청되는 문화연구의 자기비판의 내용과 방향에 따라 달라질 것이다. 문화연구의 정치학은 그래서 문화연구의 정치적 실천과 그 실천에 대한 자기비판적 성찰로 그 의미가 결정될 수밖에 없을 것 같다.

– 3부 –

한국문화의 변동

08

한국문화의 변동과 문화정체성[*]

오늘 한국인은 어떤 문화적 변동을 겪고 있고, 어떤 문화지형 속에서 살고 있는가? 현단계 문화지형을 형성하는 사회적 조건은 무엇이며, 이 지형의 특징은 무엇인가? 한국인은 어떤 문화적 정체성을 형성하고 있으며, 이 정체성은 현단계 문화지형과 어떤 관련이 있는가? 오늘 우리의 문화정체성은 어떤 위기에 처해 있고, 여기에는 어떤 정세가 작용하는가? 문화정체성을 형성하는 조건, 그것의 구성 요소나 요인은 무엇인가? 한국인에게 바람직한 문화정체성은 과연 어떤 것이며, 그런 정체성 형성을 위해 문화정책은 어떤 과제와 전략을 설정해야 할 것인가? 이 글에서 나는 이상의 질문들을 염두에 두고, 한국사회가 겪어온 문화적 변화를 개괄하고, 이 결과 만들어진 문화지형이 한국인의 정체성 형성과 어떤 관계가 있는지 살피고, 나아가서 최근의 새로운 역사적 조건에서 바람직한 문화

---

[*] 이 글은 한국문화정책개발원에서 진행한 공동연구 〈문화정체성 확립을 위한 정책방안 연구〉(2002년 6월)에 참여하여 쓴 글이다. 출간된 보고서에는 이 글이 분산 게재되어 있다.

정체성을 형성하려면 어떤 노력이 필요할지 생각해보고자 한다.

근현대 한국사회의 변화와 문화변동 :
19세기 말-식민지 시대

오늘 한국문화가 지닌 성격, 특징, 모습 등에 영향을 미친 지난 시기의 변동들은 많겠지만 여기서는 19세기 말 이후의 변동에 초점을 맞춘다. 문화정체성 형성을 위한 지금 시점의 전략 구상이라는 관점에서 볼 때 근대화를 겪기 시작한 19세기 말 이후의 문화변동이 가장 중요하게 고려해야 할 사항이기 때문이다.

한국의 근대문화는 어떻게 형성되었고, 어떻게 구성되어 있으며, 그 특징은 무엇일까? 한국 근대문화 '형성'을 설명하는 관점으로는 '자생적 발전', '이입' 등의 이론이 있지만 여기서는 기존의 것들과는 다른 주장을 펼치고 싶다. "근대성은 지리적, 문화적, 사회적 거리들에도 불구하고 많은 지역들, 사람들, 산업들, 정치체들이 서로 접촉하는 경우가 없으면 상상할 수" 없다.[1] 근대 한국문화가 형성되던 19세기 말은 서구의 일부 지배적 민족국가들과 일본의 제국주의가 팽창한 시점으로서 세계가 서구 중심적 근대성에 편입된 시기다. 이는 곧 한국의 근대문화가 이 근대성의 산물임을 말해주며, '자생적 발전'의 관점은 이런 사실을 무시한다는 점에서 지지하기 어렵다. '이입설'은 어떤가? 한국의 근대문화가 근대성에 편입된 결과라고 해서 이입된 외래문화라 할 수는 없다. 근대성이 이질적 문화들이 접촉한 결과라는 것과 외국으로부터 이입되었다는 것은 다르다. 이질적인 문화가 접촉할 때는 반드시 충격이 생기지만 이 충격은 일방적이라기보다는 쌍방적이다. 한국의 근대문화도 한국이 서양 및 일본과 폭력적 조우를 겪으면서 만들어낸 문화이지만 외국으로부터 직수입한 것으로 볼 수는 없다. 당연히 차이는 있겠지만 영향을 받기로야 일본이나 서

---

1) 나오키 사카이, 「서문」, 『흔적』 1, 2001, 9쪽.

구도 마찬가지인 것이다. 서구에서 발원한 미학적 모더니즘이 아프리카 식민지 예술에 의해 영향을 받은 것이 그런 경우다.

이질적 문화들이 접촉할 때는 충격의 파장이 생기며, 이 파장은 시공간에 따라 다를 수밖에 없다. 한국의 근대문화는 한국사회가 근대 제국주의 국가들, 특히 일본 제국주의와 폭력적 조우를 겪으며 한편으로 모방, 한편으로 저항을 하며 형성한 특수한 역사적 구축물이다. 여기서 우리가 눈여겨볼 점은 이질적 문화와의 접촉을 통해 기존 전통에 충격과 타격이 가해지는 만큼이나 새로운 상황에 대응하려는 자율적 노력이 일어났다는 사실이다. 제국주의 침략이 시작된 19세기 말 이후 한국에서는 국제적 세력 관계의 변화와 함께 수천 년 동안 관계를 맺어온 중국문화의 영향력이 축소되고, 우리 전통문화 역시 대대적인 해체가 시작되고 서양문화의 추종이 일어나지만 동시에 이에 대한 반작용도 생겨난다. 근대적 '민족문화'를 형성하기 위한 사회적 노력이 그것이다.

민족문화 형성 노력은 중세봉건 사회에서는 찾아보기 힘든, 근대 특유의 기획이다. 서구의 지배적 국가들이 자국의 민족문화를 형성하기 시작한 것도 라틴어 대신 자국어로 시와 소설을 쓰기 시작한 르네상스 시기 이후였다. 오늘 한국의 대학교육에까지 배치되어 있는 영문학, 독문학, 불문학 등 서양의 민족문학이 성장한 것은 서구의 지배적 국가들이 근대적 질서를 둘러싸고 헤게모니를 쟁취하기 위해 제국주의적 경쟁을 한 사실과 무관하지 않다. 영문학의 경우 인도의 식민지 통치를 위해 필요한 관리들을 뽑기 위한 방편으로 시험과목을 선정하는 과정에서 만들어지기도 했다.

민족문화 기획은 식민지 통치를 한 사회에 국한되지 않는다. 인도의 '하위주체'(subaltern) 연구자 파르타 차테르지에 따르면 인도 지식인들이 민족문화를 인도 고유의 문화로 만들어낸 것은 19세기 후반의 일로서 당시 영국이 식민지 국가제도를 장악하며 물질세계를 지배한 것에 대항하여 적어도 정신 분야만은 인도 고유의 것으로 보존해야 한다는 의식에서 비

롯되었다. 차테르지의 이런 설명은 인도에서 '민족문화'로 일컬어지게 된
대상은 설령 오래 전부터 있던 것이라 하더라도 '민족문화'라고 의식된 것
은 근대이며, 따라서 '민족문화'는 근대적 기획이라는 사실을 말해준다.[2]

  한국 역시 '민족문화' 기획은 전근대 사회가 아니라 근대 사회에서, 식
민지 치하에서 시작했으며, 이것이 오늘 우리가 '한국문화'라고 하는 문화
적 정체성을 가지게 된 계기가 되었다. 민족문화 기획은 19세기 말 이후,
특히 합병 이후 최남선, 신채호 등 민족주의자들에 의한, 민족주의 기획
으로 등장한다. 이 기획은 일본의 조선 강점에 저항하려는 노력에 대한
대중적 지지를 얻어내기 위한 노력이기도 했다. 이는 민족문화가 대중에
의해 아래로부터 만들어졌다기보다는 외국 침탈에 맞서기 위해 우국지사,
선각자, 지식인 등이 민족정기 고취를 위한 전략으로 기획되었다는 말이
다. 실제 민족문화 기획은 학문적인 노력 등 지식인 운동에 국한되었다.
19세기 말 이후 반외세를 주장하며 등장한 계몽운동 노력, 민족종교 운동
을 계승한 『창조』지 창간 작업, 그리고 신채호 같은 사람들이 '민족' 역사
를 서술하기 시작한 것이 그런 경우다.

  민족문화 기획에 대중이 직접 참여하지 않았다고 하여 대중적 효과가
없었던 것은 아니다. 단적인 예가 근대 한국어 형성의 파장이다. 한국의
언어적 근대성은 1894년 갑오경장에서 공문서와 시험 등에 국문 표기를
원칙으로 한 조치와 함께 한국 근대소설의 효시인 김동인 등이 1910년대
말 이후 종결어미를 전근대적인 '-라' 대신, 새로운 '-다' 어미체계로 통합
한 것이 계기가 되어 형성되기 시작했으며, 1920년대에 비평, 학술논문,
신문사설, 신문보도 등으로 확산되면서 언어문화에서 지배적 위치를 갖

---

2) Partha Chatterjee, "Whose Imagined Community?" in Gopal Balakrishnan, ed.,
Mapping the Nation (London: Verso, 1996), pp. 214-25. 차테르지의 경우 인도에서 근대
성은 식민지국가를 장악한 영국이 주도하는 공적 문화와 대비되는, 인도 '고유의' 문화를 강
조하는 사적 문화 영역이 따로 형성된다고 하는데, 이 후자의 경우가 인도의 민족문화 프로
젝트였다. 여기서 잊지 말아야 할 것은 이 민족문화 구축 기획이 인도인의 근대적 기획이었
다는 점이다.

게 되었고, 이후 한국인의 언어생활에 지대한 영향을 미쳤다.[3] 아울러
세시풍속을 '우리 것'으로 인지하며 지속한 것도 한편으로는 식민지문화에
대한 저항이면서 동시에 민족문화를 새롭게 규정하는 노력의 일환이었다
고 할 수 있다.

　물론 민족문화 기획이 아무런 제약 없이 진행된 것은 아니다. 신채호의
민족사학 구성, 최남선의 단군신화 연구 등 저항적 민족문화 기획은 일본
제국주의에 의해 항상 통제를 받고 감시를 당하며 수세적 위치에 놓일 수
밖에 없었다. 일제 말 학교에서 조선어 사용이 금지된 것이 단적인 예다.
민족문화 기획은 따라서 일본 제국주의가 장악한 공적 영역보다는 사적이
거나 정신적인 영역에 국한될 수밖에 없었다. 한국에서 근대적 기획으로
떠오른 민족문화가 곧잘 전통문화 형태를 띤 것은 이 때문이 아닐까 한
다. 전통문화 수호만으로도 일본 제국주의에 저항하는 행위가 될 수 있었
던 것이다. 물론 이 때문에 전통문화는 식민지 국가권력에 의해 근대문화
가 수용되는 과정에서 지속적으로 탄압과 억압을 받기도 했다.

　전통문화를 근대문화로 보는 이 관점에 반론을 제기할 수도 있을 것이
다. 어떻게 전통문화를 근대문화라 할 수 있는가? 그것은 '전통문화'가 새
로운 정치적 사회적 상황의 요청에 따라 등장한 문화형태이기 때문이다.
이때 '전통'은 원래 있던 문화형태라기보다는, 제국주의와 식민주의 지배
상황이 빚어낸 새로운 시대적 사회적 요청에 따라서 '민족'의 일원이 된
사람들이 '우리' 것으로 수용하게 된 문화형태를 의미한다. 단군 신화나
판소리, 민요 등 우리 것으로, 우리의 민족에 고유한 전통으로 수용된 문
화형태들은 민족화(nationalization) 과정을 거친 셈이라 할 수 있다. 전통
은 이때 이미 전통이 아니라 근대의 산물이다. 식민지 치하는 과학, 기술
분야, 군대나 행정 등의 공적 영역을 일본 제국주의의 근대문화가 지배하
고 있던 상황에서 저항적인 민족주의 문화기획에 의해 근대적 민족문화가

---

3) 강내희, 「종결어미 '-다'와 한국의 언어적 근대성」, 『근대성의 충격』 (국제학술지 〈흔적/
迹/Traces〉 서울 학술대회 자료집), 2000년 9월 23-4일, 78-100쪽.

어렵사리 태동한 시기라 할 수 있다.

식민지 시대는 근대적 대중문화의 지형이 형성된 기간이기도 하다. 이 대중문화에는 영화, 음반 등 근대기술에 의해 가능해진 유형의 문화가 포함된다. 하지만 모든 대중문화가 꼭 '근대적'일 필요는 없었다. 민족문화를 구성한 전통문화처럼 근대적 대중문화에도 전통문화 요소가 포함될 수 있었다. 당시 협성사와 같은 연행기관이 만들어지고 대중 연희가 퍼졌지만 이때 인기를 끌었던 것은 판소리 등 오히려 전통문화였다.[4] 그런데도 '근대적' 대중문화라는 말을 쓰는 것은 판소리 등이 근대적 대중매체, 근대적 연행기관 등을 통해 보급되었다는 점 때문이다. 판소리는 당시 보급되기 시작한 영화와 같은 새로운 문화 장르와 함께 극장, 레코드 산업 등 근대적 문화산업의 기반을 조건으로 하고 있었다.

영국의 문화이론가 레이먼드 윌리엄스에 따르면 문화의 역동성은 '잔존문화'(residual culture), '지배문화'(dominant culture), '부상문화'(emergent culture)의 역학관계에 의해서 생긴다.[5] 잔존문화는 기존에는 지배문화였을지 모르나 문화지형의 변동으로 더 이상 지배적 위치를 차지하지는 못하지만 아직 사라지지는 않은 문화다. 반면에 지배문화는 대중의 삶에 가장 큰 영향을 미치는 문화다. 예를 들면 과거 전근대 사회의 양반문화나 현재 시점의 자본주의 대중문화가 그런 경우일 것이다. 다른 한편 부상문화는 새롭게 생겨나는 형태로서 아직 지배적 위치에는 오르지 못한 문화라고 할 수 있다. 위에서 언급한 제국주의 혹은 식민주의 문화, 전통문화, 민족문화, 대중문화를 이런 관점에서 정리하면, 식민지 시대 전통문화 일부는 잔존문화였을 것이고, 제국주의 혹은 식민주의 문화, 또는 대중문화는 지배문화였을 것이다. 대중문화에 전통문화가 포함된 데서

---

4) 유선영, 「한국 대중문화의 근대적 구성과정에 대한 연구—조선후기에서 일제시대까지를 중심으로」, 고려대신문방송학과 박사학위논문, 1992.
5) Raymond Williams, *Problems in Materialism and Culture* (London: Verso, 1980), pp. 40-42.

보듯 이 지배문화에는 전통문화의 일부도 포함될 수 있다. 부상문화는 어떤 것이었을까? 아마 개화 초기에는 처음 등장한 제국주의 문화, 영화나 사진 혹은 근대적 연행과 같은 새로운 유형의 문화이었을 것이다. 하지만 이 부상문화의 상당 부분은 곧 일본제국주의가 공적 영역을 지배함에 따라서 지배문화로 전환되었다고 할 수 있다.

하지만 윌리엄스의 분류를 무조건 적용하는 것은 현명해 보이지 않는다. 그의 분류는 문화의 '객관적' 지형을 그려내려 한다는 점에서 경험론적 분류다. 그에게 지배문화는 그래서 잔존문화와 부상문화에 비해 지배적 위치를 차지한다는 정도의 의미를 갖는다. 하지만 지배문화를 세력간의 투쟁에서 우위를 점하는 문화로 보는 정치적이고 가치론적인 태도를 취할 필요도 있다. 가령 윌리엄스가 적시한 세 가지 문화 가운데 잔존문화와 부상문화는 피지배 위치에 있으므로 저항문화가 될 가능성이 높다. 잔존문화인 전통문화가 한국의 근대적 민족문화 기획에 포함되어 저항문화 역할을 한 것이 그런 경우다. 하지만 그렇다고 잔존문화나 부상문화가 자동적으로 저항문화로 전환하는 것은 아닐 것이다. 전통문화나 부상문화도 경우에 따라서 지배문화로 전환될 가능성이 없지 않기 때문이다. 예컨대 식민지 사회에서 대중문화에 포함된 연행에서 전통문화가 차용되는 것이 그런 경우다.

한국문화의 변화와 갈등 :
해방－1980년대

1945년 이후 문화지형은 새로운 역학 관계 속에 놓인다. 가장 큰 변화는 민족문화가 과거의 저항적이지만 주변적이고 억압받던 위치에서 벗어나게 된다는 점이다. 민족문화가 공식적으로는 정당성을 부여받게 된 것이다. 하지만 냉전 및 분단 조건이 발목을 잡았기 때문에 민족문화가 온전하게 지배적 위치를 차지했다고 보기는 어렵다. 해방과 한국전쟁을 거치면서 남북 갈등이 극심해져 민족주의가 북한 동조 이념으로 취급되어 탄압을 받기 시작했던 것이다. 민족문화는 이 결과 한편으로는 공식적인 인준을 받으면서도 다른 한편으로는 견제와 감시를 당하는 이중성에 얽매이게 된다. 새롭게 형성된 남한사회의 지배질서에 안전하다고 판명을 받은 민족문화는 정통성을 부여받고 장려 대상이 되지만 지배에 저항하는 민족문화 특히 민중문화는 주변으로 내몰리고 억압당하게 되는 민족문화의 양분이 생기는 것이다. 해방 이후, 특히 1960년대 군사독재 체제가 수립된 이후 공식 민족문화가 전통문화의 형태를 띠게 되는 것은 이런 맥락에서 볼 필요가 있다. 윌리엄스가 말하는 잔존문화가 특수한 정치적 상황 때문에 지배문화 혹은 공식문화의 위상을 갖게 된 것이다.

다른 한편 지배문화는 서구화된 근대문화의 패러다임을 추종하는 경향을 드러내기 시작한다. 이 경향을 가장 잘 확인할 수 있는 곳이 문화를 근대예술 중심으로 편성해놓은 대학이다. 국내 대부분의 대학은 문학, 미술, 음악, 무용, 연극, 영화, 조각, 건축 등 근대적 예술장르들을 분과예술의 형태로 편성하여 운영했고, 우리 사회는 이런 식으로 편성된 제도예술을 지배적 문화로 수용했다. 이런 근대문화가 지배문화로 떠오르자 잔존문화나 부상문화는 한편으로는 지배적 고급문화의 수준에 미치지 못하는 전통문화나 대중문화로 취급되고 다른 한편으로는 지배문화에 저항하는 문화가 된다.

한동안 한국에서는 지배문화의 예술중심주의 때문에 자본주의적 대중문화가 지배문화의 지위를 차지하지 못한 것 같다. 해방과 함께 분단상황이 전개된 뒤 미국의 영향력 아래 놓였기 때문에 남한에서 자본주의적 대중문화가 갈수록 힘을 얻은 것은 사실이다. 1970년대 이후 중공업 투자와 함께 포드주의 생산양식이 국내에 도입되며 자본주의화가 본격적으로 진행되고 또 농촌 해체 및 도시화가 일어나면서 이 경향은 더욱 강화되었다. 하지만 적어도 1970년대 초까지 한국의 농촌사회는 여전히 전통적 삶의 틀을 유지하고 있었고, 도시인구 역시 이 삶의 방식에서 크게 벗어났다고 할 수는 없다. 자본주의적 대중문화 혹은 미국 대중문화는 대학가를 중심으로 1970년대 이후에야 영향력을 갖기 시작했고, 이 또한 적어도 공식적으로는 고급문화이자 지배문화로 군림해온 서구 근대예술에 비하면 평가절하를 받으며 열세에 처했다. 1970년대에 세워진 세종문화회관에 대중예술 공연이 허용된 것이 1990년대라는 사실이 그것을 증명한다.

이런 문화지형은 박정희정권이 유신과 함께 '한국적 민족주의'를 내세우고 관변 민족문화를 지배 혹은 공식 문화로 만든 것과 관련이 있다. 박정권은 한편으로는 서구식 고급문화, 다른 한편으로는 한국적 전통문화를 내세우고, '저질' 대중문화와 민중문화를 탄압하며 지배문화 기획을 추진했다. 이 기획에 저항한 세력은 한편으로는 팝송이나 록음악 등 새롭게 부상하는 대중문화에서, 다른 한편으로는 소외되고 배제된 전통 민중문화에서 문화적 대안을 찾았다. 후자의 경우 개발 독재로 외면당한 농촌의 자생적 전통문화에서 저항문화의 실마리를 찾았는데, 1970년을 전후하여 대학가에서 탈춤운동이 일어나고, 이후 마당극 등 전통문화에 기반을 둔 문화운동이 전개된 것은 이 운동의 결과다. 여기서 우리는 민족문화가 저항문화로 전환되는 사례를 본다. 이 저항문화는 민족문화를 터전으로 삼더라도 지배세력이 수용한, 즉 저항적 요소를 제거하고 정치적 부담을 없앤 이른바 '순수한' 형태와는 다른 민족문화, 즉 민중적 민족문화를 수용했다. 1970년대 이후 한국의 문화지형은 따라서 전통적이며 순수한 형식의 민족문화로 대변되는 지배문화와 민중적 성격을 지닌 민족문화로 대변되는 저항문화가 대립하는 형국을 띠고 있었다.

물론 이것이 당시 문화정세를 모두 말해주는 것은 아니다. 자본주의 대중문화가 급속도로 발전하고 있었던 것이다. 문화지형의 역동성이라는 관점에서 보면 대중문화 역시 단일한 구성은 아니었다. 연예, 유흥 형태의 상품문화가 갈수록 지배력을 확보하고 있기는 했지만 이미 1970년대 초 대중문화는 균열을 이루고 있었다. 대중음악의 경우 트로트계열과는 구별되는 도시적 감수성을 띤 팝 뮤직이 인기를 끌기 시작하고, 한국형 록음악도 등장하기 시작하며 저항문화로 성장할 기미를 보이기도 했다.

박정희정권이 장발 단속과 함께 '저질 퇴폐 문화'라며 당시 대중문화 일부를 탄압한 것은 그 저항적 잠재력을 간파했기 때문일 것이다. 팝이나 록, 나아가 장발 등 문화유형은 당시로서는 새로운 의미와 가치, 새로운 실천들, 새로운 의의와 경험들을 제출했다는 점에서 부상문화의 성격을 지닌다. 그러나 이런 새로운 형태들도 여전히 상업적 경향에 의해 지배되었다는 점에서 당시 새로 부상한 대중문화는 여전히 지배문화의 요소가 강했던 편이다.

반면에 저항문화는 갈수록 자본주의 문화와는 다른 대안적 근대문화를 형성하기 위한 변혁운동의 영향을 받으며 운동문화의 성격을 띠기 시작했다. 여기에도 새로 부상하는 문화가 포함되어 있었다. 그것은 1970년대까지 지배적이던, 문화 생산자와 소비자, 서로 다른 장르들을 분리해오던 관행을 무너뜨리며 문화적 활동에 대중을 적극 참여시키는 새로운 실천이 등장한 점과 깊은 관련을 맺는다. 이런 경향은 물론 사회변혁운동이 폭발적으로 전개된 1980년대 이후에 더욱 분명하게 드러나는데, 사회주의 이념이 운동문화와 저항문화에 스며들면서 해방 이후 한국전쟁을 거치는 과정에서 소멸된 사회주의 리얼리즘의 미학적 전통이 복원되기 시작한 것이 이런 경향의 확대에 중요한 계기로 작용하였다. 이 시기 운동문화는 공식적인 관변 지배문화는 물론이고 자본주의적 대중문화와도 경쟁을 하면서 대안적 공간을 창출하기도 한다.

이상 간단하게 소묘한 것만으로 1980년대까지의 문화변동을 설명할 수 있는 것은 아니다. 문화는 통상 문화라고 인식되는 영역에만 국한되는 것이 아니라, 넓게 보면 삶의 방식, 삶의 결을 가리킨다. 하지만 여기서는 이런 넓은 의미의 문화를 포괄하지는 못하고 논의의 초점을 맞추기 위해 대상을 선별할 수밖에 없었다. 이런 점을 고려한다고 하더라도 위에서 언급한 문화적 변동은 문화정체성 형성에 어떤 관련이 있었던 것일까?

해방 이후 지배적 전략에 의해 문화정체성은 관변의 민족문화에 의해 규정되고 있었지만 1970년대를 거치며 유신독재에 대한 항거와 특히 1980

년대에 사회변혁 운동이 전개되면서 한국인의 단일한 문화적 정체성은 더 이상 대중의 지지를 받지 못하게 되었다고 해야 할 것 같다. 1980년대는 청년세대가 지배문화와 차별되는 대안문화를 형성하는 데 열중했으며, 그때까지 남한 사회에서 통용되던 민족적 문화정체성에 계급적 정체성이 포함되는 변화가 일어난 시기다. 이로써 한국사회는 19세기 말 이후 저항적이고 독립적 기획으로 추진되다가 해방 이후 지배적 위치에까지 오른 민족문화 기획이 풍부해짐과 동시에 분열되는 양상을 보인다. 풍부해졌다는 것은 관변의 공식문화로 제시되던 민족문화의 왜소한 모습이 민중문화의 토양과 접목하면서 다양해질 수 있었다는 것을 말하고, 분열되었다는 것은 이제는 민족문화가 통일성을 갖는다기보다는 계급적 처지에 따라서 각기 다른 모습을 가질 수도 있다는 점이 분명해지고, 단일 민족이라는 가상(假像)이 더 이상 일방적으로 지배하지는 않게 되었다는 것을 말한다.

1990년대 이후
한국의 문화지형

지난 15년 정도에 걸쳐 한국사회는 새로운 변동을 겪는다. 이 시기 한국사회는 30년 가까이 지속해온 군사독재 체제를 해체하고 지방자치 제도를 되살려 형식적 민주주의를 강화하는 정치적 진전을 이루었으며, 경제적으로도 국내총생산이나 국제 무역수지 규모로 세계 12위에 이를 정도의 발전을 이루었다. 한국은 아직 분단 상태에 놓여 있고, 이 결과 통일된 민족국가의 위상을 구축하지 못하고 민족문제를 안고 있는 것이 사실이다. 하지만 정치경제 측면에서 보면 누가 뭐라 해도 고도로 발달한 자본주의 사회다. 복잡한 국내 시장 및 국제 교역망을 가지고 있고, 엄청나게 크고 또 정교한 생산 설비를 지닌 고도의 생산체제를 보유하고 있으며, 이런 생산에 필요한 인간주체들을 양성하고 훈육하는 다양한 사회적 장치들을 가동하고 있는 것이다. 발달한 사회가 요구하는 인간과 상품을 자체적으로 생산하는 장비, 체제, 제도를 구비한 한국은 한마디로 발달한 근대 자본주의 사회다. 한국이 이런 '발전'을 이룬 것은 지난 100여 년에 걸쳐 근대화 과정을 거쳐 누적한 성과이지만 여기서는 1990년대 이후 발생한 사회 변동과 그에 따라 형성된 문화지형에 주목하고자 한다. 특히 다음의 변동사항들을 언급하고 싶다.

1) 1990년대 한국은 현실사회주의 붕괴와 관련된 사회적 변동을 경험한다. 이 변동은 자본주의적 근대를 추진하는 지배세력과 사회주의적 근대를 지향하는 진보세력간의 힘 겨루기가 지속되던 1980년대의 그것과는 질적으로 다른 것이다. 사회주의 붕괴로 80년대 변혁운동은 힘을 상실했고, 진보진영도 해체를 거듭했다. 대안 사회를 지향하는 세력이 위축되고 자본주의체제에 대한 도전도 약화되자 한국사회는 1990년대에 새롭게 구성된 국제질서로 쉽게 편입되었다. 미국이 주도하는 '신세계질서'와 신자유주의 세계화의 물결에 휩쓸린 것이다. 세계화는 국내시장의 개방을 의미한다. 1995년 WTO에 가입하면서 농산물 시장을 개방한 것은 그 때문이며, 이 개방 추세는 1996년 OECD 가입과 이후 미국, 일본, 칠레 등과의 투자협정 체결을 추진하면서, 그리고 특히 1997년의 외환위기로 구제금융을 받게 되어 IMF의 강요에 의한 신자유주의 정책을 대대적으로 도입하면서 사회 전반에 확산, 심화되고 있다. 구조조정, 민영화, 대량실업 및 비정규직 급증에 따른 '20 대 80 사회'의 형성 등 새로운 사회적 문제가 대거 등장한 것은 이 결과다.

2) 한국의 1990년대는 80년대 변혁운동의 성과를 톡톡히 맛본 시기다. 군사독재에 의한 권위주의적 사회통제가 이완되고, 1993년의 문민정부, 1998년의 국민의 정부 출범으로 형식적 민주주의가 도입된 것이 대표적 사례다. 사회 민주화도 제법 진척되었다. 30여년 만에 지방자치제도가 다시 도입되어 풀뿌리 민주주의가 살아났고, 80년대에 뿌리를 내린 노동운동, 농민운동, 빈민운동 이외에 환경운동, 여성운동, 문화운동 등 '신사

회운동'이 등장하면서 민중운동 이외에 시민운동도 활성화했다. 이 변화는 문화의 측면에서도 매우 중요하다. 국가에 의한 직접적 문화통제가 크게 줄어들며 자율적 공간이 마련되는 계기가 된 것이다. 국가의 문화 감시나 통제가 줄어든 것이 군사정권하의 국민동원체제가 사라진 것과 관련이 있음은 두 말할 필요 없을 것이다. 하루아침에 문화적 자유가 보장된 것은 물론 아니다. 과거처럼 사상의 자유를 감시하는 이데올로기 통제는 어느 정도 약화되었지만 시민사회가 형성되기 시작하면서 시민사회내의 보수와 진보간의 대립이 나타나고 이 결과 새로운 문화적 통제장치가 개발되는 경향도 있다. 청소년보호법, 정보통신법 등의 법률 제정이 그런 사례로서, 이는 과거와는 다른 종류의 사회통제가 이루어지기 시작했음을 보여준다.

3) 냉전 종식과 함께 새로운 세계질서가 펼쳐진 1990년대 이후 한국은 중국, 러시아 등과 수교를 하는 등 그동안 적대시하던 사회주의권과 교류를 시작했고, 특히 국민의 정부가 햇볕정책을 펼치면서 북한과도 어느 정도 관계 개선을 이루었다. 이는 해방 이후 한국사회를 지배해오던 분단 상황에 일정한 변화가 일어났음을 의미하며 남북한간의 실질적 교류가 시작되는 계기가 되었다. 이 교류는 아직은 정부인사나 이산가족 등 특수한 계층에 국한되어 충분하지는 못하다. 하지만 80년대 말까지 북한과의 접촉을 남한 체제의 거부로 여기고 국가보안법으로 처벌한 것에 비추어 보면 민족 내부에 존재하던 불안, 불신, 적대가 어느 정도 해소되고 남북간 실질적인 교류가 현실화되리라는 희망이 만들어진 것은 분명해 보인다. 문화의 측면에서 볼 때 이 변화는 민족문화 기획의 새로운 가능성을 열었으며, 이 기획은 이제 당위가 아닌 실질적 과제로 떠오르고 있다. 남북간의 교류, 탈북자 및 연변 동포의 국내 입국으로 민족 내부의 인구이동이 일어나면서 동포와의 협력이나 차별 문제 등 전에 없던 갈등이 민족적 문화정체성의 균열을 일으킬 가능성이 높아졌기 때문이다.

4) 1990년대를 시점으로 한국사회는 소비자본주의가 급속도로 발전하

기 시작했다. 여기에는 몇 가지 이유가 작용한다. 우선 80년대의 이데올로기 운동을 주도하던 소위 386세대가 시장으로 진출하고, 90년대의 신세대는 이데올로기 투쟁보다는 '욕망의 정치'에 더 많은 관심을 기울였다는 점을 들 수 있다. 1970년대 이후에 출생한 신세대는 한국 자본주의가 제대로 가동되기 이전에 태어난 386세대와는 달리 자본주의화가 많이 진척된 이후에 태어나 소비 생활이 몸에 배여 있으며, 개인주의적 성향이 강한 반면 정치적인 집단적 유대는 약한 특징을 지닌다. 이들이 성년이 된 1990년대 이후 한국사회는 형식적 민주주의가 도입되기 시작하여 사회의 민주적 분위기가 조성된 데다가 1987년 이후 매체시장이 급격한 성장한 새로운 문화적 환경에 놓이게 되었다. 신문이나 잡지의 창간과 증면이 이루어지고, 케이블 텔레비전이 보급되고, 공중파방송이 늘어난 것이 이때다. 이런 매체 환경의 변화는 우리 사회가 과거처럼 표현을 막거나 줄이기보다는 늘이되 관리하는 쪽으로 대중을 장악하는 전략을 따르고 있음을 보여준다. 지배이데올로기 비판에 전념하던 80년대 운동권이 금욕의 태도를 보인 반면 『신세대 네 멋대로 해라』라는 책제목이 말해주듯 신세대가 욕망의 자유로운 표현을 중시하는 경향을 보인 것은 이 결과다. 이와 함께 이른바 1986-8년의 '3저호황'이 끝난 것도 신세대의 출현과 소비자본주의의 확산에 중요한 요인이 된다. 1990년대 초에 이르러 한국 자본주의는 과잉생산의 조짐을 보이기 시작하고 이 결과 생산보다는 소비를 조장해야 할 필요가 생기게 되었다. IMF의 구제금융으로 긴축 경제가 실시되었음에도 불구하고, 그리고 언론이 때만 되면 과소비를 비난함에도 불구하고 소비가 여전히 왕성한 것은 과잉 생산된 상품의 소비가 더 절박하게 요청되기 때문일 것이다.

5) 지난 15년 동안 한국사회는 일상생활에 직접 영향을 미치는 과학기술의 발전을 경험하였다. 1980년대 말 이후 대중매체가 확산된 것도 이와 무관하지 않다. 매체시장의 확장은 새로운 매체, 즉 새로운 기술을 요청하는 뉴미디어의 발달이 가져온 결과다. 특히 중요한 것이 컴퓨터 공학과

디지털 기술의 발달, 이에 따른 통신기술 및 인터넷의 광범위한 보급 현상으로 나타난 사회의 정보화 경향이다. 컴퓨터 공학에 기반을 둔 디지털 기술은 물질의 물리화학적 조건, 즉 정보의 아날로그 처리방식을 뛰어넘는 새로운 물질 처리 방식을 인간의 표현영역 안으로 끌어들여 이전에는 불가능했던 텍스트, 이미지, 동영상 등의 구성을 가능하게 했다. 디지털 영화, 애니메이션, 컴퓨터 게임, 비디오게임, 핸드폰, 인터넷 등 다양한 기기와 매체들이 등장한 것은 이런 정보기술의 발전 결과이며, 현대사회를 특징짓는 이미지 범람현상 역시 그 결과다.

　이상 언급한 변동들로 한국의 문화지형은 어떻게 바뀌었을까? 1990년대 문화지형에도 잔존, 지배, 부상, 저항의 지위를 차지하는 특정 문화들 간의 세력 변화가 있었다. 오늘 민족문화는 부분적으로는 지배문화이지만 그것을 구성하는 전통문화의 상당 부분은 잔존문화가 되었으며, 1980년대에 저항적 부상문화로 등장한 민중문화도 상당 부분 잔존문화로 뒤쳐진 것 같다. 해방 이후 지배문화 위상을 누려오던 근대적 예술장르에도 큰 변화가 생겼다. 이 서구적 근대문화는 아직은 잔존문화로 분류되지는 않을지 모르나 과거의 지배적 위상을 더 이상 누리지 못하고 수세적 처지로 돌아선 것으로 보인다. 근대예술의 지위에 이런 변동이 생긴 것은 근대미학 체계가 과거와는 달리 지배적인 미학적 이데올로기로 역할을 할 수 없게 되었다는 증거가 아닐까 한다. 근대미학은 문화예술을 분과체제로 편성하고 각 장르간 자율성을 강조하는 특징이 있는데 1990년대 이후 한국에는 문화예술의 그런 자율성 유지가 어려운 문화지형이 형성되었다.

　현단계 문화를 지배하는 가장 중요한 코드는 아마 '대중성'일 것이다. 대중성이 중요해진 것은 신자유주의 세계화의 결과 시장의 논리가 문화를 지배하기 시작한 결과이기도 하다. 어느 것이 더 나은가, 더 바람직한가 보다는 어떤 문화형태가 더 인기가 있는가, 더 잘 팔리는가가 문화의 가치를 가늠하는 척도가 되면서 생긴 변화다. 문화가 이처럼 경제논리의 지배를 받으면서 과거 지배문화로 군림하던 고급문화는 후퇴하거나 생존을 위해 어느 정도 상품화를 수용해야 하는 신세가 되었다. 고급문화의 주요 영역인 문학 분야에서 본격문학에 속하는 '민족문학'보다는 판타지문학과 같은 대중적 장르가 인기를 끌고 있는 것이나 『오페라의 유령』과 같이 100억이나 투자하여 아예 문화시장에서 승부를 거는 시도가 나오는 것이 단적인 예다. 오늘날은 자본주의 대중문화, 특히 대중매체를 기반으로 하며 상업적 성공을 거두고 있는 문화가 지배문화의 지위를 누린다.

새로운 부상문화도 있다. 대중문화의 특정한 영역에 등장하고 있는 매니아문화, 언더그라운드 문화 등이 그 예다. 이들 부상문화의 출현에는 컴퓨터, 핸드폰, 비디오, 애니메이션 등 새로운 감수성 표현을 가능하게 하는 기술과 매체가 큰 작용을 하고 있다. 그리고 오늘 부상문화의 특징은 종류가 다양하다는 것이다. 소위 신세대의 출현, 청소년 문화의 확산 속에 수많은 대안문화, 하위문화, 소수문화가 형성된 데 따른 결과일 것이다. 인터넷 동호회에 등장하는 자살사이트나 폭주족, 혹은 동성애나 트랜스젠더의 커밍아웃 현상 등이 그런 예인데, 이런 새로운 문화의 증폭은 자본주의 대중문화가 내부에서 분열을 일으키는 증거로 보인다. 하지만 그렇다고 자본주의 대중문화가 위기에 처한 것은 아니다. 수십만, 수백만 장의 레코드나 CD가 팔리고, 수십 만, 수백 만 아니 거의 천만에 육박하는 관객을 모으는 블록버스터형 영화가 뜨는 데서 보듯이 문화산업이 급성장하면서 자본주의 대중문화는 놀랄 정도로 그 규모를 키워가고 있다. 자동차 1천3백만 대, 개인용 컴퓨터 보급 1천5백만 대, 핸드폰 사용자수가 3천만 명이 넘는 상황이 말해주듯 바야흐로 소비자본주의 천국이 전개되는 가운데 대중문화 역시 그만한 복잡성을 가지게 된 것이다.

이상의 논의를 종합할 때 1990년대 이후 한국은 사회주의 붕괴, 세계화의 진행, 형식적 민주주의 도입, 소비자본주의의 강화, 나아가서 새로운 표현기술의 등장이 새로운 문화적 변동을 일으키고 있다고 하겠다. 이제 이 새로운 문화지형이 문화정체성과 관련하여 어떤 의미가 있는지 살펴봐야 할 차례다. 최근에 등장한 새로운 문화지형은 한국인의 문화정체성 형성에 어떤 조건으로 작용할 것인가? 정보기술의 발달로 인터넷이나 핸드폰 사용자 수가 급증하고, 새로운 감수성을 지닌 신세대가 출현하고, 동성애자 등 소수문화 주체들이 새롭게 등장하고, 기존의 노동운동과 통일운동 이외에 여성운동, 환경운동 등 신사회운동이 일어나고 있는 지금 한국인의 정체성은 어떤 방향으로 변동하게 될까?

정체성이 변동한다는 것은 기존의 정체성이 동요함을 의미한다. 기존의 정체성이 동요하는 것은 물론 이미 언급한 변동 요인들과 관련이 있다. 하지만 문화정체성의 동요를 좀더 근본적 관점에서 고찰하면 인간의 존재 방식의 변동, 나아가서 인간적 존재 자체의 변동 가능성과 관련되어 있는 것이 아닐까 싶다. 즉 지금 정체성의 동요가 문제로 떠오른 것은 오늘 사회가 '문명의 대전환'에 해당하는 급격한 변화를 겪기 때문이 아니냐는 것이다. 문제의 전환에는 앞에서 잠깐 언급한 기술, 좀더 분명히 기술문명의 발전이 포함된다. 현재 인류는 그 의미를 짐작하기 어려울 정도의 엄청난 기술 혁명을 이루었다. 최근 완성된 게놈 프로젝트가 보여주듯 바야흐로 생명복제까지 가능하게 만든 이 기술문명의 대두는 아무리 줄잡아 말해도 의미심장한 변화가 아닐 수 없다.

통상 개인의 정체성은 자신이 유일무이한 존재라는, "오직 나만이 나"라는 관념에서 형성된다. "나는 생각한다, 고로 존재한다"라는 데카르트의 유명한 명제에 등장하는 '생각하는 나'가 그런 경우다. 여기서 '나'는 남과 구분되는 자기이며, 자기 동일성을 지닌 존재다. 물론 이런 식의 정체성 규정은 본질론적이고 실체론적인 것으로서 섣불리 수용할 것은 아니지만 역사적으로는 큰 힘을 발휘해왔다. 데카르트식의 인간 정체성 이해가 근대적 사고를 지배해온 것이다. 최근의 변동은 이런 근대적 정체성 이해가 무너지면서 새로운 탈근대 상황으로 전환되고 있다는 느낌을 갖게 만든다. 기술문명의 발전과 함께, 그리고 그로 인해 확산되는 생명공학, 컴퓨터공학, 나노기술, 정보기술과 함께 근대 과학에서 통용되던 물질적 구분 기준이 크게 흔들리고, 인간이 세계는 물론이요 우주의 중심이라는 관념도 휴머노이드(humanoid) 출현 가능성을 맞아 흔들리고 있다.

문명의 전환은 과학기술의 발전에 의해서만 초래되는 것은 아니다. 기술발전과도 관련된 생태위기가 우리 앞에 도사리고 있다. 생태위기는 인간이 지구자원을 고갈시키고, 기후환경까지 뒤흔듦으로써 만들어낸 문제로서 인류의 생존가능성 자체를 불투명하게 만드는 문제다. 이런 문제가 등장했다는 것은 우리가 지구상에서 살아온 방식에 문제가 있다는 말이다. 생태위기는 인간의 존재 방식, 삶의 방식, 나아가서 정체성에 심각한 도전인 것이다. 물론 이로 인해 반성적 사고가 가능해진 것도 사실이다. 그동안 인간이 지구를 지배하는 특권적 존재라고 하는 인간중심적 사고에 대한 제동이 걸리고, 지구의 생명공동체와 인간의 공존을 추구하는 생태적 사고가 필요해졌기 때문이다. 그러나 이 필요성은 우리가 새로운 상황에 처했다는 것을, 그리고 그에 따라서 새로운 정체성을 요구하게 되었다는 것을, 따라서 기존의 정체성과는 다른 방향으로 우리의 정체성을 형성해야 한다는 것을 의미한다. 생명까지 복제하는 과학기술의 출현, 이와 연동한 생태위기의 등장에 반성이 필요하다는 것은 인간이 앞으로 생존하기 위해 새로운 지혜와 전략을 구사해야 함을 의미한다. 문화정체성을 형성하는 전략 역시 이런 문명의 대전환이라는 조건을 고려하지 않을 수 없다.

신자유주의 세계화와 민족문화의 위기

방금 한 논의와 관련하여 분명히 할 점이 있다. 문명의 전환은 과학기술이나 자연환경의 변화와 함께 일어나지만 이 변화는 사물의 객관적, 물리적 변화에 국한되지 않고, 앞에서 언급한 사회적 변동과 함께 나타난다는 점이 그것이다. 한국의 문화정체성을 바람직한 문명 발전의 방향으로 설정하기 위해서는 이 조건을 정확하게 이해하고 바람직한 사회발전 방향을 모색하는 것이 중요하다. 이를 위해 문화정체성 형성에 전에 없는 압박을 가하고 있는 최근의 사회적 정세를 살필 필요가 있다. 특히 주목할 정세가 신자유주의 세계화다. 문화정체성 구성과 오늘의 세계화 흐름은 어떤 관련이 있을까? 신자유주의 세계화가 진행되면 문화정체성에는 어떤 변동이 생길까? 무엇보다도 민족문화가 새로운 변동 조건을 맞게 된다는 점을 강조하고 싶다.

근대사회의 특징 하나는 갈수록 개별 사회가 고립하여 독자적으로 존립하지 않고 복잡한 국제교류를 통해 살아간다는 점이다. 이 결과 근대사회에서는 문화적 정체성을 형성하거나 보존하는 일이 과거 어느 때보다 중요해졌다. 지난 100년 정도 동안 우리 사회에는 민족문화가 가장 중요한 문화적 기획으로 등장하였으며 최근에 들어와서 이 기획이 위험에 처하게 되었음을 앞에서 언급하였다. 근대에 민족문화 기획이 문화정체성 형성의 주요 전략으로 등장한 것은 근대의 세계체제가 민족국가들의 국제적 관계로 형성되어 왔기 때문이다. 민족국가들의 관계로서 세계라는 관념은 세계를 경계를 지닌 단위국가들의 총합으로 인식하게 만들며, 이런 세계는 개인과 집단을 예외 없이 특정한 국가, 즉 민족국가에 귀속시킨다. 자국 여권이 없으면 세계여행을 할 수 없는 것은 이 때문이다. 하지만 이런 조건은 개인들로 하여금 특정한 문화권에 속하도록, 특정한 문화정체성을 갖도록 만드는 효과도 있다. 근대사회는 특정 지역에 뿌리박고 사람들이 공유하는 집단적 정체성과 이에 근거한 문화를 바탕으로 구성되는 것이다.[6] 그러나 역사가 보여주듯 이 정체성 유지는 결코 쉬운 것이 아니다. 지구상에 존재해온 문화공동체가 가장 많이 사라진 시기가 바로 근대다. 이는 근대성이 충격적이고 폭력적인 교류를 수반하며, 자신의 문화적 정체성을 자율적으로 구성, 보존하는 능력을 갖지 못한 문화들을 소멸시키는 힘으로 작용하기 때문에 생기는 결과다. 오늘 이런 힘은 어떤

---

6) John Tomlinson, *Globalization and Culture* (Cambridge: Polity Press, 1999), p. 101.

방식으로 작동하고 있는가?

　신자유주의 세계화와 함께 민족의 집단적 정체성 유지는 갈수록 어려워지고 있다. 우선 민족문화를 형성하는 조건들이 크게 약화되었다. 민족문화는 민족언어, 민족시장, 민족국가 등의 기반을 전제하는데 신자유주의 정세가 이들 기반을 뒤흔들고 있는 것이다. 민족언어의 약세는 최근 들어와서 전세계로 번지고 있는 영어제국주의 현상 때문이다. 대체로 언어는 지역 특수적인 특징을 가진다. 이는 언어가 특정한 공간을 공유하는 사람들이 오랜 기간 동안 습득해야 사용할 수 있기 때문이다. 하지만 최근 들어와서 문자매체가 과거의 지배력을 상실하며 과학기술의 발달로 개발된 무수히 많은 매체들과 경합을 벌여야 하는 상황이 됨으로써 언어가 주로 이질적 문화들의 경계를 규정하던 시대는 끝난 것으로 보인다. 이미 영화, 사진 매체가 등장한 20세기 초부터 문자문화의 중심성은 무너지기 시작했지만, 20세기 후반에는 텔레비전, 비디오가 등장하고 최근에는 디지털 기술이 확산함으로써 무수히 많은 동영상 이미지가 만들어지고 있다. 이미지의 특징은 문자매체와는 달리 쉽게 문화적 경계를 벗어나 유통될 수 있다는 점이다. 이는 민족문화 기획이 다시 위기에 처한다는 말이기도 한데, 신자유주의 세계화로 인해 이런 기술적 변동은 이제 더 큰 힘을 발휘하게 되었다.

　신자유주의 세계화는 전세계에 투자협정, 자유무역협정과 같은 국제협정들을 탄생시킨다. 이들 협정이 문제가 되는 것은 국민국가의 민족문화 기획을 허용하지 않는 내용이 포함되어 있기 때문이다. 투자협정의 핵심 쟁점 하나는 '로컬 콘텐츠'(local contents)에 대한 규정이다. 미국은 1994년에 발표한 양자간 투자협정의 〈표준문안〉(prototype)에서 의무이행 강제의 금지조항(6조)을 두고, "어떠한 수준 혹은 비율의 내국 생산량을 달성하도록 하거나 혹은 국내에서 생산되거나 어떠한 형태로든지 국내에서 비롯된 상품 또는 용역을 구매하거나, 사용하거나 다른 형태로 특혜를 주도록 하는 조건"을 포함할 수 없도록 규정하고 있다. 이 조항을 준수할 경우 "극장업에 투자한 투자가에게 한국 정부가 '영화진흥법'에 의거 영화 산업 보호를 위해 부과한 국산영화 의무상영 일수라는 '현지 생산물'(local contents) 사용 의무를 부과할 수 없다."[7] 1998년 한미 양자간투자협정 체결을 추진하는 과정에서 미국 측은 바로 이 조항을 들이밀며 한국의 스크린쿼터 제도 철폐를 요구했다. 한국 영화인들이 현지 생산물의 의무적 사용이 금지될 경우 한국영화의 설 자리가 사라지고, 민족문화도 발전의 토대를 잃는다고 반발하여 일단 살려놓긴 했지만 신자유주의 세계화의 진행 여하에 따라 이 민족문화 옹호장치로서 스크린쿼터제도는 언제 철폐될지 모른다.

신자유주의 세계화로 강화되는 문화시장 개방 압박 앞에 '로컬 콘텐츠' 의무 사용은 갈수록 어려워진다. 그러잖아도 지금은 초국적(trans-national) 운동을 자유자재로 하는 다양한 매체들을 활용하는 문화산업이 갈수록 위력을 발휘하고 있다. 문화산업이 세계시장을 겨냥하고, 투자원이 다양해지게 되면 '로컬 콘텐츠' 보존은 갈수록 어려워질 수밖에 없다. 문제는 이로 인해 자율적인 민족문화 보존과 형성도 어려워진다는 것이다. 로컬 콘텐츠는 다양한 종류의 자본이 투자된 문화적 산물의 문화적 귀속을 규정하는 핵심적 기준이다. 투자협정, 자유무역협정 등 초국적자본의 이익을 대변하며 현재 추진중인 신자유주의적 국제 협정의 취지 대부분은 이런 기준을 국민국가가 결정할 수 없게 하자는 것이다.

이런 상황에서 문화정책은 어떤 전략을 세워야 할 것인가? 개방된 세계에서 자율적인 문화정체성보다는 차라리 민족문화의 정체성을 포기하는 것이 나을까? 인터넷에 의한 세계문화와의 접속이 갈수록 쉽게 일어나고 있는 가운데, 한국어보다 영어에 대한 교육이 더 열기를 띠고, 일각에서 영어공용어론이 나오고 있는 것을 보면 문화정체성을 포기하려는 움직임이 전혀 없는 것도 아니다. 하지만 여기서 '포기'가 문화정체성 자체의 포

---

7) 이해영, 「신자유주의적 지구화와 한미투자협정(BIT)」, 원용진, 유지나, 심광현 편저, 『스크린쿼터와 문화주권』, 문화과학사, 1999, 159-60쪽.

기는 아님을 인식하는 것이 중요하다. 어떤 경우에도 문화정체성이 사라지는 법은 없다. 문화정체성은 변화할 뿐이며, 이때 문제가 되는 것은 그것이 어떻게, 어떤 방식으로 구성되는가 하는 것이다. 영어공용어론은 현재 한국의 문화정체성을 다른 것으로 대체하자는 것인데, 이때 과거의 지속을 어떻게 할 것인가, 어떤 종류의 정체성이 바람직할 것인가 등이 문제가 된다. 신자유주의 세계화는 자본의 자유로운 이동을 의미하며, 국민시장의 개방과 초국적 현상의 증대를 의미한다. 이는 곧 민족문화 전통을 해체하라는 압박이기도 하다. 어떻게 해야 할 것인가? 우리가 관심을 가져야 할 것은 과연 새롭게 만든 문화정체성이 거기에 귀속된 사람들의 자율성을 더 많이 보장해주고, 세계문화의 다양성에 기여할 것인가 하는 점이다. 그리고 앞에서 본 대로 문화지형의 역동성이 지배문화, 잔존문화, 부상문화, 저항문화의 관계에 의해 결정된다면 과연 민족문화의 포기가 그런 역동성의 유지로 이어질 것인가 하는 점도 있다.

역사적 실정성으로서
문화정체성

현단계 문화정체성 구성과 관련하여 생각할 점은 어떻게 하면 오늘 우리가 지니고 있는 정체성을 유지할 것인가 하는 것만은 아니다. 문화정체성은 역사 속에서 형성되며, 고정되어 있지 않다. 중요한 것은 오늘 지배문화의 성격과 경향, 방향을 바꾸는 데 있다. 지배문화가 잔존문화를 완전히 배격하고, 소수문화를 억압하는 경우, 나아가서 비민주적 원칙에 의해서 영향을 받을 경우, 지배문화는 한국의 문화적 정체성을 바람직한 방향으로 끌고가지 못한다. 호혜와 공존을 불가능하게 만들고, 비민주적 관행을 지속시키고, 대중의 자발적 욕구와 욕망을 억압으로 통제하고, 창의적 능력의 발현을 막는 방식으로 작동한다면 그런 지배문화는 저항을 받아 마땅하고 하루 빨리 더 민주적이고, 더 창의적이고, 더 자발적인 문화적 원칙에 의해서 새롭게 구성되어야 한다. 우리에게는 문화적 정체성이 더 창의적이고 민주적이고 자유로운 모습을 띠게 할 의무가 있다. 이를 위해 무엇을 해야 할 것인가? 전략을 세워야 한다. 그러나 그 전에 먼저 '문화정체성'의 개념을 분명하게 설정할 필요가 있다.

문화정체성을 역사적 선험(先驗)(historical *a priori*)으로, 혹은 역사적 실정성(historical positivity)으로 이해할 필요가 있다고 본다. '역사적 선험'이라고 하는 것은 문화가 역사를 뛰어넘은 초월적 실체나 본질, 혹은 질서인 것은 아니지만 역사 속에서 이미 주어진 조건으로, 즉 구체적인 사회적 질서에 속한 사람들에게 선험적 조건으로 존재한다는 것을 가리키는 말이다. 그리고 '역사적 실정성'은 문화적 정체성이 상이한 문화들의 관계망 속에서 어떤 한 문화가 다른 문화들과 차이가 있기 때문에 생기는 효과나 결과인 것만은 아니고, 이 결과와 효과가 역사 속에서 구체적인 물질성을 가지고 등장함을 가리킨다.[8] 문화정체성은 역사 속에서 선험적 질서로 나타난다. 한국인의 문화적 정체성을 생각하면 이 점이 분명해진다. 나 개인에게도 한국인의 문화정체성이 분명히 있다. 하지만 이 정체성은 한국 역사 속에서 구성된 것이며, 나 개인의 경험에 앞서 존재한다. 사람들을 만나 허리를 구부리며 인사를 하고, 서로 존대나 하대를 하며, 김치와 된장이 포함된 식단에 집착하고, 단군왕검의 이야기를 알고, 유교적 또는 불교적 관념을 가지고 있는 것은 내가 독자적으로 창조한 결과가 아니다. 문화정체성이 선험적 조건으로서 존재한다는 것은 이런 의미다. 이 정체성이 선험적이라고 하는 것은 나의 경험을 미리 규정하기 때문이다. 아울러 분명히 할 것은 이 선험은 '역사적'이라는 사실이다. 선험이라고 해서 경험 일반을 초월하는 것은 결코 아니다. '역사적 선험'이라는 표현을 사용하는 것은 '선험'이 역사 과정 속에서만 작용을 한다는 것을 가리킨다. 문화정체성을 '역사적 실정성'으로 이해할 필요가 있다고 한 것은 이 때문이다. 문화정체성을 역사적 실정성으로 정의하는 것은 문화정체

---

8) '역사적 선험'의 개념에 대해서는 미셸 푸코, 『지식의 고고학』, 이정우 옮김, 민음사, 1992, 184쪽 참조.

성이 역사 과정 속에서 만들어지며 구체적인 물질성을 가지고 있다는 것을, 문화정체성은 본질론적 실체는 아니라 하더라도 역사적으로는 실체로 등장한다는 것을, 따라서 실증할 수 있는 역사적 구축물이라는 것을 의미한다.

문화정체성을 역사적 실정성의 견지에서 이해하자는 것은 한편으로는 정체성을 초역사적 실체나 본질로 보지 말자는 것이다. 문화가 역사 속에서 이루어짐을 생각하면 문화정체성을 역사를 초월하는 본질로 보는 것은 근거 없는 관념이다. 다른 한편 '역사적 실정성' 개념은 정체성을 차이의 결과로만 이해하는 관계론적 정체성 정의와도 다르다. 관계론적 정의는 정체성을 본질이나 실체로 보는 것을 비판하기 위해 차이의 결과로만 파악한다. 한국의 문화적 정체성이 다른 사회의 문화적 정체성과의 차이 때문에 나름의 특수성을 지닌 것은 분명하다. 하지만 그런 차이를 인식한다는 것은 차이를 만들어내는 근거가 있다는 말이기도 하다. 이런 점에서 단순히 차이의 결과로 정체성이 만들어진다고 보는 관점은 형식 논리에 그치며, 차이를 만들어내는 역사적 실체가 있다는 점을 놓쳐버릴 수 있다. 이런 점에서 관계론적 관점은 부분적으로만 수용하면서, 문화적 정체성을 역사적 선험 혹은 실정성으로 보는 관점을 주로 취할 필요가 있다.

이런 주장은 한국의 문화는 일본이나 중국, 나아가서 유럽이나 아프리카의 특정한 사회의 문화와 다르기 때문에 나름대로 정체성이 있다고 인정하기는 하지만, 이 정체성은 결코 역사를 초월한 실체가 아니라 역사 속에서 구성되는 실체라는 것이다. 한국의 문화적 정체성은 차이의 형태로 존재하지만, 그것이 존재하려면 반드시 역사 속에서 특정한 특징들을 지닌 실체로 구성되어야만 한다. 이런 관점에서 볼 때 품앗이와 같은, 한국의 문화적 정체성을 드러내는 특징적 전통과 관행은 한국에 고유한 관행, 즉 역사를 초월하여 한국사회에만 나타나는 것이라고 할 수는 없다. 물론 전통 한국사회에 호혜, 공존의 인간관계가 있었던 것은 사실이지만 품앗이와 유사한 공동체적 삶의 형태는 인류사회에 거의 공통적으로 확인된다. 따라서 중요한 것은 품앗이 관행이 한국 고유의 풍속임을 주장하는 일보다는 우리의 전통사회는 다른 전통사회와 역사적 조건이 어떻게 다르기에, 즉 우리가 어떤 특수한 역사를 전개해 왔기에 호혜적, 공동체적 삶의 방식이 품앗이라는 형태로 등장했는지 이해하고, 그 의미를 알아보는 일이다.

문화정체성이 '선험'으로 존재한다는 것은 개인들이 임의로 그것을 선택할 수 없다는 말이다. 품앗이 관행을 한 개인이 창안하지 못하듯이 나의 말하는 방식, 행동하는 방식도 내가 창안하지는 못한다. 이런 점에서 문화적 정체성은 '역사적으로 주어진다'고 할 수 있다. 그러나 문화정체성은 주어지면서도 구성되는 것이다. '주어진다'는 것은 산이나 강처럼 주어지는 것을 말한다. 산과 강은 인간의 문화로 구성한 것이 아니라 자연의 산물이다. 문화정체성은 이와는 달리 역사적인 구성물이다. 그것은 역사적 선험으로서 주어지지만 자연의 산물과는 달리, 그리고 초역사적 실체와는 달리 역사 속에서 구성되고 형성될 수 있다. 한국의 문화적 정체성은 인간이 한반도에 거주하면서 형성해온 결과다.

문화정체성이 이처럼 역사적으로 구성된다고 보는 것은 어떤 의미가 있는가? 정체성이 구성된다고 보는 것은 정체성의 사회적 주형(鑄型)이 가능하다는 인식이다. 어떤 것이 구성된다는 것은 고정되어 있지 않고 가변적이라는 말이다. 변화가능성의 여지가 있기 때문에 사회적 노력이나 기획 여하에 따라서 새로운 형태를 띨 수 있게 된다. 랩이나 힙합 음악에 심취하고, 인터넷에 몰두하고 있는 오늘 한국 청소년의 문화적 정체성은 수백 년 전 조선시대 청소년의 그것과 비교할 때는 말할 것도 없고, 심지어 수십 년 전 청소년의 정체성과 비교해도 커다란 차이가 있다. 그동안 문화정체성을 구성하는 사회적 조건이 크게 바뀌고, 새로운 문화환경이 작동한 결과다. 문화정체성이 이처럼 가변적이라는 것은 정책 대상이 될 수 있다는 말이기도 하다. 문화정체성이 정책 대상이 될 수 있는 것은 문화정체성이 역사를 초월한 본질이 아니라 역사 속에서 구축되는 역사적 실정성이기 때문임은 두말할 필요가 없다.

문화정체성의
구성 요소와 요인

문화정체성을 새롭게 구성하려는 정책 노력은 역사적으로 존재하는 문화정체성의 실정적 형태를 바꾸는 노력이다. 이 노력을 제대로 하기 위해서는 문화적 정체성의 역사적 실정성을 구성하는 요인들을 살피고 그 요인들의 상호관계를 새롭게 설정하는 방식을 연구하고, 나아가서 기존의 요인들 가운데 문화정체성 구성에 이제는 중요성이 떨어지는 것이 있는지, 혹은 새로운 요인들을 추가할 수 있는지 등을 따질 필요가 있다. 이 작업을 위해 그동안 문화적 정체성을 구성하는 주요 요인으로 간주되어온 것이 무엇인지 살펴봐야 한다.

문화적 정체성을 구성하는 주요 요인들은 무엇인가? 첫째 자연환경을 들 수 있다. 문화정체성은 구성되는 것이라고 했지만, 문화적 정체성을 구성하는 요인들 가운데는 주어지는 것도 분명히 있다. 삶에 자연이 가하는 규정, 지리적 제한 등이 그것이다. 이런 자연환경은 기본적인 삶의 조건으로서 인간의 생존에 근본적인 영향을 미친다. 가령 한국의 음식문화가 일본이나 중국과 다른 데에는 국내의 동식물 서식 및 재배 조건이 큰 요인으로 작용한다.

둘째 요인으로 전통을 들 수 있다. 전통은 과거의 관습, 습관의 지속 형태로서 문화적 정체성 구성에 일정한 제약을 가한다. 제사나 혼례 등 통과의례를 지내는 관습, 세시풍속은 아직도 일상 속에서 반복되어 나타나면서 우리의 정체성 형성에 영향을 미친다. 전통에는 설화, 전래 동화와 같이 공동체에서 개인들이 어릴 적부터 듣고 자라는 이야기들도 포함될 수 있을 것이다. 이런 이야기는 집단적 상상을 만들어내며 우리로 하여금 그 상상 세계 속에 노닐게 만든다. 전통을 통해 사람들은 한편으로는 일정한 지향을 지닌 관념 또는 상상 세계에 귀속하게 되고 다른 한편으로는 관습의 반복을 통해 신체적 습속을 얻게 된다. 한국인이 한국인인 것은 전통의 공유를 통해 삶의 이야기를 공유하고, 습관을 공유하며, 삶의 방식을 공유함으로써 문화정체성을 공유하기 때문이다.

셋째 요인으로 사회적 관계를 들 수 있다. 사회적 관계는 여기서 계급, 민족, 성, 지역, 직업, 세대 등의 차이와 이로 인해 사람들이 서로 맺게 되는 관계를 일컫는다. 한국인은 다른 민족이나 종족에 비해 상당히 오랜 기간 동안 '민족'으로 구성되었다고 할 수 있다. 한민족은 프랑스나 독일, 미국 등은 물론이고 중국이나 일본에 비하면 훨씬 이전에 한반도에서 통합된 삶을 유지해왔으며, 비교적 일찍부터 공통의 정체성 구성이 이루어진 것이다. 한국의 문화적 정체성이 다른 사회의 그것에 비해 민족적 성격이 매우 강한 것은 그 때문으로 보인다. 그러나 민족 요인 이외에도 문화정체성을 구성하는 사회적 요인들은 많이 있다. 계급, 성, 지역, 직업, 세대 등이 예들이다. 문화정체성은 이런 사회적 관계들의 부분적, 복합적, 그리고 종합적 상호작용에 영향을 받을 수밖에 없다. 예컨대 몇 해 전 서울 압구정동에 출현한 '오렌지족'의 경우 성, 계급, 지역, 세대의 요인들이 특수 조합을 이룬 문화정체성을 가졌다고 할 수 있다. 고급 승용차를 타고 록 카페나 고급음식점에 드나드는 이들 오렌지족의 민족정체성이나 계급정체성이 영등포시장의 소주방에 몰려드는 구로동의 청소년과 같다고 할 수 있을까? 서울의 강북과 강남에 거주하는 청소년 하위문화는 거주 지역별 소득, 교육 전망 등 사회적 조건의 차이로 인해 구별된다는 분석이 있다. 9)

문화정체성의 구성 요인이 자연환경, 전통, 사회적 관계에 국한되는 것은 아닐 터다. 최근 세계화되는 국제적 환경, 그리고 미디어 환경 등도 중요한 고려 사항이 될 수 있다. 그러나 이 연구의 목적은 이들 요인들을

---

9) 김상우, 「어떻게 힙합이랑 복고랑 같이 다녀요?」, 『문화과학』 25호, 2001년 봄, 187-99쪽.

모두 적시하여 그 관계들을 따지고 나아가서 이들 요인들의 관계로 인해 만들어지는 모든 효과의 전모를 살피는 것보다는 그 구성 요인들이 관계를 맺는 방식, 그 결과 문화정체성이 구성되는 방식을 살피는 것이다. 이 맥락에서 '가족적 유사성'이라는 개념을 생각해볼 필요가 있다. '가족적 유사성'은 철학자 루드비히 비트겐슈타인의 개념으로서, 한 가족의 성원을 한 사람씩 살펴보면 모두 서로 다르지만, 그런 차이에도 불구하고 하나의 가족 구성원들은 다른 가족과는 구분되는 어떤 유사성을 지니는 있다는 것을 설명해준다.

한국의 문화정체성도 이런 가족적 유사성의 견지에서 이해할 수 있겠다. 서로 다른 가족 구성원들이 하나의 가족으로 묶일 수 있는 것은 서로 겹치는 요소들이 있고 이들 요소들이 서로 연결하여 '오륜기'처럼 일정한 매트릭스를 형성하기 때문이다. 이 매트릭스는 요소들이 모여 짜인 것이라는 점에서 직물(texture)과 같다. 이 직물은 한국인이 집단적으로 만들어내는 삶의 결 또는 양식이며, 이 결 또는 직조의 특징이 정체성을 구성하는 주요 요소가 될 것이다. 이런 삶의 결을 이루는 요소는 당연히 많다. 좁게는 예술, 학문, 기술 등이 있고, 넓게 보면 의식주, 남녀간을 포함한 인간관계 맺기, 언어 또는 시간의 사용 방식 등 일상의 모습 전체가 그 요소들이다. 이 요소들 가운데는 결이나 직조가 제도적 관습과 그 산물의 형태를 띠는 것도 있고, 주체의 행위 형태를 띠는 것도 있다. 이들 제도와 (행위) 주체는 물론 시공간적 규정을 받으며, 시공간의 위치에 따라 차이를 갖게 되며, 그에 따라 한국의 문화적 정체성이 지닌 폭과 다양성의 특징을 이룬다. 앞서 한 논의를 생각하면 문화정체성의 직물을 구성하는 씨줄과 날줄로서 1) 지리적, 자연환경의 요소 및 요인, 2) 계급적, 성적, 세대적, 직업적인 사회적 요인, 3) 대중문화, 사이버 공간 등의 특화된 문화적 관행 및 제도의 요소 및 요인들, 4) 문화적 접변의 요인 등을 생각할 수 있을 것이다.

문화정체성의 매트릭스 구성에서 무엇이 중요할까? 심광현은 자연환

경, 한반도라는 지리적 특성을 중시한다. 10) 한국의 지리적 특성을 문화
의 정체성을 구성하는 주된 기반으로 간주하는 것이다. 한국의 지리는 고
생대 지역으로서 평야가 드물지만, 바로 이 이유 때문에 미세한 차이가
가득 찬, 수없이 '주름진' 공간이다. 이런 공간의 특징은 비슷하면서도 서
로 다른 측면이 있다는 것인데, 한국에서 풍수지리학이 발전한 것은 이런
공간에 다양하게 존재하는 지리적 형태들을 식별하려는 노력의 일환이다.
심광현은 전통 주거공간으로서 한옥이 지닌 형태, 그리고 그것의 문화적
함의는 한국의 풍수적, 지리적 특징과 밀접한 관련이 있다고 본다. 그는
또 한옥의 특징은 건물의 재료로 나무나 흙을 썼다거나 지붕에 기와나 짚
을 얹었다는 데 있는 것이 아니라 건물의 구조에 있다고 본 김봉렬의 생
각을 수용한다. 김봉렬은 자신의 한국건축론에서 한국 건축이 중국이나
일본의 것과 다른 것은 대들보를 쓸 때 처마를 올렸는가 올리지 않았는가
의 차이, 즉 요소와 부분 차원의 차이에서 비롯되는 것이 아니라 좀더 근
본적으로 부분들의 집합으로서 구조적 차이의 문제라는 해석을 펼친 바
있다. 11) 여기서 중요한 것은 중국과 일본과 다른 한국의 공간 구성 방식
이다. 심광현은 이런 해석을 따르면서 한국의 공간구성은 유클리드 기하
학의 특성을 따르는 중국이나 일본과 달리 프랙탈적이라고 주장한다.

　이 관점은 내가 앞서 말한 대로 문화정체성은 구성되며, 이 구성에는
실정성을 지닌 요인들이 동원된다고 한 논점과 궤를 같이한다고 하겠다.
전통 한옥은 김봉렬의 지적대로 단일한 건물로 구성되기보다는 안채, 사
랑채, 행랑 등 여러 단위 건물들은 물론이고 마당, 뒤뜰, 남새밭, 나아
가서 안산과 조산 등 주변의 거의 모든 환경을 고려해서 건축된, 일종의
진형(陣形)이다. 나는 이런 진형을 구성하는 데 자연환경, 특히 프랙탈
적 지리적 요인이 크게 작용했다는 심광현의 분석에 동의하면서, 덧붙여

---

10) 심광현, 「모더니티의 충격과 잔상: 그 공간적 변형의 궤적에 대한 단상」, 『근대성의
충격』(국제학술지 『흔적/迹/Traces』 서울 학술대회 자료집), 200년 9월 23-4일, 171쪽.
11) 김봉렬, 『한국건축의 재발견 3: 이 땅에 새겨진 정신』, 이상건축, 1999.

앞에서 문화정체성의 구성요인으로 언급한 사회적 관계나 전통의 요인들, 그리고 자세히 언급하지는 않았지만 문화정체성을 구성하는 또 다른 주요 요인이라 할 매체환경, 문화의 충격 등 역시 이 진형 구성에 긴밀하게 작용할 것이라는 점을 지적하고 싶다. 전통한옥의 독특한 공간구성 양식은 국내에서 조달되는 목재 등 재료의 특징이나 한국의 지리적 조건 이외에 남녀간 또는 신분간 내외나 차별이라는 조선시대의 사회적 관계에 의해 규정된 측면이 있다. 안동의 양반한옥 임청각의 경우 사랑채가 안채 바로 옆에 있으면서 그보다 높다. 이는 한편으로는 사랑채에서 안채에 있는 사람을 부르기 쉽게 함이고, 다른 한편으로는 행랑채에 있다가 사랑마님의 분부를 받잡고자 온 행랑아범이나 하인들이 마당에 서서 대기할 때 사랑마님의 위신을 높이기 위함이다. 이런 공간 배치는 신분의 차이와 위계질서가 강력하게 작동하는 사회환경이 아니면 나타나기 어렵다.

공간구성에서 전통의 작용을 추가해서 생각하면 어떨까? 조선조의 한옥구성은 전통의 지속성이 훨씬 더 강력했다고 생각되는 만큼이나 전통구속성이 컸을 것으로 짐작되지만 오늘날 전통과 별로 관련 없어 보이는 양식 건물에서도 전통의 요인을 배제하면 그 특성을 이해하기 어려울 것이다. 전통의 특징은 지속적이라는 것이며, 급변하는 지금의 문화적 상황에서도 전통이 바람과 함께 사라진 것은 아니다. 오늘날 공간구성에서 전통은 남향집 선호, 가구의 면벽(面壁) 배치, 안방과 부엌의 구분 등 공간배치, 동일 공간의 다용도 사용 등 다양한 관행과 함께 아직도 구석구석에 남아 있다. 하지만 전통, 사회적 관계, 매체환경, 지리적 특성 등 한국적 삶의 정체성을 구성하는 요인들은 그 자체로 변동을 겪어왔고, 또한 삶의 환경 전체가 새롭게 바뀜으로써 아직 남아있는 것들도 상호 관계를 맺을 때 과거와는 다른 역학에 의해 지배되는 것이 사실이다. 오늘 우리의 문화정체성을 구성하는 것은 꼭 초가집, 기와집으로 대변되는 전통한옥도 아니고, 논농사 밭농사가 오늘날 노동의 방식을 규정하는 것도 아니다. 이런 점에서 문화정체성 자체가 변동을 하고 있다는 인식에서 이 변동의 방향을 추적하고 새로운 문화적 정체성의 구성이 필요한지, 그리고 그 방식은 어떠해야 하는지 주의깊게 살펴볼 필요가 있다.

요소와 배치
혹은 부분과 전체

앞에서 새로운 문화정체성 구성에는 구성 요인들이 작용할 수밖에 없다고 했는데, 여기서는 구성 요소들과 이것들의 배치의 문제를 생각해보려고 한다. 먼저 요소와 요인을 구분할 필요가 있다. 요소가 구성물을 구성하는 성분이라면 요인은 이 구성을 있게 만드는 원인이다. 요인은 따라서 구성물이 이루어진 뒤, 즉 요소들의 배치가 완성된 뒤 이 배치에서 사라질 수 있는 반면 요소는 계속 그 배치 속에 남는다. 정체성을 구성하는 일은 정체성의 요소들을 요인의 작용과 함께 조합하여 특정한 배치를 만들어내는 것이라고 할 수 있다. 정체성을 구성하는 전략은 따라서 요소들의 배치를 도모하는 전략이며, 이때 요인들을 가동하게 된다. 요소와 요인은 겹칠 수도 있다. 앞에서 언급한 전통한옥 공간 구성에서 안채, 사랑채, 행랑 등의 단위 건물과 마당, 뒤뜰, 남새밭, 안산과 조산 등 주변 환경은 완성된 공간을 구성하는 요소이기도 하지만 그 공간구성의 방식이나 특징을 결정하는 데 작용한다는 점에서 요인이기도 하다. 그리고 문화적 정체성은 이런 공간에 살게 될 때 사람들이 갖게 되는 성향이라는 점에서 한옥의 성분을 이루는 요소들은 정체성 구성의 요인으로 작용한다고 할 수도 있다. 정체성을 구성하는 요소들은 무척 많다. 우리가 사는 시공간을 채우는 거의 모든 것이 요소일 것이다. 하지만 정체성을 요소들의 배치라는 관점에서 본다면 특정한 배치에 동원되는 요소들이 무한할 수는 없기 때문에, 그리고 이들 요소들을 배치로 전환시키는 요인들의 수와 그것들의 작용 관계가 한정되어야만 배치의 특정한 형태가 나올 것이므로 요소들과 요인들을 전략과 선택의 관점에서 생각할 필요가 있다.

오늘 문화정체성을 새롭게 구성하기 위해서는 어떤 요소들이 필요하고 어떤 요인들을 고려해야 하며, 이것들을 어떤 구도로 배치해야 할까? 다시 한번 문화정체성은 역사 속에서 구성되며 역사는 초월의 세계가 아니라는 사실, 역사 속에서 구성되는 정체성은 따라서 존재하는 것의 지속과 변화로 이루어진다는 사실을 확인할 필요가 있다. 이 말을 현단계 문화정체성 구성을 위한 요인들, 특히 요소들은 대체로 조상이 살아왔고, 지금 우리가 살고 있는 시공간에 축적되어 있다는 것으로 이해하고 싶다. 따라서 문화정체성 구성을 새롭게 하기 위해서는 무엇보다 먼저 우리 전통에서 활용할 요소들을 찾으려는 노력이 필요하다. 물론 근대성의 출현과 함께 문화의 충격적 조우가 일어나면서 '박래품'이 없었던 것은 아니며, 지금도 계속하여 새로운 문물이 유입되고 있다. 한국은 한국만으로 존재하지 않고 지구상의 한 지점으로, 다른 사회와 문화적 교류가 일어나는 지점으로 존재한다. 우리 '고유의 역사'에 속하는 신라시대 유물 가운데 로마 부근에서 만든 유리알이 포함되어 있고, 조선시대 국궁 재료에 동남아에 서식하는 무소 뿔이 들어 있는 것은 그 때문이다. 정체성 형성의 구성 요소들을 갖추기 위해 우리의 시공간에 축적된 것들을 먼저 보자는 것은 따라서 '고유 한국'만 찾으려는 국수주의 태도가 아니라, 한국이 역사 속에서 실제로 축적해온 것을 찾으려는 것이다. 무에서 출발하지 않는다면 새로운 정체성 역시 과거와의 일정한 지속성을 가질 수밖에 없다. 우리 전통에 어떤 자원이 있는지 알아보는 것은 이런 점에서 지극히 당연한 태도다.

한국문화는 오랜 역사를 가지고 있으며 자랑스런 기술과 지혜와 능력과 업적을 축적해왔다. 문화정체성 구성을 위한 훌륭한 자원이 있는 것이다. 하지만 과거의 업적, 지혜, 기술 자원이 그 자체로 오늘 우리의 정체성을 구성하는 것은 아니다. 이 자원은 정체성 구성을 위한 요소, 그것도 부분적 요소일 뿐, 새롭게 구성할 정체성에는 다른 문화로부터 수용하거나 지금 새로이 창의적으로 만들어내야 할 재료도 요소로 포함되어야 한다. 하지만 이미 확보되어 현재 삶의 결을 이루고 있는 자원을 방치해둘 이유도 없다. 중요한 것은 확보할 수 있는 구성 요소들을 최대한 확보하면서 그 기능을 전환시켜 새로운 용도로 사용하는 것이다.

　한 예로 지금 시점에 한지(韓紙)를 한국문화의 구성 요소로 간주하는 것이 어떤 의미가 있을지 생각해보자. 오늘 한지를 사용한다는 것은 그것과 관련된 생산과 소비 행위를 하고, 삶의 방식을 공유하는 상당한 수의 사람들의 공존을 전제한다. 한지를 제조하는 사람, 그것을 사용하여 예술적 창조와 문화적 행위를 하는 사람, 이 결과 나오는 생산물을 소비하는 대중, 한지 원료가 되는 닥나무 재배가 가능한 자연 조건 등이 함께 해야 하는 것이다. 그 뿐만 아니다. 한지의 쓰임새를 새로이 개발하여 오늘날, 그리고 앞으로 등장할 새로운 삶의 방식에 요긴하게 쓸 방도를 연구하는 일도 필요하다. 한지에 들기름을 묻히고 보온과 채광 효과를 높여 온실 창으로 사용한 적이 있다. 오늘의 신기술로 한지의 다른 용도를 개발하는 것도 생각해볼 일이다. 한지의 새로운 용도 개발을 위한 노력과 탐구, 이를 위한 새로운 교육과정의 도입까지도 상상이 가능하다. 이 모든 것은 한지 사용을 중심으로 한편으로는 전통적 삶을 지속시키는 일이 진행되지만, 아울러 오늘 삶의 일상을 바꾸고 새로운 삶의 방식을 추구하는 노력도 일어날 수 있음을 보여준다.

　전통문화의 요소들을 발굴하고 복원하자는 것은 따라서 낡은 질서로 되돌아가자는 것이 아니다. 지금 시점에서 전통문화로 간주되는 요소들은 봉건적 질서와 연관되어 있던 것들이다. 이들 요소들을 발굴하려는 것은 그것들을 옛 사회질서를 복구하는 주춧돌보다는 과거는 물론이고 지금의 사회질서보다 더 나은 사회를 구성하기 위한 벽돌로, 서까래로 사용하자는 것이다. 과거의 집이 해체된 뒤에도 기와, 서까래, 기둥, 문짝 등은 남는다. 오늘의 새 집을 짓고, 새로운 전체를 구성하는 데 이들 유물들을 새롭게 사용할 수 있는 방도, 기존의 기능을 전환하는 묘를 찾는 것이 필요하다.12) 사실 문화 요소들을 발굴하자는 제안은 요소들 자체의 중요성 때문보다는 이 기능전환에 그 요소들이 필요하기 때문이다. 발굴된 요소들은 과거와는 다른 방식으로 배치해야 하며, 새로운 배치를 통해 기능전환을 이루어야 한다. 이때 선택 문제도 발생할 것이다. 새로운 배치가 과거와 단절된 모습을 갖게 할 것인가, 아니면 과거와 부분적으로는 연결시키되 전체적으로는 다르게 만들 것인가 하는 선택이 한 예다. 이 선택은 요소보다는 배치의 차원에서 등장하는 과제일 수밖에 없다.

이와 관련하여, 앞서 언급한 전통적 공간구성을 오늘의 공간구성 방식으로 활용할 수 있을지를 생각해보자. 그럴 가능성은 충분히 있을 것이다. 우선 우리의 자연환경, 풍수지리가 근본적으로 바뀌지 않았다는 점을 지적할 수 있다. 산의 지형, 협곡이나 평원의 모양, 기후 등에서 유지되는 지속성을 고려하면 전통적 공간 구조와 배치를 폐기할 이유는 없다. 그리고 공간 배치에서 지속성은 한국의 독특한 문화적 정체성을 형성하는 중요한 자원으로 활용될 수도 있다. 오늘 도시공간 구성에 전통적 배치 원칙을 반영할 수도 있을 것이다. 전통적 공간 배치가 우리에게 가르쳐주는 것은 단순히 방이 모여 건물이 되고, 건물이 모여 건물군이 되고, 건물군이 모여 도시가 되는 것은 아니라는 점이다. 전통 한옥의 공간 구조는 방과 방 사이에, 건물과 건물 사이에 '사이공간'이 있고, 건물들과 주변의 산세간에도 그런 틈이 있으며 조화로운 배치를 이룬다는 것을 가르쳐준다. 이런 배치가 중국과 일본과 다른 공간 구성을 가능하게 하는 것인데, 여기서 느껴지는 차이가 한국인의 삶의 결을 규정하는 역사적 실체일 것이다. 이 차이는 한국인이 영위하는 구체적 삶의 방식을 전제해서 만들어진다는 점에서 형식논리상의 차이가 아니라 실제 차이다.

한국 특유의 공간 활용 방식은 그 외에도 많다. 하나의 공간을 다용도로 사용하는 관행이 또 한 예다. 서구식 침실의 경우 침대와 가구가 고정된 자리를 잡는 것이 상례이지만, 한국에서는 방 하나를 가지고 이불을

---

12) 강내희, 「흉내내기와 차이 만들기—신식민지지식인을 위한 유령학」, 『흔적』 창간호, 2001, 209-10쪽.

펼치는 공간으로, 상을 놓는 공간으로, 혹은 담소를 하기 위해 둘러앉는 공간으로 사용해왔다. 이는 한민족이 북방 기마 민족으로 천막 생활을 하며 좁은 하나의 실내공간을 다용도로 사용한 관습의 흔적일 텐데 이로 인해 동일한 하나의 공간이 여러 다른 가능을 하게 된다. 이런 공간은 '보자기 공간' 혹은 '마당 공간'이다. 보자기나 마당은 동일 공간이면서도 경우에 따라 다른 용도로 사용될 수 있다. 이때 보자기와 마당의 평면은 이차원적 평면이 아니라, 수많은 주름들이 접혀 있는 공간, 심광현이 말한 프랙탈 공간에 가깝다. 동일 평면이 다용도로 사용된다는 것은 그 안에 이미 다른 평면 혹은 공간이 틈입해 있다는 말이기도 하다. 오늘 이런 공간을 조직하는 대표적 방식은 하이퍼텍스트'(hypertext)다. 하이퍼텍스트란 '비연속적 글(쓰기)'(non-sequential writing)이다.[13] 이 사실은 인터넷에서 사용되는 월드와이드웹(WWW)에서 확인된다. 하이퍼텍스트로 짠 월드와이드웹은 수많은 '마디'(node)로 구성되어 있고 이들 마디는 현재 화면에는 없지만 커서만 누르면 나타나는 다른 화면들과 연결되어 있다. 하이퍼텍스트는 이런 점에서 여러 텍스트가 연결되어 있는 결절점들로 구성되어 있는 셈이다. 마당을 이런 하이퍼텍스트로 이해하는 것은 마당의 현재 '화면'에는 하나의 연행이 진행되더라도 거기에는 언제나 새로운 다른 연행이 펼쳐질 수 있다는 점 때문이다. 한국의 이런 마당 문화는 한국의 전통적 공간 사용 방식이다.

오늘 도시공간을 전통적 원리에 의해 구성하면 우리는 어떤 문화적 정체성을 갖게 될까? 과거의 스타일이라서 현대적 삶에는 전혀 어울리지 않을까? 풍수 즉 바람과 물의 흐름을 고려하고, 건물간의 벽이나 담을 활용하는 것이나 집집마다 있던 마당 개념을 도입하는 것은 인구 증가와 도시화로 대규모 아파트촌을 건설해야 하는 오늘 실정에는 전혀 어울리지 않

---

13) Theodor Nelson, *Literary Machines 93. 1* (Mindfull Press, 1992) ; Robert M. Fowler, "The Fate of the Notion of Canon in the Electronic Age"(Presented to the Spring 1994 Meeting of the Westar Institute)에서 재인용.

는 일일까? 가부간의 대답을 여기서 할 수는 없다. 하지만 적어도 몇몇 경우에는 전통적 공간구조를 참조하는 것이 매우 생산적인 결과를 낳을 수도 있을 것이다. 예컨대 서구식 건물이라도 실내공간을 만들 때, 텔레비전이나 영화 스크린과 같은 재현공간을 구성할 때 전통적 배치를 참조할 수 있다. 일본 영화는 전통가옥의 공간구조를 감안한 '다다미 샷'을 개발하여 영화미학에 공헌한 바 있거니와, 한국 영화도 동양화 여백의 원리, 겸재 정선의 진경산수 화법, 심광현이 말한 프랙탈 기하학, 혹은 하이퍼텍스트 개념을 이용한 공간구성의 원칙을 스크린에 적용하거나 응용하는 것을 시도함직 하다고 본다.

알다시피 전통적 문화유산은 보존되기보다는 폐기되는 되는 경우가 더 많았다. 하지만 지금까지 간략하게 살펴본 것만으로도 폐기처분된 문화유산, 과거의 습속과 노하우 가운데 오늘의 문화에 필요한 요소들이 산적해 있다는 점이 드러난다. 당연히 이들 요소를 발굴할 필요가 있다. 하지만 그래도 요소보다는 배치가 더 중요하며, 이 배치 역시 오늘의 시공간에서 일어나야 하고, 오늘의 사회적 요청에 따라 '기능전환'이 필요하다는 점을 강조하고 싶다. 전통적 공간 배치를 새로운 도시공간이나 영화 스크린 등 새로운 문화환경에 반영해보자는 제안은 과거의 것을 그대로 답습하자는 것이 아니다. 이미 언급한 대로 임청각과 같은 전통 양반가옥의 배치에는 남녀 및 신분 차별이라는 사회적 요인이 작용하고 있다. 전통가옥의 미학을 중시한다며 그런 사회적 불평등을 복원할 수는 없는 법이다. 또 한국의 자연환경이 과거와 비슷하다고 했지만 지난 수십 년의 개발로 국토는 천지개벽, 상전벽해를 이룬 곳이 한두 곳이 아니다. 철골, 콘크리트, 유리 등 새로운 건축 재료의 개발로 과거 석재, 목재, 흙 등 자연 재료만 사용하던 시절과는 완전히 다른 건축여건도 생겼다. 이런 점은 요소들과 배치의 관계를 규정하는 원칙, 가이드라인이 필요함을 말해준다. 이 원칙을 제대로 설정하지 않을 때 문화정체성이 제대로 구성될 수는 없을 것이다. 이제 이 원칙들을 생각할 차례다.

문화정체성 구성을 위한
원칙과 방향

　문화정체성 구성을 위해 고려해야 할 점들이 많다. 우선 오늘 인류가 당면한 문제들을 생각해야 한다. 기후 등의 생존 문제와 함께 인류 공영을 위해 극복해야 할 인종차별, 성차별, 계급적대 등이 있다. 또한 신자유주의 세계화 등 한국이 당면한 사회적 변동 요인들도 살펴봐야 한다. 미국의 스크린쿼터 폐지 요구에서 보듯이 신자유주의 세계화는 문화를 경제논리에 종속시키며 초국적 문화를 확산시키고 있다. WTO, IMF, 투자협정 등 각종 국제협약이나 기구가 만들어지고 있기 때문에 문화의 자율성과 종-다양성을 지키는 것도 중요한 과제다. 정체성 구성의 요소들을 회복하고 이를 문화정책에 필요한 요소들로 배치할 때 이러한 정세를 고려할 필요가 있다. 이제 지금까지 논의한 것을 종합하면서 문화정체성을 구성하는 요인들, 요소들을 확보하고 배치하는 전략의 관점에서 몇 가지 원칙과 방향을 제시한다.

　1) 문화정체성 구성 과정에서 주체성의 원칙을 지켜야 한다. 신자유주의 세계화로 정체성 구성 조건의 새로운 변동이 생겨나고 있다는 점은 이미 언급한 바 있다. 하지만 우리는 새로운 정체성을 어떻게 구성해야 할 것인가? 우리의 정체성은 우리가 구성하고, 특히 민족 자율성을 강화할 필요가 있다. 한국은 지난 1세기 넘게 전통적 삶의 방식, 대륙문화의 정체성을 강화하기보다는 일본과 서양의 영향을 크게 받은 셈이다. 특히 지난 반세기 동안 미국의 영향 아래 놓여 미국과 일본의 대륙 진출 교두보 역할을 하게 됨으로써 중국, 러시아 등과는 완전한 단절 상태에 놓였다. 이는 한반도의 지정학적 조건이 작용한 결과이기도 하지만 사회주의의 붕괴와 함께 이들 국가들과 교류가 가능해짐으로써 새로운 관계 설정이 필요해졌고, 북한과의 교류, 접촉, 통일도 실질적으로 진척시켜야 할 때가 되었다. 이와 관련하여 중요한 것이 이 과정을 한민족이 주체적으로 관리

하고 진행하는 것이다. 이를 위해서는 그동안 미국을 중심으로 한 문화교류와는 다른 방식으로 외국 문화와 접촉하는 전략이 필요하다. 한국 역사상 가장 중요한 국제관계를 형성해온 중국과의 문화교류를 복원하고, 서양 중심의 세계문화 질서 극복을 위한 동북아문화의 설계도 적극 추진할 시점이다. 지난 1세기 이상 일본 제국주의가 동북아시아를 지배함으로써 생겨난 한자문화권의 내부 분열을 치유하고 공존과 공영의 문화를 꾸릴 방도를 한국사회가 주체적으로 강구해야 한다.

2) 주체적 문화를 건설하기 위해 우리 자신을 알아야 한다. 지난 세기 한국은 일본 제국주의의 침탈로 타의에 의해 전통을 상실했다. 이 결과 한국은 자신을 모르는 사회가 되었다. 우리는 서구문화도 잘 모르지만 동북아문화도, 심지어는 전통문화도 잘 모른다. 『조선실록』이나 『승정원일기』의 존재와 그 사료 가치를 모르고 한국전통에는 기록문화가 없다면서 한국인이 하는 일은 원래 처음과 끝만 있지 중간이 없다는 식의 발언을 하곤 하는 것이 단적인 예다. 문화전통을 아는 노력은 로컬 콘텐츠 문제가 떠올랐다는 점을 고려할 때도 중요한 의미를 지닌다. 앞으로 빈번해질 외국합자로 만들 대중음악이나 영화를 어떤 기준에서 한국문화로 판정할 수 있는가 하는 것이 논란거리가 될 전망이다. 특정한 문화적 생산물, 실천, 생산방식, 노하우 등을 '우리' 것으로 주장할 근거는 무엇인가? 가령 공동체적 삶, 신명의 삶을 '한국적'이라고 주장할 수 있는가? 한국적이라는 규정은 내용 차원의 주장인가, 표현 차원의 주장인가? 한국적인 색깔, 소리 등은 어떤 것이며, 특정한 소리, 색, 모양, 표현 등을 어떤 근거에서 한국적이라고 주장할 수 있는가? 아악이나 정악의 오음계에서 한국적 특색은 어디서 어떻게 찾을 수 있는가? 이제부터라도 자료를 모으고, 연구를 하고, 기록을 하여 '한국적인 것'을 규정해야 할 것이다. 문화 정체성 구성을 위한 조건은 물질적으로 확보해야 하고, 그 작업은 우리 사회의 몫이다. 이 노력에 빠뜨려서는 안될 것이 '우리'를, 우리의 정체성을 규정하기 위한 연구작업과 그에 수반되는 담론작업이다.

3) 문화다양성을 지향해야 한다. 문화는 단일하지 않다. 문화정체성의 구성요인으로 사회적 관계를 언급하면서 계급, 성, 민족, 세대 등 다양한 사회적 쟁점들이 있음을 언급한 바 있다. 문화의 장은 미하일 바흐친이 말하는 카니발의 장과 같을 것이다. 바흐친에 따르면 카니발은 성(聖)/속(俗), 상/하, 귀/천, 양반/상민, 남/여, 노/소 등 통상 대립적 관계에 놓인 인간 또는 사물의 범주들이 뒤섞이면서 구분이 되지 않고 적어도 일시적으로 '아랫것들'이 자유와 해방을 경험하고 생명의 에너지를 분출하는 장이다.14) 이런 카니발 세계를 지향하는 문화는 위계에 사로잡힌 획일적 형태를 띨 수는 없다. 우리 사회에는 이미 소수문화, 하위문화 등 새로운 부상문화가 등장하고 있으며, 남북관계 변화, 중국동포의 대거 입국 등으로 반세기 혹은 1세기만에 민족 이동이 일어날 가능성이 높다. 이런 점을 고려할 때 문화적 요소들을 새롭게 배치하여 정체성을 구성하는 방식은 획일성을 추구하기보다는 다양성을 허용하는 방식으로 진행해야 한다. 문화적 획일성을 추구하는 일은 사실상 불가능하기도 하다. 오늘 신세대는 이전과는 달리 일방적 명령에 의해 잘 동원되지 않으며, 독자적인 삶의 방식을 추구하는 경향이 높다. 이들을 포함하여 다양한 소수문화를 동일한 문화정체성으로 수렴하려는 시도는 비민주적이며, 바람직하지도 않다. 다양한 삶의 방식을 허용하는 정체성의 정치를 지향해야 한다. 그래야만 생태계에서 다양한 생명들이 공존할 때처럼 한국 문화생태계의 건강성을 유지할 수 있을 것이다.

4) 문화민주주의의 원칙을 지켜야 한다. 누구의 관점에서 정체성을 구성할 것인가? 대중의 욕구와 희망을 적극적으로 수용해야 할 것이다. 여기서 '대중' 문제는 문화정체성 구성을 위한 정책을 추진할 때 이 추진의 실질적 주체를 누구로 삼을 것인가라는 문제와 결부된다. 오늘 우리가 문화정체성을 이야기하는 것은 현대를 살아가고 있는 대중이 어떤 방식으로

---

14) Mikhail Bakhtin, *Rabelais and His World*, tr. Hélène Iswolsky (Cambridge, MA. : The MIT Press, 1968).

살아갈 것인가를 말하는 것과 같다. 앞에서 오늘 우리의 문화정체성 구성을 위한 자원으로 전통문화를 활용할 것을 강조하면서 동시에 오늘의 쓰임새에 맞게 그 기능을 전환하는 것도 필요함을 지적했다. 이때 특히 고려할 것이 오늘을 사는 사람들의 요구와 희망이다. 바로 여기서 문화민주주의가 중요한 원칙으로 떠오른다. 문화민주주의는 시민, 주민, 국민 등 대중을 문화정책의 객체로 취급하지 않고 자신의 자율적 선택에 따라서 문화적 실천을 하는 주체로 간주하는 원칙이다. 이 원칙은 문화적 요소들을 배치하여 문화정체성을 구성하려는 관점에서 볼 때도 중요한 의미를 지닌다. 문화정체성을 새롭게 구성하려는 것은 문화적 삶을 풍부하게 하기 위함이다. 문화민주주의가 필요한 것은 문화적 정체성을 구축하면서 문화적 권리에 대한 통제나 억압이 아니라 이 권리를 신장하고, 문화를 자유와 꿈의 실현, 우정과 사랑의 나눔으로 실현시켜야 하기 때문이다. 바로 여기서 문화정책의 주체를 정확하게 설정할 필요가 생긴다. 특히 문화정책에서 관료주의를 극복해야 한다. 관료주의는 문화와 삶을 기획하는 주체를 대중으로 보지 않기 때문이다. 문화민주주의는 시민, 주민, 국민이 주체임을 확인하는 원칙이다.

5) 문화정체성 확립을 위해 문화의 공공성을 강화할 필요가 있다. 이 공공성은 한편으로는 문화의 민주화 원칙과 합치한다. 문화민주화는 문화민주주의와 관련되어 있기는 하지만 동일한 것은 아니다. 문화민주주의가 문화적 과정에 주민과 시민의 자율적 참여를 보장하는 원칙이라면 문화민주화는 문화적 혜택을 더 많은 사람들이 누리게 하는 문화에 대한 접근권의 강화에 해당한다. 문화에 접근할 수 있는 권리는 문화민주주의와 마찬가지로 문화적 권리에 해당하지만 이 권리의 보장은 국가의 문화 인프라 구축을 통해 이루어진다. 이런 점 때문에 문화에 공공성의 원칙을 도입할 필요가 있다. 문화의 공공성은 특히 최근 들어와서 소비자본주의가 확산되고 문화에 상품논리가 침투하여 문화산업의 경향이 높아지고 있기 때문에 더욱 중요하다.

6) 문화적 역량 혹은 생산성을 강화하는 방향으로 문화정체성을 구성할 필요가 있다. 지금까지 문화정체성 문제를 살핀 것은 한국인의 문화적 삶을 풍부하게 하고, 문화적 역량을 강화하기 위함이었다. 이 역량 강화가 문화민주주의를 전제하는 것은 물론이다. 문화적 권리가 신장될 때 문화주체의 자율적 활동이 강화되고, 그 결과 문화적 역량이 높아질 것이기 때문이다. 이 문화적 역량은 좀더 구체적으로 '문화적 생산성'의 관점에서 이해될 필요가 있다. 여기서 '생산성'은 특정한 문화정체성을 지닌 사회의 능력에 해당한다. 어떤 사회이건 삶의 방식이 있지만 어떤 지혜와 기술과 지식과 학식을 지니고, 어떤 창조적 능력을 발휘하며, 어떤 윤리적 삶을 살고 있느냐에 따라서 문화적 건강성이 정해진다고 할 수 있다. 문화적 역량은 주민, 시민, 국민 등 대중과 민중이 자신의 욕구와 욕망을 표현하는 능력이기도 하다. 바로 이런 점 때문에 문화적 역량을 높이려면 문화민주주의를 실천할 수 있어야 하고, 문화적 다양성을 높이며, 문화전통의 자원을 활용할 수 있어야 하는 것이다. 그러나 문화적 생산성을 높이려면 좀더 구체적이고 치밀한 계획이 있어야 한다. 사회발전을 위한 전략적 견지에서 문화정책을 수립하고 이를 철저하게 기획하는 것이 시급하다. 문화적 생산성은 문화적 창조력에 기반을 두고 있다. 하지만 이 창조력은 저절로 생기는 것이 아니라 교육, 지원, 훈련, 실험 등 사회적 투자를 요청한다. 중고등학교의 미술시간, 음악시간이 늘 입시과목을 위해 취소되는 데서 보듯이 한국은 그러나 문화를 주요 교육 대상으로 삼고 있지 않다. 문화실천가도 '딴따라'로 비하될 정도다. 하지만 사회적 역량은 곧 문화적 역량이며, 문화적 생산성이 사회적 생산성으로 이어진다는 점을 생각할 때 문화 역량 강화 노력은 소홀히 할 수 없다. 이 역량은 단순히 상상력, 감수성이나 실기 능력만으로 획득되지 않는다. 예컨대 피아니스트의 경우 능숙한 손가락 움직임만이 필요한 것이 아니라 곡을 창의적으로 연주하기 위해 기존의 연주자와는 다른 해석을 하는 능력, 즉 지적 능력이 필요하다. 이 능력은 음악 해석의 능력이겠지만 때로는 음악의 사회적

의미를 정립하는 노력으로 이어질 필요도 있을 것이다. 훌륭한 피아니스트를 배출하려면 소질을 갖춘 사람만이 아니라 그런 사람을 양성할 물적 기반, 문화적 환경이 필요하다. 이렇게 보면 문화적 생산성을 높이려면 사회의 다면적 투자가 요청된다고 하겠는데, 이를 거꾸로 생각하면 문화적 능력을 갖춤으로써 사회는 자신의 사회적 능력을 강화한 것이라고 할 수 있다.

정책
제안

이상의 논의를 바탕으로 몇 가지 구체적인 정책제안을 하고자 한다.

1) 문화의 주체성 강화를 위한 전략적 접근이 필요하다. 민족통일을 대비하고, 동북아문화의 발전에 이바지하고, 신자유주의 세계화 흐름 속에서 민족문화를 새롭게 전개시키기 위해서는 국가적 노력이 필요하다. 문제는 현재 상황이 고도의 복잡성을 띠고 있으며, 주체성의 강화가 모든 문제의 해결책이 쉽게 되지는 않는다는 점이다. 사회주의 몰락 이후 동구에서 다시 부활한 민족주의가 코소보 사태 등을 낳고, 최근 서구에서도 우파 민족주의가 등장하면서 많은 사회적 문제들을 일으키고 있다. 문화의 주체성을 강화하는 작업은 따라서 매우 조심스러운 일이다. 하지만 바로 이런 점 때문에라도 한국문화의 역사적 발전을 연구하고, 실증에 근거하여 우리 전통을 이해하고, 우리 자신에 대한 지식을 쌓는 작업, 나아가서 전문인력을 축적하는 노력이 더욱 요청된다. 주체성 강화는 전략적 기지의 형태가 되어야 할 것이다. 이 기지는 현재의 정신문화원과는 달라야 한다고 본다. 하지만 이 전략기지가 구체적으로 무슨 일을 할지, 어떤 제도적 형태를 띠어야 할지, 즉 연구소가 좋을지 연구원이 좋을지, 아니면 대통령 직속 혹은 국무총리 산하 행정위원회가 되어야 할지 등을 정하는 문제는 그 자체로 연구가 필요하다.

2) 전통문화 연구를 위한 특별한 노력이 필요하다. 전통문화를 오늘의

문화지형과 문화적 정체성 구성에 필요한 요소와 요인으로, 즉 문화적 자
원으로 연구할 수 있는 태스크포스를 구성할 필요가 있다. 이 태스크포스
는 방금 말한 전략적 기지의 일환일 수 있지만 잠정적으로 분리하여 구성
할 필요가 있다고 본다. 오늘 문화적 자원으로 활용할 수 있는 전통문화
의 요소들은 무한하게 많다. 하지만 여기서 전통문화 연구를 제안하는 것
은 이런 역량을 모두 복원하자는 것이라기보다는 전통문화를 오늘의 우리
삶에 배치시키는 방식을 전략적으로 연구하자는 것이다. 전통문화 연구
는 이런 점에서 앞에서 언급한 '기능전환'을 전제한다. 특히 '로컬 콘텐츠'
의 위상이 문제가 되고 있는 시점임을 고려할 때 한국문화의 콘텐츠 개발
이 시급하다. 이 콘텐츠 개발 시스템을 갖춤으로써 갈수록 중요해지고 있
는 문화산업의 생산성과 국제경쟁력을 높이는 방도를 찾을 필요가 있다.
단 이때도 무조건 기구를 만들려드는 조급함을 피하는 것이 좋다. 기구를
만들기 전에 그 기능, 목표, 사회적 위상 등을 파악하기 위해 연구가 선
행되어야 한다.

  3) 문화적 생산성을 높이기 위해 기획 마인드를 강화해야 하며, 이를
위해 각종 문화예산에 일정한 비율의 기획 비용 책정을 제도화할 필요가
있다. "일을 창조적으로 수행하기 위해서는 구상과정에서 실험적 발상과
과학적 예측이 동시에 작동되어야 한다. 일을 이렇게 하기 위한 능력은
기획능력과 직결되며 이는 문제제기능력, 비판능력, 창조적 능력이 없으
면 불가능하다. 기획적 능력을 강화하기 위해서는 이런 능력들을 함양할
수 있는 기반 구축이 되어야" 한다.15) 이 기반은 재정적으로 뒷받침되어
야만 구축이 가능하다. 문화적 생산성을 높이려면 모든 정책 사업에서 적
정 수준의 기획 비용을 책정하는 관행을 제도화해야 한다.

  4) 문화교육의 강화가 필요하며, 이 프로그램은 특히 공교육에 배치될
필요가 있다. 공교육에서 문화교육 강화는 문화적 능력을 국민이 보편적

---

15) 이 제안과 관련해서는 『문화과학』 편집위원회, 「21세기 한국문화 어디로?」, 『문화과
학』 12호, 1997년 가을, 30쪽 참조.

으로 획득할 수 있도록 하기 위함이다. 여기서 명심할 것은 문화교육의 강화가 문화적 정체성을 고착하기 위함은 아니라는 점이다. 문화교육은 과거처럼 국가의 문화통제를 강화하기 위해 필요한 것이 아니라 문명의 전환과 함께 복잡해지고 있는 사회적 관계를 개인들이 다양한 삶의 모습으로 담아내는 능력을 기르는 기회를 제공하기 위함이다. 이를 위해 초중등 교육 교과과정의 3의 1 정도에 해당할 정도로 교육시간을 늘여서 문화교육을 배치할 필요가 있다. 이 주장은 급진적으로 들릴지 모르나 인간이 기본적으로 생각이나 계산만 하고 살아가기만 하는 것이 아니라 느끼고 표현도 하며 살아간다는 점을 생각하면 오히려 당연하다. 이미 프랑스와 같은 곳에서는 예술교육 중심으로 교과과정을 개편하고 있으며, 다른 나라 역시 장시간 교육체제가 아니기 때문에 학생들이 자율적으로 취미생활을 할 수 있어서 한국에 비해 문화교육 시간이 훨씬 많은 편이라고 할 수 있다. 문화교육의 강화로 문화적 역량을 강화하고, 문화의 공공성을 높이기 위해 공교육 과정, 특히 교과과정을 개혁하기 위한 연구 계획과 기구를 설립하는 것이 필요하다. 단, 이 정책은 교육을 관할하는 교육부와 협의는 해야 하겠지만 교육부와 독립하여 문화담당 부처와 나아가서 국무총리 혹은 대통령 산하 기구에서 맡는 것이 바람직하다. 교육부가 책임을 맡을 경우 기득권에 의해 일이 제대로 진행되지 않을 공산이 크다.

5) 문화정책의 수립과 집행 과정에 문화민주주의 원칙을 도입해야 한다. 현재 문화정책은 관료들이 장악하고 있다. 국가 관리가 공적인 사회정책을 책임지는 것이 당연하다고 하겠지만 문제는 민주주의이며, 특히 민주주의의 철저성이다. 국가는 공적인 영역으로서 사회정책을 수립하고 집행하는 힘과 정당성을 가지고 있지만 그 자체로 자율화되면서 사실은 사회를 대변하기보다는 특정한 이익계층이나 집단을 대변하는 경우가 허다하다. 문화정책에 민주주의를 도입하자는 것은 이런 문제를 시정하자는 것이다. 문화정책에 민주주의를 도입하는 일은 정책 과정의

투명성을 확보하고 시민과 전문가 등 비관료의 참여를 보장하는 것 등으로 가능하다. 이를 위해 노조, 시민단체 등이 문화정책 과정에 참여할 수 있는 방도를 마련할 수 있을 것이다. 문화민주주의를 문화정책에 구현하려는 이런 노력은 문화정체성의 구성을 가능한 한 민주적으로 하기 위함이다.

09

세계화, 지역화, 정보화 시대의 민족문화[*]

글을
시작하며

오늘 우리는 세계가 안방인 시대에 살고 있다. 첨단 정보서비스와 멀티미디어의 보급과 함께 이제 사람들은 지구 위 어디에 있든 서로에게 직간접으로 영향을 주고받게 되었다. 지구 한 구석에서 벌어지는 사건도 텔레비전, 인터넷 등 전지구적 보급망을 지닌 매체를 통해 즉각 전달되고 중계됨으로써 먼 곳의 일이 남의 동네 불만은 아닌 세상이 된 것이다. 물론 아직은 지구 곳곳에 '실황중계'로 전파를 타는 소식이 중요한 정치적 사건이나 월드컵과 같은 세계적 이목을 끄는 스포츠경기 등에 국한되고 있기는 하지만 한 지역의 관심이 전지구적 관심으로 확대되는 일은 갈수록 일상이 되고 있다.[1] 그런 까닭일까, "사람들은 레게음악을 듣고 서부

<hr>

[*] 구범모 외, 『세계화와 민족문화의 발전』, 한국정신문화연구원, 1996에 실은 글이다. 이 글의 8절과 10절을 작성할 때 제자 이동연군의 도움을 많이 받았다.

극을 보며 점심에는 맥도널드를 저녁에는 향토음식을 먹는다. 동경에서 파리산 향수를 뿌리고 홍콩에서 복고풍의 옷을 입는다”고 하는 료타르의 말이 전혀 엉뚱하게 들리지 않는다.[2] 료타르가 말하는 ‘문화적 절충주의’는 한국에도 깊이 침투하여 우리도 맥도널드나 웬디스 햄버거로 점심을 때우고 홍콩이나 대만 영화를 보고 한국식 레게음악과 록음악을 듣다가도 ‘원조’ 족발, 꽁보리밥을 먹고 휴일이면 안방 텔레비전에 비친 지구촌 이곳저곳을 들여다보는 일이 잦아졌다. 다양한 문화들의 ‘비빔’ 상태가 오늘의 문화현실이라면 그것은 교류, 통상, 정보통신 등의 발달로 인해 민족국가의 경계 넘기가 자유로워지고 그로 인하여 대중이 삶을 경험하는 방식이 크게 달라진 결과일 것이다. 물론 민족국가가 소멸하여 더 이상 역사적 현실이 되지 못한다는 것은 아니다. 아직도 국가의 경계를 벗어나기 위해서는 여권이나 입국사증이 필요하다. 그러나 ‘입국사증’을 요구하는 ‘법적’ 경계인 민족국가가 국가의 ‘물리-영토적’ 한계들을 무시하듯 뛰어넘는 다양한 ‘월경’(越境) 현상들에 의해 복잡하게 ‘해체’되는 경향도 무시할 수 없다. 가정의 안방과 세계 곳곳을 음성, 영상 등으로 연결하는 온갖 장치들이 공항이나 항구를 통하지 않은 ‘출입국’을 가능하게 함으로써 전통적인 의미의 공간적 제한은 이미 그 의미를 상실했다.[3] 신체적 제한이 사라진 것은 아니나 전자혁명 등 새로운 삶의 조건이 등장함으로써 정보의 전지구적 유통의 일상화, 전면화가 일어나고 패션, 대중음악, 영상문화, 학술 등에 이르기까지 의식주 방식이나 감수성, 관점, 견해 등의 유통이 자유로워진 것이다.

이런 현상들은 오랜 기간 동안 ‘단일민족’으로 살아온 한국인에게 새로

---

1) 이 글에서는 ‘세계화’에 대비되는 용어로 부정적인 의미로 자주 쓰이는 ‘지방’을 포함하고 있는 ‘지방화’보다는 ‘지역화’를 사용한다. 다만 ‘지역화’가 ‘국지화’와는 달리 더 광범위한 지리를 포함하는 경우에는 그 뜻을 분명히 하기 위하여 ‘권역화’를 사용한다.
2) 장-프랑수아 료타르, 『포스트모던의 조건』, 유정완 외 역, 민음사, 1992, 172쪽.
3) 공간의 새로운 변화와 그 대중정치적 함의에 대해서는 졸고, 「유사도시, 역공간, 사이버공간—결연의 실험장」, 『문화과학』 7호, 1995년 봄 참고.

운 문제를 제기한다. 목하 '세계화' 정세가 형성되고 있다. 지금 국면에서
특히 눈여겨봐야 할 문제는 그동안 우리의 정체성을 구성하는 데 중요한
역할을 해온 '민족문화'를 어떻게 새롭게 사고할 것인가 하는 점이다. 현
재 진행되고 있는 '세계화'는 '지역화'라는 현상을 대동한다. 각종 정보의
세계적 분배, 유통은 지구 도처의 국지적 사건들, 행사들, 전통들, 관습
들, 현상들을 인공위성으로 다른 지역들로 전송함으로써 일어나고 있기
때문에, 세계화 현상 자체가 바로 지역화다. 이런 점 때문에 '가장 한국적
인 것이 가장 세계적이다'라는 구호는 '가장 지역적인(local) 것이 가장 세
계적(global)이다'라는 말로 바뀌어야 할 판이다. 한 지역의 문제가 바로
세계 도처로 전송되고, 국지적인 것이 세계적 의미를 갖게 된다는 것은 민
족국가에게는 전에 없던 문제들이 야기된다는 말이다. '지구방화'(glocali-
zation) 현상은 실제로 민족국가의 기능에 새로운 문제와 과제들을 안겨주
며 동시에 민족국가의 위기로 인식된다. 4) '세계'와 '지역'이 상호 교류를
증대하면 지금까지 인구의 동원, 이동, 집중, 관리 등을 관장해오던 가
장 중요한 경영, 지배, 통치 기구인 민족국가의 기능은 약화될 수밖에
없으며 민족국가의 감시, 행정 능력을 벗어나는 여러 형태의 삶의 방식
들이 생겨날 것이다. 군사, 외교, 영토, 행정 등 주권 행사와 관련된 사
항들을 제외하면 동시대인 삶의 많은 부분은 오늘날 민족국가의 틀에서
벗어나 있다. 초국적자본을 중심으로 하여 이 이탈 부분을 더 많이 장악
하려고 하는 세력도 있다. 이런 상황에서 '민족문화'는 어떻게 그 정체성
을 유지할 수 있을 것인가? 그러잖아도 한국은 약 30년 만에 지방자치제
를 부활시켜 바야흐로 새로운 지방화의 국면에 접어들었다. 한편으로 국
제교역이 더욱 활발해지고 다른 한편으로 지방분권 시대가 열리고 있는
상황에서 '민족문화'는 새로운 도전, 존재론적 위기까지 맞고 있다. 세계
화의 도전을 받고 있는 지금 민족문화의 틀을 어떻게 유지해야 할 것인

---

4) '세계화'와 '지방화'가 동시에 상보적으로 진행되는 현상을 가리켜 '지구방화'라는 용어를 쓴다.

가? 아니 그 틀을 유지하는 것이 과연 당위일까? 혹시 새로운 정체성이 필요한 것은 아닌가? 세계화와 지역화에 맞선 '민족화'를 추구하는 대립적 구도보다는 새로운 형태의 3자관계를 모색하는 것이 더 바람직한 것은 아닐까?

이 글은 이런 문제의식에서 민족문화 정책을 모색하려는 시도다. '지구방화'가 강화되는 시점의 민족문화는 어떤 형태를 가질 것인가? 민족을 실체로 보는 전통적 인식의 유지는 가능한가? 가능하다면 어떻게 가능하며, 불가능하다면 어떤 새로운 이해가 바람직한가? 민족문화의 정책 방향을 세우려면 무엇보다도 당대 상황을 이해하는 것이 필요하다. 지구방화의 역사적 과정과 세계화의 특징들을 살피고, 특히 지구방화 현상이 민족문화의 위기와 어떤 연관 관계를 맺게 되는지 따져야 한다. 한편으로는 민족국가의 엄격한 경계 구분이 약화되는 추세에서 민족문화 기획은 중요성을 상실할 것이며 심지어는 민속박물관의 전시물로 전락할 것이라고 예상할 수도 있다. 그러나 '민족의 문제설정'을 해체하는 이 '세계화'를 환영할 수만은 없다. 우리에게는 아직 해결되지 않는 민족모순과 극복해야 할 문화적 문제들이 남아있다. 최근의 변화하는 현실에서 민족문화 위상에 동요가 있는 것은 사실이지만 그것이 세계자본주의 형성 과정에서 우리에게 가해진 착취, 억압, 탄압에 저항하는 주된 기반이었다는 점을 부인하기 어렵다. 이 글은 이런 점과 함께 새롭게 부상하는 지구방화의 조건을 고려하여 민족문화 정책 방향을 다시 모색하려는 노력의 일환이다.

'세계화'의 개념 설정

앞에서 정확한 의미 규정을 하지 않은 채 몇 가지 용어들—'세계화', '지역화', '민족'—을 사용하였다. 먼저 '세계화'를 살펴본다면 이 용어 자체는 혼동을 일으키는 측면이 있어 보인다. '세계화'는 무엇보다도 '지구화'와·혼동을 일으킨다. 두 용어는 동일한 현상을 가리키는가, 서로 다른 대상 세계를 가지고 있는 것인가? 이 질문과 관련하여 따져야 할 점은 각 용어가 지칭하는 대상의 구분가능성 문제다. '세계화'와 '지구화'는 우리말로는 구분되고 있기 때문에 서로 다른 현상들을 가리키는 듯 보이지만 둘 다 동일한 대상을 지칭할 수도 있다(이 점은 두 용어가 영어로는 'globalization'으로 표현된다는 점에서도 드러난다). 이처럼 두 용어가 동일한 개념을 지닌다면 그중 하나만 사용하는 것이 혼동을 방지하는 데 도움이 될 것이다. '세계화'가 '지구화'보다 늦게 나온 용어라는 점을 감안하여 이 표현을 폐기 처분하는 것이 좋을까? 쉽게 그럴 수는 없다. 지금 국내에서는 '세계화' 담론이 무시하지 못할 위세를 지니고 있다. '문민정부'가 확산시키는 이 담론은 그 나름의 이데올로기적 효과를 생산하고 있으며, 현단계에서 이 경향은 북한의 '민족주의' 담론과 구별되는 남한 특유의 정체성을 만들어내는 효과도 발휘한다. 따라서 '세계화' 용어를 용도 폐기하기란 쉽지 않은데 그렇다면 차라리 그것을 '지구화'와 구분하여 사용하는 것이 좋겠다는 생각이다. '지구화'와 '세계화' 중 어느 하나를 다른 하나의 부분으로 보고 의미를 국한하면 혼동이 방지되지 않겠느냐는 것이다. 이에 따라 이 글에서는 '세계화'를 '지구화'의 일부, 특히 '현단계' 지구화를 지칭하는 용어로 사용하려 한다. '세계화'를 훨씬 이전부터 있던 '지구화'의 일부로 보되 후자의 새로운 모습, 즉 현재 정세를 나타내기 위해 사용하자는 것이다. 여기서 '지구화'는 인간이 지구상에 그 모습을 드러낸 이후, 그러니까 역사이전(前歷史, pre-historical) 시대부터 나타난 서로 다른 지역들의 상호관련성을 지칭하는 말로 이해하는 것이 좋겠다. 지구화는 그렇다면 오늘 처음 나타나는 역사적 현상은 아니다. 지역간 교류란 전쟁과 포교 등의 형태로 이미 고대부터 나타난 현상이다. '세계화'를 이 '지구화'의 최근 국면으로 보고, 그 특수성을 살펴보자.

이 특수성을 이해하는 데는 적지 않은 곤란이 따르는 듯하다. 세계화를 현단계 지구화로 보자는 제안은 지구화라는 역사적 경향에 내적 시대구분이 가능하다는 견해를 전제하고 있다. 문제는 이 시대구분이 쉽게 이루어지지 않는다는 것이다. 이와 관련하여 로버트슨의 지구화 정의를 참고해 보자.

> 지구화는 세계의 압축 현상과, 세계를 전체로 보는 의식의 강화를 지칭하는 개념이다. 지구화 개념이 오늘날 가리키는 과정들과 행위들은 몇 번의 중단은 있었지만 수세기 동안 진행 중에 있다. 그러나 지구화 논의의 주요 논점은 상대적으로 최근 시기에 집중되어 있다. 논의가 근대성의 윤곽 및 성격과 밀접하게 연관되어 있는 한 지구화는 분명히 최근의 발전들을 가리킨다…지구화의 주요 경험론적 초점은 20세기 세계의 구체적 상호의존성과 전지구적 의식의 가속화와 맥락을 같이한다. 5)

로버트슨은 지구화의 역사가 오래되었음을 인정하면서 그것이 '최근의 발전들'이라고 하고 있다. 이 '최근의 발전들'은 무엇인가? '세계화'를 이 발전으로 파악할 수 있을까? 로버트슨이 말하는 최근의 지구화를 '세계화'로 이해할 수 있다면 '세계화'는 "20세기 세계의 구체적 상호의존성과 전지구적 의식의 가속화" 경향을 가리킬 것이다. 이와 비슷한 견해는 아파두라이의 설명에서도 나온다. 아파두라이에 따르면 "거대한 공간들을 가로질러 자원들을 다루기 위한 시간, 거리, 기술 한계의 문제들 때문에 사회적으로나 공간적으로 분리된 집단들 간의 문화교류는 지난 수세기 전까지는 엄청난 비용이 들어야 했고, 많은 노력을 들여서 오랜 시간이 걸려야" 했지만 최근 들어와서 새로운 문화교류의 조건이 나타났다. 6) 이런 지적의 논지는 '최근' 생긴 새로운 변화가 이전과는 질적으로 다르다는 것인데 비슷한 견해는 어디서든지 찾아볼 수 있을 것이다.

하지만 시대구분의 문제가 깔끔하게 해결된 것은 아니다. 아파두라이

---

5) Roland Robertson, *Globalization: Social Theory and Global Culture* (London: SAGE Publications, 1992), p. 8.

6) Arjun Appadurai, "Disjuncture and Difference in the Global Economy," in Patrick Williams and Laura Chrisman, eds., *Colonial Discourse and Post-colonial Theory* (New York: Columbia University Press, 1994), p. 324.

가 말하는 '최근'은 지난 수세기를 가리키기 때문에 너무 막연하다. 그의 '최근'은 로버트슨이 '근대적 지구화'라고 부르는 것보다도 더 넓은 시간대를 포괄한다. 이들 논자에게 '세계화'는 따라서 전통적으로 '지구화' 개념이 지칭하는 근대적 세계체제 형성 과정과 크게 다를 바 없어서 '세계화'를 독립 개념으로 정립하는 데 쓸모가 적다. 물론 로버트슨은 '20세기 이래'를 가리키고 있지만 그것도 최근 우리가 사용하는 '세계화' 담론을 담기에는 너무 포괄적이다. 흔히 '세계화'를 해를 거듭할수록 국가간 교역량이 증가하고 있고, 첨단 매스미디어 덕분으로 세계 어느 곳 소식이라도 현장감 있게 전해들을 수 있으며, 환경·여성·기술 등과 같은 다양한 주제로 세계인들의 공동 참여와 연대가 늘어나고 있는 현상들을 가리키는 데 사용한다. 그러나 이 현상은 사실 인류의 역사가 시작되기 전에 시작하지 않았으면 좀더 양보하여 수세기에 걸쳐 일어나고 있거나 적어도 1세기는 훨씬 넘는 기간 동안 진행되고 있는 '지구화'와 전혀 다를 바가 없다. 결국 용어만 바꾸어 사용하는 셈이니 이런 용법은 오늘날 역사과정에 대한 이해를 돕기보다는 오히려 혼란만 초래한다. 따라서 '세계화'를 제대로 정의하려면 그것이 지칭하는 역사적 국면의 특징을 따질 필요가 있다. 나는 '지구화'를 근대 세계체제의 형성과 관련하여 이해하고, '세계화'는 그 중에서도 특히 20세기말의 현상으로 국한해서 이해하고 싶다.

용어 사용에 따르는 문제가 또 있다. '세계화'라는 용어가 처음 국내에서 사용되기 시작했을 때 개념 정의의 난점을 풀고자 '전지구화'라는 말을 덧붙여 쓰면서 생긴 문제가 그것이다. 세계화를 '전지구화'로 이해하자는 것은 김영삼정권에 의해서 '세계화'가 국가경영전략으로 공표된 뒤 영문표기를 'Segyehwa'로 하고 그 개념을 영어로 "total globalization policy"로 규정하면서 대두된 견해다.[7] '세계화'를 '전지구화'로 이해하자는 이 제안도 설득력이 있어 보이지는 않는다. 문제는 전지구화와 지구화의 관계가 무

---

7) 『중앙일보』, 1995. 3. 6.

엇인가라는 것인데 세계화를 전지구화로 규정하자는 것은 지구화와 전지구화가 구별된다는 주장이다. 하지만 지구화라는 것 자체가 전지구화와 다를 바가 없다는 것은 적어도 봉건시대 이후부터 분명한 사실이다. 이매뉴얼 월러스틴의 '세계체제론'이 입증하고 있듯이 자본주의 세계경제로 인해 세계는 전지구적 상호관련성을 이미 르네상스시대부터 강화해오고 있기 때문이다. 특히 19세기 말 20세기 초에 나타난 지구화는 또 다른 차원의 지역간 상호관련성을 만들어냈으며 제국주의 침탈을 받은 한국의 근대역사도 지구화가 전지구적 현상임을 입증하고 있다. 이는 곧 '세계화'를 '전지구화'로 이해하는 것은 별다른 의미가 없다는 말이며, 문제는 여전히 '현단계' 지구화의 특징이 과연 있는가 하는 것이다. 결국 오래 전부터 지속되고 있는 '지구화'의 경향 속에서 '세계화'라는 특수한 정세가 나타나고 있는가를 따지는 것이 문제인 셈인데 이제 이 문제를 살펴봄으로써 오늘날 우리 사회의 특징을 생각해보고자 한다. 이와 관련하여 문민정부가 최근 들어 강조하고 있는 '세계화 전략'에 관심을 집중할 필요가 있다.

세계화와
문민정부의 국가경영 전략

현단계 지구화로서 '세계화' 정세는 우루과이라운드 체결과 세계무역기구(WTO) 체제 출범으로 요약된다. 미국을 위시한 선진자본주의 국가들과 세계경제를 장악한 대자본이 주도하여 발족시킨 WTO는 '자유무역'을 내세우며 세계경제 거의 전체를 자신의 영향권 아래 둠으로써 새로운 세계질서를 만드는 중이다. WTO 체제의 목표는 기본적으로 세계를 단일 자유무역권으로 결속시키는 것으로 이로 인해 한국과 같은 개발도상국 또는 신흥공업국은 민족국가의 틀 속에서 자국시장을 더 강력한 세계시장으로부터 보호하면서 성장하려던 종래의 기조를 유지할 수 없게 되었다. 물론 '세계경제'는 아직은 구체적 현실이 아니다. 그것이 명실상부한 단일한 체제가 되려면 국가장치, 화폐, 국경, 군사 등 부문에서 완전한 통합이 이루어져야 할 터이나 WTO가 출범한 지금도 국민국가들 간의 경합은 여전하며 경쟁이 소멸될 가능성도 없다. 이런 점에서 WTO는 새로운 세계질서일 수는 있어도 단일 체제는 아니며, 여전히 세계내 '국제' 즉 국가간 관계를 형성하는 국가들의 기능을 남겨둔다.

새로운 세계질서는 선진자본주의 국가들이 자본축적의 위기에 대응하기 위해 구사하는 전략의 종합이다. 세계는 대체로 1960년대 말을 기점으로 이전과는 다른 상황, 대규모 '체제위기'에 빠져든다. 월러스틴에 따르면 이 위기는 세계의 세 권역에서 진행되었다. 자본주의권, 사회주의권, 제3세계에서 모두 기존의 체제가 제출해온 사회문제 해결책들—자유주의, 사회주의, 민족주의—이 새로운 운동의 도전을 받았다는 것이다. 그에 의하면 1980년대 말 현실사회주의 붕괴는 1960년대에 나타나기 시작한 '혁명'의 지연 효과였을 뿐 이미 예기된 것이다.[8] 자본주의도 위기를 맞은 것은 마찬가지다. 1945년 이후 서구 자본주의국가는 안정된 성장을 맞아 소위 '붐 경제'를 경험하였으나 1970년대 초에 석유파동 등 위기로 인해 그동안 지속 성장하던 경제가 국제 금융시장의 혼란 등으로 거의 파탄에 빠지게 되면서 대대적인 구조조정에 들어간다.[9] 축적의 위기에 처한 미국, 영국, 프랑스, 일본 등의 독점 자본은 자국내에 안주해서는 위기를 타파할 수 없었기 때문에 해외의 값싼 노동력을 개발하는 데서 돌파구를 찾기 시작하였다. WTO 체제는 이런 노력과 현실사회주의 붕괴를 바탕으로 하여 새롭게 건설된 세계질서인 셈이다.

한국이 지구화의 역사적 과정에 연루된 것은 오래 전이다. 하지만 최근에 들어와서 한국은 이전과는 달리 세계질서에 적극 참여하고 개입하는

---

8) Immanuel Wallerstin, "1968, revolution in the world-system," in *Geopolitics and geoculture: Essays on the changing world-system* (Cambridge: Cambridge University Press, 1991), pp. 65-83.
9) 데이비드 하비, 『포스트모더니티의 조건』, 한울, 1994, 186쪽 이후 참조.

면모를 드러낸다. '세계화'는 최근의 자본축적 전략 조정 국면을 맞아 한국 지배세력이 개발한 대응전략이다. 한국은 70년대 이후 중공업정책으로 세계적인 산업 구조조정에 참여하였다. 축적위기를 맞은 세계자본이 돌파구를 찾기 위해 자국에서는 '유연전문화' 혹은 포스트포디즘을, 제3세계에 공해산업이나 노동집약 산업을 수출하는 전략을 채택하는 과정에서 우리에게 포드주의 축적의 기회가 온 것이다. 이 결과 한국사회는 지난 30년 동안 급성장했지만 동시에 이전에는 상상하기 힘들 정도로 세계경제 속에 깊숙이 빠져 들어있고, 특히 초국적자본의 국내시장 침투를 맞고 있다. '세계화'는 이때 한편으로는 외부에서 오는 다양한 개방압력을 가리키면서 다른 한편으로는 한국자본의 중국, 동남아, 동구, 서구 시장 진출을 가리킨다. 지금 한국 자본은 제한적이지만 서구가 70년대에 시도한 축적의 유연화를 자신의 세계화 전략으로 구사할 수 있게 되어 일각에서는 이미 아(亞) 제국주의가 되었다는 지적까지 나오고 있다. '세계화' 경향은 지금 우리가 맞고 있는 새로운 정세의 지표로서 경제적, 정치적, 문화적 측면을 동시에 가진다.

우선 경제적 측면에서 보면 박정희정권 이래의 재벌 위주 경제정책은 지속되고 있지만 부분적인 전략 수정이 일어나고 있다. 노동집약적 산업은 예나 마찬가지로 중요하다. 하지만 유통이나 서비스산업의 발달로 예전에 비해 경제는 훨씬 더 복잡한 양상을 드러낸다. 정치적 상황도 바뀌었다. 문민정부의 출범으로 그동안 한국적 정치의 한계로 작용하던 군부세력의 정치적 헤게모니는 더 이상 통용되지 않는다. 국가의 기능에도 상당한 변화가 생겨났다. 정부가 기본적으로는 친자본 정책을 펼치는 가운데 군부정권 시절과는 달리 '자율'을 강조하면서 과거의 관행들을 악습으로 규정하며 '합리화'를 추진하고 있는 것이다. 이 합리화가 얼마나 내실을 기할지는 불분명하지만 몇 가지 변화를 일으키는 것은 분명해 보이는데 여기서는 두 가지만 지적하고자 한다. 첫째 생산방식의 변화다. 최근 포드주의적 어셈블리라인을 탈피하고 최근 LG 등이 도입하고 있는 '모듈러 셀'(Modular Cell) 공정처럼 기계적 생산, 자동화, 나아가서 자율화 경향이 높아지고 있다. 이 변화는 생산공정의 능률화, 고객 만족도를 높이기 위한 '생산실명제'로서 노동강도의 강화를 전제한다. 둘째 이전과는 다른 유형의 노동력에 대한 수요가 생기고 있다. 1970년대 한국은 중등교육 확장을 통한 생산직 노동자의 대거 공급, 1980년대에는 대학교육의 대중교육화를 통한 '고학력' 인력의 대량 수급을 꾀했다. 지금도 새로운 노동력 확보를 위한 교육개혁이 진행중이다. 95년 5월 31일에 발표한 교육개혁안이 그것이다. 이 개혁안에서 강조되는 것은 소비자 중심 교육의 수월화(秀越化), 국가경쟁력을 강화하기 위한 교육의 질 향상이지만 아무래도 기본방향은 시장주의의 강화, 즉 기업의 경쟁력을 높이는 데 있다.

이런 변화가 '세계화' 구호 속에 일어나고 있다는 것은 무엇을 말해주는가? 자본축적의 위기를 극복하기 위해 나온 서구자본주의의 유연화전략을 한국사회가 모방하고 있다는 것, 대자본을 중심으로 새로운 사회 구조 조정이 일어나고 있다는 것이 아닐까. 이렇게 볼 때 '세계화'는 현단계의 지구화이지만 한국에서는 김영삼정권이 내세우는 국가경영 전략이라는 성격을 띠고 있는 셈이다. 이 전략은 기본적으로 친자본적이며 현단계 자본주의 세계체제에 순응적이다. 그것은 한국자본의 세계 진출을 목표로 사회적 제도들의 경영합리화를 강제하며 이에 따른 사회적 분열을 막고자 '한국인의 자부'와 같은 국민 결속을 위한 구호를 내세우고 동시에 노동력 쇄신을 위하여 교육을 통한 인구정책을 펼치는 등 다양한 전술들을 구사한다. 이런 내부 '통치' 전략은 자연히 '문화적 전략'을 수반한다. 하지만 이 문제는 세계화와 문화를 구체적으로 사고해야만 이해할 수 있는 성질의 것이다.

'지역화'와 '정보화'—
일상의 변화

'세계화'를 잠정적으로 현단계 지구화로서 문민정부의 국정 전략으로 이해하면서 현실의 변화들, 특히 세계화와 함께 일어나는 경험적 조건의 변화들을 따져볼 필요를 느낀다. '세계화'가 오늘 역사적 현실로 부상했다는 것은 무엇을 의미하는가? 세계화는 구체적 삶에 어떻게 연루되고 있으며, 어떤 형태를 띠는가? 이러한 질문은 세계화가 우리에게 어떤 일상을 제공하고 있는지 묻는 것이기도 하다. 세계화가 현단계 역사적 상황이라면 그것은 '저 먼 곳'의 일이 아니라 '지금 여기'의 일일 것이다.

이와 관련하여 '세계화'의 역사적 운동은 지구 어느 한 쪽에서 다른 쪽으로 일방통행하는 것은 아니라는 점을 확인할 필요가 있다. 지구화로서 세계화는 언제나 서로 다른 지역들간의 연계이므로 구체적인 지역들을 전제한다. 세계화는 필연적으로 '지역화' 현상을 동반하며, 이 현상은 세계체제의 변동과 관련이 있다. 80년대 말 이후 일어난 지역화 현상 가운데 중요한 일부는 사회주의권이 붕괴한 결과다. 이 붕괴는 한편으로는 90년대 세계정세의 특징인 지역분쟁들(유고 보스니아 사태, 르완다 내전, 체첸 문제 등)을 야기했고 다른 한편으로는 대륙별 경제블록화를 강화했다. 유럽통합의 경우 미국과 여타 지역블록에 대한 유럽지역의 경제적 이해를 관철하기 위해 만들어졌지만 세계는 이를 통해 권역별로 쪼개진다. 세계의 '삼분화'가 그것이다. 오늘날 세계는 일본 중심의 동아시아, 미국 중심의 아메리카, 독일 중심의 유럽으로 분할되어 있다. 10)

'세계화'의 모순적 운동을 이해하기 위해서는 그 속에서 또는 그와 함께 발생하는 문제들이 무엇인지 구체적으로 살피는 것이 필요하다. 세계화와 함께 발생하는 '지역화'는 금방 지적한 '권역화'만이 아니라 훨씬 더 미세한 부분으로까지 진행된다. 기든스의 다음 말을 살펴보자.

지구화(globalization)란 일부 지역에서 발생하는 사건들이 다른 지역들에서 발생하는 사건들에 의해 영향을 받게끔 서로 멀리 떨어져 있는 지역들을 연결하는 전세계적 사회관계들이 강화되는 것으로 정의할 수 있다. 이 과정은 그런

---

10) Robertson, op. cit., pp. 184-85.

지역 사건들이 그것들을 만드는 원격 관계들 자체와 반대 방향으로 움직일 수 있기 때문에 변증법적 과정이다. 지역의 변화는 시간과 공간을 가로지른 사회적 연계들의 측면적 확장인 만큼 또한 지구화의 일부이기도 하다. 따라서 오늘날 세계 어디서건 도시를 연구하는 사람들이면 한 지역 동네에서 일어나는 일은 그 동네와는 멀리 떨어진 데서 작용하는 요소들—세계의 화폐 및 상품 시장과 같은—에 의해 영향을 받기 마련이라는 점을 알고 있다. 그 결과 반드시 고정된 방향으로 움직이는 일반적 변화들만이 나오는 것이 아니라 상호 대립된 경향들이 생겨난다. 싱가포르의 도시지역이 점차 풍요해지는 것은 지구화된 경제적 연계의 복잡한 망을 통하여 세계시장에서는 그 지역 산물들이 경쟁을 잃은 피츠버그 어떤 지역의 빈곤화와 인과적으로 연결될 수 있는 것이다. [11]

기든스는 여기서 지구화와 지역화는 일견 상호 모순적이거나 대립적인 경향으로 보일 수 있으나 사실 상호보완적인 성격을 띠며 오히려 상호 조장하는 관계에 있음을 지적하고 있다.

이러한 경향은 지역화를 지방화 중심으로 봤을 때도 마찬가지다. 최근 지방자치제도를 실시하게 된 우리 경우를 봐도 극명하게 드러나지만 지방화는 세계화를 초래한다. 대부분의 자치체는 지금 '기업주의' 경향을 드러내고 있다. 지방자치제 실시 이후 지방정부들이 재정자립도를 높이라는 압박을 받으며 극심한 상호경쟁에 빠져든 결과다. 이들 정부는 지금 지역 고유 상품 개발 등 지역화를 추구하면서 상품 판매를 위한 시장개척 과정에서 해외시장 진출을 꾀하는 등 지구화 전략을 구사하고 있다. 이것은 지역화/지방화와 지구화/세계화를 동시에 추진하는 이른바 '지구방화' 현상으로서 이로 인해 한국사회는 전에 없던 문제들을 겪게 되었다. 한편으로 지방자치제도는 지역이기주의를 강화할 것이다. 님비(nimby) 현상, 지역감정, 분할주의의 만연이 그것이다. 다른 한편 지역이기주의는 지역의 당연한 권리 행사요, 그 권리가 침해당했을 때 나타나는 저항이기도

---

11) Anthony Giddens, "The Consequences of Modernity," in Patrick Williams and Laura Chrisman, eds., *Colonial Discourse and Postcolonial Theory*, pp. 181-82.

하다. 물론 어떤 경우든 이 '지역문제 출현'은 민족국가의 틀을 유지하려는 중앙정부에게는 전에 없던 고민을 안겨줄 것이다.

지역화/지방화가 세계화와 동시에 진행됨으로써 지역이 곧 세계가 되는 경우도 늘어났다. 이 경향을 강화하는 것은 '전자혁명' 등 일련의 변화를 통하여 형성된 새로운 기술적 조건이다. '정보혁명'은 '시골구석'을 정보의 집합처로 만들고, '시골의 대처화'(大處化)를 유발하기도 한다. 이것은 비유적인 표현만은 아니다. 지리산 골짜기에서라도 전화선만 있으면 미국이나 영국의 정보생산처, 정보집합처와 인터넷으로 접속할 수 있고, 과거라면 은거의 장소도 바로 세계 도처와 소통이 가능하다. 인공위성을 이용하는 대중매체의 전지구적 확산으로 최근의 아르헨티나 축구스타 마라도나의 재기전처럼 한 지역에서 발생하는 사건이 즉각 전세계에 중계되기도 한다.

따라서 세계화를 논할 때는 '정보양식'의 급속한 변화를 고려하는 것이 필요하며, 이를 통해 지구화의 전개에서 어떤 새로운 조건들이 만들어지고 있는지를 따져야 한다. 1960년에 쓴 자신의 『커뮤니케이션 탐구』(*Explorations in Communication*)에서 맥루한이 말한 '지구촌' 상황은 이제 선진 자본주의 국가에만 한정되지 않는다. 정보화로 인해 인간의 신체와 재화의 직접 이동과 참여 없이도 지구화 과정은 진행된다. 지금까지 교류는 주로 물리적 교류였다. 국가 간에 운동경기를 치르거나 이민이나 유학을 하거나 교역을 할 때 인간 신체나 상품의 이동을 통해 이루어졌던 것이다. 하지만 전자적 정보소통이 가능해진 지금은 신체와 물품의 참여와 교역만이 지구화 모습은 아니다. 물리적 조건은 여전히 중요하지만 전자, 전파 교류가 더 중요해졌다. 이 결과 인간적 소통은 점점 더 문화적 성격을 띤다. 과거 사회집단들 간의 문화교류는 때로는 지리적 환경적 요소들로 인해, 때로는 타문화와의 교류에 대한 사회적 저항으로 인해 제한을 받기 마련이었다. 큰 지역들 간의 교류에는 상품들(과 상인들)의 이송, 여행자와 탐험가들의 장거리 여행과 같이 물질 이동의 어려움이 뒤따랐다. 그러나 지금은 교류와 소통이 직접 대면 없이, 단시간에 대량으로 일어난다. 촌락이 된 지구에는 '원거리'가 거의 없어진 것이다. "현대 세계의 사실들을 조금만 알고 있어도 세계는 이제 과거와는 다른 의미에서 상호작용 체계라는 것을 알 수 있다"라는 아파두라이의 지적은 이를 두고 한 말이다.12) 이러한 점을 하비는 '시공간의 압축'이라는 말로 설명한다. 세계의 문화, 지식, 사건이 정보화되고 원거리 개념이 없어진 '시공간의 압축현상'이야말로 '세계화'라 할 수 있다.13)

지역화와 정보화는 오늘날 사회에서 세계가 우리의 일상으로 들어와 있다는 것을 말해준다. 그리고 일상성의 대두는 현단계 세계의 특징을 이해하고 설명하기 위한 인식론을 더 정교하게 설계할 것을 요구한다. 로버트슨도 지적하고 있듯이 경제주의적 관점만으로는 세계의 사회적 문화적 문제들을 제대로 고려할 수 없다.14) 오늘날 3두체제(미국, 일본, 독일)가 엄청난 위력을 발휘하고 있는 것은 사실이지만 이슬람문화권의 경우처럼 경제대국이 아니면서도 세계질서에 커다란 영향력을 발휘하는 경우도 있다. 따라서 지역의 블록화는 단지 재래의 정치적, 경제적 논리로 단순 결정되는 것이 아니라 그것을 확대재생산하고 비가시적이게 하는 다른 논리에 의해서도 영향을 받는 것으로 이해해야 한다. 지역화는 WTO와 함께 EU, NAFTA, APEC 등 새로운 경제적 지역분할의 성격을 띠기도 하지만 다른 한편 문화적 지역화로 나타나기도 한다. 이런 점 때문에 세계화와 지역화가 동시에 진행되는 상황을 이해하기 위해서는 민족적이고 인종적인, 그리고 문화적인 맥락을 충분히 고려할 필요가 있다. 세계화 과정에서 야기되는 지역 블록간의 경쟁과 모순은 정치적, 경제적 형태로만 나타나는 것이 아니라 문화적 모순과 경쟁의 형태를 띠기 때문이다. 최근

---

12) Appadurai, op. cit., p. 324.
13) 하비에 따르면 '시·공간 압축'이란 "공간과 시간의 객관적 성질들이 아주 급격하게 변화하여 우리가 세상을 표현하는 방법을 바꾸어야 하는 (때로는 완전히 근본적으로) 과정을 가리킨다"(하비, 앞의 책, 294쪽).
14) Robertson, op. cit., p. 185.

의 국제 통상마찰이나 군사 프로젝트(미국의 무기거래와 프랑스의 핵실험)는 특정하고 한시적 사안이지만, 문화의 형식으로 개입하고, 흡수당하는 상황은 일상적 상황이다. '코카콜라', '맥도널드', '마이클 잭슨', '캐빈 코스트너', '마이클 조던' 등의 이름으로, 혹은 다른 식으로 대표되는 문화 제국주의는 전지구화되는 문화환경의 흐름을 타고 시간과 공간의 벽을 허물고 거의 동시간에 제3세계의 문화시장을 파고드는데, 그러한 동시성이 강화되면 될수록 문화적 동일화는 더 증폭되고, 그만큼 지배의 효과와 강도는 비가시적이게 된다. 오늘날 사회를 설명하기 위해 문화의 문제를 고려하지 않으면 안 되는 것은 이 때문이다.

지금까지 세계화와 지역화가 어떻게 진행되고 있고 이것이 어떤 식으로 한국의 국가경영 전략으로 부상했으며, 세계화가 어떻게 지역화, 정보화와 연결될 수 있는지 살펴보았다. 이 지점에서 내릴 수 있는 결론은 세계화가 새로운 정세로 작용할 수 있다는 것이다. 그러나 아직은 이 글의 주요 목표인 민족문화의 정책적 과제 설정과 관련하여 그것이 어떤 의미를 가지는지 밝힐 단계는 아니다. 지구방화 및 정보화를 민족문화 정책 수립 문제와 연결짓기 위해서는 먼저 '민족문화'를 이해하는 것이 필요하다.

'민족문화'의 문제들

'민족' 개념만큼 사람들의 감정을 동요시키는 것도 없다. '민족'은 가장 음전한 사람들까지도 열정, 사랑, 증오의 화신으로 만드는 위력을 가진다. 그동안 민족이나 민족문화는 한국과 같이 소위 제3세계에 속하는 경우에는 저항적이고 해방적인 의미를 갖는 것으로 인식되었고 다른 한편 제국주의 세력이 활용하게 되면 지배의 주체라는 의미를 갖게 되었다. 이 중에서 저항적 민족문화는 한국과 같은 제3세계 '약소민족'에게는 특히 중요한 의미를 지닌다. 반식민지배 투쟁과 근대화 과정에서 노정되는 모순을 극복하는 데 민족문화가 기여한 바가 막대하기 때문이다. 제3세계 민족문화의 저항적 성격과 관련하여 프란츠 파농의 논의를 되새겨볼 필요가 있을 듯싶다. 파농은 제국주의 세력에 직면한 전통사회가 민족주의를 강력한 자신의 방어수단으로 삼는 경우가 많으며 이 민족주의 운동 속에서 민족문화가 탄생한다고 본다. 그에게 민족문화란 식민지 경험 이전의 미학적 전통들이나 관습들과 구분되며 제국주의 세력에 맞선 민족해방 운동의 일환이다.

> 식민지 착취, 빈곤과 풍토적 기근이 원주민들을 더욱 더 공개적이고 조직적인 저항으로 몰고 간다. 공개적이고 결정적인 단절에 대한 필요성이 부지불식간에 형성되어 대부분의 사람들이 그것을 느끼게 된다. 지금까지 존재하지 않았던 긴장들이 생긴다. 국제적 사건들, 식민제국의 전체 부문들의 붕괴, 그리고 식민체제에 내재하는 모순들이 민족의식을 조장하고 지원함과 아울러 원주민의 투쟁성을 강화·유지한다. 15)

그러나 민족문화는 피지배 민족에게만 있는 것이 아니라 지배 민족에게도 있는 법이다. 사실 민족문화는 민족국가의 변별적 특성을 두드러지게 하고, 또 고착시키는 대표적 문화형태라 할 수 있다. 그것은 민족의 '고유성', '단일성', '우수성'을 표상하는 경향을 가지고 있고, 결과적으로 자신을 다른 문화와 구별한다. 타문화의 '타자화' 전략인 것이다. 이 '타자화'가 문화제국주의 권력에 의해 동원되곤 했다는 것을 다시 말할 필요가 있을까? 역사적으로 민족주의 이데올로기는 식민지 경영에 열을 올린 서구 강대국들이 식민지 지배에 더 유리한 위치를 확보하기 위해서 자국의 문화적 우월성을 강조하는 과정에서 더 강화되었다.

민족과 민족문화를 절대화하는 것은 금물이다. 이 말은 민족을 주어진

---

15) Franz Fanon, "On National Culture," in Patrick Williams and Laura Chrisman, eds., op. cit., pp. 46-47.

것으로 보기보다는 역사적으로 구축된, 내부에 갈등과 모순을 지닌 허구적 구축물로 볼 필요가 있다는 것이다. 이 경우 '민족문화' 개념을 무비판적으로 수용하기는 힘들다. 사실 민족문화를 제국주의 문화에 대한 투쟁의 관점에서만 이해할 경우 실제로 민족문화의 역사적 구성물들이 어떻게 지배권력의 범주 안에서 고착화되었는가 잊어버리기 쉽다. 한국에 민족문화가 저항적인 해방운동 성격을 지니고 있었다는 것은 부인할 수 없지만 그 운동 내부에서 민족이란 개념을 고정된 실체로 생각하고, 민족 형식의 고착화를 야기했다면 이는 중대한 문제다.

그동안 한국에서 '민족문화'는 기획으로든, 정책으로든, 저항운동으로든 늘 전략적이고 정세적으로 사용되어 왔다. '민족문화'를 어떻게 개념 정의하고 '민족'을 어떤 세력 중심으로 구성하고 또 그 미래를 어떤 관점에서 설계할 것인가 하는 문제는 지배와 저항에서 중요한 쟁점이 되기도 하여, 한편으로 민족문화를 말살하려는 '반민족적' 기도가 있었는가 하면 다른 한편 오로지 '민족문화'만을 고수한다는 국수적 태도도 만만치 않았다. 이 두 태도는 언뜻 보기에 대립적인 듯하지만 사실은 지배의 전략으로서 반민족적 성격을 띤다. 박정희정권이 유신독재를 정당화하기 위한 물밑작업으로 벌인 '민족문화' 복원 정책이 그런 예다. 군사정권이 애지중지하던 '민족문화'는 민중지배에 쉽사리 동원할 수 있는 고급문화, 권력의 불법성을 은폐하기 위한 전통문화, 폭력성을 정당화하는 군사문화에 의해 그 개념이 규정되었다.

물론 '민족문화'를 지배문화의 대립으로 보는 관점도 있다. 이때 '민족문화'는 '관변' 민족문화에 대해 도전하고 저항하는 성격을 띠며, 민족의 고난과 난관을 극복하기 위한 운동이 된다. 따라서 그것은 우리 민족을 핍박받는 민족으로 보는 경향이 크고, 당대의 현실을 외래문화(왜색문화, 서구문화, 미국식 대중문화 등)에 의해 지배받고 있는 것으로 보는 경향이 있다. 이런 관점 중 대표적인 것이 오늘 우리 현실의 모순을 민족모순, 분단체제 모순으로 규정하는 관점이다. 70년대의 탈춤부흥운동을 위시한 전통문화 복원 운동과, 분단문학, 통일문학으로 대표되는 민족문학에 그런 관점이 많이 스며있다. 그러나 80년대 중반부터 민중적 시각을 지닌 민중문화와 노동자문화의 독자성에 대한 요구가 제기되면서 민족문화는 소시민주의 문화라는 비판을 받기도 하였다. 80년대 말 '민족문학' 이념 논쟁에서 알 수 있듯이 민족주의 세력이 주창한 '민족문화'와 민중문화 및 노동자문화의 차이가 현격했다.16) 그러나 그 차이는 이념 또는 관념상의 차이였을 뿐, 민족문화와 민중문화가 그렇게 엄격하게 구분되진 않는다는 견해도 가능하다. 이 견해에 따르면 민족문화의 젖줄기는 민중의 삶의 방식인 민중문화에서 나온다. 이와 같은 견해는 흔히 대립적으로만 사고되던 민족문화와 대중문화의 관계를 다시 사고하게 만드는데 이 점에 대해서는 뒤에서 언급하고자 한다.

최근의 논의들은 민족문화의 자기갱생을 위해 우리의 문화적 주체성을 어떻게 '세계화'해야 할 것인가에 초점이 맞추어져 있다. 예컨대 국내 민족문학 진영은 민족문학을 국민문학의 수준으로 올리는 창작적, 비평적 과제를 시급하게 제기하고 있다. 그러한 기획은 세계문화의 족적을 남길 위대한 창작의 탄생을 기대하는 데로 모아지는 듯한데, 이는 궁극적으로 문민정부의 세계화 문화전략과 그리 달라 보이지 않는다. 이런 식의 민족문화 전화 프로젝트는 과거 민중문화의 저항적 문제의식보다도 더 후퇴한 느낌이며 여전히 민족'주의'의 문제틀에서 맴돈다. 민족문화의 국제경쟁력이니, 전통문화의 창조적 계승이니 하는 것들은 결국은 세계화의 민족

---

16) 민족문화론의 소시민성에 대한 비판은 80년대 중반에 채광석의 '민중적 민족문학론'(「민족문학과 민중문학」, 『문학의 시대』 2집, 1984; 「소시민적 민족문학에서 민중적 민족문학으로」, 『민족문학의 흐름』, 1987 참고)이 제창되면서 본격화되었고, 이후에 김명인의 「지식인문학의 위기와 새로운 민족문학의 구상」(『전환기의 민족문학』, 1987)이 나오면서 이른바 '민족문학 이념 논쟁'이 시작되었다. 김명인의 입론은 이내 '노동해방문학론'을 주장하는 조정환(「민족문학운동의 목표와 방법문제」, 학술단체 연합 심포지엄, 1988; 「민주주의 민족문학론에 대한 자기비판과 노동해방론의 주창」, 『노동해방문학』 창간호 1989 참고)과 '민족해방론'을 주장하는 백진기에 의해 비판을 받았고, 80년대 말에서 90년대 초까지 '민중성', '노동자 당파성', '민족해방' 등의 관점을 둘러싸고 치열한 논쟁이 전개되었다.

적 이해를 반영하기 때문이다. 가장 민족적인 것이 가장 세계적이라는 역
설의 논리가 형식적이고 양식적인 차원에서 그친다면 그것은 새로운 국수
주의로 변할 위험도 있다.

　여기서 약간 도발적인 문제제기가 가능하지 않을까 싶다. 민족문화의
전화는 민족문화라는 용어 자체의 폐기를 최종적인 기획으로 삼아야 하지
않을까? 민족주의 이데올로기를 옹호하는 사람들은 이 땅에 민족모순이
사라지지 않은 한 '민족문학'과 같은 민족문화 운동은 계속 유지되어야 한
다고 반론을 제기할 것이다. 그러나 민족모순이 해결된다고 민족문화도
자연 소멸되는가? 그 임무완성을 스스로 인정하고 닻을 내리겠는가? 민족
모순의 해결도 힘들겠지만 설사 어떤 형태로 해결되든 민족형태는 존재하
기 마련이다. 민족문화는 어떤 정세에 대한 실천 방침인 경우에도 근본적
으로는 민족형태와 민족동일성을 전제한다. 민족형태와 그 정체성은 자
명한 것이 아니다. 민족문화가 개념적으로 어떤 정세효과를 전제하고 그
효과를 생산하는 것이라면, 민족문화의 전화는 그 용어의 진부함과 낡음
을 향해 싸워야 하고 결국 그런 싸움의 최종지점은 그 용어의 폐기를 위
한 실천이 되어야 하지 않을까? 민족문화라는 개념의 폐기로 인해 우리가
실제로 싸워야 할 문제들, 요컨대 계급과 성의 차이나 적대들이 문화적
해방의 기획에서 문제들로 수면 위로 올라올 수 있게 된다. 이는 이들 차
이와 적대들을 은폐하기보다는 공개하여 해결책을 모색하자는 말이기도
하다. 이제 이런 관점에서 민족문화의 문제를 좀더 냉정하게 검토하는 것
이 필요하다고 본다.

민족화와
민족문화

　'민족'을 다음과 같이 볼 것을 제안한다. 첫째, '민족'을 불가능한 실체
로 봐야 할 것이다. 민족이라는 실체는 현실적으로 존재하지 않으며 허구
로서, 관계로서 존재할 뿐이다. 17) 둘째, '민족'의 허구는 허위나 헛것이

아니라 역사적 현상으로 인식해야 한다. 이 말은 '민족' 관념이나 통념은 주어지는 것, 자연적으로 존재하는 실체는 아니라고 해도 역사를 초월하지 않고 역사내에 존재하는 허구라는 점을 의미한다. '민족'이 언제나 역사 속에서 만들어지는, 역사적 구축물이라는 것이다. 셋째, '민족'은 반드시 '민족화' 과정을 대동한다고 볼 필요가 있다. '민족'은 사회의 다양성을 '통일한' 결과라는 것이다. 이렇게 보면 민족화는 단일화와 다르지 않다.[18] 이런 관점은 '민족'이라는 관념을 실체화하거나 이상화하기보다는 역사적 문제로 파악할 것을 주문한다. '민족'을 오늘날 민족구성원이 소속해 있는 국가와 같은 사회적 제도들의 기원으로 보거나, '민족'을 사회 성원들의 모든 행위들의 목적으로 파악하는 것을 경계하자는 것이다. 따라서 이 관점은 종래 좀체 비판의 대상이 되지 않던 '민족'과 '민족문화'를 비판적으로 사고할 것을, 즉 민족문화의 전화를 사고할 것을 요구한다고 하겠다.

'민족'은 역사적 구성물이다. 어떤 사회도 처음부터 '민족'으로 구성된 적은 없다. 한 사회의 구성원들은 '민족화' 과정을 거쳐야만 '민족'으로 등장한다. 이 과정에서 몇 가지 조건들이 필요하다. 우선 역사적으로 '민족형태'는 국가(장치)의 작동을 전제한다. 일례로 르네상스 시기 영국에 절대국가가 없었다면 영국 '민족'은 형성되기 어려웠을 것이다. 우선 군왕은 엘리자베스처럼 국민/민족의 중심이 됨으로써 동일시 과정에 필요한 표상체계를 제공할 수 있다. 절대 왕정은 이처럼 상징체계가 됨으로써만이 아니라 관료제도를 가동함으로써도 사회 성원들을 실질적으로 동원하는 위력을 가진다. 관료제도는 행정, 사법, 군대 등을 가동하여 사회 성

---

17) 우리는 민족이 '서사'와 같은 허구의 틀 속에서 존재함을, 그리고 그런 서사에 대한 '동일시 과정'으로 존재함을 중시할 필요가 있다. 민족의 허구성에 대해서는 Benedict Anderson, *Imagined Communities: Reflections on the Origin and Spread of Nationalism* (London: Verso, 1983) 참조.
18) 이 논의는 발리바르한테서 집중적으로 나온다. 「민족형태—그 역사와 이데올로기」, 『이론』 6호, 1993년 가을, 113-21쪽 참조.

원에 대한 인구정책을 실시하는 수단들을 제공하며 사회의 인구는 이런 제도들의 운영과 작동을 통하여 국민 또는 민족의 형태로 구성된다. 또 다른 조건으로 영토나 국경을 들 수 있다. 민족은 국경을 반드시 전제하지는 않지만(국경 너머에 있는 동포도 동일한 민족이기 때문에) 국경의 확립이 민족 형성에 기여하는 것은 분명하다. 국경은 어떤 지역 주민들을 어느 한 국가구성체 안에 속하게 만들며 시간이 지나면 그 구성체가 지향하는 민족으로 포섭한다. 물론 이러한 제도들로 민족 형성이 완성되는 것은 아니다. 민족 형성을 위해서는 좀더 구체적으로 차이들과 모순들의 봉쇄, 소멸, 억압, 통합, 극복 등의 형태로 사회 구성원들을 동질화, 단일화, 구조화하는 과정이 필요하다. 이 과정은 다음의 세 과정을 거친다.

1) 공통의 소통/교통 방식 형성. '민족'이라는 가상이 형성되려면 '공동체'가 형성되어야만 한다. 역사적으로 이 공동체 형성은 (상품과 노동의) 단일시장이 출현함으로써 이루어졌다. 이 시장 형성으로 방언 등의 형태로 분할되어 있던 지역언어들이 하나의 공통언어로 통합되는 과정을 거치게 된다. 공동체는 기본적으로 '합의'를 전제하는 의사소통 구조다. 따라서 반드시 단일한 언어'시장'을 전제해야만 한다. 이 언어시장은 역사적으로, 사회에 따라서 다른 방식으로 형성된다. 르네 발리바르의 연구에 따르면 이 언어시장에서 핵심적인 역할을 하는 것은 교육제도다. 19)

2) 공통의 전통 형성. '민족'이라는 가상이 형성되려면 '공통경험'이 필요하다. 이 경험은 삶의 방식을 공유하는 상상의 형성이기도 하다. 이를 위해서는 공통 과거의 구성 방식과 공통 현재 확인 및 구성의 방식이 있을 것이다. 과거 지향적인 것은 홉스봄이 말하는 '전통의 창안'이 그 예다 (예컨대 오늘 '셰익스피어 생가'로 통하는 집은 19세기 중반쯤에 셰익스피

---

19) 르네 발리바르의 연구에 대한 소개는 Etienne Balibar and Pierre Macherey, "On Literature as an Ideological Form," in Francis Mulhern, ed., *Contemporary Marxist Literary Criticism* (London & New York: Longman, 1992), pp. 34-54 참조.

어 출생지에 남아 있던 르네상스시기의 가옥이다. 영국에서 사적보존협회가 설립되어 기념물들을 지정하기 시작한 것도 20세기 초 일이다). 다른 한편 현재 관점에서 보면 의상이나 의식의 공통점들을 들 수 있다. 이 공통점들은 오늘날은 다양한 사회적 메커니즘들을 통하여, 특히 개인들을 관통하는 어떤 '유행'을 만들어내는 메커니즘들(대중매체가 그 대표적 예다)을 통하여 강화된다.

3) 공존의 전략. '민족' 형성에는 사회 구성원들의 생존전략이 중요한 역할을 한다. 여기에는 집단으로서 '민족'의 경제·정치·문화적 이익의 공유가 전제된다. 사실상 내부 차이, 갈등, 모순을 안고 있는 사회구성원들을 '공동운명체'로 만들어내는 작업이 진행된다. '공동운명체'로서 민족 형성에 전쟁, 침략, 혁명과 같은 사회적 위기 상황이 기여하는 것은 그 때문일 것이다. 근대 민족국가의 전쟁은 이전과는 달리 '총력전'의 성격을 띠는데[20] 이 점도 민족 형성과 관련이 있다. 세계사적으로 보면 이 생존전략은 자본주의적 근대의 세계적 확산과 함께 불균등하고 복잡한 방식으로 지구상에 나타났다. 한국은 19세기에 제국주의 세력과 조우하기 전에 이미 통일적 '공동체'의 형태를 띠었다고 볼 수 있다(임진왜란 당시 조선에는 오늘날 우리가 느끼는 '민족' 정체성이 없었는지 모르나 왜군에 대한 공동 대처 전략은 있었다). 그러나 오늘날 우리가 지닌 민족정체성은 일본제국주의에 대한 공통의 경험과 그에 대한 저항을 통한 생존전략을 구사하는 과정에서 더욱 공고해졌다는 점에서 '근대'적인 성격을 띤다. 한국에서 민족정체성 형성이 '수세적', '방어적', 또는 '저항적' 의미를 띠는 것은 이런 역사적 경험 때문이다. 그리고 여전히 통일을 이루지 못한 상황

---

20) 발리바르의 다음 언급을 보자. "영토적 전쟁에서나 경제적, 문화적 전쟁에서나 전쟁은 '총력전'이 되는데, 여기서는 전인구에 이르는, 그리고 전인구를 포함한, 물질적, 정신적 자원들이 동원된다. 다른 한편 이는 정치적 통일성의 창조에 반작용 효과를 초래한다. 이런 종류의 전쟁은 고대의 도시들〔도시국가들〕에서뿐 아니라 '보편주의적' 종교에 의해 통일되어 있던 중세의 제국들 또는 기타 정치적 실체들에서도 알려져 있지 않았다…이러한 형태의 전쟁은 아마도 오늘날 그 역사적 한계에 도달했다고 할 수 있을 것이다. 그렇지만 그것은 무한히 '살아남는다'"(「민족형태」, 『이론』 6호, 1993, 106-7쪽).

에서 한국 '민족'은 '민족이하'의 상태에 놓여 있기 때문에, 즉 민족국가 구성을 아직 완성하지 못했기 때문에 '민족' 구성은 생존전략의 차원에서 성취해야 할 목표로 되어 있다.

민족 형성이 지닌 '문화적' 성격은 무엇인가? 이 질문과 함께 민족적 정체성과 문화의 상관관계를 따지는 작업이 과제로 떠오른다. '민족문화'에 대한 논의가 필요해지는 것이다. 하지만 지금 시점에서 앞서 전화의 필요성이 제기된 '민족문화' 개념으로 다시 돌아갈 수는 없기 때문에 새로운 민족문화 개념의 설정이 필요하다. 이를 위해 '문화' 개념부터 따지는 것이 좋을 듯하다. 아마 '문화'만큼 그 개념을 정의하기 어려운 용어도 없을 것이다. 영어권에서도 사정은 마찬가지인 듯 레이먼드 윌리엄스는 'culture'가 영어에서 정의하기가 가장 어려운 두세 개 단어 중 하나라고 했다. 21) 윌리엄스에 따르면 문화는 특정한 인간집단의 구체적 삶의 방식으로서 미학, 예술, 문명, 인류, 과학 등과 연결되어 있다. 이렇게 본 문화는 '구성체'로 존재하며 제도화된다. 전문연예인 집단들이 사회구성체내에서 소집단으로 그 나름의 구성원리를 가지고 있는 제도의 형태로 존재하게 되는 것이다. 문화의 이런 구성체적 성격은 최근에는 '문화산업'이라는 형태를 띠기도 하여 생산, 확산, 분배, 유통, 소비 등의 측면에서 복잡한 양상을 띠고 있고 그에 따른 조직적 활동의 통제를 위한 법제화가 복잡하게 진행된다. 그런데 한국의 국가 경영전략으로서 '세계화'와 연관하여 '문화'를 사고할 때는 '정책'으로서 문화 개념을 고려해야 할 듯싶다. 토니 베넷에 따르면 '문화'는 윌리엄스가 언급한 것들 이외에도 '품행'이나 '예절'과 같은 다른 삶의 방식들과 결부되어 있다. 그는 특히 서구에서 18·19세기에 '문화'가 통치의 문제로 등장한 점을 든다. 22) 이때 문화는 한편으로는

---

21) Raymond Williams, *Keywords: A Vocabulary of Culture and Society* (Oxford: Oxford University Press, 1976), p. 76.
22) 이런 관점을 가장 확실하게 보여준 경우는 Ian Hunter다. Ian Hunter, "Culture, education, and English: building 'the principal scene of the real life of children'," *Economy and Society*, vol. 16, no. 4 (1987) 참조.

통치의 대상이면서 다른 한편으로는 통치의 도구가 된다. 통치 대상인 문화는 종속 집단들의 품행과 예절과 같은 삶의 방식이요, 통치 도구인 문화는 지배집단의 능력들이라 할 수 있는 삶의 방식이다.[23] 문화를 이런 식으로 이해하면 우리는 그것이 대중의 삶의 방식에 대한 구체적 정책 수준에서 기능하는 문제임을 알 수 있다.

문화를 정책으로 보는 베넷의 관점을 수용하면서도 문화를 삶의 방식으로 정의하고 있는 윌리엄스의 관점 또한 존중할 필요가 있다고 본다. 이는 이들의 견해를 다시 발리바르의 문화이론으로 종합할 수 있다고 보기 때문이다. 발리바르의 문화론을 참조하려는 것은 윌리엄스나 베넷의 견해가 문화에 관한 일반론에 입각해 있는 반면 발리바르의 그것은 그들의 논의를 수용하면서도 이 글에서 중심 주제로 삼고 있는 민족문화를 설명할 수 있는 분석틀을 제공한다고 보기 때문이다. 발리바르에 따르면 문화는 상징, 몸짓 등을 포괄하는 '표상체계'와 신앙, 신조 등의 '신념체계'로 이루어진다.[24] 만약에 문화가 정책의 문제라면 이제 그것을 이 표상체계와 신념체계의 창조 및 생산·재생산, 억압 또는 진흥, 가동, 관리, 조정 등의 구체적 운영을 포함하는 문제로, 어떤 통치 효과를 만들어낼 수 있는 과정으로 이해할 필요가 있다. 발리바르의 문화 개념(표상체계, 신념체계)은 이처럼 통치의 구체적 내용들을 보여주는 장점이 있는데 그의 이론이 정작 관심을 끄는 것은 문화를 민족문제와 더불어 사고하게 해준다는 점 때문이다. 발리바르는 인간 주체의 호명은 이데올로기에 의해서 이루어진다는 알튀세르의 '이데올로기론'을 수정하여 모든 근대적 '주체'는 반드시 민족적 주체로 호명된다는 테제를 제출하였다. 이 테제를 통해 그는 구체적인 사회의 구성원들이 가지게 되는 표상 및 신념 체계들

---

23) Tony Bennett, "Putting Policy into Cultural Studies," in Lawrence Grossberg, et. al., eds., *Cultural Studies* (London: Routledge, 1992), p. 26.
24) 에티엔 발리바르, 『알튀세르와 마르크스주의의 전화』, 윤소영 역, 도서출판 이론, 1993, 151-52쪽 참조.

은 반드시 민족/국민적 정체성을 가지게 된다고 설명하는 셈이다. 민족문화의 개념은 이런 식으로 볼 때 좀더 분명해진다. 그것은 이제 어떤 정체성 형성을 그 효과로 갖게 되는 구체적인 사회의 표상체계 및 신념체계의 문제다. 이것을 베넷의 논의와 결부하면 '민족문화'는 민족이라는 구심적 정체성과 관련된 통치의 방식이자 대상으로 설정할 수 있다.

이제 중요한 것은 민족이라는 동질성을 생산하기 위하여 가동되는 표상 및 신념상의 조건들, 환경들, 과정들이다. 그런데 이와 같은 표상 및 신념 체계들이 가동되는 방식을 보면 언제나 민족의 동일성 형성이라는 목표를 향하고 있다는 것을 알 수 있을 것이다. '민족'이 역사적으로 구성된 정체성이라면 민족문화는 그 정체성을 구성하는 구체적 방식에 해당된다. '문화'는 넓게 보아 삶의 방식으로서 사고체계(사상, 신념, 종교 등)나 표상체계(텍스트, 스타일, 상징, 유행, 복식, 의식〔儀式〕 등)를 포함한다. 민족문화는 한편으로는 민족이라는 가상적 공동체에 개인들이 귀속하고 있음을 보여주는 외관, 행동, 몸짓 등으로 나타나는 상징적·표상적 특징들과 둘째, 동포애와 같은 신념이나 신앙의 특징들을 포함한다. 따라서 우리가 민족문화를 논의할 때는 이런 특징들이 역사적 제도들에 의해서 어떻게 구성되는지를 따져야 한다. 허구적 공동체 또는 정체성을 구성하는 사고 및 표상이 어떤 모습을 나타내는가, 어떤 경로를 통하여 사고와 표상이 결정되는가 따져야 하는 것이다. 이렇게 볼 때 민족문화정책은 상징체계와 신념체계를 통해 이루어지는 민족정체성의 계승, 유지, 전화, 재편성, 관리, 조정 등의 문제를 둘러싸고 일어나는 화해, 협력, 긴장, 마찰, 갈등, 대립, 모순, 적대에 대한 사회적 개입의 형태를 띨 것임을 짐작할 수 있다. 여기서 민족형성 과정에서 작용하는 공통의 소통방식, 전통, 생존전략 등의 민족동질화가 중요해진다. 이 과정은 일정한 규모의 인구집단이 지구상에서 절멸하거나 해체되지 않고 일관된 삶의 방식을 유지하는 문제며, '민족'이라는 가상적 구축물을 자기 정체성으로 수용하는 일정한 규모의 인구가 어떻게 내부 분열에 따른 와해나 외압에 의한 파멸에 이르지 않고 생존하느냐는 문제다. 오늘날 정세는 이 문제와 관련하여 새로운 과제들을 안겨주고 있다. 세계화의 정세에 따른 민족화 문제를 살펴보자.

세계화와
민족화

'세계화'와 '민족화'는 어떤 상관관계가 있는가? 세계화는 민족문화에 어떤 위기상황을 초래하는가? 이런 질문은 아주 흔하지만 '세계화'와 '민족문화'를 서로 동떨어진 대립적 문제들로 파악하는 시각을 깔고 있다. 이로 인해 어느 하나는 완전 선(善)인 데 반해 다른 하나는 골치라고 보는 경우도 나온다. 세계화와 민족화를 서로 분리된 문제로 보기보다는 동일한 문제의 '상반된' 모습으로 볼 필요가 있다. 사실 세계화와 민족화는 동시에 진행되는 역사적 과정이다. 민족형태, 민족국가의 구성 자체가 지구화를 전제하고, 지구화가 또한 민족화를 전제하기 때문이다. 이런 점에서 지구화와 민족화를 대립적으로 보기보다는 둘 다 지배와 피지배의 역관계, 독점자본과 노동자계급 및 기층민중의 계급투쟁, 성정치, 세대정치, 환경정치 등에 제시되는 조건으로 이해하는 것이 필요하다고 본다. 세계화와 민족화의 양자택일을 추구할 것이 아니라, 둘 다 우리가 당면한 문제상황이라고 보자는 것이다.

'세계화'와 '민족화'를 오늘날 민족화의 문제가 무엇인지, 지구화의 문제가 무엇인지 묻도록 만드는 정세의 문제라고 파악하면, '세계화와 민족문화'라는 이 글의 주제는 현단계 지배프로젝트를 추진하는 세력이 어떤 전략을 구사하는지 따지는 일이 될 듯하다. '세계화' 구호와 함께 드러난 문화정책상의 변화를 살펴보면 이런 점이 잘 드러난다. 언뜻 보면 '세계화'는 '민족문화'의 약화를 초래하는 것으로 보인다. 첫째, 교육정책과 언어정책에서 김영삼정권은 민족정체성을 수정하려는 일련의 정책을 펼치는 듯하다. 현재 〈교육개혁위원회〉는 그동안 역대 정권이 빈말로라도 강조하던 '민족교육' 프로젝트 대신, 대학간 경쟁력 강화, 기업문화의 대학 도입 등과 함께 조기 영어교육 실시와 같은 민족언어 보호정책의 완화를 의미하는, 근대적 민족국가 특유의 언어정책과는 상당히 다른 '민족해체' 성격을 띤 정책을 펼치고 있다. 둘째, 전통의 계승과 변화라는 측면에서는 세계화는 '가장 한국적인 것이 세계적인 것이다'라는 구호로 나타나고 있는데, 김영삼정권이 '한국적인 것'을 내세우기는 하지만 한국의 '민족이하적'(통일을 이루지 못한) 역사적 상황에 대한 충분한 고려를 하고 있는 것은 아니며 오히려 '한국적인 것'의 해체가 우리 사회의 주된 경향으로 나타난다. 이것은 전통적 삶의 방식이 자본주의 인구정책으로 인해(특히 농어촌의 해체로 인해) 와해되는 것과 결부되며 '전통'은 정책적 구호나 대중매체를 위한 행사, 또는 상품 등의 형태로만 '보호, 육성'될 뿐이다(다른 한편 종친회, 향우회, 계 등의 전통 유지는 수구적 형태로 존재한다). 셋째, '생존전략'의 차원에서 볼 때 지배적 민족문화 정책은 새로운 단계에 접어들지 않았는가 싶다. '할리우드'로 상징되는 선진자본주의 문화의 유입으로 공동체 귀속 의식의 약화가 진행중이다. 이것은 특히 젊은 세대에 두드러진 현상으로 보인다.

그러나 이런 지배적 문화정책이 '민족화'의 포기인가? 그렇다고 할 수는 없다. 우리 사회에는 민족화가 지체되고 있는 데 불만을 가진 세력들이 많다. 한편으로는 '민족정기' 수호를 내세우는 보수세력이 있고, 다른 한편으로는 통일운동을 지속하고 있는 민족주의 세력이 있다. 민족화가 지체되었다는 의식은 민족화 추진을 강제하는 효력을 가진다. 위에서도 언급했듯이 '민족'의 구성은 사회 '통합'이 필요한 한 과제로 남기 마련이다. 김영삼정권에서 '민족문화 약화' 현상은 따라서 일시적일 가능성이 크다. 일례로 외국인노동자 수가 계속 늘어날 경우 국민통합을 한다며 언제라도 민족문화를 전면에 내세울 가능성이 있다. 최근 민족문화 정책의 일시적 완화가 일어난 것은 아마도 김영삼정권의 친자본 성격 때문일 것이다. 현 단계 지구화에서 '민족'은 독점강화에 걸림돌로 보인다. 자본의 세계화를 위한 정책이 '민족문화' 약화로 비치고, 지금 국면에서 '민족문화'를 수호하려는 노력이 일면 저항적 요소를 가지는 것은 그 때문일 것이다. 하지만 그렇다고 '민족문화'를 사회적, 국민적 프로젝트로 내세울 수 있을까? 이 질문과 관련해서는 지배세력이 사회의 개인들을 '민족적 주체'로 호명하는 것을 포기하지 않으며 지금도 '민족'은 사회의 다양한 구성원들을 상상의 공동체로 묶는 강력한 이데올로기라는 점을 환기하고 싶다. '우리'와 '저들'의 차이는 한국에서 여전히 완강하게 유지되고 있으며 이 차이가 민족정체성을 강조하여 계급, 성, 세대, 지역 등 다른 차이들을 환원하고자 하는 경향이 강하게 남아 있다. 이 때문에 '민족'의 이름으로 다른 문제들을 해소하려는 시도는 여전히 매력적인 지배전략이다. 그래서 세계화와 민족화는 해결책도 문제점도 아니라 민족으로 표방되고 있지만 실제로는 차이들을 지닌 다양한 세력들 간의 지배관계 조정의 조건이라는 점을 확인할 필요를 느낀다.

　이것은 세계화와 민족화의 관계를 정세적으로 파악하자는 말이다. 세계화가 강화된다고 해서 자동으로 민족화가 약화되거나 그 역이 성립되지 않는다면, 세계화의 강화가 거꾸로 민족화 강화를 가져올 수 있다면 양자의 관계는 상호보완적이다. 앞에서 본 대로 세계화는 지역화를 동반한다. 이 지역화는 민족문화의 자산으로 활용되는 지역의 전통문화를 활용하는 경우가 허다하다. 이 경우 세계화는 민족화와 궤를 같이 할 것이며 오히려 민족화를 조장할 공산도 있다. 물론 이런 상황은 정세적으로 규정되어 민족화는 세계화에 유리하게 이용될 수 있는 한에서 인정을 받을 것이다. 우루과이라운드 체결과 WTO체제 출범에 즈음하여 국내시장이 거의 유린되고 있는 지금 걸림돌이 되는 민족화는 언제라도 제동을 받을 수 있다. 문제는 세계화와 민족화의 관계를 규정하는 것이 무엇인가라는 것이다. 앞에서 언급한 세계화의 주요 측면인 정보화를 이해하는 것이 세계화와 민족화의 관계를 역동적으로 읽어낼 수 있는 중요한 조건이라고 본다. 여기서 논의를 세계화와 민족화의 관계에 국한할 것이 아니라, 세계화와

(그에 수반되는) 지역화—혹은 이 두 경향의 결합 형태라 할 '지구방화'—의 응축-팽창 관계와, 나아가 정보화를 축으로 새롭게 조직되는 민족화-세계화의 관계로 확장하는 것이 필요하다. 세계화와 지역화, 세계화와 민족화의 관계를 현시점에서 실제로 응축-팽창시키는 열쇠인 정보화 문제를 좀더 깊이 이해할 때, 세계화와 민족화의 관계는 단지 '민족정체성'으로만 문제를 해결하려 했던 과거방식과는 다르게 사고될 수 있다. 이는 곧 민족화의 반대 운동으로서 세계화와, 세계화의 반대 운동으로서 민족화의 대립보다는 내부에 민족화의 경향을 가지는 세계화와 내부에 세계화 경향을 지니는 민족화의 상관관계를 살피는 것이 필요하다는 말이기도 하다.[25] 따라서 이 논의에서 과제가 되는 것은 결코 세계화라는, 외부로부터 밀려오는 혐오스런 거대한 물결에 맞서 민족문화를 수호하자는 민족적 순결주의를 당위적으로 주장하는 것이 아니라, 오히려 민족화가 이 물결과 결합하여 일으키는 문제가 무엇인가를 살피는 일이다. 실제로 이 문제에서 중요한 것은 민족문화를 어떻게 지키고 발전시킬 것인가가 아니라, 민족문화가 세계화-지역화-정보화에 따라 어떤 자기 변신을 하는지 분석하는 것이다. 이는 현재의 세계정세에 개입하는 효과를 가지는데, 왜냐하면 민족문화가 표상체계와 신념체계로 이뤄지고 있다면 이는 곧 새로운 정세가 이들 체계를 어떻게 규정하는가를 따지는 일이기 때문이다. 사실 '정보화'는 세계화와 지역화를 견인하는 중요한 힘이며, 또한 민족화의 중요한 변수다. 세계화로 인해 민족문화의 핵심 견인차라고 할 민족국가의 틀이 위기에 처한다면 그것은 많은 부분 정보화 때문이다. 정보화는 이미 언급한 대로 지구화 과정에서 발생하는 인간, 자원, 상품 등의 신체적·물질적 교류를 비신체적이고 비물질적인 교류로 대체하는 경향을 지닌다. 이로 인해 국경 내부의 다양한 사회적 구성원들에게 민족이

---

25) 내부에 세계화 경향을 가진 민족화는 제국주의 국가들에서는 흔히 볼 수 있는 현상이다. 한국이 아제국주의적 성격을 띠고 있다는 일부의 지적이 정확하다면 우리가 세계화경향으로서 민족화라는 문제를 거론하는 것이 한국 사정과 크게 어긋나는 것은 아닐 듯싶다.

라는 단일화된 표상을 심어줌으로써 그 정체성을 유지하는 민족국가는 위기에 처하게 된다. 따라서 세계화, 지역화, 정보화라는 삼두체제를 중심으로 민족문화의 정책을 사고하는 것이 필요하다. 물론 위기를 맞고 있다고 해서 민족국가, 민족문화가 사라지는 것은 아니다. 이 점은 지역화로 인해 자율적 권력을 갖게 된 대도시들이 재정위기에 처하게 될 때 국가의 개입이 없으면 위기 타개가 어렵게 되는 데서도 드러나고 있다. [26] 그러나 세계화-지역화-정보화의 삼두체제가 가동될 때 민족국가의 위상변동은 어쩔 수 없으며 민족국가는 새로운 문제들과 과제들을 안게 될 것이다. 민족국가의 기능이 변화된다면 민족문화의 작동 방식도 바뀐다. 따라서 민족문화는 계속 사회적 프로젝트로 남더라도 새로운 조건 속에서 남을 것임을 예상할 수 있다. 민족문화 정책의 방향을 정립하고자 할 때 염두에 두어야 것은 이런 점이 아닐까? 이제 이 정보화의 구체적 과정을 살피는 것이 필요하다. 먼저 문화시장의 조건 변화부터 살펴보자.

문화시장의
조건 변화

민족문화를 전통적으로 이해했을 때 문화자본은 문화재 관리나 골동품 경매시장으로 이해되기가 쉽다. 그러나 민족문화 자본이라 해도 서구 선진국에서는 시장성 있는 거대자본과 결합하는 경우가 많다. 민족문화와 문화산업을 별개의 것으로 생각하거나, 부차적인 것으로 생각하는 것은

---

26) 일례로 동경에 대한 다음 언급을 보라. "동경도는 집권적 분산시스템 자체에 반기를 들고 중앙정부와 '재정전쟁'을 전개해나갔다…1990년대 거품경제의 붕괴로 불황이 시작되면서 법인세 수입이 계속 줄어들고 있다. 반면 지출은 계속 늘어나고 있다…그러나 집권적 분산시스템하에서 이 재정위기를 벗어나려면 하나님의 도움을 기대할 수밖에 없다. 그렇지 않다면 집권적 분산시스템을 거부하지 않는 한 동경도 재정은 출구가 없는 상황에 놓여 있다…세계도시에서는 국경을 관리하는 국민국가의 능력이 저하된다. 이에 따라 지금까지 국가가 맡고 있던 사회통합기능을 지방정부가 대체하지 않으면 안 된다. 그럼에도 불구하고 중앙정부가 지방정부를 통제하려 들면 사회적 통합이 이루지지 않게 된다. 그럼에도 불구하고 집권적 분산시스템이 유지되고 있다는 데 세계도시의 비극이 있다"(진노 나오시코, 「동경도 재정, 바닥 없는 늪에 빠져 '허우적'」, 『노동자신문』, 1995. 11. 7, 11면).

민족문화를 늘 수세적으로만 바라보려는 태도일 것이다. 민족문화 정책을 세울 때 오늘날 문화가 '산업화'되고 있다는 사실을 잊어서는 곤란하다. 문화영역에 거대자본이 침투하고 있다는 것은 영화, 음반, 텔레비전, 비디오, 케이블 TV, 컴퓨터게임을 하나의 기업에서 모두 관할하는 이른바 멀티미디어 독점자본이 형성되고 있는 데서 볼 수 있다. 실제로 미국의 타임워너나 월트디즈니 같은 경우는 영상매체 회사를 다수 거느리면서 연간 매출액이 각각 120억 달러, 65억 달러에 이르고, 일본의 소니사가 미국 CBS 레코드사와 콜롬비아 영화사를 인수한 것도 독점자본의 영상매체 독점을 보여주는 증거들이다.[27] 이중에서도 특히 영상산업의 독점화는 각각의 영상매체를 연결하여 새로운 상품을 개발함으로써 미디어간의 벽을 허무는 새로운 복합형 매체 상품을 가능케 했다. 신문-방송-통신-컴퓨터의 결합이 가능해짐으로써 인쇄매체와 영상매체를 자유자재로 변형할 수 있는 다양한 복합미디어 문화산업 패키지가 생산되는 시스템도 갖춰졌다. 92년 총 매출액 10조 4천억원에 영업이익 2조여원을 기록한 타임워너사의 경우를 보면, 잡지사인 타임사, 영화사인 워너브러더스사를 비롯해서 케이블 회사인 타임-워너 케이블, 케이블 영화채널인 HBO(Home Box Office), 72개국에 진출해 있는 다국적 음반회사인 타임-워너 뮤직사를 계열사로 가지고 있다. 그밖에 전자회사인 유 에스 웨스트 등과 자본합작을 해서 정보고속도로에 대비한 주문 영상의 신기술까지 도입하여 미디어산업에 관련된 모든 분야에 관여하기도 한다. HBO는 세계시장에 눈을 돌려 중남미의 아르헨티나, 멕시코, 베네수엘라 등을 대상으로 한 HBO OLE를 베네수엘라 카라카스에 세우고, 아시아 지역을 겨냥한 HBO ASIA, 동구권을 대상으로 한 헝가리의 HBO KABELKOM, 스칸디나비아 지역의 TV 1000을 건설했다.[28] 이 타임워너사의 예만 가지고도 영상매체의 독점이 관련 업종을 다양하게 차별화하는 데 얼마나 용이하

---

27) 강명구, 「문화산업의 구조변화와 자주적 문화의 형성」, 『민족예술』 2호, 33쪽 참고.
28) 『조선일보』, 1994. 3. 31일자 참고.

며, 그 차별화 과정에서 생기는 자본의 잉여가치가 다른 산업에 비해 얼마나 월등한지를 알 수 있다.

멀티미디어 산업에서 또 하나 주목할 사실은 컴퓨터와 영상매체의 결합이다. 컴퓨터를 이용한 개인용 게임이 일상화된 것은 대표적인 예이고, '테크노사운드'와 같은 장르가 생겼듯이 음악분야에도 상당한 실용화가 이루어져 컴퓨터를 이용한 작곡과 편곡이 증가하고 있다. 이 외에 보고싶은 영화를 중앙 컴퓨터에 입력시켜 놓고 개인용 컴퓨터단말기에 전화로 연결하여 사용자가 원하는 시간에 영화를 마음대로 선택하도록 하는 이른바 '주문형 비디오'(VOD)가 미국에서는 유행이고, 국내에서도 실용화를 위한 실험을 거치고 있는 중이다. 주문형 비디오시스템은 유선방송시스템과는 달리 본인이 원하는 시간에 영화를 선택할 수 있는 특장이 있어 앞으로 케이블 TV와 치열한 경쟁을 벌일 전망이다. 또한 마이크로소프트사의 빌 게이츠는 미국 최대 이동전화 회사인 멕코사와 손을 잡고 90억 달러를 들여 2001년까지 840개의 통신위성을 쏘아올려 전세계를 망라하는 위성통신망을 건설하겠다고 인터뷰를 한 뒤 며칠 후 미국의 최대의 무선호출서비스업체인 모빌사와 제휴해서 무선데이터 통신서비스를 하겠다고 나섰다.[29] 통신업이 가장 중시해야 할 소프트웨어 시스템 개발에 그간 컴퓨터소프트웨어 개발에 열중한 마이크로소프트사와 같은 컴퓨터 업체가 나섰다는 것은 어쩌면 당연한 일이기도 하다. 컴퓨터와 영상매체의 복합적 결합은 연관기술을 촉발하는 연쇄효과를 자아내 다양한 문화상품들의 개발을 가능케 한다. 멀티미디어 산업의 독점은 새로운 생활방식을 유발하는데, 가령 할리우드 최신작을 굳이 영화관에 가서 보지 않아도 관련 계열사의 통신위성을 통해 볼 수 있다든지, 컴퓨터를 이용해서 영상에 관련된 모든 문화적 내용들을 즐길 수 있는 것이다. 또한 영상매체의 새로운 개발과 다양한 변형도 예상할 수 있는데, 하나의 영상시스템에서 음

---

29) 『조선일보』, 1994. 4. 4일자 참고.

악, 영화, 비디오, 컴퓨터게임, 위성중계를 동시에 즐길 수 있는 새로운 매체가 개발중이다. 복합적 멀티미디어산업의 발전은 이처럼 상식을 뛰어넘는 수준에 이르렀다.

문화산업의 독점화가 지닌 영향은 무엇인가? 외국의 거대자본이 국내 문화산업에 진출하게 될 때 그나마 유지하던 민족정체성의 가느다란 불길마저 사라지지는 않을까? 최근 마이크로소프트사의 '한글윈도95'가 자사의 세력 확장을 위해 국내의 표준표기법을 무시함에 따라 대대적인 항의소동이 벌어진 데서 보듯이 세계적 독점자본의 국내진출은 민족국가의 문화적 독자성을 더욱더 해체할 것으로 보인다. 현재 KBS, MBC, SBS 등 이데올로기국가장치로 기능하는 방송매체와 일간지 등 언론사들이 국내 문화산업을 주도하고 있지만 WTO 출범에 따라 외국 문화자본이 들어오면 국내 독점구도가 흔들리고 그 통제력이 약화될 가능성이 높다. 매체들 간의 위상조정이 생길 것이며 외국매체의 영향력이 증가할 것이다. 지금까지 전통지식인이 주도하던 외국문화 중개 방식도 번안이나 소개 중심에서 직접 소비로 새롭게 바뀔 가능성이 크다. 이는 국내 문화중개상의 역할은 줄어드는 반면 외국자본의 직접 개입이 늘어날 것임을 의미한다. 현재까지는 서구, 특히 미국의 대중문화가 영화나 팝송처럼 완성품 형태로 수입되어 소비 측면에서만 문제되었으나 이제는 외국의 문화자본이 국내의 문화 생산과정에 개입할 가능성이 높아졌다. 외국의 이벤트회사라든가 출판사, 학원, 대학 등에 대한 개방은 이미 일부 이루어진 상태다. 문화상품은 내구제품만이 아니라 발생과 즉시 소모하는 성격을 가진 행사일 수도 있기 때문에 여기서 말하는 생산과정은 일상생활 그 자체일 수도 있다. 물론 문화산업이 중요시되면서 삼성, 현대, 대우와 같은 국내 독점자본도 이미 영상을 위시한 뉴미디어 산업에 투자를 시작했거나 할 준비를 하고 있는 것으로 알려져 있다. 그러나 독점자본의 문화산업 진출은 종래 민족국가가 추진하던 표상체계와 신념체계로서 민족문화 형성과는 필연적 관계가 없다. 자본은 이윤 추구를 주목적으로 삼고 있기 때문에 민족정체성의 해체든 강화든 상관하지 않을 것이기 때문이다.

외국 문화자본의 국내 유입이 일방적인 데는 이유가 있다. 우선 해외자본은 과학기술의 절대적 우위를 누린다. WTO 협상에서 핵심적 문제의 하나는 지식과 기술을 주요 무기로 한 초국적자본의 무차별 공세다. WTO가 무역자유화를 추진하는 것은 생산성이 높은 상품의 국제적 교역을 원활히 하자는 것이다(이런 점 때문에 대자본은 외국자본이건 국내자본이건 자유무역을 환영한다). 이 생산성이 과학기술의 발전을 전제한다는 것은 다시 강조할 필요가 없다. 지금 지적 소유권 문제가 지식생산 전 분야에 걸쳐 현안이 되고 있고, 문화생산에서는 뉴미디어산업이 최대 이윤을 낼 수 있는 노른자 산업으로 떠오르고 있다. 국내에서는 1995년 전자산업 부분에서만 물경 2조 4천억원의 순수익을 올린 삼성이 수천 명의 직원을 채용하며 삼성데이타시스템(SDS)를 구축중이다. 이처럼 과학기술과 결합하게 되면 문화는 더 이상 현실과 동떨어진 고고한 고급예술로만 있을 수 없게 된다. 그동안 문학, 음악, 미술, 조각, 연극, 영화 등 단일한 매체나 소수 매체들이 결합된 형태로 구분되어 있던 장르예술도 단일 매체의 성격에서 벗어나 새로운 차원으로 형태 및 기능 전환을 일으키고 있다. 오늘날 문화형태가, 다양한 언어들—문자언어뿐만 아니라 이미지를 포함한 광의의 시각언어, 나아가서 시각과 청각이 함께 어우러지는 시청각 언어 등—을 포괄하는 것은 그 때문이다. 이로 인해 언어의 생산, 전달, 배분, 관리 방식이 복잡해져 새로운 기술적 난관들이 야기되고, 새로운 해결책이 요구되는 상황이다. 사회적 프로젝트의 측면에서 볼 때 이것은 근대적 프로젝트의 수정이다. 모더니즘 시기에 자연과학과 거리를 두기 시작했던 문화는 이제 과학기술과 새로운 관계 모색에 들어가고 있다. 문화와 기술의 결합은 인공지능과 같은 첨단기술이 응용되는 멀티미디어를 중심으로 한 영상산업 등으로 구체화하고 있다(이는 곧 문화적 실천이 수공업적 생산 단계에 놓인 기존의 '예술' 개념만으로 포괄할 수 없는 실천임을 의미한다).

정보통제 시대

삶의 조건과 문화정책의 방향

위에서 언급한 이른바 문화산업과 그것의 독점화 경향은 오늘날 우리 삶을 어떻게 규정하는가? 문화산업의 과학기술화는 우리 삶에서 정보의 생산 및 유통의 중요성을 더욱더 높게 만든다. 문화시장과 함께 (그 속에서나 바깥에서) 형성되는 정보시장은 앞으로 더 큰 규모로 성장할 것이다. 시장의 지배를 위한 경쟁에서 정보학(informatics)이 중요해져 정보수집과 분석, 나아가서 활용능력이 시장지배의 주요 요인이 될 것으로 예상된다. 시장 자체도 정보를 상품으로 삼는 방식으로 재편될 가능성이 높다. 이런 상황이 선진자본주의 국가에나 해당하는 것일까? 시장뿐만이 아니라 작업환경이나 일상생활에서 정보가 지닌 중요성은 우리 사회에도 그대로 적용되고 있고 앞으로 더욱 그럴 것이다. 지금까지 한국사회는 세계적으로 유례를 찾기 힘들 정도로 급속도로 도시화를 추진해왔다. 농어촌에 뿌리박고 살던 사람들이 전통적 삶의 방식에서 벗어나 대거 도시로 이동한 것이다. 인구의 도시 이동은 출신지와 문화적 뿌리가 다른 사람들이 같은 공간에 밀집하여 살게 만듦으로써 사회관계의 새로운 문제들을 만들어낸다. 최근에는 다시 농촌의 도시화 현상까지 겹쳐 국내 전역에 걸쳐 생활양식상의 일대 변혁이 일어나고 있다. 이런 추세는 WTO체제의 가동과 함께 교통, 유통, 국제 전산망(정보고속도로) 수립이 이루어지면서 더욱 가팔라질 전망이다. 최근까지 생활양식의 변동은 TV 시청 범위의 확산과 함께 일어난 것으로 보인다. 국내방송만이 아니라 외국방송의 방영도 수시로 이루어지고 있다. 한 예로 홍콩에서 방영되는 스타TV가 남부지방 일대에 그대로 방영되고 있고, 위성방송 수신기를 설치하면 미국의 CNN, 일본의 NHK 등의 시청이 가능하다. 그리고 도시화로 인해 인간관계에서도 혈연이나 지연과는 다른 새로운 결연관계의 필요성이 커지고 문화적 차이들을 뛰어넘는 인간적 소통이 쟁점으로 떠오르게 되었다. 최근 청소년 문제가 과거와는 다른 방식으로 문제가 되고 있는 것도 전통적 삶의 방식이 무너지면서 생겨나는 현상일 것이다. 다른 한편 정보통신망의 구축으로 인간의 직접 대면이 필요없는 새로운 소통방식이 개발되고 있다. 생활양식도 현재로서는 상상하기 힘들 정도로 바뀔 것이다.

이런 상황에서 민족문화 정책은 어떤 방향으로 나아가야 할 것인가? 민족국가는 문화산업의 변화에 대응하기 위해 어떤 정책을 개발해야 하는가? 이 지점에서 아파두라이의 논의가 유의미할 것 같다. 아파두라이는 테크놀로지의 발전에 따른 자본주의 문명의 변화를 세계화의 현재적 특성을 가늠하는 중요한 기준으로 본다. 그는 인쇄기술의 단계를 넘어서는 미디어기술의 발전이 새로운 공동체를 낳게 되었다고 말한다.

> 인쇄자본주의 혁명과 그것이 풀어놓은 문화적 유사성들과 대화들은 지금 우리가 살고 있는 세계와 비교해보면 미미할 뿐인 조짐들이었다. 지난 세기에는 주로 운송과 정보 영역에서 기술의 폭발적 발전이 있었다. 그것은 인쇄혁명이 이전의 문화적 교류에 대해 그랬던 것처럼 인쇄가 지배하는 세상의 상호관계들을 얻기는 어려워도 없애기는 쉬운 것으로 만든다. 증기기관, 자동차와 항공기, 카메라, 컴퓨터, 전화기의 도래로 우리는 우리와 가장 멀리 떨어져 있는 사람들과도 이웃이 될 수 있는 새로운 조건으로 들어섰기 때문이다…우리는 미디어와 함께 시시각각 '지구촌'을 말하라는 유혹을 받을 때마다 '장소 감각 없이' 공동체들을 만들어내야 한다는 사실을 이제 알고 있다. 30)

아파두라이는 우리가 살고 있는 세상은 미디어 테크놀로지의 발전으로 인해 리좀적(rhizomic)이고 '정신분열적'인 모습을 보인다고 말한다. 그러한 세상은 한편으로는 뿌리 없음과 소외, 그리고 개인과 집단 간의 심리적 거리를 말해주는 이론들을 요구하고, 다른 한편으로는 전자적 근접성의 환상들을 요구한다. 31) 예를 들어 '가상현실'과 인터넷과 같은 사이버테크놀로지 기제들은 사용자의 육체적이고 공간적인 경계를 '탈영역화'한다.

---

30) Appadurai, op. cit., p. 325.
31) Ibid.

전자매체를 매개로 하여 시간과 공간의 제약으로부터 해방된 육체적 체험을 경험하고, 원거리에 있는 사람들과 의사소통을 하고, 필요한 정보를 확보할 수 있는 지금 우리는 이전의 지구화 과정과는 분명 다른 차원에 있다.

정보양식의 대두로 발생하는 문제들을 다음과 같이 정리할 수 있겠다. 첫째, 정보화 현상은 다수 인구의 이산화를 부추긴다. 이산상태(diaspora)의 인구에게는 의사소통의 문제가 거의 내장되다시피 한다. 인구의 적소화(適所化), 파편화, 분산화에 따르는 새로운 통합의 과제가 떠오르기 때문이다. TV, 인터넷 등 대중매체는 파편화된 인구를 다시 결집하는 역할을 맡게 됨에 따라 그 이데올로기적 기능을 강화할 것이다. 또 인구통제의 필요성이 증가함으로써 지배의 정보학이 발달하고 원격조정술(tele-matics)이 중시될 것이다.[32]

둘째, 이산의 생존방식은 경계이동이며, 따라서 관계설정을 중요한 과제로 만들어낸다. 이 생존전략은 개인들 및 집단들의 접촉에서 오는 스트레스(삶의 '잡음' 현상)를 최소화하고, 문화의 모순, 갈등, 마찰을 줄이는 방식이 될 것이다. 정신분석학적으로는 이 전략은 히스테리나 편집증에서 정신분열로 나아가는 것과 같다. 이것은 민족문화가 통일운동으로 남으려는 한, 즉 사회의 다양성을 단일화하는 역사적 운동으로 남으려는 한 갈등적 요소로 작용할 것으로 보인다.

셋째, 이산은 사회운동들로 하여금 새로운 결연을 추구하게 만들 것이다. 이 결연은 혈연관계와 종교적 헌신보다는 인간관계의 세속화에 기반하며 혈연에 따른 우상숭배의 파괴를 진행할 수도, 결연에 기반을 둔 신비화(대중스타의 출현 등으로)를 조장할 수도 있다.

넷째, 스타일의 정치가 중요해진다. 이산 상태의 또 다른 형태인 도시화는 '패션' 제도를 수반한다. 도시에서 만나는 사람들은 가족사 등 서로

---

32) 다너 해러웨이, 「사이보그를 위한 선언문」, 『문화과학』 8호, 1995년 가을, 90-93쪽 참조.

상대방의 기원을 모르기 때문에 외모로 평가하는 경향이 높다. 이산이 일상으로 일어나는 상황에서 저항은 삶의 스타일을 중시하는 하위문화에서 발생할 가능성이 높다.[33]

다섯째, 세계인구가 민족국가의 단위를 넘어서 정보 '자본'의 소유 여하에 따라서 정보의 부유층과 빈곤층으로 분할될 수 있다. 정보를 독점하는 계급과 그것을 민주화하려는 계급간의 투쟁이 사이버공간에서 치열하게 벌어지는 상황을 우리는 SF 영화를 통해서 앞당겨 본다. 정보를 둘러싼 인간관계의 재편은 민족-국가와 인종의 경계를 넘어서는 새로운 인간관계를 보여준다.

이상 예상되는 정보사회의 몇 가지 특징적 문제들에 대한 진단과 예측이 어느 정도 들어맞는다면 우리는 과거와는 아주 다른 형태의 지배와 저항 형태들을 갖게 될 것이다. 민족문화 정책은 이러한 새로운 문화지형에서 어떤 방향으로 나아가야 할 것인가? 민족문화 정책이 필연적으로 민족정체성의 설정, 확립, 계승 등과 관련될 수밖에 없다면 거기에는 타민족국가와의 문화적 변별성을 중시하는 관점이나, 문화재 보존 등을 포함한 민족문화 계승 태도가 작용할 것이 분명하다. 그러나 변동하는 사회의 민족문화 정책은 새로운 형태를 띠어야 할 듯싶다. 정보양식이 강화된 지구방화 정세에서 민족정체성을 구성하는 표상체계나 신념체계에는 이전과는 다른 요소들이 개입될 수밖에 없다. 예컨대 앤더슨이 전통적으로 민족정체성이라는 가상을 구축하는 중요한 기능을 한다고 한 '인쇄문화'는 이제 데이터베이스와 같은 전자적 매체로 전환되고 있다. 이 경우 민족과 같은 사회적 인간 주체의 형성은 과거와는 크게 다를 수밖에 없다.[34]

---

33) 스타일이 저항의 표시가 될 수 있는 예들에 대한 연구로는 Dick Hebdige, *Subculture: The Meaning of Style* (London: Routledge, 1979) 참조.
34) 전자복제 시대 자아의 탈중심화 경향에 대해서는 마크 포스터, 『뉴미디어의 철학』, 김성기 역, 민음사, 1994 참조.

지구방화에 따른
민족문화 정책의 쟁점들

위에서 민족문화 정책 설정 과정에서 고려해야 할 몇 가지 조건들을 살펴보았는데 이제 이런 조건들을 염두에 두면서 민족문화 정책의 과제를 제시해야 할 시점이다. 하지만 여기서는 구체적인 정책을 제시하기보다는 정책 구상에서 떠오를 몇 가지 쟁점 검토를 통해 그 방향만을 제시하려고 한다. 앞에서 문화를 정책의 관점에서 사고할 필요성을 강조한 베넷의 견해를 언급한 적이 있다. 이 관점에서 문화가 그 자체로 정책 성격을 띠는 것은 문화가 지배의 주체이자 대상으로 규정되기 때문이다. 민족문화를 이런 관점에서 본다면 그 또한 표상체계 및 신념체계로서 민족화라는 효과를 생산해내는 정책 성격을 지닌다고 할 수 있을 것이다. 여기서 말하는 '민족문화 정책'은 따라서 이미 어떤 정책적 효과를 가지고 있는 현상들에 대한 새로운 방향 전환 시도라는 의미를 가진다. 이 글에서 민족문화 문제를 계속 비판적으로 다루고 그 전화를 논의했던 것도 이런 이유 때문이었던 셈이다. 하지만 다른 비판적 접근처럼 이 작업은 기존의 관행을 대상으로 해야 한다. 민족문화 전화도 가장 지배적인 우리의 문화 현실 안에서 사고되어야 하고, 우리의 실제 문화환경에서 이루어져야 할 것이기 때문이다.

1) **지구방화와 민족문화.** 지구방화 과정과 개별 단위 민족문화를 동시에 사고한다는 것은 쉽지 않은 문제다. 이러한 통합적 사고는 시공간압축이 빚어내는 문화적 갈등과 긴장 속에서 이루어져야 하기 때문이다. 자본주의 단일시장의 확대를 통한 문화적 차이의 소멸을 지향하는 지구방화와 그런 추세에 맞서는 민족문화는 경향적으로 서로 대립되어 있는 것처럼 보인다. 민족간 차이를 소멸하려는 세계문화의 기획들은 개별 민족의 정체성과 삶의 방식, 모순들을 해소해버리려는 경향이 있다. 그러나 세계문화는 몇몇 지배적 국가들이 생산, 유포하는 '문화제국주의 이데올로기'로

일반화할 수 없는 차별적이고 구성적인 성격을 가지고 있기도 하다. 그렇다면 세계문화는 개별 민족문화를 배제하는 것이 아니라 그것을 전제하는 것이고, 거꾸로 민족문화는 세계문화를 구체적으로 구성하는 요소가 된다. 이러한 생각이 세계문화와 민족문화의 관계설정에서 반영되기 위해서는 적어도 두 가지 관점이 전제되어야 한다. 첫째 민족문화를 억압한 것은 세계문화 자체가 아니라 선진국 중심의 '문화제국주의 이데올로기'라는 점이다. 따라서 민족문화의 해방적 가능성을 열기 위해서는 세계문화의 실제 내용들과, '문화제국주의 이데올로기'를 구별해야 한다. 실제로 그 가능성들은 세계문화와의 관계설정 없이는 성취될 수 없을 것이다. 둘째로 소수 개별 민족문화(물론 이때의 민족문화도 경제발전 정도나 인종 구성, 지역에 따라 내용이 다를 것이다)도 어떤 본질적 문화정체성을 대변하는 것으로 행세할 경우 '문화제국주의 이데올로기'와 다를 바가 별로 없다는 점을 알아야 한다. 민족문화가 제3세계 민족국가에서 제국주의에 저항하는 구심점 역할을 하는 과정에서 '민족이데올로기화'하는 것은 제3세계 민족운동 역사에서 자주 볼 수 있는 현상이다. 이 문제는 대체로 민족문화를 통해서 민족의 단일한 실체와 단일한 이해관계를 세우려는 데서 나온다. 민족문화는 민족주의 이데올로기로 단일화할 수 없는 내부의 다양한 차이와 모순을 가지고 있다. 민족문화 내부의 다양한 차이와 모순을 고려하지 않고 바로 제국주의 문화에 맞서는 단일한 저항이데올로기를 세우는 것은 극단적으로 말해 전자의 입지를 마련해주는 이데올로기적 역할을 할 뿐이다. 세계문화와 민족문화의 관계를 말할 때 가장 중요하게 지적할 것이 이것이다. 세계문화와 민족문화는 '이산과 경계 이동'이란 역사과정 속에서 서로 모순적이면서도 양립적이라는 점, 그리고 세계문화는 이데올로기로 양분할 수 없는 다양한 이질성을 가지고 있고, 민족문화 자체도 역시 그렇다는 점을 잊지 말아야겠다.

  2) 민족문화와 통일정책. 한국 민족문화 운동에서 통일문화 환경 조성이 가장 중요한 과제에 속함을 부인할 사람은 없을 것이다. 분단체제의

극복은 바로 한국 근대역사의 모순을 극복한다는 의미이며, 통일문화의 구체화는 민족문화의 완성으로 가는 경로다. 그러나 통일로 가는 데는 험난한 지형이 도사리고 있다. 통일문화로서 민족문화의 가장 중요한 과제가 민족의 문화적 동질성의 회복이나, 외세의 오랜 지배로 기형화된 민족의 문화적 정체성의 복원이라고 했을 때, 이 과제 해결에는 복잡한 사정들이 얽혀있다. 우선 50년 넘게 단절된 남북한의 문화적 차이는 단일민족으로 보기에는 너무 이질적으로 역사화되어 있고, 체제구성이나 경제적 불균등에서 온 대중의 문화적 생활, 경험의 차이가 다른 민족 국가와의 문화적 차이와 결코 덜하지 않을 정도다. 더욱이 이질적 문화의 회복은 당사자의 문화적 동의로 해결할 수 없는 주변 강대국들의 정치적 이해관계를 전제한다. 따라서 문화적 동질성이나 정체성의 복원이라는 프로젝트는 민족감정만이 지배하지 않는 현재의 정세 속에서 유동적으로 구상될 수밖에 없다. 독일의 예에서 알 수 있듯이 통일문화가 한 쪽 체제의 지배적 흐름에 일방적으로 규정될 경우 심각한 문화적 혼란을 야기할 것이며, 이것은 정치적, 경제적 혼란에 못지 않은 큰 고통을 유발할 수 있다. 문화적 관행에 대한 상호이해에서 출발하여, 이질성과 차이를 한 체제로 흡수하는 것이 아니라 문화적 차이를 인정할 수 있어야 할 것이다. 이것은 민족문화 내부에 균열이 있다는 것을 인정하는 관점이다. 문화다원주의가 국제관계에서만 허용되는 것이 아니라 단일국가 내부에서도 허용되어야 한다면 남북한의 문화적 차이도 당연히 인정되어야 한다. 만약 통일이 흡수통합 형태를 띨 경우 북한의 문화는 와해할 우려가 있는데, 이것은 민족 내부의 다양성 차원에서 볼 때 커다란 문제가 아닐 수 없다.

　3) 민족문화와 대중문화. 민족문화는 전통적으로 대중문화와 대립되어 사고되는 경향이 있다. 이 이분법적 사고는 우리문화 역사의 특수한 상황에서 나온 것이다. 민족문화는 제국주의문화, 지배계급의 문화에 저항하는 반면, 대중문화는 제국주의 문화에 포섭되고 지배계급문화에 종

속된다는 것이 지배적인 통념이다. 그래서 민족문화 운동 진영은 민족문화의 실천이 대중들의 자생적 공간에 굴종하지 않기 위해서는 대중문화와 일정한 거리를 유지하거나 대중문화와는 다른 별도의 공간을 마련하는 것이 필수적임을 역설해왔다. 그러나 민족문화가 전통수구문화를 의미하는 것이 아니라면 그동안 대립적으로 생각해온 대중문화영역과의 새로운 관계를 어떤 형태로든 모색하는 것이 필요하다. 대중문화를 대중이 살아가는 삶의 방식이라는 넓은 의미로 정의할 경우 민족구성원인 다수 대중의 문화적 삶과 체험들을 민족문화가 간과할 수는 없는 노릇이다. 물론 민족문화의 실천은 아직 해결하지 못한 문제들을 남겨놓고 있고, 대중문화의 종속성과 식민성 역시 잔존하는 것은 사실이지만, 오히려 그런 과제들을 극복하는 계기들은 민족문화가 얼마나 대중문화 공간 자체를 전유하느냐에 따라 결정된다. 그동안 민족문화 운동의 실천은 대중문화와의 구체적 관계유지에 대한 고민을 덜한 탓에 대중들과 함께 하는 기획들을 많이 살리지도 못했고, 자신의 역량을 늘이거나 시험해볼 기회를 차단한 우를 범했다. 그래서 민족문화의 실천이 보수화하고, 원래부터 보수적인 민족문화는 더 고급화하여 대중들에게 민족문화는 진보적이든 보수적이든 재래 문화로만 인식되어온 것이 사실이다. 우리 문화의 진보성과 정체성의 확보를 위해 민족문화와 대중문화의 관계를 다시 설정할 시점이다.

4) **민족문화와 테크놀로지.** 민족문화가 현존하는 문화현실, 혹은 문화적 패러다임을 전유하는 것이 중요하다. 이것은 세계화 패러다임과 민족문화가 결합되는 방식에 대한 제안이기도 하다. 먼저 주의를 기울여야 할 것은 바로 '민족문화'와 '테크놀로지'와의 관계다. 민족문화는 통상 동시대 테크놀로지의 영향과는 관계없이 과거의 문화산물을 유지하고 복원하는, 그리고 그 형식으로 저항하는 일에 전념한 편이라고 할 수 있다. 민족문화가 지시하는 민족의 정체성은 과거의 형식을 통해 재현되는 경우가 대부분이다. 이런 점에서 볼 때, 민족문화와 테크놀로지를 결합하는

과제는 설령 중요하게 인식되더라도 실제로 어떻게 작동이 가능할지 쉽게 상이 떠오르지 않는다. 테크놀로지 형식은 대체로 다국적인 성격이 강하며, 우리의 경우 외부에서 이입된 것이 지배적이다. 그러나 민족문화의 테크놀로지 전유라는 문제설정은 테크놀로지라는 기제를 통해 민족문화의 내용과 형식을 쇄신하고 구체화한다는 의미를 가지고 있다. 사실 서두에서 언급했듯이 근대 이래로 서구 민족문화의 형성은 테크놀로지의 역사화 과정과 밀접하게 결부되어 있다고 해도 과언은 아니다. 단지 우리가 여기서 구체적으로 지시하는 테크놀로지는 20세기 후반의 새로운 문화적 기제들, 예컨대 뉴미디어 산물들과 같은 테크놀로지인데, 이런 것들과 민족문화가 어떻게 결합 가능할 수 있겠는가 하는 사고는 민족문화의 형식을 급진적으로 이해할 수 있는 단초가 될 수 있다.

5) 민족문화와 지역문화. 민족문화를 중앙집중의 통제문화로 보았던 방식에서 탈피하여 지방화 시대에 걸맞은 지방문화의 위상을 제고할 시점이다. 지역문화의 연구는 민족문화와 관련하여 다음과 같은 중요한 의미를 갖는다. 첫째, 지역문화는 계급과 성, 세대의 이질성과 함께 민족문화의 이질성을 실제로 생산하는 중요한 영역이다. 따라서 지역문화에 대한 연구 활성화는 민족문화의 이질적 실제 구성 요소를 이해하는 데 필수적이다. 둘째 지역문화의 구성적 층위들을 구분하고, 각각의 층위에 적절한 문화환경을 고려하는 것이 필요하다. 한국의 문화지리 환경을 크게 서울과 나머지 지역, 대도시와 중소도시, 도시와 농어촌을 독자적으로 구분하여 그 영양상태를 비교 검토하면 다음과 같은 문제점들을 예상할 수 있다. 서울과 나머지 지역을 양분하더라도 문화환경은 서울이 나머지 지역보다 월등하게 앞서 있다는 점, 같은 도시라 하더라도 도시마다 편차가 심해서 서울을 중심으로 한 수도권과 부산, 대구 등의 광역권, 그리고 나머지 도시들간의 문화적 불균형이 존재한다는 점, 도시와 농촌간의 문화적 삶의 방식이 현저하게 차이가 난다는 점이 그것이다. 셋째, 민족문화의 전통적 풍습과 관습은 대부분 지역문화의 특성에서 나온다. 예컨대 전

통문화와 지역별 재래풍습, 지연, 혈연 등 오랫동안의 지역연고에서 발생한 생활방식과 인간관계들은 민족문화의 특수성을 생산한다. 지역문화의 재래적 특성들은 한편으로 세계화 속의 민족문화의 전화에 문제점으로 등장한다. 민족문화의 전화가 민족-국가 내부의 문화적 근대성을 극복하는 것을 과제로 삼았을 때, 그러한 지역문화의 고착화된 근대적, 혹은 전근대적 관습들은 커다란 장애요소가 되기 때문이다(물론 그것은 전통문화의 유지와 복원이라는 문제와는 별개다). 문화의 보수성과 경제적 이익 추구가 퇴행적으로 결합하면 경제적으로는 천민자본주의가, 정치적으로는 토호세력의 발호가 예상된다. 넷째, 지역문화를 통한 문화의 민주화가 다수 대중의 균등한 문화적 삶을 보장할 수 있다. 문화의 민주화를 지역문화정책을 통해 대중의 삶 속에서 이뤄내고, 다시 민족 전체, 나아가 외국인을 포함한 거주자들의 관계를 민주적으로 전환시키는 방식이 중요하다. 이는 지역문화를 시민문화와 연결시켜 다수 대중들이 자유와 평등을 동시에 성취하려는 노력과 일치한다. 또한 지역문화의 개념이 개별 민족국가에 한정되는 것이 아닌 일종의 국제적 문화권을 의미하는 것이라면, 지역문화는 개별 민족문화보다 상위의 개념이 될 수 있으며, 민족문화가 세계문화의 완충 역할을 할 수 있다. 예컨대 '한자문화권'이니 '동북아문화권'이니 하는 지역문화는 21세기에 중요한 문화권을 형성할 것으로 보인다.

6) **민족문화와 인구정책.** 민족은 언제나 민족화 과정을 수반한다는 점을 감안할 때 민족문화 정책은 사회의 인구를 특정한 정체성을 지닌 성원으로 전환하는 인구정책이라고 할 수 있다. 이런 점 때문에 민족화 과정에 수반되는 절차, 정책, 행정, 관료제도 등을 눈여겨볼 필요가 있다. 민족은 그 자체로 기능하지 않으며 반드시 제도와 장치들을 전제한다. 가족제도, 학교제도, 대중매체 등 민족국가 장치들이 그것이다. 이는 곧 국가라는 장치와 민족이라는 현상이 동일하지 않으며 양자가 서로 다른 문제들로서 역사 과정에서 '절합'된다는 말이기도 하다.[35] 발리바르의 지적대

로 사회의 민족화라는 과정이 필요한데 이 민족화 작업을 국가와 국가장
치들 또는 사회의 여러 제도들이 수행한다. 이런 점에서 민족국가는 민족
과 국가라는 두 개의 서로 다른 문제들 또는 기획들이 역사적으로 결합한
형태인 셈이다. 이런 이유로 민족문화에는 민주주의의 문제가 개입되어
있음을 알 수 있다. 민족문화가 국가 및 비국가 제도들의 가동으로 성립
될 수밖에 없다면 제도의 작동 방식이 중요한 문제가 되기 때문이다. 제
도는 그 속에 권력의 문제를 내장하고 있다. 푸코가 지적한 대로 그것은
반드시 생체권력을 가동하는 규율의 문제를 안고 있기 때문이다. 규율은
권력의 불평등한 배분을 전제한 길들이기 문제다. 지구방화 정세 속에서
민족문화는 인구의 분산화 또는 파편화, 즉 이산 상태에 대한 응집점으
로 기능할 것으로 예상된다. 그리로 국가장치의 중요한 기능으로 민족문
화가 편입된다면 민족문화는 인구통제와 결부될 소지가 다분히 있다. 이
로 인해 민족문화 정책은 그 자체로 저항의 대상이 될 우려도 있는데 이
는 곧 민족문화가 인구정책상의 여러 문제들과 결부될 수 있다는 말일
것이다.

'민족문화'가 사회적 프로젝트로 제출되는 경우, 민족 구성원의 다양성
을 단일화하는 경우 사회적 다양성을 환원하는 기능을 할 가능성이 많다.
민족국가가 그 내부의 다양화보다는 통일을 지향하게 된다면 인종적 차별
이나 또는 성적, 계급적 차별을 무화하는 경향을 띠게 될 것이다. 이런
점 때문에 민족문화는 오늘날 민주화를 위해 요청되는 정체성의 정치를
억압할 위험이 있다. 하지만 동시에 민족문화는 세계화 담론 속에서 정체
성의 해체로 나아가는 경향에 저항하는 지점을 형성할 수도 있다. 세계가
여전히 세력들의 각축장으로 남을 때 대책 없이 인구가 해체되는 것은 인
구를 무방비 상태에 노출하는 것이나 다를 바 없을 것이다. 이로 인해 민

---

35) 문화적 효과가 만들어지기 위해서 여러 상이한 장치들의 절합이 필요하다는 견해를 탁
월하게 보여준 연구로는 Ian Hunter, *Culture and Government: The Emergence of Literary
Education* (London: Macmillan, 1988) 참조.

족문화는 인구의 파편화 분산화로서 지구방화의 반대편 극점을 형성할 것
이다. 이는 곧 민족문화 프로젝트가 한편으로는 정체성의 정치를 억압하
면서도 또한 정체성의 정치로 사회가 분산되는 것을 막는 불안정한 중심
지점의 역할을 할 수도 있을 것임을 말한다. '민족문화'는 계급정치, 성정
치, 세대정치 등과 갈등적 관계를 가질 것으로 보인다.

글을
맺으며

이 글은 민족문화 정책의 방향을 잡기 위해 '세계화'와, 그것의 다른 일
면인 '지역화', 그리고 두 경향의 결합인 '지구방화'를 조장하는 '정보화'를
민족 문제와 결부하여 생각하고자 한 시도였다. 이 과정에서 우리는 민족
문화에 대한 인식론적 전환이 필요하다는 점을 깨닫게 되었다. 민족 형식
에는 고정된 실체란 존재하지 않으며 민족문화는 반드시 역사적 구성물로
나타난다. 이런 관점은 '민족문화'가 어떤 해결책이나 절대적 가치라기보
다는 현실적 과제나 문제로서 작용한다는 생각과 연결된다. 대중문화-고
급문화, 저항문화-상업문화의 이분법이 더 이상 유효하지 않듯이 민족문
화를 절대시한다거나 고정된 실체로 보는 것은 바람직하지 않다고 본 것
도 그 때문이다. 오히려 새로운 기술의 출현과 관련하여, 그리고 새로운
삶의 방식인 이산 상태와 관련하여 비판과 개입과 실험을 적극 추진하는
자세가 필요하기 때문이다. 사실 민족문화의 정체성은 민족의 고유한 형
식의 복원과 전수에서 이루어지는 것이 아니라 역사적으로 구성되므로 유
동적이다. 따라서 민족문화 기획은 사회적 쟁점으로 부각되어야, 역사적
인 문제 지형으로 부각되어야 한다는 관점이 가능하다. 민족이라는 실체
론적 접근 대신에 사회의 다양한 장들을 점유하는 대중들의 문화적 삶과
희망을 해방적으로 기획하는 것이 중요할 것이기 때문이다. 이런 점 때문
에 우리는 민족문화를 생각할 때 복잡성의 관점을 취할 필요가 있다고 본
다. 그래야 오늘날 '지구방화'라는 정세는 민족문화에 위기를 초래하는

‘악’으로만 규정하는 편협된 시각에서 벗어날 것으로 보인다. 결국 이 글은 민족문화도 그 자체 내부에 갈등과 모순을 가질 수 있는 역사적 구축물이라는 점을 인정하는 것이 오히려 개방적인 민족문화 정책 수립의 길을 마련하는 것이며, 민족문화에 대해서도 비판적으로 사고하는 것이 필요하다는 관점을 개진한 셈이다.

10

신자유주의 시대의 한국문화[*]

신자유주의와
문화

최근 몇 년 사이에 한국사회는 신자유주의 세계화의 거친 격랑 속으로 휩쓸려 들어갔다. 1990년대 중반 WTO와 OECD에 가입하면서, 그리고 특히 1997년 말의 외환위기로 IMF의 구제금융을 받게 되면서 세계 자본주의의 새로운 축적 전략에 완전히 노출된 결과이다. 신자유주의는 자본의 극단적 자유를 추구하며 특히 초국적자본의 자유로운 이동을 추구한다. 한국이 그동안 농업 및 금융 시장 개방, 긴축재정, 구조조정, 공기업 민영화 등을 추진할 수밖에 없었던 것도 WTO, IMF 등 신자유주의 국제기구가 이들 정책을 강요했기 때문이다. 이 결과 우리 사회에는 노동의 유연화, 국가의 공공 기능 축소, 각종 탈규제 등이 이루어졌고, 노

---

[*] 출처: 『황해문화』 31호, 2001년 여름.

동·자본·국가의 관계가 재조정되었으며, 자본의 자유가 엄청나게 확대되었다. 물론 이때 자본은 국내 자본만이 아니라 외국자본, 초국적자본도 포함한다.

신자유주의 세계화로 어떤 일이 벌어졌는가? 외국자본의 국내 진출로 한국은 경제는 물론이고 사회가 무너져 내리고 있다. 무수한 기업과 재벌이 도산하고, 은행이 망하고, 대량 실업 사태가 발생하였다. 전면적 구조조정 속에서 수많은 사람들이 정리 해고되어 일자리를 잃었고 부채 증가, 신용불량, 파산 등으로 생활고를 겪고 있다. 이혼, 가출, 기아(棄兒), 자살 등 개인적 삶의 파탄도 늘어났다. 사회적 공공성도 크게 약화되었다. 보건의료, 복지, 환경, 육아, 교육, 여성, 청소년, 문화 등 사회 각 분야가 자본 지배하에 들어가고 있다.

문제는 이런 신자유주의 정세가 앞으로도 강화될 것이라는 점이다. 한국 정부는 지금 미국, 일본, 칠레 등과 투자협정과 자유무역협정을 체결하려 준비중이다. 이들 협정이 체결되면 신자유주의 세계화는 더 거세게 추진될 것이고, 우리 사회에 대한 자본의, 외국 자본의 장악은 더 커질 것이다.

이 글에서 나는 이런 신자유주의 정세가 우리 문화에 어떤 영향을 미치고 있는지, 앞으로 한국문화는 신자유주의 세계화 때문에 어떤 변동을 일으키게 될지 살펴보고자 한다. 오늘의 지배적인 정세에 대한 '문화적' 분석을 시도해보려는 것이다. 한국문화는 WTO, IMF, 한·일, 한·미 투자협정과 한·칠레 자유무역협정 등 때문에 어떤 모습을 하게 되었고 앞으로는 또 어떻게 바뀔 것인가? 이 질문을 신자유주의 세계화로 우리가 사는 꼴이 어떻게 바뀌고 또 어떻게 바뀔 것인가라는 질문으로 치환해서 생각해볼 수 있지 않을까 싶다. 문화란 삶의 결, 즉 사람들이 사는 꼴이기 때문이다. '결'은 나무나 돌, 물, 혹은 살과 같이 육질이 있는 물체의 조직 형태, 짜임새이다. 이 결은 사물에만 있는 것이 아니라 인간 행동에도, 사회적 활동에도 있다. 사람들도 꼴을 이루며 사니까 말이다.

알다시피 삶의 결과 꼴을 형성하는 조건은 다양하다. 우선 생각할 수 있는 것이 경제적, 정치적 조건이다. 사실 정치와 경제는 우리가 사는 꼴을 규정하는 매우 중요한 요인이다. 민주 정치가 구현되고 있는가, 경제가 온전한 발전을 이루고 있는가에 따라 우리의 삶의 모습은 크게 달라진다. 하지만 삶의 꼴 전체가 경제적 풍요나 궁핍, 정치적 탄압 혹은 자유 등만으로 정해진다 한다면 사람이 사는 모습을 제대로 본 것은 아닐 것이다. 우리가 사는 꼴은 정치 경제만이 아니라, 우리의 꿈과 희망, 우리가 하는 이야기, 우리가 만들어내는 이미지, 욕망과 감정, 우정과 사랑, 삶에 대한 태도, 사람들이 쌓은 습속, 사고의 깊이와 폭, 명상과 같은 지적 작업, 정체성 형성의 조건, 나아가 생태적 조건 등 다양한 요인들에 의해서 만들어진다. 신자유주의가 문화에 미치는 영향을 따지려면 따라서 이와 같은 요인들의 변동이나 추이를 염두에 둬야 할 것 같다.

문화적
불평등의 심화

신자유주의 시대에 전세계에 퍼지고 있는 가장 두드러진 현상은 사회적 양극화, 즉 "20 대 80 사회"의 형성이다. 이는 자본의 자유가 확대될 뿐만 아니라 이 자유의 독점도 증가하기 때문에, 경쟁력 있는 사람이 더 많은 부와 권리를 독점하기 때문에 일어나는 현상이다. 한국도 예외가 아니다. 시장 개방과 함께 외국 자본이 밀려들어오면서 국내 자본의 경쟁력은 크게 떨어졌다. 주식시장의 폭락에서 보듯 국부 유출이 크게 일어났다. 하지만 이런 새로운 경쟁 조건 속에서도 유리한 위치를 차지하는 세력이 있다. IMF 이후 빈부 격차가 갈수록 심각해지고 있는 것은 이 결과이다. 이로 인해 우리가 사는 꼴은 어떻게 되었는가? 최근에 나온 통계 수치들을 가지고 확인해보자.

보건사회연구원의 조사에 따르면 도시가구 중 상위 20%의 소득 점유율이 97년 37%에서 99년에는 40%로 높아졌고, 특히 상위 5%의 점유율은 같은 기간 13%에서 16%로 늘고 반면 하위 20%의 소득 점유율은 8.3%에서 7.3%로 떨어졌다(동아일보, 2001.3.8). 동 연구원의 다른 조사에 따르면 1999년 인구의 1.6%가 전체 소비의 4분의 1을 차지했고, 인구의 8.7%가 소비의 절반 이상을 점유한 것으로 나타났다. "인구 100명 중 8-9명이 먹고 마시고 입는 데 쓰는 액수가 나머지 91-92명이 한해 동안 쓰는 전체 금액의 절반에 달했다는 결론이다"(중앙일보 2001.4.9).

소비의 양극화는 다른 조사에서도 확인된다. 삼성경제연구소가 발간한 '소비시장 고급화와 기업의 대응' 보고서에 따르면 800cc 이하 경차의 내수 판매는 98년 15만6천여 대였으나 2000년에는 9만2천여 대로 준 반면, 2000cc 초과 대형차는 같은 기간 2만여 대에서 7만4천여 대로 급격히 늘어났고, 고급 수입차의 경우 2,075대에서 4,414대로 늘어났다 한다. 아파트 분양에서도 비슷한 양상이 반복되고 있다. 60평 이상 대형 아파트의 경우 98년 서울시가 분양한 60평 이상 아파트는 155가구에 190건이 신청해 1.2대 1의 경쟁률을 기록했는데, 2000년 10월에는 891가구에 5,187건이 신청, 5.8대 1의 경쟁률을 보인 것이다. 이는 계층 간 소득 불균형이 소비에 반영되고 있음을, 고소득층의 소비 주도가 시장 전체로 확대되고 있음을 보여주는 현상이다(국민일보, 2001.4.3).

정보화 격차도 심각하다. 삼성경제연구소의 2001년 '1·4분기 내구재 소비 태도 조사'에 따르면 빈부간, 도농간, 고-저학력간 컴퓨터 보급률과 인터넷 이용률이 현격한 차이를 보이고 있다. 연봉 3,000만원 이상 가구의 컴퓨터 보급률은 95.1%이며, 2대 이상 보유 가정도 많아 1인당 보유 대수가 1.3대 꼴인 데 반해 연봉 1,000만원 이하 저소득 가정의 경우 컴퓨터 보급률은 36%에 불과하단다. 인터넷도 연봉 3,000만원 이상은 66.7%가 이용하고 있지만, 1,000만원 이하 가구는 이용률이 9.3%에 불과하다고 한다. 거주 지역, 학력에 따라서도 비슷한 격차가 나타나고 있어서 지식 정보에 접근할 수 있는 기회가 양극화되어 있음을 보여준다(한국일보, 2001.4.7).

소득 및 소비의 이런 불평등과 함께 교육 불평등도 심해지고 있다. 한국은 목하 학력 세습 구조가 형성중이다. 교육부가 한국교육개발원에 의뢰한 한 조사에 의하면 2000년 한 해 동안 전국 초·중·고생의 총 과외비 규모는 7조 1,276억원으로 99년의 6조 7,720억원보다 3,556억원(5.2%)이 증가했다. 특기할 사항은, 과외를 하고 있거나 했다는 학생의 수가 99년의 62.3%에 비해 58.2%로 줄어들었는데도 과외비 총액이 증가했다는 사실이다. 이는 저액 과외 비율이 10.7%포인트 떨어진 반면 151만원 이상을 쓰는 과외비율은 4.4%포인트 증가해 생긴 현상으로, 즉 과외의 부익부빈익빈 때문인 것으로 분석되었다(한겨레, 2001.4.3). 한국개발연구원의 조사에 따르면 2000학년도 서울 시내 구별 서울대 진학률은 강남구가 100명중 2.7명으로 강북 다른 한 구의 0.25명에 비해 10배나 높았다. 강남구는 초·중·고생 한 명당 월평균 42만원을 과외비로 쓰는 데 비해 진학률이 가장 낮은 구는 15만원대였다(중앙일보, 2001. 4.2).

이상은 지금 한국사회가 얼마나 불평등한지를 보여주는 몇몇 수치이지만, 어려운 상황에서도 더 어려운 사람들이 있다. 여성, 청소년, 노인, 저학력자, 외국인 노동자 등 주로 사회적 약자들이 그들이다. 이들은 일자리를 구하기도 힘들지만, 요행히 일자리를 구해도 비정규직일 가능성이 높고, 해고도 먼저 당한다. 최근 통계청과 노동부 집계에 따르면 전체 여성노동자 가운데 비정규직 비율은 97년 62.0%에서 98년 65.9%, 99년 69.5%, 2000년 69.7%로 계속 증가하고 있다. 또 지난 2월 현재 전체 노동자 중 비정규직 비율이 50.2%인 데 비해 여성노동자의 경우 비정규직은 67.5%로 38.2%인 남성에 비해 월등히 높다(한겨레, 2001.4.7). 최근 중산층 주부가 파출부로 나서는 경우가 늘어나고 있는 것도 이런 맥락에서 이해된다. 중산층의 와해로 여성인 주부가 저임금 노동으로 편입되는 것인데, 치솟는 자녀의 학비, 특히 과외비를 마련하기 위함이란다. 우울한 사실은 이들 가운데는 단란주점 등 유흥업에 나가거나 매춘행위로 전락하는 경우마저 있다는 것이다.

　인구의 양분 현상은 세대 내부에도 일어난다. 단적인 예가 서울의 강북과 강남 청소년 사이의 문화적 이질성과 반목이다. 이들 청소년은 경제적 여유, 옷 입는 스타일, 시간을 보내는 방식 등이 크게 다르다. 예컨대 서울 강북 아이들이 복고 정장을 많이 입는다면 강남은 힙합 스타일을 하는 식이다. 서로 차이만 드러내는 것이 아니라 아예 적대감을 드러내는 경우도 많단다. 강북 청소년은 강남으로 '적대적 진출'을 하고, 강남 청소년의 경우 아예 강북으로는 가려 하지 않는다는 것이고, 온라인에서도 거주 지역이 다르면 채팅도 하지 않는다는 것이다. 청소년의 이 대립은 사회적 불평등의 재생산이 얼마나 견고하게 이루어지고 있는지 단적으로 보여준다. 노인층에서도 양분 현상이 비슷하게 나타난다. 최근 노인 인구가 증가하면서 이들을 대상으로 한 실버산업이 성장하고 있는데, 여기서도 은퇴 후의 건강과 즐거움을 위해 레포츠 시설을 활용하고 문화시설을 즐기는 사람들과 주린 배로 탑골공원을 서성이는 사람들이 서로 빈부 격차를 드러내고 있는 것이다. 쾌적한 시설의 노인과 급식 행렬에 줄을 선 빈곤층 노인의 차이, 힙합 바지와 복고 정장의 차이, 골프 해외 여행을 떠난 상류층 주인과 파출부 나온 주부의 차이는 한국이 지금 빈부의 '분단' 국가가 되고 있음을 보여주고 있다.

　이런 불평등 구조에서 사회적 적대감이 생겨나지 않는다면 이상할 것이다. 실제로 많은 한국인들은 최근의 사회 양분 현상에 대해 큰 불만과 분노를 느끼고 있는 것으로 확인되고 있다. 만일의 사태에 대한 예방책이랄까, 최근 들어와서 일련의 사회적 정당화 작업이 진행중이다. 20대 80 사회를 특징짓는 차별을 자연스러운 것, 어쩔 수 없는 것, 당연한 것으로 만드는 것이다. 그 하나가 실패를 개인 책임으로 돌리는 일이다. 신자유주의 정세에서 무수하게 양산될 수밖에 없는 사회적 실패자는 그래서 실패에 대한 책임은 스스로 져야 한다는 교육을 다양한 방식으로 받게 된다. 생산성이나 경쟁력을 높이자면 구조조정과 정리해고가 필요하다는 말을 듣는 것이 한 예이다. 지금 진행되고 있는 것은 신자유주의 구조조정으로서 자본, 특히 초국적자본의 이윤 축적 강화에 그 주된 목적이 있다. 하지만 자본이 이런 사실을 실토할 리는 만무하다. 생산성과 경쟁력 강화를 위해 정리해고가 꼭 필요하다고 우기는데, 해고되는 사람은 그래서 개인적 생산력의 저하나 경쟁력 상실 때문에 퇴출되는 꼴이 되어버린다. 개인 책임론은 다른 형태를 띠기도 한다. 어려움 속에서도 성공한 사람들의 사례를 끊임없이 제시하는 것이다. 지난 몇 년간 MBC에서 진행하고 있는 〈성공시대〉와 같은 TV 프로그램, 국민의 정부가 출범한 뒤 부쩍 성행한 '신지식인' 담론이 그런 경우다. 해고자, 파산자 등에게 "봐라, 이렇게 성공한 사람이 있는데 너는 뭐냐" 하고 개인 책임론을 제기하는 것이 이런 프로그램과 담론의 중요한 기능이다.

문화의
경제 종속

외국 자본의 침투로 국내 경제의 기반이 뒤흔들리고, 갈수록 더 많은 사람들이 일자리에서 쫓겨나고, 남은 사람들은 여전히 장시간 노동에 시달리게 되어 전반적으로 삶의 여유가 없는 사회에서, 국가의 공적 기능이 약화되면서 사회적 공공성이 약화되는 사회에서, 통상 문화예술 분야라고 간주되는 영역은 어떤 변화를 겪을까? 자본의 사회 지배 강화로 경제 논리, 자본 논리가 사회의 최상위 지배 논리로 부상하는 신자유주의 국면에서는, 삶의 모든 측면이 돈 문제로 환원되는 경향이 극도로 커진다. 고급예술이나 대중문화 등 통상 문화로 분류되는 영역, 특히 문화관광부가 관장하고 있는 사회 영역도 여기서 예외가 아니다. 사회 전체가 경제 논리에 쫓기다보니 이런 문화에 대한 배려가 약해지고, 문화를 도구로 여기는 관점이, 문화의 경제 종속 현상이 강화되는 것이다.

최근 들어 문화산업론이 성행하고 있다. 문화야말로 고부가가치를 창출한다며 문화산업 육성책도 잇따라 나온다. 최근에는 문화예산도 증액

되었다. 김대중 정부는 IMF로 긴축 재정을 펼쳐야 했던 1998년에는 문화 예산을 축소했으나 2000년에 이르러 사상 처음 정부 예산의 1%가 넘게 책정했다. 이 조치는 김대중씨가 대선 공약으로 '문화 대통령'이 되겠다고 한 약속을 지킨 것으로 홍보되기도 했지만, 이때 예산이 대폭 증액된 분야는 영상, 애니메이션, 게임, 관광 등 주로 문화산업 분야로서 순수 예술 쪽과는 거리가 멀며, 문화산업 안에서도 기술 부분이 중시된 것으로 분석되고 있다.

문화예술을 기술 중심으로 여기는 경향은 도처에서 나타난다. 한 예가 도서관과 같은 중요한 문화적 인프라를 정보화한다면서 정작 장서를 중심으로 한 도서관 콘텐츠 부분에서는 예산을 깎고 그 돈으로 디지털 시설 확보에 쏟아 붓는 경우이다. 이 바람에 도서관의 내실은 더욱 부실해지고 있다. 이런 기술 중심적 경향은 최근 대학에서 부쩍 늘어난, 영화·영상, 만화·애니메이션, 신문방송, 멀티미디어 등 문화산업 관련 학과 신설 현상에서도 뚜렷이 확인된다. 문화산업 학과를 개설하는 것 자체가 문화에 대한 산업적 접근을 하는 것이기도 하지만, 좀더 들여다보면 문화산업 현장에서도 실제로 필요한 것은 색채 감각이나 서사 구성과 같은 능력 즉 전통적인 예술적 인문학적 소양이라는데, 문화산업 학과의 교과과정 대부분은 기술 관련 과목들로 짜여있는 것이다.

이처럼 국내 문화산업이 제대로 된 전략을 가지고 있지도 못하면서 문화산업 육성론이 성행하는 것은, 기왕에 문화에 투자를 할 바라면 돈이 되는 쪽에 투자를 한다는 경제 논리가 작용한 결과일 것이다. 이 때문인지 최근에는 민간자본이 문화산업을 벤처 사업으로 여겨 영화 쪽의 경우 오히려 지나칠 정도로 자본이 모여들고 있고, 디지털 부분도 문화관광부가 콘텐츠 산업을 육성한다며 2,000억의 기금을 조성한다고 한다. 여기에도 문제가 없지 않다. 예산이 주로 기술 쪽에 투입되고 있기 때문에 문화예술을 디지털 기술 사업에 종속시킬 가능성이 농후한 것이다.

몇 년 전부터 기획예산처는 현재 기타기금으로 운영되고 있는 문예진흥기금을 공공기금으로 전환하려고 시도해왔다. 기타기금이란 문예진흥원처럼 따로 독립된 기금 운영 기관을 두는 경우이고, 공공기금은 사용은 문광부 등 행정부처가 담당하지만 운영은 기획예산처가 관리하는 경우다. 기획예산처가 이런 제안을 한 것은 지금까지 책임을 맡아온 문예진흥원이 기금을 방만하게 운영하고 손실을 입힌 것이 빌미가 되었던 것으로 알려져 있다. 여기에는 문화예술진흥원 관료 조직의 이익집단화 등 복잡한 사정이 있는데, 문제는 기획예산처로 기금을 옮긴다고 만사형통일 것인가라는 것이다. 기획예산처는 효율적 운영을 위해 문예진흥기금을 공공기금으로 전환해야 한다고 하지만, 문화계는 '문화적 마인드'가 없는 예산처 관리가 문화 관련 기금 사용 승인에 대한 권한을 갖는 것은 그것대로 또 문제라고 반발하고 있다. 경제 논리가 갈수록 극성을 부리고 있는 상황에서 기획예산처 밑으로 가게 되면 곧잘 '불요불급'하다고 여겨지는 문화예술 기금은 찬밥 신세가 될 가능성이 높지 않겠느냐는 것이다.

소위 고급예술 분야로 알려져 있는 영역에도 경제 논리가 강화되기는 마찬가지다. 고급예술은 문화 중심주의, 예술 지상주의에서 보듯 자신의 자율적 성격을 앞세우거나 절대화하는 경향이 있다. 하지만 최근 들어와서 이런 예술까지도 경제의 도구가 되는 경향이 짙다. 금강산도 식후경이라는 생각이 강화된다고 할까, 문화적 활동을 돈벌이와 연결짓는 경향이 자꾸만 커지고 있는 것이다. 문화기관들에 책임 경영을 요구하는 사례가 많아지고, 공공 문화시설에 자체 수익 구조를 강화하라는 압박도 부쩍 커졌다. 서울의 세종문화회관이 그런 경우이다. 세종문화회관은 그동안 한사코 고급예술만 우대하며 대중문화에는 장소 제공을 거절해오더니 최근 들어와서 입장을 바꿔 장소를 개방하는 '아량'을 보이기 시작했다. 공공 장소가 대중문화와 고급문화를 차별하는 것은 분명히 문제가 있는 것이고, 늦게나마 대중문화를 수용한 것은 환영할 일이기는 하나, 세종문화회관의 이 태도 수정은 내키지는 않았지만 수익성을 올리기 위해 어쩔 수 없이 내린 양보였던 것으로 보인다.

상황이 이러하니 오늘 문화예술은 돈이 되지 않으면 갈수록 존립이 어려워진다. 예술은 이윤을 남기기 위한 상품 생산과는 다른 활동이다. 자아의 표현, 꿈의 실현, 표현하고픈 욕망의 실현이 예술의 본령인데, 그런 활동으로 돈을 만들라는 압박이 자꾸만 커지고 있으니 자연히 '경쟁력' 또는 '생산성'이 없는 예술 분야는 퇴출 위협을 받는 것이다. IMF 이후 서울 동숭동 대학로의 연극계가 된서리를 맞은 것이나 또 미술계의 많은 분야들의 행사가 취소되고 건축가의 경우도 수많은 실직자가 나온 것은 그 때문이다.

이 결과 돈이 되지는 않더라도 나름대로 멋진 일을 추구할 여유가 갈수록 사라진다. 나의 한 친구는 이전에는 은행이나 공사 등에 근무하는 사람들 가운데는 재벌회사 직원과는 달리 간혹 시를 쓰거나 그림을 그리고 바둑을 즐기는 사람이 있었는데, 지금은 그런 멋을 즐기는 사람이 사라지고 있다고 전한다. 이런 곳도 평생 직장의 보장이 사라져 여유가 없어졌기 때문이라는 말을 덧붙이며. 친구는 또 요즘 회사에서는 정담이나 고민을 나눌 정취도 없고 정치 토론을 할 여유도 없으며, 기껏 주식투자 같은 재테크 이야기밖에는 없다며 역겨워했다. 오직 돈, 돈에만 관심이 있다는 말이다. 요즘 서점가에 이런 사정이 고스란히 반영되어 나타나고 있다. 한국의 출판업계가 어려움을 겪은 것은 어제오늘 일이 아니지만 최근 들어와서 특히 인문사회 분야 서적은 정말 안 팔리는 모양이다. 베스트셀러도 대부분이 돈버는 기술이나 여타 출세한 성공사례를 다룬 것이다.

그런데 "나는 이렇게 돈을 벌었다, 이런 사람이 성공한다"는 식의 말을 해대는 것은 사실 좀 부끄러운 일이 아닐까 싶다. 오늘 성공한 사람이 어떤 부류인가. 정주영, 이건희와 그의 아들 이재용, 혹은 빌 게이츠 같은 사람이다. 이들은 어떤 인물인가? 이재용은 수조 원 재산을 상속받았고, 빌 게이츠는 뛰어난 첨단기술로 억만 금의 재산을 모았는데, 요즘의 잣대로는 크게 성공했다지만, 글세, 나는 이런 사람들이 큰돈을 모았다고 하면 곧잘 공자나 석가, 예수를 상기한다. 이 성인들은 윈도우 프로그램의 시장 독점을 위해 온갖 술수를 다 쓰는 마이크로소프트의 회장, 세금을 포탈하며 수조 원을 상속한 삼성재벌의 후계자를 어떻게 생각할까? 훌륭하다며 머리를 쓰다듬을까?

민족문화의
위기

신자유주의 세계화는 초국적자본이 극단적 자유를 쟁취하고자 하기 때문에 일어나는 현상이다. 초국적자본은 자신의 축적을 위해 민족 경계를, 민족국가의 정치경제적 자율성을 무시하는 경향이 있다. 신자유주의 세력의 수중에 들어간 세계은행, IMF, WTO 등의 국제 기구들, 신자유주의 세계화를 더 강력하게 추진하려는 국가간 투자협정이나 자유무역협정과 같은 국제 협약들이 '내국민 대우'와 '최혜국 대우'를 적용시키려 하고, '국적조항'을 무효화하려는 경향을 지니는 것은 그 때문이다. 이런 조치들은 개별 국가가 자국 경제의 균형 발전을 위해 투자 대상 지역이나 부문을 선택할 권리를 박탈하고 국가 기간산업의 공기업 장이나 신문, 통신, 잡지 등에서 규정하는 최고 경영진에 대한 국적 제한 규제를 없애는 장치들이다. 아직 이런 내용의 협정이 체결된 것은 아니지만 WTO 가입 이후, IMF 구제금융 체제가 가동된 이후 은행 및 공기업 매각, 주식시장 개방 등을 통해 외국 자본의 시장 지배가 훨씬 강화되었고, 또 투자협정과 자유무역협정도 추진하고 있기 때문에 앞으로 민족국가로서의 한국의 자율성을 지킬 수단은 갈수록 줄어들 전망이다.

문화적으로 볼 때 이와 관련된 중요한 변화의 하나는 세계적으로 정체성 형성의 조건이 바뀐다는 것, 특히 민족문화의 조건들이 변동을 겪게 된다는 점이다. 민족문화는 사람들이 민족국가의 틀 안에서 살아오면서 형성된 삶의 방식이 모여 있는 총체적인 한 모습이다. 신자유주의의 공격은 이 문화의 틀을 뒤흔들어 버릴 가능성이 매우 높다. 지난 수년 동안 3차에 걸쳐 취해진 일본 대중문화 개방을 놓고 한번 생각해보자. 이 조치는 앞으로 일본과의 투자협정을 맺기 위한 여건 조성을 위해, 일본 대중문화와의 접촉을 통해 한국인의 뿌리깊은 반일 감정을 줄이기 위해 취해진 것으로 알려져 있다. 일본 문화는 이 조치로 영화, 애니메이션, 대중가요 등의 분야에서 한국에 본격 진출할 수 있는 교두보를 마련하였다. 한국 민족문화에 이 개방은 어떤 영향력을 행사할까?

일본문화 개방은 일본에서 만들어진 이미지와 텍스트, 소리 등 표현매체들이 대거 한국에 들어온다는 것이다. 이런 매체들이 꼭 대중문화라는 상표를 달고 들어오는 것은 아니다. 일본 상품의 수입 자유화로 이미 대량 유통되고 있는 문구류 등에 찍혀 있는 캐릭터처럼, 혹은 상품의 디자인처럼 꼭 대중문화 이름표를 달고 있지는 않지만 우리의 일상적 감수성에 영향을 크게 미치는 경우도 있다. 이런 영향은 일본의 이미지 및 텍스트와 빈번한 접촉이 이루어지기 때문에 생기는 것인데, 대중문화의 개방으로 이 접촉은 더 넓어지게 되었다. 대중문화의 특징 하나는 즉각적 소비 가능성이다. 시나 소설 등은 곧 바로 이해되지 않는 민족언어를 매개로 하는 반면 애니메이션, 영화, 대중가요 등은 훨씬 빨리 흡수되는 소리와 이미지로 구성되기 때문이다. 일본 대중문화가 개방됨으로써 한국인들은 일본 문화와 일상적으로 접촉할 수 있게 되고 이에 따라서 자신의 문화적 정체성 형성에 일본 문화의 영향을 받게 되었다.

미국과의 투자협정 체결을 위한 협상 과정에서 불거진 스크린쿼터 폐지 문제도 같은 맥락에서 이해할 일이다. 스크린쿼터 제도가 한국 영화에 얼마나 중요한지는 멕시코, 호주, 영국 등이 스크린쿼터를 폐지한 후 자국 영화 시장의 경쟁력을 잃어버린 사실에서 반증되고 있다. 한국은 이 제도를 지키고 있는 덕분에 미국에 영화시장을 개방한 나라 가운데 자국 영화 점유율이 가장 높은 나라가 되었다. 하지만 미국이 신자유주의 세계화 전략의 일환으로 한국과의 투자협정을 맺기 위해 스크린쿼터를 폐지해야 한다는 입장을 지키고 있는 한, 한국 영화의 미래는 여전히 불안하다. 한국에 나와 있는 미국 상공회의소 측이 한국 영화에 우루과이라운드, WTO에 설정되어 있는 '문화적 예외 조항'을 인정하자는 입장을 내비치고는 있지만, 할리우드 영화 자본의 입장을 대변해야 하는 미국이 종래의 입장을 바꿀지는 미지수이다. 스크린쿼터를 없애고 나면 한국 영화는 어떻게 될까? 경쟁력을 상실하게 될 것이다. 이것은 우리가 우리와 비슷하게 생긴 사람들이 등장하고, 우리가 이해할 수 있는 언어로 말을 하고, 우리가 나름대로 공감하는 사회적 문제들을 다루며, 우리의 감정 구조에 그래도 가깝게 느껴지는 영화를 볼 수 없게 된다는 말이다.

일본 대중문화나 미국 영화는 이미 깊숙이 들어와 있는 터이기도 하지만 신자유주의 세계화 정세가 지속하면 개방의 폭은 앞으로 더욱 더 커질 전망이다. 미국, 일본의 영화와 대중문화가 막강한 자본의 위력과 함께, 훨씬 더 정교하게 만들어 세련된 이미지와 텍스트를 통해 더 강력하게 침투해 들어올 것이라는 말이다. 한국인에게 이런 개방은 정체성을, 특히 다음 세대의 정체성을 형성하는 사회적 조건의 변동으로, 특히 이 조건에 대한 자율적 조절 능력의 상실로 이어질 공산이 높다. 민족문화의 주체성이 흔들리고, 문화주권이 약화된다는 말이다. 여기서 말하는 민족문화, 문화주권을 꼭 협소한 민족주의 관점에서 이해할 필요는 없다. 민족문화, 문화주권은 지고의 절대적 전통이나 가치라기보다는 우리가 독자적 사회로서 누릴 수 있는 자율성의 문화적 결과이고, 그런 자율성을 지키게 해주는 국제정치적 조건이다. 민족문화가 우리 사회가 자율성을 가졌을 때 만들어낼 수 있는 문화라면, 문화주권은 외국문화의 간섭과 침략을 받지 않고 우리가 나름대로 문화를 형성해나갈 수 있는 조건인 것이다. 우려할 것은 신자유주의 세계화가 강화되면 이런 의미의 민족문화, 문화주권도 존립하기 어려워 보인다는 것이다. 게다가 앞으로는 교육시장까지 개방될 예정이다. 교육은 개인들을 민족주체로 형성하는 데 핵심적 역할을 하는 사회적 장치이다. 교육을 통하지 않고서는 민족언어와 민족역사를 전수하고 가르쳐 개인들로 하여금 민족 구성원으로 만들어낼 방법이 별로 없다. 이런 교육의 장에 외국 교육 자본, 기술, 인력이 침투할 경우 민족교육의 기반 자체가 붕괴할 가능성이 높다. 여기에 대중문화까지 일본, 미국 대중문화의 쇄도로 인해 정복당한다면? 대중문화는 교육제도와 함께 오늘날 사회에서 개인과 집단의 주체성 형성에 핵심적으로 중요한 역할을 한다. 이미지, 이야기, 욕망, 꿈의 이국화(異國化)가 일어난다면 한국인은 갈수록 한국인으로 남아있을 수가 없게 된다.

문화가 우리네의 사는 꼴이라면 이 꼴은 우리가 통상 문화라고 간주하는 영역의 변화만으로 인해 바뀌는 것은 아니다. 스크린쿼터, 대중문화에 큰 영향을 미칠 미국, 일본과의 투자협정만이 문제가 아니라 칠레와 맺고자 하는 자유무역협정도 그런 점에서 걱정되는 대목이다. 한·칠레 자유무역협정이 체결되면 칠레의 경쟁력 높은 농산물, 특히 과일이 대량으로 밀려들어오게 될 것이다. 한국 농업의 경쟁력 상실, 그리고 농민과 농촌의 피폐화는 불 보듯 뻔하다. 이런 사태의 문화적 의미는 농업과 농촌의 파괴로 삶의 방식이 크게 바뀐다는 점일 것이다. 전통적으로 농업은 생태계와 함께 전통문화를 보존하는 중요한 역할을 해왔다. 그러나 농업이 붕괴하면, 농민들이 자기 방식대로 살 수 있는 길이 사라지고 이와 함께 오랫동안 한국적 정체성의 중요한 기반을 이룬 문화 전통도 사라지게 될 것이다.

NAFTA(북미자유무역협정)의 발효를 계기로 멕시코 치아파스 원주민들은 1994년 1월 1일 자파티스타 해방전쟁을 일으켰다. 이들이 봉기한 것은 신자유주의가 NAFTA를 이용하여 원주민의 삶의 방식을 파괴하려고 하였기 때문이다. 그들의 땅, 그들의 자원, 그들의 삶의 방식을 착취하고 말살하려 했기 때문이다. 한국에도 신자유주의가 들어와서 민족문화의 기반을 파괴하고 있다. 대중문화만이 아니라 농촌문화 기반까지 말이다.

민족문화의 위기, 이것은 결코 추상적으로 우리 민족이 위기에 처한다는 말이 아니다. 민족을 구성하는 다양한 주체들, 즉 노동자, 농민, 빈민, 여성, 청소년, 노인, 동성애자, 학생, 시민, 지식인이 상호간에 차이를 지니면서 연대와 호혜를 통해 자율적으로 문화를 구성해나갈 기회를 상실한다는 것을, 우리의 문화적 정체성을 자본을 앞세운 제국주의 국가들에 의해 규정받게 된다는 것을 의미한다.

문화
보수주의

신자유주의 세계화는 빈곤의 세계화를 초래한다. 신자유주의가 침투한 지역 치고 삶이 어려워지지 않은 곳이 없다. 당연히 자파티스타 운동과 같은 사회적 불만과 저항이 뒤따른다. 신자유주의 세력도 그냥 있는 것은 물론 아니다. 앞서도 말했지만 사회적 실패와 낙오를 개인 책임으로 돌리는 이데올로기 공작을 벌이고, 사회 통제와 문화 검열 노력을 강화하는 것이다. 신자유주의 정책을 도입한 미국의 레이건, 부시 대통령이 강력한 정부를 표방한 것이나 '범죄와의 전쟁'을 선포한 것은 실업 증가, 복지 축소, 소득 감소, 삶의 질 저하로 인한 대중의 저항을 예방하기 위함이었다. 미국의 보수 세력은 가족, 전통, 성적 순결 등의 보수적 가치를 내세우며 소수 인종이나 동성애자 같은 소수자의 비주류 문화, 예술 실천에 대해 비판과 탄압을 가하는 소위 '문화전쟁'을 일으키기도 했다.

신자유주의는 경제적으로는 자유주의를 지향하지만 문화적으로는 보수주의를 지향한다. 한국에서도 신자유주의가 노골적인 영향력을 갖기 시작한 1997년 무렵 이후 문화 보수주의가 크게 성장하였고, 표현의 자유에 대한 단속이 집중적으로 일어났다. 청소년 몇 명이 만든 성적 표현물 〈빨간마후라〉가 물의를 빚자 언론이 벌떼 같이 들고일어나 검찰로 하여금 조치를 취하게 했으며, 만화가 이현세의 〈천국의 신화〉도 이때 음란성이 문제가 되어 검찰에 기소되어 유죄 판결을 받기도 했다. 문학계에서는 소설가 장정일, 마광수 등이 음란한 표현을 이유로 실형을 살기도 했다. 2000년 초 음란폭력성조장매체공동대책시민단체협의회라는 데서 검찰에 영화 〈거짓말〉을 음란물로 고발하고, UN에까지 제소한 일도 있었다. 최근에는 자살에 대한 고민을 표현하는 인터넷 자살사이트가 언론의 대대적 비난 대상이 되기도 하였는데, 문화보수주의의 사례이다.

이런 분위기를 총괄해서 살필 수 있는 것이 1997년의 청소년보호법의 제정이다. 이 법은 박정희정권 이래 문화예술 활동을 옥죄어온 간행물윤리위원회의 전통을 그대로 받아들인 것으로 청소년 대중을 감시와 보호 대상으로 전락시키고 있는 통제 장치이다. 이 법이 통과된 시점이 중요하다. 당시는 김영삼 정권이 안기부법과 노동관계법을 통과시키려다 노동자 총파업을 겪고 크게 궁지에 몰렸을 때다. 정권에게 새로운 대중 통제 장치가 필요했던 것이다. 그런데 왜 청소년 보호인가? 청소년이 오늘 노동자나 여성과 함께 강력한 사회 불만 세력이 될 가능성이 높아졌기 때문이 아닌가 한다. 청소년 인구는 지금 강력한 학습노동에 시달리고 있고, 임금노동을 할 때도 대부분이 비정규직, 저임금 노동자로 착취당하는 주된 대상이다. 청보법은 이런 청소년을 보호한다는 취지를 내세운다. 청소년을 저임금 노동과 장시간 학습노동에 가두고 있으면서 말이다. 청보법 개정 요구에 맞서 청소년 보호 논리의 근거가 되었던 1999년 인천 호프집 화재 사건의 희생자 대부분이 흔히 말하는 '문제아'가 아니라 '정상아'라는 점도 이런 점에서 시사하는 바가 크다. 오늘 청소년은 바뀐 삶의 조건과 크게 다른 문화환경에서 살고 있다. 화재로 죽은 아이들은 호프집에서 술만 마신 것이 아니라 노동도 하고 있었다. 청보법은 이런 사실을 무시하며 호프집 출입을 불법시함으로써 청소년 일반을 감시와 통제 대상으로 삼으려고 한다.

신자유주의가 문화보수주의를 지향하는 것은 새로운 대안적 삶을 꿈꾸는 것을 두려워하기 때문일 것이다. 신자유주의 동조자들이 최근 주류 문화의 지배력을 강화하려고 하는 것도 이 맥락에서 이해해야 할 일이 아닌가 싶다. 최근 들어와서 '기초를 바로 세우자'라는 구호가 부쩍 잦다. 금년(2001)에 들어와서 중앙일보가 이런 이름의 캠페인을 연속적으로 벌이고 있기도 하다. '기초를 세우자'는 말은 지당하게 들릴지도 모르지만, 사회문제를 제도 개혁보다는 도덕 재무장과 같은 개인 차원의 태도 변화에서 해결하려 한다는 점에서 보수적 운동으로 보인다. 기초는 근본, 근원, 기원 등을 상기시키는 말이다. 기초를 세우자는 것은 그래서 어떤 근본을, 원류를, 본류를 구축하자는 것이다. 아니 대세를 만들자는 것인지도 모른다.

최근 한나라당 이회창 총재는 우리 사회의 '주류'한테서 표를 얻겠다는 선거전략의 일단을 밝힌 적이 있다. 주류의 지지를 기대한다는 것은 집권당보다 더 보수적인 당의 총재다운 발언인지 모르지만, '주류'란 게 무엇인가? 이 총재는 과거 자신이 대통령 후보가 되는 것은 대세라는 논리를 펼칠 적이 있는데 주류 운운하는 것도 그때 써먹던 대세론과 다를 바가 없어 보인다. 주류 대중이 이처럼 대세를 따르는 대중이라면 그러나 그것은 남 따라 하는 사람들, 우중이 아닌가? 우중이 된 대중? 그런 대중은 지도를 받아야 할 대상일 뿐이다. 근본 또는 기초를 바로 세워야 한다고 주장하는 언론사 역시 대중을 계몽과 선도의 대상으로 여기기는 마찬가지다.

주류란 사실 '다수'의 횡포가 될 수도 있다. 주류, 대세, 다수는 민주주의의 요체가 아니냐고 할 수도 있을지 모르나, 여기서 문제는 수가 많고 적음이 아니다. 주류 개념은 다수 속에 어떤 단일한 흐름이 있음을 전제한다. 그런 점에서 주류는 오히려 숫자로는 극소수라고 해야 한다. 사회에 단일한 큰 흐름이 있다고 보는 것은 그런데 문화적 다양성을 외면하는 태도이다. 주류, 본류, 원류, 대세를 추종하는 사회에서는 삐딱하고 색다르게 사는 사람을 감시하곤 한다. 신자유주의시대에 우리는 주류 문화에 동조해야 할 것인가?

뜻밖의 사람들이 동조하는 경우가 있다. 장정일의 『내게 거짓말을 해봐』가 문제가 되었을 때, 그리고 장선우의 영화 〈거짓말〉 사태가 일어났을 때 민족문학작가회의나 민족예술인총연합 소속의 작가나 예술인 가운데 상당수가 이들 작품은 표현의 자유와는 무관한 음란물이니 보호할 가치가 없다는 입장을 취한 것이 그런 경우이다. 이들이 신자유주의에 찬성할 리는 없을 것이다. 하지만 소위 진보적 문화인사들이 과거 80년대 진보적 문화예술 운동을 한 경력과는 동떨어진 문화 보수주의의 태도를 취한 까닭은 무엇일까? 과거 탄압을 받던 정치적 진보 사상을 표현하는 것은 문화적으로 가치있는 일이지만 음란물, 폭력물의 표현은 타락한 자들의 소행일 뿐이라는 생각이 크게 작용했을 것이다. 하지만 이런 태도는 게이나 레즈비언의 성적 지향을 놓고 타락으로 보는 태도와 크게 다를 바가 없으며, 음란물의 표현도 최대한 보장받아야 할 표현의 자유에 속한다는 점을 외면한 것이다. 문화 보수주의는 미국에서나 한국에서나 신자유주의 동맹 세력이지 비판 세력이 아니다. 신자유주의 지배 국면에서 문화 보수주의를 따르는 것은 신자유주의의 지배에 현혹당한 것일 뿐이다.

대리 만족의
　　현실 도피

이 글에서 나는 우리가 신자유주의 세계화의 충격 속에서 어떤 꼴로 살고 있는지 살펴보려고 했다. 신자유주의는 소수의 자유, 즉 자본의 자유를 최대한 허용하면서 대중의 자유는 가능한 한 억제하려 한다. 자본에 의한 자유의 독점 현상은 자본이 설계하는 삶을 대중에게 강요한다. 그것은 상품 교환만이 인간의 삶에 가장 중요한 행위인 것처럼 만들고, 소비주의만이 가장 중요한 문화적 가치인 양 만드는 현상이다. 소비하는 사람만이, 소비의 능력을 갖춘 사람만이 멋있고 아름다운 사회는 멋과 아름다움을 상품관계, 상품미학으로 규정하고, 사람의 모든 능력도 돈 버는 능력을 가지고 측정한다. 신자유주의 정책을 강력하게 추진하는 김대중정권에서 '신지식인', '지식 경영인'이 우대 받고 있는 것도 그 때문이다.

그러나 신자유주의 이데올로기, 신자유주의 세계화 전략이 지배하는 지금 우리가 사는 꼴은 얼마나 사나운가. 많은 사람들이 소득과 복지와 안정과 그리고 꿈과 희망과 자유를 잃었다. 평등과 박애, 호혜의 기반도 더 많이 사라지고 있다. 인간적 삶을 위한 문화적 기반들이 이렇게 사라지면서 사람들은 자율적 삶을 영위할 힘을 잃고 현실을 도피하려는 경향을 드러내기도 한다. 2, 3년 전부터 나는 서울 인사동에서 이상한 모습을 한 술집을 봐왔다. 옛날 영화 〈자유부인〉 포스터를 상호 간판으로 내걸고 있는 좁은 골목 안의 이 집에서 특히 눈길을 끄는 것은 내부 장식이었는데, 족히 수백 개는 될 것 같은 옛날 영화 포스터, 레코드 집, 연예인 사진, 신문 광고 등이 벽과 천장에 겹겹이 발라져 있거나 달려 있었다. 실내에는 '그때 그 시절'을 상기시키는 또 다른 품목도 있었다. 화덕 겸 식탁으로 사용하는 드럼통이 그것. 속에 연탄 화덕을 넣어 고기를 구워먹곤 하던 옛날 것과는 달리 이 집 드럼통은 가스를 사용하는 것이 달랐지만, 70년대 중반까지 도회 골목 어디서나 마주치던 선술집의 모습을 떠오르게 하기는 마찬가지였다.

최근의 문화 코드 하나는 이 술집 모습이 보여주듯 '복고'이다. 갑자기 사람들의 관심이 1960년대, 1970년대로 쏠리고 있다. TV에서는 몇 년 전부터 〈은실이〉, 〈육남매〉, 〈국희〉, 〈덕이〉, 〈청춘의 덫〉과 같은 60, 70년대를 회상시키는 내용의 연속극이 인기를 끈다. 영화도 과거를 주제로 다룬 것들이 자주 등장한다. 〈아름다운 시절〉, 〈박하사탕〉, 〈친구〉 등이 그런 예들이다. 복고풍의 유행은 〈며느리설움〉, 〈번지 없는 주막〉, 〈여로〉와 같이 중·장년층의 향수를 겨냥한 신파극의 등장에서도 나타나고 있다. 인터넷에서도 마찬가지다. 초등학교, 중·고등학교 시절의 친구를 찾게 해준다는 '아이러브스쿨'과 같은 사이트가 엄청난 호응을 얻고 있는 것이다. 왜 이처럼 과거가 주제인가?

복고의 진원지는 사실 과거가 아니라 희망이 없는 현재라고 해야 한다. 절망적인 현재로부터 벗어날 길이 없을 때 사람들은 멋있었던 옛날에 대한 향수에 젖거나 현재의 문제 원인을 과거에서 찾는다. 아니면 공상을 통해 현재를 벗어나려고 하기도 한다. IMF 이후 "비정상적" 문화 표현들이 대거 등장한 것은 그 때문일 것이다. 우선 괴기 장르의 잦은 등장을 들 수 있다. 영화 〈조용한 가족〉, 〈여고괴담〉, 〈고스트〉, 〈텔미썸딩〉 등 최근에 등장한 일련의 영화가 이 장르에 속한다. 대중문학에서도 괴기 장르가 큰 인기를 끌고 있으며, 무협 장르가 번성하는 것도 같은 맥락에서 살펴볼 수 있을 듯하다. 〈비천무〉나 〈단적비연수〉 같은 영화가 그런 예이다. 이들 영화의 등장인물들은 하늘을 날고 장풍을 일으키며, 현실에서는 불가능한 몸 동작을 보인다. 기본적으로 판타지다. 지난 몇 년 사이 부쩍 늘어난 엽기 현상도 비슷한 현상이다. 엽기에서 사람들은 현실에서 경험할 수 없는 왜곡된 현상, 상상의 끝까지 동원하여 할 수 있는 경험을 맛본다. 자살사이트에 사람들이 관심을 갖는 것도 이런 엽기 현상과 연관되어 있을 것이다.

다른 한편 현실을 극복할 수 없을 때 마법적으로 더 나은 미래로 도약하려는 미신적 충동도 일어난다. 유동성 위기의 확산, 기업 도산의 일상화와 그에 따른 개인 파산의 일상화, 사회 전반에 벌어지는 구조조정과 해고, 실직의 속출, 임금 또는 소득의 전반적 감소, 대부분 가정에서 유일한 소득원인 가장의 가출과 가정 파탄, 이혼, 기아 등이 속출하는 상황에서, 그리고 아무런 사회적 보장제도가 마련되지 않은 사회에서, 개인의 운명은 그야말로 초라해지지 않을 수 없다. 삶을 기획할 아무런 보장도 주어지지 않을 때 개인은 나약해지고 갑자기 비현실적 지주에 의지하거나, 사회적 노동과는 다른 방식으로 들어오는 소득을 원하게 된다. 그러잖아도 엽기 현상이 횡행하고 비현실적 이미지로 가득찬 지각 경험 공간 속에서 개인들이 문제 해결을 비현실적으로 풀려고 하는 것은 당연하다면 당연하다. 일간 신문에 '오늘의 운세'라는 고정란이 생기고, 점집이

성시를 이루는 것은 결코 우연이 아니다. 내일 무엇이 일어날지 확신 있게 말해줄 사회적 제도나 장치가 없는 상황이 계속 벌어지기 때문이다. 현실에서 멋과 여유와 아름다움과 만족을, 자율적 자아 실현의 방도를 찾지 못한 대중이 복고, 괴기, 공포, 엽기, 무협, 미신 장르나 행태에 빠져든 것이다.

글을 맺으며

최근 들어와서 우리가 사는 삶은 이처럼 꼴이 사납다. '우리'와 '저들'의 차별화가 갈수록 심해지고, 돈의 논리가 갈수록 큰 힘을 발휘하고 있다. 이러니 잘산다는 것은 멋과 여유와는 관계없이 떵떵거리고 사는 것, 남의 삶을 짓밟고 남의 자유마저 독점하고 사는 것이 된다. 고급 문화예술도 돈을 벌기 위한 수단으로 전락하고 있다. 아울러 문화적 주권을 지키며 우리의 정체성을 자율적으로 지킬 수 있는 방안을 마련하기도 갈수록 어렵고, 문화 보수주의가 판을 치며 표현의 자유까지 축소하려 든다. 이런 상황 속에서 대중은 자꾸만 현실에서 꿈을 실현하고 자유를 확대하려 하기보다는 가상세계에서의 대리 만족을 추구하는 경향을 보이고 있다.

이런 꼴을 바꾸려면 신자유주의와 그것이 추진하는 자본의 세계화를 막아내지 않으면 안 된다. 그러나 어떻게 해야 신자유주의를 막아낼 수 있을까? 당연히 신자유주의에 저항할 수 있는 힘을 길러야 할 것이다. 신자유주의에 반대하는 사회운동이, 노동·농민·여성·환경·학생·시민·지식인·청(소)년·소수자 운동이 구석구석에서 일어나야 한다. 사실 신자유주의를 반대하는 운동은 이미 전지구적으로 벌어지고 있다. 1999년 11월 말 미국 시애틀에서 WTO 각료회담을 저지시킨 대규모 군중 시위가 발생한 이후 신자유주의 반대 운동이 본격화하고 있다. 2000년 4월 중순 IMF와 세계은행의 춘계회의가 열린 미국 워싱턴에서, 5월초 아시아개발은행 연례회의가 열린 태국의 치앙마이에서, 9월초 세계경제포럼의 아시아태평양 정상회의가 열린 호주의 멜버른에서, 9월말 브레튼우즈 기구 추계회의가 열린 체코의 프라하에서, 10월 말 아셈 정상회담이 열린 서울에서, 금년 1월 스위스 다보스의 세계경제포럼에 맞서 세계사회포럼이 열린 브라질의 포르투알레그레에서 여성, 농민, 노동자, 원주민, 동성애자, 학생, 지식인, 시민 등이 신자유주의 반대 운동을 계속 벌이고 있는 것이다.

　나는 이들 운동을 추동하는 힘은 기본적으로 문화적임을 강조하면서 이 글을 맺고 싶다. 신자유주의에 저항하는 운동의 힘은 오늘 우리 삶의 형태, 꼬락서니에 대한 불만과 분노에서 나왔을 것임에 틀림없다. 신자유주의 세계화로 생겨나는 온갖 경제적 착취와 불평등, 정치적 억압과 감시, 자연환경의 파괴, 농촌의 피폐, 문화주권의 침탈, 다르게 살 권리의 박탈, 복지의 해체, 삶의 질 저하 등 비인간적 삶을 강요하는 사회 조건들을 사람들이 더 이상 참지 않으려고 하는 것이다. 잊지 말아야 할 것은 이때 드러나는 분노와 불만이 부정적이기만 한 것이 아니라 기본적으로 긍정적인 에너지라는 사실이다. 불만의 근저에는 더 나은 삶을 희구하는 바램이, 더 멋진 삶에 대한 꿈과 희망이, 자유를 향한 가없는 욕망이 꿈틀거리고 있다. 삶의 결이나 꼴은, 즉 우리의 문화는 이 힘들이 어떤 상태로 어떻게 서로 합해지는가에 따라서 그 구체적 모습을 갖게 된다. 오늘 우리의 꼬락서니는 우리의 불만, 분노, 바람, 꿈, 희망, 자유, 욕망 등 기본적으로 긍정적인 이 힘들이 자본과 권력의 부정적 힘과 뒤섞여 만들어진 삶의 현 상태이다. 이 상태가 불만족스럽다면 우리의 긍정적 힘을 더 긍정적으로 만들어낼 필요가, 더 큰 불만과 분노를 조직하고 더 강렬한 꿈과 희망과 자유와 욕망을 표출할 필요가, 그리고 권력과 자본의 힘을 압도하는 새로운 국면을 이끌어낼 필요가 있다. 그래야만 자본의 착취와 지배, 초국적자본의 제국주의적 침략, 지배 세력의 사회 차별화, 이데올로기 공작을 압도하며 더 많은 자유시간과 삶의 여유를, 더 높은 소득을, 더 잘 보존된 자연환경을, 더 쾌적한 도시환경을, 더 평등한 지식 습득의 기회를, 더 많은 사회적 서비스를, 더 높은 사회적 공공성을, 더 많은 호혜와 연대가 가능한 사회를, 더 멋진 삶을 위한 요구를 제출하고 투쟁을 벌여 궁색한 오늘 우리의 모습을 바꿔낼 수 있을 것이다. 신자유주의를 이길 수 있는 길, 그것은 우리가 어떤 종류의 꿈과 희망과 욕망을 얼마나 강렬하고 절실하게 희구하고 발휘하는가에 달려있다.

11

문화다양성, 세계화, 그리고 교역[*]

이 글은 인류의 평화와 공존을 위해 최근 들어와서 각별히 요청되고 있는 문화다양성의 가치, 신자유주의 세계질서 확립과 함께 급속도로 그리고 광범위하게 진행되고 있는 세계화 현상, 그리고 이 현상을 지배하는 자유무역 경향을 상호 연관성 속에서 살펴보면서, 이들의 바람직한 관계를 설정해보려는 노력의 일환이다. 일단 문화다양성, 세계화, 교역의 세 주제를 분리하여 살펴보는 것으로 논의를 시작하고자 한다.

문화
다양성

여기서 '문화다양성'은 유엔교육과학문화기구 즉 유네스코가 근래에 들어와서 집중적으로 발전시키고 유포해온 관점에 따라서 이해된다. 유네

---

[*] 2003년 6월 25일 '문화다양성 국제규약 제정의 가능성과 전망'이라는 주제로 유네스코한국위원회가 주최한 세미나에서 발표한 글이다.

스코는 2001년 11월 2일 프랑스 파리에서 열린 제31차 총회에서 〈유네스코 세계 문화다양성 선언〉을 만장일치로 채택한 바 있다. 이 선언의 제1조에 요약적으로 제시된 문화다양성에 대한 유네스코의 관점은 다음과 같다.

> 문화는 시간과 공간을 가로질러 다양한 형태를 띤다. 이 다양성은 인류를 구성하는 집단들과 사회들의 특이성과 복수성 안에 구현되어 있다. 문화다양성은 교류, 혁신, 창조성의 원천으로서 생명다양성이 자연에게 필수적이듯 인류에게 필수적이다. 이런 의미에서 그것은 인류의 공통 유산이며 현재와 미래의 세대들에게 혜택을 주는 것으로 인정받고 긍정되어야 한다.

문화다양성을 좀더 자세하게 이해하려면 유네스코가 문화를 어떻게 정의하고 있는지 살펴볼 필요가 있다. 〈문화다양성 선언〉에서도 밝히고 있듯이 유네스코는 "문화는 사회나 어떤 사회집단이 지니고 있는 독특한 정신적, 물질적, 지적, 정서적 특징들의 집합이라는 것, 그리고 문화는 예술과 문학 이외에도 생활양식들, 함께 사는 방식들, 가치체계, 전통, 신념 등을 포괄한다"는 점을 확인해오고 있다. 유네스코가 문화를 이렇게 이해하기 시작한 것은 1980년대 이후로서 문화를 문학, 미술, 건축, 전통적 연행예술(연극, 무용, 오페라 등)과 같은 고급예술 장르를 중심으로 보던 관점을 수정한 결과다. 이 새로운 문화 개념은 비-엘리트주의적이며 민주적이라 할 수 있다. 이제 문화는 사회 엘리트가 이룩한 지적, 예술적 성취라거나 사회 지배 계급이 피지배 계급을 계몽하고 교화하기 위한 수단이라고 이해되기보다는 계급·성·세대·직업 등을 가리지 않고 사회구성원으로서 개인과 집단이 살아가는 삶의 양식 전체를 포괄하기 때문이다. 문화를 이처럼 민주적으로 이해하면 '문화다양성' 개념도 좀더 분명해진다. 문화는 더 이상 위계화된 체계가 아니라 다원적 구성으로, 따라서 "시간과 공간을 가로질러 다양한 형태를 띤다"고 이해할 수 있는 것이다.

문화다양성을 지지하는 관점은 따라서 기본적으로 문화민주주의를 지지하는 관점이라고 하겠다.

세계화
(Globalization)

'세계화'에 대해서는 다음과 같은 개념화 작업 또는 설명이 나와 있다.

세계화는 세계의 압축현상과, 세계를 전체로 보는 의식의 강화를 지칭하는 개념이다. 세계화 개념이 오늘날 가리키는 과정들과 행위들은 몇 번의 중단은 있었지만 수세기 동안 진행 중에 있다. 그러나 세계화 논의의 주요 논점은 상대적으로 최근 시기에 집중된 편이다. 논의가 근대성의 윤곽 및 성격과 밀접하게 연관되어 있는 한 세계화는 분명히 최근의 발전들을 가리킨다…세계화의 주요 경험적 초점은 20세기 세계의 구체적 상호의존성과 전지구적 의식의 가속화와 맥락을 같이한다. [1]

세계화란 사회적, 문화적 제도에 대한 지리학적 구속이 약해지고, 그러한 사실을 사람들이 점점 많이 인식하게 되는 사회적 과정이다. [2]

세계화란 일부 지역에서 발생하는 사건들이 다른 지역들에서 발생하는 사건들에 의해 영향을 받게끔 서로 멀리 떨어져 있는 지역들을 연결하는 전세계적 사회관계들이 강화되는 것으로 정의할 수 있다. 이 과정은 그런 지역 사건들이 그것들을 만드는 원격 관계들 자체와 반대되는 방향으로 움직일 수 있기 때문에 변증법적인 과정이다. 지역의 변화는 시간과 공간을 가로지른 사회적 연계들의 측면적 확장인 만큼 또한 세계화의 일부이기도 하다. 따라서 오늘날 세계 어디서건 도시를 연구하는 사람들이면 한 지역 동네에서 일어나는 일은 그 동네와는 멀리 떨어진 데서 작용하는 요인들—세계의 화폐 및 상품 시장과 같

---

1) Roland Robertson, *Globalization: Social Theory and Global Culture* (London: Sage, 1992), p. 8.
2) 말컴 워터스, 『세계화란 무엇인가—그 사회학적 개념』, 이기철 역, 현대미학사, 1998, 14쪽.

은—에 의해 영향을 받기 마련이라는 점을 알고 있다. 그 결과 반드시 고정된 방향으로 움직이는 일반화된 변화들만이 나오는 것이 아니라 상호 대립된 경향들이 생겨난다. 싱가포르의 도시지역이 점차 풍요해지는 것은 세계화된 경제적 연계의 복잡한 망을 통하여 세계시장에서는 그 지역 산물들이 경쟁을 잃은 피츠버그 어떤 지역의 빈곤화와 인과적으로 연결될 수 있다. 3)

이상 세계화를 이해하는 몇 가지 관점들을 소개했지만, 이것들은 이 글의 목적에서 볼 때 너무 추상적이고, 역사적으로 너무 긴 시간을 포괄하고 있다고 생각된다. 여기서 세계화는 "시공간 압축을 가속화하는 교통 및 정보통신 기술의 발전, 전세계를 시장화하는 GATT 및 WTO 등 자유무역체계의 확산 및 초국적자본의 자유로운 이동을 보장하는 탈규제화 정책, 각국 혹은 각 지역 문화들의 혼합 및 할리우드 영화의 세계지배로 대변되는 미국대중문화의 세계지배 현상, 전 세계적 인종 이동 등"을 그 특징으로 하고 있는 지배적 경향으로 이해하고자 한다. 4)

덧붙여 오늘날 세계화는 신자유주의적 성격을 띤다는 사실을 강조하고 싶다. 신자유주의는 1960년대 중반 이후 축적의 위기를 맞은 자본주의가 경제위기를 극복하기 위해 채택한 정치경제적, 이데올로기적 전략으로서 1980년대 말 이후 현실사회주의의 붕괴와 함께 세계적으로 그 영향력을 발휘하게 되었다. 신자유주의는 기존의 생산방식과 정책기조인 포드주의와 케인즈주의를 수정하면서 소품종 대량생산, 대 작업장 중심의 경직된 조직구조와 생산방식을 다품종 소량생산, 아웃소싱, 구조조정, 노동유연화로 대변되는 포스트포드주의 체제로, 그리고 케인즈주의 복지국가 모델을 해체하고 '작고 효율적인' 국가로 전환시킨다. 5) 이런 신자유주의 기

---

3) Anthony Giddens, "The Consequences of Modernity," in Patrick Williams and Laura Chrisman, eds., *Colonial Discourse and Post-colonial Theory: A Reader* (New York: Columbia University Press, 1994), pp. 181-82.
4) 조준형, 「한국영화 산업 및 정책에 관한 연구: 세계화에 대한 대응과정을 중심으로」, 중앙대학교 첨단영상대학원 영상예술학과 석사논문, 2001, 1쪽.
5) 양기환 외, 『WTO시대의 문화—교류인가 교역인가』, 세계문화기구를 위한 연대회의,

조를 처음 채택한 나라들은 70년대 말 마가렛 대처가 집권한 영국과 80년에 로널드 레이건이 집권한 미국이었으나 사회주의가 붕괴한 80년대 말이후 이 기조는 '신세계질서'의 근간이 되었으며, 한국도 문민정부가 들어선 1993년 이후 마침 우루과이라운드 협상과 세계무역기구(WTO) 출범을 맞으며 급속도로 신자유주의의 지배에 들어가게 된다. 오늘날 세계화는 이 결과 세계 금융자본의 국경간 이동과 초국적 기업의 영업활동 보장을 위해 국민국가들이 자국의 산업, 공공복지, 정체성 등을 보호하기 위해 기존에 벌여오던 공공정책들을 축소 또는 희생시키는 과정 속에서 진행되고 있다. 신자유주의 세계화가 진행중인 것이다.

교   역

교역은 여기서 자유무역의 의미로 이해된다. 사실 교역이 꼭 자유무역의 형태를 띠라는 법은 없다. 교역은 인간사회에 공통적으로 일어나는 교환의 한 형태인데, 교환은 원시사회를 연구한 인류학자들이 밝혀낸 것처럼 다양한 모습을 띨 수 있기 때문이다. 오늘날 지배적인 교환은 상품교환 또는 화폐교환이지만 이런 교환 이외에 모욕, 증오, 사랑, 선물을 교환하는 경우도 있다. 이때 교환은 화폐가치와는 다른 의미를 교환한다고 하여 '상징적 교환'이라고 정의된다. 그러나 상징적 교환 영역은 계속 축소되어 지금은 가족이나 친지, 연인, 동지들 사이에 잔여물 형태로만 남아 있으며, 자본주의가 고도로 진척된 사회에서는 이윤 생산을 위한 화폐교환, 상품교환이 교환의 지배적 형태를 이룬다. 특히 최근에 들어와서 교환 또는 교역은 신자유주의 세계화가 주도하는 신세계질서가 구축되고 WTO가 출범한 뒤에는 새로운 형태의 자유무역, 즉 금융자본의 국경간 이동과 초국적 기업의 영업활동을 보장하기 위한 신자유주의적 자유무역의 형태를 띠고 있다.

2003, 145쪽.

서비스상품의
문제

'문화다양성'의 관점에서 볼 때 오늘 교역에서 문제가 되는 것은 서비스 상품의 교역이다. 서비스상품은 1947년 제정된 GATT 협정에도 포함되지 않았던 데서 드러나듯이 국제 자유무역의 대상으로 취급된 적이 거의 없었다. 과거에는 통상이 문화적 산물보다는 일반 공산품을 중심으로 이루어진 때문이다. 1972년 OECD 각료회의에서 도쿄라운드를 준비하는 과정에서 '서비스 무역'(Trade in Service)이라는 용어가 공식 사용되면서 서비스가 교역 대상이 될 수 있다는 관점이 등장했지만 이때도 회원국들이 서비스 무역의 사유화는 GATT의 관할 범위를 넘어선다고 보고 공식 의제로 채택하지 않았다.

서비스상품을 자유무역의 대상으로 삼으려는 집요한 노력은 무역수지 불균형에 시달리다 서비스무역의 확대를 통해 국제경쟁력을 갖추려 한 미국에 의해 이루어졌다. 미국정부는 보험, 금융, 관광, 정보 서비스 업계가 국제 서비스무역을 방해하는 제한의 철폐를 강력하게 요구하자 이를 받아들여 국제협상에 임했고, 서비스분야를 주요의제로 채택하지 않으면 GATT를 탈퇴하겠다는 위협을 가해 1985년 OECD 회원국들로 하여금 동 분야를 GATT 협상의 공식의제로 수용하게끔 만들었다. 이 결과 1986년 9월에 시작한 우루과이라운드에서는 서비스무역도 상품무역과 마찬가지로 협상 대상이 되었고, 이후 우여곡절 끝에 1994년 4월 우루과이라운드가 타결되고 이듬해인 1995년 1월 1일 WTO가 출범하면서 〈서비스 무역에 관한 일반 협정〉(GATS)이 맺어졌다. 미국을 포함한 국제사회가 서비스 무역에 관심을 갖게 된 것은 1990년대에 들어와서 정보와 통신기술의 발전, 금융분야의 합리화를 바탕으로 서비스 교역 규모가 세계 상품교역 규모의 25%를 상회할 정도로 급격하게 증가했기 때문이다. 6)

---

6) 같은 책, 18-21쪽.

　　미국의 주도로 GATS가 서비스의 국제무역에 관한 최초의 합법적 규정
으로 합의가 되긴 했지만, 이 협정은 일반 원칙과 의무를 다룬 본문, 특
정 부분의 규범을 다루는 부속서, 시장접근을 허용하는 개별국가들의 개
방 일정표로 구성되어 있을 뿐 완결된 것이 아니다. 지난 3월 말 한국의
'참여정부'는 교육계와 시민사회의 반대를 무릅쓰고 교육부문에 대해서는
양허안을 제출한 반면, 문화시장에 대해서는 전 '국민의 정부'의 방침을
뒤엎고 양허안 제출을 취소한 바 있다. 또한 EU 소속 국가들과 캐나다의
경우 교육, 문화, 보건 등 공공복지 관련 서비스는 상품이 아니라는 이유
로 GATS의 협상 대상이 아니라며 이 분야들과 관련해서는 양허안 제출을
거부하였고, 공교육의 토대가 상대적으로 취약한 저개발국가들과 개발도
상국가들도 대부분 비슷한 태도를 취하여, 지난 3월 31일에 양허안을 제
출한 나라는 8개국밖에 되지 않는다. 이런 사실은 서비스상품을 자유무역
의 대상으로 삼으려는 미국 주도의 자유무역 흐름에 저항하는 세력이 다
수로서 만만치 않은 힘을 가지고 있으며, 따라서 서비스상품을 둘러싼 국
제교역 협상은 앞으로도 난항과 우여곡절을 겪을 것임을 알려준다.

문화의 특수성과
공공성

　　서비스무역의 영역에서 이런 대립 구도가 생긴 것은 기본적으로 문화
를 보는 관점 때문이다. GATS에 서비스 관련 양허안을 제출할 것을 주장
하는 소수 국가들, 미국, 일본, 호주 등은 문화산물도 여타 산업의 산물
(서비스)과 동일하다고 본다. 미국의 경우 최근에 들어와서 협상 전략상
약간의 유연성을 보여주고 있기는 하지만 전통적으로 문화산업은 오락산
업으로서 여타 산업과 똑같이 취급되어야 한다는 주장을 펼쳐왔고, 문화
를 특수하다고 주장하는 것은 사실상 산업보호정책의 일환이라는 관점이
다. 반면에 EU와 캐나다를 중심으로 하는 나라들은 문화산물은 상품**임과
동시에** 공공재라는 관점을 취하며 '문화적 예외'를 주장한다. 문화는 일반

공산품처럼 상품으로서 교환의 대상이 될 수도 있지만 여느 공산품과는 달리 공적 재화의 성격을 가지고 있기 때문에 예외적인 산물로 취급해야 한다는 것이다. 과연 문화는 공공성의 특징을 가지고 있는가?

2002년 10월 14-16일 남아공 케이프타운에서 열린 제5차 세계문화부장관회의(INCP)가 채택한 〈문화다양성에 관한 국제협약 초안〉에서 문화는 다음과 같이 정의되고 있다.

> 문화라 함은 한 사회 혹은 한 사회단체를 특징짓는 독특한 정신적, 물질적, 지적, 그리고 정서적 총체를 의미한다. 이는 창조적인 표현(예: 구전역사, 언어, 공연예술, 미술, 공예), 사회의 관습(예: 민간치료요법, 전통적 천연자원 관리, 의식 및 단체와 개인의 복지 증진과 정체성 확보에 기여하는 사회적 상호작용방식), 그리고 유적지, 건물, 도심내 역사유적지, 풍경, 예술, 개체와 같은 물체나 건축물을 모두 포함한다. [7]

문화에 대한 이 정의는 위에서 인용한 〈유네스코 세계문화다양성 선언〉에서 나온 정의("문화는 사회나 어떤 사회집단이 지니고 있는 독특한 정신적, 물질적, 지적, 정서적 특징들의 집합"이고, "예술과 문학 이외에도 생활양식들, 함께 사는 방식들, 가치체계, 전통, 신념 등을 포괄한다")와 크게 다르지 않다. 〈선언〉에서 등장하는 문화 개념이 좀더 원론적으로 규정되어 있는 편이라면, 〈초안〉은 아무래도 국제협약을 만들기 위한 노력의 일환인 만큼 좀더 구체적인 정의를 시도하고 있다는 느낌이 들기는 하지만 말이다.

문화의 공적 성격과 관련하여 〈선언〉과 〈초안〉에서 눈여겨볼 것은 문화가 한 사회의 "독특한 정신적, 물질적, 지적, 그리고 정서적 총체"라고 보는 부분이다. 여기서 문화는 하나의 사회나 공동체가 살아가는 삶의 방식 전체라고 설정되어 있는데, 이렇게 볼 때 문화는 그 사회 또는 공동체

---

7) 스크린쿼터문화연대, 『무역과 문화다양성』(자료집), 2003, 9-10쪽.

가 공유하는 자산이 된다. 문화가 사회나 공동체 전체의 공유물이라는 것
은 어떤 문화에 속하는 개인은 문화를 공유(公有)하고 분유(分有)할 수
는 있을지언정 사유(私有)하거나 독점(獨占)할 수는 없다는 말이다. 문
화의 이런 점을 보여주는 단적인 예가 언어다. 한국인으로 태어난 사람들
은 한국어를 모국어로 배우게 되며, 누구나 한국어를 분유할 수 있지만
어느 누구도 그것을 사유화하거나 독점할 수는 없다. 한국어라는 문화적
산물은 공공의 소유인 것이다.

'분유'가 어떻게 일어나고 있는지 생각해보면 한국어, 나아가서 문화의
공공성이 지닌 의미가 무엇인지 좀더 잘 이해할 수 있을 것이다. 한국인
은 모두 개별적으로 한국어를 마음껏 사용할 수 있지만 한국어 자체는 결
코 분할되지 않는다는 사실에 주목할 필요가 있다. 단 한 사람이 사용하
든, 백 명이 사용하든, 아니면 수천만 명이 사용하든 한국어 자체는 소진
되는 법이 없다. 아니 더 많은 사람들이 사용할수록 한국어는 더욱 풍부
해진다. 이것은 언어가 공공재 성격을 가지기 때문이다. 경제학에서 공공
재는 비경합성(non-rivalness)과 비배제성(non-exclusiveness)의 특성을
지닌 재화로 정의된다. "비경합성이란 그 재화를 다른 사람이 추가로 사
용하여도 다른 사람들의 소비와 경합되지 않는 특징이고, 비배제성이란
한 재화를 소비함에 있어 특별한 가격을 지불하지 않더라도 그 재화의 소
비로부터 배제되지 않는 성질을 말한다."8) 한국에서 만들어지는 문화적
산물들은 대부분 문화의 이런 공공재적 성격을 활용하여 생산되기 마련이
다. 예컨대 지금 상영중인 〈장화홍련〉이라는 영화는 시나리오 작가와 감
독, 그리고 관객까지 한국의 특정한 서사전통을 공유하기 때문에 미학적
감흥을 만들어낼 수 있는 것이지 작가나 감독이 사사로이 창작했기 때문
만은 아니다. 〈장화홍련〉은 한국인들이 공감할 수 있는 상상력을 기반으
로 생산된 문화산물이기 때문에 한국영화, 한국문화에 속한다고 할 수 있

---

8) 양기환 외, 앞의 책, 65-66쪽.

으며, 이런 점에서 그것은 사적인 세계만이 아니라 공적인 세계에 속하는 의미체계다.

나아가서 문화는 공동체적 정체성을 구성하는 중요한 요인이라는 점에 서도 공적인 성격을 띤다. 정체성은 '자기동일성'으로서 누구든지 자신이 다른 사람들과 다른 독특한 위상을 가진 존재임을 확인할 수 있을 때 갖 게 되는 느낌, 신념, 확신이다. 사람들은 자신이 속한 문화에 대한 귀속 감을 가짐으로써 자신의 정체성을 확인하고 유지한다. 개인 사정으로 어 려서 외국가정에서 자라게 된 한국인 입양아들이 성년이 되며 정체성의 혼란을 겪는 일이 종종 보고되곤 하는데, 이때 그들이 혼란을 겪는 주된 이유의 하나는 문화적 이질감, 귀속감 결여라고 하는 정신적 트라우마를 겪는 데 있다.

문화는 이런 점에서 개인들에게는 없어서는 안될 삶의 터전이요 공공 영역이다. 개인들은 이 터전과 영역을 비-경합과 비-배제의 방식으로 분 유하며 살아간다. 이것은 문화가 공적인 성격을 가지고 있으며 따라서 그 것이 상품화된 때라도 여느 상품들과는 다른 의미를 지닌다는 말이다. 유 네스코의 〈세계 문화다양성 선언〉 8조가 "단순한 상품, 소비재로 취급되 어서는 안 되는 정체성, 가치, 의미의 벡터로서 문화적 재화와 서비스의 특수성"을 인정하고, 〈문화다양성에 관한 국제협약 초안〉 4조가 "문화적 재화와 서비스의 독특한 성격"을 인정하고 있는 것은 그 때문이다.

문화와
발전

문화상품이 여느 상품이 아니라는 것은 그것이 상품이 아니라는 말이 아 니라 독특한 상품이라는 말이다. 지금까지 이 독특성은 문화가 공공재 성 격을 지니는 데서 나온다는 점을 말했지만 문화의 특수성은 다른 차원에서 도 고려할 수 있다. 피에르 부르디외에 따르는 문화는 '교환'(exchange) 보 다는 '인정'(recognition) 의 대상이다. 위에서 '교역'의 의미를 살펴보면서 오늘날은 교역이 자유무역으로만 이해되고 있지만 상징적 교환 형태를 띨 수도 있음을 살펴본 바 있다. 상징이 교환된다는 말은 의미가 교환된다는 말, 즉 교환 대상이 교환되는 것이 아니라 인정된다는 말이다.

역사적으로 지구상에는 차마 교역이라고 부를 수도 없는 유형의 교역이 다양하게 이루어져 왔다. 트로브리안드 제도 주민들이 행한 쿨라 교역 활동이 한 예다. 이 활동에서 재화는 저장되지도 소유되지도 않는 방식으로 '교환'되는데, 이 교환의 목적은 재화를 양도하는 것이었다.

흥정이나 거래, 교역, 교환은 개입되지 않는다. 전체 과정은 예의와 주술에 의해 완전히 규제된다. 그러면서도 그것은 교역인 것이다. 큰 굴레를 이루는 이 군도의 원주민들은 시계바늘 방향에 있는 멀리 떨어진 섬에 사는 부족에게 어떤 귀중품을 운반하기 위해 정기적으로 원정을 하고, 다른 한편으로는 또 다른 귀중품을 운반하기 위해 시계바늘 반대방향에 있는 섬들을 향해 또 다른 원정이 준비된다. 결국에는 두 종류의 물건들(전통적인 방식으로 만든 흰 조개껍질 팔찌와 붉은 조개껍질 목걸이)은 섬들을 돌아 일주하는 데 10년이 걸릴지 모를 궤도를 완성하게 된다. 더욱이 원칙적으로 값어치가 비슷한 팔찌와 목걸이를 가지고 쿨라 선물을 주고받는 개인적 파트너가 존재한다. 선물되는 팔찌와 목걸이 중에서 이전에 고귀한 사람들이 지녔던 것들이 선호된다. 이처럼 머나먼 바다 건너 귀중품을 운반하여 조직적, 체계적으로 주고받는 행위야말로 교역이라 불러 마땅할 것이다. 하지만 이처럼 복잡한 전체가 오로지 호혜의 원리에 입각하고 있다. 9)

저 머나먼 곳의 파트너에게 줄 선물을 싣고 10년이 걸릴지도 모를 항해를 떠나는 트로브리안드 군도의 원주민! 신자유주의 세계화 국면에서 진행되는 오늘의 자유무역 관점에서는 도대체 말이 되지 않는 짓을 한 셈이다. 그러나 문화인류학은 이런 선물교역 또는 상징적 교환이 적잖이 존재

<hr>

9) 칼 폴라니, 『거대한 변환—우리 시대의 정치적 · 경제적 기원』, 박현수 역, 민음사, 1991, 70쪽.

했음을 밝힌 바 있다. 이웃 주민들을 초대하여 더 이상 먹을 수 없을 정
도로 과도하게 대접하기 위해 북태평양 연안 인디언 부족이 벌인 포틀래
치라는 잔치도 그런 사례다.

　오늘의 경제논리에서 비춰볼 때 이런 행위들은 결코 '합리적'이지 않다.
그러나 이들 부족들이 살아간 자연환경 안에서는 그런 행위가 오히려 생
존의 지혜를 담은 것이라는 해석도 있다. 아프리카 피그미족 사이에는 누
가 일을 잘해 큰 수확을 올리면 칭찬은커녕 오히려 질책하며 '그런 짓'을
못하게 하는 풍속이 있었다고 한다. 자연환경이 척박한 곳에서 수확이 늘
어나면 반가워해야 할텐데 왜 그랬을까? 개인이 사적으로 '땅심'을 착취하
면 공동체의 생존이 위험해질 것을 사람들이 두려워했기 때문이다. 이런
곳에서는 재화의 교역, 교환은 당연히 경계 대상이다. 교역과 교환이 번
성하여 경쟁이 일어나면, 경제 자체는 발전할지 모르나 자연환경의 파괴
위험은 더 커진다. 부족 안에서 '잘난 놈'이 나오지 못하게 한 것은 척박
한 환경에서 사는 사람들의 지혜라는 것이 문화인류학자 마빈 해리스의
해석이었던 것으로 기억한다. 위에서 인용한 칼 폴라니도 "경제가 사회관
계 속에 파묻혀 있는 것이 아니고, 사회적 제 관계가 경제체계 속에 파묻
혀"10) 버릴 경우 어떤 위험이 일어날지 인도 기근의 예를 들어 설명한 바
있다.

　세포이 반란 이후 영국 통치 아래 인도를 휩쓸었던 3, 4회의 대 기근은 자연력
　의 결과나 착취의 결과가 아니고 실제로 문제를 해결하지 않은 채 구래의 촌락
　을 해체시켰던 새로운 노동과 토지의 시장조직의 결과뿐인 것이다. 봉건제도와
　촌락공동체 제도 아래서는 신분에 수반된 의무, 씨족적 연대, 곡물시장의 통제
　등이 기근을 막아주었지만, 시장의 지배 아래서는 게임의 규칙에 따라 사람들
　이 기근을 면할 수 없었다…자유롭게 평등한 교역 아래서는 수백만의 인도인이
　사멸당하였다. 경제적으로는 인도는 혜택을 입었을지 모른다—그리고 장기적

---

10) 같은 책, 78쪽.

으로는 확실히 그랬다. 그러나 사회적으로는 해체되어 비참과 퇴락의 희생물이 되었다. 11)

지금까지 문화인류학의 연구를 빌어 교환과 교역의 이질적 형태들을 잠깐 살펴본 것은 문화와 개발 혹은 발전의 관계를 지금 지배적으로 일어나고 있는 자유무역의 관점과는 다른 방식으로 이해할 길을 찾기 위함이었다. 신자유주의 자유무역의 관점에 설 경우 문화는 경제의 수단이 된다. 문화산물을 서비스상품으로 취급하고, 이것을 WTO 국제교역내 서비스교역의 틀 안에 두기 위해 GATS에 양허안을 제출하게 하는 것이 그런 경우다. 이때 문화산물은 '인식'의 대상보다는 '교환', 상징적 교환과는 동떨어진 화폐교환의 대상으로 간주된다. 우리는 지금 이런 교환이 더 빈번하게 일어나는 것을 발전이요, 성장이라고 보는 관점이 지배하는 사회에 살고 있다. 저 머나먼 곳의 파트너에게 붉은 조개껍질 목걸이를 걸어주기 위해 10년이 걸릴지 모를 항해를 떠난 트로브리안드 원주민과 같은 전근대 부족들은 절멸된 지 오래다. 그러나 오늘 우리가 발전이라고 부르고 있는 삶의 경향을 과연 계속할 수 있을까? 피그미족의 자연환경이 피그미족에게만 해당된다고 볼 것은 아니다. 인류의 유일한 삶의 터전인 지구 전체가 이미 생태학적 한계를 드러내며 '지속가능성'이라는 문제를 노정하고 있기 때문이다. 근래에 들어와서 전지구적 통할(governance)이 주요한 과제로 떠오르고, '지속 가능한 발전'이 새로운 화두가 된 것은 결코 우연이 아니다. 폴라니가 분석한 대로 경제체제가 사회관계를 장악할 경우, 그리하여 시장경제와 자유무역의 관점이 발전과 성장의 사회적 의미를 규정할 경우 우리 인류에게 더 이상 지속 가능한 미래가 없을 것임을 각성한 사람들이 늘어난 결과다. 이제 발전은 경제발전의 차원만이 아니라 이 발전을 포함한 전체론적(holistic) 발전 개념으로 다시 규정할 필요가 있으며, 문화와 발전의 관계도 이런 관점에서 다시 해석하여 정립할 필요가 있다.

---

11) 같은 책, 200쪽.

유네스코의 세계문화발전위원회가 펴낸 『우리의 창조적 다양성』은 문화를 '인간발전'과 긴밀한 관계가 있는 것으로 파악한다.[12] "이 인간발전의 시각(좁은 의미의 경제 발전과 대조되는)은 경제적 사회적 진보를 문화적 조건에서 바라보는 시각이다. 이러한 관점에서 생활의 빈곤이란 필수적인 물품과 서비스의 결핍뿐만 아니라 더욱 풍요롭고, 만족스러우며, 가치있는 삶을 선택할 기회의 결핍까지도 의미한다."[13] 유네스코 세계문화발전위원회는 "문화의 역할은 발전의 두 가지 해석에 따라 다르다. 경제적 성장을 강조하는 시각에서 문화는 근본적인 역할을 하지 못하고 단지 도구적일 뿐이다"는 관점을 취한다. 그렇다고 문화에 대한 도구적 관점이 전혀 무의미하다는 것은 아니다. 유네스코도 문화가 경제 발전의 도구로 이용되는 점에 대해 전적으로 반대하고 있지는 않다. 그러나 유네스코는 "발전에 있어서 문화의 커다란 도구적 기능을 인정하면서 동시에 이것이 발전을 판단하는 데 있어 문화의 모든 것일 수는 없음을 인식하는 것이 중요하다"는 관점을 굳게 지킨다. 이에 따라 문화는 "진보와 창조성의 원천"으로 파악되는데, 물론 이때 진보는 경제발전과 같은 좁은 의미의 진보는 아니다. 오히려 "문화는 물질적 진보의 수단이 아니라, 그 모든 형태의 전체 인간존재의 꽃피움으로 볼 수 있는 '발전' 목적"이 된다. 또한 문화를 '함께 사는 방식'으로 보고, '발전'을 '인간의 기회와 선택의 확장'으로 볼 경우, "문화와 발전의 분석은 함께 사는 다양한 방식이 어떻게 인간의 선택 확장에 영향을 주는가를 연구하는 데 적용될 것"이라는 것이 유네스코의 시각이기도 하다. 여기서 우리는 문화와 발전의 관계를 전체론의 시각에서 고찰할 수 있는 가능성을 발견한다. 이 관점에서는 문화발전과 경제발전은 상반되기보다는 상호보완의 관계로 이해된다. 경제

---

12) 이 문단의 논의는 졸고 「21세기 인문학의 사회적 역할—자기비판을 통한 전화」, 『지식생산, 학문전략, 대학개혁』, 문화과학사, 1998, 202-204쪽을 요약한 것이다.
13) 유네스코한국위원회, "Our Creative Diversity: Report of the World Commission on Culture and Development"의 미간행 한글번역원고. 이하 이 글에서 따오는 인용은 본문에서 따옴표로만 표시한다.

성장의 도구로 쓰이게 되는 것까지도 문화가 인간존재를 꽃피우는 어떤 역능을 가지고 있기 때문인 것으로, 즉 문화의 도구적 역할조차도 문화의 창조적 힘에서 나오는 것으로 이해하고 있는 것이 주목할 점이다. 이런 관점 때문에 제시되는 정책 과제의 하나는 "인간의 창조성을 개발하는 것"이다. 여기서 "창조성이라는 개념은 새로운 예술대상이나 형태의 생산에만 관련되는 것이 아니라 상상 가능한 모든 분야의 문제풀이와도 연관된다는 광의의 의미로 해석되어야 한다." 인간의 다면적 역능의 향상에 문화가 미치는 기여를 인정하는 해석이라고 하겠다.

다시
문화다양성

문화는 전체론 관점의 발전을 위해 기능을 하고, 우리가 삶의 터전으로 기대는 공공재 또는 공공영역의 역할을 하기 때문에 진작하고 장려할 필요가 있다. 이런 관점은 문화를 상품으로 보는 관점과 상반되지 않지만 문화를 상품으로만 취급하는 관점과는 상치한다. 문화는 상품으로 '교환'될 대상이기 이전에 '인정'받아야 하는 것이기 때문이다. 문화에는 유형의 층위와 무형의 층위가 동시에 있다. 유형적 층위에서 문화는 공산품과 동일한 형태를 띤다. 하지만 문화는 책, 영화필름, 극장 등으로만 존재하는 것이 아니라 꿈, 비전, 지식, 헌신, 솜씨 등의 형태로도 존재한다. 이런 태도나 능력은 구체적인 상품 형태에만 저장되는 것이 아니라 상품 형태를 넘어서 한 사회 또는 사회집단의 공동체적 능력으로 저장된다. 인류사회가 오늘날 이들 능력을 소중히 가꿀 필요가 더욱 절실해지는 것은 신자유주의 세계화로 인해 소수민족을 비롯한 소수자들이 문화절멸의 위험에 처해 있기 때문이다.

유네스코가 31차 총회에서 〈세계 문화다양성 선언〉을 채택한 것은 그런 위험을 인식한 결과라고 판단된다. 유네스코 선언은 오늘 세계의 다양한 문화들이 세 가지 종류의 도전에 직면하고 있다고 본다. 시장원리에 따른 세계화로 인해 문화다원주의보다는 문화갈등을 조장하는 새로운 불평등이 나타나는 것이 그 첫째이고, 문화와 교육의 요구를 다루는 국가가 문화발전에 영향을 미치는 아이디어, 이미지, 자원들의 월경(越境) 흐름들을 통어하는 능력을 갈수록 상실하고 있는 것이 그 둘째이며, 갈수록 문화적 능력들과 자원들을 엘리트(재정 및 문화의 배제를 겪는 세계 인구 절반 이상의 발전가능성과 이해관계와 분리되어 있는)의 독점으로 만드는 (디지털 및 전통) 리터러시 격차가 일어나는 것이 그 셋째다.14)

이런 도전을 맞아서 유네스코가, 그리고 세계의 많은 사회단체들이 대안으로 추구하는 것이 있다. 바로 문화다양성의 확대다. 여기에는 문화가 위에서 살펴본 대로 인간발전의 자원으로서 공공재적 성격을 갖는다면 그것을 상품으로만 간주하여 교환과 교역의 대상으로, 그것도 자유무역의 관점에서 이루어지는 화폐교환의 대상으로만 삼을 것은 아니라는, 지구상 존재하는 다양한 문화들을 보존하는 노력이 필요하다는, 인류의 평화와 공존을 위한 새로운 전략적 사고가 반영되어 있다. 자유무역의 화폐교환 대상으로만 볼 경우 세계문화는 오늘 할리우드영화로 대변되는 미국대중문화가 지배하는 획일화된 구도에서 벗어날 수 없을 것이다. 문화분야의 경쟁 강화는 비교우위를 차지하는 문화가 약세문화를 잠식하여 문화다양성을 해치는 결과를 낳을 것이기 때문이다. 이 경우 문화가 지속가능한 발전에 기여할 가능성은 줄어들고 만다.

현재 문화다양성의 가치를 부정하는 논자는 거의 없다. 자유무역을 지지하는 쪽에서도 문화다양성을 해치려는 의도가 있다는 말은 결코 하지 않는다. 자유무역을 통해서 오히려 문화의 경쟁력과 자생력을 강화할 수 있다는 논지를 펼치고 있다. 위에서 자유무역의 문제점을 지적했지만, 사

---

14) UNESCO, Universal Declaration on Cultural Diversity: A vision, a conceptual platform, a pool of ideas for implementation, a new program (document for the World Summit on Sustainable Development, Johannesburg, 26 August-4 September 2002), Cultural Diversity Series No. 1, p. 9.

실 좀더 정확하게 말하면, 문제는 자유무역 자체보다는 불평등한 자유무역, 혹은 무절제한 자유무역일 것이다. 불평등한 자유무역의 강화로 세계는 지금 불평등이 심화되고 있다. '20 대 80 사회'가 만들어지고, '빈곤의 세계화'가 진행중이다. 아울러 유네스코의 지적대로 이 과정에서 문화를 관장하는 개별 국민국가의 기능이 약화되고, 이로 인해 생태계에서 미국에서 온 황소개구리와 물고기 베스가 토종 개구리와 물고기를 절멸시키듯이 외국의 문화가 재래문화를 위협하는 일이 벌어지고 있다. 지금 자유무역이 실제로 문화다양성을 해치고 있다는 이런 사실의 확인은 우리에게 어떤 시사점을 제시하는가? 문화다양성을 실질적으로 확보하려면 문화와 경제의 관계를 새롭게, 전체론의 관점에서 설정해야 한다는 위의 결론이 틀리지 않았음을 재확인하게 된다. 하지만 과연 문화다양성은 어떻게 확보할 수 있을까? 이와 관련하여 몇 가지 제안을 하는 것으로 이 발제를 마무리하고자 한다.

국제수준의 노력

문화다양성을 확대하기 위한 노력은 국제적 수준과 국내적 수준에서 진행될 필요가 있다고 본다. 먼저 국제적 수준에서 필요한 조치는 다음과 같다.

첫째, 세계화의 방향과 목표 수정이 필요하다. 경쟁의 격화, 대중의 착취, 소수자의 주변화가 아니라 사람들의 존엄과 사회적 형평을 실현하는 세계화를 지향해야 한다. 이 말이 이상주의자의 꿈으로만 들린다면 유엔과 유네스코, 그리고 지구상의 무수히 많은 사회단체들의 활동을 돌아보기 바란다. 지난 몇 년 동안 반세계화 투쟁이 전지구적으로 전개된 데서 볼 수 있듯이 현재 진행중인 세계화에 저항하는 세계 인구는 갈수록 늘어나고 있다. 세계화가 가져온 지구파괴, 인간착취를 막아야 한다는 사람들의 절실한 판단이 구체적인 행동으로 그리고 대규모로 나타나고 있는 것이다. '국경 없는 시장'을 통한 끝없는 이윤 추구 대신 지구인들이 새로운 교감, 협력, 대화를 나누는 방식으로 세계화의 작동방식을 재조정해야 한다.

둘째, 문화다양성을 진작시키기 위한 국제적 노력의 일환으로 WTO와 별도로 문화교류의 문제를 다루는 국제협약을 맺는 것이 필요하다. 위에서 본 대로 문화는 발전을 전체론의 관점에서 이해하는 데 필요한 개념으로서 시장경제의 관점에서는 포괄할 수 없는 쟁점들을 담고 있다. 문화의 이런 특수성을 감안하면 지금처럼 문화를 자유무역의 대상으로 삼아서 WTO 체제에서 다루는 것은 인류의 미래에 큰 손실을 가져올 것이다. 다행히 국제사회는 〈세계 문화다양성 선언〉을 채택하였다. 이 선언에 참가한 국가가 모두 186개국이나 된다는 점을 생각하면 문화다양성의 확대는 국제적 지지를 얻고 있는 인류의 목표임이 분명하다. 이제 국제사회는 이 선언에 바탕을 둔 국제협약을 맺어 문화다양성을 지키기 위한 노력을 실질적으로 전개해야 하겠다. 〈선언〉은 기본적인 원칙을 담고 있지만 이 원칙들을 실현할 수 있는 법적, 제도적 강제성과 장치를 구비한 것은 아니다. 〈세계인권선언〉이 1948년에 채택된 뒤 선언으로만 있지 않고 1966년에 〈정치적·시민적 권리에 관한 국제규약〉과 〈경제적·사회적·문화적 권리에 관한 국제규약〉으로 발전한 것처럼 〈문화다양성선언〉도 가맹국에게 원칙 확인 이상의 이행강제 능력을 갖도록 규약이나 협약으로 발전해야 한다. 지금 이런 희망을 희망으로만 남겨두지 않고 실현까지 하려는 노력이 이루어지고 있다. 47개국이 참여하는 세계문화장관회의가 작년 말에 GATT와 GATS를 대체하는 문화협정 초안을 만든 것이다. 이 초안은 "합의사항을 관장할 행정기구, 분쟁해결 메커니즘, 효력발생, 수정, 가입 및 탈퇴 등에 관한 절차와 협정의 효력 발생 이후 2년내에 국가의 기본적 문화정책과 문화다양성의 보장을 위한 방안을 제시해야 한다고 명시하고" 있다.15) 한국의 경우 '국민의 정부'에서는 시민사회단체, 특히 '세계문화기구를 위한 연대회의'에 참여하고 있는 문화단체들의 강력한 요구에도 불구하고 세계문화장관회의에 참여하지 않았으나, 참여정부 출범과 영화감독 출신 이창동씨가 문화장관이 됨으로써 이 회의에 앞으로 참여할 계획으로 있다. 한국사회도 이 회의 참여를 통해 문화다양성을 위한 국제협약 체결에 기여해야 할 것이다.

셋째, WTO 양허안에서 문화분야를 제외해야 한다. 2001년 11월 카타르의 도하에서 열린 WTO 제4차 각료회의에서 서비스분야 교역을 위한 일정이 제시되어 2002년 6월 30일까지는 양허요청안을, 2003년 3월 31일까지는 양허안을 제출하도록 결정하였다. 한국의 경우 이미 언급한 대로 문화분야 양허안 제출방침을 철회하였고, 교육분야는 제출했지만, 현재 세계적인 조류를 보면 양허안을 제출하지 않은 나라가 훨씬 더 많은 편이다. 국제사회가 양허안 제출에 소극적인 것은 서비스분야가 사회적 공공성을 담보하는 부문을 많이 담고 있어서 여러 나라들이 이 분야에서 국제교역을 위한 시장화가 이루어질 경우 자국의 사회적 공공성과 문화적 정체성이 훼손되지 않을까 우려한 때문이다. 1995년 미국이 낸 제안으로 OECD가 맺으려던 다자간투자협정(MAI)이 결국 무산된 것도 '문화적 예외'를 둘러싼 태도 차이 때문이었다. MAI 협상에서 가장 큰 쟁점으로 떠오른 것은 각국 정부로 하여금 "사회적, 문화적, 경제적, 환경적 목적을 위해 투자정책을 사용하는 것을 제한"한 조치였다고 한다. 이것은 "기술변화, 국제 무역 및 자유화, 국가의 역할, 공공 서비스, 공적 이익과 시장의 힘 사이의 균형 등" 협상국들이 "예기치 못했던 엄청난 논란을 야기했다. MAI의 협상국들은 공적 이익을 보호할 수밖에 없었다고 믿었고, 문화, 공중보건, 환경, 사회적 권리를 보호하는 '예외'나 '유보'를 받아내기 위해 싸우기 시작했다."[16] 이 결과 MAI 협상은 논쟁에 휘말리기 시작했고 특히 프랑스가 '문화산업에 대한 특수조항'을 요구하면서 "이 협정은 어떤 경우에도 회원국이 문화적 다양성과 언어적 다양성을 유지하고 장려

---

15) 스크린쿼터문화연대, 앞의 자료집, 3쪽.
16) 양기환 외, 앞의 글, 54쪽.

하기 위해 외국사업체의 투자와 이들 사업체의 활동조건을 규제하는 경우, 이를 방지하는 데 이용되어서는 안 된다"는 조항을 포함시킬 것을 주장하다 1998년 10월 협상에서 탈퇴함으로써 철퇴를 맞았다. 지금 WTO 양허안 제출 과정에서도 비슷한 양상이 벌어지고 있다. 프랑스가 포함된 EU와 캐나다를 비롯한 많은 나라들, 위에서 언급한 세계문화장관회의에 참여하고 있는 47개 나라들이 양허안 제출에 반대하고 있는 것이다. 문화와 발전의 관계를 이윤 추구와는 다른 교류와 협력, 그리고 인간발전의 관점에서 국제사회가 선택해야 할 길은 분명하다. 문화분야 협상의제를 국제무역의 관행을 제도화한 WTO와 그 산하 GATS에 포함하는 것을 막아야 한다. 문화는 위에서 본 대로 WTO와 별도의 국제협약을 만들어 다루는 것이 바람직할 것이다.

국내의
노력

이제 문화다양성을 위해 국내에서 취할 노력으로 관심을 돌려보자. 이 글을 쓰고 있는 지금 한국사회는 다시 스크린쿼터 문제로 논쟁이 일고 있다. 참여정부의 출범과 함께 WTO GATS의 문화분야 양허안 제출은 일단 중단했지만, 미국과의 양자간투자협정(BIT) 체결 문제로 미국이 스크린쿼터 축소를 다시 요구하고 나섰기 때문이다. 문화다양성의 관점에서 이 문제를 어떻게 봐야 할 것인가? 그리고 문화다양성을 진작하기 위해서는 어떤 노력이 필요할까?

첫째, 스크린쿼터는 물론이고, 방송쿼터와 같이 문화주권을 지키기 위한 독자적이고 자율적인 문화정책을 유지해야 한다. 유네스코 〈문화다양성 선언〉도 제9조에서 문화다양성을 보존하기 위해서 국민국가는 자율적인 문화정책을 수립하여 실행할 것을 권장하고 있다.

문화정책은 사상과 작품의 자유로운 유통을 보장하면서 국지적, 세계적 차원에서 자신들의 권리를 주장할 수단을 지닌 문화산업을 통해 다양한 문화 재화들의 생산과 보급에 도움이 되는 조건들을 만들어내야 한다. 국제적 의무를 다하면서도 자신의 문화정책을 규정하고 활동 지원에 의해서건 적합한 규제에 의해서건 스스로 적절하다고 보는 수단들을 통해 그 정책을 실행하는 것은 각 국가의 몫이다.

국가의 문화정책은 '국경 없는 시장'의 형성과 함께 아이디어, 이미지 등의 월경(越境) 흐름들이 증폭하는 지금 그 흐름들을 통제하며 문화주권을 지킬 수 있는 가장 강력한 수단이다. 유네스코 〈선언〉이 각 국민국가가 이 수단을 활용하는 것을 정당화하는 것은 세계화로 인해 세계문화의 획일화가 진행되고 있고, 이로 인해 인류의 지속 가능한 발전과 미래에 먹구름이 낀다고 보기 때문이다. 한국은 스크린쿼터와 방송쿼터와 같은, 자국 문화를 보호하는 주권적 문화정책 장치들을 가지고 있는 것을 자랑으로 여겨야 한다. 만약 이로 인해 다른 나라들이 투자협정을 맺지 않겠다고 하면 그것을 맺지 않는 것도 고려할 수 있다고 본다. 결코 국수적인 태도나 문화계의 이기주의적 발상에서 이런 주장을 하는 것은 아니다. 미국과의 BIT의 경우 주로 동구권과 아프리카와 같이 우리와는 경제적 환경이 한참 다른 나라들만 참여하고 있다. 한국이 미국에 BIT를 체결하자고 요청하는 것 자체가 국익에 반하는 것이라는 경제학자가 적지 않은 것은 그 때문이다.

둘째, 문화적 권리장전 채택을 제안한다. 문화적 다양성을 확대하려면 문화적 가치에 대한 인식이 사회에 퍼질 필요가 있으며, 문화를 둘러싼 쟁점들을 이해하는 사회적 인식이 필요하다. 이를 위해서는 사회적 자기교육을 실시할 필요가 있는데, 이때 문화적 권리를 진작하기 위한 권리장전을 채택하는 과정이 매우 중요한 기여를 할 수 있을 것이다. 지금 국제사회는 '문화적 권리'를 기본 인권의 하나로 간주하고 있다. 유네스코 선언의 제5조에 따르면, "문화적 권리는 보편적이고, 분할이 불가능하며, 상호의존적인 인권의 필수 불가결한 부분이다. 창조적 다양성의 번성은 〈세계인권선언〉 27조와 〈경제적, 사회적, 문화적 권리에 관한 국제규약〉 13조 및 15조에 명시된 문화적 권리의 전면적 충족을 요청한다." 우리 사회는 그러나 아직 문화적 권리에 대한 사회적 인식이 발달되어 있지 못하다. 문화적 권리장전을 채택하는 과정에서 그런 인식을 제고할 필요가 있다.

셋째, '문화다양성의 날'과 문화다양성 교육의 실시를 제안한다. 금년 5월 21일은 유엔이 정한 첫 번째 문화다양성의 날로서 한국에서도 이 날을 기념하는 조촐한 행사가 치러졌다. 앞으로 이 날을 중요한 날로 만들어 문화다양성에 관한 사회적 인식을 높였으면 한다. 국내에 거주하는 외국인들, 동성애자처럼 소외를 받거나 억압받는 소수자들이 대거 참여하는 행사들을 치를 경우, 우리 사회 구성원들이 함께 어우러져 사는 노력을 하자는 다짐의 기회가 될 수 있을 것이다. 아울러 공교육과정에서 문화다양성에 관한 교육을 실시하는 노력이 요청된다. 한국의 교육과정은 한국민족이 역사적 혹은 국제관계의 희생자임(victimhood)을 너무 강조하면서 오히려 다른 소수민족과 소수자들을 배제하는 국수주의 태도를 조장하는 경향이 없지 않다. 문화다양성 교육을 통해 이런 문제점을 시정하여 학생들, 나아가서 한국인 전체가 차이를 인정하는 관용의 태도를 갖도록 진작하여 인류 공존과 평화를 위한 새로운 세계화 질서에 부합하는 보편적 시민으로 거듭나게 할 필요가 있다고 본다. 학교교육과 문화다양성의 날 실시로 문화적 권리장전 채택과 함께 문화적 권리, 문화다양성의 소중함을 깨닫는 사회적 교육과정이 제도화되었으면 한다.

넷째, 사회단체들, 국가기구들의 민주적 소통구조가 필요하다. 다시 말하거니와 지금 한국에서는 문화다양성에 대한 인식이 부족하다. 이 발제에서 유네스코의 중요성을 크게 강조했지만 유네스코한국위원회의 경우 주어진 소임을 제대로 했다고 생각되지 않는다. 지금까지 문화다양성의 중요성을 인식하고 그 제고를 위한 노력을 기울인 것은 시민사회단체 가운데서도 문화단체들에 국한되어 있고, 여타의 사회단체들은 별로 관심을 기울이지 않았으며, 한국 유네스코 등 국가기구들의 경우는 더 한심한 지경이다. 이런 견지에서 최근 세계문화기구를 위한 연대회의가 벌이고 있는 노력에 주목할 필요가 있다고 본다. 국내 16개 문화단체가 참여하고 있는 이 회의는 국제교류를 통해 스크린쿼터를 포함한 국내 문화다양성 제고를 위한 장치를 보호하는 노력을 주도해왔다. 앞으로 문화다양성을 확대하려는 이런 노력이 더 많은 사회단체들의 연대를 통해 활성화되고, 이 결과 국가기구들에도 영향을 미쳐서 문화정책을 통해 국가적 노력이 반영될 필요가 있다. 이를 위해서는 국가기구들이 폐쇄적, 혹은 자기만족적 운영을 탈피하고 시민사회단체들의 민주적 참여가 가능한 다양한 형태의 소통구조를 만들 필요가 있다고 본다. 이 과정에서 국가기구들의 필요한 개혁도 추진되어야 할 것이다.

다섯째, 문화민주주의의 활성화가 필요하다. 문화다양성을 둘러싼 갈등에는 두 가지 차원의 프론티어가 있다. 하나의 프론티어는 국제적 관계에서 형성되는 것으로서 세계화가 진행되면서 일어나는 국경횡단 현상들이 빈발, 증대하는 것과 관련이 있다. 이 프론티어는 따라서 국제관계로 형성되며 여기서 문화다양성을 지키기 위해서는 문화주권을 지키는 노력, 자율적 문화정책을 수립하고 실시하는 국민국가의 능력과 노력이 필요하다. 다른 한편 개별국가 내부에서 형성되는 또 다른 프론티어가 있다. 이 차원에서 벌어지는 문제를 생략할 경우 문화다양성 논의에는 너무 큰 구멍이 생겨난다. 첫 번째 프론티어에서 문화다양성을 지키는 노력은 예를 들면 단순히 스크린쿼터를 지키는 것으로 대변될 수 있을 것이다. 그러나 국내에서도 문화다양성을 진작시키는 것이 중요하다면 스크린쿼터를 지키는 문제는 좀더 복잡해진다. 한국영화는 스크린쿼터 덕분으로 전에 없는 부흥을 맞고 있으며, 이로 인해 세계영화에 새로운 다양성의 활력을 불어넣는 기여를 했다. 그러나 다른 한편에서 보면 최근 한국영화의 부흥에 바람직하지 못한 경향이 나오는 것도 사실이다. 국내 영화도 할리우드 영화처럼 블록버스터처럼 제작되어 다양성이 줄어드는 경향을 보이고 있는 것이다. 이런 문제를 놓고 한국영화가 스크린쿼터의 보호 속에서 혹독한 경쟁을 하지 않기 때문이라는 지적도 있지만, 정확한 진단은 아니다. 오히려 한국영화 내부에 좀더 다양한 장르, 자율적 실험이 만들어질 수 있도록 하는 내부 스크린쿼터제도가 없어서, 즉 국내의 예술영화든 외국의 예술영화든 수준 높은 혹은 다양한 소수자들의 욕구를 충족시키는 영화들을 상영시키는 내부의 다양성 진흥 프로그램이나 장치가 없어서 빚어지는 결과로 볼 필요가 있다. 국내에서 문화다양성을 어떻게 보장할 수 있을 것인가? 유일한 길은 문화민주주의를 활성화하는 데 있다고 본다. 문화민주주의는 아래에서 일어나는 문화적 실천과 참여, 활동을 말한다. 이때 '아래'는 기본적으로 다원적으로 구성되고, 따라서 "시간과 공간을 가로질러 다양한 형태를 띤다." 국가의 문화정책은 국경을 넘어 들어오는 외래문화에 대한 자국문화 보호에만 몰두할 것이 아니라 국경 안에서 벌어지는 문화의 위계화, 획일화를 막기 위하여 다양한 사회집단들의 문화를 활성화하는 정책을 펼쳐야 한다. 여성문화, 동성애자문화, 청소년문화, 하위문화, 소수문화, 지역문화, 학생문화, 동아리문화 등 현재 나타나고 있고 또 나타날 가능성이 있는 다양한 문화들이 자율적으로 꽃필 수 있도록 유도해야 하는 것이다. 문화적 다양성은 이런 문화민주주의를 통하지 않고서는 실현될 수 없다.

경제중심주의의
극복

마지막으로 가장 중요한 제안을 하고 싶다. 문화다양성을 해치는 경제중심적 관점에서 벗어나는 사회적 노력이 필요하다. 이와 관련하여 가장 큰 장애는 경제를 보는 협소한 관점이 아닌가 한다. 경제는 '경세제민'(經世濟民)에서 온 말이며, 영어에서는 'economy'로 표현된다. 영어의 'economy'에서 'eco'는 오늘날 새롭게 부각되고 있는 '생태'를 나타내는 말과 같으며, 'nomy'는 '법칙'을 가리키는 말이다. 'Economy'는 따라서 원래는 삶의 터전을 다스리는 법칙, 혹은 그 터전에서 관철되는 법칙을 의미했다. 이런 관점에서 볼 때 오늘의 지배적 경제의 모습은 삶의 터전 어느 한 분야, 특히 이윤을 취하는 분야만을 특화시켜 확대한 셈이다. 경제의 의미를 생태적인 의미로, 그리고 문화적인 의미로 다시 복원할 필요가 있다. 지금은 협소한 의미의 경제, 이윤만을 추구하고 화폐교환만을 교환으로 여기는 경제가 지배하는 시대다. 하지만 바로 그런 이유 때문에 끝없는 경쟁의 격화로 인류는 지속 가능한 미래를 보장받기 어려울 만큼 전에 없는 생존의 위험에 처하게 되었다. 미래를 위한 새로운 교환과 경제를 설계할 필요성이 과거 어느 때보다 큰 시점이 지금이다.

경제가 문화를 지배하게 해서는 안 된다. 유네스코의 〈문화다양성 선언〉 채택과 세계문화장관회의의 〈문화다양성 국제협약 초안〉 채택은 문화와 경제의 계를 새롭게 조정하려는 노력의 일환이다. 하지만 한국의 상황은 어떤가? 최근 '문화의 세기'라는 담론이 난무한 가운데 실제로 추진된 것은 문화산업 전략, 즉 문화를 경제의 수단으로 만드는 일이었다. 우리 사회에서 경제가 얼마나 문화를 지배하고 있는지 단적으로 보여주는 사례는 기획예산처 관료가 문화예산의 항목을 가지고 시비를 걸며 어느 항목에 얼마 하는 식의 간섭을 일일이 하는 데서 확인할 수 있다. 문화예산의 용도라면 같은 관료라도 문화관광부에 근무하는 관료가 당연히 더 잘 알 것이다. 기획예산처에서 문화예산의 총량을 정하는 것 이외에 용도까지 지정해주는 지금의 관행은 이런 상식을 뒤엎고 경제가 문화를, 나아가서 삶의 모든 측면을 지배하고 있다는 증거다. 이 결과는 공공문화기반시설이 운영되는 꼴을 보면 알 수 있다. 큰돈이 들어가는 시설 건축에는 어쩌다가 예산 지원을 하면서도 정작 그 시설을 운영할 프로그램과 전문인력에 드는 비용은 내놓지 않으려는 것이 지금 공공문화기반시설 운영의 '철칙'이다. 쥐꼬리만한 예산을 받은 시설들이 시민과 주민을 위한 서비스를 제대로 제공할 리가 없다. 결국 수많은 시설들은 을씨년스럽게 서있기만 하며 큰 혜택을 주지 못하기 때문에 시민들로 하여금 공공문화를 혐오하게 만드는 이유만 되고 있다. 문화다양성은 문화적 공공성을 기반으로 형성된다. 그러나 문화공공기반시설이 혐오시설이 될 정도로 프로그램과 전문가 부족으로 허덕일 때 문화공공성, 문화다양성이 구축될 전망은 없다. 경제관료의 손에 문화의 공공성과 다양성이 놀아나는 꼴인 것이다.

지금 경제관료들이 미국과의 BIT를 체결하기 위해 스크린쿼터를 축소하여 사실상 무력화해야 한다고 주장하고 있는 것도 같은 맥락에서 볼 수 있다. '경제'라는 이유만 내세우면 누구든 복종해야 한다는 태도인 것이다. 그러나 이제 경제를 새롭게 이해해야 한다면, 발전을 경제발전으로만 볼 것이 아니라 전체론의 관점에서 다시 이해해야 한다면, 화폐교환 이외에 상징적 교환을 복원하고 인간관계를 이윤 추구만이 아닌 사랑과 선물과 인정을 교환하는 호혜의 관계로 만들어야 한다면, 경제중심주의를 극복해야 한다. 문화는 교환보다는 인정의 대상이다. 설령 교환된다 하더라도 그것은 상징으로서, 의미로서, 가치로서 교환된다. 경제가 문화를 지배하는 일은 따라서 중단되어야 한다. 아니, 경제 자체가 원래의 의미를 회복하여 생태적, 혹은 문화적 경제로 새로 태어나야겠다. 그래야 문화와 경제는 협력과 상생을 통해 좀더 충실한 인간발전에 이바지할 수 있을 것이다.

- 4부 -

문화사회를 위하여

12

위험사회, 노동사회, 문화사회*

문제
설정

최근 들어와서 현단계 한국사회를 '위험사회'로 파악하는 관점이 설득력을 얻고 있다. 지난 수십 년에 걸쳐 한국이 구축해온 사회는 누가 뭐래도 근대적 질서가 지배하는 사회, 근대화의 다양한 결과가 일상을 지배하는 사회다. 이런 사회를 '위험' 사회로 파악하는 데에는 나름대로 근거가 있을 것이다. 추락, 충돌, 폭발, 화재 등으로 빚어지는 각종 대형사고, 게릴라성 폭우와 열대야를 몰아오는 기상이변, 에이즈나 광우병, 사스와 같은 질병, 나아가서 최근의 북핵문제와 전북 부안의 핵폐기장 설치가 야기하는 핵 위협 등 오늘 우리가 속한 생활세계 전반을 위협하는 위험 요소들이 당장 머리에 떠오른다. 이런 상황에 위험 '사회'라는 명칭을 붙이

---

* 출처: 『문화과학』 35호, 2003년 가을.

는 것은 빈발하는 위협, 재난, 재해, 사건사고가 우연한 현상이 아니라 사회의 구조적, 체계적 산물이라는 것을 강조하기 위함일 게다. 사실 '위험사회'의 관점에서 보면, 이제는 자연마저도 외부의 자연에 머물기만 하는 것은 아닌 듯하다. 엘니뇨현상과 지구온난화현상, 환경호르몬 검출과 기형생물 출현, 삼림파괴 등은 더 이상 '자연' 현상이 아니라, 사회적으로 생산된 것이 아닌가.

울리히 벡에 따르면 위험사회는 "근대화 과정에서 외연적으로 성장하는 생산력을 통해 위해들(hazards)과 잠재적 위협들이 유례없을 정도로 발생하"는 사회다.[1] 벡은 이것을 문명의 위험이 지구화하고, 산업사회를 구축한 근대화가 부메랑 효과를 만들어낸 결과로 본다. "수십억원씩 보조받는 산업적 집약영농은 멀리 떨어진 도시에서 살아가는 어머니의 젖과 자녀들의 체내에 축적되는 납의 양을 크게 높일 뿐만 아니라, 농업생산 자체의 자연적 기초를 침식하는 경우도 허다하다"(80). "급속히 파괴되어 해골 같은 모습으로 변해가는 삼림, 거품으로 뒤덮인 내륙 수로와 바다, 기름으로 더러워진 동물들, 오염으로 인한 건물과 예술적 기념물의 부식, 독극물 사고와 그에 얽힌 추문과 재난의 연쇄고리, 이같은 일들에 대한 언론의 보도, 식료품과 일상용품에 함유된 독극물 및 오염물질의 목록은 점점 더 늘어난다"(106-7).

이런 '위험사회'에서 어떻게 벗어날 것인가? 이 글의 주된 목적은 이 질문에 대한 답을 구하는 데 있지만 이 과정에서 '위험사회'와 '노동사회'의 관계를 생각해보고 나아가서 '문화사회'의 견지에서 그 두 사회를 극복할 수 있는지, 전망을 모색하고 싶다. 이런 마음을 먹는 데는 '위험사회'와 '노동사회'가 모두 '문화사회'와는 질적으로 다르며, 양자는 서로 동일하지는 않으나 시공간적으로는 동연(同延)의 관계를 맺고 있다고 보는 관점이 작용한다. 위험사회와 노동사회는 여기서 일단 극복할 필

---

1) 울리히 벡, 『위험사회—새로운 근대(성)를 향하여』, 홍성태 역, 새물결, 1997, 52쪽. 이하 이 책의 인용은 본문에서 쪽수로 표시한다.

요가 있는 사회로 설정된다. 오늘의 사회를 위험의 견지에서 생각할 때와 노동의 견지에서 생각할 때 새로운 사회를 구상하는 방식은 당연히 다를 것이다. 문화사회의 전망을 가지고 위험과 노동의 문제를 생각해보려는 것은 위험사회, 노동사회 어느 하나의 관점에서 현단계 사회를 이해하고, 또 새로운 사회를 구상할 때 초래된 한계나 위험을 줄이기 위함이다. 이 과정에서 우리는 울리히 벡과 앙드레 고르즈가 현단계 사회를 어떻게 다르게 진단하고 상이한 대안을 제시하는지 비교하는 기회도 가질 것이다.

위험생산과
노동의 종말

벡에 따르면, "선진화된 근대성에서는 **부**의 사회적 생산에 **위험**의 사회적 생산이 체계적으로 수반된다. 따라서 결핍사회의 분배 문제들 및 갈등은 기술-과학적으로 생산된 위험의 생산, 정의, 분배에서 발생하는 문제들 및 갈등과 중첩된다"(52, 강조는 원문). 여기서 눈여겨볼 점은 '위험사회'는 단순히 위험만 생산하는 것이 아니라 부를 생산하면서 동시에 위험을 생산하는 사회로 설정되어 있다는 것이다. 이는 위험사회에서도 부의 생산과 분배를 중심으로 한 사회운영 기조, 즉 그가 말하는 '산업사회' 혹은 '단순근대'의 사회적 양상은 사라지지 않는다는 말이다.

그렇다고 단순근대 혹은 산업사회와 위험사회가 동일하지는 않을 것이다. 벡은 오늘 사람들은 부의 생산 위계에서 차지하는 '계급지위'보다는 위험생산체계에서 차지하는 '위험지위'의 영향을 더 많이 받는다고 본다. 계급지위와 위험지위의 차이는 전자의 경우 '저기 높은 곳'과 '여기 낮은 곳'의 차이에 따라 정해진다면 후자는 위험을 초래하고 그 피해를 입는 사람들 사이에 '평등'이 이루어진다는 데 있다. 예컨대 인도의 보팔에서 일어난 뒤퐁사의 독가스중독 사건은 계급과는 무관하게 도시 전체에 재앙을 가져왔고, 체르노빌 핵발전소 사건 역시 비슷한 방식으로 주변 사람

들에게 피해를 끼쳤다. 이런 사정은 빈국과 부국, 빈국의 빈자들과 부국
의 부자들 사이에도 마찬가지다.

부메랑 효과는, 해외로 이전함으로써 위해를 없애고자 했지만 그 뒤에 값싼 식
료품을 수입했던 바로 그 부유한 나라들을 공격한다. 제초제는 과일과 카카오
와 차 속에 함유되어 고도로 산업화된 모국으로 돌아온다. 극단적인 국제적 불
평등과 세계시장의 상호연결성이 주변부 국가들의 가난한 이웃들을 부유한 산
업중심국의 문턱으로 이주시킨다. 그들은 국제적 오염의 배양지가 되며, 답답
한 중세 도시의 빈민들을 괴롭힌 전염병과 마찬가지로 국제적 오염은 세계공동
체의 부유한 이웃들조차 내버려두지 않는다(89-90).

위험지위가 계급지위가 다르다는 것은 무엇을 말해주는가? 위험사회와
노동사회의 관계를 생각하면, 이것은 위험사회에서 노동이 어떤 위상 변
화를 겪는가 하는 문제와 연결될 것 같다. 이 맥락에서 궁금한 점은 위험
의 '생산'은 어떻게 일어나며, 그 주체가 누구냐는 것이다. 오늘날 위험의
요소들, 예컨대 사고, 위해, 재난, 질병 등이 인간노동의 직접 산물이라
고 하기는 어렵다. 에이즈와 사스, 광우병을 일으키는 사람, 열대야와 게
릴라성 소나기를 일으키는 사람, 환경호르몬을 '만드는' 사람, 적조현상,
나아가서 항공기추락이나 열차탈선, 대형화재를 직접 '생산하는' 사람을
적시하는 일은 지극히 어렵거나 불가능하다. 에이즈와 사스, 열대야와
폭우, 환경호르몬에 의한 정자감소, 적조현상에서 더 쉽게 확인할 수 있
는 것은 위험의 생산자보다는 그 피해자, '소비자'다. 수백, 수천 명의
생명을 앗아간 2003년 2월의 대구지하철 참사, 2001년 9월 11의 뉴욕 무
역센터폭격사건도 상황이 근본적으로 달라 보이지 않는다. 이들 사건에
구체적 주체, 사건의 '생산자'로 지목되는 사람들이 있는 것은 사실이다.
하지만 따지고 들면, 이들 '범인'은 근대적 예술작품의 저자나 작가, 공
예품을 만들어내는 장인, 상품을 만들어낸 노동자와는 다른 존재다. 참

사의 원인 제공자에 속하는 것은 분명하지만 그들을 위험의 유일무이하
고 직접적인 '생산자'라고 하기에는 석연치 않은 구석이 많은 것이다. 대
구지하철의 화재를 일으킨 당사자는 자신이 일으킨 사고에 대해 전적으
로 책임을 지기 어려운 정신이상자고, 9.11 사건을 일으킨 테러리스트도
이미 폭력을 구조화한 세계체제 혹은 제국의 질서가 만들어낸 희생자에
가깝다. 이들은 자율적으로 위험을 생산했다기보다는 지구적 규모로 구
축된 위험체계의 하수인이고, 매개자일지언정 그것의 자율적 주체는 아
니다.

　위험의 생산에는 이처럼 그 주체를 적시할 수 없는 어려움이 있다. 이
것을 근대적 주체로서 인간이 영위해온 대표적 활동인 '노동'이 배제된 것
과 연관지을 수는 없을까? 노동은 자율적인 인간활동으로서 구상과 실행
의 능력을 전제한다. 반면에 위험이 발생할 때 일어나는 일은 이와는 정
반대다. 오염, 추락, 충돌, 기형형성, 기상이변 등은 사고, 즉 정상이 아
닌 사달이 난 경우며, 구상과 실행의 성공적 결합이 실패한 경우다. 위험
사회는 이런 점에서 '주체 없는 생산'이 지배하는 사회라고 할 수 있지 않
을까? 자율성을 지닌 주체, 창의적 구상을 통해 노동을 하는 주체는 여기
서 사라지고, 실패의 사고들을 만들어내는 고장난 기계와 같은 것이 작동
하는 것처럼 보이기 때문이다. 주체 없는 생산이 지배하는 사회, 그것은
노동이 종말을 고한 사회이기도 하다. 적어도 노동을 인간으로서 개인들
이 지닌 가능성을 실현하는 기회나 활동으로 본다면 말이다. 오스카 네히
트(Oskar Negt)는 인간존재가 자신을 외면화하는 활동, 자신의 존재를
자기 외부에서 객관적으로 존재하게 만드는 활동, 감각-실천적 활동, 자
신의 객관적 세계를 전유하는 주조 행위가 노동이라는 주장을 펼친다. 노
동은 주체를 구성하는 창조적 행위, 그리스어로 '포이에시스'(poiesis)이
며, 비-소외 대상을 생산한다는 점에서 인격적 실현의 수단이라는 것이
다.[2] 위험사회에서 위험생산의 주체를 적시하기 힘들다는 것은 그 사회
가 자율적 노동활동에 근거하여 작동하지 않는다는 말이다.

오늘 전통적 형태의 노동은 경향적으로 그리고 대규모로 종말을 겪고 있다. 고르즈에 따르면 "1961년과 1988년 사이 산업노동자계급의 규모는 영국에서는 44%, 프랑스에서는 30%, 스위스에서는 24%, 서독에서는 18%가 줄어들었다. 12년 기간(1975-86)에 모든 산업노동 일자리의 3분의 1 혹은 심지어 절반이 일부 유럽 국가에서 사라졌다."[3] 노동 소멸의 경향은 고르즈만 지적하는 사안이 아니다. 제레미 리프킨도 "다국적 기업들이 전세계적으로 하이테크 생산 설비를 채용하면서 비용 효율성, 품질 관리, 분배 속도상 더 이상 경쟁이 안 되는 수백만의 노동자들을 해고"하고 있으며, "린(lean) 생산, 리엔지니어링, TQM, 포스트포디즘, 인원 감축, 다운사이징에 대한 이야기들이 점점 더 많은 나라들의 뉴스 거리가 되고 있다"고 전한다.[4] 1997년 외환위기와 이후 닥쳐온 '경제위기' 속에서 국제통화기금의 지배 속에 들어가 엄청난 사회적 구조조정을 겪은 뒤 한국사회 역시 이런 흐름에서 예외는 아니다. 지금 우리 사회는 통계 발표 주체에 따라서 60%에 육박 또는 상회하는 비정규직 비율을 안고 있고, '삼팔선사오정오륙도'라는 말의 유행과 '프리터족, '캥거루족'의 출현이 말해주듯 청년, 장년 가릴 것 없이 실업문제가 심각해졌다. 이것은 발전한 자본주의 산업사회에 일반적으로 적용되는 현상이다.

노동의 경향적 종말이 생기는 이유는 기본적으로 노동의 기계적 포섭 때문이다. 지금 "생각하는 기계가 경제행위의 전영역에 걸쳐서 인간을 대체하고 있다."

대다수 산업국가의 노동력 75% 이상이 단순반복작업에 종사하고 있다. 자동기계, 로봇, 더욱더 정교해지고 있는 컴퓨터는 이런 작업들의 대부분을 수행할 수 있다. 이것은 미국에서만 향후 총 1억 2,400만 명의 노동력 중 900만 명이

---

2) André Gorz, *Capitalism, Socialism, Ecology*, tr. Chris Turner (London & New York: Verso, 1994), p. 55 참조.
3) Ibid., p. vii.
4) 제레미 리프킨, 『노동의 종말』, 이영호 역, 민음사, 1996, 23쪽.

기계에 의해 대체될 수 있다는 사실을 의미한다. 최근의 조사에 따르면 전세계 기업의 5% 정도가 향후 10년 이내에 불가피하게 다가올 새로운 기계문화, 대량실업에로의 이행을 시작했다.[5]

최근 볼 수 있는 노동의 이런 기계적 포섭에는 이진경이 지적하는 것처럼 자동화와 정보화라는 두 계기가 있다. 자동화는 "육체노동의 기계화와 정신노동의 기계화를 접합함으로써 가능하게 된다면, 정보화는 일차적으로 뒤의 두 가지, 즉 정신노동의 기계화와 결합노동의 기계화를 접합함으로써 가능하게 된다."[6] 이 결과 우리가 목격하는 것은 기계노동에 의한 인간노동자의 대체다. 컴퓨터, 로봇, 기타 자동화 장비가 널리 사용되고, "기계가 새로운 프롤레타리아다. 노동계급에게는 해고통지서가 발부되고 있다"는 말이 별로 엉뚱하게 들리지 않는 시대가 된 것이다.[7]

'부익부빈익빈'의 만연, '20 대 80 사회'의 성립 등 신자유주의 세계화 정세 속에서 목격되는 사회적 경향들도 자동화와 정보화의 결합과 이에 따른 노동의 기계적 포섭과 무관하지 않을 것이다. 자동화와 정보화가 그런 경향을 자동적으로 만들어낸다는 말은 아니다. 그것은 자본의 축적 혹은 잉여가치 착취 전략으로 신자유주의 세계화가 진행되는 과정에서 노동자계급, 여성, 농민, 빈민, 청년학생 등 프롤레타리아트의 운동이 계급투쟁에서 패퇴를 거듭한 결과일 것이기 때문이다. 그러나 지금 노동자계급이 이로 인해 어떤 경제 부문에 속하느냐에 따라서 양극화를 겪고 있는 것은 부정하기 어려워 보인다.

이 중 첫 번째 부문에서는 극소전자혁명이 매우 급속한 생산성 증가를 가져오

---

5) 같은 책, 24쪽.
6) 이진경, 「노동의 기계적 포섭과 기계적 잉여가치 개념에 관하여」, 『지구화 시대 맑스의 현재성』 1, 문화과학사, 2003, 474쪽.
7) Jacques Attali, *Millenium: Winners and Losers in the Coming World Order* (New York: Random House, 1991), p. 101; 제레미 리프킨, 『노동의 종말』, 26쪽에서 재인용.

고 있습니다. 자동차 산업의 예를 보면 이 증가는 연 10%에서 12%에 이르러 과거보다 훨씬 더 급속하게 일어나고 있습니다. 산업화될 수 없는 서비스(개인 서비스, 교육, 광고, 장식 등)를 포괄하는 두 번째 부문에서 생산성 향상은 느리거나 전혀 없습니다. 지금 증가하는 생산성의 직접적 결과 첫 번째 부문의 노동자 수는 꾸준히 줄고 있고, 두 번째 부문은 어떤 식으로든 여분의 일자리를 만들어낼 수 있는 유일한 곳이기 때문에 그 수가 증가하고 있습니다.[8]

여기서 하나의 그림이 나온다. 이 그림의 한편에는 생산성을 높이기 위해 고도기술을 요구하는 생산부문과 이 부문에 고용되어 높은 수준의 임금을 받는 숙련 노동자가 있고, 다른 한편에는 성취감도 없고 특별한 기술이 필요 없는 탈숙련 저임금 노동자가 있다. 문제는 첫 번째 부문에 속하는 사람들은 갈수록 줄어들고 있고, 두 번째 부문에서는 일자리가 늘어나는 경향이 있기는 하지만 대부분 불안정한 것이어서 전반적으로는 노동을 통한 소득보장, 자아실현의 기회가 갈수록 줄어든다는 것이다. 지금 20 대 80, 심지어 10 대 90 사회까지 만들어지고 있는 것이 그 증거가 아니겠는가. 기술발전에 따르는 노동의 종말은 적어도 지금 단계에서는 테크노토피아 세계와는 거리가 먼 디스토피아를 만들고 있을 뿐이다.

'위험사회'는 그 디스토피아의 다른 이름이다. 자아실현을 위한 인간활동의 모델로서 노동은 이 디스토피아에서는 종말을 고하는 중이다. 노동 안에서 인간해방을 구하기에는 자아실현을 가능케 하는 진정한 노동은 노동귀족에게나 허용될 정도로 희소해졌고, 남아있는 노동은 포이에시스와는 거리가 먼, 하면 할수록 인간적 가치와 성취감을 갉아먹는 종류뿐이다. 위험생산의 주체를 적시하기 힘든 것도 이런 노동 종말 현상과 무관하지 않아 보인다. 주체가 분명하지 않은 생산은 자아가 현전하지 않는 혹은 자아실현이 충족되지 않는 노동과 겹친다. 위험의 소비자는 쉽게 알 수 있어도 생산자를 찾기 힘든 것은 노동의 종말과 함께 위험의 생산에서

---

8) Gorz, op. cit., p. 79.

인간적 책임이 갈수록 줄어든 결과일 것이다. 오늘 양산되는 위험 사례들은 인간의 자율적 노동에 따른 생산이 아니라 기본적으로 기계적 생산, 즉 비인간적 체계적 생산에 해당한다. 이 맥락에서 고르즈가 말하는 '메가머신'(mega-machine)이 떠오른다. 고르즈는 오늘 사회의 핵심 갈등은 맑스의 시대와는 달리 산 노동과 자본간에 있지 않고 거대 과학기술관료장치 혹은 "관료적-산업적 메가머신'과 자신의 이해관계에 대한 외부적 규정에 의해, 전문가 똑똑이들에 의해, 그리고 기술에 의한 환경 착취에 의해 자신의 삶을 주조할 가능성을 빼앗겼다고 느끼는 주민 사이"에서 생긴다고 본다.9) 메가머신에 얽매인 인간(노동자)은 이미 사이보그가 되어 도구적 합리성에 의해 지배당할 뿐이어서 자율적 결정을 할 수 없다. 고르즈는 그래서 노동과정 내부에서 해방을 경험하며 자신의 인간적 가능성을 실현하는 노동자가 출현하고 있다는 포스트모더니스트들의 주장과는 달리 노동은 갈수록 인간적 자유와 가능성을 앗아갈 뿐이어서 더 이상 가치있는 '진정한' 노동을 보편적 노동으로 상정할 수는 없다는 주장을 거듭 펼친다. 이 메가머신을 위험생산 메커니즘과 분리하여 생각할 수 있을까? 위험의 대량생산은 도구적 이성이 지배하는 사회, '생각하는 기계' 또는 인간적 능력을 갖춘 기계가 주축이 된 자동생산이 지배하는 사회를 전제할 것이다.

위험사회와 노동사회,
그리고 성찰적 근대화

이 지점에서 이 글의 문제설정과 관련하여 의문점이 하나 떠오른다. 위에서 위험사회와 노동사회를 동연의 관계로 놓고 비교해보겠다는 취지를 밝힌 바 있다. 지금 문제는 과연 '노동사회'라는 말이 성립할 수 있느냐는 것이다. 고르즈나 리프킨 등의 주장대로 노동과 그 가치가 체계적으

---

9) Ibid., p. 72.

로 사라지고 있는 것이 지금 국면의 특징이라면 이를 위해 '노동사회'라는 표현을 쓰는 것은 별로 적절해 보이지 않는다. '노동사회'라면 인간의 활동을 노동 중심으로 해석하고, 대부분의 사회적 활동을 노동의 잣대를 통해 재단하는 사회를 가리켜야 할 것이다. 여기에는 노동이야말로 가장 가치가 있으며 생산적인 인간활동, 자아실현의 가장 훌륭한 수단이라는 관점도 작용한다. 노동자계급이 아직도 거의 습관적으로 '노동할 권리'를 주장하는 것도 그런 생각 때문일 것이다.[10) 하지만 노동이 종말을 고하고 있는 지금 이런 노동 개념을 가지고 사회를 운영하는 것은 갈수록 어려울 수밖에 없다.[11) 굳이 '노동사회'를 사용한다면 비판적 관점에서, 인용부호 안에 넣어서 사용해야 한다는 생각이다.

'노동사회'를 비판할 필요가 있는 것은 그 안에 '노동윤리'와 같은 이데올로기적 관점이 과도하게 관철되고 있다고 보기 때문이다.[12) 고르즈에 따르면 근래에 와서 노동윤리가 강조되는 것은 새로운 유형의 노동자, 다기능을 갖춘 팀의 일원으로서 자동생산체계를 운영해야 하는 노동자의 출현을 전제한다. "그들은 신속하게 대응할 수 있어야 하고, 상이한 상황에 대응하여 적절하다 싶은 대로 과업을 나누는 동료들과 협조를 해야 하고, 독립적인 주도권과 책임감을 보여줘야 한다."[13) 하지만 이런 윤리의식은 오늘 노동의 일면에는 해당할지 모르나 전반적인 노동 상황과는 너무 동떨어져 있다는 점에서 이데올로기다. '노동사회'는 이때 인간노동의

---

10) "20세기에는 전체적으로 노동운동진영으로부터 나온 '노동할 권리'라는 슬로건이 판을 쳤다고 할 수 있다." 홀거 하이데, 『노동사회에서 벗어나기』, 강수돌·김수석·김호균·황기돈 역, 박종철출판사, 2000, 235쪽.

11) 물론 '노동할 권리'를 주장하는 것이 전적으로 틀렸다는 것은 아니다. 하지만 지금은 이 권리를 공유하고, 일자리를 나눠 가지는 일이 더 중요하다. 일자리 공유는 '노동할 권리'의 문제이기도 하지만 동시에 노동을 거부할 권리와도 관련이 있다. 이에 관해서는 「문화사회 건설과 노동거부」, 『신자유주의와 문화—노동사회에서 문화사회로』, 문화과학사, 2000, 213-17쪽 참고.

12) 같은 글, 217-22쪽 참조.

13) André Gorz, *Critique of Economic Reason*, tr. Gillian Handyside and Chris Turner (London & New York: Verso, 1989), p. 65.

중요성과 가치가 사라지고 있기 때문에 노동의 이데올로기를 강화할 필요가 있는 사회, 가치있는 진정한 노동이 갈수록 희귀한 상황에서 노동 내부에서 자신의 기술적 숙련을 강화하고, 이 결과 성취감을 얻는 일부 예외적 노동계급, 소수 노동귀족의 특별 노동을 찬양하는 지배전략이 통용되고 관철되는 사회로 이해된다. 국내에서도 〈성공시대〉와 같은 승리자 찬양 신화가 심심찮게 방영되고, 현대판 고능력자 혹은 자기착취자라 할 신지식인에 대한 찬양이 국가적 담론으로까지 확산하곤 한다. 이런 것을 가리켜 '노동 없는 노동사회'의 신기루가 출현했다고 해야 하지 않을까? '노동사회'는 인간의 신체와 정신, 구상과 실행의 능력을 일면적으로 기계부속품처럼 취급하는 가치 없는 노동이 지배하고 있는 오늘의 노동 현실, 기계적 포섭에 의해 노동 자체가 축소하고 소멸한 현실과는 거리가 먼 상황을 상정하고 있다는 점에서 비판적으로 받아들여야 할 개념이다. '노동사회'는 노동운동진영 등에서 긍정적 의미로 사용하고 있지만 노동의 기계적 포섭이 진행되어 인간활동이 노동에 의해 대변될 수 없는 상황임을 고려하여 부정적 의미로 사용할 필요가 있다.

'노동사회'가 노동이 축소되거나 생략되고 또 소멸하고 있는 현실을 호도하는 이데올로기적 기능을 가지고 있다면 '위험사회'는 '노동사회'와는 달리 사실을 왜곡하기보다는 그것을 적실하게 다루고 있지 않은가 싶다. '위험사회'는 현재 한편으로는 기술적(記述的) 용어로, 다른 한편으로는 발견적(heuristic) 개념으로 사용되고 있다. 그것은 전자의 경우 대형 교통사고나 의료사고, 독극물 중독, 질병, 환경오염, 자연재해 등이 빈발하는 사회를 가리키고, 후자의 경우는 이런 문제들을 문제로 파악하는 문제의식을 가리킨다. 벡은 위험사회를 단순근대에 속하는 산업사회와는 다른 성찰적 근대에 속하는 것으로 보고, 위해와 위난과 재해 등이 구조적이고 체계적으로 생산되지만 동시에 이런 상황을 위험의 관점에서 인지하고 그에 대한 대응, 해결책 모색을 자신의 과제로 갖게 된 사회로 이해한다. '위험사회'는 이때 오늘 우리가 당면한 재해, 공해, 위난의 상황

을 묘사하는 것으로 그치지 않고, 그런 상황을 문제로 파악하고, 인식하
게 해준다는 점에서 발견적이고 성찰적이다. "위험은 근대화 자체가 유발
하고 도입한 위해와 불안을 다루는 체계적인 방식으로 정의될 수 있다.
종래의 위난들에 대립되는 것으로서 위험은 근대화가 지닌 위협적 힘 및
그 의심스러운 지구화와 결합된 결과다."14) '위험사회'는 더 나아가서 자
신을 성찰할 수 있는 능력을 갖춘 사회로 이해된다.

> 위험사회는 경향적으로 자기비판사회이기도 하다. 보험전문가는 (의지와는 무
> 관하게) 안전성에 대한 전문기술자와 모순된다. 후자가 위험이 영(零)이라고
> 진단한다면, 전자는 보장할 수 없다는 결정을 내린다. 전문가는 상반되는 전문
> 가에 의해 깎아 내려지거나 쫓겨난다. 정치인은 시민단체의 저항을 만나게 되
> 고, 기업경영자는 도덕적이고 정치적인 동기에 의해 활성화되고 조직화된 소비
> 자의 불매운동에 직면한다. 행정기관은 자조집단에 의해 비판받는다. 궁극적
> 으로 오염자측(예컨대 해양오염의 경우 화학산업)조차 영향받는 측(이 경우에
> 는 어로산업과 해안관광업으로 생계를 이어가는 부문)의 저항에 의지해야 한
> 다. 후자는 전자에 대해 이의를 제기할 수 있고, 감시하며, 심지어 이들의 오
> 류를 지적할 수도 있다. 따라서 위험문제는 화학공장의 숙련노동자에서부터 경
> 영진에까지 이르는 다양한 가족관계와 직장관계를 분열시키고, 때로는 심지어
> 개인들 자신조차 분열시킨다. 머리가 바라는 것, 입으로 말하는 것이 손이 (결
> 과적으로) 하는 일과 다를 수 있다.15)

여기서 '위험사회'는 자신이 지닌 문제를 스스로 성찰하고 해결하는 다양
한 장치를 지닌 것으로 제시되어 있다. 그것은 위험을 인지하고, 파악하
고, 이해하는 것을 통해 위험의 존재가 확인되고 그에 대한 대응이 강구
되는 사회이다. 위험사회에서 지식이 새로운 정치적 중요성을 획득하는
것은 이 때문이다.

---

14) 울리히 벡, 『위험사회』, 56쪽.
15) 울리히 벡, 「정치의 재창조: 성찰적 근대화 이론을 향하여」, 울리히 벡·앤소니 기든
스·스콧 래쉬, 『성찰적 근대화』, 임현진·정일준 역, 한울, 1998, 34쪽.

이 맥락에서 '위험사회' 이론은 '성찰적 근대화' 명제와 연결된다. 벡에 따르면, 성찰적 근대화는 "진보가 자기파괴로 전환될 수 있고, 한 종류의 근대화가 다른 종류의 근대화의 기반을 약화시키고 변화시키는" 단계다.[16] 이런 성찰적(reflexive) 근대화는 반성적(reflective) 근대화와 구분된다. '반성적 근대화'는 "사회가 근대화될수록 행위자(주체)는 자기존재의 사회적 조건을 더 많이 반성하고 그리하여 그 조건을 변화시킬 수 있는 능력을 획득하게 된다"[17]는 명제로서 여기에는 단순 근대화로 인해 발생한 위험 요인들에 대한 의식적 대응이 가능하다는 관점이 들어 있다. 벡은 자신이 말하는 성찰성(reflexivity)은 의식과 지식에 기반을 둔 이런 대응과는 구분되는 것으로서 단순근대의 "의도하지 않은 자기해체 혹은 위험자초"에 해당하며, "근대화가 의도하지 않고 보이지도 않게, 반성과는 무관한 자동적인 진행과정이 됨으로써 근대화 자체를 밑으로부터 도려낸다는 것을 의미한다"고 한다. "근대사회의 근대화가 진척될수록 산업사회의 기반은 더욱 해체, 소진, 변화되고 위협받는다. 〔단순 근대와의〕 대조점은 이것이 지식과 의식을 넘어서, 반성 없이 발생할 가능성이 높다는 사실이다"(244).

　여기서 우리는 '위험사회'의 관점이 '노동사회'와는 달리 대안적 성격, 더 나아가서 자기해결의 성격까지 띠고 있음을 볼 수 있다. 물론 벡은 근대성의 성찰성이 산업사회의 자기해체와 위험자초에 대한 반성으로만 나아가는 것은 아니라고 본다. 성찰성은 냉전 후 유럽에서 나타난 폭력과 비교주의, 민족주의, 전쟁 등이 보여주듯이 그와는 정반대의 형태, 아니면 중간형태나 혼성형태로 나타날 수도 있다(245). 하지만 그렇더라도 위험사회론과 거기에 전제된 성찰적 근대화론이 하나의 대안, 아니 어쩌면 현대사회가 나아갈 유일한 길로 상정되고 있다고 말해도 무리는 아닐

---

16) 같은 글, 23쪽.
17) 울리히 벡, 「산업사회의 자기해체와 위험자초: 이것은 무엇을 의미하는가」, 벡·기든스·래쉬, 『성찰적 근대화』, 241쪽. 이하 이 글에서 하는 인용은 본문에 쪽수로만 표기한다.

것이다. 벡은 이 입장을 "근대성의 성찰성에 대한 논의는 산업적 근대화 기반의 자기파괴가 아니라 산업적 근대화의 기반을 자기 개조시키는 것을 목표로 한다"(246)는 말로 정리하고 있다. 이런 자기개조의 방안으로 그가 꼽는 것은 하부정치, 생활정치 등이다. 하부정치, 생활정치는 기존의 정치와는 구분되는 정치로서 개인화된 개인이 사회로 귀환하면서 생겨난다. 이때 "개인화는 개인들의 자유로운 결정에 기반한 것이 아니다."[18] 그것은 "첫째로 이탈을 의미하고, 둘째로는 산업사회의 생활방식을 개인들이 자신의 생애를 스스로 창작하고 상연하며 고쳐가야 하는 새로운 생활방식으로 다시 자리매김 하는 것을 의미한다"(37). 그러나 일단 개인화는 기존의 체제로부터 이탈을 의미하기 때문에 개인화와 함께 구성되는 "정치적인 것은 공적 권한과 위계를 부수고 그 너머로 분출한다"(43).

위에서 말한 '메가머신'이 여기서 작동하기는 어려울 것이다. 벡은 현실사회주의 메가머신의 붕괴에 대해 다음과 같이 말한다.

일상적 존재의 모세혈관 안으로 침투하여 개인들을 소위 지배하였던 '체제'에 대한 현존하는 개인들의 반란은 널리 퍼져 있는 범주와 이론 안에서는 설명할 수 없고 생각할 수조차 없는 사태다. 그러나 파산한 것은 계획경제만이 아니다. 사회를 행위주체로부터 독립된 것으로 보는 체계이론도 철저히 반증되었다. 합의에 기반하지 않은 사회, 정당화의 핵심이 없는 사회에서는, 자유를 요구하는 외침이 야기한 한줄기 바람조차도 권력이라는 사상누각을 완전히 허물어뜨릴 수 있음이 명백하다(45).

이 붕괴는 밑으로부터 사회를 형성하는 하부정치가 활성화한 결과다. "하부정치의 결과, 실질적인 기술화와 산업화 과정에 이제까지 관여하지 않았던 집단들, 즉 시민, 공적 영역, 사회운동, 전문가 집단, 현장의 작업자들이 사회협정을 만들어내는 데 발언하고 참여할 수 있는 기회가 늘어

---

18) 울리히 벡, 「정치의 재창조」, 38쪽. 이후 이 글에서 인용하는 것은 본문에서 쪽수로 표기한다.

나고 있다"(50). 이 상황은 기본적으로 "개인으로부터 독립된 체계의 죽음을 의미한다." 체계는 더 이상 의사결정, 정당성과 분리하여 존립할 수 없다. 오늘 이 체계에 영향을 미치는 것으로는 "단순과학화에서 성찰적 과학화로의 이행, 생태학적인 쟁점, 그리고 다양한 전문직업들과 직업활동의 영역으로 페미니스트적 태도가 침투한 것"(85) 등을 꼽을 수 있다.

'위험사회' 개념은 이처럼 '노동사회' 개념과 다르게 작동한다. 언뜻 보면 '노동사회'는 노동이 대거 축소되는 현실을 가리켜 노동이 중심이 되는 사회라고 주장한다는 점에서 이데올로기적 개념이라면, '위험사회'는 위험을 생산하는 현실을 반영하고 있을 뿐만 아니라 성찰적 근대화라는 대안까지 제시하는 과학적 개념으로 보인다. 하지만 이제 왜 여기서 '언뜻 보면'이라는 말을 사용하는지 밝혀야 할 때다.

노동사회와
경제적 이성

위험사회이론이 내놓는 성찰적 근대화 테제를 일단 긍정적으로 볼 필요가 있다. 거기에는 체제에 대한 비판과, 체제의 변경 가능성에 대한 믿음이 들어있다. 오늘 산업적-관료적 메가머신이 온갖 위난과 재난, 위협을 구조적으로, 체계적으로 만들어내고, 외부의 자연 재해까지 사회적으로 생산하는 현실에서, 성찰적 근대화이론은 "산업적 근대화 기반의 자기 개조" 가능성을 시사한다. 성찰적 근대성에서는 기업활동이 반드시 일면적으로 산업재해만을 만들어내지 않는다. 새로운 권력관계가 형성되기 때문이다. 생태학을 둘러싸고 어떤 일이 일어나는지 살펴보자. "생태학은—적어도 생태학이라고 하는 화장이나 포장을 한 형태로—히트상품으로 베스트셀러가 된다. 예컨대 경제계나 사회의 절반이 저항하더라도, 그것은 경각심을 가진 대중과 생태문제를 통해 돈벌이와 출세를 꾀하는 산업계, 정부기관, 과학, 정치의 거대한 연합과 맞닥뜨리게 된다"(87).

그러나 성찰적 근대화론과 위험사회론의 장점에도 불구하고 '노동사회'

의 테제를 포기할 수는 없다. '노동사회'는 위에서 지적한 대로 부정적 의미로밖에는 쓰일 수 없지만, 오히려 그 점 때문에 오늘 사회를 훨씬 더 근본적으로 비판적으로 파악하게 하는 시각을 제공한다. 위험사회론의 '성찰적 근대화' 테제에서 선뜻 수용하기 어려운 것은 '관료제적-산업적 메가머신'을 거의 자동적인 내부 해체 경향을 띤 메커니즘으로 보고, "근대화가 의도하지 않고 보이지도 않게, 반성과는 무관한 자동적인 진행과정이 됨으로써 근대화 자체를 밑으로부터 도려낸다"고 보는 점이다. 이 관점은 메가머신을 외부 없는 자동조절 시스템으로 보고 있다는 점에서 전략적으로 개입할 여지를 없애버린다. 외부 없는 자동조절 시스템에서 우리가 자율적으로 할 일을 찾기란 어려울 것이다. '생각하는 인간화된 기계'가 생산성을 높이듯이 이 메가머신은 내부에 자기 해체와 개조를 수행할지 모르지만 이것은 외부의 개입을 허용하지 않는다는 말이기도 하다. 이런 식으로 진행되는 해체와 개조가 얼마나 근본적일 수 있을까? 메가머신의 자기개조가 자동적으로 일어날 뿐이라면 그 결과 생겨난 변화가 의미가 없더라도 아무 문제가 되지 않을 것이다. 메가머신의 의미 없는 자기 변화가 그대로 방치되는 상태, 이런 상황에도 불구하고 그것에 개입하는 외부의 힘 즉 운동을 위한 조직이나 연대의 노력이 불필요하다는 관점은 문제가 아닐 수 없다.

위험사회의 문제설정을 부정하지 않으면서도 그것을 전면적으로 수용하기보다는 그 한계를 인식하면서 아울러 '노동사회'의 시각을 잃지 않으려는 것은 성찰적 근대성의 관점에서 제대로 포착되지 않는, 그러나 오늘의 메가머신을 사회적으로 통제하려면 결코 외면할 수 없는 문제영역이 있다고 보기 때문이다. 근대적 메가머신을 지배하는 가장 강력한 원리가 있다면 그것은 '경제적 이성'일 것이다. 경제적 이성은 세상만사 모든 것을 이윤 창출의 관점에서 판단한다. 우리는 이제 꿈을 꿀 때에도 생산성, 효율성, 경쟁력, 합리화를 추구하라는 명령을 따르지 않으면 안될 지경이 되었다. 사랑, 우정, 동포애, 호혜와 봉사, 환경 가꾸기 등도 이윤추구의 동기에서 접근될 뿐이다. 이런 조건에서는 추억의 고향도 "그래, 이 맛이야!" 하며 조미료를 팔기 위한 수단으로 전락하고 백두산의 맑은 물도 어느 유명 작가가 나와서 선전하는 사이다를 마시기 위한 상상적 촉매제로 이용된다. 경제적 이성이 지배하는 시대는 상상할 수 있고 활용할 수 있는 모든 것이 이윤을 내기 위해 상품으로의 '지향'을 겪고, 인간활동 대부분은 상품의 생산과 소비에 바쳐진다. 경제적 이성이 지배하는 세계는 무엇이든 과잉으로 생산하기 마련이다. 갈수록 늘어나는 대형사고, 자연재해, 오염은 우리 각자의 집에 쌓이는 무수히 많은 가전제품, 날마다 마시는 음료수, 일회용 제품들과 마찬가지로 오늘 사회가 가동하고 있는 과잉생산체제의 구조적 산물들이다. 위험의 생산 주체를 알아내기 어렵다고 했지만 이 생산메커니즘의 작동까지 신비화할 일은 아닐 것이다.

위험사회이론, 성찰적 근대화론이 메가머신의 문제를 인식하지 않는다고 할 수는 없다. 오늘의 사회를 위험의 견지에서 보는 것 자체가 그런 인식의 발로다. 하지만 위험사회론에서는 이 메가머신의 핵심문제를 발견하려는 노력은 상대적으로 낮다. 성찰적 근대화론에서 상정되는 '개인'은 고전적인 좌파와 우파, 급진파와 보수파로 나뉘지 않는다. "모든 사람은 우파이자 동시에 좌파로, 급진파이자 동시에 보수파로, 생태주의자이자 반생태주의자로, 정치적이자 비정치적으로, 동시에 이 모든 것으로 사고하고 행위하게 된다"(47). 개인화 테제에 따른 하부정치는 관료-산업 메가머신에 의해 생활세계가 식민화되는 문제를 다루기는 하지만 이런 상황을 야기하는 자본주의의 원리, 경제적 이성의 비판에는 무관심하다. 벡은 '계급-특수적 위험'이나 빈곤과 위험의 관계를 부분적으로만 인정할 뿐이다. "빈곤은 불행하게도 위험을 만연시킨다"고 하면서도 "빈곤은 위계적이지만 스모그는 민주적이다" 하고 주장하는 것이다.[19] 이때 드는 의문은 스모그가 민주적이라 하더라도 오늘날 그것을 만들어내는 생산체

---

19) 울리히 벡, 『위험사회』, 75쪽, 77쪽.

계도 과연 민주적일까 하는 것이다. 메가머신에 대한 성찰이 일어난다고 하는 지금도 핵발전은 계속되고 있고, 각종 공해산업도 지속 중이다. 성찰적 근대화로 생태학이 베스트셀러가 되고, "경제계나 사회의 절반"의 저항에도 불구하고 "경각심을 가진 대중과 생태문제를 통해 돈벌이와 출세를 꾀하는 산업계, 정부기관, 과학, 정치의 거대한 연합"이 생긴다지만 이윤을 내기 위한 경제적 합리성은 여전히 왕성하게 작용중이다. 오늘 신자유주의 세계화로 인해 갈수록 사회적 불평등이 심화하고 있지 않은가.

성찰적 근대화론은 기본적으로 신사회운동의 문제의식과 통한다. 그것이 관심을 가지는 것은 "단순과학화에서 성찰적 과학화로의 이행, 생태학적인 쟁점, 그리고…페미니스트적 태도"인 것이다. 문제는 여기서 제출되는, 메가머신에 대한 대응은 문화적 차원에 국한되는 경향이 있다는 것이다. 고르즈의 말대로 신사회운동들은 "분명 반-기술관료적이다. 지배계급의 주요 층위가 행사하는 문화적 헤게모니를 겨냥하고 있는 것이다. 하지만 그 운동들은 지배관계의 문화적 전제와 사회적 영향만을 공격할 뿐 그것의 경제적-물질적 핵심은 겨냥하지 않는다."[20] 기술관료제를 관철하는 도구적 합리성이 주로 경제적 합리성이라는 점을 외면할 수 없다면, 이런 태도는 중요한 문제가 아닐 수 없다. 신사회운동은 "박탈당하고 억압받고 비참해진 오늘의 프롤레타리아트, 즉 자신의 일자리나 생산과정에서 가진 위치와 동일시할 수도 없고 그렇게 원하지도 않는 실직 당한 노동자, 가끔씩만 고용되는 단기 혹은 파트타임 노동자들"[21] 보다는 숙련노동자를 운동의 주체로 상정하는 경향이 높다.

하지만 오늘 현실은 숙련노동자는 갈수록 소수의 노동귀족에 속하고, 더 많은 사람들을 노동에서 배제하고 불안정 노동자, 비정규직 노동자로 전락시키는 현실이다. 노동이 종말을 고하고 있는 것이다. 하지만 그럼에도 불구하고 우리는 '노동사회'에 살고 있다. 노동사회란 이때 임금노동

---

20) Gorz, *Capitalism, Socialism, Ecology*, p. 72.
21) Ibid., p. 73.

이 중심이 된 사회, 경제적 이윤의 축적을 위해 온갖 상품을 생산하고 판매하며, 또 그것을 소비하는 데 모든 사회적 노력을 집중시키는 사회, 이 결과 노동을 중심으로 삼아 대부분의 인간활동을 조직하는 사회, 갈수록 노동의 기회는 줄어들고 있지만 그만큼 노동의 중요성을 이데올로기적으로 강조하는 사회를 말한다. 지금 한국도 이런 의미에서 전형적인 노동사회다. 한편에서는 운 좋게 노동할 기회를 가진 사람들이 있으나 이들 대부분은 세계최장의 노동시간으로 자유시간을 빼앗기고 있고, 다른 한편에서는 실직을 하였거나 비정규직으로 전락하여 노동시간은 줄었지만 소득을 확보하지 못하는 사람들이 있다. 노동사회는 사람들로 하여금 노동, 그것도 임금노동에 얽매이게 하는 사회이다.

'기술관료-산업 메가머신'은 바로 이런 상황을 만들어내는 사회적 메커니즘이다. 자동화와 정보화에 의한 노동의 기계적 포섭이 가능해진 오늘 노동은 그만큼 희귀한 차별적 상품이 되어 노동윤리와 같은 이데올로기에 의해서만 보편적 가치로 제시된다. '노동사회'의 관점을 놓쳐서는 안 된다고 보는 것은 이런 문제의식 때문이다. '위험사회'를 경고하는 사람들은 근대적 성찰성을 대안으로 생각한다. 이들의 입장은 근대성의 문제를 풀기 위해서는 근대성 자체를 포기하는 데 있지 않고 근대성으로 하여금 자기성찰의 능력을 갖추게 하자는 것이다. 문제는 이 노력이 불필요할지도 모른다는 것이다. 이미 본 대로 성찰적 근대화론이 상정하는 근대성은 자기 해체와 개조의 메커니즘까지 내장하고 있다. '노동사회'의 관점에서 보면 이것은 '지배관계의 경제적, 물질적 핵심'을 놓치고, 경제적 이성이 지배메커니즘의 도구적 합리성을 주도한다는 사실을 외면하는 일이다. 오늘의 지배가 과학적, 기술적, 관료적 메가머신을 통해 이루어지고 있다는 것을 비판하는 것은 그 자체로 의미가 있는 일이기는 하지만, 이 비판이 그것의 메커니즘과 지배적 구조를 인식하는 데 미치지 못하고, 이 구조의 과학기술적, 관료적 작동을 경제적 합리성이 총괄한다는 점을 외면할 경우 근대성의 메가머신을 통제할 날은 계속 지연될 것이다. '노동사회'의 시각, '경제적 이성 비판'이 필요한 것은 경제적 폭력과 야만, 경제적 합리성이 지닌 반인간적 태도를 통제하지 못할 경우 새로운 사회를 구축할 수 있는 전망을 얻기 어렵기 때문이다.

칼 폴라니는 오래 전에 사회가 "시장의 부속물"이 되어 "경제가 사회관계 속에 파묻혀 있는 것이 아니고, 사회적 제관계가 경제체계 속에 파묻혀" 있을 때 어떤 사회적 파괴가 일어나는지 경고한 바 있다.[22] 오늘 경제적 이성의 지배적 경향은 신자유주의 전략이다. 끝없는 성장과 이윤추구를 지향하는 이 전략의 결과 경제만이 사회의 유일한 얼굴인 양 강조되고, 경제의 일방적 사회지배가 진행중이다. 경제의 사회지배는 자본의 사회지배요, 세계지배다. 오늘 자본은 신자유주의 정세의 구축으로 전에 없는 운동의 자유, 자유로운 이동을 보장받고 있다. 국경을 넘어서 세계 곳곳, 삶의 영역 구석구석을 자신의 활동영역인 시장으로 만들 수 있게 된 것이다. 이 결과는 소수에게 부를 집중시키는 사회적 질서의 구축이다. 사회는 자본과 그것을 지지하는 엘리트에 의해 장악, 독점됨으로써 더 이상 그 속에 살고 있는 인구를 위한 터전이 되지 못한다. 국영 혹은 공공 기업들이 민영화, 사유화하고, 공공서비스를 제공해야 하는 기관들은 책임경영을 하라는 압박을 받고 있다. 이로써 경제적 효율성은 늘어날지 모르나 일자리는 줄고 비정규직은 늘어나고, 빈부격차는 심화하고, 그러잖아도 취약한 사회적 공공성은 더욱 위축되고 있다. 노동사회와 경제적 이성의 비판은 이런 흐름을 바꿔 균형잡힌 사회를 만들기 위해 생략할 수 없는 기획이다.

문화사회의 전망

이제 위험사회만이 아니라 노동사회, 즉 경제적 이성이 지배하는 사

---

22) 칼 폴라니, 『거대한 변환―우리 시대의 정치적·경제적 기원』, 박현수 역, 민음사, 1991, 78쪽.

회도 함께 벗어날 수 있는 길을 모색할 필요가 있다. 이와 관련하여 위에서 부분적으로만 인용한 고르즈의 말을 다시 들어보자. "신사회운동들은 '현대노동자'만이 아니라 박탈당하고 억압받고 비참해진 오늘의 프롤레타리아트, 즉 자신의 일자리나 생산과정에서 가진 위치와 동일시할 수도 없고 그렇게 원하지도 않는 실직한 노동자, 가끔씩만 고용되는 단기, 파트타임 노동자들과 연대할 때 사회주의 변혁의 담지자가 될 것이다."23) 고르즈가 여기서 말하는 '현대의 노동자'는 벡이 말하는 '성찰적 과학자', '생태학자', '페미니스트'와 크게 다르지 않거나 서로 쉽게 소통할 수 있는 새로운 과학기술, 또는 관리 능력이 강화된 숙련노동자다. 이들 노동자가 중요하다는 것을 부정할 수는 없다. 자동화와 정보화의 진척과 함께 오늘 생산성 향상은 주로 이들이 배치된 영역에서 이루어지고 있기 때문이다. 그러나 이들**만**이 인간은 아니며, 갈수록 이들 핵심 노동인구는 줄어들고 있다는 점을 감안할 때, 숙련노동자의 중요성을 인정하면서도 수가 더욱더 불어나는 프롤레타리아트와도 연대하는 길을 찾아야 한다.

이때 핵심적인 쟁점이 소득과 시간이다. 노동의 경향적 종말은 사회적 필요노동의 감소를 의미한다. 실업률과 비정규직의 증가, 숙련노동자 비율의 경향적 감소, 노동의 기계적 포섭 확대 등이 말해주는 것이 있다면 오늘 인간은 기술발전의 결과 과거처럼 끝없는 노동을 계속할 필요가 없다는 것이다. 그러나 상황은 이런 객관적 조건을 그대로 반영하지 않으며 노동시간은 좀처럼 줄지 않고, 노동윤리의 압박은 사라지지 않는다. 기술발전의 혜택이 불평등하게 배분되고, 수많은 일자리가 사라지면서 실업과 불안정노동으로 전락하는 사람들은 비노동시간은 늘어나지만 소득은 줄어드는 반면, 요행히 일자리를 지킨 경우는 노동 자체가 특권이 되어 노동을 오히려 강화하는 일이 벌어진 결과다. 지금 목격할 수 있는 것

---

23) Gorz, *Capitalism, Socialism, Ecology*, pp. 72-73. 이하 이 책의 인용은 본문에서 쪽수로 표시한다.

은 그래서 사회 전반적으로는 노동이 줄어들지만 그로 인해 노동이 희귀해짐으로써 노동의 중요성이 강조되는 상황이다. 갈수록 많은 사람들이 강제적으로 노동으로부터 해방되고 있지만, 소득 감소에 직면하고, 반면에 일자리를 지켜 소득을 유지하는 경우는 노동에 속박되어 자유시간은 꿈도 꾸지 못하는 양극화가 진행중인 것이다. 이 과정에서 '서비스경제'가 발전하고는 있지만 그것은 하층노동자가 상층노동자에게 얽매인 전도된 '이중사회'를 만들 뿐이다. 24)

이런 상황을 돌파하기 위해 고르즈가 제안하는 해결책은 노동과 소득을 분리하고, 일자리를 나눠 노동시간을 줄이는 것이다. 그가 보기에 "탈산업 사회가 직면한 문제는 기술발전으로 가능해진 노동 축소를 활용하는 일"(20)이다. 덧붙여 그는 소득을 노동에 종속시키지 않고, 노동시간과 소득을 분리해야 한다는 주장도 제출한다(74). 이런 주장을 가리켜 실현이 절대 불가능한, 꿈꾸는 말이라 할 수도 있을 것이다. 고르즈가 제출하는 주장은 사회주의 관점이다. 그는 '사회주의'는 자본주의의 '긍정적 부정'이라고 보고, "사회주의 운동은 경제적 합리성이 작동하는 영역에 윤리적 요구에 바탕을 둔 새로운 사회적 제한을 가하기 위하여 연대로 결합한 개인들이 수행한 투쟁에서 자라났다"(39)고 한다. '경제적 합리성'이 지배하는 영역은 상품관계가 지배하는 곳이고, 상품관계는 "개인이 자신의 직접적 이해를 추구할 수 있는 자유를 의미하며, 시민사회와 그런 이해관계를 가능케 하는 조건 일반을 파괴하는 경향이 있다"(83). 사회주의는 이 자유와 경향을 사회적으로 통제하려는 태도다. "사회주의 운동의 취지와 목적은 시장논리, 경쟁, 이윤이 자율과 자아실현을 성취하는 것을 막는 영역에서 개인들을 해방시키는 것이었고, 지금도 그렇다"(39).

---

24) 고르즈에 따르면 '이중사회'는 자율적 영역과 그것이 지향하는 목적에 종속된 '타율적 영역'으로 구성된다. 개인들은 여기서 시간이 별로 들지 않거나 강렬한 개인적 관여를 요구하지 않는 타율적인 임금 중심의 사회적 노동과 그 자체로 목적을 수행하는 자율적 활동들 사이를 계속 이동할 수 있다. Gorz, *Farewell to the Working Class: An Essay on Post-Industrial Socialism*, tr. Michael Sonenscher (London: Pluto Press, 1997), p. 97.

개인들의 이 해방과 소득과 노동의 분리, 나아가서 일자리 나누기를 통한 노동시간 감축은 어떤 관계가 있는가? 오늘 "노동자의 활동은 더 이상 노동력-상품으로 구매되지 않은 채 **기계적으로 포섭되어** 잉여가치를 생산하게 되었다."[25] 이런 상황에서는 사회적 활동 자체가 기계적 노동으로 전환되며, 이 노동은 공장의 안팎을 가리지 않는다. 앞에서 언급한 '노동의 종말'은 이 맥락에서 보면 안토니오 네그리가 말한 '사회적 공장'에서 "임금을 받지 않은 채 자신의 활동 자체를 착취당하는"[26] 대중들이 출현했다는 말과 다르지 않다. 신자유주의 구조조정으로 퇴출당하는 수많은 노동자들도 전혀 노동에서 배제되지 않은 것이다! 하지만 바로 이 사실로 인해 고르즈가 제안한 꿈같은 말이 성립할 수 있다. 오늘 대중이 노동을 하지 않고서도 노동을 하는 꼴이라면 자신들의 삶을 영위하기 위한 생활임금 혹은 소득을 당당히 요구할 수 있지 않겠는가?

다른 한편 일자리 나누기를 통한 노동시간 단축이 필요한 것은 '사회적 공장'의 건설에도 불구하고 공장내 노동이 남아 있으며, 위에서 살펴본 대로 '노동윤리', '노동사회' 이데올로기가 여전히 견고하게 작동하고 있기 때문이다. 상층부 고임금 숙련노동자와 저임금 노동자, 20 대 80으로 나뉜 전도된 '이중사회'에서 노동시간은 여전히 소득의 기준이며, 노동할 수 있는 시간을 확보하기 위한 경쟁은 여전하다. 그 희귀함으로 인해 노동이 특권이 되고 있는 점도 고려해야 한다. 노동은 아직도 많은 사람들에게 자긍심을 심어주는 이데올로기적 효과를 가지고 있다. 하지만 일자리를 나눠야 하는 더 중요한 이유는 노동이 시민권을 구성하는 조건이기 때문이다. 시민적 의무로서 "노동은 〔사람들을〕 인정하고 사회화하고 권리를 부여한다…그것은 특정한 사회적 규정을 넘어 더 근본적으로 인간적 역능 발전에 필요한 자아 및 주변 세계에 대한 통제를 의미한다." "노동에 대한 필요가 감소함에 따라서 노동이 각자의 삶에서 감소해야 하고 노동

---

25) 이진경, 앞의 글, 477쪽. 강조는 원문.
26) 같은 글, 480쪽.

의 짐은 공정하게 배분되는 것이 공평하다”고 할 수 있다. 27) 이때 고려할 점은 노동시간 단축, 혹은 노동시간에 대한 관리를 어떻게 이해하느냐는 것이다. 잉여가치를 생산하기 위해 가치없는 활동에 얽매이게 하면서 위험요소들을 양산하는 근대적 메가머신을 통제하기 위해서는 당연히 노동시간에 대한 통제가 필요하다. 고르즈는 노동의 재배분과 자유시간의 해방을 주장한다.

> 줄어드는 노동의 양을 늘어나는 노동인구에 배분하고, 안정적이고 항구적인 일자리를 늘이고, 노동자들이 자신의 노동시간을 선택할 가능성을 높이려면 열린 길은 하나밖에 없다. 노동이 더 단절적이 되어야 한다. 노동자가 노동의 단절이 새로운 자유—**간헐적으로 노동하고, 직업적 노동과 임금을 받지 않는 활동들이 서로 보충하고 보완하는 다면 활동의 삶을 영위할 수 있는 권리**—로 전환될 수 있게끔 광범위한 단절 형태들 사이에서 선택할 수 있어야 한다. 28)

글 머리에서 ‘위험사회’와 ‘노동사회’를 극복하기 위해 ‘문화사회’의 전망이 필요하다고 했다. ‘문화사회’는 고르즈가 『경제적 이성 비판』에서 소개한 개념으로서 과학기술 발전으로 가능해진 노동의 종말에 의미를 부여할 수 있는 유일한 사회적 형태로 제시된다. 위험을 양산하는 “생산주의적 노동에 기반을 둔 사회에서 문화적인 것, 사회적인 것이 경제적인 것보다 더 큰 중요성을 부여받는 해방된 시간의 사회로의 이행”이 바로 문화사회로의 이행이다. 고르즈는 이런 근본적 전환이 일어나지 않는다면 오늘 우리가 목격하는 생산기술의 발전은 “무시무시한 기술의 야만밖에는 낳지 않을 것”이라고 본다. 29)

문화사회를 구성하는 데도 시간의 관리가 중요하다. 문화사회는 기본

---

27) Gorz, *Reclaiming Work: Beyond the Wage-Based Society*, tr. Chris Turner (Cambridge: Polity Press, 1999), p. 84.
28) Ibid., p. 94.
29) Gorz, *Critique of Economic Reason*, p. 183.

적으로 '노동사회'와 대비된다. 임금노동을 최대한 축소하여 사람들이 지금과는 비교가 되지 않을 정도의 자유시간을 누림으로써 자율적 활동을 보장받는 사회가 문화사회인 것이다.

> 가처분시간의 길이가 길어지면 비노동시간은 노동시간의 또다른 면과 다른 어떤 것이 될 수 있다. 즉 휴식, 기분전환, 피로회복을 위한 시간, 혹은 노동생활에 대해 부차적이고 보완적인 활동들을 위한 시간과 다르며, 타자에 의해 결정되는 강제적인 임금노역의 다른 면일 뿐인 게으름이나 단조로움 때문에 마비적이고 소모적인 일의 짝패라 할 오락과 다른 어떤 것이 될 수 있다…노동시간과 가처분시간의 관계가 새로워진 사회, 자율적 활동이 노동생활보다 더 중요해지고, 자유의 영역이 필연의 영역보다 더 중요해질 수 있는 사회. 그리하여 우리가 삶을 영위하며 사용하는 시간을 조직하는 방식이 더 이상 일하며 쓰는 시간에 의해 규정받을 필요가 없는 사회. 오히려 노동이 개인의 인생설계에 종속적 위치를 차지하게 될 수밖에 없는 사회.[30]

고르즈가 말하는 대로 임금노동시간이 획기적으로 단축되어 가처분시간, 즉 자유시간이 늘어나면 사람들은 지금처럼 장시간의 임금노동 뒤에 오는 짧은 자투리 여가시간을 보내는 것과는 질적으로 다른 활동들을 할 수 있다. 지금 여가시간에 할 수 있는 것은 사람들의 여가활동에서 수면과 TV 시청이 가장 큰 비중을 차지하고 있는 데서 확인되듯이 휴식, 기분전환, 피로회복 등 노동생활에 비해 부차적이고 보완적인 활동뿐이다. TV 시청과 수면 다음으로 한국인들이 여가시간을 가장 많이 투여하는 곳은 술집과 노래방일 것이다. 이런 풍속도가 우연히 만들어졌을까? 이 사람 저 사람 폭음을 해대고 미친 듯 노래를 부르는 모습은 노동의 스트레스가 얼마나 크며, 자유시간이 얼마나 모자라는가의 여실한 증명이다. 문화사회가 성립하려면 장시간 자유시간이 보장되어야 한다. 자유시간은 생존을 위해 상품으로 팔아야 하는 노동시간과는 달리 공짜로 선물할 수 있는

---

30) Ibid., p. 93.

시간이다. 자유시간이 넉넉하면 여유가 생긴다. 남에게 선물하는 시간은 남을 위해 배려하고, 봉사하는 시간이고, 사람들이 서로 연대와 호혜의 활동을 하는 시간이요, 먼 곳의 친척, 친구, 부모를 방문하는 시간이고, 마음놓고 독서를 하는 시간, 연극을 관람하거나 축구를 할 수 있는 시간, 새로운 출발을 위해 공부에 전념할 수 있는 시간이다.

물론 문화사회는 실현되지 않았다. 지금 우리를 지배하는 것은 전도된 이중사회요, 노동윤리가 지배하는 노동사회다. 그러나 위기에서 기회를 찾아야 하듯 이런 상황을 잘 해석할 필요가 있다. 구조적 과잉생산이 일어나고 있는데도 비정규직 비율이 늘어나는 것을 분석해보면, 지금이야말로 노동시간을 획기적으로 단축하고 문화사회를 앞당길 시점이 아닐까 한다. 흔히 경제위기로 비정규직이 증가한다고 하지만 근본 이유는 우리 사회 역시 필요노동이 축소된 데 있다. 사회적 필요노동은 왜 감소하는가? 과학기술의 발달과 함께 기계적 노동이 확대되고, 재화의 생산을 위해 필요한 인간노동력에 대한 수요가 줄어든 때문이다. 이런 점에서 성찰적 탈근대화론이 주장하는 근대성의 자기해체가 일어나고 있다는 말은 정확하다. 벡은 이 해체를 "산업화된 사회의 낡은 체제가 자신의 성공과정 속에서 무너지고" 있는 것으로, "서구 근대화의 성공" 사례로 본다.[31] 하지만 잊어서는 안될 점이 있다. 벡이 말하는 성공을 관리하고, 불필요해지고 있는 노동을 희소가치로 만들어 근대적 메가머신을 자본축적을 위한 사회제도로 유지하는 경제적 이성, 그에 따른 도구적 합리성의 지배는 여전히 남아있다. 계급투쟁은 아직 사라지지 않았으며, 부의 생산과 분배, 위험의 생산과 분배를 가로지르며 여전히 지배효과를 만들어낸다. '노동사회'라는 문제의식은 그래서 '위험사회'의 문제의식에 의해 대체되지 않으며, '문화사회'라는 전망도 노동사회의 문제들을 해결하지 않고서는 세울 수가 없다.

---

31) 울리히 벡, 「정치의 재창조」, 22쪽, 246쪽.

글을
맺으며

한국은 지난 40여 년에 걸쳐 '압축적 근대화'를 이룸으로써 국내총생산
(GDP) 세계 12위에 이를 만큼 고도의 경제성장을 이루었다. 이것은 그
동안 우리 사회의 총체적 역량이 경제발전에 집중된 결과로서 많은 저개
발 사회들이 부러워하는 성취라 할 수도 있을 것이나 '위험사회'의 시각은
이 성취를 꼭 긍정적으로만 보지 말라고 경고한다. 사실 한국은 지금 수
많은 위험 요소들로 휩싸여 있다. 최근에 일어난 사건사고들을 떠올려보
자. "신행주대교 붕괴(1992년 7월), 우암상가 아파트 붕괴(1993년 1월),
구포역 열차 전복(1993년 3월), 예비군 부대 폭발사고(1993년 10월), 아
시아나 항공기 추락(1993년 7월), 서해 훼리호 침몰(1993년 10월), 성수
대교 붕괴(1994년 10월), 충주호 유람선 화재(1994년 10월), 아현동 도시
가스 폭발(1994년 12월), 대구 지하철 가스 폭발(1995년 4월), 삼풍백화
점 붕괴(1995년 6월)."[32] 여기까지가 벡의 『위험사회』 한국어 역자가 90
년대 초에서 중반까지 한국사회에 일어난 대형사고들을 정리한 목록이
다. 2003년 여름 현재 이 목록은 당연히―유감스럽지만 이 표현을 쓰지
않을 수 없다―더 길어졌다. 고성산불(1996년 4월), KAL기 괌 추락사건
(1997년 8월), 씨랜드 화재사건(1999년 6월), 인천호프집화재사건(1999
년 10월), 중국항공기 김해 추락사건(2002년 4월), 태풍 루사 피해(2002
년 8월), 대구지하철 화재사건(2003년 2월) 등이 추가된 것이다. 이들 사
고가 예외적으로 느껴진다면 어떤 사고들이 우리 일상을 지배하고 있는
지 보기 위해 교통사고 통계를 잠깐 살펴볼 필요가 있다. 8월 5일 경찰청
은 지난해(2002년) 한국의 교통사고 사망자 수가 7,090명이라고 발표했
다. 이 숫자는 2001년의 8,097명, 2000년의 1만236명, 97년의 1만1,603명
에 비해 줄어든 것이긴 해도 여전히 어마어마하다. 여기에 O-157, 환경

---

32) 홍성태, 「역자 서문: 이 위험 가득한 풍요의 시대에!」, 울리히 벡, 『위험사회』, 10쪽.

호르몬, 광우병, 사스(중증급성호흡기증후군)의 공포를 곁들이고, 다시 시화호오염, 남해 및 동해의 적조현상, 열대야 현상 등을 덧붙여 생각해 보라. 우리가 지금 일상화한 위험 요인들에 의해 포위되어 있다는 것을 누가 부인하겠는가.

그러나 이런 점을 인정하더라도 한국은 여전히 '노동사회'라는 점을 잊어서는 안되겠다. 오늘 노동이 기계에 의해 포섭됨으로써 노동의 종말이 진행되고 있는 것은 사실이지만 그렇다고 하여 노동이데올로기가 약해진 것은 아니다. 관료적-산업적 메가머신을 경향적으로 지배하는 것은 여전히 경제적 이성과 합리성이기 때문이다. 이런 국면에서 "경제가 사회관계 속에 파묻혀 있는 것이 아니고, 사회적 제관계가 경제체계 속에 파묻혀" 버리면 사회는 그 안전망과 보호장치를 잃게 된다는 폴라니의 경고는 여전히 유효하다. 사실 오늘이야말로 경제적 이윤추구를 사회운영의 제일 목표로 삼는 신자유주의적 세계질서가 구축된 결과 '빈곤의 세계화'[33]가 만연하고, 세계 도처에서 '20 대 80 사회'가 형성중이 아닌가.[34] 한국사회도 외형적으로 엄청난 부를 축적했지만 비정규직 노동자의 비율이 60%에 육박하고, 부익부빈익빈의 만연과 빈곤층 확대 등 사회적 불평등 문제가 노골적으로 드러나고 있다. 이런 상황에서 스모그가 과연 민주적이라 할 수 있을까? 문화사회를 구현하려면 위험사회의 문제의식은 필수적임이 분명하지만 그것으로 충분하다는 생각은 들지 않는다. 문화사회로 가는 길에는 위험사회만이 아니라 노동사회라는 우회로가 놓여 있다.

---

33) 미셸 초스도프스키, 『빈곤의 세계화—IMF 경제신탁통치의 실상』, 이대훈 역, 당대, 1998.

34) "지난 80년대부터 유럽에 널리 펴졌던 '3분의 2의 사회'가 아니라 '20 대 80의 사회' (또는 5분의 1 사회), 사회복지와 사회적 지위가 1 대 4의 비율로 배분되어야만 하는 그런 사회가 오고 있는 것이다. 이 '20 대 80의 사회'에서는 사회로부터 배척된 80%의 사람들이 약간의 오락물과 먹거리에 만족하며 조용히 살아야만 한다." 한스 피터 마르틴·하랄드 슈만, 『세계화의 덫—민주주의와 삶의 질에 대한 공격』, 강수돌 역, 영림카디널, 1997, 28쪽.

13

문화연대와 1990년대 문화운동[*]

시작하는
글

19 90년대에 들어오면서 한국의 문화운동은 큰 전환을 맞는다. 사회변
동, 문화지형 재편과 더불어 문화운동의 조건이나 과제, 문제의식, 기획,
전략 등이 비가역적으로 바뀐 결과다. 90년대는 흔히 '문화의 시대'로 불
리곤 했다. 소비자본주의의 확산 속에 사회의 '미학적 지배'가 강화되면서
전에 없이 문화가 중요하다는 인식이 확산된 것이다. 그러나 문화운동의
견지에서 볼 때 이 시기의 특징은 60년대 말 이후 진보운동의 한 축을 맡
아온 전통적 문화운동이 위축되고, 새로운 흐름들이 등장한 것이 아닌가
싶다. 국가 주도의 지배문화에 맞서 대안문화를 건설하고자 노력해온 문
화운동은 90년대 초까지만 해도 상당한 영향력을 행사하고 있었지만, 대

---

* 김진균 편저, 『저항, 연대, 기억의 정치 1—한국사회 운동의 흐름과 지형』, 문화과학사,
2003, 395-419쪽에 실은 글이다.

중매체와 소비자본주의의 급속한 확산으로 인한 대중문화의 지형변화와 더불어 나타난 하위문화, 소수문화, 청소년문화 등 새로운 형태의 문화적 요구들을 수용할 전략을 세우는 데는 실패했다. 진보적 문화운동이 근대적 문화예술 개념에 입각한 채 예술운동에 치중한 편이라면, 새롭게 등장한 문화적 형태들은 장르나 분과 등 근대 문화제도의 틀을 벗어나는 경향을 띠었다. 90년대의 상황은 따라서 근대적 문화예술 기획과 새로운 문화적 요구, 즉 기존의 문화운동과 새로운 문화운동을 접목시킬 수 있는 전략과 이것을 사회운동과 연계하는 기획을 요청하고 있었던 셈이다. 이 글에서 필자는 1999년에 결성된 문화개혁을위한시민연대(이하 문화연대)가 이런 요청에 따른 문화운동 조직화의 중요한 한 사례라고 보고, 문화연대를 중심으로 90년대 문화운동을 살펴보고자 한다. 문화연대는 전통적 혹은 역사적 문화운동의 성과를 계승하면서도 새로운 문화지형에 개입하는 지적 기획으로 등장한 '문화연구'의 문제의식을 수용함으로써 문화운동의 새로운 방향을 지향했다. 이 글은 이런 흐름이 나오게 된 역사적 조건, 문화운동의 조건 변화, 이에 대응하기 위한 새로운 전략 등을 검토하면서 문화연대로 대표되는 새로운 문화운동과 역사적 문화운동의 관계, 문화연대의 조직과 활동의 현황, 특징, 방향, 나아가서 2000년대 문화운동의 전망 등을 살펴보는 기회가 될 것이다.

문화연대 결성의
사회적 조건

문화연대가 결성된 1999년 9월은 IMF 관리체제가 가동되고 있던 시점이다. 한국사회는 이때 대대적인 구조조정으로 노동유연화가 거세게 진행되고 있었고, 외환위기를 계기로 신자유주의 세계화가 급속도로 진행되어 초국적자본의 한국시장 공략이 본격화하던 시점이면서 동시에 이 흐름에 대한 반대 투쟁 역시 힘을 얻고 있었다. 1996-7년에 노동자총파업을 통해 조직된 신자유주의 반대 투쟁은 97년 말의 외환위기로 IMF 구제금

융을 받으면서 일시 후퇴하였으나, IMF와 김대중정권의 신자유주의 정책
으로 구조조정이 강화되자 민중이 다시 거세게 저항에 나선 것이다. 문화
영역에서 신자유주의 세계화 반대 투쟁은 1998년 여름 김대중정권이 '경
제위기' 극복을 명분으로 외자유치를 한다며 한-미 투자협정을 체결하려
는 과정에서 드러난 스크린쿼터 폐지 방침에 대한 저항의 형태로 일어난
다. 스크린쿼터 수호 운동은 근래에 보기 드문 성공적 운동 사례라는 평
가를 받는다. 이 투쟁의 중심은 당연히 98년 7월 27일 〈스크린쿼터 사수
범 영화인 비상대책위원회〉를 만들어 그 해 12월 1일부터 다음해 2월 2일
까지 철야농성, 삭발투쟁 등으로 맞선 영화예술인들이었다. [1] 하지만 영
화인들의 투쟁이 지속되면서 사안의 중요성을 인식하게 된 사회운동 진영
일반도 98년 12월 4일 〈우리 영화 지키기 시민사회단체 공동대책위원회〉
를 꾸리며 대대적인 연대투쟁에 참여한다. 공대위에는 스크린쿼터가 한
국영화는 물론이고 한국인의 문화적 주권을 지키는 중요한 교두보라는 인
식에서 민족주의 계열의 운동단체들도 참여했지만, 스크린쿼터 폐지 요
구가 신자유주의 세계화의 일환으로 각국간에 맺어지는 투자협정으로 비
롯되었다는 인식에서 세계화에 반대하던 사회진보연대, 전농, 민주노총
등 민중운동 단체들도 대거 참여했다. 스크린쿼터 운동이 정부, 의회 등
에 큰 압박을 가할 수 있게 된 것은 이처럼 사회운동 전반이 전례 없는 힘
을 실어준 덕택이다. IMF 구제금융체제를 극복하려면 외환유치를 해야
한다며 투자협정 체결을 서두르며 스크린쿼터 포기 방침을 내비쳤던 김대
중정권도 이 결과 적어도 당분간은 제도 유지를 약속하지 않을 수 없었는
데, 정권으로부터 이런 양보를 얻어낸 것은 90년대 사회운동이 드물게 거
둔 수확이었다. [2]

문화운동의 역사에서 스크린쿼터 투쟁은 중요한 분기점을 이룬다. 이

---

1) 이 투쟁과 관련해서는 『충무로 함성 2(98. 12. 5-18)』(스크린쿼터사수 범영화인 비상대
책위원회 2차 자료집, 1998. 12. 21) 참조.
2) 스크린쿼터 수호 투쟁에 대해서는 원용진·유지나·심광현 편저, 『스크린쿼터와 문화
주권』, 문화과학사, 1999 참조.

운동은 문화적 사안이 사회운동 전체의 과제로 받아들여진 최초의 사례였다. 진보운동 전반의 후퇴 속에 운동으로부터 분리되는 1990년대 초반까지, 문화운동이 민중운동을 포함한 사회운동의 중요한 일부를 구성하고 있었던 것은 사실이다. 하지만 당시 문화운동은 민주화운동, 민중운동, 통일운동 사안들이 발생할 때 그들 운동의 문화선전활동으로 차출되는 경향이 컸다는 점에서 정치운동의 하위운동 성격을 띠었다고 할 수 있다. 이런 경향은 문화운동이 정치운동과 가장 적극적으로 결합한 시점인 1991년 강경대 정국에서 여실히 드러난다. 당시 화가, 춤꾼, 노래패, 사물놀이패, 문인 등 수많은 문화활동가들이 걸개그림과 만장을 제작하고, 마당극을 공연하고, 경찰 저지선 바로 옆에서 문화선전 활동을 하는 등 헌신적으로 참여했지만, 문화예술의 위상은 정치경제 투쟁의 수단으로 치부되기 일쑤였다.[3] 강경대 정국 이후 많은 문화예술인들이 운동으로부터 분리된 것은 따라서 한편으로는 문화계의 운동 포기처럼 보이지만, 다른 한편에서 보면 진보운동에 대한 문화운동의 불만 표시라는 점도 있다.

1990년대 초에서 후반으로 넘어가는 사이에 어떤 변동이 있었던 것일까? 90년대 초까지 문화적 사건은 사회의 주목을 받더라도 전체 사회 문제로 부각되는 경우가 드물었다. 당시까지 문화는 대중의 삶과는 분리된 예술로 이해되고 있었고, 문화운동 역시 작품 중심의 발언 수준에서 벗어나기 어려웠던 탓이다. 90년대 말 스크린쿼터 사수 투쟁이 전체 사회운동 차원에서 전개될 수 있었던 것은 미국의 스크린쿼터 폐지 요구가 개별 예술작품이나, 영화라는 한 예술장르를 겨냥한다기보다는, 국내 영화산업 나아가서 한국의 문화주권에까지 영향을 미칠 것이라고 인식되었기 때문일 것이다. 이런 인식이 생긴 것은 '문화'가 이제는 90년대 초반까지 운동에서 차지하던 것과는 사뭇 다른 비중을 차지하게 되었다는 말이기도 하다. 80년대 후반 이후부터 한국사회는 적잖은 성격 변화를 겪었다. 이때

---

3) 이에 대한 논의는 강내희, 「문화운동의 새로운 전략」, 『문화론의 문제설정』, 문화과학사, 1996, 60-63쪽 참조.

부터 심각한 과잉생산 위기가 감지되었고, 이로 인해 유효수요를 늘이기 위한 소비자본주의 전략이 늘어났다. 당시 확인되는 상품미학의 만연은 우리 사회에도 '미학적 지배'가 가동됨을 보여준다. 90년을 전후하여 벌어진 포스트모더니즘 논쟁, 신세대담론의 확대, '문화의 시대'가 열렸다는 언설의 난무 등도 이 시기에 박정희정권 이후 가동돼온 폭력적 지배 구도와는 구분되는, 이데올로기 및 욕망에 의한 지배가 작동하고, 이 과정에서 미학적 지배의 전략이 첨가되었다는 증거일 것이다. 이것은 당시 우리 사회가 '문화로의 전환'을 경험했음을 말해주는데, 1990년대 초반 정치경제학 중심의 사회과학 서적 대신 문화이론 서적이 대거 출판된 것도 궤를 함께 한다.

문화운동도 이 과정에서 변화를 겪었다. 90년대 문화지형은 한편으로는 대중매체 및 뉴미디어의 폭발적 확산, 문화산업의 발달과 함께 근대적 예술개념에 바탕을 둔 문화운동의 존립을 어렵게 만들었다. 근대예술은 더 심화된 제도화의 길을 걸으면서 사회비판이나 개입의 효력을 잃기 시작했고, 대중문화의 폭발적 확산 속에서 순수예술은 제도에 의해 보호받지 않으면 대중적 지지를 얻기 어려워졌다. 문학, 음악, 미술, 무용 등 80년대까지는 변혁운동에도 동력을 제공하던 본격예술이 문화의 상품화 흐름 속에 존립하기 어려워지면서 이들 근대예술을 주요 자산으로 삼던 문화운동 역시 활동 기반의 축소를 겪는다. 스크린쿼터 수호와 같이 문화운동의 과제가 사회운동 전체의 그것으로 인식된 것은 따라서 문화운동이 드디어 사회운동의 인정을 받았음을 보여준다기보다는 과거와는 다른 문화지형의 형성으로 문화가 어느덧 근대예술과는 다른 사회적 지반을 가지게 되고, 이 지반이 사회적 관심사로 바뀐 결과일 것이다.

주체들

새로운 문화지형 속에서 기존의 진보적 문화운동은 역사적 운동의 위

치로 밀려나기 시작했다. 역사적 문화운동이 최대의 역량을 보인 시점은
1991년 강경대 정국일 것이다.[4] 이 운동은 60년대 말 대학생문화운동으
로 출발하여 70년대, 80년대를 거치며 진보적 사회운동과 긴밀한 관계를
맺어오면서 80년대에는 민족미술협의회, 민족문학작가회의 등 장르별 조
직의 결성과 함께 1989년 민족예술인총연합(민예총)의 결성으로 조직적
완성을 이루었고, 민예총 출범 이후에도 계속 조직이 진행되어 강경대 정
국에서 일어난 진보운동의 총집결에 자신의 역량을 투여할 수 있었다.[5]
하지만 이 시점을 고비로 역사적 문화운동은 진보운동 일반의 약화를 반
영하듯 동력이 떨어지기 시작했다. 진보적 사회운동 전체가 사회 변동에
제대로 대응하지 못한 것처럼 문화운동 역시 새롭게 형성되고 있던 문화
지형에 개입할 전략을 마련하지 못한 것이다. 1993년 '문민정부' 출범 이
후 역사적 문화운동은 민예총과 민족문학작가회의 등이 사단법인화의 길
을 걸으면서 체제내화 과정을 거친다. 이 결과 문화운동은 운동성을 완전
히 상실하진 않았으나, 과거에 비해서는 비판적이고 저항적인 성격이 상
당히 줄어들게 되었고, 우리 사회는 당분간 문화운동의 약화 혹은 부재
국면에 빠지게 되었다. 90년대 후반에 문화연대의 조직을 위한 논의가 시
작된 것은 따라서 한편으로는 스크린쿼터 사수 투쟁에서 확인된 문화의
중요성에 대한 인식, 다른 한편으로는 그럼에도 불구하고 공백상태에 놓

---

4) 여기서 말하는 '역사적 문화운동'이 당시 문화운동 전체를 대변하는 것은 아니다. 문화운
동은 문학, 미술, 음악, 영화, 연극 등 근대예술 분야에서 일어난 예술운동을 포함하여 생
활공동체운동, 노동자문화운동, 대동놀이운동, 노래운동 등 다양한 형태로 진행되어 왔다.
'역사적 문화운동'은 여기서 이들 문화운동을 포괄한다기보다는 1990년대 초까지 문화운동
의 주요 흐름을 형성했다고 볼 수 있으며, 민족문학작가회의나 민예총 등으로 조직된 일련
의 운동을 가리킨다.
5) 1989년의 민예총 결성은 1985년에 먼저 만들어진 민족미술협의회의 주력이 주도한 것이
며, 이때 역시 먼저 결성되어 있던 민족문학작가회의는 참여하지 않고 독자적 조직으로 남
았다. 민예총은 그 산하에 민족미술협의회 이외에 민족음악협의회, 민족건축협의회, 민족
영화위원회, 민족문학위원회 등을 두었다. 민예총이 결성된 뒤 만들어진 문화운동 조직 가
운데는 우리만화연대, 영화인회의, 한국독립영화협회 등이 있으며, 이들은 민예총 소속이
아니다.

인 문화운동의 복원이 필요하다는 인식이 작용한 결과다.

문화연대는 출범 시 문화운동을 내건 한국 최초의 '시민단체'(NGO), 사회운동단체임을 자임했다. 이 자임에는 수사학적인 측면도 없지 않다. 문화연대의 발기인에는 노동자, 주부, 학생, 회사원 등 일반 시민보다는 시인, 소설가, 화가, 사진작가, 만화가, 건축가, 대중음악가수, 영화배우, 영화감독, 평론가, 민속학자, 인문학자, 사회과학자, 여성학자, 언론인, 변호사, 공무원, 국회의원, 출판인, 시민운동가, 지역활동가, 문화운동가 등 다양한 분야 전문가들이 훨씬 더 많이 포함되어 있고, 출범 이후 문화연대의 활동을 주도한 것도 이들 전문가들이다. 하지만 문화연대는 일반 시민의 회원 가입이 가능하다는 의미에서만이 아니라, 전문가들의 활동 방식에서도 기존의 문화운동과는 차이를 드러낸다. 역사적 문화운동에 깃들은 진보적 성격은 자본주의 대중문화에 대한 저항, 민족문화와 민중문화의 창달과 함께 민족해방, 민중해방, 민주화 운동에 진력해 온 데 있다. 그런데 이 운동은 이미 언급한 대로 근대적 '문화예술' 개념을 바탕에 두면서 사회적 발언을 하려는 작품 창작 중심의 예술운동의 성격을 강하게 띠고 있었다. 반면에 문화연대에 참여하는 전문가들은 예술 창작자에 국한되지도 않았을 뿐더러 예술가라고 하더라도 예술적 실천을 통해 사회참여를 지향하기보다는 문화예술이 '시민' 대중의 삶과 맺는 관계에 개입하려는 태도를 취한다. 문화연대가 시민단체라는 것은 따라서 민족문학작가회의, 민족미술협의회, 민족음악협의회와 이들을 일부 포괄하는 민예총과는 인적 구성이 완전히 다르다는 말이 아니라 조직의 이념적 지향, 활동방식이 다르다는 말이다. 기존의 문화운동 단체들이 전문적 예술운동을 지향한다면, 문화연대는 시민단체로서 사회운동을 지향한다.

문화연대가 자신의 조직적 성격을 시민단체로 규정한 것은 한편으로는 민예총으로 결집된 역사적 문화운동과는 다른 실천 및 조직 방식을 가졌기 때문이지만, 다른 한편으로는 현존하는 문화운동 전통과 연대를 모색하기 위함이기도 했다. 민예총의 경우 지난 30년 이상 문화운동에 참여해온 문화예술가들이 모여 만든 조직으로서 진보적 문화예술운동의 인적 자원을 망라한다. 민예총으로 대변되는 역사적 문화운동이 90년대 중반 이후 약화된 것은 사실이지만 이 운동에 참여한 문화예술가들은 아직도 문화운동의 소중한 인적 자원으로 남아있다. 문화연대는 따라서 이들 문화예술가들이 전문가 시민으로서 문화연대에도 참여해줄 것을 기대했으며, 이 결과 상당수 문화예술인들이 민예총이나 작가회의와 문화연대에 동시에 회원이 되는 방식을 취했고, 그 중 일부는 문화연대를 자신의 주요 활동 무대로 삼기도 했다.6)

　　하지만 문화연대 결성에 참여한 주체들은 역사적 문화운동의 성과를 계승하려 하면서도, 90년대에 새롭게 등장한 문화적 실천의 자원들을 더 적극 활용하려고 했다. 여기에는 "새로운 문화 및 실천 개념의 도입과 더불어 각종 문화예술 축제나 지역문화운동, 대중매체문화와 같은 현장활동의 새로운 모색, 대중문화연구나 시각문화연구와 같은 통합적/전문영역적 문화연구, 그리고 문화공간 및 문화정책적 차원의 개입과 담론생산" 등이 포함된다.7) 90년대는 이전과는 전적으로 다른 문화지형이 형성된 시기다. 이때 새로운 감수성을 지닌 신세대와 함께 하위문화, 소수문화, 청소년문화 등 과거와는 다른 유형의 문화적 실천 형태 및 주체들이 등장했다. 동성애자, 폭주족, 외국인노동자, 힙합족, 오렌지족, 오빠부대, 네티즌 등 다양한 문화적 행태를 드러내는 소수자들은 역사적 문화운동의 대중으로 호출되기보다는 자신들의 영역을 독자적으로 개척하였고, 이로 인해 문화운동은 진보적 사회운동 일반과도 분리되었을 뿐만 아니라 내부에서도 극심한 분화를 경험했다. 이런 분리, 분화 현상을 극복하기 위해

---

6) 예컨대 초대 공동대표 도정일, 상임집행위원장 화가 김정헌, 사무처장 정희섭, 문화개혁감시센터 소장 심광현, 공간환경위원장 정기용, 문화행동기획센터 소장 화가 임옥상, 정책위원 김보성 등은 민예총 혹은 그 산하 단체, 작가회의 등에서 중요한 역할과 직책을 맡은 바 있다.
7) 심광현·고길섶, 「참여와 자치의 문화민주주의를 위하여—'문화개혁시민연대'(가칭) 발족에 즈음한 제안」, 『문화과학』 19호, 1999년 가을, 199쪽.

서 문화운동은 새로운 접근법을 찾아야만 했는데, 이 작업은 한편으로는 역사적 문화운동을 계승하면서 현존하는 역사적 문화운동과 연대하고, 다른 한편으로는 역사적 문화운동으로부터 거리를 두고자 하는 새로운 유형의 문화적 실천과 연대할 수 있는 길을 모색하고, 또 한편으로는 진보운동 일반과도 연대할 수 있는 길을 모색하는 것이었다. 문화연대가 출범하기 위해서는 따라서 이 복잡한 연대의 길을 모색하는 방안이 필요했다. 문화연대가 자신의 조직적 성격을 시민단체로 규정한 것은 이 때문이다.

문화연대에는 역사적 문화운동에 속했던 인사들 이외에 다양한 주체들이 참여했다. 과거 문화운동과는 별다른 관계를 가지고 있지 않았던 인사들, 문화운동에 관심은 있었으나 전문 예술가 조직 이외에는 문화운동을 하는 곳이 없어서 시민운동 단체들에서 활동을 하려다가 만 사람들, 학생운동이나 지역운동을 하다가 문화운동에 관심을 갖게 된 사람들이 그들이다.[8] 참여하는 사람들의 면면도 예술인, 법조인, 국회의원, 공무원, 학자 등 다양하다. 하지만 상근 활동가인 간사들과 비상근 활동가들 가운데 집행위원, 소장, 위원장, 부위원장 등 문화연대 활동에 적극적으로 참여하고 있는 사람들의 전공영역을 살펴보면 예술 이외에 인문사회과학을 전공한 인사들이 많다는 것을 알 수 있으며,[9] 특히 문화연구자들이 상당수 참여하고 있다는 점이 눈에 띈다.[10] 후자의 경우는 90년대 초에 창간된 문화이론지『문화과학』에 참여해온 사람들로서, 이들은 진보운동이 한국사회가 겪기 시작한 이데올로기 전선 및 욕망 전선의 변동에 능동적으로 대응하려면 정치경제학적 문제설정 이외에도 문화론적 도전이 필요하다는 판단에서 '문화연구'(cultural studies)를 새로운 지적 기획으로 제출했

---

8) 이들 가운데는 문화유산위원장 건축가 강찬석, 사무처장 지금종 등이 있다.
9) 현재 상근 활동가 15명 가운데는 예술, 인문사회과학 전공 이외에 자연과학, 공학 전공자들까지 포함되어 있다.
10) 문화개혁감시센터 소장과 공동사무처장 직책을 겸하다가 지금은 집행위원인 심광현, 정책위원장 원용진, 월간『문화연대』편집위원장 고길섶, 문화연대 부설〈문화사회연구소〉소장 이동연, 그리고 집행위원장 강내희가 이 그룹에 속한다.

다. 문화연구는 '문화로의 전환'으로 형성된 90년대 문화지형에 개입하는 방안으로서, 리얼리즘 미학에 기반을 두고 '예술의 진정성' 회복에 주력해 온 역사적 문화운동과는 달리 숭고의 미학, 혹은 정체성의 정치를 수용했다.[11] 이런 태도는 미학적 대중주의를 지향한 것은 아니라고 하더라도, 문화산업의 확산과 함께 커진 대중문화 현장에서는 계속 '예술적 승화'를 지향하는 역사적 문화운동보다는 미학적 엘리트주의의 혐의에서 비교적 자유로운 면이 있었기 때문에, 새로운 감수성과 정체성을 지니고 나타난 동성애자, 여성노동자, 외국인노동자 등 소수문화 주체들과 연대하는 데 도움이 되었다.

문화연구의
문화정치적 실천

역사적 문화운동과 문화연구는 문화연대의 중요한 운동 자원임이 분명하지만 문화연대가 이들 흐름을 대변하는 것은 물론 아니다. 민예총과 산하단체들이 계속 활동하고 있는 데서 보이듯, 역사적 문화운동은 문화연대와는 독자적으로 존립하며, 문화연구자들 역시 문화연대에 모두 집결하고 있지는 않다. 문화연대는 역사적 문화운동을 계승하고 문화연구의 지적 기획을 수용하여 전통적 문화운동과 새로운 문화운동을 통합하고자 하지만, 아울러 이들 두 흐름의 단순한 결합과는 다른 새로운 문화운동의 흐름을 만들고자 하기 때문에, 역사적 문화운동가, 문화연구자가 문화연대에 참여할 때는 이론적, 정치적 태도를 표명하는 것을 회피하기 어렵다. 이 결과 문화연구를 정치적 기획과는 분리된 학술적 기획으로, 혹은 지식상품으로 활용하려는 연구자들이 운동 단체인 문화연대에 가입하는 경우는 많지 않았다.[12]

---

11) '숭고의 미학'에 대해서는 이 책에 실린 「타자의 문화연구와 숭고의 미학」 참고.
12) 『문화과학』의 경우 1990년대 초에 전개된 '맑스주의 위기' 국면에서 맑스주의의 '포기' 보다는 '전화'(轉化) 전략을 채택함으로써 맑스주의적 문제설정을 존중하면서도 그 문제와 한계들을 '내부적으로' 비판해왔기 때문에 편집위원 다수가 문화연구의 문화정치적 실천이

역사적 문화운동을 계승하려 한다는 점에서 문화연대는 70년대, 80년대에 확산된 진보운동의 일환이고, 이 운동이 약화된 90년대에 새로운 유형의 실천을 모색했다는 점에서 또 다른 문화운동을 지향한 셈이다. 문화연대는 창립취지문에서 '문화사회' 건설과 문화개혁의 사회적 의제화를 표방한다. 여기서 '문화사회'란 "인간과 인간, 그리고 인간과 자연 사이에 착취나 억압, 파괴가 더 이상 일어나지 않는 사회", "개인들이 타인과 연대와 호혜의 관계를 유지하면서도 자신의 꿈과 희망과 자아를 최대한 구현하며 공생할 수 있는 사회"다. 이런 사회를 건설하기 위해서는 "사회와 현실과 삶에 대한 문화적 접근"이 필요하며, "이윤 축적을 위한 개발, 권력 획득을 위한 억압, 지배 유지를 위한 통제를 우선시하는 사회적 태도는 이제 버릴 필요가 있"고, 따라서 이제 문화개혁을 중요한 사회적 의제로 삼을 필요가 있다는 것이 문화연대의 판단이다. 13) 여기에는 기본적으로 진보적 문화연구의 태도가 반영되어 있다.

문화연구는 "경제는 언제나 문화경제이며, 문화는 언제나 문화정치이며, 정치는 언제나 정치경제"라는 관점이고, "현실은 언제나 자연, 경제, 정치, 문화의 단속적인 '단락'의 형태로 진행된다"고 본다. 14) 이런 점 때문에 문화연구는 사회과학의 지도를 받는다는 식의 수동적 태도를 취하지는 않는데, 이것이 역사적 문화운동의 태도와 상통하면서도 다른 점이라 하겠다. 앞서 말한 대로 역사적 문화운동이 1991년 강경대 정국을 정점으로 진보운동과 분리된 것은 문화가 정치투쟁의 도구로 전락하는 데 대한 반발이 어느 정도 작용한 측면이 분명히 있지만 동시에 이 반발이 한 동안이나마 앞서 말한 대로 운동과의 분리로 정리된 데에는 역사적 문화운동이 새로운 운동을 위한 전망이나 전략을 제출해내지 못한 탓도 없지 않다. 이와 관련, 역사적 문화운동이 정치경제학적 문제의식을 미학적으로

라는 형태로 문화연대 활동에 참여할 수 있었다.
13) 「문화개혁을 위한 시민연대 창립대회 자료집」(1999. 9. 18), 4쪽.
14) 심광현, 「맑스주의의 전화와 탈근대적인 급진적 문화정치의 전망」, 『문화과학』 13호, 1997년 겨울, 23쪽.

해석한 점을 지적할 수 있을 것이다. 노선에 따라서 수용하는 정치경제
학적 관점이 달랐던 것은 사실이지만, 문화운동은 변혁운동의 기본이론
인 정치경제학적 관점을 수용한 결과 변혁운동의 노선 자체에 개입하는
일은 드물었다. 민족문학론, 시민문학론, 부르주아리얼리즘, 사회주의
리얼리즘 등으로 나눠지곤 하던 미학적 태도를 지도한 것은 민족해방이
나 민중민주 노선과 같은 총체적 운동노선이었던 것이다. 이 결과 역사
적 문화운동은 운동의 기본 노선을 수용하면서 운동을 강화하는 데 헌신
하거나 그 노선이 적시하는 현실을 반영하는 미학적 실천에 복무하는 식
이어서, 운동노선을 비판하는 이론적 작업까지 해내지는 못했다. 반면에
문화연대와 결합한 한국의 문화연구 전통은 처음부터 미학적 관점에 비
판적인 태도를 드러내며, 기존의 미학적 관점이 지닌 분과주의 혹은 장
르주의를 벗어나 인문사회과학 분야들을 횡단하는 작업을 지향함으로써
진보운동의 노선을 지휘해온 정치경제학(비판)에 대해서도 비판적 태도
를 취하는 편이다. 15) 이것은 문화연구가 경제결정론, 혹은 토대와 상부
구조의 관계를 단순환원론의 관점을 거부하는 데서 나온 결과로서, 맑스
주의에 대한 끊임없는 문제제기를 통해 자신의 기획을 만들어감을 보여
준다. 16)

　　문화연대는 역사적 문화운동을 계승하려 한다는 점에서 그동안 전개된
문화운동의 방식을 지속하지만, 동시에 문화연구를 지적인 기획으로 인
정한다는 점 때문에 통상적인 문화운동의 범위나 방식을 넘어서는 것은
물론이고, 사회운동 일반에 대해서도 문화적 관점을 취할 것을 요청하며
개입하려 한다. 문화연대가 주장하는 '문화개혁', 그리고 이 과제의 사회

---

15) 이런 사례의 하나로 심광현, 『탈근대 문화정치와 문화연구』, 문화과학사, 1998 참조.
16) 홀에 따르면 문화연구는 "맑스주의의 외침이 들리는 데서 작업하고, 맑스주의에 대해
작업하고, 맑스주의에 맞서 작업하고, 맑스주의와 작업하며, 맑스주의를 발전시키기 위해
작업"한다. Stuart Hall, "Cultural Studies and Its Theoretical Legacies," in Lawrence
Grossberg, Cary Nelson, & Paula A. Treichler, *Cultural Studies* (New York: Routledge,
1992), p. 279.

적 의제화는 문화운동 진영에만 내놓는 테제가 아니며, 국가, 자본은 물론이고 '운동사회'에도 제출하는 테제다. 이런 점에서 문화연대가 생각하는 문화운동은 부문운동의 위상을 넘어선다고 할 수 있다. 사실 문화연대가 시민단체, 좀더 정확히 말해 사회운동단체라는 것은 문화가 여러 부문 가운데 하나가 아니라 적어도 정치, 경제와 함께 사회를 구성하는 3대 층위의 하나이며,[17] 이를 위해서는 문화예술운동의 한계를 넘어서는 조직 구성이 필요하다는 인식의 발로다. 문화연대가 '문화사회 건설'을 표방하는 것도 같은 취지다. '문화사회'는 임금노동이 중심이 되어 있는 현재의 '노동사회'의 지양을 위해 설정한 사회형태를 가리킨다.[18]

조직 구도 및 상황

문화연대는 출범시 회원이 약 700명 정도였고, 이 가운데는 이전부터 문화운동을 해오던 사람들이 다수 포함되어 있었지만, 대부분 인사들이 이름만 거는 정도의 참여를 했기 때문에, 처음에는 반상근 사무처장에 유급 상근 간사 1명을 겨우 둘 정도로, 또 독자 사무실을 꾸릴 힘이 없어서 스크린쿼터 운동의 성과로 같은 시기에 출범한 영화인회의의 사무실을 빌려 써야 할 정도로 조직력이 크게 부족한 상태였다. 이런 여건은 영화인회의가 사무실을 옮길 때 따라가서 함께 지낼 때까지 개선되지 않았으나, 2000년 여름 서울의 종로 화동에 독자적인 사무실을 열고, 2001년 초 상근활동가 수가 10명 이상으로 늘어나면서 조직이 견실해지기 시작하여, 출범 3년이 지난 지금은 충정로로 자리를 옮겨 상근활동가만 15명을 두고 있다. 문화운동 단체들 가운데는 상근 및 비상근 활동가가 가장 많은 조직이 된 것이다.

---

17) 문화연대, 『'국민의 정부' 문화적 평가와 정책대안』(문화사회를 위한 정책과제 자료집, 2002. 8), 3-4쪽.
18) '문화사회' 논의에 대해서는 심광현·이동연 편, 『문화사회를 위하여』, 문화과학사, 1999 와 강내희, 『신자유주의와 문화—노동사회에서 문화사회로』, 문화과학사, 2000을 참조.

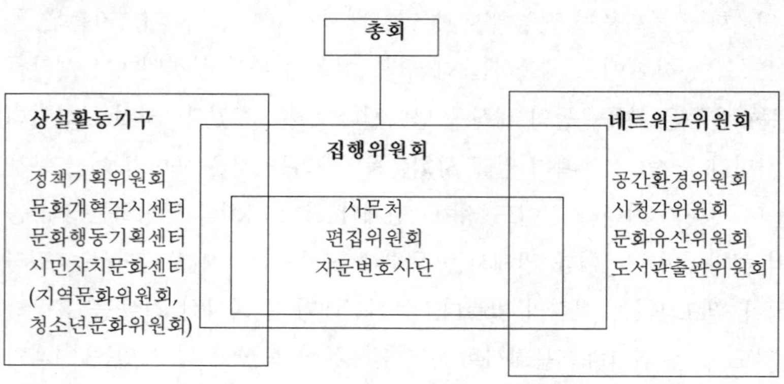

문화연대는 출범할 때 조직을 위 도표처럼 세 영역으로 구분하면서 상호 관련을 맺도록 했다. 도표는 분과위원회들과 상설활동기구들에 비해 사무집행 영역이 최소화되어 있음을 보여준다. 이것은 출범 당시 사무처 간사 1명밖에는 상근을 하지 못한 점을 감안할 때 부득이한 측면도 없지 않지만, 사무집행 부처가 커질 경우 조직운영이 운동의 실천보다는 조직운영 업무에 치중하게 될 것을 염려하여 기구와 위원회가 각기 자율적 활동을 할 수 있도록 배려한 조치였다. 문화연대가 지향한 조직형태는 전문가들과 일반 시민의 네트워크였다. 네트워크위원회라는 이름으로 구성된 분과위원회들만이 아니라 상설활동기구들 역시 시민들의 자발적 참여를 기대하면서 이들 다양한 활동이 서로 연결될 것을 기대한 것이다. 이런 생각은 문화연대가 한편으로는 "권력화, 독점화, 보수화, 상품화의 축소를 목표로 정책, 제도, 기구, 행정, 예산, 관료, 법제, 기관운용, 의정 등을 감시하고 개혁"하는 "위를 향한 개혁", 다른 한편으로는 공공성, 민주성, 연대성, 창발성을 기초로 하는 문화권리와 문화민주주의를 이념으로" 하는 "아래에서의 개혁", 그리고 "조직적으로는 수직적/위계적 방식(수목형)이 아니라 수평적/네트워크적 방식(리좀형)을 취하고, 활동가 관계의 측면에서는 '내부의 권력자'나 '우리 안의 파시즘'을 키우지 않으며, 활동의 측면에서는 맹목적 헌신성을 요구하지 않고 활동하는 주체들의 자발적 욕망과 전문성의 발동에 근거하도록 하여, 참여주체의 측면에서는 전문가와 비전문가를 위계적으로 분할하지 않고 수평적으로 상호소통"하게 하는 "자기개혁"을, 자치에 기반을 둔 자발적 참여를 지향하고자 했기 때문이다.[19]

그러나 이 네트워크 방식의 조직 운영은 재정 압박, 회원들 특히 집행위원들의 참여 저조, 상근활동가들의 역량 미비 등으로 제 자리를 잡지 못한 것도 사실이다. 문화연대는 처음에는 총회를 최고 의결기구로 두고 분기별로 집행위원회를 열어 실질적 의사결정 기구로 삼으려 했으나, 집행위원들의 참여 부족으로 격주로 열리는 상임집행위원회가 사실상 일상적 의사결정을 도맡아 하고 있다. 위원회의 활동도 썩 만족스럽지는 못했다. 공간환경위원회의 경우 자원활동가가 가장 많이 참여해왔고, 1년여에 걸친 답사를 기반으로 서울의 공간 문제를 분석하여 대안을 제시한 보고서를 만들고,[20] 도시건축네트워크라는 단체를 결성하는 성과도 올렸지만, 상임집행위원회와는 활동 공유가 잘 이루어지지 않는 문제를 안고 있다. 일부 위원회의 경우에는 조직 구성 자체가 제대로 이루어지지 않았다. 시청각위원회의 경우 2000년 말 매체문화개혁위원회로 이름을 바꾸고 위원장의 선임과 상근 간사 채용을 통해 활동을 시작하기 전까지는 개점 휴업 상태를 면치 못했다. 비상근 위원장과 상근 활동가 이외에 별다른 회원이나 활동가를 확보하지 못한 것은 문화유산위원회도 마찬가지다. 도서관출판위원회의 경우에는 비상근 위원장과 부위원장으로만 운영되다가 문화연대가 적극 나서서 전교조, 민교협, 출판협회 등과 함께 책읽는사회만들기국민운동을 결성한 뒤에는 조직 자체가 해체되어 버렸다. 이런 상황은 애초에 지향한 '참여와 자치' 중심의 활동이 아직까지는 정착하지 못했음을 보여준다. 가장 큰 이유는 전문가들의 참여가 저조한 데 있

---

19) 심광현·고길섶, 「참여와 자치의 문화민주주의를 위하여」, 『문화과학』 19호, 1999년 가을, 210쪽.
20) 문화연대 공간환경위원회, 『문화도시 서울, 어떻게 만들 것인가』, 시지락, 2002.

을 것이다. 시민의 참여도 중요하겠지만, 아무래도 활동보다는 관심이 중심인 일반 시민의 참여보다는 전문가의 참여가 조직 활동에 핵심인데, 이것이 저조했던 것이 처음 마련한 조직 구도가 제대로 활성화할 수 없었던 이유로 보인다. 상설활동 기구들도 상황은 마찬가지였다. 문화연대는 상설기구로 정책기획위원회, 문화개혁감시센터, 문화행동기획센터, 시민자치문화센터와 함께 집행위원회 산하에 사무처, 편집위원회 등을 두었는데, 문화개혁감시센터는 2000년, 2001년 국정감사 감시 활동에 적극 참여한 뒤로 동력의 부족으로 나중에 신설 강화된 정책실의 활동으로 수렴되었고, 정책기획위원회 역시 자체 정책 개발 능력을 기를 정도의 역량을 갖지는 못했고, 문화행동기획센터의 경우는 예술인들의 참여 부족으로 상근활동가 혼자서 꾸려가고 있는 실정이다. 자문변호단도 변호사 두세 명 이외에는 활동이 저조하다.

그러나 지난 3년 동안 조직 활성화를 위한 노력과 성과가 없었던 것은 아니다. 그동안 위원회의 변동사항을 보면, 시민자치문화센터가 사단법인의 자격을 취득하며 활동을 강화했고, 이 센터의 하위단위로 있던 청소년위원회가 독자적인 위원회로 승격했고, 시청각위원회도 매체문화개혁위원회로 바뀐 뒤 신문방송 등 대중매체, 문화산업의 현안을 다루는 집행력을 조금씩 갖추게 되었고, 출범 초부터 발간된 월간 『문화연대』의 경우도 편집위원회의 '상대적 자율성' 보장과 편집장의 헌신으로 문화개혁 의제들과 쟁점들을 발굴하여 주목받는 사회운동 단체 발간 간행물의 위상을 갖게 되었다. 특히 강조할 점이 정책실의 조직 보강과 활동 강화다. 문화연대의 정책기획 기능은 당연히 정책기획위원회의 소관이었으나 정책위원들의 참여 부족으로 위원회 활동이 부진하던 것을 2000년에 신설한 정책실의 기능이 2001년 봄부터 강화되면서 보강될 수 있었다. 현재 정책실은 세 명의 활동가를 보유하고 있으며, 문화개혁감시센터 활동을 대체함과 동시에 정책기획위원회의 실질적 집행단위가 됨으로써 문화연대 전체의 정책 방향을 조율하는 기능을 맡고 있다. 또 하나 언급할 조직상의

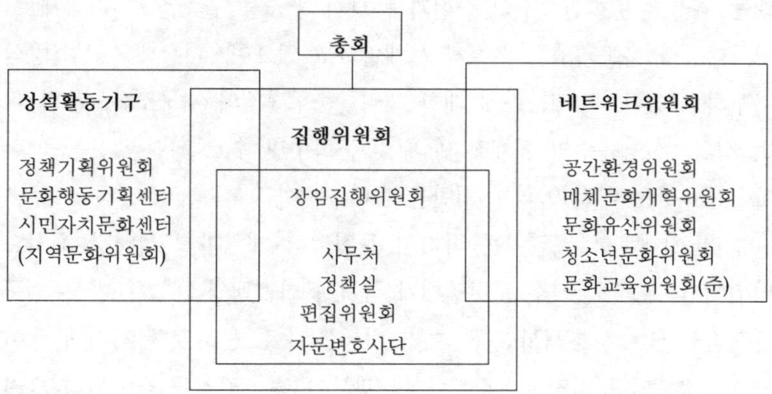

변화는 문화교육위원회 신설 계획이다. 이 위원회는 공교육 정상화를 위한 해결방안은 문화교육의 강화라는 관점에서 2002년 초부터 활동을 벌여왔으며, 지금은 상근활동가를 확보하여 전국교원노조와 밀접한 협조관계를 유지하면서 곧 발족할 예정이다. 현재 문화연대의 조직은 위와 같다.

문화연대의 실무역량은 부족한 점이 없지 않지만, 다른 문화운동단체들과 비교하면 조직이나 운영이 그런 대로 견실하고 활동도 왕성한 편이다. 2001년 초 제대로 준비를 하지 못한 상태에서 상근활동가를 10명으로 늘인 뒤 운영의 미숙함이 노출되기도 했으나 정책실 강화, 상근활동가들의 경험 축적 및 역량 증가로 초기에 문화연대 활동에 참여하리라 기대한 집행위원들의 관심이 떨어져 나감에 따라서 생겨난 역량의 동공 현상을 그런 대로 극복할 수 있었다.

운동과제와
실천방식

이미 언급한 대로 문화연대의 결성 취지는 '문화사회'의 건설이다. 문화사회를 건설하려면 무엇보다도 사회의 문화적 개혁이 중요하다. 문화연대는 따라서 문화민주주의 실현과 문화적 공공성 구축을 주요 과제로 삼고, 다양한 운동과제를 설정하고 개발하고 있으며, 나름대로 실천방식을 강구하고 있다. 지배문화에 대한 개입, 문화정책의 재구조화, 문화적 권리 쟁취, 신자유주의 세계화 반대 및 문화주권 수호를 위한 운동을 펼치고 있는 것은 이런 인식에 기반을 둔다.

먼저 지배문화 개입에는 국가의 문화정책 개입과 문화시장 개입으로 나뉘어진다. 출범 직후 문화연대가 국가 문화정책에 개입한 방식은 '문화개혁감시센터'를 통해서였다. 초기 활동은 주로 문화정책 감시에 두어졌는데, 정부의 문화정책 감시로는 문광부가 총 550억을 들여서 지으려고 한 '천년의 문' 사업을 중단시킨 것을 대표적 사례로 꼽을 수 있다. 문화정책 감시의 대상은 물론 중앙정부에 국한되지 않는다. 문화연대는 1999년 이후 해마다 다른 사회단체들과 함께 국정감사 감시 활동을 통한 국회의 의정활동 감시를 해왔고, 문화정책의 감시를 제도화하기 위한 노력으로 '문화감리' 개념을 도입, 이를 경기도문화재단에 제안하여 경기도 문화행사 감리를 시도했고,[21] 2001년에는 25개, 2002년 29개 지자체의 지역문화축제에 대한 평가 사업을 실시했고,[22] 문화재 보호운동을 벌여왔다.[23] 또한 광주비엔날레, 과천마당극한마당 등의 파행운영에 대해서도 개입했는데, 이것은 문화관료들의 전횡을 비판하면서 문화정책에 시민, 전문가의 참여폭을 확대하라는 요구의 일환이었다.

문화연대의 지배문화 비판 및 개입 활동의 두 번째 영역은 문화시장이

---

21) 문화연대, 「경기문화재단 공모지원사업 운영개선방안 연구 및 2000년 사업 일부에 대한 문화감리 보고서」, 2001. 2.
22) 문화연대, 「지역축제실태조사와 개혁방안연구」(행정자치부 2001년 민간단체 지원사업 중간평가 심포지엄 자료집, 2001. 9. 28) ; 「지역축제실태조사결과와 개혁방안」(행정자치부 2001년 민간단체지원사업 '지역축제실태조사 및 개혁방안연구' 최종 심포지엄 자료집, 2001. 12. 28)) ; 「지역축제 실태조사 및 개혁방안 연구 종합보고서」, 2002. 1. 12 ; 「2002 문화관광부 지정 우수지역축제 상반기 평가 보고서」, 2002. 6 참조.
23) 문화연대, '하남시 고대도시유적 보존 대책을 위한 기자회견' 자료집(2000. 9. 22)을 보면 이 활동의 일면을 볼 수 있다.

다. 이 영역은 대중매체와 문화산업으로 다시 분할될 수 있는데, 두 경우 모두 대중문화 감시 성격을 띤다. 대중매체에 대해서는 대중예술 부조리 감시를 중심으로 벌어졌으며, 연예계비리 고발, 텔레비전 방송국의 가요순위프로그램 폐지 요구, 서세원 쇼와 같이 개인의 문화권력 독점 현상을 부채질하는 연예 프로그램의 폐지를 요구하는 운동을 펼쳤고, 2002년 봄에는 방송국연예기획사비리 사건을 검찰에 고발하여 이후 방송PD, 연예담당기자, 연예기획사 간부의 사법처리로 이어졌다.[24] 문화산업에 대한 개입의 중요한 형태로는 한편으로는 2001년 대중음악개혁을위한연대모임 결성을 주도하면서 문화산업을 개혁하고자 노력하고,[25] 다른 한편으로는 영화산업 연예산업에 종사하는 노동자의 생존권 문제를 다룬 것 등이 그런 경우라고 할 수 있다.[26]

문화사회를 건설하기 위해서는 비판적 개입 이외에 생성적 실천도 필요하다.[27] 문화사회 건설을 위한 문화민주주의 및 문화적 공공성 강화를 위해서도 지배적 문화정책을 비판하는 데 그치지 않고, 대안적 문화정책을 생산할 수 있어야 한다. 문화연대는 이에 따라 문화정책의 재구조화를 위한 대안 마련에 가능한 많은 역량을 투입하고 있다. 국가 정책에서 문

---

24) 문화연대 매체문화개혁위원회, 「가요순위프로그램 폐지, 어떻게 할 것인가」(대중음악개혁을 위한 1차 정기 정책포럼 자료집, 2001. 2. 8) ; 「연예인들의 인권을 다시 생각한다」(문화연대 공개토론회 자료집, 2001. 12. 12) ; 「공중파방송 연예프로그램, 무엇이 문제인가」(연예프로그램 개혁을 위한 토론회 자료집, 2002. 5. 14).
25) 문화연대, 「독립문화 활성화를 위한 대안과 정책(자료집, 2000. 11. 22) ; 문화연대, 「음반시장 활성화를 위한 음반유통 개선 방향」(제2회 대중음악개혁정기정책포럼 자료집, 2001. 5. 4), 문화연대매체문화개혁위원회 · 대중음악개혁을위한연대모임, 「한국가요시스템의 문제와 대안」(제3회 대중음악개혁정기정책포럼 자료집, 2001. 8. 29) ; 문화연대, 「음악 저작권 개선을 위한 정책포럼」(자료집, 2002. 8. 29).
26) 문화연대, 「영화산업 기층인력의 제작환경과 복지정책」(제1회 대중문화예술산업 종사자들의 생활권 확보를 위한 정책포럼 자료집, 2002. 4. 3) ; 「애니메이션산업 기층인력의 근로환경과 복지정책」(제2회 대중문화예술산업 종사자들의 생활권 확보를 위한 정책포럼 자료집, 2002. 7. 3) ; 「언더그라운드음악 종사자들의 생활환경 개선을 위한 과제」(제3회 대중문화예술산업 종사자들의 생활권 확보를 위한 정책포럼 자료집, 2002. 10. 24).
27) 고길섶, 「문화분석 글쓰기론: 생성-비판적 실천과 탈현대적 지도그리기」, 『문화과학』 12호, 1997년 가을, 145-49쪽 참조.

화의 위상을 강화해야 한다는 관점에서 문화정책의 개혁을 위한 정책보고
서를 계속 발표해온 것이나, 2002년 대통령선거를 맞아 17개 문화예술단
체의 이름으로 문화 관련 공약제안 자료집을 내는 일을 주도한 것도 이런
맥락이다. 28) 지역문화 실태 조사에서도 문화연대는 문화의 집 운영이나
축제운영 등에서 가능하면 개선안을 제시하도록 노력하고 있으며, 최근
에는 지방자치단체 공간 정책에 기여하기 위한 노력을 기울여왔다. 29) 비
판-생성적 실천을 위해 문화연대가 한 일 가운데는 공적인 프로젝트를
수행하는 일도 포함되어 있다. 중앙정부나 지방정부가 발주하는 프로젝
트 공모에 적극 참여한 것인데, 이것은 한편으로는 재정 보충을 위한 불
가피한 선택이었으나, 프로젝트 수행을 통한 연구, 조사 과정에서 문화정
책의 대안 생산 능력을 축적하려는 목적도 있었다. 문화연대가 진행한 비
판-생성적 활동으로 주목할 것으로는 월드컵기간을 통해 확인된 대중적
역능을 사회운동의 과제로 전환시키기 위한 포스트월드컵 프로젝트를 꼽
을 수 있을 것이다. 이 기획은 문화사회를 구축하기 위해서는 한국사회의
시공간을 재조직하고 아울러 주체형성의 새로운 노력이 필요하다는 관점
이 담겨 있는데, 세종로의 문화광장 만들기, 축제 만들기, 나아가서 문화
교육 운동 등의 형태로 계속되고 있다. 30)

　　문화연대는 역사적 문화운동 조직들과 협조 및 연대를 추구하면서 많
은 사안에서 공동보조를 취해왔지만 문화운동의 방식에서 다른 태도와 관
점을 취하기도 했다. 장선우 감독의 영화 〈거짓말〉과 같은 작품을 두고

---

28) 문화연대, 「'국민의 정부' 문화적 평가와 정책대안」(문화사회를 위한 정책과제 자료집,
2002. 8) ; 문화연대 외, 「우리는 문화대통령을 원한다!」(문화민주주의를 위한 '2002 대통령
선거' 공동 공약제안 자료집, 2002. 10. 15).
29) 앞서 언급한 『문화도시 서울, 어떻게 만들 것인가』를 출간한 것이 이런 노력의 일환이다.
30) 민주사회정책연구원·문화연대·체육시민연대, 「월드컵은 우리 사회에 무엇을 남겼나」
(월드컵평가대토론회 자료집, 2002. 7. 9) ; 문화연대·민교협·전교조·환경운동연합·한
겨레신문사, 「월드컵과 시민의 열정, 이제는 사회개혁으로!」(포스트월드컵 사회단체 토론
회 자료집, 2002. 7. 19) ; 문화연대, 「세종로를 문화광장으로!」(포스트월드컵 문화사회만들
기 캠페인 자료집, 2002. 7), 문화연대·전교조·환경운동연합·이미경의원실, 「포스트월
드컵: 문화사회를 위하여」(공청회자료집, 2002. 8. 22).

'표현의 자유'에 대한 해석과 태도 차이가 나온 것이 그런 예다. 민예총이나 작가회의는 '표현의 자유'를 옹호하더라도 예술적 가치를 중심으로 표현물을 평가하려 하기 때문에 음란물 표현의 자유까지 선뜻 지지하지 않는 반면, 문화연대는 음란물의 제작 역시 헌법이 보장한 기본적 문화적 권리인 표현의 자유에 속한다고 보고 이를 국가권력이 처벌할 수는 없다는 관점을 일관되게 유지했다.[31] 물론 이때 문화연대의 투쟁 대상이 된 것은 민예총이나 작가회의보다는 검찰, 영상물등급분류위원회, 청소년보호위원회, 정보통신윤리위원회 등 국가권력과 함께 기독교윤리실천위원회와 같은 보수적 시민단체였다. 문화적 권리 운동은 현재 인터넷내용등급제 반대운동, 청소년보호법 폐지 운동의 형태로 계속되고 있다. 후자의 경우 보호와 육성 논리에 따른 청소년 정책을 청소년 인권 보호와 청소년 문화 진흥을 위한 정책으로 전환시키고자 하는 운동이다.[32]

이상 언급한 영역들 이외에 문화연대가 관심을 가지고 활동하는 영역에는 신자유주의 세계화 반대 투쟁 분야가 포함되어 있다. 앞서 말한 대

---

31) 장선우 감독 이외에도 부인과 누드사진을 만든 김인규 화가, 70대 노인들의 성행위를 묘사한 〈죽어도 좋아〉 등에서 표현의 자유 쟁취 싸움에 앞장서면서도 설령 이들 작품이 음란물이라 하더라도 보호받아야 한다는 태도를 취한 것은 이 때문이다. 강내희, 「〈거짓말〉 사태가 제기한 문제들―예술의 음란성 논란과 음란물의 사회적 관리」, 『문화과학』 21호, 2002년 봄, 159-79쪽. 표현의 자유와 관련한 문화연대의 관점을 보려면 다음 자료들을 참조할 것. 문화연대, 「영화 〈거짓말〉 사태와 성숙한 시민문화의 역할」(영화 〈거짓말〉 관련 시민사회단체 합동토론회 자료집, 2000. 2. 10) ; 문화연대, 「표현의 자유와 청소년 보호, 무엇이 문제인가」(자료집, 2000. 9. 15) ; 「대중음악에서 표현의 자유 어떻게 볼 것인가?」(문화연대 공개토론회 자료집, 2001. 7. 6) ; 민예총·문화연대, 「문화예술 창작에 있어 표현의 자유 확보를 위한 제도적 방안」(2001 국정감사 문화관광위원회 정책제안서, 2001. 9. 10) ; 문화연대·영화인회의, 「완전등급제와 등급외전용관, 어떻게 볼 것인가」(영화등급제도 관련 공개토론회 자료집, 2002. 9. 13) ; 민예총·문화연대, 「표현의 자유 확보를 위한 법·제도 개혁 방향」(공개토론회 자료집, 2001. 10. 24) ; 기독교윤리실천운동·문화연대, 「성인영화전용관의 도입과 등급분류 문제」(공청회자료집, 2002. 2. 26) ; 인터넷국가검열반대를 위한 공대위, 「정보통신윤리위원회와 인터넷내용등급제, 무엇이 문제인가?」(자료집, 2002. 6. 8).
32) 이동연, 「청소년 정책의 이행과 문화정치」, 『문화과학』 27호, 2001년 가을, 344-59쪽. 청소년보호법폐지와표현의자유수호를위한공대위, 「청소년기본법 어떻게 개정할 것인가?」(청소년정책포럼 자료집, 2001. 7. 18). 문화연대 청소년문화위원회, 「청소년의 정치참여, 어떻게 할 것인가?」(청소년정책공청회 자료집, 2002. 5. 21).

로 문화연대는 스크린쿼터 사수 투쟁이 진행되는 과정에서 탄생한 터이기
도 해서 신자유주의 세계화로 인해 빚어지는 사회적 문제들에 대해 각별
한 관심을 가져왔다. 출범 직후부터 투자협정/WTO반대국민행동에 가입
하여 연대활동을 벌여온 것은 이 때문인데, 문화연대의 기본 태도는
WTO 출범 이후 고양되고 있는, 문화에 대한 경제논리 적용, 즉 '문화적
예외' 철폐 흐름에 반대하는 것이다. 현재 스크린쿼터문화연대와 함께 세
계의 '문화다양성' 제고를 위한 국제기구 건설을 위해 진행되고 있는 국제
적 논의 과정에 주도적으로 참여하고 있는 것은 이 때문이다. 33) 이것은
당연히 문화주권 운동이고, 따라서 민족문화 운동의 일환이다. 문화연대
는 현재 서울 용산의 미군기지철수, 정동 미대사관 설립 계획 반대 운동
에도 적극 참여하고 있다. 하지만 문화연대가 이 운동에 참여하는 것은
민족주의 관점 때문이라기보다는 문화적 다양성과 정체성 차이의 보존과
인정을 지지하는 소수자적 관점을 취할 때 민족문화 자체의 활력과 함께
세계의 문화적 종 다양성도 커지리라는 신념 때문이다.

다시 말하건대 문화연대의 창립 목적은 문화사회를 구축하는 것이다.
이를 위해 문화연대는 우리 사회의 성격을 근본적으로 바꿔야 한다는 주
장을 견지하고 있다. 하지만 지금까지 언급한 과제나 실천 방식에서 보듯
이 문화연대는 국가로부터 벗어난 대안적 삶의 방식을 구축하려던 80년대
식 문화운동과는 달리 개입 전략, 비판-생성의 태도를 취한다. 국가를
공공성 강화와 공공영역 확대의 수단으로 만들려는 국가의 기능전환 전략
을 구사하려 하는 것이다. 34) 문화연대는 '시민연대'라는 명칭을 사용하고
있지만 민중운동과 시민운동 노선 가운데 후자를 지지하는 것은 아니다.

---

33) 이 국제기구의 의의에 대해서는 이반 베르니에, 「문화적 다양성에 기초한 새로운 국제
기구의 창설」, 『문화과학』 31호, 2002년 여름, 305-27쪽 참조. 현재 세계문화기구 구성을
위한 연대회의(준)에는 문화연대, 스크린쿼터문화연대, 민예총, 민족문학작가회의 등 17
개 문화예술운동단체들이 참여하고 있다.
34) 이와 관련해서 문화연대에 참여하고 있는 『문화과학』 편집위원회는 2003년 5월에 열린
맑스코뮤날레에 '문화사회론'을 변혁과 이행의 전략으로 제출한 바 있다.

그보다는 운동의 시민 노선과 민중 노선이 있다면 양자를 가로지르는 태도로 문화적 의제들을 발굴하고 문화개혁을 추구하려는 쪽이다. 문화연대가 한편으로는 참여연대, 환경운동연합, 녹색연합 등 시민운동과 연대하고, 다른 한편으로는 WTO/투자협정반대국민행동에 참여하고 전교조와 문화교육 운동을 벌이는 것은 이 때문이다.[35] 문화연대는 현재 연대회의와 민중연대에 동시에 가입해 있다.

문화연대와
2000년대 문화운동의 전망

문화연대는 비교적 짧은 기간에 자체 정책 개발과 집행 능력을 갖춘 조직으로 성장한 편이다. 내부 주체 구성의 관점에서 볼 때 이것은 크게 두 가지 점이 작용한 결과다. 첫째 문화연대는 이론적 실천력을 지닌 전문가들의 참여가 다른 문화운동 단체들에 비해 높은 편이어서 문화적 실천의 관점 수립, 방향 설정, 그리고 문화정책 개발이 활발한 편이다. 문화연대가 빈번하게 정책 보고서를 발표하고, 토론회를 개최하고 있는 데서 이 점을 확인할 수 있다. 다른 한편 문화연대는 전문 능력을 갖춘 회원들을 대거 확보하고 있으면서도 상근 조직의 미비로 이를 활용하지 못하는 경우와는 달리 상근자 조직이 튼실한 편이다. 안정적인 상근 활동은 문화연대 활동영역에서 발생하는 사안들에 즉각 대처하는 능력은 물론이고, 비상근 전문가들을 조직할 수 있는 물적 기반이 되기도 한다. 전문가들과 상근활동가들 사이의 상승작용이 어떻게 지속, 발전할 것인가에 따라서 문화연대의 활동력과 정책 개입 능력을 결정할 것으로 보인다.

문화연대는 문화를 민중, 시민, 대중의 관점에서 생각하고자 하고, 문

---

35) '문화교육'에 관해서는 다음 글들을 참고. 심광현, 「교육개혁과 문화교육운동」, 『이제, 문화교육이다』, 문화과학사, 2003, 34-71쪽; 고길섶, 「학교에서 문화예술교육은 어떻게 가능한가」, 『문화과학』 27호, 2001년 가을, 67-82쪽; 강내희, 「신자유주의 시대 청소년/학생을 위한 문화사회, 문화교육」, 『우리 사회 학생, 청소년이란?』(문화연대·전교조 주최 대안적 교육과정 마련을 위한 1차 토론회 자료집), 28-47쪽.

화를 삶의 방식의 관점에서 보고자 하기 때문에 아래의 민주주의, 문화민
주주의를 지향한다. 이 문화민주주의는 '생각하고 말한 것 가운데 가장
좋은 것'이라는 의미의 문화를 대중에게 보급하는 '문화민주화'에 국한되
지 않고, 노동자, 여성, 시민이 자신에게 가장 좋은 것이 무엇인지 스스
로 발견하고, 자율적으로 선택할 수 있게 하자는 관점이다. 이것은 문화
사회를 구성하는 원칙을 문화연대 내부에서 실현하기 위한 노력의 일환이
지만, 문제점도 없지 않다. '아래의 개혁'에는 시민 참여가 필수적인데,
이미 지적한 대로 참여의 자발성이 매우 저조하고, 앞으로 개선될 전망도
밝아 보이지 않는 것이다. '시민 없는 시민운동' 현상으로 인한 문제는 우
선 재정이다. 문화연대는 상근 활동가의 인건비와 함께 각종 토론회, 분
담금, 프로젝트 비용 등에 현재 연 2억5천만원 이상의 재원이 필요하지
만, 지속적인 재정적자 부담을 안고 있다. 가장 큰 이유는 1,500명이 넘
는 회원의 회비 납부 비율이 낮다는 것이다.[36] 이 결과 문화연대 활동은
회원의 자치적 결정보다는 주로 상임집행위원회 방침에 의해 이루어지고,
또 이 활동의 상당 부분이 재정을 위한 프로젝트 수행에 바쳐진다. 문화
연대는 이런 문제를 타결하기 위해 시민자본 혹은 운동자본을 확보하는
방안을 모색하고 있다.[37]

문화연대는 출범할 당시 구상한 네트워크 형태의 조직을 아직 만들어
내지는 못하였다. 하지만 이 네트워크 형성은 문화연대의 조직 과제만이
아니라 앞으로 전체 문화운동의 활성화에도 관건으로 보인다. 서울 중심
으로 이루어지고 있는 것은 문화운동도 다른 운동과 마찬가지다. 문화운

---

36) 문화연대의 예산은 2000년 1억4천만, 2001년 2억5천만 원이었고, 2002년은 2억7천만
정도로 예상된다. 현재 이 예산에서 회비가 차지하는 비중은 정기회비, 후원회비, 특별회
비 등을 합해 30% 수준 정도인데, 이중 정기적으로 내는 회비의 비중은 10%에 불과하다.
37) 아직 실현되지는 않았으나 내부 전문가들을 활용하여 공간환경의 재구조화, 문화교육
실시, 축제계획, 문화예술가 및 전문가 네트워크 구축 등을 포함한 '문화도시 만들기' 프로
그램을 만들어 중소도시 지방자치단체에 제안함으로써 문화사회 건설을 위한 운동과 함께
재정조달을 할 수 있는 계획을 세우고 있다. 재정문제를 해결하는 방안으로는 프로덕션이
나 재단 설립 제안도 나오는 중이다.

동의 탈중앙화와 지방 확산을 하려면 역사적 문화운동가들을 포함하여 지역에서 활동하는 문화실천가들의 연대를 만들고, 문화연대도 이와 결합해야 한다. 이때 중요한 것이 각 지방에 퍼져 있는 문화운동 활동가나 단체를 서로 연결시키는 촉매 작업이다. 지금까지 역사적 문화운동과 새로운 문화적 감수성 및 요구를 결합시키고자 노력해온 문화연대 활동가들이 이 역할을 능동적으로 맡아야 하리라고 보는데, 특히 '절합'(節合, articulation) 전략이 요청된다. 절합은 분절된 부분들이 각기 자율성을 유지하면서 사안, 국면에 따라서 연대의 틀을 이룰 수 있는 방식이다. 문화연대의 활동이 조금씩 알려지면서 일부 지역에서 문화연대를 건설하려는 움직임이 있는데, 이들 조직을 중앙 문화연대의 하부조직으로 만드는 것은 '절합' 전략에 맞지 않을 것이다. 개별 지역에서 문화연대를 결성하려는 노력을 지원하는 것은 필요하겠으나, 가능한 한 독자적으로 활동하게 하는 것이 좋겠고, 이렇게 만들어지는 조직과 이미 활동중인 조직들, 개인들과 함께 서울의 문화연대도 성원 자격으로 참여하는 활동의 네트워크를 만드는 것이 바람직하다고 본다.[38]

　이런 방식의 연대활동을 사회운동 전체에 확산시키는 노력도 필요할 것이다. 예를 들어 문화연대는 최근 발표된 정부의 경제특구 신설 방침에 어떤 대응을 해야 할 것인가? 현재 노동(민주노총), 환경(환경운동연합, 녹색연합), 문화(문화연대, 스크린쿼터문화연대, 영화인회의 등) 등의 부문이 WTO/투자협정반대국민행동에 참여하고는 있지만 이 연대운동을 주도하는 사회진보연대의 담당 활동가 이외에 헌신하는 사람이 사실 없는 형편이다. 최근 전교조가 외국인학교가 경제특구에 들어올 것에 대응할 준비를 하고 있기는 하지만, 진보적 사회운동 전반을 살펴보면 운동과제

---

38) 문화연대는 지금 지역문화네트워크를 구성하기 위해 각 지역 문화운동 활동가, 단체와 함께 노력중이다. 지역문화네트워크(준)는 그동안 인천, 공주(충남), 광주(전남)에서 세 차례 준비회의를 가졌고, 2002년 11월에 고령(경북)에서 4차 회의를 가진 뒤, 2003년 초 출범할 예정이다.

의 과부하로 인해 대처가 늦으며, 특히 개별 운동조직의 지도부도 여력과 관심이 없어 보인다. 문화연대는 신자유주의 세계화 반대 운동에 참여하기 위해 국민행동에 참여해오고 있지만 역시 역량 부족으로 충분한 결합을 하고 있지 못한 실정이다. 이런 상황을 어떻게 돌파해야 할 것인가?

향후 문화연대의 활동을 전망하면서 이런 문제를 제기하는 것은 문화연대의 문화운동은 문화예술운동에 국한되는 것이 아니라, 문화개혁과 문화사회 건설이라는 더 넓은 사회적 의제까지 포함하기 때문이다. 오늘의 지배적 인간활동으로 굳은 임금노동을 중심으로 사회가 조직되고 운영되는 한 문화사회는 실현될 수 없다. 더구나 작금의 신자유주의 정세 속에서 인간적 삶의 터전이 죄다 상품시장에 지배되는 상황에서, 그리고 지금처럼 비정규직 비율이 정규직보다 높은, 비정상이 정상인 상황에서 문화사회는 꿈도 꾸기 어렵다. 문화사회가 실현되려면 자율적 삶이 최대한 확대되어야 한다. 문화운동이 진보운동 전반과 결합해야 하는 것은 바로 이런 이유 때문이다. 스크린쿼터를 지켜내고, 문화예술의 주권을 지키는 성과를 문화운동이 거둔다고 해도, 신자유주의 세계화로 삶의 조건 전반이 황폐화하고 만다면, 그 성과는 별로 의미가 없을 것이다. 문화운동은 사회운동의 도구도 아니지만 그렇다고 하여 그 자체로 독립적인 운동도 아니다. 따라서 문화예술 운동을 사회운동과 연결하고, 이 운동의 진보적 성격을 강화하는 것이, 그리고 이를 위해 다양한 진보운동의 절합을 지향하는 것이 문화연대가 나아갈 방향이고 해야 할 일이라고 본다.

21세기 문화지형은 더욱더 복잡한 양상을 띠겠지만 적어도 당분간은 신자유주의 세계화의 국면에 의해 지배될 것이다. 대중의 문화적 욕구 증대와 대중매체 및 문화산업의 확산, 상품미학에 바탕을 둔 대중문화의 확산과 지배의 심미화, 초국적 대중문화자본의 침투와 민족문화의 해체 등이 신자유주의 정세 속에서 예상되는 문화적 변동의 형태들이다. 문화연대의 문화운동은 이들 변동이 문화적 사안에 국한되지 않는다는 인식에 기반을 두고 있다. 문화는 이미 좁은 의미의 문화예술의 한계를 넘어서서

한국사회 전체의 변동과 연계되어 있으며, 문화 분야에서 자율성과 공공
성을 구축하는 문화개혁은 그 자체로 신자유주의에 저항하는 운동의 의미
를 갖는다. 문화연대가 문화사회 건설에 기여할지 여부는 문화민주주의
의 증진, 문화적 공공성의 구축을 통한 문화개혁을 어떻게 실천하는가,
이 개혁을 얼마나 중요한 사회적 의제로 각인시키는가, 그리고 이 과정에
서 정치경제적 운동과 어떻게 긴밀한 연대를 이룰 수 있을 것인가에 달려
있다.

14

'월드컵 현상'과 사회운동의 과제
—문화사회의 건설[*]

글을
시작하며

월드컵이 끝난 지도 두 달이 가까워온다. 2002년 6월 한 달을 경이와 도취, 감동과 충격, 혹은 실망과 분노로 수놓던 '한여름 밤의 꿈'은 저 멀리 사라진 듯하다. 하지만 축제는 끝났어도 모든 것이 다 끝난 것은 아니다. 월드컵에 대한 평가와 분석, 그리고 '포스트월드컵'으로 지칭되는 사후적 과제가 남아 있기 때문이다. 월드컵이 끝난 뒤 다양한 시도를 통해 '월드컵 현상'의 실상과 의미, 그것이 제기한 사회적 문제와 과제를 둘러싼 분석, 해석, 평가, 판단의 노력이 있었던 것은 사실이다. 하지만 이들

---

[*] 2002년 7월 19일 문화개혁을위한시민연대, 민주화를위한전국교수협의회, 전국교직원노동조합, 환경운동연합, 한겨레신문사가 공동 주최한 '월드컵과 시민의 열정, 이제는 사회개혁으로!' 토론회와, 같은 해 8월 22일 문화개혁을위한시민연대, 전국교직원노동조합, 환경운동연합, 국회의원 이미경 공동 주관의 '포스트월드컵: 문화사회를 위하여' 공청회에서 발표한 글이다.

노력이 제대로 방향을 잡은 것으로 보이지는 않는다. 신문과 방송의 경우 월드컵의 의미를 짚어낸다고 예의 호들갑을 떨었지만 관심이 주로 히딩크 감독과 대표선수들의 영웅화 아니면 상품화에 국한되었고, 언론에 투고한 전문가들의 진단도 "한국인의 가능성을 확인했다"는 식의 어설픈 수준에 지나지 않았다. 이런 식의 접근은 월드컵 현상의 실상과 그 의미를 둘러싼 해석과 평가, 월드컵의 문제점, 혹은 그것이 제기하는 사회적 과제를 둘러싸고 일어날 수 있는 쟁점이나 논란을 오히려 축소한다. 이 글은 사회운동의 관점에서 '월드컵 현상'을 다시 파악해보고, 그에 대한 기존의 해석과 평가를 점검하면서 월드컵 이후 사회운동의 과제를 추출하기 위한 목적에서 마련된 것이다.

'월드컵 현상'의
복잡성

위에서 이번 월드컵을 '축제'라고 불렀다. '축제'는 신명나는 잔치를 가리킨다. 한국인이 이번만큼 오랫동안 기쁨에 들뜬 적이 과연 있었는가 생각하면 이번 월드컵은 분명 잔치였다. 하지만 축제를 신명의 관점에서만 볼 것은 아니다. 축제는 반드시 즐겁고 유쾌한 것만 품지 않는다. 러시아의 문화이론가 미하일 바흐친에 따르면 축제 혹은 카니발은 산천을 진동시키는 우주적 웃음 현상이다. 여기서 웃음은 어떤 넉넉함이다. 미와 추, 선과 악, 고귀함과 비천함을 나누는 지배적 질서가, 삶과 죽음, 즐거움과 고통, 정의와 불의를 관계짓는 일상의 틀이 이 웃음에 의해 뒤집힌다. 이런 이유로 축제는 곧잘 난장으로 여겨지고, 금욕주의와 경건주의 태도를 지닌 세력이 금기하는 대상이 된다. 이번에도 사람들, 특히 10대 청소년들은 경건한 숭배의 대상으로 여겨지던 태극기를 마음껏 '유린'했다.

월드컵 축제는 거대한 지진과도 같았다. 수십만, 수백만 붉은 정열의 마그마, 그것은 거대한 힘의 분출이요, 그 자체로 위력적인 에너지의 표현이었다. 혹자는 이 에너지를 한민족의 기질적 역동성으로, 혹자는 6월 항쟁의 민중적 에너지로, 혹자는 파시즘의 대중심리로, 혹자는 자본과 언론에 의한 대중선동으로, 혹자는 억압받는 10대와 여성의 자기표현으로 이해한다. 월드컵 현상을 둘러싸고 관점, 판단, 주장이 이처럼 서로 경합하고 분분한 것은 이번에 분출된 용암이 그만큼 거대하고 다면적이기 때문이 아닐까 싶다. 상반된 주장과 관점이 각자 나름대로 일리가 있어 보이는 것도 그 때문이다. 파시즘에 대한 우려도, 국가주의에 대한 경고도, 대중의 자발적 참여라는 판단도, 자본과 권력과 언론의 개입에 대한 지적도, 한국인의 신명에 대한 감탄도, 젊은 세대의 자기표현 능력에 대한 경탄도 모두가 일리가 있고 그럴 듯해 보인다.

하지만 바로 그런 이유 때문에 이들 반응과 주장은 어느 하나 그 자체만으로는 충분하지 못하다. 젊은 세대의 자기표현을 긍정적으로만 보기에는 그들이 외친 '대~한민국'은 너무나 국가주의적이다. 하지만 이 '기호'에서 국가주의만 읽어내기에는 기표와 기의의 관계가 너무 자의적으로 설정된 것 같다. 아무리 목청껏 외쳐도 '대한민국'이라는 기표는 그것을 고정시킬 기의와 유리된 채 허공으로 떠도는 듯 들렸기 때문이다. 대중의 동원 여부도 쉬 판단하기 어렵다. 대중이 동원되었다고 하기에는 인터넷을 활용하여 서로 정보를 교환하며 모여든 사람들의 주체적 의지를 무시하는 일이 될 것 같고 자발적 참여만을 주장하기에는 월드컵 뉴스로 도배한 미디어의 동원 전략을 애써 무시하는 것처럼 보인다. 시청 앞 광장에 모인 인파를 6월 항쟁 당시 '독재타도!'를 외치던 민중적 에너지의 재현으로만 보는 것도 문제가 있다. 1987년의 대중은 사회정의를 요구하며 군부독재에 항거했지만 이번에 시민들은 한국팀의 선전에 감격해하며 '한국사회 발전'의 현실을 즐겼다. 수십만, 수백만 사람들이 '붉은 악마' 티셔츠를 입은 모습에서 레드 콤플렉스 극복만을 읽어내는 해석도 역시 일면적이다. 붉은 옷을 입은 군중한테서 사회주의 이념의 지지와 용인을 발견하기에는 그들의 탈이데올로기적 경향이 너무 분명했기 때문이다. 붉은 악마 현상은 그렇다면 파시즘의 발흥을 예고한 것일까? 파시즘과 집단적 광기를 공유한 측면이 있긴 하지만 이번의 군중한테서 파시즘의 특징인 집단적 엄숙주의, 배타적 민족주의, 사회주의 증오 등이 강렬하게 나타나지는 않았다. 물론 이런 다양하고 복잡한 군집 현상이 일어나는 동안 단병호 민주노총위원장이 구속되어 있었고, 시그네틱스 노조, 병원 노조의 파업이나 외국인노동자의 권리요구 투쟁이 뒷전으로 밀려난 것은 사실인데, 그렇다고 길거리 응원을 하러 나선 사람들이 노동탄압을 지지하는 행사에 동원되었다고 할 수는 없다. 월드컵 현상은 거대한 마그마 현상이었고, 내부에 무수히 많은 이념적, 정서적, 행동상의 정서적 굴곡과 차이들을 가진 하나의 복잡성이었다.

2002년 6월, 우리가 본 거대한 축제, 마그마를 분출하며 일어난 지진이 단순한 구성이 아니라면 통합적 시각에서 그것을 파악할 필요가 있다. 하나는 하나가 되기 위해 무수히 많은 다름을 품어야만 한다. 한꺼번에 수십만 수백만이 움직이는 것을 보고 감격과 경악, 감동과 우려 어느 한 쪽 반응만 드러내는 것은 그 현상을 단순화하는 일이다. 수백만이 강제로 동원될 수는 없으며, '대~한민국' 구호를 함께 외친다고 단일한 목소리만 내는 것은 아니다. '대~한민국'이 큰 소리로 들린 것은 개인들 각자의 목소리가 합쳐지고, 서로 다른 꿈이 모여든 총합의 결과다. 물론 개인에 따라 집단적 동질감을 가졌을 수 있고, 이데올로기적 호출을 통해 지배질서에 포섭되어 개인적 특이성을 구현하지 못했을 수도 있다. 하지만 이런 해석만 고집하는 것은 개인들이 지닌 다양한 역능을 무시하는 것이며, 이번 축제에서 나타난 '하나됨'의 의미를 단순하게만 파악한 결과다. 거대한 용암으로 모인 사람들은 계급, 직업, 성차, 성애, 세대, 지역 등에 의해 분할되어 있었고, 따라서 노동자로서, 학생으로서, 여성으로서, 동성애자로서, 10대로서, 지역인으로서 그리고 그것도 서로 다른 처지에서 '축제 마당'에 참여했다. 이들의 시선과 관심이 축구경기 장면과 그것을 중계하는 전광판 화면에 쏠렸던 건 사실이다. 이 화면을 축구경기를 통한 국가간 경쟁, 언론이 부추긴 국가주의와 스포츠스타 시스템, 기업의 이미지 제고 전략과 스포츠상업주의가 채운 것도 사실이다. 한국팀이 연승을 거두자 히딩크 감독의 지도력을 경영 전략에 도입하자는 식의 제안이 난무한 것도 사실이고, 8강에 탈락한 이탈리아 사람들이 FIFA와 한국의 결탁 혐의를 제기하자 이를 두둔하는 중국 등지의 언론보다는 그것을 비판하는 언론만을 옳다고 보는 자국 중심적 판단이 판을 친 것도 사실이다. 하지만 월드컵 행사 과정에서 이런 것들만 보고 들었다면 또한 많은 것을 듣지 못하고 보지 못한 셈이 된다. 좀더 세밀하게 월드컵 기간 동안에, 월드컵 현상 속에 무슨 일이 일어났으며, 어떤 일들이 포함되어 있었는지 확인해볼 필요가 있다.

광장에서
벌어진 일들

2002년 6월 한국의 광장들에서 실제로 어떤 일이 일어났는지 아직 정확하게 파악할 수는 없다. 사실의 실증과 확인은 구체적인 자료들을 수집하여 좀더 면밀하게 분석해야 가능하겠지만 여기서는 현재까지 확인한 사실들만으로 이번의 월드컵 현상을 주로 '광장'에서 일어난 일을 중심으로 살펴보고자 한다.

먼저 연인원 2천만 명이 훨씬 넘는 '붉은 인파'가 형성되기 위해서는 온갖 종류의 사람들이 온갖 방식으로 참여해야 가능했다는 점을 인정해야 할 것 같다. 이번 인파에는 어린 자녀에게 일생일대의 장관을 체험시키려고 나온 30대 가장, 가사노동을 피해 길거리에서 스트레스 발산을 하기 위해 나온 주부, 수업을 빼먹고 나온 중고등학생, 페이스페인팅을 하며 자신의 끼를 한껏 발산하는 젊은 여성, '조국과 민족의 영광'을 확인하러 나선 보수우익 장년, 월드컵 준비과정에서 철거당했다가 길거리 응원판이 벌어지자 한몫 잡기 위해 뛰어든 노점상 등 온갖 군상이 포함되어 있었다. 이런 다양성이 없었다면 지난 6월 한국의 거리를 휩쓴 거대한 붉은 용암은 형성되지 않았을 것이다. 헬리콥터에 장착된 카메라의 원거리 초점에 따라 보면 서울의 광화문 일대, 시청 앞 광장에서 벌어진 길거리 응원은 웅장하고 거대한 용암의 흐름, 그것도 단일한 흐름으로만 보인다. 하지만 거리 위 실제 풍경에서는 미시적으로 확인되는 행동과 동기와 의도와 희망의 다양성이 있었다.

거리 응원의 양상, 광장에서 보인 군중의 행태는 시공간 조건에 따라서 달랐다. 이번에 형성된 광장들은 각기 나름대로 특색이 있었다. 서울의 경우 특히 주목할 곳이 광화문 일대였다. 이곳은 월드컵이 있기 전부터 '붉은 악마들'이 모여들었던 거리 응원의 메카였던 탓에 이번에도 축구 팬들이 주로 모여들었는데, 나중에는 10대가 합류하여 이번 거리 응원의 중요한 한 형태를 보여준 곳이다. 이곳에는 사람들이 새벽부터 모여드는 열성을 보였고, 운집한 뒤로도 경찰의 저지선 속에 있기는 했지만 동원된 대중의 순응하는 모습만은 아니었다. 이 점은 경기가 끝난 뒤 이곳이 일종의 카니발 공간으로 전환된 데서도 확인된다. 이탈리아전이 끝난 뒤 시청 앞 광장의 인파가 삽시간에 해산된 데 반해 이곳은 청소년들이 '점거'하여 새벽 두, 세 시까지 난장을 벌였다. 신촌 로터리 일대는 경기가 진행되는 시간 동안 거리 응원은 한산했던 반면 경기가 끝난 이후가, 특히 거리를 점유한 뒤 벌어진 난장(亂場)이 더 중요한 의미를 지닌 편이었다. 이곳의 인파는 인근 대학 캠퍼스나 일대의 술집 등에서 경기 시청을 한 뒤 경기가 끝나면 거리 장악을 위해 모여들었다. 포르투갈과의 경기에서 이겨 한국팀의 16강 진출이 확정된 날 밤 군중이 지나가던 버스를 멈춰 세우고 몇몇이 버스 지붕 위에 올라간 모습이 TV 화면에 전해진 곳도 이곳이었다. 이런 난장의 모습은 신촌 일대에 대학교가 밀집해 있고, 대학생들의 시위문화 전통이 강하게 남아 있다는 점과 무관하지 않을 것이다. 4강전에서 독일에 패배한 날 밤에도 이곳 대학생들은 경찰의 '저지선'을 뚫고 거리를 점유하기도 했다.

물론 권력의 동원 노력이 없었던 것은 아니다. 서울의 경우 반미시위를 두려워하여 미대사관이 있는 광화문 일대보다는 좀더 안전한 시청 앞 광장으로 사람들이 모이도록 유도한 건 사실이다. 미국과의 경기가 있던 6월 10일 사람들이 시청 앞 광장에 모인 것은 정부와 서울시가 방송사와 유명가수를 동원하여 이곳에 '열린 음악회' 형태의 공연을 기획한 것이 계기가 되었다. 한국 '길거리 응원'의 대명사처럼 세계에 알려진 이곳의 응원은 따라서 기획된 측면이 없지 않으며, 이쪽 인파가 주로 30대 이상의 시민, 회사원이나 가족 단위의 참여로 구성되었다는 것 역시 이 점과 무관하지 않다. 그리고 거리 응원이 있기 전부터 SK 텔레콤이 영화배우 한석규를 내세워 '짝짝짝 짝짝 대~한민국' 구호가 나오는 광고를 집중해서 홍보한 결과 사람들이 그 리듬에 익숙해진 것도 '붉은 악마' 회원이 아닌 일반인들이 집단 응원에 참여하게 된 계기였다. 하지만 이런 기획 동원은 부분적인 현상이었을 뿐, 전체 분위기를 주도했다고 할 수는 없다.

이번에 열성적으로 거리를 메운 다수가 그동안 공적 공간에서 소외당해온 청소년과 여성이었다는 점도 주목해야 한다. 여성의 경우 어린 청소년에서 중년에 이르기까지 다양한 사람들이 참여한 것으로 보이는데, 이들이 왜 그리고 어떻게 거리 응원에 대거 참여했는지 이해할 필요가 있다. 이번에 두건, 탱크 탑, 망토, 앞치마, 스커트, 바지 등 다양한 용도로 태극기를 사용하고, 태극기 문양으로 페이스페인팅, 손톱 및 발톱 화장을 하는 '태극 패션'을 주도한 것은 젊은 여성들이다. 하지만 과감하게 문신과 태극기 치마를 두르고 밤거리를 활보하는 중년 여성도 적지 않았으며, 이들 가운데는 김남일 등 새롭게 스타로 등장한 젊은 선수들의 열성 팬이 되는 경우도 많았다. "남성의 몸에 대한 공개적인 찬사, 집과 직장으로 이어진 폐쇄된 공간을 거부하고 밤의 시간, 열린 광장, 군중의 형성에서도 여성이 주체가 될 수 있다"는 것을 보여준 것이다.

이상의 사실로 판단할 때 거리를 메운 인파를 동원된 것으로 파악하는 것은 이번 월드컵 현상에 대한 일면적 해석이 아닐 수 없다. 이와 관련하여 주목해야 할 사실 하나는 이번 광장 문화의 형성에 '노동거부' 태도도 한몫 했다는 점이다. 개인적으로 휴가를 내거나 심한 경우에는 축구 응원을 하기 위해 사직을 하는 경우도 있었고, 아예 상점 문 걸어 잠그고 길거리로 나선 자영업자도 있었다. 휴업을 하거나 어차피 직원들이 축구 응원에 정신이 팔린 판에 조업을 해도 능률이 오를 리 없다고 판단한 직장에서는 집단 휴업을 감행하기도 했다. 각종 학교나 학생들한테서도 비슷한 현상이 일어났다. 대학생은 6월 중순에 이미 방학을 한 터라 문제가 없었고, 학기가 끝나지 않은 중고등학교에서는 단축 수업을 하기도 했으며, 학생들은 수업이 끝나면 각자 내키는 대로 응원에 참여한 것으로 보인다. 입시생도 예외는 아니었다. 내가 아는 한 입시생의 경우 새벽까지 트럭을 타고 다니며 기분을 내기도 했다. 수업시간을 빼먹는 일은 노동거부와 마찬가지다.

사람들은 이처럼 다양한 이유로, 그리고 다양한 시공간적 조건 속에서 거리로 나섰고, 광장을 점유했다. 이번 광장 문화는 분명 월드컵 축구 경기로 인해 조성된 것이 분명하다. 월드컵이 실질적으로 초국적자본인 FIFA에 의해 지배되고 있고, 국가간 경기를 통한 국가경쟁력의 수사학과 국가주의를 전제하고 있는 것도 분명하다. 하지만 복잡성으로서 월드컵 현상은 국가주의나 초국가주의, 심지어 축구로도 환원되지 않는다. 사람들이 즐거워한 것도 어느 한 이유 때문만으로 설명되지 않는다. 그들은 한국 대표팀 선수들이 경기를 잘 풀어가는 것을 보고 열광하기도 했지만, 대표팀에 발탁되기 전까지는 무명이던 선수들이 선전한 것 때문에 더 열광했다. 꼭 축구 때문에만 열광한 것 같지도 않다. 전국 곳곳에 설치된 전광판 앞에 군중이 모인 유일한 목적이 축구에 국한될 리 없다. 축구 시청과 응원이 주된 목적이었음을 부정할 순 없지만 그냥 축제 분위기를 즐긴 사람들도 많았다. 아마 이번만큼 대중이 마음껏 '즐긴' 경우도 드물 것이다. 또 중요한 사실은 즐기는 방식이 복잡하고 다양했다는 점이다. 혹자는 축구가 좋아서, 혹자는 응원 분위기가 좋아서, 혹자는 자기 표현의 기회를 만끽하려고, 혹자는 일탈의 기회를 즐기려고, 혹자는 자동차 없는 거리가 좋아서, 혹자는 대한민국의 '위대함'을 확인하기 위해, 혹자는 경찰 저지선 돌파의 해방감을 맛보기 위해 광장으로 몰려들었다. 이쯤 되면 지난 6월의 '광장'에는 수많은 다양한 일들이 벌어졌다고 할 수 있겠다.

축제에
묻힌 것들

이미 많은 사람들이 지적한 대로 이번 축제 기간에 좋은 일만 있었던 것은 아니다. '붉은 악마 현상' 혹은 '월드컵 현상'이 6월 한 달간 세상을 지배하는 동안 세상에는 다른 일도 많이 발생했다. '지나치다'는 말만으론 부족할 정도로 방송과 신문이 월드컵 뉴스로 화면과 지면을 덧칠했지만 이 엄연한 사실을 숨길 수는 없다. 축제 기간 동안 한국인이 '진정 하나가 되는' 경험을 했다고 지배집단은 떠들었지만 '또 다른' 한국인이 있었다는 사실을 부정할 수는 없다.

축제 기간에도 이전과 마찬가지로 민중의 삶을 짓누르는 사회적 모순과 갈등은 작동하고 있었다. 시그네틱스 노조, 병원노조, 외국인 노동자 등이 투쟁을 계속하고 있었고, 수많은 노점상도 삶의 터전에서 '철거'당했다. 축제의 흥분 속에 노동자계급이 탄압을 받고 외면을 받는 사이에 대우자동차가 GM에 헐값으로 팔려갔다는 점도 기억할 필요가 있다. 이런 점에서 인권운동사랑방이 제출한 '붉은 악마 현상'에 대한 비판은 의의가 있으며, 납득이 간다. 이 단체는 논평에서 응원 열기를 정의에 대한 열망이 아니라 승리에 대한 열망이라 규정했다. 나는 위에서 분석한 것을 토대로 이 열기 안에 승리에 대한 열망만 있었던 것으로 보진 않지만 응원열기가 가열되면서 사회정의가 실종되는 측면이 있었다는 지적에는 동의한다.

축제의 열기 속에서 우리가 비판적으로 검토해야 할 사안들, 뒤돌아봐야 할 점들, 많은 다른 사회 문제들이 무관심의 늪 속에 파묻혔다. 미군이 쳐놓은 고압전선에 감전해 고생하다 사망한 정동록씨 사건, 여중생 두 명이 미군 전차에 깔려 숨진 사건 등은 뒷전으로 밀려났다. 월드컵 열기 속에 FIFA가 얼마나 많은 문제점을 지니고 있는 조직이라는 사실도 완전히 묻혀버렸으며, 축구공을 만들기 위해 방글라데시와 파키스탄 아동들이 어떤 열악한 상황에서 노동을 하고 있는지도 제대로 부각되지 않았다. 월드컵 기간 동안에는 헌법이 보장하는 '집회·시위의 자유'에 대한 침해도 예사로 일어났다. 정부가 월드컵 전에 '국가 이미지를 훼손하는 불법파업과 집단행동을 엄중 처벌하겠다'며 월드컵 경기장 반경 1km와 선수단 숙소 600m 안쪽을 특별치안구역으로 설정해 집회·시위를 금지했기 때문이다. 한겨레신문에 따르면 "경찰은 이에 따라 대우자동차판매노동조합이 최근 전국의 월드컵 경기장과 선수단 숙소 등 67곳에 낸 집회신고에 대해 모두 금지 통고를 했다. 또 현행법상 사전신고대상이 아닌 1인 시위까지 금지해 지난 3일에는 서울 ㅁ호텔 앞에서 1인 시위를 하고 있던 대우자판 노조 관계자를 연행했다"(2002. 6. 8).

2002년 6월 한국에는 가장 많은 '빨갱이'가 거리로 나왔지만 6월 13일 지방자치 선거에서는 가장 보수적인 정치집단이 승리를 거두었다. 지방자치 선거는 풀뿌리민주주의를 정착시키려면 중요한 정치 절차인데도 민주노동당이 그런 대로 선전한 것을 제외하면 보수우익을 위한 잔치가 되어 버렸다. 대통령 두 아들의 부정과 비리가 유권자들의 실망과 분노를 사고, 선거판 자체가 선택의 폭이 없었다는 점도 무시할 수는 없지만 어쨌거나 이번 선거의 결과 지역주민들은 앞으로 4년 동안 우익집단의 전횡으로 고생하게 되었다. 월드컵 현상이 이런 선택을 부추긴 중요한 한 원인임을 부정할 수는 없을 것이다. 한국기독교교회협의회(KNCC) 언론모니터팀이 5월 10일부터 6월 7일까지 방송 3사의 선거보도를 관찰한 데 따르면 "뉴스시간을 포함한 방송시간 대부분을 월드컵 관련 내용이 차지하고 있어 상대적으로 지자체 선거보도가 축소되고 있다"(한겨레, 2002. 6. 11).

축제가 끝난 지금도 사회적 문제는 그대로 남아 있다. 특히 노동탄압이 여전하다. 며칠 전만 하더라도 전경련을 위시한 경제5단체장은 월드컵 축제를 빌미로 '불법파업행위'가 더 늘었다며, 정부가 강력하게 대응할 것을 촉구하고 나섰고, 이 와중에 단병호 위원장은 7월 11일 서울 고법에서 열린 항소심에서 1년 6개월의 형을 선고받았다. 월드컵의 축제가 그 자체로 사회적 모순을 해결하는 것은 아님을 여실히 보여주는 대목이 아닐 수 없다. 7월11일 인권운동사랑방, 인권실천시민연대, 사회진보연대 등 12개 인권단체가 발전노조 인권실태를 조사해 발표한 바에 따르면 오늘 한국에서 노동운동이 어떤 교묘한 탄압을 당하고 있는지 분명해진다. "이 조사 보고서는 노동자들에 대한 무차별적 가압류, 손배소송이 신종 노동탄압의 강력한 무기로 자리잡았음을 보여주고 있다. 또 노동자들에게 굴종을 강요하는 서약서를 징구(徵求)함으로써 헌법이 보장한 양심의 자유를 유린한 사실도 밝히고 있다."이 소식을 전하는 홍세화 한겨레 기획위원의 말은 계속된다. "민주노조에 대한 불법 규정과 노조 지도자들에 대한 신체적 탄압을 주로 했던 독재시대와 달리, 김대중정권 아래의 신종 노동탄압은 직권중재제도 등 노동 악법을 최대한 활용하여 헌법이 보장하는 단체교섭권, 단체행동권을 유명무실화시키고, 가압류와 손배소송을 통하여 일반 조합원들에게까지 물질적, 정신적 압박을 준다는 점에서 훨씬 교활하고 발본색원적이다"(한겨레, 2002. 7. 15).

월드컵 축제가 야기한 지배효과를 잊어서는 안 된다고 보는 것은 이상의 이유들 때문이다. 월드컵 기간 동안 우리는 현실과 '화면'이 대체되는 것을 목격하기도 했다. 이 기간 동안 강남 성모병원에서 농성을 하고 있는 병원노조를 찾은 한 TV 방송은 농성 현장 취재를 실컷 하고 난 뒤 정작 뉴스 시간에는 병원 영안실에서 월드컵 경기를 보며 환호하는 문상객의 모습을 내보냈다. 이런 '화면'은 문상객과 상주까지 축구경기 시청에 열중인 모습을 보여주면서 오늘 한국의 현실은 오직 월드컵만으로 이루어지는 것처럼 만든다. 비난을 해도 좋으니 농성을 하고 있다는 사실만이라도 보도를 해줬으면 좋겠다는 병원노조 간부의 희망은 이런 태도 앞에서 여지없이 깨진다. 노동과 자본의 모순, 미군에 의한 한국인 인권의 유린, 빈민에 대한 국가의 탄압, 외국인 노동자의 사회적 권리에 대한 한국사회의 외면 등 수많은 사회적 의제는 적어도 6월 한 달은 월드컵만 존재하는 것처럼 구는 언론의 화면 및 지면 구성에 의해 뒷전으로 밀려난다. 축제가 아무리 신명이 나고, 거대한 용암처럼 분출하는 에너지로 작용했다고 해도 축제만으로 삶이 모두 꾸려지는 것은 아니다. 앞에서 나는 월드컵 현상을 축제로 파악한다는 관점을 취했지만, 이 현상은 축제 이외의 삶의 면모 일체를 화면이나 지면에서 배제하는 경향에 지배되고 있었다는 점에서 문제상황임이 분명하다. 그런 점에서 월드컵 현상은 축제의 관점만이 아니라 축제가 은폐한 문제들의 관점에서도 파악될 필요가 있다.

비판 —
생성의 관점

축제의 열풍이 휩쓸고 간 뒤 그래서 사람들은 묻는다. 2002년 6월 우리가 꾼 꿈은 무엇이었을까? 우리를 휩쓸고 간 그 바람은 어떤 후폭풍을 가져오고 있으며, 앞으로 우리 삶에 어떤 영향을 미칠까? 좀더 적극적으로 질문을 제기해보자. 월드컵 현상을 어떻게 해석해야 우리 삶이 나아질 것인가? 이미 언급한 대로 이번 월드컵은 다양한 의미를 지녔지만 여기서는 '월드컵 이후' 시점에서, 그리고 사회운동이란 관점에서 그 의미를 되새길 필요가 있다. '붉은 악마 현상' 혹은 거리 응원을 포함한 이번 월드컵 현상에 대한 평가에는 상반된 두 관점이 제출되어 있다. 긍정적인 것으로 보는 관점과 부정적으로 보는 관점이 그것이다. 위에서 이 두 흐름의 사례는 이미 언급한 바 있으므로 이제 이에 대한 평가와 함께 앞으로 진보진영이 어떤 태도를 취하는 것이 좋을지 생각해보도록 하겠다.

우선 월드컵 현상을 긍정적으로 이해하는 관점을 살펴보자. 이 관점에는 상반된 두 태도가 작용한다. 하나는 보수적 관점이고 하나는 진보적 관점이다. 보수적 관점에서 월드컵이 성공이라고 보는 데는 현실 긍정의 태도가 작용한다. 이 관점은 월드컵 행사가 '계층간, 지역간 갈등'을 해소하는 국민 대화합의 장을 제공했다고 보고, 이를 긍정적으로 평가하며,

나아가서 기존의 권력구도를 유지한 채 월드컵의 열매를 따먹자는 전략이다. 이들은 한국팀의 선전을 오늘 우리 사회의 지배적 역관계가 반영된 것이라 보고, 히딩크와 같은 외부의 힘을 빌어 그 구도를 연장하려고 한다. 여기서 특히 강조되는 것이 '축구 4강을 경제 4강으로!'라는 구호가 말해주듯 '경제주의' 관점이다. 이것은 박정희정권 이래 우리를 지배해온 경제이데올로기로서 한국사회가 잘 되려면 무엇보다 경제가 발전해야 한다는 태도로서, 일면적 진실만을 지닌 이데올로기다. 경제발전이 삼성그룹, 현대그룹과 같은 자본의 축적과 확장을 의미하는 한 그것 자체로 사회발전을 이뤄내진 못한다. 국가의 신인도나 기업의 브랜드 가치가 아무리 올라가도, 재벌 회장이 아무리 많이 나와도 민중의 삶의 질이 나아진다는 보장은 없기 때문이다. 월드컵의 성과를 국운융성의 기회로 삼아 '세계경제 4강'으로 나아가자는 것은 노동자, 농민, 빈민, 여성, 시민, 학생, 지식인, 동성애자 등의 삶은 어찌되었거나 한국 굴지의 자동차 회사, 조선기업, 반도체기업이 생기고, 세계 갑부가 나와야 한다는 말이다. 이런 사회발전 전략의 결과는 '20 대 80 사회'이며, '경제 발전을 통한 사회 파괴'다. 이런 식의 월드컵 이용 방식은 이번에 확인된 대중적 에너지를 활용하여 지배의 구도를 계속 연장하자는 태도다.

월드컵 현상을 긍정한다고 꼭 보수적 관점을 따르는 것만은 아니다. 붉은 악마 현상을 '레드 콤플렉스의 극복'으로 보거나, '6월 항쟁에서 확인된 대중적 에너지의 재현'으로 간주하는 사람들의 경우 우리 사회에 만연된 반공주의에 대한 비판적 인식을 지니고 있고, 1987년 민주화 운동의 물결이 다시 전개될 가능성을 반갑게 맞이한다는 점에서 월드컵 현상의 긍정을 통해 기득권을 유지하려는 보수세력과는 구분된다. 하지만 열화 같은 길거리 응원을 대중의 자발적 참여 현상으로 이해하고 긍정적으로 보는 태도에 '국운융성'을 희구하는 보수세력과 흡사한 점이 전혀 없는 것은 아니다. 이번에 진보적 민족주의 관점을 지닌 인사들 가운데 상당수는 대중적 열기를 민족적 에너지의 발현으로 보기도 했는데, 이런 태도가 국운융성을 운위하는 보수적 관점과 어떻게 다른지는 분간하기가 어렵다.

긍정적-진보적 태도에는 또 다른 흐름도 있다. 월드컵 현상을 진보적 민족주의와는 다른 대중의 새로운 사회적 요구가 제출된 계기로 이해하는 흐름이 그것이다. 이 경우 보수적 태도와도 진보적 민족주의와도 다른 관점에서 월드컵 현상이 긍정된다. 이번 월드컵 현상은 복잡성을 띠며, 대중의 반응 역시 복합적이었다는 분석을 따를 경우, 거리 응원도 진보적으로 이해하면 대중의 거리 점유로, 새로운 자기 표현을 위한 시도로, 새로운 권리 확장을 위한 사회적 요구의 제출로 이해할 수 있다. 이것은 월드컵 응원 열기를 90년대 이후 신세대를 중심으로 등장한 '팬덤현상'과 비슷하게 보는 방식이다. 이번 대중의 상당수는 수동적으로 응원하기만 한 것이 아니라 '붉은 악마'처럼 선수와 진배없는 열의와 전문성을 가지고 축구 경기에 임하고, 또 더 많은 사람들이 거리 응원에 참여케 하여 월드컵 현상을 만드는 주체적 구성 인자가 되었다. 하지만 대중의 이런 점만 강조할 경우 월드컵 현상이 배제한 사회정의 문제들은 계속 관심 밖으로 내쳐질 우려가 크다. 젊은 사람들의 열정적 응원을 찬양하다 보면 고난에 처한 민중의 삶이 외면되기도 쉽다. 또 대중의 자발성만 강조할 경우 국가주의, 파시즘에 대한 정당한 우려, 그리고 노동탄압, 미군횡포 등에 대한 비판도 무시될 가능성이 있다.

끝으로 이번 월드컵을 국가주의나 파시즘을 불러일으킬 문제현상으로 보는 관점이 있다. 정치적으로는 진보적이지만 이번에 나타난 일련의 현상들을 부정적으로 보는 관점이다. 이 관점에는 월드컵 기간 동안 소수자, 약자, 피지배자의 소외를 돌아보고 그들의 정치적 사회적 권리를 옹호하려는 올바른 태도가 들어 있다. 앞에서도 언급했지만 인권운동사랑방이 이런 관점을 표명했다. 문제는 이런 부정적 태도가 얼마나 대중적 설득력을 가질지는 불분명하다는 것이다. '붉은 악마 현상'을 부추기지 말라는 논평을 낸 뒤 이 단체의 홈페이지는 네티즌의 대대적 온라인 시위에 시달렸으며, 인권운동사랑방도 첫 번째 논평을 내고 얼마 뒤 자신들이 월드컵 기간 삶을 즐기는 대중을 주된 비판 대상으로 삼은 것은 아니라고 발명한 바 있다. 대중과 국가·자본·언론을 분리하는 것은 당연하다고 보지만, 좀더 나아갈 필요가 있지 않을까 싶다. 월드컵 현상을 비판적으로만 바라봐서는 진보적 실천의 길이 제대로 나올 것 같지 않다는 것이 나의 판단이다.

어떻게 해야 할까? 세 가지 해석 가운데 첫 번째 해석을 비판하고 경계해야 하는 것은 분명하다. 월드컵 축제를 승화시켜 국운상승의 기회로 삼아야 한다는 자본, 국가, 언론의 주장은 국민동원 전략인 만큼 사회운동을 하는 쪽에서는 수용해선 안 된다고 본다. 두 번째 해석은 어떨까? 진보적 민족주의 관점이든 대중의 다양성과 자발성을 강조하는 경우이든 월드컵 현상을 긍정적으로 전화하려는 여지가 있다고 보는 것은 생산적인 태도이지만 이미 지적한 대로 문제가 없지 않다. 대중의 자발적 참여를 강조하는 것은 수용한다고 하더라도 축구 승리나 대중적 신명에 도취되어 국운융성의 지배 전략에 놀아나거나 아니면 사회정의에 대한 외면으로 이끌릴 우려가 있어 보인다. 그렇다고 세 번째 해석의 한계가 없는 것은 아니라는 점도 이미 언급한 바다. 어떻게 해야 할까? 둘째 관점과 셋째 관점의 정확한 연대가 필요하다고 본다. 국가와 자본과 언론에 대해 비판적 태도를 취하면서도 더 나아가서 월드컵 현상에서 가능한 한 많은 진보적 사회적 개혁을 유도하는 생성의 태도가 필요하다. 진보세력에게 주어진 과제는 자본, 국가, 언론이 장악한 대세를 역전시키는 능력을 갖추는 일이다. 국가와 자본과 언론의 지배구도는 '월드컵 4강을 경제 4강으로' 전환시키자며 새로운 대중동원을 꾀할 것이다. 대중이 이 동원에 휘말리지 않도록 하기 위해 진보세력은 대중의 욕망을 충족시킬 대안을 만들어낼 필요가 있다. 이 대안은 지배전략에 대한 비판을 포함해야 하겠지만 더 나아가서 대중을 설득할 만큼 내실 있고, 실현 가능하며, 꿈꾸고 싶은 내용을 담아야 한다. 이때 중요한 것이 대중을 비판만 할 것이 아니라 대중의 욕구와 욕망과 요구를 진보적으로 해석해내어 그들의 요구를 관철시켜 사회변혁을 이루는 일이다. 이렇게 하려면 대중을 동원 대상으로 삼으려는 세력과 대중을 분리하는 것이 중요하다.

새로운
대중의 등장

그러나 과연 이 대중은 누구인가? 이 대중은 어떤 사회적 요구를 제출하는 것일까? 과연 새롭게 볼 대중이 있기나 한 것일까? 조심스럽게 말할 부분이지만 이번 월드컵 기간 동안 새로운 대중이 출현한 것으로 보인다. 이 새로운 대중 주체는 1987년을 정점으로 등장한 386 세대와는 다른 것 같다. 1987년 6월 항쟁의 주역은 그 연배가 30대 후반, 40대 초반이라는 사실이 말해주듯 이미 기성세대다. 지난 10여 년 동안 우리 사회의 가장 중요한 사회적 요구를 제출한 이 세대를 대체한 세대는 누구이며, 이들은 과연 어떤 사회적 요구를 제출하고 있는 것일까? 지금 나타난 세대의 주축은 이제 겨우 20대 초반이 아니면 아직 성년이 되지 않은 10대다. 아직까지는 이 세대가 자신의 사회적 요구와 의제를 명확하게 제출한 것 같지는 않다. 이는 이들이 공식 담론의 형태로 자신을 표현할 만큼 성숙하지 않은 때문이기도 하겠지만, 어쩌면 기존 세대가 이해하는 것과는 다른 언어로 말하고 있기 때문인지 모른다. 기호의 세 차원인 상징(symbol), 도상(icon), 지표(index)의 관점에서 생각해봤을 때 이들에게 중요한 것은 상징보다는 도상과 지표 쪽이다. 이것은 이 세대가 인터넷의 광범위한 확산과 함께 성장한 세대로서 상징적 질서 체계인 문자만이 아니라 비디오게임, 컴퓨터게임 등 문자 이외의 시각문화의 확산에 세례를 받았다는 사실과 무관하지 않다.

새로운 세대는 상징적 소통과는 다른 유형의 의사소통 방식에 익숙하다. 그들의 리터러시 혹은 문화적 표현 능력은 문자언어만을 매개로 하지 않는다. 근대 민족언어의 문자 체계가 아직 지배적 위치를 가지고 있는 것은 사실이나, 이들 세대에겐 지배적 커뮤니케이션 수단이 아니다. 문자 매체의 위치는 20세기 내내 사진, 영화, TV, 애니메이션, 비디오, 컴퓨터 등 무수히 많은 매체들이 출현하면서 계속 흔들려왔지만 인터넷이 주된 매체로 등장한 이후 이런 경향은 더욱 심해졌다. 인터넷은 '붉은 악마' 회원 확보에서나 이번 거리 응원 참가 과정에서 사람들이 서로 정보를 교환하고 대중의 열기를 확산시킨 데 중요한 역할을 했다. 그것은 적어도 아직까지는 여론 조작이나 대중 동원의 수단이기보다는 자발적 참여와 사실 확인 등에 사용되는 순기능을 하고 있다. 일부 구세대가 인터넷을 마치 인간성을 마비시키는 매체인 양 호도하고 있기는 하지만 인터넷 커뮤니케이션은 이미 인간의 삶을 규정하는 필수 조건이다.

인터넷과 같은 새로운 매체환경, 그와 연루된 소통방식과 더불어 새로운 감수성, 삶의 스타일, 표현방식이 만들어졌다. 10대 청소년과 여성이 태극기와 태극문양을 사용한 새로운 패션을 선보인 것이 대표적인 사례다. 한국에서는 전통적으로 신체를 존엄한 존재로 여겼기 때문에 몸에 문신을 하는 것은 특정 집단이 아니면 거의 하지 않는 편이다. 태극기 역시 근대역사의 굴곡진 상처로 인해 보호와 숭배의 대상으로 여겨왔다. 이번에 사람들은 거리에서 이 태극기를 머리에 쓰는 두건으로, 어깨 너머로 걸치는 망토로, 젖가슴 가리개로, 치마로, 바지로 다양하게 활용했다. 여기서 우리는 새 세대가 문화적 기호들을 새로운 감성으로 해석하는 것을 목격한다.

또 하나 지적할 점이 있다. 인터넷을 활용하는 세대 역시 신체를 가지고, 몸을 기반으로 살아간다는 사실이 그것이다. 흔히 온라인 문화의 특징은 '신체의 생략'이라 간주된다. 디지털기술의 특징은 아날로그적 과정을 생략한다는 것, 즉 물리·화학·생물학적 물질적 과정을 생략한다는 데 있다. 2천만 이상의 사람들이 길거리 응원에 나서 목이 터져라 외친 사건이 주는 교훈의 하나는 디지털혁명에도 불구하고 우리 인간은 신체를 여전히 소중하게 다뤄야 하며, 이 신체로 모든 일을 해야 한다는 점이다.

뙤약볕 아래 몇 시간씩 앉아 경기 흐름에 따라 파도타기를 하고, 소리를 지르고, 울고 웃는 것은 모두 신체가 없으면 할 수 없는 일이다. 중요한 사실이 또 하나 있다. 길거리 응원은 일시적이나마 자동차의 흐름을 막고, 자동차 대신 사람이 거리를 점유할 수 있게 했다. 오늘 한국의 도시 거리를 지배하는 것은 사람이 아니라 자동차다. 사람들은 거리에서 자동차의 눈치를 살펴야 하고, 자동차가 내뿜는 매연을 고통스럽게 들이쉬며 다녀야 한다. 월드컵 열기 속에서 군중이 거리를 점유한 사건은 거리가 자동차가 아니라 인간을 위해 존재해야 함을 인식시키는 한 계기가 되었다. 이번에 길거리에 나선 대중은 광장을 점유한 소중한 경험을 가졌으며, 특히 신세대의 경우, 1987년 6월 항쟁과 1991년 강경대 정국시기의 가두투쟁과는 다른 거리경험을 했다고 할 수 있다.

이상의 관점에서 볼 때 이번 월드컵 현상은 진보세력에게 새로운 과제를 안겨주는 것 같다. 진보세력의 포스트월드컵 과제 하나는 새로운 세대를 이해하는 일이다. 새로운 세대의 이름은 무엇이라도 좋다. 월드컵을 따서 'W세대'라 부르든, '붉은 악마'를 따서 'R세대'라 부르든, 아니면 광장을 점거했다하여 '광장세대'라 부르든 상관없다. 하지만 이들의 요구가 무엇인지 이해하려고 노력하고 이들을 위한 사회적 기반을 만드는 것은 꼭 필요하다. 이들이 자기를 표현하고 조직할 수 있는 조건, 참여할 수 있는 공간, 마음껏 쉬고 노는 여유를 보장해야 한다. 이를 위해서는 우리가 사는 방식, 우리가 '주체'가 되는 방식이 바뀔 필요가 있다. 예컨대 오늘 우리 삶을 지배하는 시간과 공간의 조직 방식, 우리 행위의 관행, 표현의 방식 등을 새롭게 정비해야 한다. 여기에 성인과 남성 중심의 사회적 구조들을 뜯어고치는 일이 포함됨은 물론이다.

'문화사회'의
건설

월드컵 현상에서 드러난 대중의 사회적 요구를 반영하기 위해서는 새로운 실천 방식을 개발하는 것이 필요하며, 특히 사회운동 진영의 자기 혁신이 필요하다고 본다. 이와 관련하여 사회운동 진영은 금욕주의, 엄숙주의를 탈피하고 '즐거운 혁명'을 실천할 필요가 있음을 강조하고 싶다. '즐거운 혁명'을 주장하는 것은 운동에서 문화적 접근이 필요하다고 보기 때문이다. 이 접근이 필요하다고 해서 정치경제적 접근이 불필요하다는 것은 물론 아니다. 그러나 정치경제적 실천이 사회변혁을 위한 충분조건이라고 생각한다면, 문화적 실천만으로 세상을 바꿀 것이라 믿는 것만큼 큰 착각이다. 문화적 층위를 배제한 채 사회 구성이 완성될 수 없는 것처럼 사회의 문화적 실천 측면을 무시하거나 문화적 의제를 외면하는 사회운동은 불완전할 수밖에 없다.

구체적으로 운동의 문화적 접근 혹은 즐거운 혁명은 어떻게 이루어지는가? 일단 '놀이'의 시공간을 확대하는 노력, 운동으로 이해할 필요가 있다고 본다. 노는 것은 일하는 것, 노동하는 것과 구분된다. 알다시피 이 구분은 근대적이다. 과거에는 일과 놀이가 함께 어우러져 있었다는 시각에 따르면 말이다. 우리말 '놀다'의 뜻을 풀이하면 꽉 맞지 않는다, 얽매여 있지 않다는 의미다. 서로 맞물리는 물건들이 아귀가 맞지 않을 때도 '논다'는 표현을 쓴다. 이런 의미의 '놀이'는 임금노동의 쳇바퀴 속에서 일상을 영위하는 사회에서는 노동의 구속에서 벗어날 수 있는 활동이나 실천을 가리킬 수 있다. 근대적 노동의 배치에서는 놀이가 노동과 양립할 수 없는 것으로 되어있었고 노동이 중심이 되었던 만큼 놀이는 사회적 활동 형태로서는 억압 대상이 되었다. 사회운동에서 문화적 접근은 이런 놀이 활동을 확대하고 강화하는 노력이다. 이 노력은 이번 월드컵 축제에서 드러난 대중의 요구에 부응하는 것이기도 하다고 본다.

이 노력을 문화사회 구성을 위한 것으로 이해하고 싶다. '문화사회'는 일단 임금노동이 인간활동의 중심일 뿐만 아니라 유일하게 가치있는 활동으로 간주되는 '노동사회'와 구분된다. 노동사회에서 인간의 활동은 노동활동의 주된 형태인 상품의 생산과 소비, 유통과 관리, 그리고 노동 주체를 양성하기 위한 노동력 형성 혹은 주체화 과정 등으로 환원된다. 인간을 상품과 직간접으로 관련된 활동만 하도록 강제하는 것이 노동사회인 것이다. 여기서 '문화사회'는 이런 노동사회가 지닌 인간적 삶의 한계를 극복하기 위해 설정한 개념으로서 임금노동의 강제성을 띠지 않는 자발적이고 자율적인 활동이 충분히 가능한 사회를 가리킨다. 이 사회에서 인간의 활동은 상품 생산을 위한 노동에 국한되지 않고 개인과 집단의 자기계발, 자율적 활동, 환경 및 생태 보호, 호혜적 삶의 영위로 확장될 것으로 전망된다.

이런 문화사회를 구축하기 위해 필요한 것은 무엇보다 자유시간이다. 자유시간이 없는 사람은 자기 반성이나 성찰, 자기 계발과 교육, 이웃과의 연대, 공동체를 위한 자원봉사 등을 할 여유가 없다. 알다시피 지금 한국인은 OECD 수준은 물론이고 세계적 수준에서도 최장의 노동시간에 시달리고 있다. 문화사회를 만들기 위해서는 특별한 시간에만 자유를 누리는 것이 아니라 자유시간이 일상공간에 침윤되는 구조를 만들어야 한다. 이번에 한국인이 경험한 월드컵 축제와 유사한 시간 범주가 일상으로 전환될 필요가 있는 것이다. 축제는 생산과 소비의 순환 구조로부터 벗어난 이차원(異次元)의 성격을 갖는다. 이런 축제를 일상화하자는 것은 우리가 사는 삶의 방식을 근본적으로 바꾸자는 제안이기도 하다. 축제가 언제 일어날지 모를 정도로 불규칙적이라면 우리의 일상은 노동이 강요하는 삶의 중압감에 대한 혐오로 너무 괴로울 것이다. 축제를 정례화하여 체계적으로 삶이 활기를 찾도록 하는 해방의 시간을 구조화할 필요가 있다.

문화사회를 구축하는 데에는 중요한 단서가 있다. 문화사회가 성립된다고 해서 생산과 소비의 순환이나 노동의 필요성이 완전히 사라지는 것은 아니다. 자유는 무에서 창조되지 않는 것이다. 우리가 지향하는 자유의 세계는 사회적 필요노동이라는 필연의 세계를 전제한다. 베짱이의 놀이는 개미의 노동 없이는 지탱할 수가 없다. 이런 점에서 문화사회는 노동 없는 사회가 아니다. 자유의 영역은 필연의 세계를 기반으로 하여 성립하는 것이다. 자유의 공간인 문화사회는 따라서 노동사회를 기반으로 해야 한다. 자연을 소재로 한 생산과 소비의 순환이 인류 생존에 필요한 필연성의 세계를 구축한다면, 자유의 영역 즉 문화사회가 구축되는 공간의 조건은 이 세계를 구축하는 노동사회다. 이런 점에서 문화사회를 건설하는 노력은 노동사회의 민주화를 위한 노력과 별도로 진행될 수 없다. 노동사회를 지배하는 것은 계급과 성차, 세대, 지역, 종족이나 민족 혹은 인종 등의 사회적 분할 선분에 의해 돌아가는 갈등과 적대와 모순이다. 이런 모순을 외면한 채 자유시간을 확보할 수는 없으며 문화사회를 구성할 수도 없다.

그럼에도 불구하고 월드컵 이후 '문화사회'를 구축할 필요가 있다고 강조하는 데에는 이유가 있다. 그동안 우리 사회는 노동사회 성격을 너무 오래 유지해온 나머지 노동사회만을 유일한 사회형태로 여기고 노동사회가 일으키는 사회적 문제들을 마치 자연스러운 문제인 양 착각하여 이 문제들을 노동사회 구도 안에서만 극복하려 해왔다. 하지만 월드컵 기간 동안 분출된 여러 사회적 힘들 가운데 주목할 것은 10대와 여성들이 보여준 것처럼 축제 분위기에 대한 심취, 강렬한 자기 표현, 노동거부 등의 현상이 포함되어 있었다는 사실이다. 이것은 그동안 우리 사회가 생략해온 자유로운 놀이의 시간을 대중이 염원한다는 것을 말해준다. 문화사회 건설의 필요성을 강조하는 것은 사회운동이 이제 대중의 이런 염원에 부응할 필요가 있다고 보기 때문이다.

사회적
공공성의 구축

하지만 새로운 사회를 건설하는 노력이 단지 세대와 성차에 대한 배려로 그칠 일은 아니다. 월드컵 현상에서 드러난 10대와 여성의 요구에 열린 태도를 가져야 하겠지만 '광장 세대'가 세대 문제와 성차 문제만 제기했다고 할 수는 없다. 10대와 여성 안에는 세대나 성차와는 다른 사회적 문제가 포함되어 있다. 90년대에 출현한 신세대에 '오렌지족', '탱자족'의 구분이 있었듯이 지금도 10대 속에는 계급적 분할에 따른 차이와 적대와 모순이 존재한다. 한국팀 승리를 축하하는 뒤풀이 과정에서도 그런 사회적 현상이 확인되었다. 광화문이나 신촌 등에서는 거리를 점유하더라도 기차놀이 등 신체적 접촉을 하는 난장놀이가 많았고 자동차를 타더라도 트럭과 같은 '서민' 운송을 이용한 경우가 자주 눈에 띄었다면, 압구정동 등 강남에서는 처음부터 개인 승용차를 타고 나와서 노는 경우가 많았다. 이것은 분명 강북 쪽 청소년과 강남 쪽 청소년의 소득 수준의 차이와 관련된 결과일 것이다.

여기서 '세대'를 꼭 연령 기준에 맞춰 이해하는 것은 잘못인지도 모른다. 사실 연령에 준하여 새로운 세대를 보는 것은 그것대로 수백만 대중의 다양성을 단순화하는 일이다. 신세대의 감수성, 그들의 새로운 감성적 실천, 그리고 여성의 요구도 중요하지만 그 밖의 사회적 대중이 드러낸 특징적 행동, 자기 표현 등도 중요하다. 이는 대중의 요구가 다면적임을 인정하고, 그 요구를 수용하는 통합적 관점을 취하자는 말이다. 나는 이 통합적 접근의 가장 좋은 방식이 우리 사회의 공공성을 강화하는 일이라고 생각한다. 사회적 공공성의 강화는 성과 세대의 분할에 의한 사회적 불평등 해소만이 아니라 계급 차별로 인한 불평등까지 해소하려는 사회적 노력의 방향이다. 이를 위해서 월드컵 기간 중에 분출된 에너지, 역동성을 사회적 평등을 요구하는 힘으로, 사회적 세력관계의 민주적 전화를 요구하는 힘으로 전환시킬 필요가 있다.

하지만 이 운동은 구체적인 프로젝트 꼴을 갖출 필요가 있다고 본다. 여기서 제안하고 싶은 것은 최근 문화개혁을위한시민연대가 제출한 '포스트월드컵 문화사회 만들기' 캠페인 내용과 동일하다. 우리의 시공간 조직을 바꾸자는 제안이 그것이다. 이 제안은 언뜻 보면 추상적으로 들릴지 모르지만 어떻게 계획하느냐에 따라서 구체적인 형태를 띤다. 지금 노동운동진영에서 제출해놓은 '노동시간 단축' 요구를 생산과 소비의 일상과는 구분되는 자유시간으로서 축제 기획과 관련짓는 것이 한 예다. 노동시간 단축도 노동운동의 구체적 투쟁 과제이겠지만 이 운동을 강력한 사회적 요구로 제출하려면 노동시간 단축이 노동자의 삶에 어떤 의미를 지니는지 구체적으로 이해하지 않으면 안될 것이다. 나아가서 자유시간을 구성하는 데, 그 작업을 축제 기획으로 제출하는 데에도 구체적인 기획과 계획과 실행이 필요하다. 공간 재조직의 구체적 형태로는 서울이나 부산, 광주나 대구 등에서 자동차에 지배되고 있는 도시거리를 사람을 위한 광장으로 전환하는 운동을 생각할 수 있다. 문화연대는 이런 노력의 일환으로 서울의 세종로 거리를 '차 없는 거리'로 만들고 주변의 정부종합청사, 문화관광부, 미국대사관, 정보통신부 등 공공건물들을 국립중앙도서관이나 현대미술관 혹은 박물관 등으로 기능을 전환시켜 서울시민을 위한 문화광장으로 만들자는 제안을 내놓은 바 있다. 이 제안은 건물과 도로가 있는 장소와 그곳의 환경을 바꿔 사람들이 실제로 사용할 수 있게 하는 일이라는 점에서 발상이나 기획에서 실행계획, 나아가 실제 공사에 이르기까지 실물을 다뤄야 하기 때문에 구체적일 수밖에 없다. 땅 위에 건물을 세우고 사람들이 그것을 이용하게 하는 일은 탁상공론으로 되지 않고 또 여러 상반된 이해관계를 조절해야 한다는 점에서 복잡한 과정일 수밖에 없다. 복잡한 현실 속에서 이런 문제를 해결해야 한다는 점에서도 이 제안은 구체적이다.

이런 제안이 어떤 면에서 사회적 공공성을 강화하는 노력인가? 우선, 세종로 거리를 문화광장으로 만들자는 것은 이곳을 공중을 위한 광장으로 만들자는 것이기 때문이다. 세종로 일대는 전근대에는 왕권이, 식민지 시대에는 제국주의 권력이, 그리고 해방 이후에는 군사독재권력이 지배해온 곳이다. 이런 권력의 공간을 시민을 위한 공간으로 전환시키는 것은 그것 자체로 사회적 공공성을 강화하는 일이다. 하지만 세종로를 문화광장으로 만드는 것 자체로 사회적 공공성이 충분히 강화되는 것은 아닐 것

이다. 그럴듯한 광장을 만들어놓아도 일부 시민만을 위한 공간으로 사용
된다면 사회적 공공성을 운위할 수는 없다. 문화광장이 진정 공공공간이
되려면 전문직 종사자, 화이트컬러 회사원만이 아니라, 주부와 10대 청소
년, 나아가서 블루컬러·비정규직·외국인 노동자, 동성애자도 쉽게 접
근할 수 있어야 한다.

　문화광장의 조성이 우리 사회의 좀더 근본적인 변혁을 전제하는 것은
이 때문이다. 현재 세계 최장에 속하는 노동시간을 대폭 축소하고, 이로
인해 생겨난 자유시간에 삶의 여유를 추구할 수 있으려면 민중 일반의 소
득이 일정한 수준에 오르지 않으면 안 된다. 이를테면 비정규직노동자도
'자유시간'을 즐길 수 있도록 사회복지가 제공되어야 하는 것이다. 문화광
장 조성을 시민운동 차원을 넘어서 민중운동의 견지에서 사고할 필요가
있는 것은 이 때문이다. 나아가서 민중이 자기 표현력을 갖추기 위해서는
문화적 역량을 획득할 필요도 있다. 노동시간과 분리된 축제의 시간과 새
롭게 조성된 문화공간에서 시간을 보낼 사람들은 새로운 자기교육이 필요
하다. 이 교육은 지금 입시를 위해 구성해놓은 교육내용과는 전적으로 다
른 내용을 포함해야 할 것이다. 문화연대는 이런 관점에서 얼마 전부터
공교육에 문화교육을 도입할 것을 주장해왔다. 우리 사회의 사회적 공공
성을 구축하는 일이 여기서 제안한 것들에 국한되는 것은 물론 아니다.
내가 언급한 것들은 사회운동의 문화적 측면에서, 그리고 문화연대가 처
한 조건에서 준비한 구상의 일면을 말한 데 불과하다.

　사회적 공공성을 구축하는 일은 문화사회를 건설하는 기초를 닦는 일
이지만 동시에 노동사회를 제대로 건설하는 일이기도 하다. 노동사회를
제대로 건설하는 것은 계급문제를 해결하는 일이다. 지금과 같은 방식으
로 자본이 지배하는 상황, 국가가 자본의 시장 및 사회 지배를 위한 하수
인이 되고 경제가 발전하면 할수록 사회불평등이 심화되는 상황을 극복해
야 한다. 노동사회를 제대로 세워야 하는 것이다. 노동사회를 바로 세우
는 일, 그것은 인류가 자연상태에서 벗어나 인간적 삶을 구축하기 위해서

꼭 필요한 생존 필수적 활동이지만 노동자계급에게 불평등하게 강제되고 있는 노동을 민주화하는 일이다. 이 민주화의 길에 공공영역 구축의 과제가 있다고 본다. 한국은 알다시피 경제성장에 비해 사회적 공공영역이 너무나 열악하다. 한국의 경제 규모는 세계 12위권에 들지만 사회복지는 OECD 수준으로 최하위 속하고 삶의 질은 더 열악하다. 노동, 교육, 의료, 주택, 환경 부문도 사정이 마찬가지다. 어느 곳 하나 사회적 불평등이 작용하지 않는 곳이 없는 현재 상황을 고치려면 오늘날 경제만을 위한 사회 파괴의 주요 요인인 신자유주의 흐름을 저지하여, 사회적 공공성을 강화하고 삶의 구석구석에 공공영역을 구축해야 한다. 물론 이 노력이 노동사회 혹은 필연성의 세계만을 위해 있는 것은 아니다. 공공영역은 문화사회, 즉 자유의 공간을 위해서도 꼭 필요하다. 한 사회의 공공영역은 거기 속한 개인과 집단이 각기 특이성을 발휘하기 위해 공유할 삶의 터전이다. 개인의 자유, 개인적 삶의 특이성은 공공영역 위에서만 피어나는 꽃이기 때문이다. 이 공공영역을 제대로 구축하지 못할 때 사회는 분열하고, 인간의 인간에 의한 비인간적 착취, 소수인간의 다수 인간 지배를 위한 자연의 착취가 계속된다.

글을 맺으며

2002년 6월의 월드컵 축제가 끝났다. 하지만 축제가 일으킨 파장 속에서 새로운 사회적 과제가 떠올랐다. 지배세력은 이 과제를 여전히 자본을 위한 경제 중심으로 해석하려 한다. 이에 대한 비판과 저항은 필수적이다. 자본의 지배력을 강화하기 위한 대중 동원 전략은 거부해야 한다. 동시에 진보세력은 또 다른 노력을 할 필요가 있다. 그것은 대중의 요구에 귀를 기울이면서 대중과 함께 세상을 바꾸는 일이다. 이때 진보세력은 대중과 함께 꿈을 나누는 것이며, 대중은 사회변혁에 자발적으로 참여하는 것이 된다. 어깨동무로 세상을 바꾸는 일이 벌어지는 것이다. 여기에는

고난과 고통만이 있는 것이 아니라 꿈을 함께 나누는 즐거움이 있다. 그
래서 즐거운 혁명이다. 이 혁명으로 새롭게 태어날 세상을 나는 '문화사
회'라고 불렀다. 가자, 문화사회로!

15

'세종로 문화광장'을 제안한다[*]

월드컵과
2002년 한국사회의 변화

지난해 2002년 한국은 정치적으로나 문화적으로 새로운 전환점을 통과한 듯싶다. 한국사회는 그동안 경제적으로는 GDP가 세계 12위에 오르는 등 괄목할 만한 성장을 거두었으나 정치와 문화에서는 여전히 부르주아 민주주의의 미발달, 삶의 질 향상 지체와 같은 중대한 문제점을 안고 있다. 경제발전과는 별도로 이해관계의 복잡성이 증대하고 있으나 정치는 사회 제세력의 차별적 요구를 민주적으로 반영하지 못한 채 '민주화 이후의 민주주의' 과제를 해결하지 못하고 있고, 문화는 권력의 시녀라는 과거 군부독재 시절의 위상은 벗어났지만 다시금 경제의 수단으로 전락해버린 것이다. 국민대중이 정치와 문화의 이런 발달 지체와 왜곡에 대한

---

[*] 한국문화관광정책연구원 주최 '2002 월드컵 성과 확산 방안에 대한 토론회」 (2003. 2. 6) 에서 「광장문화 활성화를 위한 문화광장 만들기 제안」이라는 제목으로 발표한 글이다.

개혁을 요구하는 것은 따라서 지극히 당연하다. 그러나 이 대중이 그동안 정치와 문화의 개혁을 과연 제대로, 혹은 능동적으로 요구했는지 의문이 드는 것도 사실이다. 지난 10여년간 국민이 보여준 정치적 태도는 탈정치화였고, 문화적 태도도 소비자본주의가 확산시킨 문화산업에 기반을 둔 소비지향적 대중문화에 대한 탐닉에서 크게 벗어나지는 않았기 때문이다. 그러나 '오노사건', '국민경선·노풍·희망돼지', 월드컵 대회 기간 중의 '길거리 응원', '촛불시위' 등 지난해에 일어난 일련의 사건들은 사람들이 더 이상 경제성장만으로 만족하지 않고, 문화와 정치에서도 대등한 발전을 이룰 것을 강력하게 요구하기 시작했음을 보여준다. 특히 눈여겨볼 점이 '자율적 대중'의 등장이다. 작년 한 해 동안 아주 새로운 집회문화가 탄생했다. 그동안 전통으로 자리잡은 집회의 방식은 80년도의 '서울의 봄', 87년의 6월 항쟁, 91년의 강경대 정국에서 드러났듯이 중앙 또는 상층의 지도부가 전략을 세우고 대중을 동원하는 식이었다. 이제 사람들이 모이고, 의견을 제시하고 행동을 하는 방식은 크게 바뀌고 있다. 2002년의 "집회에서 대중은 동원의 대상도, 선전 선동의 대상도 아니었으며, 스스로 조직하고, 선전하고, 연설하고, 의결하고, 집행하는 주체"였기 때문이다. [1]

2002년에 일어난 집회들 가운데 규모가 가장 크고, 또 가장 유동적인 성격을 띤 것은 6월 한달 동안 일어난 길거리 응원이었다. '오노 사건' 직후 '악의 축' 발언을 한 부시 미국대통령이 방한하자 그의 방한 반대 여론을 이끌어낸 네티즌들, 국민경선에서 노풍을 불러일으키며 노무현 후보를 대통령에 당선시키는 데 적잖은 기여를 한 노사모 회원들, 지금도 계속되고 있는 촛불시위에 참여해온 수십만 명의 시민들이 일정한 정치적, 문화적 지향성과 정체성을 가진 '주체적 대중'이었다면, 월드컵 기간 중에 길거리에 나온 사람들은 연인원 2,400만명에 이를 만큼 규모도 어마어마

---

1) 최세진, 「우리는 지금 새로운 세대와 만나고 있다!」, 『노동자의 힘』 22, 2003. 1. 5, 24쪽.

하게 컸지만 내부에 무수히 많은 차이들을 가진 '일반 대중'이었다. 월드컵 길거리 응원의 장관은 이 일반 대중이 이전과는 달리 사회적 행사에 자발적으로 참여하기 시작한 데서 만들어진 것이 아닌가 싶다. 오노 사건 이후의 반미열풍, 노풍과 국민경선 그리고 희망돼지, 나아가서 촛불시위 등 이전에 보기 드문 대중적 실천들이 나타난 것은 길거리 응원에 연인원 수천만 명이 참여할 만큼 우리 사회의 대중적 역동성이나 참여가 높아진 결과일 것이다.

오늘의 토론은 지난해 월드컵 기간을 통해 확인한 한국사회의 역동성을 어떻게 사회발전의 자원으로 삼을 것인지 다시 한번 생각하기 위해 정부 부처와 산하기관이 마련한 자리다. 월드컵 행사가 끝난 지 7개월이나 지난 시점에 '월드컵 이후' 과제를 논의하는 토론회를 마련한 것은 월드컵 예산 집행 뒤에 남은 예산 처리 문제가 발생한 데다가 마침 새 정부가 출범하게 되면서 이런 문제를 처리하는 원칙이나 방향을 논의할 필요성이 생긴 때문일 것이다. 발제자는 '월드컵 이후 기획'에는 월드컵 기간에 나타난 거대한 길거리 응원의 열기를 생산적으로 이어받을 방안이 반드시 포함되어야 하며, 이 방안을 '광장문화' 활성화에서 찾아야 한다는 관점에서 오늘의 토론에 임하고자 한다. 다음의 내용은 발제자가 집행위원장으로 참여하고 있는 문화연대가 지난해 7월에 '포스트월드컵 문화사회 만들기 캠페인'의 일환으로 제출한 「세종로를 문화광장으로!」라는 제안서에 바탕을 둔 것이다. 우리 사회는 이제 새로운 사회발전을 위해 공간을 재조직할 필요가 있으며, 그 일환으로 먼저 서울의 세종로를 문화광장으로 만들 필요가 있다는 것이 이 발제의 주된 내용이다.

월드컵 길거리 응원과
문화민주주의

월드컵 기간 중 벌어진 길거리 응원은 실로 장관이었다. 수만 명에 달하는 '붉은 악마'는 물론이고 수십만, 수백만 시민, 여성, 청소년이 전

국 방방곡곡에서 '대~한민국'을 연호하고 '필승 코리아'를 외치는 모습
은 사회적 에너지의 분출 그것이었다. 그 힘은 너무나 강렬했고, 화려
했으며, 웅장했다. 사람들은 그것을 하나의 거대한 힘이 표출된 것으로
여기곤 한다. 신문이나 방송이 '하나된 국민', '전 국민의 여망' 등의 표
현을 반복한 것도 그 때문일 것이다. 이 국민적 '달뜸'에는 그러나 우려
할 점이 전혀 없지는 않다. '국가주의'에 대한 인준이 그것이다. 사실 축
구강국 서른 두 나라가 벌이는 경연장에 국가주의적 요소가 없었을 수
는 없다. 태극기를 두르거나 몸에 문신을 하고 '대~한민국!'을 외치는
사람들의 '애국주의'를 부인하기도 어렵다. 하지만 이 연호가 모든 국민
을 꼭 국가경쟁력 강화나 국민 총화합 등 한 방향으로만 동원한 것은 아
니라고 본다. 태극기도 하나의 태극기뿐인 것 같지만 머리에 쓰는 두건
으로, 몸에 걸치는 망토로, 허리에 걸치는 스커트로 변신하는 등 사람들
의 해석, 희망, 욕망에 따라 다양한 모습과 의미를 띠었다. 똑같이 '대~
한민국'을 외친 것 같아도 혹자는 한국의 거대한 발전에 감격하고, 혹자
는 모처럼 얻은 휴무에 기뻐하고, 혹자는 일탈의 기회를 즐기는 등 각자
즐기는 방식도 달랐다. 민족과 국민이 '하나'가 되었다고 하지만, 이 '하
나'는 단순한 하나가 아니라 그 안에 무수히 많은 '차이'를 품고 있었던
셈이다.

　따라서 월드컵 기간 동안 드러난 대중의 거대한 열광 속에서 욕망과 욕
구의 다양성을 읽어낼 필요가 있다. 길거리 응원을 하기 위해 시청 앞 광
장에 모인 사람들, 광화문 네거리에 모인 사람들, 신촌로터리에 모인 사
람들, 그리고 여의도 고수부지에 모인 사람들의 취향이나 성향은 서로 달
랐다. 함께 '대-한민국'을 연호했지만 사람들은 서로 다른 꿈과 희망과 염
원을 가지고 있었고, 서로 다른 사회적 요구를 제출했다. 월드컵 행사를
되돌아보며 광장문화를 새롭게 기획할 때 잊지 말아야 할 것은 바로 이
화이부동(和而不同)의 힘, 즉 취향, 욕구, 욕망, 요구의 다양성이 거대한
대중을 만들어냈다는 사실일 것이다.

이제는 문화민주주의다. '문화민주주의'는 아래의 자발적 참여요, 삶의 방식의 자율적 표현이며, 삶의 질을 높이라는 문화적 권리의 요구다. 대중의 자발적 참여가 없었다면 광화문과 시청 앞의 충격과 열기와 감동이 없었듯이, 문화민주주의가 없으면 우리 사회의 새로운 문화적 감동과 열정도 없을 것이다. 시민의 삶, 청소년의 삶, 여성의 삶, 노동자의 삶, 소수자의 삶은 이제 각 주체가 스스로 형식과 방식, 표현 양태를 결정할 수 있도록 자율적으로 주조될 필요가 있다. 이를 위해서는 더 많은 사람들이 문화적 자원에 접근할 수 있고, 더 자유롭고 평등하게 문화적 활동을 할 수 있어야 할 것이다.

문화민주주의가 추구하는 문화는 소수를 위한 특권적 문화가 아니다. 문화민주주의라는 관점에서 '월드컵 이후 광장문화'를 기획할 때 월드컵으로 스타가 된 사람들, 월드컵 특수로 떼돈 번 사람들, 월드컵 행사의 성공으로 승진한 사람들, 월드컵 기간 동안 실컷 즐길 수 있었던 사람들에만 관심을 국한해서는 안될 이유가 여기에 있다. 실로 많은 사람들이 월드컵 응원에 참여했고, 그들 안에 무수한 차이와 다양성이 있으며, 이 차이와 다양성만 고려하더라도 새로운 문화 기획의 시사점을 받을 수 있다. 더 나아가서 거대한 붉은 색 군중의 마그마조차도 포함할 수 없었던 또 다른 수많은 사람들이 있었다는 점도 잊지 말아야 한다. 지구인의 축제라고 하는 월드컵을 즐기지 못하고 그로 인해 노점을 빼앗기거나 파업을 벌여야 했던 사람들, 파업을 해도 관심이 월드컵에만 집중되어 주목을 받지 못한 사람들, 그래서 월드컵을 파시즘의 축제로 보는 사람들도 적지 않았다. 이것은 '국민이 하나'라는 구호에도 불구하고 대중은 결코 단순한 하나가 아니라는 점을, '대~한민국'을 외치는 사람들조차 계급, 성차(gender), 성애(sexuality), 세대, 지역, 직업, 취향 등에 의해서 분할되어 있고, 서로 모순적인 관계에 놓일 수 있다는 점을 보여준다. 문화민주주의는 여기서 월드컵 기간 중에 길거리 응원에 참여한 사람들을 소중하게 여기되, 거기에 참여하지 않은 사람들까지 자기표현의 기회를 갖게 하자는 관점이다. 유감스럽게도 월드컵 이후 진행된 프로젝트는 대부분이 논공행상, 즉 이긴 자들만 모든 전리품을 챙기는 방식으로 진행되었다. 대부분의 사람들에게 월드컵 축제가 '한 여름밤의 꿈'으로 끝나버린 것은 그 때문이다. 축제가 끝난 뒤 일상으로 돌아간 사람들을 맞이한 것은 고용불안, 비정규직 노동의 증가, 끝없는 가사노동과 입시교육, 생태파괴 등 여전히 '시적 감흥'이 생략된 산문적 삶의 연속이었을 뿐이다.

그러나 이런 열악한 상황 속에서도 한국은 이제 문화민주주의의 힘이 생겨난 듯하다. 대중은 이제 더 이상 산문적 삶을 참아내지 않는다. 다시, 오노사건에 분노한 네티즌, 노사모 회원들, 붉은 악마들, 촛불시위에 참여한 중고등학생들을 떠올리지 않을 수 없다. 이들의 특징은 자신들의 취향과 욕망과 요구를 더 이상 숨기지 않고 능동적으로 발언하고 또 이 발언이 사회적 힘을 갖도록 조직한다. 미군법정이 여중생들을 탱크로 무참히 죽인 미군 사병을 무죄로 판결한 데 대해, 부시가 북한을 '악의 축'에 포함한 데 대해, 두산중공업이 노동자 분신을 야기한 데 대해, 미국 주도 WTO에 의해 국내 문화와 교육이 시장 개방 압박을 받는 데 대해 대중들은 더 이상 지켜보고만 있지 않는다. 이들은 그동안 자신들을 지도해 온 사회운동 지도부에 대해서도 일방적으로 명령을 받거나 동원되는 것을 거부하면서 자율적으로 자신들의 행동 방식을 결정한다. 촛불시위에서 다양한 주체들이 지도부 결정보다는 자기 결정에 따라서 움직이고 있는 것이 단적인 예다. 사람들은 이제 자신들이 일사불란하게 움직이는 존재가 아니라 서로 차이를 지니고 있다는 점을 깨닫기 시작한 듯하다. 여기에는 기본적으로 문화적, 정치적 다양성에 대한 존중과 인정이 작용한다. 문화민주주의는 그렇다면 우리 사회의 주체들이 다양하고 이질적이며, 심지어는 서로 갈등과 대립과 적대까지 품을 수 있다는 사실에서 출발해야 할 것 같다. 이질적, 적대적 관계를 지닌 사회 주체들의 '함께 함' 즉 공존을 추구하는 것이 문화민주주의의 길일 테니까.

공간의 재조직과
광장의 필요성

월드컵 축제를 통해서 확인한 사항의 하나는 온라인 문화의 발전, 사이버공간 '접속' 문화의 만연에도 불구하고 사람들이 여전히 오프라인 문화를 갈망하고 있다는 점이다. 온라인 문화의 특징은 '신체의 생략'이다. 디지털기술의 특징은 아날로그적 과정을 생략한다는 것, 즉 물리·화학·생물학적 물질적 과정을 생략한다는 데 있다. 천만에 가까운 사람들이 길거리 응원에 나서 목이 터져라 외친 사건이 주는 시사점의 하나는 디지털 혁명에도 불구하고 우리 인간은 신체를 여전히 소중하게 다뤄야 하며, 이 신체로 모든 일을 해야 한다는 점이다. 뙤약볕 아래 몇 시간씩 앉아 경기 흐름에 따라 파도타기를 하고, 소리를 지르고, 울고 웃는 것은 모두 신체가 없으면 할 수 없는 일이다.

소중한 사실이 또 하나 있다. 길거리 응원은 일시적이나마 자동차의 흐름을 막고, 자동차 대신 사람이 거리를 점유할 수 있게 했다. 이것은 한국에서 도시생활을 하고 있는 사람들에게는 매우 색다른 경험이었다. 오늘 도시거리를 지배하고 있는 것은 사람이 아니라 자동차다. 자동차가 거리를 활보하면 사람들은 자동차의 눈치를 살펴야 하고, 자동차가 내뿜는 매연을 고통스럽게 들이쉬며 다녀야 한다. 하지만 길거리 응원에 참여한 뒤로 사람들은 도시거리도 장악할 수 있다는 자신감을 얻은 것으로 보인다. 다시 촛불시위를 예로 살펴보자. 그동안 수많은 시위가 있었지만 군중이 광화문 네거리를 장악한 적은 없었다. 1987년의 6·8 항쟁, 1991년의 강경대 정국 시점 시위군중이 시청 앞, 신촌, 종로 등 서울 시내 주요 거리에 진출한 적이 있었지만 그때도 광화문 네거리를 장악한 적은 없다. 이곳이 청와대와 미대사관이 가까이 있는 권력의 심장부인지라 군중의 접근을 철저하게 통제했기 때문이다. 2002년 12월 14일에는 그런데 어떻게 수십만 시위군중이 광화문 네거리에 모일 수 있었을까? 이 날의 시위대가 이전과는 구성이 달랐기 때문이 아니었을까 싶다. 이 날 모인 사람들은 대학생, 노동자, 빈민, 농민 등 통상적인 시위대 구성원보다는 초등학교 학생, 죽은 미선이 효순이와 같은 중학교 여학생, 인기연예인, 유모차에 어린아이를 태우고 나온 젊은 어머니, 중년 주부, 화이트칼러 회사원 등 일반 대중이 더 많았다. 전경들의 힘이 약해서 이들이 광화문 네거리를 점거할 수 있었던 것은 아닐 게다. 다양한 성분으로 구성된 군중을 몰아붙일 경우 오히려 더 큰 국민적 저항을 불러일으킬까 봐 염려했을 것이다. 여기서 눈여겨볼 점은 초등학생, 여중학생, 중년 주부, 인기연예인 등 이전 같았으면 결코 시위에 참여하지 않았을 사람들이 참여했다는 사실이다. 월드컵 길거리 응원 이후 사람들은 거리에 진출하는 것이 꼭 과격 데모대만이 하는 일이 아님을 숙지한 것으로 보인다. 이들 일반 대중, 보통 사람들의 거리 진출은 세상이 바뀌었다는 징후다.

거리를 보는 대중의 관점은 정말 크게 바뀐 것으로 보인다. 최근에 들어와서 '걸을 수 있는 도시 만들기' 캠페인이 여기저기서 벌어지고, 서울시가 시청 앞에 광장을 만들고자 하는 것도 우연으로 보이지 않는다. 자동차 중심의 거리가 아닌 사람 중심의 거리, 광장을 만들라는 사람들의 요구가 점증하기 때문에 내놓은 조처일 것이다. 왜 사람들은 광장을 요구하는 것일까? 이 요구는 경제성장에 걸맞게 도시를 가꾸라는 요구로 보인다. 우리 사회는 경제성장과 비례하여 도시의 규모를 키워왔지만 정작 도시문화는 왜곡시켜 왔다. 경제성장이 삶의 질 향상과 연결되기는커녕 오히려 도시적 삶의 기틀을 파괴한 결과다. 서울의 거리라고 예외는 아니다. 오늘 서울시민들은 거리에서는 제대로 권리를 행사하지 못한다. 자동차를 이용하지 않고서는 거리를 통과하기 어려우며, 도심 안에서는 돈을 주지 않으면 들어가서 쉴 곳도 없다. 서울시 안에 공공공간(public space)이 부족한 것이 무엇보다도 더 큰 이유일 것이다. 도시공간의 공공성 부족은 크게 보면 공간이 한편으로 정치적 권력, 다른 한편으로 경제적 권력에 의해 장악된 결과다. 서울 어디를 보더라도 정치권력, 군사권력, 제국주의 권력 등 권력이 집중된 곳에는 시민의 접근이 허용되지 않으며,

이런 사정은 독점자본이 점유하고 있는 서울 시내 사유지 대부분도 마찬가지다.

　이제는 서울의 이런 공간조직을 재편해야 한다. 월드컵 길거리응원의 열기를 돌이켜 보고, 이후 서울시민들이 도시거리를 대하는 태도를 고려할 때 이런 생각을 갖지 않을 수 없다. 여기서도 지난해에 우리 사회에 '주체적 대중'이 등장했다는 사실이 중요하다. 새로운 대중의 등장은 그들이 활동하는 도시공간의 재조직으로 이어질 수밖에 없다. 이들의 등장은 기존의 정치권력과 경제권력에 대한 도전이며, 나아가서 기존의 권력이 장악해온 공간조직에 대해서도 새로운 변화 요구가 대두했음을 의미하기 때문이다. 월드컵 기간 동안 사람들이 길거리에서 열광한 것을 꼭 한국대표팀의 선전에만 돌릴 수 있을까? 그동안 자동차에 뺏긴 거리를 되찾았다는 감동이 응원에 열기를 더했을 것이고, 또 자신들이 신명난 응원을 하면 선수들도 선전하게 된다는 자기 도취에 더 열광했을 것이다. 월드컵 축제는 끝났지만 촛불시위가 계속되는 것을 보면 많은 사람들이 아직도 거리를 장악했을 때 느끼는 감동을 잊지 못하여 거리를 다시 장악하려는 욕구를 표명하는 듯하다. 이들 주체적 대중에게 더 많은 거리를 내줘야 한다. 그렇게 하기 위해서는 현재의 도시공간을 재조직하는 일이 필요하다.

　마침 시기도 적절하다. 대통령선거기간 중에 행정수도 이전을 공약으로 내건 노무현정권이 출범한다. 노정권이 공약대로 행정수도를 이전할 경우, 지금의 청와대와 정부종합청사 등 서울에 있는 많은 정부시설들이 비워지게 될 것이고, 이 결과 기존 건물의 대대적 재활용, 공간의 재구조화가 발생할 것이다. 이때 중요한 것이 공간을 조직하는 원칙과 방향이다. 사실 원칙과 방향은 분명하다. 월드컵 길거리 응원, 촛불시위, 그리고 지난 대통령선거과정을 통하여 대중이 제출한 사회적 요구에 귀를 기울이는 것이 그것이다. 대중은 이제 새로운 주체, 즉 위의 명령이나 동원에 순응하기만 하지 않고, "스스로 조직하고, 선전하고, 연설하고, 의결하고, 집행하는 주체"다. 지난 대통령선거에서 새로운 정치적 문화적 태도와 감수성을 지닌 20대와 30대가 인터넷, 핸드폰을 사용하며 투표를 독려함으로써 오후 두세 시까지도 뒤지고 있던 노무현 후보가 앞서게 만든 위력을 상기해보면 이제 이들 주체가 정치와 문화의 판을 결정하기 시작했음을 알 수 있다. 도시공간을 재조직할 때 정치권력, 경제권력 중심이 아닌 노동자, 농민, 시민, 주부, 청소년, 학생 등 새로운 주체적 대중을 중심으로 해야 할 것이라 보는 것도 이런 점을 고려해서다. 이제는 가능한 더 많은 시민들, 비정규직 노동자들, 동성애자들, 청소년들, 주부들, 학생들이 더 쉽게 접근하고, 더 훌륭한 서비스를 받을 수 있고, 더 많은 발언 기회를 얻을 수 있도록 권력의 공간을 공공의 공간으로, 광장으로 전화시켜야 한다. 이는 곧 도시공간에 대한 공중의 접근권(public access)을 강화해야 한다는 말이다. 그러려면 도심 곳곳에 공공공간을 더 많이 확보하고, 이들 공간의 운영을 문화민주주의의 원칙에 따라서 공중 중심으로 해야 할 것이다.

세종로를
문화광장으로2)

문화연대는 지난 5월 『문화도시 서울, 어떻게 만들 것인가』라는 책자 발간을 통해 그간 서울시가 추진해온 문화도시 정책이 단발적이고 시설 위주의 개념에서 벗어나 더 근원적이고 본격적인 패러다임 전환을 통해 거듭나야 함을 촉구한 바 있다. 공간을 바라보는 관점 자체가 근본적으로 바뀌어야 한다는 것인데, 단적으로 경제적 공간관에서 문화적 공간관으로, 인공적 공간관에서 생태적 공간관으로, 권력자의 공간관에서 일반 시민의 공간관으로의 전환이 그것이다. 이를 위해서는 문화정책과 공간정책의 분리, 현대적인 일상공간과 역사공간의 분리에 따른 역사공간의 박

---

2) 이하 논의 내용은 문화연대, 「세종로를 문화광장으로!」(포스트월드컵 문화사회 만들기 캠페인 자료집), 2002년 7월, 22-26쪽을 반영한 것이다.

제형 복원을 극복해야 한다. 그래야만 예쁘게 치장한 서울에 그치지 않는, 쾌적하고 편리하고 안전하고 개방적이며 공익적인 문화도시의 건설이 가능할 것이다. 문화연대는 이런 관점에서 문화도시 만들기 프로젝트를 제안했는데, 이것은 크게 600년의 역사를 가진 서울의 역사성 회복과 일상공간의 문화적 재편성이라는 두 축으로 이루어져 있다. 그 중 역사도시 기획은 세종로의 문화지구 조성, 종로의 상징거리 조성, 사대문 주변의 도성 복원, 청계천과 한강 및 내사산(內四山)과 구릉을 축으로 한 도시 생태계의 회복이라는 범주로 구별될 수 있다. 또 일상공간의 문화적 재편은 명륜동 지구의 주거공간 재편, 세운상가 지구의 생산공간 재편, 동대문 지구의 상업공간 재편, 탑골공원 중심의 휴식공간 재편으로 나뉘어진다. 이런 계획 제안은 서울시가 문화계획적인 접근법을 이용한 문화적 관점에서 공간을 바라보려는 새로운 시도로 구상중인 〈문화도시화를 위한 문화공간 계획〉(2002, 시정개발원)과 부분적으로 유사한 점이 있으나, 서울시 안의 경우 '문화산업단지축', '종합문화예술축', '대중예술문화축'을 중심으로 한정되어 있다는 점에서 차이가 있다. 문화연대는 서울시가 비로소 문화적 관점을 취한 사실을 반기면서도, 문화를 전문가들이 공급하는 문화, 예술과 문화산업과 같은 생산물 중심의 문화라는 제한적 의미로 한정하고 있는 점은 문제가 있다고 생각한다. 그 대신 우리는 시민이 주체가 되는 개방적 문화, 일상생활 및 역사성과 연결되는 광의의 문화, 문화재의 생산과 소비 차원을 넘어서서 사용과 향유 차원의 문화라는 새로운 관점이 필요하다고 본다.

'포스트월드컵 문화사회 만들기' 캠페인의 공간 재편 프로젝트 역시 이와 같은 관점에서 이해되어야 한다. 서울시의 문화도시 정책 중 시민문화공간으로 '상징거리 세종로'를 만들자는 구상은 미대사관이나 정부청사 이전 시 이 건물들을 국립현대미술관이나 국립중앙박물관으로 기능을 전환하고 인근지역의 문화시설들을 북촌, 인사동과 연결하여 하나의 문화벨트로 구성한다는 복안을 갖고 있기는 하나, 시설 중심의 발상에서 벗어나지 못하고 있다. 세종로가 문화도시 서울의 상징적, 기능적 중심이 되기 위해서는 무엇보다 먼저 100미터 폭의 세종로 도로를 '차 없는 거리' 즉 광장으로 전환하여, 시민들이 자유롭게 광장문화를 향유하도록 해야 한다고 본다. 월드컵 기간 중 '거리응원'에서 드러난 상설 광장에 대한 폭발적 열망을 고려할 때, 이 열망에 대한 정책적이고 제도적인 대안은 세종로를 광장으로 전환하는 데서 찾아야 할 것이다. 물론 교통문제를 이유로 세종로보다는 시청 앞 광장을 상설광장으로 전환하는 일이 현실적이라는 주장도 있다. 그러나 시청 앞 광장은 원형으로 배치된 자동차 도로로 포위되어 있어 섬처럼 주변의 일상공간과 고립되어 단순한 상징성만을 띨 뿐이며, '가족음악회'나 '열린 음악회'와 같은 이벤트를 위한 기능에 한정되기 쉽다. 이런 행사를 염두에 두고 광장을 확보하려는 기획은 월드컵 열풍의 '상징적 봉합'에 그칠 우려가 있고, 개방보다는 고립의 의미가 강하다고 본다. (월드컵 기간에 시청 앞 광장은 SK그룹이 지원하는 특설무대를 중심으로 가족 단위의 군중이 모인 열린 음악회 장이었던 데 반해, 세종로 일대는 청소년들의 자발적 참여에 의한 즉흥적 응원 장소였다는 점을 기억할 필요가 있다. 시청 앞 광장이 국가 프로젝트, 기업 프로젝트의 성격이 강하다면, 세종로 광장은 시민적 참여에 의한 자발적 프로젝트 성격이 강하다.) 물론 시청 앞 광장을 상설광장으로 전환하는 일은 그 자체로 바람직한 일이며, 서울시가 시청 앞 광장을 상설광장으로 전환하겠다는 방침을 밝힌 것도 환영할 일이다. 하지만 그것으로 만족해서는 곤란하다. 세종로를 차 없는 거리로 전환하여 주변의 문화시설과 긴밀하게 연계된 문화광장으로 조성함으로써 서울을 문화도시로 만드는 데 실질적 출발점이 되게 하자는 것이 우리의 제안이다.

세종로를 중시하는 데에는 역사적 이유도 있다. 이곳은 조선시대 내내 실제로 광장 노릇을 해왔다. 위로는 청와대가 있는 북악산과 경복궁, 주변으로는 세종문화회관과 향후 문화시설로 전환 가능한 시설들로 둘러싸여 있는 것도 중요한 고려 사항이다. 서울시가 구상하는 문화벨트의 중심지이며, 문화도시 만들기의 출발점이 되어 마땅한 곳이다. 이곳은 또한 권력의 공간에서 시민의 공간으로의 전환이라는 원칙에 비춰봐도 가장 합당한 지역이다. 사실 이곳만큼 권력이 공간을 장악한 데도 없을 것이다. 이 지역은 일제에 의해 점거된 뒤 총독부건물, 총독관저가 들어섰고, 해방 이후에도 총독관저가 청와대로 구실을 하게 되면서, 또 우리 사회가 군부독재 치하에 놓임으로써 일반 시민이 접근할 수 없는 영역이 되었다. 이런 상황은 세종로에 미국대사관이 들어서고, 건축법을 어기면서 정부종합청사가 들어서면서 더 악화된다. 조선총독부건물이 해체되고 경복궁이 복원되어 이 지역에 대한 시민의 접근권이 어느 정도 개선되기는 했지만, 여전히 청와대가 군림하고 미대사관이 버티고 서있기 때문에 세종로 일대는 보행자가 접근하기도 어렵다. 이런 곳을 문화광장으로 전환하는 것은 한편으로는 권력의 공간을 시민의 공간으로 기능과 성격을 바꾼다는 데 의의가 있고, 다른 한편으로는 모든 발전된 국가의 수도 중심이 박물관과 광장으로 구성된 문화광장이라는 점을 고려할 때에도 합당하다고 본다. 세종로는 북악산과 북촌, 경복궁, 경희궁을 연결할 수 있는 실제적 통로이자 광장이라는 점에서도 인공적 문화공간에서 생태적 문화공간으로 전환하는 출발점이 되어야 한다. 그밖에도 서울의 문화도시 만들기에는 청계천 복원과 한강의 문화공간화, 도심성곽 복원 및 세운상가 등 일상공간의 문화공간화 등 산적한 과제가 있다. 이 모든 문화도시 만들기 과제들이 도시 '재개발 사업'에 그치지 않도록 하려면 첫 단추를 잘 꿰어야 할 것이다. 세종로를 광화문광장으로 만드는 것이 그 일이다.

광화문 문화광장
만들기의 3단계[3]

그동안 세종로를 '차 없는 거리'로 만들자는 요구가 없었던 것은 아니

---

3) 같은 자료집, 40-41쪽 참고.

다. 하지만 이 요구는 이곳이 권력공간이었던 데다가 도심의 교통문제를 야기한다는 등의 이유로 받아들여지지 않았다. 그러나 지난해 월드컵 기간 동안 차량 통행을 위해 일부 공간만 남겨 놓은 채 100미터 대로를 붉은 군중이 장악하여 형성한 거대한 장관은 우리가 뜻이 있다면 얼마든지 세종로를 '차 없는 거리'로 전환할 수 있음을 실감하게 해주었다. 그러잖아도 서울시민들은 지난 3년 간 4월 23일 '지구의 날'이 되면 세종로를 '차 없는 거리'로 사용해왔다. 이때 시민들은 광장으로 변한 가로 100미터 세로 600미터에 달하는 드넓은 거리에서 공동 그림 그리기, 연날리기, 대중음악 공연 행사를 하며 자유롭게 즐길 수 있었다. 서울의 행정수도 기능을 이전하겠다는 노무현정권이 들어서게 된 지금 이곳에 문화광장을 조성할 수 있는 여건은 그 어느 때보다 좋아졌다. 세종로의 문화광장 조성 프로젝트는 주변여건 등을 고려할 때 다음 3단계 과정을 거쳐 실행될 수 있다고 본다.

1단계는 100미터 폭의 세종로를 주변 상태는 그대로 두고, 녹지 부분을 포함한 가운데 절반 50미터만을 차도로 만드는 단기 작업이다. 이렇게만 해도 월드컵 거리 응원 때와 같은 규모와 형태로 세종로의 절반을 상설광장으로 쓸 수 있고, 확장된 보도와 좌우의 세종문화회관과 문화부 및 상단의 공원 등을 연계할 경우 다양한 놀이와 자유보행이 가능해진다. 세종문화회관은 현재 리노베이션 계획 중으로 별관 테라스를 노천 카페로 운영하는 방안을 구상중인 만큼 새로 생기는 광장과 연계할 경우 서울 도심의 명소로 부상할 것이다. 노천카페는 특별한 이벤트가 없이도 언제나 공원처럼 문화공간 구실을 하고, 개인이나 단체가 수시로 다양한 행사를 열 수 있게 해주는 장점이 있다. 단 이때 현재 세종로 진입로 중앙에 서있는 이순신 장군 동상을 현충사나 독립기념관 등 다른 곳으로 이전해야 할 것이다. 이순신 장군의 동상이 세종로에 세워진 것은 군사 쿠데타로 집권한 대통령이 군인을 민족의 지도자로 만들기 위한 상징작업의 일환이었다. 이제 군사정권이 사라지고 정상적인 부르주아 민주주의가 성립되는 시점인 만큼 세종로를 군사문화의 잔재로부터 해방시키고 새로운 근대적 시민 공간으로 전환할 필요가 있다.

2단계 작업은 현재 세종문화회관의 이면 도로와 교보빌딩, 미대사관 이면 도로를 일방통행 차도로 전환하여 현재의 교통체계를 대체하고, 세종로 도로 전체를 차 없는 광장으로 만들고, 광장의 문화적 기능을 강화하는 것이다. 이면도로의 부분 확장과 일방통행 교통체계의 정비에 다소 시간이 소요될 것이므로 단기보다는 중기적 과제가 될 것이며, 이 과정에서 확보되는 시간 동안 광장문화를 활성화하는 프로그램 개발을 해야 할 것이다. 영국의 트라팔가 광장이나 코번트가든처럼 새로 조성된 문화광장의 부분 혹은 전체 사용계획을 만들 필요가 있다.

3단계는 행정수도 이전과 함께 세종로 주변의 정부종합청사, 미대사관, 문화부, 청와대, 기무사 등을 다른 곳(과천 또는 대전)으로 이전한 뒤 빈 시설들을 개조, 개축하여 국립중앙도서관, 국립현대미술관, 국립영상아카이브, 국립영상미디어센터, 국립자연사박물관, 조선왕조박물관, 국립민속박물관, 민주화운동기념관 등으로 기능을 전환함과 아울러 세종문화회관, 근처 인사동의 문화지구 등과 연계하여 이 일대를 명실상부한 수도의 중앙문화지구로 전환하는 단계다. 청와대와 기무사 부지 역시 공원 겸 박물관 형태로 기능 전환함으로써 명실상부하게 서울 도심의 역사성 회복, 세종로 일대의 문화지구화를 이뤄낸다. 현재 사직동에서 안국동으로 이어지는 차량 동선을 지하 차도 형식으로 전환하여 경복궁에서 세종로로 보행자가 직접 걸어다닐 수 있도록 하는 것도 검토해야 할 것이다. 이를 위해 상당한 예산과 시간이 소요될 것이나 런던, 베를린, 파리, 워싱턴 광장과 같은 외국의 문화광장 사례를 참조할 때 국가 정책적으로 장기 마스터플랜을 수립하여 적극적인 의지를 갖고 추진할 필요가 있다고 본다.

이런 단계를 거쳐 광장 프로젝트를 시행할 때 중요한 것은 이 사업을 관의 일방적 주도로 소수 전문가들이 밀실에서 그 프로세스와 기능을 결정하지 않도록 하는 것이다. 그동안 중앙청 건물의 해체와 용산 박물관

부지 선정 및 건설 공모사업 등에서 관 주도의 일방적 밀어붙이기로 인해
특혜시비, 재정낭비, 저효율 등 많은 문제들이 야기됐다. 광화문 문화광
장 기획은 정부만이 아니라 시민의 적극적 관심과 참여 속에서 공개적이
고 민주적으로 진행되어야 한다. 문화관광부와 행정자치부, 건설교통부,
서울시 등 관계당국만이 아니라 전문가, 시민단체 대표들이 참여하는 범
국민적 추진위원회를 구성할 필요가 있으며, 논의나 결정이 신문방송 및
인터넷에 늘 낱낱이 공개되도록 하고 또 지속적인 공청회를 거치도록 해
야 할 것이다.

세종로 문화광장의
예상효과

끝으로 세종로 문화광장을 조성했을 때의 효과를 생각해보자.

1) 한국문화의 상징적 중심을 구축할 수 있다.

세종로는 한국에서 가장 중요한 역사적, 문화적 공간이다. 현재의 광
화문을 중심으로 살펴볼 때 그 뒤는 전근대 공간이요, 더 뒤로는 태고의
숨결을 간직한 자연생태의 공간이며, 앞으로는 근대적 공간이다. 하지만
앞에서 지적한 대로 이 공간은 지금 왜곡된 형태를 띠고 있다. 세종로에
문화광장을 만들고, 광화문 일대의 태고, 전근대, 근대의 공간 모습을 정
비할 경우 한국도 제대로 된 문화의 상징적 중심을 갖게 되고 근대국가의
문화적 기능을 강화할 수 있을 것이다. 행정수도 이전이 현실화되면 세종
로 양쪽의 정부종합청사, 문화관광부, 정보통신부, 미국대사관, 기무사,
청와대 등이 나간 뒤 이들 부처와 기관이 비워준 건물들을 개조, 개축하
여 국립중앙도서관, 국립현대미술관, 국립영상아카이브, 국립영상미디어
센터, 국립자연사박물관, 조선왕조박물관, 국립민속박물관, 민주화운동
기념관 등을 위한 공공문화기반시설로 사용할 전망이 생긴다. 이들 문화
기반시설과 문화광장을 연계하여 다양한 프로그램을 만들어내면 이곳은
서울시민은 물론이고 한국인 전체, 나아가서 세계인에게도 모범적인 홀

롱한 문화공간이 될 것이고, 역사적, 상징적, 교육적 기능까지 구비하는 등 다양한 효과들을 만들어낼 수 있을 것이다.

2) 우리 사회의 문화적 공공성을 강화하는 큰 걸음을 내디딜 수 있다.

한국사회는 이제 주5일제근무를 실시하는 등 노동시간을 대폭 단축해야 하는 시기에 접어들었다. 이로 인해 늘어난 여가시간을 어떻게 창의적으로 생산적으로 보내느냐가 중요한 일상의 문제로 떠오를 전망이다. 이때 예상되는 것이 관광, 연예, 문화산업 등 서비스산업의 발전과 소비문화의 확대다. 하지만 국민 대중의 평등한 문화적 권리 보장이라는 국가의 문화정책 관점에서 볼 때 여가시간을 모두 소비문화에 투여하도록 하는 것은 사회적 책임 방기에 속한다. 더구나 최근 들어 비정규직 비율이 60%나 되는 등 노동시간 단축으로 인한 사회적 불평등 심화라는 뜻하지 않은 문제도 불거지고 있는 터다. 노동시간과 함께 소득까지 줄어든 사람들이 늘어날 경우 사회적 불만이 커질 수밖에 없다. 이런 일이 일어나지 않도록 노력해야 하겠지만 아울러 문화적 공공성을 확대하는 일이 매우 중요하다. 계급계층, 성(애), 지역, 직업, 연령, 학력 등의 차이와 관계없이 문화적 혜택을 공평하게 누릴 수 있어야 할 것이기 때문이다. 좁은 의미의 문화예술을 포함하여 양질의 삶, 고품격 혹은 여유를 지닌 삶의 형태를 소수만이 누리는 것이 아니라 더 많은 사람들이 향유할 수 있도록 해야 한다. 이를 위해서는 관광, 체육, 여가, 예술 등의 문화적 활동을 국민 다수가 쉽게 접할 수 있도록 하는 조치, 즉 박물관, 미술관, 도서관, 극장, 문화센터와 같은 문화시설들을 늘이고, 문화예술과 여가생활, 관광의 진작을 위한 각종 제도를 개선하는 등 국민의 문화 향수권을 보장하기 위한 노력이 필요하다. 세종로 일대를 문화광장을 중심으로 한 문화지구로 만드는 일은 국가적 사업으로서 국민의 문화적 권리를 증진하는 중추적 기능을 할 것이다.

3) 우리 사회에서는 전례없는 축제의 공간을 확보하게 해준다.

광화문 문화광장은 '차 없는 거리'를 제공함으로써 지금까지 위축되어온 거리문화를 활성화하고, 광장문화의 새로운 모델을 제공하며, 특히 우리 사회에서는 전례없는 축제의 공간을 확보하게 해준다. 한국사회는 노동사회, 즉 노동이 중심이 된 사회다. 그러나 사람들은 노동만으로 살지 않으며 휴식과 여가, 호혜와 연대, 자기계발, 자율적 활동이 반드시 필요하다. 상당한 경제발전을 이룬 지금 우리 사회의 과제 하나는 과거 '조국 근대화' 정책이 남긴 후유증을 치유하는 일이다. 노동 중독에서 벗어나는 것도 그런 일에 속할 것이다. 노동의 일상에서 벗어나는 지혜가 요청되는 지금, 축제라는 이질적 시간과 공간을 삶 속에 반영하는 것을 심각하게 고려해야 한다고 본다. 그러잖아도 월드컵을 계기로 우리 사회는 청소년은 물론이고 성인들을 위한 축제가 얼마나 절실하게 요구되고 있었고 또 환영받을 수 있는지 깨달았다. 하지만 우리 사회에서 축제는 너무 드물게, 그것도 외진 곳에서만 벌어진다. 축제가 자연스럽게 이루어지기 위해서는 축제의 장소를 인공적으로 조성하기보다는 시민들이 일상영역에서 친근하게 활동하는 거리에서 진행되는 것이 바람직하다. 세종로가 광장으로 바뀌게 되면 자연스럽게 일상적 축제 공간이 마련될 것이다. 지난 월드컵 기간 동안 청소년들이 광화문으로 모인 것은 결코 우연이 아니다. 이곳이야말로 그들이 놀 만한 곳이라고 여겼기 때문이다. 청소년만이 아니라 주부, 대학생, 회사원, 노동자, 관광객, 노인들이 모여들어 자유롭게 노닐 수 있는 문화광장이 마련될 경우 우리 사회는 처음으로 제대로 된 여유를 찾을 수 있을 것이다.

4) 문화광장은 문화교육의 효과를 만들어낸다.

광화문 광장이 문화광장이 될 수 있는 것은 주변에 공공문화기반시설이 즐비하게 들어설 수 있기 때문이다. 이런 점 때문에 위에서 이곳이 문화의 상징적 중심이 될 수 있을 것이라고 예측했지만 여기서는 이곳이 문화교육의 기반시설로서도 훌륭하게 역할을 할 수 있을 것임을 지적하고 싶다. 도서관, 박물관, 미술관, 아카이브, 기념관 등이 근대적 삶에서 하는 중요한 역할의 하나는 대중교육이다. 근대의 대중은 이들 문화기구와 접함으로써 타자의 세계, 창조하는 마음, 상상의 나라, 표현의 천국과 접속하고 역사를 기억하고 인간적 삶의 진수를 맛보면서 근대적 주체로 형성된다. 사실 박물관, 미술관, 도서관, 기념관 등의 문화기반이 없다면 근대적 민주시민이 탄생할 수 있는 토양은 그만큼 척박해지며, 근대를 벗어나 탈근대의 새로운 세계로 나아갈 수 있는 상상력과 문제의식도 나오기 어려울 것이다. 이미 이들 시설이 곳곳에 있지 않느냐고 할 수도 있겠지만 시설들을 한 곳에 모으는 것이 아주 중요하다. 그래야만 접근하기가 쉽고 또 각 시설의 기능을 분리함과 동시에 서로 연계하거나 통합하기가 쉬울 것이기 때문이다. 광화문 광장 주변에 문화기반시설들을 모을 수 있을 경우 근대적 지식과 교양과 기술과 문화가 서로 상승작용을 일으키면서 한국인들의 문화적 역능을 기르는 근간이 될 것으로 기대된다. 여기에 덧붙여 광장에서 벌어질 각종 라이브공연, 거리전시 등을 생각해 보라. 문화기반시설이 주변에 늘어선 광장에서 다양한 문화예술프로그램이 펼쳐지는 그림은 생각만 해도 멋진 광경이 아닐 수 없다. 교육적 효과도 클 것이다. 광장문화 활성화에 청소년, 여성 등 다양한 주체들이 참여하는 프로그램이 풍성하게 제공될 경우 우리의 삶의 질, 놀이문화는 획기적으로 바뀔 것이고, 청소년 등의 자율적 문화를 형성하는 길도 트이고, 나아가서 다양한 계층과 집단을 위한 문화교육의 기회도 늘어날 것이다.

5) 광화문 문화광장은 지방 문화도시 건설의 좋은 모델이 될 수 있다.

지역의 균형발전을 위해서 지방도시들이 바람직하게 발전해야 한다. 노무현정부도 그래서 '지역분권과 국가의 균형발전'을 10대 국정의제의 하나로 내놓은 터다. 이 과정에서 지방 도시들을 문화도시로 전환해야 한다는 제안과 주장이 최근에 자주 나오고 있다. 경제성장에 걸맞은 문화발전을 위해서는 삶의 질을 향상시킬 필요가 있고, 따라서 시공간도 개발 중심, 노동 중심이 아니라 여가와 자유시간의 확대, 자연생태의 보존, 그리고 문화적 가치의 증대를 위해 새롭게 조직할 필요가 있다는 점에서 문화도시는 일단 올바른 방향이라고 여겨진다. 하지만 이 문화도시를 구체적으로 어떻게 만들 것인가 하는 각론에 들어가면 대책이 막연하고 구상이 제대로 되지 않는 것이 현실이다. 서울의 중심거리인 광화문 세종로에 문화광장을 조성하고 주변에 문화적 공공기반시설을 배치하는 방식으로 문화의 상징적 중심을 만들어내면서 서울을 문화도시로 전환시키는 모범이 만들어질 경우 지방의 도시들이 문화도시로 발전하는 데 참조할 수 있는 중요한 모델이 될 수 있을 것이다.

16

문화정책의 이념과 방향*

문화정책은 사회정책의 일환이다. 사회정책이라면 사회발전을 위한 전략적이고 목적-의식적인 개입을 하지 않을 수 없다. 문화정책도 사회발전을 목표로 삼는다는 점에서는 사회정책이지만 문화의 발전을 중심으로 그 발전을 기획한다는 점에 그 특수성이 있다. 이 글은 이런 문화정책의 이념과 방향을 설정하기 위한 예비적 논의다. 문화정책을 제대로 수립하려면 문화의 개념과 사회적 위상, 기능 등을 살피고 이 결과 얻은 이해를 바탕으로 문화정책의 대상영역과 범주, 문화정책 수립 및 실행의 주체, 실행의 조직, 나아가 문화정책의 평가 원칙 등을 정하는 일이 필요하리라

---

* 이 글은 1998년 이래 가진 문화정책 관련 강의나 강연의 노트로 사용해오다가 2000년 11월 10일 문화개혁을위한시민연대의 제1회 정책포럼에서 「문화정책의 이념과 기본방향 설정을 위하여」라는 제목으로 발표한 뒤, 2002년 9월 2일 민예총문화정책연구소, 민족문학작가회의, 국회의원 이미경, 국회의원 신기남 공동 주최로 가진 '국민의 정부 문화정책 평가 토론회'에서 「문화정책 평가의 전제와 방향」이라는 이름으로 개작한 뒤 이 책에 싣기 위해 다시 손을 본 것이다.

고 본다. 그래야 문화정책의 기본방향을 설정할 수 있는 이론적, 논리적 근거는 물론이고 문화정책의 정당성과 생산성을 확보할 수 있는 길을 열 수 있을 것이다. 유감스럽지만 이 글에서 이 모든 문제를 소상히 살피고 대안까지 제시하지는 못한다. 여기서 할 수 있는 것은 문화정책의 이념과 방향을 설정하는 데 필요한 예비적 논의를 하는 정도다.

개념의 문제

문화정책의 이념과 방향을 설정하려면 우선 문화의 개념을 설정할 필요가 있다. 많은 사람들이 인정하듯이 '문화'는 정의하기가 아주 까다로운 용어다.[1] 하지만 그것은 통상 자연과 대비되는 개념으로 이해되며, 그래서 자연(의 일부이지만 그것)과 구별되는 인간 특유의 활동과 실천, 그리고 그 결과 만들어지는 성과물로 이해된다. 이렇게 볼 때 문화 개념에서 핵심적인 것은 '인간'이 아닐까 싶다. 문화는 쉽게 말하면 우리가 '인간으로서' 혹은 '인간답게' 사는 방식, 모습이다. 인류학에서는 그래서 문화를 폭넓게 '삶의 방식'으로 정의하고 있다.

'삶의 방식'은 변동한다. 그것은 낙후할 수도 발전할 수도 있다. 삶의 방식은 소수에게 특유한 것일 수도 있어서 다양한 방식들이 서로 경쟁하거나 대립할 수도 있고, 다수에게 불균등하게 관철되면서 인류 전체의 삶을 관통하는 기본적 공약수를 만들어내기도 한다. 이로 인해 문화는 좁게는 예술이나 학문으로 집약되는 고도의 정신적 감성적 표현과 관련된 역량을, 넓게는 인간이 공통적으로, 즉 유적(類的)으로 영위하는 삶의 방식을 가리킨다.

문화정책이 지향해야 할 방향은 따라서 이 삶의 방식을 제대로 가꾸고 또 바람직한 모습으로 바꿔내는 데 있을 것이다. 문화정책은 인간이 인간

---

[1] 영국의 문화연구자 레이먼드 윌리엄스에 따르면 문화에 해당하는 'culture'는 영어 단어 가운데 정의하기가 가장 어려운 2, 3개 단어 가운데 하나다.

답게 살 수 있는, 혹은 스스로 설정한 이상적 삶의 형태를 영위할 수 있는 조건 형성을 가장 중요한 목표로, 그리고 이 목표를 달성하기 위한 다양한 노력을 수행하는 것을 가장 중요한 과제로 삼을 필요가 있다. 문화정책의 기본방향은 따라서 인간을 인간답게 만드는 문화를 창조하고, 보호하고, 계승하고, 발전시키는 쪽이어야 하겠다.

하지만 문화정책의 기본적 이념과 방향을 원론적으로 설정하는 것은 어렵지 않을지 모르나 문화정책의 실제 입안이나 실행 과정에서 그런 이념과 방향을 반영하고 채택하는 일은 결코 쉬운 일이 아니다. 여기에는 여러 이유가 작용하겠지만 가장 근본적인 것은 아무래도 문화에 대한 오해와 편견, 이해관계의 대립, 혹은 무관심 등이 작용하여 다양한 사회 구성원들이 공유할 수 있는 문화 개념이 제대로 구성되지 못한 데 있다는 생각이다. '인간다운 삶'이라고 하면 누구나 이미 다 알고 있는 사안일 것 같지만 꼭 그렇지는 않다. 인간이 어떤 존재이며, 인간다운 삶이 무엇인지 여전히 문제로서 남아 있다는 것은 인간에 대한 철학적 탐구나 종교적 관심, 과학적 실험이 이루어질 필요가 계속 생기는 데서도 입증된다. 인간다운 삶을 영위하는 것이 문화라고는 해도 여전히 문화가 무엇인지는 불분명하다.

그러나 문화정책의 기본 방향을 살피려는 이 논의가 문화란 무엇인가, 인간다운 삶은 어떤 것인가라는 원론적 질문만 제출하는 것으로 완성될 수는 없다. 문화정책은 사회정책으로서 매우 현실적인 문제다. 문화정책과 관련된 문화 이해는 그래서 실질적인 차원에서 이루어질 필요가 있다. '인간다움', '삶'의 의미, 그것의 바람직한 형태, 그로 인해 생겨나는 문제들에 대해서는 끊임없이 탐구하고 따지는 태도를 지니기는 해야 하겠지만 현실적으로 진행되는 정책 문제에 대한 접근을 그런 탐구가 끝난 뒤에 할 수는 없는 법이다. 따라서 여기서는 인간다움, 삶 등을 사회적으로 용인되는 건전한 상식, 즉 양식의 수준에서 이해하고자 하며 그에 따라서 문화정책의 문제를 생각해보고자 한다.

문화의
사회적 위상

사회정책의 일환으로 문화정책을 수립하려면 문화가 사회에서 차지하는 위상을 설정할 필요가 있다고 본다. 여기서 문화를 정치, 경제와 함께 사회적 실천을 구성하는 3대 층위의 하나로 볼 것을 제안한다. 오늘날 사회는 복잡하게 구성되어 있지만 경제가 주로 상품이나 재화의 생산과 판매, 소비 등을 통한 영리의 영역을 가리킨다면, 정치는 이 영역과 관련된 인간관계를 포함하여 다양한 사회적 권력 관계를 가리키고, 문화는 과학과 기술, 학문과 지식, 교육, 예술, 상징 및 재현의 체계, 가치와 규범(윤리 혹은 도덕) 등의 분야에서 인간들이 발현하는 창조성의 발휘 능력과 그런 능력이 축적되고 구현되는 사회의 층위를 가리킨다. 정치가 경제적 관계를 규정짓는 데 관련되어 있고, 경제활동에 과학기술 혹은 지식, 나아가서 예술적 창의성이 문화적 '자본'으로 활용되고, 또 문화영역에서 정치적 역관계나 경제적 자본이 작용하는 데서 알 수 있듯이 이들 사회적 실천 층위는 서로 밀접하게 연계되어 있다. 그럼에도 불구하고 각자는 상대적인 자율성을 지닌다고 할 수 있으며, 어느 하나가 다른 두 개를 완전히 포괄하지는 않는다.

문화정책을 제대로 세우려면 문화를 경제, 정치와 함께 사회를 구성하는 세 요건의 하나라는 인식에서 출발해야 하는데, 한국의 사회정책은 그동안 문화를 어떻게 취급해 왔을까? 문화는 과연 그 중요성을 인정받았으며, 문화정책은 3대 사회정책의 하나로 자리를 잡고 있는가? 유감스럽게도 한국사회는 문화의 이런 위상을 제대로 인식하지 못했고, 못하고 있다. 이 점은 정부의 조직, 예산 편성 등에서 문화가 늘 뒷전으로 밀려온 데서, 그리고 문화가 문화관광부의 소관으로만 인식되어온 데서 바로 확인된다. 문화가 문화관광부가 관장하는 영역을 뛰어넘는 교육, 학문, 과학기술, 예술, 관광, 주거환경, 도시설계 등의 사회적 문제들과 의제들, 영역들을 포괄한다는 점을 무시한 결과인 것이다. 문화 주관 부처의 명칭이 역사적으로 공보처, 문화체육부, 문화부, 문화관광부 등으로 계속 바꿔어온 것도 우리 사회가 문화를 일관되게 보는 관점을 수립하지 못했다는 증거다.[2]

문화가 좁은 의미의 문화예술만이 아니라 교육, 학문, 과학기술, 정보, 관광, 주거환경, 체육, 환경, 여성 등과 관련되어 있음을 인정한다 하더라도 이미 정보통신부, 교육인적자원부, 건설교통부, 과학기술처, 환경부, 여성부 등의 부서가 그런 일을 관장하고 있지 않으냐는 반론을 예상할 수 있다. 하지만 이들 행정 단위에서 문화정책을 수행하고, 문화적 사안을 다룬다고 해서 문제가 사라지는 것은 아니다. 다양한 사회적 과제들을 개별 부처로 분산시켜 다루는 것은 전문성의 관점에서 이해할 부분이 없진 않으나, 이 과정에서 일관된 문화적 관점이 실종한다는 문제가 생긴다. 정보통신, 과학기술, 건설교통, 교육학술 등 문화의 주요 부분들을 문화라는 통합적 시각과 원칙과는 별도로 관리 운영하고 있는 것은 사회를 구성하는 3대 영역으로서 문화라는 관점이 결여되어 있기 때문이다. 이들 부문들을 가로지르는 통합적 문화정책의 시각과 원칙이 사라질 경우 우리의 삶에 중요한 문화적 가치를 반영할 수 있는 길도 사라질 공산이 크다. 지금 우리 사회에는 문화정책은 특수한 부문으로서 문화관광부의

---

2) 우리 사회가 문화의 위상을 제대로 인식하지 못한다는 것은 정부 주도의 지배적 사회정책에 진보적 개입을 기획하는 사회운동에도 해당한다. 정부 차원에서 문화가 문화관광부의 소관으로만 간주되어 정부의 조직, 예산 편성 등에서 늘 뒷전으로 밀리듯이 사회운동에서도 문화적 관점은 늘 '사탕 하나 더 주는' 격이 아니면 '금강산 식후경' 격으로 뒤로 밀린다. 문화운동이 노동, 농민, 빈민, 환경, 시민, 여성, 평화, 교육, 보건의료와 함께 개별 부문으로 위상이 정해져 있는 것이 단적이 증거다. 물론 문화를 좁게 문화예술로 간주할 경우에는 거론한 여러 사회운동 부문 가운데 하나에 불과함이 분명하다. 그러나 여기서 말하는 문화는 정치와 경제와 같은 수준의 사회적 실천의 층위다. 이들 부문 전체에 경제와 정치의 층위가 있듯이 문화의 층위가 있다고 인정한다면, 사회운동은 정치적, 경제적 관점과 함께 문화적 관점을 수립할 필요가 있다고 본다. 문화를 문화관광부가 관장하는 좁은 의미의 문화예술 영역에 국한된 것으로 볼 것이 아니라 계급, 민족 또는 인종, 성차, 성애, 세대, 지역 등의 사회적 분할 요인들을 가로지르며 환경, 교육, 학문, 과학기술, 관광, 주거환경, 도시설계, 인권, 평화 등의 사회적 의제들과 영역들을 포괄하거나 긴밀하게 연계되어 있다는 점을 인식하자는 것이다.

소관일 뿐이라는 인식과 시각이 팽배해 있다. 이것은 경제와 정치와 대등한 문화의 중요성과 위상을 망각한 소산으로서 하루 빨리 시정해야 할 관점이다.

문화정책을 제대로 수립하여 시행하려면 문화가 사회를 구성하는 3대 부문임을 인식하고 문화정책의 위상을 제고할 필요가 있다. 문화는 정치, 경제와 함께 사회의 3대 부문 위상에 걸맞은 사회정책상의 대우를 받아야 한다. 정부의 조직, 사회발전 전략, 국정운영 방식, 예산편성, 인적 자원의 배치 등 주요 사회정책 결정에서도 문화적 관점을 반영할 필요가 있다. 이는 곧 문화정책 자체가 새롭게 구성되어야 한다는 말이기도 하다. 문화와 경제, 문화와 정치의 상호관계를 올바로 설정한 사회정책 전반의 견지에서 볼 때 문화정책은 지금 너무 위축되어 있으며, 그만큼 제 구실을 하지 못하고 있다. 문화정책을 제대로 구성하려면 문화를 보는 새로운 관점이 필요하다.

문화를 보는
새로운 관점

최근 들어와서 문화를 보는 지배적 관점은 '문화산업론'이다. 신자유주의 세계화 흐름이 거세지면서 이윤 창출에 효율적인 문화만 중시하는 관점이 성행한 결과인데, 이와는 다른 올바른 문화관점이 필요하다. 다음과 같은 관점들을 고려할 필요가 있다.

1) **인간발전의 관점**. 문화는 사회적 존재인 인간이 전제되어야 나타날 수 있는 현상이다. 인간이 배제된 문화, 자연 상태의 문화란 있을 수 없다. 문화는 인간이 영위하는 삶의 방식이면서 동시에 인간적 삶을 풍부하게 만들고, 그 삶의 질을 고양시키는 조건, 방식 등과 깊은 관련을 맺고 있다. 문화는 따라서 인간발전의 조건이다. 인간의 발전을 위해서는 삶이 고갈되거나 궁핍해지지 않고 풍요로워져야 한다. 경제발전이 중요한 것은 그 때문이다. 하지만 경제발전은 그 자체로 목표가 될 수 없다. 인간

발전은 이윤이나 재산의 축적을 통한 경제발전 이상의 어떤 것이다. 경제발전이 곧 인간발전이라면 이윤을 창출하기 위해 노동자들을 착취하고, 공동체를 파괴하며, 개발을 위해 자연 경관을 해치고 생태계를 파괴해도 무방할지 모른다. 하지만 인간발전의 관점에 서면 경제를 위해 자연 생태계 파괴도 감수해야 한다고 보는 종래의 관점은 수정되어야 한다. 문화를 보는 새로운 관점은 경제발전과는 구분되는 인간발전의 관점이어야 한다.

2) **창조성의 관점.** 인간의 창조성은 환경에 적응하는 능력, 새로운 환경을 창출하는 능력이다. 인간은 자연의 일부이면서도 자신의 고유한 꿈과 이상을 실현코자 자연을 변형하는 능력이 있다. 문화는 이 변형 능력을 지닌 인간이 노동을 포함한 창조적 활동을 할 수 있기 때문에 형성된다. 이렇게 본 문화적 창조성은 좁은 의미의 예술적 창조만이 아니라 "상상 가능한 모든 분야의 문제풀이와도 연관된다."[3] 지역 간 도로를 건설하고, 건물을 짓고, 자연재해를 방지하기 위해 필요한 인간적 능력들은 문제해결의 능력이며, 그런 점에서 문화적 능력에 속한다. 지혜를 짜내는 능력, 문제를 해결하는 능력, 상징적 기호를 쓰는 능력, 예술적 실험을 수행하는 능력, 이 모든 것은 창조적 능력이고 문화는 이 능력의 형성으로 구성된다. 문화는 인간이 지닌 창조성의 관점에서 이해되어야 한다.

3) **자원의 관점.** 문화를 좁은 의미의 경제적 '자본' 관점에서 볼 것이 아니라 인간의 행복과 발전에 필요한 '자원'이라는 관점에서 봐야 한다. 문화를 자본 축적을 위하여, 이윤의 확대를 위하여 개발하고 소비할 수 있는 것으로만 생각하는 것은 문화를 발전의 도구로 보는 관점에 머문다. 문화를 소비하여 없앨 대상으로 보기보다는 가꾸고 풍부하게 할 자원으로 볼 필요가 있다. 현재 문화정책에서는 문화재 보호라든가 무형문화재 지정 사업 등에 이와 같은 관점이 들어 있지만 이는 자원으로서 문화 개념을 소극적으로 적용하는 것에 불과하다. '자원으로서 문화'는 사

---

3) 유네스코한국위원회, 『우리의 창조적 다양성』, 제3장 참조.

회가 지닌 창조성, 혹은 문제해결 능력, 나아가서 광범위한 의미의 문화
역량을 말한다. 이런 문화적 자원을 우리가 얼마나 풍부하게 갖추고 있
느냐가 우리 사회의 역량과 발전 정도를 가늠하게 해준다. 문화적 자원
을 풍부하게 갖추고 있다는 것은 그만큼 인간적 삶을 풍부하게 할 조건
들을 갖추고 있다는 말이다. 이런 자원은 당장 이윤을 내지 않으면 의미
가 없는 자본과는 달리 장기적으로 인간의 삶에 자양분을 제공하는 역할
을 한다.

　4) **자율성과 주권의 관점.** 문화는 개인들의 주체성이 형성되는 사회적
장이다. 사람들은 문화과정을 통하여 특정한 관습, 삶의 태도를 배우고
실천하며, 이 결과 독특한 민족적, 계급적, 성적, 세대적 정체성을 갖게
된다. 이때 중요한 것이 자율성과 주권의 원칙이다. 자율성의 견지에서
보았을 때 중요한 것은 '문화민주주의'의 원칙이다. 문화민주주의는 문화
적 실천에 참여하는 대중을 계몽과 교화의 대상이 아닌, 자신의 문화를
만들 수 있는 역능을 지닌 주체로 보는 관점을 가리킨다. 다른 한편 이
문화민주주의는 문화적 주권 개념과 관련되어 있다. 문화는 복수로 존재
하며 서로 다른 문화들 사이에는 차이와 경계가 있는 법이다. 각 사회는
이런 차이들을 존중하는 사회적 틀을 마련해야 한다. 특정한 하위문화나
소수문화, 특정한 민족문화는 고유한 형성의 법칙을 가지고 있으며, 자신
의 생존을 위한 토양과 전략이 필요하기 때문이다. 이것은 각 문화는 자
신의 정체성을 스스로 결정하고, 다른 문화로부터 억압, 지배당하지 않을
것을 전제한다. 오늘 이런 자율성과 주권의 관점은 신자유주의 세계화 정
세로 세계무역기구(WTO)가 출범한 뒤 '문화적 예외'를 무시하는 투자협
정 체결 시도가 빈번해지고 있는 상황에서 반드시 지켜야 할 문화적 원칙
이 아닐 수 없다.

　5) **다양성의 관점.** 문화적 정체성은 다양한 차이들로 구성된다는 관점
이 필요하다. 다양성을 허용하지 않는 문화, 이질적 타자를 배척하는 문
화, 더럽고 남루하고 비루하고 추하고 역겹다는 이유로 '비정상적' 사람의

형태들을 거부하는 문화가 풍요로울 수는 없다. 단일한 지배문화만이 군림하는 문화는 억압적이고 파시즘적이다. 풍요로운 문화를 바란다면 문화를 다양성과 차이의 관점에서 볼 필요가 있다. 문화의 차이들, 다양성은 문화의 건강성을 보장하는 최선의 조건이다. 생명다양성이 확보될 때 자연의 생태환경이 최적 상태로 보존되는 것처럼 문화의 다양성이 보장될 때 문화도 최적의 발전 조건을 갖게 된다. 문화의 다양함 속에서 질적 차이들이 자유롭게 드러나고, 문화적 특이성들이 상호관계를 맺을 때 문화 역시 만개할 것이다. 일률적이고 위계적인 문화가 아니라 다양한 취향, 정체성, 욕망, 즉 상이한 삶의 방식들이 공존하고, 삶의 차이가 널리 포용될 때 사회는 더 나은 살 만한 사회를 만들 수 있다.

6) 공공성의 관점. 문화의 사적 소유, 특히 독점을 지양해야 한다. 인간다운 삶을 위한 터전은 특정한 삶의 형태를 유일한 것인 양 강요하고, 문화를 강점하거나 독점해서는 이룰 수 없다. 해와 달은 누구도 독점하지 않기 때문에 인류 모두가 혜택을 누린다. 문화 역시 소유보다는 사용의 대상으로 보고, 또 독점하기보다는 공유하고 향유할 때 더 나은 삶이 만들어질 것이다. 독점적, 배타적 문화 활동들은 더 많은 사람들이 더 자유롭게 참여할 수 있는 방식으로 전환되어야 한다. 문화적 활동이나 생산물도 서로 함께 참여하고 나눌 수 있어야 한다. 문화정책에서 이런 관점은 소수의 능력 있는 개인들만이 문화를 생산하고 소비할 수 있게 하는 것이 아니라 더 많은 사람들이 문화의 생산과 소비에 참여하는 길을 열어줄 것이다. 문화적 활동에 대한 참여를 더 넓히는 것은 문화민주주의의 확대다. 이와 관련하여 문화에 공적 개념을 더 적극 도입할 필요가 있다. 문화를 사적이고 배타적인 영역이 아닌 문화에 대한 대중의 참여, 문화의 대중적 공유, 그리고 향유가 가능하려면 문화를 보는 관점을 바꾸어야 한다.

문화를 이상과 같이 인간발전, 창조성, 자원, 차이와 다양성, 그리고 사용과 향유 등의 관점에서 파악하는 것은 오늘날 문화를 보는 지배적 관점과는 크게 다르다. 하지만 그와 같은 관점을 거부할 경우 우리는 문화의 고유한 태도 혹은 가치를 부정하게 될 것이고, 문화를 정치와 경제의 수단으로만 여기게 될 것이다.

문화의
사회적 기능

문화정책은 문화의 사회적 위상을 높이는 데 기여해야 한다는 것이 이 글의 기본 관점 가운데 하나다. 문화의 위상을 높여야 하는 것은 그만큼 문화가 사회적으로 중요한 역할을 하기 때문이다. 한 사회의 문화는 그 사회의 다면적 역량이며, 그 사회의 핵심적 기능을 수행한다. 문화에는 어떤 사회적 기능이 있는가?

1) **감성 표현**. 문화는 표현이다. 이것은 문화가 감(수)성의 영역에 속하며, 감(수)성은 표현되기 때문이다. 문화영역을 흔히 사회의 '성감대'로 인식하는 것도 이런 점과 무관하지 않을 것이다. 이 감성의 중요성을 무시할 수 있을까? 감성적 기능이 제대로 작동하지 않는다면 어떤 사회도 건강해질 수가 없다. 깊이 느끼지 못하는 사람, 타인의 삶에 대한 공감, 연민, 동정이 없는 사람, 불의에 대한 적개심이 없는 사람이 온전한 사회적 역할을 수행할 수 있을까? 문화는 사회의 기본 정서와 감정으로서 표현 기능을 가진다.

2) **윤리-도덕적 기능**. 문화는 사회의 도덕적, 윤리적 태도와도 매우 밀접한 관련을 맺고 있다. 나는 이것은 문화가 '멋'이라는 것과 깊이 관련되어 있기 때문이라고 본다. 멋이 있는 삶은 비굴함, 위선, 불의와 거리가 멀다. 멋은 생기발랄함, 떳떳함, 용기, 기백 등에서 나온다. 여기서 우리는 문화가 윤리와 도덕과 태생적 관련을 맺고 있음을 본다(이것은 도덕 및 윤리가 칸트가 말하는 미학적 실천과 관련을 맺기 때문일 것이다). 사회 구성원들이 용기가 전혀 없는 사회가 멋이 있을 수 있을까? 위급한 상황이 발생했을 때 모두 뒤꽁무니만 뺄 뿐이라면 그런 사회는

문제해결 능력도 없을 것이고, 생존 가능성도 매우 낮을 것이다. 역동적인 사회는 윤리적으로나 도덕적으로 좋은 힘이 넘치는 사회다. 사람들이 도덕적 용기가 넘칠 때 사회 역시 생기가 돋는 법이다. 고학력자가 많다거나 전문인력이 많은 것만으로 문화적 역량이 넘치는 것은 아니다. 사회의 문화적 역량에는 정직성과 같은 윤리적 도덕적 능력이 중요한 요인이 된다. 정직한 사회라야, 도덕적 윤리적으로 건강한 사회라야 멋진 사회다. 문화는 멋진 삶의 형상을 통해 사회의 윤리-도덕적 기능을 강화한다.

3) **창조성-생산성**. 문화가 창조적 기능을 가지고 있다는 점에 대해서는 자세히 언급할 필요는 없겠다. 문화는 위에서 말한 문제해결의 능력을 비롯한 다양한 능력을 가지고 있다. 한 사회의 문화적 역량은 과학, 기술, 학문의 발전을 바탕으로 이루어진다. 이런 점에서 문화의 사회적 역량은 넓은 의미의 창조적 능력, 그리고 나아가서 사회적 생산성의 강화로 이어질 수 있다.

4) **정치적 기능**. 자기 표현의 능력, 도덕적 태도의 견지는 사회의 민주화를 강화한다. 문화적 역량은 문제해결의 능력이자 동시에 문제제기의 능력이다. 삼풍백화점, 성수대교 등의 붕괴를 단순히 건축기술의 실패로만 바라봐야 할까? 설계의 방식과 관련된 민주적 토론의 활성화, 시공 과정에서 발견되는 문제의 적시, 특히 이 경우 하급자가 상급자에게 이의를 제기할 수 있는 권한 부여, 건설현장에서 통용되는 권위의 종류 및 의사결정 과정에 대한 민주적 합의, 내부비리 고발자에 대한 법적 사회적 보장 등이 제대로 갖춰지지 않은 점이 아마 더 큰 이유일 것이다. 사회구성원들이 자기 표현을 할 수 있는 능력, 문제제기를 할 수 있는 의지와 기백이 결여된 결과로 볼 필요도 있다. 사고 예방에 필요한 다양한 제도적 장치들, 문제제기를 할 수 있는 능력과 용기 등은 우리 사회에 필요한 문화적 인프라다. 문화는 이런 점에서 정치적 기능을 한다. 불평등한 권력관계, 불공정한 권력행사, 억압적 지배 등에 개입하는 것은 멋진 삶,

인간다운 삶을 추구하는 관점에서 보면 너무나 당연한 일이다.

5) **경제적 기능.** 굳이 문화산업론을 거론하지 않더라도 문화가 경제적 기능을 가지고 있다는 것은 명확하다. 사회적 자원으로서 문화적 역량은 사회에서 생산되는 생산물의 질을 높이는 역할을 하며, 생산물의 상품적 가치를 높인다. 다만 최근에 들어와서 문화산업론이 득세하고 있는 점을 감안할 때 문화의 경제적 기능을 올바로 해석할 필요가 있다고 본다. 여기서 말하는 경제적 기능은 문화가 상품 가치를 높이기 때문에 생기는 것만은 아니다. 바람직한 관점에서 볼 때 문화의 경제적 기능은 경제가 지닌 순기능을 강화하는 데 있다. 경제의 원래 의미는 오늘날 통용되는 이윤창출을 위한 상품교환 활동에 국한되지 않는다. 경제를 가리키는 영어의 'economy'의 'eco'가 생태계를 가리키는 'ecosystem'에도 들어있는 데서 확인할 수 있듯이 생활환경 전체를 가리키는 그리스어 'oikos'에서 유래한다. 문화에 경제적 기능이 있다면 바로 이런 의미의 경제를 살리는 기능을 가졌다는 말로 받아들여야 할 것이다. 이때 문화는 생활환경을 가꾸는 창조적 능력을 가리킬 수 있으며, 그런 점에서 새로운 의미의 경제에 기여한다.

문화정책의
범주들

　문화정책의 기본방향을 설정하기 위해서는 문화정책의 대상과 범주를 명확히 해야 한다. 문화정책의 대상과 범주를 어떻게 설정할 것인가? 삶의 어떤 영역들이 문화정책의 대상인가? 이 질문들은 문화를 '삶의 방식'으로 규정할 때 떠오르는 문화 개념의 모호성 때문에 제기되는 것들이다. 문화를 예술로 한정할 경우 문화정책은 예술진흥정책에 국한될 것이다. 이것은 지나치게 문화 개념을 좁힌 경우라고 하겠다. 그러나 반대로 문화를 삶의 방식 전체로 잡을 경우 문화정책의 대상이 아닌 영역이 없다는 문제가 발생한다. 이렇게 되면 '문화정책'과 다른 사회정책의 차별성이 사라지게 될 것이다. 효율적인 문화정책의 수립과 시행을 위해서는 문화의 범주를 구분할 필요가 있다. 그리고 이런 범주 설정을 통하여 문화정책에서 다루어야 할 대상 영역을 좀더 분명히 이해할 수 있을 것이다.

1) **의미의 영역.** 삶의 의미란 효율성이나 수행성을 강조하는 '기능'과는 다르다. 경제에서 생산의 최적화를 비인간적 수단들에 의해 달성하려는 경향이 큰 것은 삶의 의미보다는 물질을 만드는 효율성을 중시하기 때문이다. 문화는 효율성, 수행성보다는 접근성(친근감, 습관, 전통 등), 가치(고귀함, 저속함), 차이(성별, 지역간, 민족, 계급, 세대) 등 의미를 규정하는 요소들을 포함한다. 문화정책이 전통문화(차이)나 고급예술(가치), 교육(습속의 양성)을 중시하는 것은 이처럼 인간적 삶의 의미를 그 대상으로 삼기 때문이다.

2) **표현의 영역.** 의미는 미술, 문학, 음악, 무용, 연극, 영화 등 예술의 경우에서 보듯이 '표현'에 의해서 구성된다. 이 표현은 문자, 소리, 색채, 몸과 같이 질료적 성격을 지닌 매질을 통하여 구현된다. 문화정책은 표현의 조건(사상과 표현의 자유), 방식(장르, 스타일, 리얼리즘, 아방가르드 등), 생산(기획, 공정, 창작), 소비(시장, 유통, 관람), 관리(소장, 박물관-미술관 운영 등) 등과 관련된 제반 사항들을 그 대상영역으로 가진다.

3) **정체성의 영역.** 문화는 차이들에 의해서 규정되기 때문에 정체성의 영역이다. 정체성은 혈통, 민족, 종족, 지역, 성 또는 성적 취향, 계급, 직업, 세대, 역사적 경험 등의 지속성이나 차이들에 의해서 형성된다. 이에 따라서 민족문화, 신세대문화, 동성애문화, 부르주아문화, 식민지문화 등이 형성된다. 문화정책은 이러한 정체성 형성이나 유지에 자유와 평등의 원칙이 지켜지도록 노력할 필요가 있다.

4) **기호와 취미, 욕망의 영역.** 오늘날 대중문화에서 볼 수 있듯이 감수성의 변화, 새로운 형태의 기호와 취미의 출현, 혹은 새로운 욕구와 욕망의 출현은 새로운 문화를 형성하게 된다. 이런 변화와 변동은 사회성격

(전자본주의, 자본주의, 비자본주의 등)에 따라 일어나며 다양한 삶의 조건들을 결정하는 요인들(도시화, 대중사회화, 산업사회화, 소비사회화, 정보사회화, 지식사회화 등)의 영향을 받는다. 국내 신세대의 자유분방한 생활방식은 신세대가 산업사회와 소비사회가 진행되었을 때 성장한 사실과 결코 무관하지 않다. 따라서 기호, 취미, 욕망의 조건들을 규정하는 사회적 조건들 역시 문화정책과 연계될 필요가 있다.

5) **매체의 영역.** 의미의 형성은 표현을 통해 이루어지므로 반드시 매체를 동반해야 한다. 오늘날 매체는 신문 잡지, 방송 등이 출현하여 지대한 영향을 끼치고 있는 데서 보듯 대중매체에 의해 지배되고 있다. 이런 사실은 매체가 삶의 방식에 중요한 역할을 하고 있음을, 현단계 삶의 방식에 지대한 영향을 미치는 매체들이 문화의 중요한 자원이며 조건임을 보여준다. 나아가서 과학기술의 발달로 인하여 개인용 컴퓨터가 대량 보급되고, 컴퓨터매개 통신이 만연하여, 매체들의 복합화가 추진되어 멀티미디어가 출현하고 있는 것 역시 문화적으로 중요한 변동 요인들이다. 문화정책은 매체 영역을 포괄하지 않으면 안 된다.

문화정책의
원칙들

이상과 같이 문화가 다른 사회적 범주들과 어떻게 다른지 검토하고, 그것이 수행할 수 있는 사회적 기능들을 살펴보면 문화정책의 기본방향이 제대로 잡힐 수 있을 것이다. 아울러 문화정책에서 견지해야 할 기본 원칙들을 검토하는 것도 필요하다. 다음과 같은 원칙들을 확인할 수 있다고 본다.

1) **문화민주주의.** 문화정책은 민주적으로 수행되어야 한다. 문화정책의 민주화를 위해서는 문화정책의 주체 설정의 민주화가 무엇보다도 중요하다. 문화정책의 대상이 되는 사람들이 정책의 주체가 되어야 한다. 문화정책을 입안하고 수행하는 것은 주로 정부의 관료, 전문가집단 등이

다. 이들의 식견과 관점은 물론 중시되어야 한다. 그러나 이들은 문화정책 수립의 주체가 아니라 기본적으로 정책 수립과정의 촉진자(facilitator) 기능을 해야 한다. 정책입안자가 취해야 할 태도는 문화정책의 대상이라는 시민, 집단, 세대들을 정책 수립의 주체로 상정하는 것이다. 청소년이나 여성, 노인, 소수자 등 약소자에 대한 정책을 결정할 때 이들의 권리를 최대한 보장하려면 이들을 정책 주체로 참여시키는 것이 필요하다.

문화정책은 자유의 극대화와 평등의 극대화를 동시에 추구하는 것이어야 할 것이다. 자유와 평등은 서로 화합하기 어렵다고 하더라도 쌍으로 이루어진 인간적 이상이요, 또 인간발전을 위한 조건이다. 평등의 관념 없이 세대간의 정의, 세대내의 정의, 혹은 성별간의 정의는 구현될 수 없다. 그러나 자유를 위축한 평등은 표현과 사상의 자유의 축소를 가져올 뿐이다. 세대간 정의는 청소년의 표현의 자유를 축소시키면서 청소년을 보호의 대상으로만 삼을 때 이루어질 수는 없는 법이다. 부모의 바램과 청소년의 바램을 일치시키려는 것은 청소년으로 하여금 기성세대의 감수성과 상상력으로 세상을 살라고 하는 것과 다를 바 없을 것이다. 자유-평등의 상호성의 원칙을 지켜야 한다.

2) 공공성의 강화. 문화정책은 사회적 권리 보장의 관점에서 이루어지는 공공 서비스여야 한다. 이런 점에서 문화정책에 공공성의 원칙을 도입할 필요가 있다. 민주주의적 이상에 따른다면 오늘날 사회의 주역은 노예도, 하인도, 피지배자도 아닌, 주민이요, 대중이요, 시민이다. 사회의 주권은 이들에게 있으며, 민주주의는 이들 주권을 지닌 대중에게 그 당연한 권익을 되돌려주려는 정치적 이념이다. 문화정책이 한 사회에서 민주주의적 원칙에 따라서 시행되기 위해서는 따라서 사회의 주역을 정당하게 대우해야 할 것이다. 문화정책은 우매한 대중을 '교화'하기 위하여 펼치는 시책이 아니다. 그것은 이미 누리고 있는 소수든 다수가 피폐한 삶을 살아가는 사람들에게 펼치는 시혜도 아니다. 시혜에는 이미 사회구성원들

을 위계질서에 따라 배치한다는 비민주적 발상이 깃들어 있다. 문화정책은 교육, 교화와 시혜, 홍보의 관점에서 벗어나 대중과 시민의 사회적 권리 보장이라는 관점을 취해야 한다. 문화적 권리들은 사회가 그 구성원에게 마땅히 제공해야 할 서비스다. 정치 및 경제의 권력을 잡은 집단이 사회구성원들의 문화적 권리를 진작시켜야 하는 의무를 지니는 것은 그 때문이다. 이렇게 될 때 문화정책은 자유와 평등의 권리들을 더욱 풍부하게 하기 위한 정책이다. 민주주의의 원칙에 따라 문화를 이해할 필요가 있는 것도 이 때문이다. 이런 원칙을 인정할 경우 문화정책은 인간적 삶의 다양성을 인정하면서 서로 다른 태도들, 관점들, 이해관계들에 대한 정당한 방식의 조화를 지향해야 할 것이다. 관점과 태도의 차이가 폭력의 근거가 되어서는 안되며, 강압의 이유가 되어서도 안 된다.

3) **접근성의 강화.** 평등의 원칙을 추구하면 문화정책은 분명히 공공성의 강화를 지향해야 한다. 흔히 공공성은 사회적 낭비의 관점에서 이해되기도 하지만 오히려 사회적 역능의 축적이라는 관점에서 사고할 필요가 있다. 문화의 경우는 '자원'의 견지에서 그 풍요로움이 구현되기 때문에 그 자체로 경제적 이윤을 창출하지는 않는다(그러나 상품으로 전환될 가능성이 없다는 것은 물론 아니다). 하지만 문화를 공공영역 개념과 연결하여 생각할 필요가 있다. 공공영역은 문화를 독점이 아닌 공유 혹은 공동 향유의 대상으로 볼 필요가 있다. 이런 점에서 문화정책은 문화에 대한 접근 기회를 늘이는 방향으로 펼쳐져야 한다.

4) **진작과 촉진, 그리고 책임.** 문화정책은 지원을 중심으로 하면서 간섭은 가능한 배제해야 한다. 국가가 통제를 아예 하지 않아야 한다는 말은 아니다. 일각에서 간섭의 폐해를 우려하여 일체의 간섭을 배제해야 한다는 원칙을 제시하고 있으나 간섭의 배제가 방임으로 이어져서도 안될 것이다. 그러나 우선은 문화정책이 진작과 촉진의 방식을 띠고, 문화정책 적용 대상 주체의 자발성을 높이는 방식으로 진행될 필요가 있다. 축제, 고놀이, 탈춤 등 다양한 문화활동의 예산 조달은 반드시 지방이든 중앙이

든 정부의 지원만으로 이루어지는 것은 아니다. 추렴의 형식도 있고, 성금 형태도 있다. 물론 정부의 역할은 민간에서 재원이 없어 하지 못하는 문화활동을 가능한 최대한으로 지원하는 데 있다. 그러나 이때도 진작과 촉진이 문화정책의 원칙이 되어야 한다. 어떤 문화활동이든 참여하는 전문가, 주민, 시민이 주체가 되도록 해야 한다. 문화활동에 대한 지원을 홍보의 연장이나 시혜 행위로 여겨서는 안 된다. 지원을 한다는 명분으로 주체를 대상화할 수는 없다. 하지만 이와 함께 잊어서는 안될 일이 있다. 문화정책에서 간섭이 금기인 것은 사실이지만 그렇다고 문화활동에 대한 지원이 지원으로 끝나서는 곤란하다. 지원의 성과와 교화를 따져야 한다. 지원만 하고 방치해 둔다면 공적 재원의 무책임한 낭비가 만연하게 된다. 따라서 지원은 하되 간섭은 하지 않아야 하지만 평가는 해야 할 필요가 있다. 문화활동의 지원에는 **심의, 지원, 평가의 공공성**을 원칙으로 지켜야 하는 것이다. 문화정책은 문화활동의 진작과 촉진을 추구하되 책임을 따지는 정책이 되어야 한다.

5) 사회적 생산성의 강화. 문화정책은 문화의 발전이 사회적 발전에 긍정적으로 기능하고, 나아가서 일회적 소비보다는 문화에 대한 사회적 투자가 그 효과를 만들어낼 수 있도록 이루어져야 한다. 문화정책의 실시가 문화적 역량의 강화로, 나아가 사회적 역량의 강화로 이어져야 한다. 이는 문화정책이 문화적 사회적 기능 가운데 창조적 생산적 기능을 강화할 수 있도록 펼쳐져야 한다는 말이기도 할 것이다. 문화정책은 따라서 기존의 예술활동을 보존하고 진흥하는 일만이 아니라 기획, 창안이라는 부분이 살아남을 수 있도록 실험적 분야에 대한 지원과 진흥과 촉진을 주도하는 데 각별한 관심을 가질 필요가 있다. 물론 이런 생산성의 강화는 문화산업론과 같이 문화를 자본으로만 보려는 태도보다는 문화를 자원으로 보고, 공유와 향유가 가능한 공적 문화영역이 더 많아지도록 하면서 그 결과 사회적 생산성이 높아지도록 하는 방식이어야 할 것이다. 이때 '생산성'은 인간발전을 위한 자원의 풍부화라는 의미로 해석될 필요가 있

다. 즉 문화정책에서 확인해야 할 생산성의 원칙은 도구적 생산성이 아니라 목적으로서 생산성, 즉 문화적 역량의 강화가 좁은 의미의 경제발전의 도구로만 사용되기보다는 오히려 경제적 풍요가 인간발전의 조건이 되는 것을 전제한 원칙이다.

문화정책의 목표―
문화사회의 건설

문화정책은 그 기본방향을 우리 사회를 '문화사회'로 건설하는 쪽으로 맞출 필요가 있다. '문화사회'의 건설은 '문화의 세기'와 '문명의 새로운 전환'을 맞고 있는 지금 어느 때보다 많이 요청되는 사회적 과제다. 문화사회는 지금까지 인류를 지배해온 사회 유형과 달리 정치적 권력이나 경제적 이익에만 얽매이지 않고 사회구성원들이 빈곤과 궁핍, 억압 등에서 자유로워질 뿐만 아니라 개인과 집단이 자아실현을 위해 창조적 활동을 최대한 자유롭게 할 수 있는 여건이 조성된 사회를 말한다. 이런 사회는 이익을 발생시키거나 권력을 쟁취하기 위한 생존과 지배의 게임에서 벗어나 서로 돌보고, 가꾸고, 보살피고, 사랑하는 일이 가능한 삶의 여유가 있는 사회다. 오늘 이런 사회의 건설은 공상적 수준에서만 가능한 것은 아니다. 지난 1세기 이상 진행된 과학기술의 발전으로 인류는 고도의 생산력을 가지게 되었다. 통틀어 볼 때 인류는 이제 의식주를 충분히 해결할 수 있을 만큼 많은 양의 재화를 생산할 수 있게 되었고, 이 결과 무엇이든 대량으로 소비하는 것이 미덕이 되어 우리 사회도 소비문화를 꽃 피우고 있는 중이다. 문제는 생산과 소비가 넘쳐나는 가운데서도 경제적, 정치적 불평등을 경험하고 있는 사람들이 많다는 점이다. 생산과 소비의 범람 속에서 삶의 불평등 조건 역시 양산되고 있는 것이다. 하지만 그렇다고 생산을 더 늘려야 한다는 말이 성립될 수는 없다. 오늘 인류의 문제는 많은 경우 생산의 과소보다는 과잉에서 나온다. 최근 한국사회가 겪고 있는 '경제위기'도 전반적인 생산력 부재보다는 생산력의 불균등한 발전과 경쟁의 심화에서, 그리고 이 경쟁과 함께 발생하는 자본의 독점화에서 비롯된 것이다. 생산제일주의를 지속할 수는 없다. 끝 모를 생산을 고집할 경우 생산의 기반 자체인 자연생태계가 파괴되고 말 것이다. 이제 새로운 사회발전의 모델이 요청되는 시점이다. 생산제일주의에서 벗어난 삶을 추구할 수 있게 하는 '문화사회'야말로 지금 시기에 필요한 사회모델이다. 문화정책은 이와 같은 사회모델을 개발하고 그런 사회를 앞당기는 데 기여하는 것을 자신의 출발점이자 방향으로 삼아야 한다.

문화사회의 구성을 위해서는 삶의 가치 중 문화적 가치를 우위에 두는 것이 필요하다. 문화적 가치는 단순히 경제발전만으로 구현되지 않고 인간발전이라고 하는 좀더 근본적인 목표 속에서 구현될 수 있다. "인간발전의 관점은 경제적 사회적 진보를 문화적 조건에서 보는 시각이다. 이런 관점에서 보면 생활의 빈곤이란 필수적인 물품과 서비스의 결핍뿐만 아니라 더욱 풍요롭고, 만족스러우며, 가치있는 삶을 선택할 기회의 결핍도 의미한다."4) 인간발전은 경제적 부의 증가만이 아니라 삶의 질도 동시에 높아질 때 실현될 가능성이 높다. 삶의 질은 수명의 연장, 건강의 개선, 지식의 확장, 교육의 확대, 사회적 차별의 축소, 정치적 자유의 확대, 개인의 자율성 증대, 권력에 대한 동등한 접근 기회 부여, 지역사회의 문화적 활동 및 시민생활에 영향을 주는 중요한 결정에의 참여 보장, 재해와 사고로부터 자유의 확보 등에 의해서 구성된다. 삶의 질을 고양하는 조건들을 더 많이 확보할 수 있을 때 인간의 발전을 위한 기회는 더 넓어질 것이며, 문화사회를 건설할 수 있는 기회도 많아질 것이다.

문화사회는 인간발전을 위한 최적의 조건을 구비한 사회로서 개인들의 문화적 역량이 최대한 발휘될 수 있는 사회이다. 이런 역량을 사회적으로

---

4) 같은 책.

확보하기 위해서는 삶의 여유를 가져야 한다. 삶의 여유는 오늘 만발하고 있는 소비문화나 여가문화로만 주어지는 것이 아니다. 여유는 이윤창출을 위한 상업적 활동과는 분리된 비상업적 활동이 가능한 곳, 권력 독점을 위한 투쟁보다는 평등과 평화, 자유가 넘치는 곳, 공존의 지혜가 넘치는 곳에 있다. 인간을 대상으로 하든 자연을 대상으로 하든 돌보기, 가꾸기, 보살피기 등이 자연스럽게 일어나는 곳에 여유가 생긴다. 여유를 갖기 위해서는 일정한 수준의 소득과 적정한 양의 자유시간이 필요하다. 예술의 창작, 환경보존이나 공동체 삶의 터전을 가꾸는 자발적 활동을 가능하게 하는 것도 자유로운 시간이다. 의미있는 자유시간과 소득의 확보를 위해서는 우리 사회도 서구 복지국가에서 구축한 사회적 안전망과 같은, 아니 그보다 더 나은 제도를 도입하고 노동시간을 크게 단축할 필요가 있다. 특히 노동시간단축은 현재 경제위기의 국면에서 적어도 당분간 지속될 수밖에 없는 실업자 증대 문제를 지혜롭게 풀 수 있는 해결책이기도 하다. 한국은 지금 주 48시간이라고 하는 세계에서 가장 긴 노동시간을 가진 국가로서 열악한 노동의 조건을 개선해야 할 필요가 있다. 아울러 경제적 빈곤에서 해방될 수 있도록 일정한 수준의 소득을 보장하는 노력도 기울일 필요가 있다.

문화적 역량은 인간의 지적, 윤리적, 감성적 능력이 강화될 때, 이들 능력의 총합이라 할 수 있는 사회적 창조성이 강화될 때 생긴다. 한 사회의 문화적 역량을 키우기 위해서는 민주적 토양, 자유로운 표현을 가로막지 않는 개방적 사회 분위기, 내외의 압박이나 불의에 굴하지 않는 기백, 새로운 삶의 방식을 추구하는 실험적 정신과 그 정신을 구체화할 수 있는 지적 능력, 그리고 실험정신과 지적 능력을 함께 사용하는 기획적 태도 등이 필요하다. 사회의 문화적 발전은 사회 구성원의 문화적 역량의 발전에 의거하고, 문화적 역량은 개인과 집단의 창조성 확보와 긴밀하게 연결되어 있다. 이런 관점에서 볼 때 문화정책은 문화사회 구축에 필요한 사회적 창조성을 확보하는 것을 그 목표로 삼을 필요가 있다. 사회적 창조성은 좁은 의미의 예술 또는 학문의 발달에 의해서만 주어지지 않는다. 그것은 급속히 변하는 환경 속에 개인과 집단이 새로운 변화에 적응하고 그들의 현실을 독창적으로 변형할 수 있는 능력으로서 상상 가능한 모든 분야의 문제풀이와도 연관되어 있다. 이렇게 볼 때 지금까지 하드웨어와 같은 물리적이고 가시적인 분야(문화재, 박물관, 도서관, 미술관, 지역의 문화회관 등)에 대한 물량적 지원에 편중된 문화정책의 기조를 바꿀 필요가 있다. 하드웨어 구축도 물론 아직도 태부족이지만 하드웨어를 가동할 소프트웨어와 그 소프트웨어를 채워 넣을 내용에 대한 지원이 시급하다. 문화는 정량적(定量的)이라기보다는 정성적(定性的)이고, 거시적일 뿐만 아니라 미시적이기도 한 차원에서 작용하는 인간의 능력이자 활동으로서 시설이나 제도, 단체를 중심으로 하는 하드웨어 구축만으로 그 발전을 꾀할 수 없다. 문화정책은 문화적 내용의 창조와 창조에 대한 진흥, 그리고 문화적 과정의 효율화, 창조된 문화적 생산물의 보관, 관리, 감상 등을 위해 하드웨어 시설들이 실제로 활용될 수 있도록 해야 한다.

이제 우리는 문화정책을 문화사회 건설을 위하여 인간발전을 위한 문화정책으로 전환할 필요가 있다. 이 과정에서 빠뜨릴 수 없는 것이 문화정책 수립의 근본 이념을 살피고, 문화정책의 기본 방향을 올바로 설정하는 일이다. 문화의 개념에 대한 과학적 이해, 문화의 사회적 위상에 대한 점검과 적절한 평가, 문화에 대한 사회적 관점의 재점검, 문화의 사회적 기능 연구, 문화정책의 대상영역과 범주의 설정, 문화정책의 원칙 확인 등 할 일이 많다. 이 글은 그런 과제들을 생각하기 위한 예비적 논의에 해당한다. 이런 논의가 곧잘 '비현실적인 원론'이라고 매도되곤 한다는 것을 알고 있지만 원론의 논의를 무조건 배척할 것은 아니라고 본다. 알다시피 한국에서는 아직 문화정책의 이론적, 철학적 논의가 별로 없는 상태다. 지금까지 문화정책이 사회정책으로 제 위상을 누리지 못했던 것이 원론적 논의도 없는 상황에서 문화정책이 진행된 사실과 무관할까? 올바른 이념과 방향을 가지지 못한 문화정책은 갈팡질팡할 수밖에 없다. 지금이라도 이념과 방향을 올바로 세우고, 그 원칙과 근거를 세밀하게 검토하여 문화정책을 제대로 펼칠 때라고 본다. 느리게 가는 듯 싶어도 그것이 문화사회로 가는 지름길일 것이다.

한국의 문화변동과 문화정치

지은이 │강내희

초판인쇄일 │2003년 12월 13일
초판발행일 │2003년 12월 19일

발행인 │손자희
발행처 │문화과학사
주소 │120-012 서울시 서대문구 충정로 2가 5-15
전화 │335-0461   팩스 │313-0465
e-mail │transics@chollian.net
homepage │http://www.jinbo.net/~moonkwa
출판등록 │제1-1902 (1995. 6. 12)

값 18,000원
ISBN 89-86598-56-6 93300